생명 속의 마음

생명 속의 마음

생물학, 현상학, 심리과학

에반 톰슨 지음 | 박인성 옮김

도서출판 b

| 일러두기 |

1. 고딕체 강조와 독어, 불어의 이탤릭체는 지은이의 것이다.
   예: 지반*Boden*, 즉자적*en soi*
2. 영어 이탤릭체는 옮긴이의 것이다. 예: 초월론적*transcendental*
3. ( )와 [ ]는 모두 지은이의 것이다. (=)는 옮긴이의 것이다. 예: 주관성(=주체성)
4. ( ) 속 저자의 인명은 참고문헌에서 쉽게 찾아볼 수 있도록 원어 그대로 두었다. 예: (Maturana and Varela 1987, pp. 142-176)
5. 미주는 지은이의 것이고, 모든 각주는 옮긴이의 것이다.

이 책을
가브리엘 코엔 바렐라,
맥시밀런 토드 윌리엄스,
가레스 토드 톰슨에게 바친다.

| 차 례 |

서문

이 책의 주제는 마음과 생명의 깊은 연속성이다. 생명이 있는 곳에는 마음이 있고, 가장 분절된 형태의 마음은 생명에 속한다. 생명과 마음은 형식적 혹은 조직적 속성들의 주요 집합을 공유하며, 마음을 특징짓는 형식적 혹은 조직적 속성들은 생명의 근본을 이루는 속성들의 풍요로운 버전이다. 더 정확히 말해, 마음의 자기조직화하는 특질들은 생명의 자기조직화하는 특질들의 풍요로운 버전이다. 생물학적 생명의 자기생산적 혹은 '자가생성적' 조직화는 이미 인지를 함축하며, 이 초기의 마음은 시간의식의 자기운동하는 흐름에서뿐만 아니라 행위, 지각, 정서의 자기조직화하는 동역학에서도 정감[1])의 모습으로 나타난다.

이런 관점에서 보면, 심적 생명은 신체적 생명이기도 하고 또 세계 속에 처해 있다. 심적 생명의 뿌리들은 단순히 뇌 속에 있는 것이 아니라 신체와

1) sentience. 살아 있음의 느낌.

환경을 통해 분기한다. 심적 생명들은 유기체의 표면 막을 넘어 신체와 세계를 포함하고, 따라서 단순히 머리 내부의 뇌 과정들로 환원될 수 없다.

앞으로 보게 될 장들은 이 생각들을 세 가지 주요 원천—생물학, 현상학적 철학, 그리고 심리학과 신경과학—에서 끌어온 자료를 이용해서 자세하게 서술하고 있다. 이 책 전체에서 나는 생명과 마음의 실험과학들을 경험과 주관성(=주체성)의 현상학적 탐구와 더 밀접하고 더 조화롭게 관계를 맺도록 하고자 의도하고 있다.

이 목적의 배후에 있는 원리적 동기는 우리 시대의 두드러진 철학적이고 과학적인 문제 중의 하나—이른바 의식과 자연 사이의 설명적 간극—에 대해 진전을 보는 것이다. 의식과 주관적 경험은 뇌나 신체와 정확히 어떻게 관련되어 있는가? 의식과 뇌활동 간의 상관관계를 설립할 수 있다는 것과, 어떤 생물학적 과정들이 정확히 어떻게 의식과 주관성을 발생시키고 실현하는가를 설명하는 것은 별개의 일이다. 현재 우리는 그러한 후자의 설명을 결여하고 있을 뿐만 아니라, 과학적 탐구의 대상인 생명과 마음, 그리고 우리가 주관적으로 경험하는 생명과 마음 사이의 개념적이고 인식론적인 간극에 다리를 놓기 위해 이 설명이 지닐 필요가 있을 형식에 대해서도 확신하지 못하고 있다.

이 책에서 나는 의식의 새롭거나 독창적인 이론 혹은 모형도, 물리적 개념과 현상적 개념에 대한 새로운 개념적 분석도, 의식과 자연을 통일하는 새로운 사변적인 형이상학적 종합도 제시하지 않는다. 나의 목적과 접근법은 다르다. 설명적 간극에 실제적인 진전을 이루기 위해, 우리는 경험의 구조에 대한 더 풍부한 현상학적 설명을 필요로 하고, 또 이러한 현상학적 설명을 통해 정보를 얻는, 마음과 생명에 대한 과학적 설명을 필요로 한다. 역으로 현상학은 심리학, 신경과학, 생물학을 통해 정보를 얻을 필요가 있다. 나의 목적은 환원적인 의미에서 설명적 간극을 좁히자는 것이 아니라, 이 간극을 다루기 위해 우리가 지니는 철학적 자원과 과학적 자원을 확장하고 풍부하게 하자는 것이다. 따라서 나의 접근법은 경험에 대한 현상학적 분석을 생명과 마음에 대한 과학적 분석과 상호 이해를 돕는 관계를 맺도록 하는 것이다.

감사의 말

나는 이 책이 철학자들이 인격적 동일성의 다발 이론이라 부르는 것을 예시하고 있다고 생각하지 않을 수 없다. 다발 이론에 따르면, 시간을 통해서 지속하는 단일하고 영구적인 자기가 존재하는 것이 아니라 자기는 끊임없이 변화하고 심리학적으로 연속적인 경험들 혹은 심적 사건들의 다발이다. 마찬가지로, 이 책은 여러 해 전에 시작해서 개시 이래 매우 많은 변형들을 겪어 왔기 때문에 십여 년 전에 작업하기 시작한 '동일한' 책이라고 자신 있게 말할 수 없다.

최초에 이 책(혹은 이 책 원문의 전신)은 프란시스코 바렐라와 공동 집필하기로 되어 있었다. 우리는 (엘레나 로쉬와 공동 집필한) 우리의 책, 『신체화된 마음: 인지과학과 인간경험*The Embodied Mind: Cognitive Science and Human Experience*』(MIT Press, 1991)의 후속편을 저술하기를 바랐었다. 우리가 (1994년에) 우리의 새로운 책을 계획하기 시작했을 때 프란시스코는 자신이 C형 간염이라는 만성질환을 앓고 있다는 것을 막 알게 되었다.

따라서 시작부터 어떤 절박감이 이 책 위에 놓였다. 결국 프란시스코는 간 이식을 받을 필요가 있음이 명백해졌다. 이 시기에 (1998년에) 프란시스코는 이 기획에서 물러나기로 결심을 했고, 내가 단독으로 계속해 달라고 격려를 했다. 따라서 나는 이 책을 나 혼자서 수정하는 일에 착수했다. 이식을 성공적으로 받은 후에 프란시스코는 이 기획을 하고 싶은 새로운 열의를 느꼈고, 우리의 협동적 노력을 재개하려고 했다. 애석하게도 그 후 얼마 되지 않아 병이 재발했고, 프란시스코는 파리의 그의 집에서 2001년 5월 28일에 유명을 달리했다. 이삼일 후 온라인 저널 *Psyche*에 내가 쓴 부고를 http://psyche.cs.monash.edu.au/v7/psyche-7－12-thompson.html에서 읽을 수 있다. 축약본이 또한 *Journal of Consciousness Studies 8*(2001): 66-69에 발표되었다.

프란시스코가 죽은 후 나는 이 책을 공동 집필의 형태로 계속하려고 했다. 하지만 써야 할 방대한 양의 글이 여전히 있었고, 시간이 흘러감에 따라 이 책을 완전히 재구성해서 나 혼자서 다시 써야 할 필요가 있음이 분명해졌다. 나는 이 책이 마침내 현재의 형태를 갖추기까지 장들을 재편성해서 다시 썼으며, 제목을 두 번 바꾸었다. 따라서 이 책을 읽은 사람이라면 누구든 프란시스코의 사상의 막대한 영향이 분명히 나타나 있다고 느끼겠지만, 이 작업의 내용에 나는 전적으로 책임을 지고 있으며, 모든 결함과 실책은 나의 것이다.

이 책이 나오기 위해 오래고 어려운 시기를 거쳤고, 나는 많은 사람들의 지원과 격려를 받아 왔다.

이 책의 격동의 삶에 레베카 토드Rebecca Todd보다 나에게 더 많은 격려, 도움, 사랑을 준 사람은 그 누구도 없었으며, 더 많은 것을 함께한 사람도 없었다. 내가 느끼는 사랑과 고마움은 이루 말로 다 표현할 수가 없다. 그녀는 내가 이 책과 씨름하며 긴 자기몰입의 기간을 보내는 동안 함께 살아주었을 뿐만 아니라, 수많은 원고들을 읽으며 내 생각과 글이 향상되도록 헤아릴 수 없을 만큼 많은 도움을 주었다. 그녀 없이 이 책을 썼다는 건 도저히 상상할 수 없는 일이다.

우리의 아들 맥시밀런 토드 윌리엄스Maximilian Todd Williams와 가레스 토드 톰슨Gareth Todd Thompson은 그들이 그 나이까지 살아오는 동안 거의 내내 내가 이 책에 전념해서 작업하는 모습을 참고 봐 와야 했다. 그들에게 보내는 나의 고마움은 끝이 없는 것이다. 나는 이 책을 그들에게, 그리고 우리 온 가족의 사랑하는 친구 가브리엘 코엔 바렐라Gabriel Cohen Varela에게 바친다. 내 막내아들과 나이가 같은 가브리엘은 프란시스코 바렐라와 에이미 코엔 바렐라의 아들이다.

게일 톰슨Gail Thompson, 윌리엄 어윈 톰슨William Irwin Thompson, 힐러리 톰슨Hilary Thompson은 하나하나 들기에는 너무나 많은 방식으로 큰 도움을 주었다. 나는 이들에게 깊은 고마움을 느끼고 있다.

나는 또한 여러 해 동안 격려해준 데 대해 존 토드John Todd와 낸시 토드Nancy Todd에게 깊은 감사의 뜻을 표한다.

이 책에 대한 에이미 코엔 바렐라의 열정, 그리고 프란시스코의 죽음 후 내가 이 책을 단독집필의 저작으로 변형하기로 결정했을 때 그녀의 머뭇거리지 않는 지원과 격려에 깊은 감사를 드린다.

나는 이 책을 쓰고 있는 동안 보내준 알바 노에Alva Noë의 우정과 지적 동지애를 아주 소중하게 여기고 있다. 또한 몇 장들의 초기 원고들에 논평을 해준 데 대해, 그리고 완성되기 직전의 원고를 읽고 논평해준 데 대해 그에게 감사의 뜻을 표한다.

지오바나 콜롬베티Giovanna Colombetti, 디에고 코스멜리Diego Cosmelli, 이사벨라 그라닉Isabela Granic, 로버트 한나Robert Hanna, 마르크 루이스Marc Lewis, 앙투안 루츠Antoine Lutz, 수잔 오야마Susan Oyama, 미카엘 질버슈타인Michael Silberstein, 단 자하비Dan Zahavi, 필 젤라조Phil Zelazo 같은 많은 사람들이 수년 동안 이 책의 여러 부분들을 읽어주고 도중에 유익한 조언을 해주었다.

이 책과 관련된 매우 다양한 주제에 관한 유익한 논의에 대해, 나는 리자 애덤스Lisa Adams, 랠프 애돌프스Ralph Adolphs, 미셸 빗볼Michel Bitbol, 마리아 보테로Maria Botero, 폴 보긴Paul Bourgine, 리키 데이비슨 Richie Davidson, 나탈리 데프라즈Natalie Depraz, 장-피에르 뒤퓌Jean-Pierre Dupuy, 프란스 드 발Frans de Waal, 애덤 엥글Adam Engle, 미셸 페라리Michel Ferrari, 숀 갤러거Shaun Gallagher, 비토리오 갈레세Vittorio Gallese, 톰 홀렌슈타인Tom Hollenstein, 이블린 폭스 켈러Evelyn Fox Keller, 우리아 크리겔Uriah Kriegel, 장-필립 라쇼Jean-Philippe Lachaux, 코니 램Connie Lamm, 알렉스 래미Alex Lamey, 도로테 르그랑Dorothée Legrand, 미셸 르 반 퀴옌Michel Le Van Quyen, 루이지 루이시Luigi Luisi, 준 루오Jun Luo, 에듀어드 마르바하 Eduard Marbach, 배리 맥멀린Barry McMullin, 베르나르 파슈Bernard Pachoud, 슬로보단 페로빅Slobodan Perovic, 클레어 페팃멩긴Claire Petitmengin, 장 프티토Jean Petitot, 르질자나 라데노빅Ljiljana Radenovic, 프란츠 라이힐레 Franz Reichle, 에우제니오 로드리게스Eugenio Rodriguez, 안드레아스 뢰프스토르프Andreas Roepstorff, 장-미셸 로이Jean-Michel Roy, 데이비드 러드로프 David Rudrauf, 브라이언 캔트웰 스미스Brian Cantwell Smith, 존 스튜어트 John Stewart, 스티브 토렌스Steve Torrence, 조엘 웜슬리Joel Walmsley, 마크 웩슬러Mark Wexler, 아서 자조닉Arthur Zajonic에게 감사드린다.

나는 이 책이 완성되기 직전의 원고를 토론토 대학 철학과에서 2005년 가을 학기에 강의한 '현상학적 심리철학'에서 대학원 세미나를 위해 주교재로 삼았다. 이 세미나에 참석한 모든 사람—특히 랜펄 도산즈Ranpal Dosanjh, 데이비드 에건David Egan, 캐설 오 마다가인Cathal Ó Madagáin, 조슈아 벤 니콜스Joshua Ben Nichols, 애드린 프리티먼Adrienne Prettyman, 조엘 웜슬리Joel Walmsley—에게 교재에 대해 비판적 응답을 해준 데 대해 감사를 드린다.

헬레나 드 프리스터Helena De Preester는 단기간에 이 책이 완성되기 직전의 원고를 읽고 최종 교정본에 상당히 도움을 주는 상세하고 통찰력 있는 많은 논평을 보내주었다.

마이크 휠러Mike Wheeler 또한 완성된 원고를 읽고 내 주장이 개선될 수 있는 몇 대목에 주의를 환기하도록 도움을 주었다.

하버드 대학 출판부의 린제이 워터스Lindsay Waters의 인내에 특히 감사를 드린다. 원고가 최종적으로 그의 책상에 도착했을 때 격려해주고 신속히 일을 처리해준 데 대해 많은 감사를 드린다.

지원을 해준 데 대해 몇몇 연구소와 개인들에게 고마운 말씀을 전한다. 2003년 3월과 4월에 파리 에콜 폴리테크니크Ecole Polytechnique에 있는 응용 인식론 연구소the Centre de Recherche en Epistémologie Appliqué(CREA)에서 방문연구원Maître de Recherche으로 머물렀다. 이 연구소의 소장인 장 프티토에게 이 책을 쓰는 데 크게 도움이 된 이런 기회를 마련해준 데 대해 고마움을 표하고 싶다. 또한 코펜하겐 대학의 주관성 연구소the Center for Subjectivity Research의 소장인 단 자하비에게도 2004년 6월과 2005년 6월 2주 동안 방문하도록 초대해준 데 대해, 그리고 이 기간 동안 많은 생산적인 교환을 해준 데 대해 감사의 말을 전하고 싶다. 마지막으로, 연구소 철학과 신경과학 맥도넬 프로젝트the McDonnel Project in Philosophy and the Neurosciences, 이 연구소의 소장 카트린 애킨스Kathleen Akins, 그리고 나의 동료 프로젝트 구성원들에게 내 연구 작업에 관심을 가져주고 지원해준 데 대해 감사의 말을 하고 싶다.

재정적 지원에 대해 말하자면, 나는 Standard Research Grant(1998-2001)와 Canada Research Chair(2002-2007)를 받도록 해준 데 대해 캐나다의 사회과학과 인문학 연구 협의회the Social Sciences and Humanities Research Council of Canada에게, Faculty of Arts Research Fellowship(2001-2002)을 받도록 해준 데 대해 요크 대학에게, 연구소 철학과 신경과학 맥도넬 프로젝트에게, 애리조나 대학의 의식 연구소the Center for Consciousness Studies에게, 그리고 Connaught Start-up Research Award를 받도록 해준 데 대해 토론토 대학에게 고마운 마음을 전한다.

9장의 최초본은 *Phenomenology and the Cognitive Sciences* 4(2005): 407-427

에 Sensorimotor Subjectivity and the Enactive Approach to Experience(ⓒ Springer-Verlag)라는 제목의 논문으로 발표되었다. 10장은 *Phenomenology and the Cognitive Sciences*(인쇄 중; ⓒ Springer-Verlag)에 실은 Look again; Phenomenology and Mental Imagery, 그리고 *Synthese*(인쇄 중; ⓒ Springer-Verlag)에 실은 Representationalism and the Phenomenology of Mental Imagery의 확장본이다. 나는 이 책에서 수정된 형태로 이 자료를 사용하도록 허락해 준 데 대해 이 저널들의 편집자들에게 고마움의 마음을 전한다.

마지막으로, 나는 요크 대학의 나의 이전 동료들, 그리고 토론토 대학의 새로운 동료들에게 내 작업에 격려와 관심을 보내준 데 대해 고마운 마음을 전한다.

1부

창출행위적 접근법

1장 인지과학과 인간경험

인지과학—인지과정들과 전통적으로 관련돼 있는 심리과학의 그 부문—은 "아주 긴 과거를 갖고 있지만 상대적으로 짧은 역사"(Gardner 1985, p. 9)를 갖고 있는 것으로 묘사되어 왔다. 마음에 대한 과학적 관심은 플라톤과 아리스토텔레스까지 거슬러 올라가면서 내내 추적될 수 있지만, 인지과학이라는 용어는 심리학, 신경과학, 언어학, 컴퓨터과학, 인공지능(AI), 그리고 철학을 통합한 새롭고, 현대적이고, 과학적인 연구프로그램을 위한 이름으로 20세기 후반에 이르러서야 등장하게 되었다. 이러한 분야를 통합하고 심리학과 철학의 초창기 접근법으로부터 인지과학을 떼어놓는 것이, 인지의 원리들과 메커니즘들을 명확하게 하고자 하는 목적이었다. 인지과학은 개념들, 모형들, 실험기법들에 대해 전반적인 새로운 배열을 제공할 때, 심리학과 철학의 초창기의 형태들이 제공했던 것을 넘어 마음에 대한 엄밀한 과학적 지식을 제공할 수 있다고 주장했다.

그러나 최근에 인지과학이 불완전하다는 것이 많은 연구자들에게 점점 더 분명해졌다. 인지과학은 인지에 초점을 맞추어 온 반면, 정서, 정동, 동기부여는 도외시해 왔다(LeDoux 2002, p. 24). 게다가 마음의 완전한 과학은 주관성과 의식을 설명할 필요가 있다.

뒤늦은 깨달음이지만, 전통적 철학과 심리학에서 오늘날의 인지과학까지 오는 추이 속에서 지금에서야 되찾기 시작하고 있는 무언가를 잃어버렸다는 것이 또한 명백해졌다. 간단히 말해, 잃은 것은 주관적 경험에 대한 과학적 관심이었다. 1892년 윌리엄 제임스William James는 조지 트럼볼 래드George Trumball Ladd가 행한, 심리학은 "의식 그 자체의 상태에 대한 기술과 설명"(James 1985, p. xxv)이라는 정의를 시인하며 인용했다. 의식이 심리학의 주제라고 생각되고 있었지만, 인지과학은 사실상 최근까지 의식에 대해서 아무것도 말하지 않았다. 이러한 간과를 이해하기 위해 우리는 1950년대 이후의 인지과학의 발달을 고려할 필요가 있다.

마음의 연구에 대한 세 가지 주요 접근법 곧 인지주의, 연결주의, 신체화된 동역학주의가 인지과학 내에서 구별될 수 있다. 각 접근법은 마음을 이해하기 위해 나름대로 선호하는 이론적 은유를 지니고 있다. 인지주의에게 그 은유는 디지털 컴퓨터로서의 마음이고, 연결주의에게는 신경네트워크로서의 마음이고, 신체화된 동역학주의에게는 신체화된 역동적 체계로서의 마음이다. 인지주의는 1950년에서 1970년대까지 이 분야를 지배했다. 1980년대에는 연결주의가 인지주의자의 정설에 도전하기 시작했고, 1990년대에는 신체화된 동역학주의가 뒤따랐다. 현대 연구에서는 세 가지 모든 접근법들이 분리되어 공존하기도 하고 또 다양한 혼성의 형태로 공존하기도 한다.[1]

인지주의

인지과학은 행동주의 심리학에 대항해서 1950년대에 '인지 혁명'과 함께 등장했다. 이 혁명의 한가운데에 지금은 인지처리과정의 고전적 이해라고 알려져 있는 마음의 컴퓨터 모형이 있다. 이 고전적 모형에 따르면, 인지는 디지털 컴퓨터의 방식을 따르는 정보처리과정이다. 행동주의는 유기체의 내적 상태들에 대한 어떠한 지시도 허용하지 않았다. 행동의 설명은 (입력의 측면에서) 감각적 자극과 행동적 조건화와 (출력의 측면에서) 외현적인 행동적 반응에 의거해서 이루어져야 했다. 마음의 컴퓨터 모형은 내적 상태들에 대한 지시를 적법하게 했을 뿐만 아니라, 그 지시가 복잡한 정보처리과정 체계들의 행동을 설명하는 데 필요하다는 것을 보여주었다. 더욱더 중요한 것은, 내용 혹은 의미가 체계 내부의 상태들에 귀속될 수 있는 방식을 컴퓨터 모형이 보여준다고 생각되었다는 점이다. 컴퓨터는 상징을 조작하는 기계로 여겨지고 있다.[2] 상징은 물리적 모양 혹은 형태를 지니는 소품이며, 이는 무언가를 대신하거나 대표한다. 마음의 컴퓨터 모형에 따르면, 뇌는 컴퓨터 곧 '물리적 상징체계'이기도 하며, 심적 처리과정은 뇌 속의 상징적 표상을 조작함으로써 수행된다(Newell and Simon 1976; Pylyshyn 1984). 전형적인 인지주의자의 모형은 어떤 영역의 문제를 해결하기 위한 프로그램의 형태를 취한다. 비상징적 감각입력은 과제 영역의 상징적 표상들로 변환되어 사상寫像된다. 그런 다음 이 표상들은 문제를 해결하기 위해 순전히 형식적이거나 문법적인 방식으로 조작된다. 인지주의자의 설명은, 인지적 과제에 대한 추상적이고 문제해결적인 정의, 상징적 표상들의 구조와 내용, 그리고 주어진 문제를 해결하기 위해 표상들을 조작하기 위한 알고리즘의 본성에 초점이 맞추어져 있다. 인지주의는 심리철학의 기능주의와 손을 나란히 잡고 가는데, 그런 기능주의는 그 극도의 계산적인 형식을 유지하며 유기체의 신체화는 마음의 본성과 본질적으로 무관하다고 주장한다. 심적 상태에서 가장 중요한 것은 하드웨어가 아니라 소프트웨어인 것이다.

인지주의는 표상적 의미론이란 점에서 의미를 과학적으로 용납 가능하게 만들었지만, 심리과학으로부터 의식을 추방하는 대가를 치르고 그렇게 한 것이다. (사실 인지주의는 행동주의로부터 직접 의식의 금기를 상속받았다.) 내적인 상징적 언어를 사용하는 두뇌가 행하는 계산작용으로 이해된 심적 처리과정은 전적으로 비의식적인 것으로 간주되었다. 그래서 한편으로는 마음과 의미의 연관, 다른 한편으로는 주관성과 의식의 연관이 완전히 단절되었다.

인지주의보다 오래전에 프로이트는 이미 마음과 의식을 단순하게 동일시하는 것은 무엇이든 허물어버렸다. 그의 초기 모형에 따르면, 영혼psyche은 그가 명명한 세 가지 체계 곧 의식적인 것, 전의식적인 것, 무의식적인 것으로 구성된다(Freud 1915, pp. 159-222). 의식적인 것은 알아차림의 장에 상응하고, 전의식적인 것은 우리가 회상할 수는 있지만 지금은 알아차릴 수 없는 것에 상응한다. 이와는 달리, 무의식적인 것은 프로이트가 우리의 계통발생적 유산의 일부라고 생각한 것이다. 무의식적인 것은 철저하게 신체적이고 정동적이며, 그 내용들은 억압repression에 의해 근본적으로 의식으로부터 분리되어 있고, 왜곡distortion 없이는 의식적-전의식적 체계로 들어갈 수 없다. (후에 프로이트는 에고, 이드, 슈퍼에고로 구성된 새로운 구조적 모형을 도입했다. Freud 1923, pp. 339-407을 보라.)

그러나 인지주의자의 인지와 의식의 분리는 프로이트의 모형과는 달랐다. 인지주의에 따르면, 심적 처리과정은 본성상 어떤 조건하에서도 인격적인 알아차림이 도무지 접근할 수 없는 '하부인격적 경로'이다. 마음은 인격의 주관적인 심적 상태와, 두뇌에서 시행되는 하부인격적인 인지적 경로 사이에 메울 수 없는 간극이 있는 두 개의 현격히 다른 영역으로 나뉘었다. 근본적으로 비의식적이고 하부인격적인 영역, 이른바 인지적 비의식은 사고의 행위가 실제로 일어나는 곳이다. 인격적 알아차림은 단지 하부인격적 처리과정의 부수현상적 현출의 몇몇 결과를 접속할 뿐이다(Jackendoff 1987). 사고는 비의식적이고 머리에 매여 있는 상징 조작에 상응한다. 사고는 지각, 감정, 운동 행위의 체계로부터 분리되어 뇌의 중심의 인지적 모듈에서 일어난다. 인지적인 무의식적인 것은 신체적이지도 정동적이지도 않으며, 또 머리 안에 굳건히 머물고 있다.

이렇게 의식에서 인지과정들을 철저하게 분리하는 것은 마음을 과학적으로 이론화할 때 독특한 '설명적 간극'을 만들어냈다.[3] 데카르트적 이원론은 마음과 물질, 의식과 자연 사이의 설명적 간극을 오래전부터 만들어왔다. 인지주의는 이 간극을 좁히지 않고, 하부인격적, 계산주의적 인지, 주관적인 심적 현상들 사이의 새로운 간극을 벌려놓음으로써 물질주의적 형태로 간극을 영속화했다. 간단히 말해, 인지주의는 주관적 경험이란 의미에서의 심성mentality에 대해 어떠한 설명도 제공하지 않았다. 어떤 이론가들은 심지어 주관성과 의식은 인지과학의 분야에 속하지 않는다고 주장하기까지 했다(Pylyshyn 1984). 그러나 모든 이론가들이 이 견해를 공유했던 것은 아니다. 레이 재켄도프Ray Jackendoff가 한 주목할 만한 예외였는데, 그는 1987년 그의 책 『의식과 계산주의적 마음*Consciousness and the Computational Mind*』에서 인지주의가 직면하고 있는 문제를 분명하게 진술했다. 재켄도프에 따르면, 인지주의는 계산주의적 인지를 주관적 경험과 철저히 구분하기 때문에 고전적 마음-몸 문제에 부가해서 새로운 '마음-마음' 문제를 만들어냈다. 마음-마음 문제는 계산주의적 마음과 현상학적 마음 간의 관계의 문제이자, 하부인격적, 계산주의적, 인지적 처리과정들과 의식적 경험 간의 관계의 문제이다(Jackendoff, p. 20). 인지주의 덕분에 새로운 조합의 마음-몸 문제들에 직면해야 했다.

1. 현상학적 마음-몸의 문제: 뇌는 어떻게 경험들을 가질 수 있는가?
2. 계산주의적 마음-몸의 문제: 뇌는 어떻게 추론을 성취할 수 있는가?
3. 마음-마음의 문제: 계산주의적 상태들과 경험의 관계는 무엇인가?

각 문제는 설명적 간극의 변종이다. 인지주의자는 계산주의적 마음-몸의 문제를 해결하고자 마음을 컴퓨터에 비유했지만 이렇게 함으로써 마음-마음의 문제라는 새로운 문제를 만드는 대가를 치르게 되었다. 이 문제는 지금 '의식의 어려운 문제'로 알려진 것의 한 버전이다(Chalmers 1996; Nagel

1974).

인지주의 전성기인 1970년대와 1980년 초, 인지주의자들은 그들의 견해를 '마음의 유일한 게임'[1]으로 선언하는 것을 좋아했고(Fodor 1975, 1981), 전화교환기로서의 뇌와 같은 초기의 기계주의적 모형과는 달리, 마음의 컴퓨터 모형은 은유가 아니라 과학적 이론이라고 주장했다(Pylyshyn 1984). 그러나 인지인류학자 에드윈 허친스(Edwin Hutchins, 1995)는 문화에서 개인 심리학으로 옮겨가는 혼란스러운 은유적 이동은 인지주의적 견해의 기원 바로 그것에 놓여 있다고 주장해 왔다. 인지주의는 사실상 사회문화적 활동—인간의 계산활동—을 취해서 이를 개인의 머릿속에서 진행되는 무언가로 투사하는 데서 연유한다. 계산활동의 인지적 속성들은 개인적 인격에 속하는 것이 아니라, 개인-더하기-환경의 사회문화적 체계에 속하는 것이다.

한 계산적 체계의 원래의 모형은 한 인격—손과 눈, 펜과 종이로 상징들을 조작하는 수학자 혹은 논리학자—이었다. ('컴퓨터'라는 단어는 원래 '계산하는 사람'을 의미했다.) 이러한 종류의 물리적 상징체계는 정교하고 문화적으로 특정한, 인간활동의 형식이다. 이 상징체계는 신체화되어 있어서 지각과 운동 행위를 요구하며, 상징적 인지와 기술의 사회문화적 환경 속에 감입되어[2] 있다. 이 체계는 두개골 혹은 피부에 매여 있지 않고, 환경으로 확장된다. 환경은 환경대로 인지과정들 그 자체에서 필연적이고 능동적인 역할을 행한다. 그것은 그저 부수적이고 외적인 무대인 것이 아니다(Clark and Chalmers 1998; Wilson 1994). 그럼에도 불구하고, 인간의 마음은 앨런 튜링Alan Turing이 튜링기계에 대해 수학적 개념에 도달할 때 그랬듯이 상징 열symbol strings에 대해 공식적 규칙을 기계적으로 적용하는 추상적 방식으로 계산활동을 이념화하고 개념화할 수 있다. 튜링은 수학자가 그

1) 가장 괜찮은 것, 유일하게 이용할 수 있는 것.

2) embedded. '아로새겨 넣음'이란 뜻의 '감입嵌入'을 써서 '감입된'으로 번역했다.

속에서 계산하는 세계와, 계산활동을 수행하기 위해 그 혹은 그녀가 사용하는 심리학적 과정들을 모두 성공적으로 추상해버렸다. 그러나 그런 추상적이고 형식적인 체계가 실제세계의 무엇을 반영하고, 혹은 실제세계의 무엇에 일치하는가? 인지주의자의 '창조신화'에 따르면, 튜링이 포착하는 데 성공한 것은 개인 내의 지성적 사고 혹은 인지의 필수불가결한 것들이었다. (남은 모든 것들은 그저 이행의 세부사항들에 불과했다.)

이 신화의 문제는 실제적인 인간의 계산활동—추상적으로 계산활동을 개념화하기 위한 원래의 원천 영역—은 결코 단지 내적인 심리적 과정이 아니라, 그것은 또한 사회문화적 활동이라는 점이었다. 다시 말해, 계산은 결코 단지 개인의 인지적 속성들이 아니라 개인이 그 속에 감입돼 있는 사회문화적 체계의 속성들을 반영했다는 점이다. 그러므로 우리가 상황에 처해 있는 개인을 추상화해버릴 때, 남는 것은 정확하게 개인적 인지의 필수불가결한 것들이 아니라 오히려 사회문화적 체계의 필수불가결한 것들이다. "물리적-상징-체계 건축술은 개인적 인지의 모형이 아니다. 그것은 인간 행위자가 제거되어 있는 사회문화적 체계의 작동의 모형이다."(Hutchins 1995, p. 363; 강조 생략). 따라서 추상적인 계산활동이 사고과정들의 구조의 모형을 만드는 데 잘 맞는지 여부는 의심스럽다. 그럼에도 불구하고, 인지주의는 컴퓨터 프로그램이 사회문화적 체계의 추상적 속성을 재생산하거나 혹은 확장한다는 것을 깨닫는 대신에 물리적-상징-체계의 모형을 뇌 안으로 투사했다. 그러므로 인지주의는 초창기부터 문화, 사회, 신체화를 도외시해버렸기 때문에, 이러한 종류의 비판적 분석에 계속 저항했으며, 머릿속 컴퓨터로서의 마음의 물화된 은유를 고집했던 것이다.[4]

그러나 인지주의에 도전하는 연결주의자는 이러한 종류의 비판의 형태를 취하지 않았다. 오히려 연결주의자의 비판은 물리적-상징-체계 모형을 신경학적 입장에서는 받아들이기 어렵다는 점과, 신경네트워크에 비할 수 있는 상징처리과정에서 감지되는 여러 가지 결함에 초점을 맞추었다 (McClelland, Rummelhart, and the PDP Research Group 1986; Smolensky 1988).

연결주의

연결주의는 인지주의 이전 시대의 인공두뇌학으로부터 받은 사상들을 개정하고 재활성화하며 1980대 초에 일어났다.[5] 연결주의는 지금 널리 퍼져 있다. 연결주의가 그리는 마음의 중심적인 은유는 신경네트워크이다. 연결주의자의 인지적 과정들의 모형은 디지털 컴퓨터에서 구동되는 가상체계인 인공적 신경네트워크의 형태를 취한다. 인공적 신경네트워크는 수적으로 가중된 연결들에 의해 함께 결합되는 많은 단순한 유사 신경 단위의 층들로 이루어져 있다. 이 연결의 강도는 다양한 학습규칙 그리고 체계의 활동의 역사에 따라 변한다.

이 네트워크는 (상징적이 아닌) 수적 입력 표상들을 수적 출력 표상들로 전환하도록 훈련되어 있다. 적절한 입력과 훈련이 주어지면, 이 네트워크는 쓰여진 텍스트로부터 말소리를 산출하는 것(Sejnowski and Rosenberg 1986의 유명한 NETtalk 체계)과 같은, 혹은 어휘적 역할에 따라서 단어들을 범주화하는 것(Elman 1991)과 같은 어떤 특정한 인지적 수행으로 수렴된다. 그런 인지적 수행들은 네트워크 내에서 창발하는 활동의 패턴들과 일치한다. 이 패턴들은 비록 상징적 용어로 대략적으로 기술될 수 있게 되어 있다고 해도 전통적인 계산주의적 의미의 상징은 아니다(Smolensky 1988). 연결주의자들의 설명은 신경네트워크(단위들, 층들, 연결들)의 건축술, 학습규칙들, 이 네트워크의 활동에서 창발하는 분산된 하위상징적 표상들에 초점을 맞춘다. 연결주의에 따르면, 인공적 신경네트워크들은 뇌 속의 신경망의 추상적 인지 속성들을 포착하며, 물리적 인지주의의 상징체계보다 더 나은 마음의 인지적 건축술의 모형을 제공한다.

1980년대의 연결주의자의 운동은 인지주의가 강조하는 연역적 추리와 대조적으로 지각패턴 인식을 지능의 패러다임으로서 강조했다. 인지주의가 머리 안의 마음에 굳건하게 머물렀던 반면에, 연결주의는 인지과정과 환경 사이의 관계에 대한 더 역동적인 개념을 제공했다. 예를 들면, 연결주의자들은 순차적 추론과 언어적 인지의 구조적 속성들이 뇌 속의 상징들을 조작하는 데서가 아니라, 신경네트워크들이 도표, 수적 상징, 자연언어와 같은 외적 환경 속의 상징적 자원들과 역동적으로 상호작용하는 데서 생겨난다는 가설을 세웠다(Rummelhart et al. 1986).

이러한 진전에도 불구하고 연결주의자의 체계는 환경과의 어떠한 감각적이고 운동적인 쌍결합(=커플링coupling)도 포함하지 않고, 대신에 (체계의 설계자에 의해 최초로 설정된) 인위적 입력과 출력을 기반으로 해서 작동했다. 연결주의는 또한 인지는 기본적으로 (관찰자 혹은 설계자에 의해 외부로부터 제기된) 사전에 정의된 문제를 해결하는 것이며, 또 마음은 본질적으로 두개골에 매여 있는 인지적 무의식이고 마음-뇌 속의 계산주의적 표상의 하부인격적 영역이라는 생각을 인지주의로부터 물려받았다. 연결주의가 인지주의와 일치하지 않는 것은 (인지주의자들에게는 상징적symbolic이고, 연결주의자들에게는 하위상징적인subsymbolic) 계산과 표상의 본성에 관한 것이었다.

설명적 간극의 문제와 관련해서 연결주의는 계산론적 마음의 범위를 확장시켰지만, 계산론적 마음과 현상학적 마음 사이의 간극을 다루기 위한 새로운 원천들을 설사 제공했다 하더라도 거의 제공하지 않은 셈이었다. 주관성(=주체성)은 여전히 심리과학들에서 어떤 자리도 점하지 않았고, 설명적 간극은 다루어지지 않은 채 남아 있었다.

신체화된 동역학주의

제3의 접근법인 신체화된 동역학주의는 1990년대에 일어났으며, 인지주의적 혹은 연결주의적 형태의 계산주의에 대한 비판적 입장을 포함하고 있었다.[6] 인지주의와 연결주의는 인지과정과 실제세계의 관계를 묻지 않고 놓아두었다. 그 결과 그들의 인지모형들은 탈신체화되었고 추상적이었다. 한편으로는, 뇌 속에서 인지과정들이 예화된다는 (혹은 실현되거나 시행된다는) 그런 개념이 무엇을 의미할 수 있는지에 대해 별 생각을 하지 않고 그렇게 된다고 말들 했다. 또, 뇌의 생물학적 사실들에 대해, 그리고 뇌와 유기체의 살아 있는 몸의 관계, 뇌와 환경의 관계에 대해 별 생각을 하지 않고 그렇게 된다고 말들 했다. 다른 한편으로는, 마음과 세계의 관계는 추상적 표상의 하나로 가정되었다. 즉, 마음-뇌 속의 상징적 혹은 하위상징적 표상들은 사전에 특정화된 그리고 인지체계와 무관하게 특정화된 어떤 제한된 외부영역의 사태들을 상징한다. 따라서 마음과 세계는, 머리 내부의 표상적 모형에 비친 외부세계와 함께, 서로 분리되고 독립된 것으로 취급되었다. 신체화된 동역학주의는 이 모든 가정들, 특히 탈신체화되고 추상적인 심적 표상으로서의 인지개념에 의문을 제기했다. 연결주의와 마찬가지로 신체화된 동역학주의는 물리적 상징체계보다는 자기조직화하는 역동적 체계에 초점을 맞추지만 — 연결주의자의 신경네트워크는 자기조직화하는 역동적 체계의 한 예이다 —, 인지과정들이 뇌, 몸, 환경이 관여돼 있는 끊임없는 감각운동적 상호작용들의, 비선형적이고 순환적인 인과관계에서 창발한다는 것을 추가로 주장한다. 이 접근법의 중심적 은유는 머릿속의 신경네트워크로서의 마음이라기보다 세계 속의 신체화된 역동적(=동역학적) 체계로서의 마음이다.

그 이름이 시사하듯이, 신체화된 동역학주의는 두 가지 주요한 이론적인 신념을 결합하고 있다. 한 신념은 인지에 대한 동역학 체계 접근법에 대한 것이고, 다른 한 신념은 인지에 대한 신체화된 접근법에 대한 것이다.

동역학적 체계 접근법의 중심적인 사상은 인지는 본질적으로 시간적인 현상이며, 따라서 동역학적 체계 이론의 관점에서부터 이해될 필요가 있다는 것이다(Port and van Gelder 1995; van Gelder 1998). 동역학적 체계 모형은 체계의 상태가 시간이 흘러감에 따라 변하는 방식을 기술하는 일단의 진화 방정식의 형태를 취한다. 체계의 모든 가능한 상태들의 합집은 체계의 '상태공간' 혹은 '위상공간'에 상응하고, 체계가 상태를 변화시키는 방식들은 이 공간 속의 궤적들에 상응한다. 동역학적 체계 이론에서 하는 설명은 시간 속에서 전개되는 그런 궤적을 빚는 내적 힘과 외적 힘에 초점을 맞춘다. 입력은 따라야 하는 지시로보다는 체계의 내재적 동역학의 섭동perturbations으로 기술되고, 내적 상태는 외적 사태의 표상으로보다는 섭동에 의해 유발된 자기조직화된 보정補正들로 기술된다.

신체화된 접근법의 중심적인 사상은 인지는 상황에 처해 있고 신체화되어 있는 행위를 숙련된 노하우를 갖고 실행한다는 것이다(Varela, Thompson, and Rosch 1991). 인지적 구조들과 과정들은 자율적이고 상황에 처해 있는 행위자 속에서 지각과 행위를 통제하는 반복되는 감각운동적 패턴들에서 창발한다. 숙련된 노하우로서의 인지는 사전에 특정화된 문제해결로 환원될 수 없다. 왜냐하면 인지적 체계는 문제를 제기하고, 어떤 행위가 그 문제를 해결하기 위해 채택될 필요가 있는지를 특정화하기 때문이다.

엄격히 말해, 동역학주의와 신체화는 논리적으로 독립적인 이론적 약정이다. 예를 들면, 동역학적 연결주의는 동역학주의의 사상들을 인위적 신경네트워크에 포함시키는(Port and van Gelder 1995, pp. 32-34를 보라) 반면에, 로봇공학의 자율적인 행위자 연구는 동역학적 체계 이론을 채용함 없이 신체화 사상들을 포함시킨다(Maes 1990). 그럼에도 불구하고, 동역학주의와 신체화는 잘 어울리며, 많은 이론가들에게 있어서 밀접하게 관련을 맺고 있다. 랜들 비어Randall Beer는 "비록 동역학적 접근법이 홀로 서 있을 수 있다는 것은 확실하다 할지라도, 인지에 대한, 상황에 처해 있고 신체화된 관점과 결합할 때 가장 강력하고 탁월하다"(Beer 2000, p. 97)고 적고 있다.

신체화된 동역학주의는 인지적 무의식에 대해 계산주의와는 다른 관점을 제공한다. 인지적 무의식은 더 이상 세계 내의 정서와 운동행위로부터 분리된 탈신체화된 상징조작 혹은 상징패턴 인식으로 간주되지 않는다. 그렇기는커녕 인지적 무의식은 인격이 경험적으로 접근할 수 없게 되어 있는 신체화되고 감입된 인지와 정서의 그 과정들로 구성되어 있다. 이 인지적 무의식의 정의는 마음의 추상적인 기능주의적 모형 속에서 가설로 세워진 건립물로서가 아니라, 인간의 인지를 이해하고자 하는 우리의 시도

속에서 잠정적으로 지시되는 거대한 문제-공간problem-space으로서 제공된다.

이 맥락에서 적어도 네 가지 사항이 강조될 필요가 있다. 첫째, 개념적 문제로서, 비의식적인 것, 무의식적인 것, 전의식적인 것, 의식적인 것 사이의 관계가 (이 낱말들의 무수한 모든 의미들에 있어서)—혹은 하부인격적인 것과 인격적인 것 사이의 관계가 동등하지 않고 상이한 어법에 있어서—분명하지 않은 상태로 남아 있다. 둘째, 실증적empirical 문제로서, 우리 자신의 심리적 과정과 신체적 과정의 알아차림의 범위와 한계가 아직 분명하게 사상寫像되어 있지 않으며, 의심할 여지없이 피험자들마다 다르다. 셋째, 심리학적이고 생물학적 존재로서의 우리의 본질은 대부분 어떤 의미에서 무의식적이라는 핵심 논점이 여전히 존재한다. 따라서 주관성은 이 무의식적 구조들이나 과정들과 관련해서 그 자체를 상황에 처하게 하지 않고서는 이해될 수 없다. 마지막으로, 인지적이고 정서적인 것으로 기술될 수 있는 것들을 포함하는 이 무의식적 구조들이나 과정들은 몸 전체를 걸쳐서 확장되며, 몸이 감입되어 있는 물질적이고 사회적이고 문화적인 환경들을 통해서 순환하고 있다. 그것들은 두개골 내부의 신경과정들에 제한되어 있지 않다.

1990년대 신체화된 동역학주의의 발생은 의식에 대한 과학적 관심과 철학적 관심의 부활과 일치하고, 인지과정에 대한 과학적 해명과 인간의 주관성 간의 설명적 간극을 기꺼이 다시 다루고자 하는 의향과 함께한다. 신체화된 인지에 대한 다수의 작업들은 명백하게 경험과 관련되어 있었으며, 계산주의의 객관주의자적 가정에 도전했다.[7] 이 작업들의 일부는 또한 그 방향이 명백히 동역학적이었다.[8] 특히 바렐라, 톰슨, 로쉬(1991)의 창출행위적[3)] 접근법은 마음에 대한 신체화된 동역학주의적 해명과 인간의 주관성과 경험에 대한 현상학적 해명 사이의 다리를 놓는 것을 목표로 하고 있었다.

• • •

3) enactive. '창출하는 행위'란 뜻을 담을 수 있는 '창출행위적'으로 번역했다.

본서는 이 기획을 계속해가고 있다.

창출행위적 접근법

창출행위enaction는 법률을 제정하는 행위를 의미하지만, 또한 보다 일반적으로 행위를 수행함 혹은 이행함을 의미하기도 한다. 시인 안토니오 마차도Antonio Machado의 말을 빌려, 바렐라는 창출행위를 '걸으면서 길을 내기the laying down of a path in walking'로 기술했다. "방랑자여, 길은 그대의 발자국들이지 다른 어떤 것도 아닐지니. 그대는 걸으면서 길을 내는구나."(Varela 1987, p. 63).

바렐라, 톰슨, 로쉬Varela, Thompson, and Rosch(1991)는 그들의 저서 『신체화된 마음*The Embodied Mind*』에서 창출행위적 접근법*the enactive approach*이라는 용어 및 이와 관련된 창출행위 개념을 인지과학 내로 도입했다. 그들은 여러 연관된 사상들을 하나의 표제 하에 통일하는 것을 목표로 했다. 첫 번째 사상은, 살아 있는 존재들은 능동적으로 그들 자체를 생성시키고 유지하는 자율적인 행위자이고, 이렇게 해서 또한 그들 자체의 인지영역을 창출하고 산출한다는 것이다. 두 번째 사상은, 신경체계(=신경계)는 자율적인 동역학적 체계라는 것이다. 신경체계는 상호작용하는 뉴런들의 순환하면서 재진입하는 네트워크로서 작동하는 바 이 작동에 따라서 그 자체의 일률적이고 유의미한 활동의 패턴들을 능동적으로 생성시키고 유지한다. 신경체계는 계산주의적 의미에서 정보를 처리하는 것이 아니라 의미를 창조한다. 세 번째 사상은, 인지는 숙련된 노하우를 상황에 처해 있는 신체화된[4] 행위 속에서 행사하는 것이라는 점이다. 인지적 구조와 과정은 지각과

4) embodied. 'em-bodied'의 '신체body'의 의미가 명확히 담길 수 있도록 '신체화된'으로 번역했다.

행위의 반복되는 감각운동적 패턴에서 창발한다. 유기체와 환경 간의 감각운동적 쌍결합(=커플링)은 신경활동의 내생적인 동역학적 패턴들의 형성을 조절하지 결정하지는 않는 한편, 이 패턴들은 이번에는 감각운동적 쌍결합에 정보를 제공한다. 네 번째 사상은, 인지적 존재의 세계는 뇌에 의해 내적으로 표상된, 사전에 특정화된 외적 영역이 아니라, 이 존재의 자율적 행위체 그리고 환경과 쌍결합하는 양식에 의해 창출되거나 산출되는 관계적 영역이다. 다섯 번째 사상은, 경험은 부수현상적인 부차적 사안이 아니라, 마음을 이해하고자 할 때면 언제든 중심적이고, 또 주의 깊은 현상학적 방식으로 탐구되어야 할 필요가 있다는 것이다. 이러한 이유로 창출행위적 접근법은 심리과학과 인간경험에 현상학적 탐구가 상호보완적이고 상호간에 정보를 주는 방식으로 추구되어야 할 필요가 있다는 점을 주장한다.[9]

본서의 동기를 부여하는 신념은 창출행위적 접근법이 설명적 간극을 좁히는 데 진전을 이루는 자원들을 제공한다는 점이다. 한 가지 핵심 논점은 창출행위적 접근법이 살아 있는 존재와 인지적 존재 고유의 자율성을 설명함으로써 토대로부터 자기성selfhood과 주관성subjectivity을 해명한다는 점이다. 이 책의 취지는 주관성에 대한 이 접근법이 생산적이라는 점을 보여주는 것이다.

이 기획의 진전을 이루기 위해 우리는 생물학, 신경과학, 심리학, 철학, 현상학으로부터 필요한 자료들을 얻어낼 필요가 있다. 이 책에서 나는 이 모든 분야에서 얻은 탐구들을 통합하려 하고 있다.

다음에 나오는 장들을 관통하는 한 가지 공통된 가닥은, 에드문트 후설에 의해 창시되고 수많은 다른 사람들에 의해 여러 방향으로 발전한, 특히 나의 목적으로 볼 때 모리스 메를로-퐁티에 의해 발전한, 현상학의 철학적 전통에 대한 의존이다(Moran 2000; Sokolowski 2000; Spiegelberg 1994).[10] 그러나 나의 목적은 이러저러한 저자 혹은 이러저러한 텍스트에서 발견되는 바의, 이 전통의 분석들을 되풀이하는 것이 아니라, 심리과학에 대한 오늘날의 관심에 비추어서 그 분석들을 새롭게 제시하는 것이다. 따라서 이 책은 현상학을 '자연화하고자naturalize' 분투하는 새로운 세대의 현상학자들의 작업에 이바지하는 것으로 간주될 수 있다(Petitot et al. 1999). 현상학을 자연화하고자 하는 이 기획은 여러 방식으로 이해될 수 있으며, 이에 대한 내 자신의 사유방식은 이 책 후반부에 나타날 것이다. 잠깐 기본적 사상을 소개하면, 현상학이 체험lived experience을 기술하고 철학적으로 분석하는 것만으로는 충분하지 않다는 것이다. 현상학은 그 탐구들을 생물학과 심리과학의 탐구와 관련해서 이해하고 해석할 수 있어야 한다.

그러나 심리과학은 현상학이 성취한 체험의 분석들로부터 배워야 할 많은 것을 갖고 있다. 실로, 과학이 그 주의를 일단 주관성과 의식으로, 살아지는 바의 경험(=체험)으로 돌리기만 하면, 현상학과 함께하지 않을 수 없으므로, 따라서 현상학은 실험적 심리과학과 생명과학에 필수불가결한 파트너로서 인식되고 구축될 필요가 있다. 우리가 보겠지만, 이렇게 현상학으로 과학이 전회한다면 현상학을 자연화하는 것만큼이나 자연, 생명, 마음을 다시 새롭게 이해할 수 있게 된다(Zahavi 2004b).

또한 창출행위적 접근법과 현상학은 더 깊이 수렴하는데, 이 점은 여기에서 간략하게 요약해둘 만한 가치가 있다. 둘 모두 마음이 대상들을 구성해야 한다고 보는 견해를 공유하고 있다. 여기서 구성은 제작fabrication 혹은 창조creation를 의미하지 않는다. 마음은 세계를 제작하지 않는다. 기술적인technical 현상학적 의미에서 '구성한다'란 '알아차림으로 가져온다bring to awareness', '현시한다present', '개시한다disclose'를 의미한다. 마음은 사물을 알아차림으로 가져온다. 마음은 세계를 개시하고 현시한다. 고전적인 현상학적 방식으로 진술하면, 이 사상은 의식의 지향적 활동 덕분에 대상들이 개시되거나 혹은 대상들이 존재하는 방식으로 경험에 접할 수 있게 된다는 것이다. 우리 마음의 지향적 활동성에 의해 개시되고 알아차림에 가져와지는 방식 때문에 사물은 그 자체의 특질들을 갖고서, 말하자면, 드러내 보인다show up. 그러한 구성은 일상생활의 우리에게 분명하지 않으며, 이를 개시하기(=열어보이기) 위해서는 분석을 요한다. (11장에서 논하는) 우리의 시간경험을 생각해보자. 즉각적인 미래로 열리고 즉각적인 과거로 사라지는 일이 동시에 일어나는 현재의 순간에 대한 감지는 우리의 시간의식의 형식적 구조에 의존한다. 현재의 순간은 우리의 의식이 구조화되는 방식 덕분에 현실성의 구역 또는 폭으로 현출한다. 우리가 뒤에 가서 보겠지만, 현재의 순간은 또한 뇌의 활동성의 비선형적 동역학 때문에 이러한 방식으로 현출한다. 주관적 경험과 생물학 사이의 간극을 좁히기 위해 이 두 유형의 분석 곧 현상학적 분석과 신경생물학적 분석을 함께 엮는다는 것은, 창출행위적 접근법의 한 갈래인 신경생물학의 목적을 규정하는 것이다(Varela 1996).

창출행위적 접근법과 현상학은 또한 생명 곧 살아 있는 존재의 공통된 기반에서 만난다. 창출행위적 접근법의 경우, 자율성은 생물학적 생명의 근본적인 특징이고, 거기에는 생명과 마음의 깊은 연속성이 있다. 현상학의 경우, 지향성은 살아지는 몸의 근본적인 특징이다. 따라서 곧 보게 되겠지만, 창출행위적 접근법과 현상학은 주관성과 의식이 유기체, 우리의 주관적으로 살아지는 몸, 생활세계를 포괄하는 온전한 의미의 '생명', 바로 이 생명의 자율성과 지향성과 관련해서 해명되어야 한다는 명제로 수렴한다.

공을 좀 들여야 이 사상들이 이 책에서 우리 앞에 분명하게 드러날 수 있을 것이다. 다음 장에서 나는, 3장의 창출행위적 접근법으로 돌아가기에 앞서 현상학적 철학을 보다 상세하게 소개하겠다.

2장 현상학적 연관

이 장은 이 책 전체를 통해서 나타날 현상학적 철학의 여러 주제들을 소개하고 있다. 현상학은 두 가지 주요 이유 때문에 여기에서 중요하다. 첫째, 인간의 마음에 대한 포괄적인 이해를 얻고자 하는 어떠한 시도도 어느 지점에서 의식과 주관성 — 우리 자신의 경우에 있어서 사고함, 지각함, 행위함, 느낌이 경험되는 방식 — 을 고찰하지 않으면 안 된다. 심적 사건들은 진공 속에서 일어나지 않는다. 심적 사건들은 누군가에 의해 살아진다. 현상학은 살아지는 경험에 대한 주의 깊은 기술, 분석, 해석에 닻을 내리고 있다. 둘째, 창출행위적 접근법은 유기체와 몸을 심리과학의 무대 중앙에 놓지만, 인간의 몸은 죽지 않았다면 항상 살아지는 몸*lived body*이다. 후설과 메를로-퐁티에서 흘러나오는 가장 강력한 흐름 중의 하나 속에 있는 현상학은 살아지는 몸의 철학이다. 그러므로 이러한 이유 때문에 현상학은 주관성과 의식에 대한 과학적 연구를 인도하고 명확하게 할 수 있고, 이 연구의 의미와 의의를 평가하기 위한 철학적 구도를 우리의 자기이해를 위해 제공할 수 있다.

이 장은 두 가지 목적을 지닌다. 첫째, 이 장은 후설 현상학의 몇몇 핵심 사상들, 특히 현상학적 환원으로 알려져 있는 경험의 구조를 탐구하는 현상학적 방법, 그리고 지향성의 현상학적 개념을 소개하고 있다. 둘째, 이 장은 정적, 발생적, 세대간적 현상학의 세 국면들을 소묘하고 있다.

정적 현상학은 의식이 대상을 구성할 수 있도록—개시開示하거나 알아차림으로 가져올 수 있도록—해주는 의식의 형식적 구조들을 분석한다. 정적 현상학은 이 지향적 구조들과 이 구조들의 상관적 대상들을 주어진 것으로 보고, 그것들을 정적으로 혹은 공시적으로 분석한다.

발생적 현상학은 이 지향적 구조들과 대상들이 시간을 통해 창발하는 방식과 관련된다. 그러므로 발생적 현상학은 그것들을 주어진 것으로 볼 수 없다. 대신에 발생적 현상학은 어떤 유형들의 경험이 이후의 보다 복잡한 유형들의 경험을 동기부여하는 방식, 예를 들면 암묵적이고 전반성적인 경험이 주의적이고 반성적인 경험을 동기부여하는 방식을 분석한다. 발생적 현상학의 관점에서 볼 때, 경험은 침전된 구조를 지니고, 침전의 과정은 살아지는 몸과 시간의식과 관련해서 이해될 필요가 있다. 발생적 현상학을 주도하는 몇몇 현상들—정동, 동기부여, 주의, 습관—은 심리과학, 특히 발달심리학, 정서이론, 정동적-인지적 신경과학의 관점에서 볼 때 친숙한 것이다. 이 수렴과 상호조명의 지점들은 이후의 장들에서 다루어질 것이다.

시간의식과 살아지는 몸은 발생적 현상학을 인도하는 가닥들인 데 반해, 세대간적 현상학을 인도하는 가닥은 생활세계이다. 세대간적 현상학의 주제는 우리 인간 세계의 문화적, 역사적, 상호주관적 구성이다. 특히 심리과학과 창출행위적 접근법을 위한 세대간적 현상학의 중요성이 이 책의 마지막 장에서 다루어질 것이다.

태도의 현상학

후설의 독창적인 영감 속에서 현상학은 우리가 우리 자신의 1인칭 격으로 세계, 생명, 경험에 대한 상이한 심적 태도 혹은 자세를 채택할 수 있다는 인식에서부터 성장해 간다. 일상생활에서 우리는 보통 과학적, 기술적, 실용적 지식의 전문가로서든, 혹은 동료, 친구, 가족과 공동체의 성원으로서든 다양한 상황과 기획에 곧바로 침잠해 있다. 이 특별하다고도 할 수 있는 '주제적' 문제들에 향해 있을 뿐만 아니라, 우리는 또한 우리의 모든 비주제적인 활동성의 지평인 세계로 향해 있다(Husserl 1970, p. 281). 후설은 세계에 곧바로 침잠해 있는 이 태도를 '자연적 태도'라 부르고, 그는 이 태도가 세계를 우리와 무관하다고 할 만큼 '저기 바깥에' 존재하는 어떤 것으로 여기는 일종의 비반성적 '정립'의 특징을 지닌다고 생각한다.

이에 반해서, '현상학적 태도'는 자연적 태도를 부정하는 것이 아니라 이 태도를 이루는 바로 그 경험들을 탐구하기 위해 한 걸음 물러날 때 생겨난다. 만약 그런 탐구가 진정으로 철학적이고자 한다면, 그것은 비판적이고자 또 독단적이 되지 않고자 분투해야 하며, 따라서 자연적 태도의 소박한 실재론을 당연한 것으로 받아들일 수 없다. 그러나 이 실재론적 태도를 부정한다면 이는 똑같이 독단적이 될 것이다. 오히려 자연적 태도의 실재론적 정립은 탐구하는 데 아무 역할도 하지 않도록 이를 중지하거나 중립화하거나, 한쪽으로 제쳐두지 않으면 안 된다. 이런 방식으로 우리는 자연적 태도를 지속시키고 생기를 불어넣는, 하지만 열려 있고 비독단적인 방식으로 그렇게 하는 경험들에 초점을 맞출 수 있다. 우리는 자연적 태도를 특징짓는 검토되지 않은 사물관에 의해 편향되지 않고 자연적 태도의 경험을 탐구할 수 있다.

그렇지만 정확히 어떻게 그런 탐구를 진행해야 하는가? 정확히 무엇을 우리가 탐구해야 하는가? 후설의 답은 우리의 주의가 우리가 경험하는 대로의 바로 그 세계로 향해져야 한다는 것이다. 우리는 세계가 나타나는 대로의, 또 세계가 현상적으로 현출하는 대로의 바로 그 세계에 주의를 기울여야 한다. 다른 식으로 말하면, 우리는 사물들이 우리에게 나타나는 양식 혹은 방식에 주의를 기울여야 한다. 이렇게 해서 우리는 우리 경험의 상관물로서의 바로 그 사물에 주의를 기울이며, 우리의 탐구의 초점은 우리의 주관성의 상관관계적 구조에 그리고 세계의 나타남 혹은 개시開示에 놓이게 된다.

이 상관관계적 구조가 탐구되는 철학적 절차는 현상학적 환원*phenomenological reduction*으로 알려져 있다. 이 문맥 속의 '환원'은 보다 근본적이라 생각되는 다른 어떤 것을 지지하기 위해서 한 이론 혹은 모형을 대체하거나 제거하는 것을 의미하지 않는다. 그것은 오히려 비반성적으로 검토되지 않은 채 세계에 침잠해 있는 일로부터 세계가 우리에게 나타나는 방식으로 사유를 '되돌리게 함'*reducere*이거나 혹은 다시 향하게 함을 의미한다. 우리의 관심을 이런 방식으로 다시 향하게 하는 것은 우리 앞의 사물들을 의심하거나 딴 곳을 보도록 어떻게 해서든 세계를 외면하려 한다는 것을 의미하지 않는다. 사물들은 우리 앞에 여전히 남아 있지만, 우리는 사물들을 새로운 방식으로, 즉 경험되는 바 그대로 그린다. 따라서 우리의 지각이 얻을 수 있는 일상생활의 사물들은 '현상학적으로 환원될' 때 의심되거나 혹은 착각들로 간주되지 않고, 지각된 대로 바로 그대로만 그려지고 관찰된다. 기억된 사물들은 기억된 대로 바로 그대로만 관찰되고, 상상된 사물들은 상상된 대로 바로 그대로만 관찰된다. 다른 말로 하면, 우리가 현상학적 태도를 한번 채택하면, 우리는 어떤 소박하거나 마음과 무관하거나 이론과 무관하다는 의미에서 사물이 무엇인지에 관심을 갖는 게 아니라, 사물이 정확히 어떻게 경험되는지, 따라서 우리의 주관성의 엄밀한 상관관계적 상관물로서 어떻게 경험되는지에 관심을 갖는다.[1]

경험의 '무엇'에서 경험의 '어떻게'로 되돌리는 작업의 절차로서 현상학적 환원은 1인칭에서 수행되어야 한다. 그런 절차라면 어떠한 절차에도 해당하는 것이지만, 현상학적 환원의 일반적인 이론적 성격을 기술하는 일과, 실천적으로 현상학적 환원을 기술하는 일 즉 현상학적 환원이 수행되는 구체적 단계들을 기술하는 일은 별개이다. 현상학적 환원을 위해 중차대한 주요 방법적 단계를 후설은 에포케*epoché*라고 불렀다. 이 용어는 판단을 중지하거나 삼가는 것을 의미하는 그리스의 회의주의에서 유래되었지만, 후설은 이것을 우리의 자연적인 '정립하는' 태도 그리고 '객관적 실재'에 대한 우리의 (과학적이거나 철학적인) 이론적 믿음과 주장을 '중지하거나', '중립화하거나' 혹은 '괄호치기' 위한 용어로서 채택했다. 그러나 보다 신체화되고 상황에 처해 있는 1인칭의 관점에서 볼 때, 에포케는 우리가 주의하지 않은 채로 경험에 침잠하는 일을 중단할 수 있고, 또 우리의 주의를 무언가가 나타나거나 경험에 주어지는 방식에 돌릴 수 있는 유연하고 훈련 가능한 마음의 기술로서 묘사될 수 있다(Depraz 1999b; Depraz, Varela, and Vermersch 2000; Steinbock 2004). 우리가 경험에 주의하지 않은 채 침잠하는 일을 중단하는 것은 그러한 침잠을 알아차릴 수 있는 능력을 의미하고, 따라서 심리학자들이 메타알아차림meta-awareness(알아차림의 알아차림)이라 부르는 것을 의미한다. 무엇인가가 나타나는 방식에 우리의 주의를 다시 향하게 할 수 있는 것은 주의의 유연성을 의미한다. 특히 그것은 우리의 주의를 자발적으로 이동시킬 수 있고, 주어진 양식의 현시presentation에 주의를 안정시키거나 지속시킬 수 있다는 것을 의미한다. 궁극의 목적은 경험의 흐름을 깨는 것이 아니라, 새로운 방식으로 즉 고조된 알아차림과 조율을 갖고서 다시 거주하게 하는 것이다.[2]

현상학적 전통 내에서 우리는 이 에포케의 이론적이고 실천적 차원 혹은 실존론적 차원에 관련해서 어떤 양면가치를 구별할 수 있다. 한편으로, 후설의 큰 관심은 현상학을 과학을 위한 새로운 철학적 토대로서 설립하게 하는 것이었다. 그래서 그에게 에포케는 주로 이론이성의 비판적 도구로서 기여했다.[3] 다른 한편으로, 후설의 이론적 기획이 경험을 의미와 지식의 원천으로 철저하게 재평가하는 일에 기초하고 있었기 때문에, 그 기획은 살아지는 경험을 현상학적 환원을 통해 참을성 있게 분석적으로 기술하는 일로 끊임없이 귀환하는 것을 불가피하게 만들었다. 이 충동은 인간 경험에 대한 주의 깊은 현상학적 분석의 거대한 말뭉치를 만들어냈는데, 이것에는 몇 가지만 명명해보면, 공간의 지각적 경험(Husserl 1997), 운동감각과 우리 자신의 몸의 경험(Husserl 1989, 1997), 시간의식(Husserl 1991), 정동(Husserl 2001), 판단(Husserl 1975), 상상과 기억(Husserl 2006), 상호주관성(Husserl 1973)이 있다. 그럼에도 불구하고, 실천적 절차로서의 — 현상학자에 의해 1인칭으로 수행되는, 상황에 처해 있는 실천으로서의 — 에포케는 심지어 하이데거와 메를로-퐁티와 같은 이른바 실존론적 현상학자들에 의해서조차 현상학적 문헌에서 기이하게 간과된 채 존속해 왔다. 그 대신 그들은 현상학적 환원의 방법을 그들 자신의 방식으로 수용했고 재구성했다 (Heidegger 1982, pp. 19-23; Merleau-Ponty 1962, pp. xi-xiv를 보라). 이런 이유 때문에 현상학의 한 새로운 흐름은 의식을 탐구하기 위해서 에포케의 실천론pragmatics[5]을 1인칭적 방법으로서 더 명시적으로 발전시키는 것을 목표로 하고 있다(Depraz 1999b; Depraz, Varela, and Vermersch, 2000, 2003; Varela and Shear 1999b). 이 실천적pragmatic 접근법은 또한 에포케를 다른 영역에, 특히 불교철학과 명상적 마음 수련의 영역에 보이는 1인칭적 방법에 비교하는 일을 포함하고 있다(Depraz, Varela, and Vermersch, 2003; Lutz, Dunne, and Davidson 2007). 게다가 이 접근법은 실험심리학과 인지신경과학에서 보다 정제된 1인칭적 보고들을 산출하기 위한 1인칭적 방법들의 타당성을 탐색하고 있다(Lutz and Thompson 2003). 이 노력은 프란시스코 바렐라(1996)에 의해 도입되고 이 책 후반부에서 폭넓게 논의되는 신경현상학으로 알려져 있는 연구프로그램에 특히 깃들어 있다.

본래의 철학적 맥락 속의 현상학적 환원으로 돌아가 보자. 여기서 환원은

5) 보통 '화용론'으로 번역되는 'pragmatics'는 이 문맥에서는 '실천론'으로 번역되는 게 더 자연스럽다. 이때의 '실천'은 불교의 '수행修行', 특히 고따마 싯다르타 붓다의 '마음챙김 수행(=사띠 수행)'의 의미를 담고 있다.

온전한 의미에서 두 주요 단계로 이루어져 있는 풍부한 분석 양식이다. 첫 번째 단계는 자연적 태도의 실재론적 정립을 중립화하고, 그런 다음 주의를 우리에게 개시되거나 혹은 나타나는 실재로 향하게 함으로써 자연적 태도에서 현상학적 태도로 되돌아가도록 이끈다(이 단계는 에포케에 상응한다). 두 번째 단계는 이 현상학적 태도에서 더 철저한 종류의 철학적 태도로 이끈다. 더 정확하게 말하면, 이 단계는 경험적인empirical 심리학적 태도(현상학적 심리학)의 현상학에서 초월론적인 철학적 태도(초월론적 현상학)의 현상학으로 이끈다.

초월론적*transcendental*이라는 용어는 대상이 경험되고 알려지는 양식 혹은 방식, 또 그런 경험과 지식의 가능성의 **선험적***a priori* 조건들과 관련 있는 탐구를 의미하기 위해 여기서 칸트적 의미에서 사용되고 있다. 후설은 칸트의 물음과 분명히 관계가 있지만 그럼에도 다른 특수한 형태로 이 두 측면의 초월론적 물음을 던진다(Steinbock 1995, pp. 12-15를 보라). 첫째, 초월론적 현상학은 **사물이 무엇인가**가 아니라 **사물이 주어지는 방식**에 초점을 맞춘다. 후설에게 이것은 사물이 우리에 대해 지니는 현상(나타남)과 의미sense or meaning에 초점을 맞춘다는 것을, 그런 다음 이러한 의미를 지니는 현상이 어떻게 구성되었는지(알아차림으로 가져와졌는지)를 묻는다는 것을 뜻한다. 둘째, 이 구성적 문제를 다루기 위해 초월론적 현상학은 의미를 지니는 세계를 구성하기 위해 경험을 필연적으로 작동하게 하는 본질적인 형식적 법칙을 밝히려고 한다.

자연적 태도에서 실재는 의식이 적극적으로 관여하는 일 없이 단순히 저기에 있는 것으로 당연시된다. 달리 말해, 실재가 구성의 행위 혹은 과정에 관련돼 있다는 생각이 없는 것이다. 현상학적으로 생각해볼 때, 초월론적인 현상학적 태도에서 실재는 일상적 지각에서든 과학적 탐구에서든 우리에게 실재적인 것으로 개시되어 있는 것이며, 그러한 개시는 의식의 한 성취이다. 여기서 말하고자 하는 바는 의식이 없다면 세계가 존재하지 않으리라는 것이 아니라, 오히려 우리가 우리에게 실재하는 것으로 개시되는 것을 떠나서는 실재가 무엇을 의미하는지 파악할 수 없다는 것이며, 그러한 개시는 필연적으로 의식의 지향적 활동성을 수반한다는 것이다. 초월론적인 현상학적 환원의 핵심은 의식이 수행하는 이 활동성과 구성적 역할에 접근한다는 점이다.

후설의 지향은 이와 같이 초월론적인 반면, 하이데거와 메를로-퐁티는 초월론적 입장을 거부하고 현상학에 의해 발굴되지 않은 구성적 구조를 '세계-내-존재'—하이픈은 '존재', '내', '세계'가 존재론적으로 분리 가능하지 않고, 환원 불가능한 통일된 구조를 형성한다는 것을 지시한다—의 실존론적 구조로 발견해냈다고 말하는 사람들이 종종 있다. 그러나 이 해석은 지나치게 단순화된 것이다. 첫째, 하이데거의 '현존재Dasein'—개인적 인간 실존을 가리키는 그의 용어—와 메를로-퐁티의 '살아지는 몸'—후설로부터 직접 연유하는 개념—은 모두 적절한 의미에서 초월론적이다. 왜냐하면 '현존재'와 '살아지는 몸'은 의미를 지니는 것으로서의 세계의 개시 혹은 현출을 가능하게 하는 것을 특징짓는 방식들이기 때문이다. 둘째, 비록 그의 작업의 가장 잘 알려져 있는 부분들—그의 생애에 간행된 저술들—에서 후설이 주로 '자아론적' 의식—개인적인 반성적인 '나' 혹은 '자아' 수준의 의식—의 구성적 구조에 초점을 맞추었지만, 최근의 학적 성과는 이 분석들이 그의 성숙한 철학적 탐구를 전적으로 대표하는 것은 아니라는 점을 보여주고 있다.[4] 사유가 발전함에 따라 그는 탐구를 크게 확장해서, 살아지는 몸, 시간의식, 상호주관성의 비자아론적 (혹은 전자아론적) 깊이에 속하는 '비자아론적' (혹은 '전자아론적') 구성적 구조들뿐만 아니라, 역사적이고 문화적인 삶의 지형을 분석하기도 했다.[5] 여기서 말하고자 하는 논점은 해석적이거나 텍스트적인 것 이상이다. 오히려 논점은 철학적인 데 있다. 초월론적 현상학은 '자아론적' 의식 혹은 주관성의 철학에 제한될 수 없다. 초월론적 현상학은 실로 이런 철학을 훨씬 넘어가 있다. '초월론적'은 의미를 지니는 세계에 대한 우리 경험의 바로 그 뿌리들(가능성의 조건들)로까지 소급해 가는 것을 목표로 하는 철저한 태도를 의미한다.

이 뿌리들은 개인적 의식을 훨씬 넘어서서 우리의 살아지는 몸의 깊이로까지 분기하고, 우리의 사회적 문화적 세계 속으로 뻗어 분기해 간다.

이 장의 남은 부분은 현상학적 사유의 이러한 발전들의 몇 가지를 소묘하고 있다. 나의 목표는 현상학의 특정한 측면을 상세하게 학술적으로 설명하려는 데 있는 것이 아니라, 오는 장들을 위해 중요한 주제들과 사상들을 제시하고자 하는 데 있다.

지향성

시작하기에 좋은 지점은 의식의 지향성에 대한 현상학적 학설이다. 현상학에 따르면, 의식은 그 자체를 넘어서 있는 무엇인가를 '겨냥한다aims toward'거나 '지향한다intends'는 의미에서 지향적이다. 지향적이란 이 의미는 우리가 행위할 때 마음속에 목적을 품고 있다는 보다 친숙한 의미와 혼동되어서는 안 되는데, 왜냐하면 그것은 현상학적 의미에서 지향성의 한 종류에 지나지 않기 때문이다. 오히려 지향성*intentionality*은 의식에 고유한 그 자체를-넘어서서-가리키기를 의미하는 포괄적 용어이다. (지향성은 활을 당겨서 과녁을 겨냥함을 지시하는 라틴어 *intendere*에서 유래한다.)

현상학자들은 서로 다른 유형의 지향성을 구분한다. 좁은 의미에서 그들은 지향성을 '대상으로 향해 있음'으로 정의한다. 넓은 의미에서 그들은 지향성을 세계로 열려 있음으로, 혹은 '다른 것임'('타자성alterity')으로 열려 있음으로 정의한다. 어느 경우든 강조점은 의식이 자체에 갇혀 있다는 것을 부정하는 데에 놓인다.[6]

대상을 향해 있는 경험은 거의 결정적인 의미에서 우리가 무언가를 의식하는 경험이다. 볼 때 우리는 무언가를 보고, 기억할 때 우리는 무언가를 기억하고, 희망하거나 두려워할 때 우리는 무언가를 희망하거나 두려워한다. 이런 종류의 '타동사적 의식'은 (실제로 존재하지 않아도 되는) 대상을 지향한다는 특징을 지닌다. 어원학적 의미에서 '대상'은 우리 앞에 서 있는 무언가를 의미한다. 우리 앞에 서 있는 무언가는 우리를 넘어, 우리에 맞서 서, 우리 바깥에 놓여 있다. 따라서 대상으로 향해 있는 경험은 현재의 주체인 우리 자신과 다른 무언가를, 즉 기억되는 과거의 사건이든, 우리 주변의 환경 속에서 지각되는 무언가든, 두려워하거나 희망하는 미래의 사건이든, 상상되는 무언가든 등등을 우리로 하여금 의식하게 하는 경험들로 이해될 수 있다.

그러나 많은 종류의 일상적 경험들은 이런 의미에서 대상으로 향해 있지 않다. 이런 경험들은 신체적 통증의 느낌, 아무 방향이 없는 불안, 우울, 의기양양과 같은 기분들, 몰입해 있는 일상생활의 숙련된 활동을 포함한다. 이 경험들은 지향적 대상에 관한 것이 아니거나 혹은 지향적 대상에 '관한' 것일 필요가 없다. 이 경험들은 별개의 주체인 우리 자신과 맞서 서 있는 것으로서 경험되는 무언가라는 의미에서 초월적 대상으로 향해 있는 것이 아니다. 바꿔 말하면, 이 경험들은 분명한 주체-대상(=객체) 구조를 갖지 않는다.[7]

지향성을 단순히 대상으로 향해 있음으로 생각하는 철학자들이라면 이와 같은 경험들이 지향적임을 부정할 것이다. 그럼에도 불구하고, 실로 이런 경험들은 다른 것임에 열려 있고 세계관여적 성격을 지닌다는 더 넓은 현상학적 의미에서 지향적인 것으로 간주된다. 따라서 신체적 느낌성들은 세계로 열려 있지 않은 채 자체에 갇혀 있는 것이 아니다. 이와는 달리, 신체적 느낌들은 모종의 정동적 빛 혹은 분위기 속에서 사물들을 현시하게 하고, 이렇게 해서 우리가 사물을 지각하고 반응하는 방식에 깊게 영향을 미친다. 한 고전적 예를 밤늦게까지 책을 읽은 결과 눈이 피로해서 심신의 피곤함을 느끼는 일을 말하는 사르트르의 논의에서 찾아볼 수 있다 (1956, pp. 332-333).[8] 느낌은 처음에 타동사적 의식의 지향적 대상이 아니라, 눈의 떨림과 책 지면의 글자들의 흐릿함으로 현출한다. 우리의 몸과 직접적 환경은 이 느낌을 통해 모종의 방식으로 그 자체를 개시한다(=열어보인다).

기분의 경우 비록 이것이 지향적 정서와 같은—사랑하는 사람으로 향한 공감의 느낌, 경쟁자로 향한 질투의 느낌과 같은—방식으로 대상으로 향해 있지 않지만, 그럼에도 불구하고 세계와 아무 관계없이 자체에 갇혀 있는 것이 아니다. 이와는 달리, 하이데거가 『존재와 시간*Being and Time*』에서 길게 분석하듯이, 기분은 우리가 세계 속에 감입돼 있음을 드러내고, (그가 파악하고 있듯이) 일상생활에서 향해 있음의 보다 제한된 형태를 가능하게 한다. 마지막으로, 운전하기, 춤추기, 글쓰기와 같은 몰입하고 있는 숙련된 활동에서 우리의 경험은 한 뚜렷한 지향적 대상과 관계하는 경험이 아니라 유동적 활동에 관여해 있고 침잠해 있는 경험이다. 이런 경험은 오직 와해 혹은 붕괴의 순간 동안에만 주체-대상 구조를 띤다(Dreyfus 1991, 2002; Dreyfus and Dreyfus 1986을 보라).

현상학에서 지향적 경험들은 심적 작용들*acts*—지각함, 기억함, 상상함, 공감함 등의 작용—로 기술된다. 현상학은 흐르는 지향적 작용들의 시간적으로 연장되고 역동적인 과정으로 심적 삶을 이해한다. 이 작용들은 살아지는 몸의 선인지적 습관들과 감성들에 의해 생기가 불어넣어진다(=생화된다)animated. 지향적 작용들은 한 개인 곧 한 살아 있는 신체적 경험의 주체가 수행하는 것이지만, 그의 인지적이고 정동적인 삶은 공동의 규범들, 관습들, 역사적 전통들에 의해 구성된다. 심적 삶은 지향적 대상의 개시開示를 겨냥하고 이것에서 만족을 발견하는 지향적 분투에 의해 생기가 불어넣어진다. 이처럼 지향성은 목적론적이다(Held 2003, p. 14).

지향성에 대한 이 이해방식을 감안할 때, 심적 작용도 이 심적 작용이 지향하는 무언가도 따로따로 이해될 수 없다는 것을 알게 된다. 모든 심적 작용은 이 심적 작용이 지향하는 무언가에 힘입어서만 바로 그 작용이고, 모든 대상은 시간적으로 연장된 과정의 지향적 경험 속에서 또 이 경험을 통해서 구성된다. 돈 웰턴은 이 점을 다음과 같이 설명한다.

심적 작용들에 대한 진정으로 새로운 이해방식이 여기서 작용하고

> 있다. … 한편으로, 작용들은 오직 내성만이 다가갈 수 있는 폐쇄된 내부 영역에 속하지 않는다. 오히려 작용들은 작용을 초월해 있는 것과 관계하는 덕분에 그 존재를 지닌다. 다른 한편으로, '주어진 것'의 규정들은 이 규정들의 배치에 기여하는 어떤 작용과 관련해서 봄으로써만 완전히 해명될 수 있다. 일차적인 것은 주체나 대상이 아니라 관계성이다. (Welton 2000, p. 17)

현상학자들은 이 관계를 지향성의 상관관계적 구조라고 부른다. '상관관계적'은 떨어져서 존재한다고 상상될 수 있는 두 항의 항상적인 결합을 의미하는 것이 아니라, 지향적 작용/지향적 대상의 불변적 구조를 지시한다. 대상으로 향해 있는 지향적 경험들은 필연적으로 이 두 분리 불가능한 극으로 이루어져 있다. 후설의 현상학적 언어에서 이 두 극은 '노에마noema'(주어짐 속의 대상)와 '노에시스noesis'(모종의 방식으로 대상을 지향하고 개시하는 심적 작용)로 알려져 있다.[9]

우리는 현상학적 지향성 이해와 오늘날 심리철학자들이 심적 표상*mental representation*이라 부르는 것 사이의 관계에 대해 생각할 때 이 체재를 유념할 필요가 있다. 이론적으로 중립적인 넓은 의미에서 심적 표상은 의미론적 속성들(내용, 진리 조건, 지시)을 지닌 심적 구조(개념, 사고, 이미지), 혹은 그러한 구조를 포함하는 상태 또는 과정으로 생각되고 있다. 보통 심적 표상은 인지나 알아차림의 대상으로 간주되지 않고, 오히려 우리가 세계 속의 무언가를 인지하거나 알아차리는 수단으로 간주된다. 많은 현상학자들은 기술적descriptive 내용을 지닌다는 이 넓은 의미에서 지향적 경험이 표상적이라는 점에, 즉 지향적 경험에서 세계는 어떤 특정한 방식으로 해서든 표상된다는 점에 동의할 것이다. 그럼에도 불구하고, 지향적 경험의 현상학적 이해는 어떤 다른 독특한 특질을 지닌다. 첫째, 앞서 언급되었듯이 현상학에서 지향적 경험은 내용을 지니는 상태로서가 아니라 향해 있음을 지니는 작용으로서 개념화된다. 이러한 두 이해는 반드시 양립 불가능한 것은 아니지만, 이론적 정향과 강조점은 다르다. 둘째, 표상 곧 '재-현전 re-presentation'은 기술적인technical 현상학적 의미에서 특정한 유형의 지향적 작용, 즉 신체적 존재로 현전하지(=현존하지) 않는 무언가를 심적으로 불러오거나 현전(=현존)presence으로 가져오는 작용에만 적용될 뿐이다.

그래서 현상학자들은 현전화*presentation, Gegenwärtigung*와 재-현전화 *re-presentation, Vergengenwärtigung*[6])의 지향적 작용 간에 결정적인 구분을 짓는다(Marbach 1993을 보라). 한편으로, 지각적 경험은 현전적(=현존적)이다. 이 유형의 경험에서 대상은 바로 그 존재로 현전하는(=현존하는) 것으로 주어진다. 다른 한편으로, 기억 또는 상상에서 기억된 대상이나 상상된 대상은 바로 그 존재로 현전하는 것으로 주어지지 않고, 오히려 현상적으로 부재하는 것으로, 또 심적으로 불러와진 것evoked이거나 불러일으켜진 것 called forth으로 주어진다. 이런 식으로 기억과 상상은 재-현전적이라고들 말한다. 재-현전적 경험의 확정적 특질은 대상이 부재하는 것으로, 또 심적으로 불러와진 것으로 주어지는 데에 있지, 반드시 다시 불러와진*re-*evoked 것이거나 다시 불러일으켜진called forth *again* 것으로 주어지는 데에 있는 것은 아니라는 점에 주목해야 한다. 다시 불러옴re-evoking은 기억에 속하지, 반드시 마음속에서 시각화함visualizing이나 상상함fantasizing에 속하는 것은 아니다. 또한 재현전적 경험들은 말하자면 자유롭게 떠다니지 않고,

* * *

6) 여기서는 보통 그렇게 하듯이 'presentation(Gegenwärtigung)'은 '현전화'로, 're-presentation (Vergegenwärtigung)'은 '재현전화'로 번역했지만, 독일어 원어의 의미를 충분히 담은 번역이 아니다. '현전화presentation'로 번역되는 'Gegenwärtigung'이 근원인상의 현전과 부재의 장을 지시하기 때문이고, '재현전화re-presentation'로 번역되는 'Vergegenwärtigung'이 기억뿐만 아니라 상상, 공감 등의 작용을 다 포괄하기 때문이다. 저자는 바로 아래에서 이 'Vergegenwärtigung'의 영역 're-presentation'의 접두사 're-'를 기억만을 지시하는 '다시'의 의미에 제한해서 읽지 말아야 한다고 말하고 있다. 're-'를 '다시'로 읽으면 기억만을 지시하게 되어 시각화, 상상, 공감 등 다른 재현전화작용을 배제하게 되기 때문이다. 이런 점을 고려하면, 'Gegenwärtigung'은 '현재화', 'Vergegenwärtigung'은 '준현재화'로 번역해야 원어의 의미를 더 충분히 담을 수 있다고 생각된다.

우리 환경의 진행 중인 현전적 경험과 관련해서 일어난다는 점에 주목해야 한다. 나는 10장에서 이 심적 재-현전의 현상학적 이해를 심적 이미지작용과 연관해서 논의할 것이다.

현상학과 창출행위적 접근법의 관계로 돌아가 보자. 3장에서 보게 되겠지만, 창출행위적 접근법의 주요한 설명적 공구는 자기조직화하는 자율적인 동역학적 체계의 이론이다. 그런 체계는 환경과의 계속적인 호혜적 상호작용 속에서 의미를 산출하거나 창출한다. '내적'과 '외적'은 미리 존재하는 분리된 영역이 아니라, 체계와 그 환경 간의 구조적 쌍결합에 의해 창출되거나 산출되는 상호 특정화하는 영역이다. 인지적 체계에 대한 이 하부인격적 설명은 지향성의 상관관계적 구조에 대한 인격적 수준의 설명에 공명한다.[10] 장-피에르 뒤퓌Jean-Pierre Dupuy는 인공두뇌학의 시대에 현상학과 심리과학 간의 '잃어버린 만남'을 논하면서, 그의 인지과학의 철학적 역사에서 이렇게 쓰고 있다.

> 주어진 [자율적] 네트워크는 보통 다양한 자기행동들(혹은 이 자기행동들이 때로 그렇게 불리듯이, '끌개들attractors'…)을 소유하고, 네트워크의 초기조건들에 의존하며 이런저런 자기행동들을 향해 수렴한다. 따라서 네트워크의 '삶'은 외적 세계로부터의 섭동 혹은 충격의 결과로서 어떤 것에서 다른 어떤 것으로 이동하는, 끌개들의 '풍경'을 관통하는 궤적으로 이해될 수 있다. 이 외적 사건들은 네트워크 자체의 활동의 결과로 네트워크의 맥락 속에서 의미를 획득하게 된다는 점에, 즉 네트워크가 외적 사건들에게 귀속시키는 내용—의미—은 바로 자기행동 곧 외적 사건들에서 기인하는 끌개라는 점에 주목하라. 그렇다면 명백히 이 내용은 순전히 내생적이지 어떤 외적인 '초월적' 대상성의 반영이 아니다.
>
> 또한 이 논법이… 우리에게 적어도 브렌타노가 '내재적 대상성immanent objectivity'이라 부른 것의 매우 만족스러운 모형의 싹을 제공한다는 것이 명백할 것이다. … 끌개는 네트워크의 활동에 충분히 참여하면서

> 도 어떤 의미에서 이것이 높은 수준의 논리적 복합성에서 기인한다는 사실 덕분에 네트워크의 활동을 초월하는 존재이다. 그러므로 네트워크의 동역학은 끌개로 향하는 경향이 있다고 말할 수도 있는 것이다. 이 끌개가 이 동역학의 산물이라 할지라도 말이다. 따라서 네트워크는 브렌타노와 후설의 의미에서 지향적 창조물이다. 체계 이론은 체계의 동역학과 체계의 끌개 간의 이 역설적 관계를 기술하기 위해 또 다른 용어를 주조해야 했는데, 이는 자가초월성autotranscendence이라 불리는 것이었다. 이것은 실제로 후설의 개념인 "내재성 내의 초월성"과 그다지 다르지 않다. (Dupuy 2000, pp. 104-105)

이 내재성-내의-초월성 개념이 종종 오해를 받기 때문에 여기에서 분명하게 할 필요가 있다. 이 개념은 심적 활동의 영역 너머에 또는 바깥에 존재한다고 보이는 것이 (어떤 관념주의적 또는 내재주의적internalist 의미에서) 마음 안에 실제로 함유돼 있다는 것을 의미하지 않는다. 오히려 중요한 것은, 초월적인 것이 의식의 지향적 활동 덕분에 그 자체로 주어진다는 점이다. 따라서 초월적인 것은 현상학적으로 구성된 것(의식에 의해 개시되거나 또는 알아차림으로 가져와진 것)의 영역 내에 들어서 있다. 분명히 이 점은 초월론적 수준에서만 의미가 성립한다. 왜냐하면 이 수준에서 초월적인 것은 주어짐의 양식이나 개시함으로 이해되기 때문이다. (우리는 세계 속의 사물을 규정하는 것이지, 우리 자신의 의식 속의 사물을 규정하는 것은 아니다.) 따라서 초월론적 수준에서 내실적으로*really* 또는 진실로*genuinely* 초월적인 것은 또한 현상학적으로 내재적인 것이다(더 나아간 논의를 위해서는 인쇄 중인 크로웰Crowell을 보라).

그러므로 뒤퓌가 지적하고 있는, 현상학과 동역학 체계 이론 사이의 상응은 다음과 같이 이해되어야 한다. 외적 사건들은 내실적으로 초월적이다. 왜냐하면 외적 사건들은 확실히 이 체계 내에 내포돼 있지 않기 때문이고, 또 체계 내부에서 진행되는 것의 산물에 불과한 것이 아니기 때문이다.

그럼에도 불구하고, 외적 사건들은 다음과 같은 의미에서 지향적으로 내재적이다. 즉, 외적 사건들은 말하자면 이미 외적 사건들이란 꼬리표가 붙어 도착하는 것이 아니라, 네트워크의 자율적인(자기조직화하는) 동역학에 힘입어 그러한 것으로 또 그것들이 지니고 있는 의미significance와 더불어 구성되거나 개시된다. 달리 말하면, (외적 사건들이 체계의 관찰자에 대해 갖는 지위와 대립되는) 외적 사건들이 체계에 대해 갖는 지위는 체계 자체의 활동의 함수이다. 외적 사건들의 의미meaning or significance는 체계의 동역학의 끌개(체계가 향하는 경향이 있는, 활동의 반복되는 한 패턴)와 상응하는데, 이는 그 자체가 바로 그 동역학의 창발적 산물이기 때문이다. 외적 세계는 체계의 자기조직화하는 활동에 힘입어 체계에 대해서 그러한 것으로 구성된다. 뒤퓌의 제안은, 한마디로 말하면, 구성적 지향성은 일종의 자기조직화와 상응한다는 것이다. 이후의 장들에게 보게 되겠지만, 이 제안은 창출행위적 접근법과 신경현상학의 핵심이 되는 직관들 중의 하나이다.

정적 현상학에서 발생적 현상학으로

현상학과 창출행위적 접근법 간의 이 수렴은 더 생각해볼 거리가 있다. 지향성의 상관관계적 구조는 후설이 정적 현상학이라 부른 것에 속한다. 그러나 후설은 사유가 진전됨에 따라, 발생적 현상학*genetic phenomenology*을 명료하게 설명할 필요가 있다는 것을 발견했는데, 이 현상학은 그 출발점이 지향적 작용(노에시스)과 지향적 대상(노에마)의 명시적인 상관관계적 구조가 아니라 시간 속의 지향적 경험이다. 발생적 현상학의 견지에서 보면, 우리는 분명한 주체-대상 구조를 지니지 않는 분절되지 않은 경험에서 주체-대상 구조가 창발하는 방식을 이해함으로써 지향성의 상관관계적 구조를 발달에 의거해서 설명할 필요가 있다. 이런 종류의 경험의 한 원천은 살아지는 몸*Leib*이고, 다른 한 원천은 시간의식이다. 따라서 정적 현상학에서 발생적 현상학으로 이동한다는 것은 살아지는 몸과 시간의식으로 향한다는 것을 나타낸다. 따라서 이렇게 하면 우리는 현상학과 창출행위적 접근법 간의 연관을 심화할 수 있게 된다.

정적 현상학은 두 가지 방법론적 전략을 활용한다(Steinbock 1995, pp. 38-39). 첫 번째 전략은 지향성의 상관관계적 구조, 혹은 현전적인 심적 작용과 재현전적인 심적 작용 간의 차이 및 후자가 전자를 전제하는 방식들과 같은 불변적인 형식적 구조에 대한 분석이다. 두 번째 전략은 구성적 분석, 즉 의식의 지향적 활동에 힘입어서 사물들이 개시되고 알아차림으로 가져와지는 방식에 대한 분석이다. 초월론적 관점에서 보면, 정적 분석에 의해 밝혀지는 경험의 불변적인 형식적 구조는 바로 경험이 그 대상들을 구성하기 위해 필연적으로 작동하는 본질적인 형식적 법칙들이다. 하나의 예는 1907년 강의들 『사물과 공간』에 보이는, 공간 속 사물들의 지각적 경험을 위한 가능성의 조건에 대한 탐구이다(Husserl 1997). 후설은 시각적 지각작용이 시각적 감각작용과 우리 몸을 움직이는 경험 간의 (그가 키네스테제kinesthesis라고 부르는) 어떤 불변적인 기능적 상호의존성에 구성적으로 의존한다는 것을 보여준다. 이 분석들은 (9장에서 논하는) 지각에 대한 최근의 창출행위적 또는 동역학적인 감각운동적 설명을 예고하는 것이다. 이 설명에 따르면, 지각한다는 것은 신체적 운동의 결과로 인해 감각적 자극이 변이하는 방식들에 대한 우리의 숙련된 통달을 행사한다는 것이다(Noë 2004; O'Regan and Noë 2001a).

정적 현상학과 달리 발생적 현상학은 이미 개시된 지향적 대상을 출발점으로 삼지 않고, 또 경험의 형식적이고 구성적인 구조들을 분석하는 수준에 기꺼이 머물려고 하지 않는다. 그 대신 발생적 현상학은 이 구조들 자체의 발생과 성장을 탐구한다. 결국 우리는 단순히 세계에 떨어져서 우리의 눈을 뜨고 보는 것에 그치는 것이 아니다. 우리가 보는 어떤 것은 우리가 보는 방식의 함수이고, 우리가 보는 방식은 이전 경험의 함수이다. 발생적 현상학에 있어서 우리가 경험하는 것은 고정되고 주어진 것이 아니라, 이전 경험에서 주어지게 된 무언가—창발하는 무언가—이다(Bernet, Kern and Marbach 1993, pp. 200-201). 11장과 12장에서 나는 시간의식과 이 발생적 정향에서 산출된 정동affect에 대한 현상학적 분석들을 논하고, 이를 심리학과 신경과학의 탐구와 관련지을 것이다.

발생적 현상학은 의식적 주체에 대해 사유하는 상이한 방식을 가져온다. 정적 관점에서 보면, '나'는 '대상극'과 반대위치에 있는, 노에시스-노에마 구조의 일종의 '자아극'으로 사유된다.[11] 따라서 지향성의 상관구조를 더 충분히 해명하면 [자아] 노에시스-노에마(나는 지향적 대상을 지향한다)가 될 것이다. 그러나 발생적 관점에서 보면 이 사유방식은 여전히 추상적인데, 왜냐하면 이 사유방식은 시간적 발달과 주체의 개체화를 무시하기 때문이다. '나' 또는 '자아'는 경험에 있어서 자기성의 공허한 극에 그치는 것이 아니라, 축적된 경험의 결과로서 습관, 관심, 신념, 역량을 지니는 구체적 주체이기 때문이다. 달리 말해서, 주체는 이 말의 가장 풍부한 의미에서 '삶'을 지니는 것으로, 즉 개체적 역사에 의해 형성된 것으로, 경험의 살아 있는 신체적 주체*Leib*로, 그리고 상호주관적 생활세계*Lebenswelt*에 속하는 것으로 보아야 한다.

발생적 현상학은 능동적 발생과 수동적 발생을 구분한다. 능동적 발생에서 주체는 대상을 구성할 때 능동적이고 의도적이며 생산적인 역할을 수행한다. 능동적 발생의 산물은 도구, 예술작품, 과학이론, 실험상의 개입, 논리적 판단, 수학적 명제 등이다. 그러나 능동적 발생은 사전에 우리를 촉발하는 수동성을 전제한다. 이 맥락에서 '수동적'은 비활동성inactivity의 상태를 의미하는 것이 아니라, 무언가에 의해 비의지적으로 영향을 받아 있는 상태, 촉발되어 있는 상태를 의미한다는 것이 강조되어야만 한다. 무엇보다 이 말은, 특히 지각 및 끌어당김이나 끌어당기지 않음을 느끼는 경험을 포함하는 감각적 지각으로서의 *aisthesis*라는 그리스어의 본래적 의미에서, 감성적aesthetic 수준에서 영향을 받아 있음, 촉발되어 있음을 의미한다. 따라서 능동적/수동적을 구분하는 배후의 생각은 실천적인 이유에서든, 이론적인 이유에서든, 혹은 예술창작에서든 사물로 향한 우리의 능동적인 정향은 세계로 보다 깊이 또 보다 근본적으로 열려 있음을 전제한다. 이 열려 있음은 우리의 살아 있는 몸을 매개로 해서, 끌어당김과 밀어냄으로 반응하면서, 감각적으로 영향을 미치고 간청하는 세계로 열려 있음이다. 이 경험의 감각운동적이고 정동적인 깊이를 탐구하면서 현상학은 수동적 발생 개념에 이르게 되었다. 수동적 발생에서 살아지는 몸은 습관, 운동패턴, 연합, 성향, 동기부여, 정서, 기억의 비의지적 형성을 통해서 그 자체와 그 자체를 둘러싸고 있는 환경을 구성한다.

경험할 때 이 수준의 수동적 종합에 있어서 이와 관련 있는 지향성 개념은 대상으로 향해 있음이라기보다는 세계로 열려 있음인데, 이는 분명한 주체-대상 구조를 지니지 않는, 신체적 형태의 암묵적인 감성이나 정감 속에서 열려 있음이다. 이 수준의 지향성은 익명적으로, 비의지적으로, 자발적으로(=자동적으로), 수용적으로 기능한다. 후설은 수용성과 촉발성을 구분한다(2001, pp. 105, 127). 단 자하비가 설명하듯이, "수용성은 최초의 가장 낮은 그리고 가장 원초적인 유형의 지향적 활동으로 간주되며, 우리를 수동적으로 촉발하는 것에 반응하고 주의를 기울이는 데에 있다. 따라서 단지 '내가 주목한다'로 이해되는 수용성조차 이전의 촉발을 전제한다"(Zahavi 1999, p. 116; 또한 후설 2001의 번역자 서문을 보라). 여기서 촉발은 **촉발적으로 영향을 받아 있음 혹은 섭동되어 있음**을 의미한다. 경험할 때 부각되는 것은 무엇이든 우리의 주의와 동기부여와 관련해서 이미 반드시 우리를 촉발해오고 있었고, 반드시 어떤 종류의 '촉발적 힘' 혹은 '촉발적 유인affective allure'을 지니고 있었다는 것이 이 생각이다. 우리가 주의해서 향하지 않아도 촉발적 유인을 행사하는 것은 무엇이든 '미리 주어진 것(=선소여)pregiven'이라고 말하고, 주의를 얻는 데 성공한 것은 무엇이든 '주어진 것(=소여)given'이라고 말한다. 따라서 주어진 것—무언가가 대상으로 향해 있는 의식에게 나타나는 양식 또는 방식—은 미리 주어진 것과 관련해서 창발하는 것으로 동역학적인 면에서 또 목적론적인 면에서 이해되어야 한다. 대상으로 향해 있는 지향적 경험들은 촉발적 감성, 동기부여, 주의를 포함하는 선인지적인precognitive '작동적 지향성operative intentionality'(Merleau-Ponty 1962, p. xviii)의 배경으로부터 창발한다. 이 촉발적으로 '포화된 지향성saturated intentionality'(Steinbock 1999)은 우리가 세계로 원초적으로 열려 있음을 제공한다.

'수동적 종합'의 현상학적 지형은 정서와 인지에 관한 심리학과 신경과학의 탐구를 조명하고 또 이 탐구의 조명을 받기에 잠재력이 풍부하다. 이 연관들 중의 몇몇은 후설이 수동적 종합을 연합의 원리에 따라 작동하는 것으로 기술하는 곳에서 이미 파악될 수 있다(Husserl 1960, pp. 80-81; 2001, pp. 162-242). 후설에게 연합은 경험들이 패턴화된 더 큰 전체들로 건립되거나 또는 종합되는 지향적 과정이다. 창발이라는 전문용어를 써서 우리는 연합이란, 결합되면서 호혜적으로 촉발하는 경험들에서 경험의 일률적 패턴들이 창발하는 과정이라고 말할 수 있다. 여기에 윌리엄 제임스William James가 그의 『심리학의 원리들*Principles of Psychology*』에서 제시한 몇 가지 생생한 예가 있다.

> 한 사람이 어둠 속에서 방에 들어가 거기에 있는 물건들을 더듬는다고 하자. 성냥을 만지면 순간 그 모양이 떠오를 것이다. 손이 식탁 위의 오렌지에 닿으면 오렌지의 금빛 노란 색깔, 풍미와 향기가 곧장 그의 마음을 관통할 것이다. 주방용 탁자 위로 손이 스쳐지나갈 때 혹은 발로 석탄통을 살짝 건드릴 때, 전자의 크고 번지르르하고 검은 모양과 후자의 거무스름함이 순식간에 일깨워지면서 이른바 대상의 인식을 구성하게 된다. 손이 어둠 속에서 바이올린에 얹혀졌을 때 그 소리가 희미하게 울리고, 옷들이나 방 주변에 쳐 있을 수도 있는 휘장들의 촉감은 그 촉감과 상관관계에 있는 모습이 각 경우에 소생하고 나서야 이해된다. … 하지만 청각적 인상과 시각적 인상이 본원적으로 함께 경험되는 심적 결합의 가장 유명하고 중요한 사례는 언어에 의해 제공된다. 아이는 앞에 내놓은

맛있는 새 과일을 마주치고 동시에 이 과일이 '무화과'라고 불린다는 것을 듣게 된다. 혹은 창밖을 내다보며 그 아이가 "참 재미있는 말이구나!" 하고 외칠 때 그 말이 '얼룩' 말이라는 걸 듣게 된다. 글자를 배울 때 각 글자의 소리가 글자의 모양이 그의 눈앞에 있는 동안 그에게 반복된다. 그 후로 오랫동안 살아가면서 그는 각각의 이름이 각각의 사물에 달라붙어 결합해 있어서 최초로 들은 이름 없이는 무화과, 얼룩말, 알파벳의 글자를 결코 보지 않을 것이다. 그리고 역으로 그 물건의 이미지를 희미하게 환기함이 없이는 이름을 결코 듣지 않을 것이다. (1981, pp. 524-525)

로크와 흄 같은 경험주의 철학자들에 의하면, 그런 연합들은 전적으로 기계적인 방식으로 일어난다. 연합은 단순히 인상과 관념의 동시적인 일어남, 인접, 또는 반복되는 연쇄에 힘입어서 그것들을 연결하는 일종의 마음속의 결합력connective force으로서 작동한다. 흄의 인과관계 분석은 연합에 관한 이 사유방식의 한 유명한 예를 제공한다. 흄은 인과적 결합causal connection은 이성에 의해 직접적으로 관찰할 수 있는 것도 아니고 증명할 수 있는 것도 아니지만 습관과 관습에 기초하는 믿음의 대상에 불과하다고 주장한다. A와 B의 인과적 결합에 대한 믿음은 과거에 경험한 바의 A와 B의 연합 또는 '항상적 결합constant conjunction'에서 일어난다. 즉, B의 경험들과 항상적으로 결합해 있는 A의 경험들은 마음으로 하여금 A가 일어나면 B가 일어나게 되어 있다고 습관적으로 기대하게 한다.

그러나 후설(과 제임스)에게 연합은 의미가 부재하고 기계적인 것이 아니라 전적으로 지향적인 것이다. 연합은 앞서 존재하는 경험-원자들로 이루어진 복잡한 경험들의 기계적인 집합이 아니다. 후설은 제임스와 마찬가지로 경험에 대한 이 원자론적 이해방식을 철저하게 거부한다. 자기조직화하는 체계 속의 창발적 과정들과 마찬가지로, 연합되는 경험들은 호혜적으로 서로를 강화하고 보강하며, 이렇게 해서 이 경험들의 이전의 별개성을 대체하는 새로운 형성물들을 생겨나게 한다. 연합은 또한 의미sense or meaning의 파지와 예지를 포함한다. 이전의 경험들은 느껴진 유사성들을 기초로 해서 이후의 경험들에 의해 촉발적으로 '일깨워지며', 앞으로 올 것이 지금까지의 경험의 의미와 일치하리라는 예기를 동기부여한다. 후설의 용어를 써서 말하면, 이전의 경험에서 이후의 경험으로 '의미의 유비적 이동analogical transfer of sense'이 있다. 즉, 지금 현존하는 것은 이전의 경험에 뿌리를 두고 있고, 그 이후로 습관적이 된 한 의미 내에서 수동적으로 파악된다(Bernet, Kern, and Marbach 1993, p. 202).

습관 개념은 후설이 1927년 이래의 강의에서 명시적으로 진술하듯이, 수동적 발생에 대한 그의 이해방식에서 중심을 이루고 있다. "흄이 올바르게 가르치듯이, 습관은 우리를 육성할 뿐 아니라, 세계를 형성하고 끊임없이 더 형성해 가는 의식의 기능이다."(Bernet, Kern, and Marbach 1993, p. 203에 인용된 것; 또한 Welton 2000, p. 243을 보라.) 후설은 흄을 언급하지만, 습관 개념은 제임스에게도 매우 중요했다. 『심리학의 원리들』에서 제임스는 습관은 의식의 흐름에서 또 뇌의 활동에서 모든 연합의 기반을 이룬다고 선언했다(이렇게 해서 도널드 헵과 연결주의를 예고했다).[12] 후에 1945년에 메를로-퐁티는 그의 『지각의 현상학』에서 환상지의 경험을 논할 때 습관-몸 개념을 도입했다. 즉, "우리의 몸은 말하자면 서로 다른 두 층, 즉 습관-몸의 층과 이 순간의 몸의 층으로 이루어져 있다. 후자에서 사라진 조작운동들manipulatory movements이 전자에 나타난다. 내가 더 이상 지니지 않는 사지를 여전히 소유한다는 감각을 지닐 수 있는 방식의 문제는 결국 습관적 몸이 이 순간의 몸에 대한 담보로 작용할 수 있는 방식을 알아내는 일이 된다"(1962, p. 82). 습관적 몸이 이 순간의 몸에 대한 담보로 작용한다고 말하는 것은, 살아지는 몸이 느낌, 지각함, 행위함, 상상함의 침전된 방식들과 그 자체의 역사로 가득 찬 발달적 존재라고 말하는 것이다. 이 침전된 패턴들은 몸의 막에 의해 둘러싸인 공간에 제한되지 않는다. 이 패턴들은 살아지는 몸과 환경에 걸쳐 있고 이 둘을 섞어 짜며, 이렇게 해서 살아지는 몸-환경의 일원화된 회로를 형성한다(Gallagher 1986b).

Ⅲ부에서 나는 발생적 현상학과 창출행위적 인지과학의 이 수렴을 더 상세하게 탐색할 것이다. 당분간은 살아지는 몸과 주변세계 간의 동역학적 쌍결합이 두 관점 모두에게 얼마나 중요한지 지적하는 데 그치겠다. 이 쌍결합에서 동기부여하는 암류暗流는 정동적이고 감각운동적이고 상상적인 신체적 경험들의 습관적이고 연합적인 결합이다.

발생적 현상학에서 세대간적 현상학으로

그의 생 후반에 후설은 또 다른 방향으로, 즉 발생적 현상학에서 세대간적 현상학*generative phenomenology*으로 이동하기 시작했다. 이미 발생적 현상학에서 상호주관성이 자기의 살아지는 몸과 타자의 살아지는 몸이 서로에게 현존하는 것을 기반으로 해서 자기와 타자 사이의 동역학적 쌍결합의 형태를 띠고 중요한 주제로 떠올랐었다. 그러나 세대간적 현상학은 세대들 간의 상호 관련성은 물론이고 태어남과 죽음의 매개변수를 포함하기 위해 자기-타자 관계를 넘어 이 발생적 분석의 범위를 확대했다.

이 맥락에서 세대간적*generative*이란 용어는 이중의 의미를 지닌다. 즉, 이 용어는 되어 가는 과정과 세대들을 거쳐서 일어나는 과정을 의미한다(Steinbock 1995, p. 3). 세대간적 현상학은 인간 경험의 역사적, 사회적, 문화적 되어 감에 관한 것이다. 정적 현상학이 발생적 현상학과 관련해서 범위가 제한되어 있다면, 발생적 현상학은 세대간적 현상학과 관련해서 범위가 제한되어 있다. 즉, 세대간적 현상학의 주제는 인간 경험의 역사적이고 상호주관적이 되어 감인 반면, 발생적 현상학은 세대적이고 역사적인 감입성을 명시적으로 분석하지 않고 개체적(=개인적) 발달에 초점을 맞춘다.

발생적 음역에서 세대간적 음역으로 이동할 때, 살아지는 몸의 개념이 생활세계*life-world*의 개념으로 보완된다(Husserl 1970; Steinbock 1995, pp.

86-122; Welton 2000, pp. 331-346). 생활세계는 우리가 사는 일상세계이다. 이 세계는 '항상 이미 주어져 있고', 실천적이든 이론적이든 우리의 모든 활동들의 지평으로 기여를 한다. 이 풍부하고 다면적인 개념의 두 중요한 측면들이 여기서 언급될 필요가 있다. 즉, 하나는 경험과학과 인간의 일상생활 간의, 생활세계 내의 오고가는 순환 또는 교환이고, 또 하나는 모든 인간 활동의 미리 주어져 있는 지평과 지반으로서의 생활세계이다.

생활세계는 일상세계와 일상세계 내에서 직접 경험될 수 있는 사물들, 즉 우리의 살아 있는 몸, 우리의 자연적 주변환경, 우리의 문화적 창작물(도구, 예술작품 등)로 이루어져 있다. 생활세계는 인간 주관성에 관계적으로 매여 있다는 의미에서 주체-관계적이다. 생활세계는 논리적이고 이론적인 추상화를 통해서 도달되는, 과학에 의해 개념파악되는 '객관적 자연'과 대조를 이루고 있다. 그렇게 이해된 자연은 이론화하는 주체들의 공동체에 의해 채택된 대상화하는 지향적 태도를 인지적 상관물로서 지니고 있다. 객관적 자연은 명증적 원천과 지반으로서의 생활세계를 전제한다. 객관적 자연은 추상화와 이념화의 산물이기 때문에 원리상 직접 경험될 수 없다. 그럼에도 불구하고, 명제, 모형, 논리적 건립물, 과학의 실험기법은 또 다른 의미에서 직접 경험될 수 있다. 즉, 이것들은 과학 공동체의 구성원들에게 경험적 타당성을 갖는 인간의 성취물이고, 그 결과물은 일상생활로 흘러들어가서 기술과 사회적 실천의 형태로 가시적으로 경험되게 된다. 우리의 생활세계는 예술, 철학, 종교와 같은 다른 경험에 더하여 과학도 포괄하고 있다. 그래서 일상적 경험과 과학적 경험 사이에는 필연적인 '순환'이 있다 (Varela, Thompson, and Rosch 1991, pp. 10-14). 한편으로, 일상적 경험은 감각적이고 물질적인 내용들을 제공하는데, 과학은 이것으로부터 또 이것과 함께 작업하지 않으면 안 된다. 다른 한편으로, 이 내용들로부터 세워지는 과학적 분석은 우리의 생활세계의 형성에 기여하고, 우리의 세계 경험이 발생론적으로 또 세대간적으로 구성되는 방식에 대한 현상학적 분석을 위해 중요한 주요 단서를 제공한다.

이 현상학적 분석을 착수할 때 후설은 처음에 생활세계를 종합적 총체성으로 이해했다. 그래서 그는 비록 모든 것을 포괄하는 독특한 것일지라도 한 대상an object을 모형으로 해서 다루었다(Steinbock 1995, pp. 98-102; Welton, pp. 336-346). 그러나 결국 그에게 생활세계는 어떤 종류의 지향적 대상으로도 주어질 수 없다는 것이 분명해졌다. 왜냐하면 그것은 주어진 것이라기보다 미리 주어진 것으로 항상 이미 거기에 있기 때문이다.[13] 따라서 마지막 저작인 『유럽 학문의 위기와 초월론적 현상학의 위기*The Crisis of European Sciences and Transcendental Phenomenology*』(1970, 37절, pp. 142-143)의 한 중대하고 유명한 대문大文에서 그는 세계는 모든 인간 활동의 '지반'과 '지평'으로서 항상 이미 거기에 있으며 우리에 대해서 미리 존재한다고 썼다. 그러고 나서 그는 우리가 세계를 의식하는 방식과 우리가 사물들 또는 대상들을 의식하는 방식은 비록 분리 불가능하게 결합돼 있을지라도 근본적으로 다르다고 주장했다. 우리는 사물들을 오직 세계지평 내의 사물들로서만 의식할 수 있고, 우리는 세계지평을 존재하는 대상들을 위한 지평으로서만 의식할 수 있다. 그러나 세계는 어떠한 종류의 존재물도 아니고 또 단순히 존재물들의 총체성인 것도 아니다. 왜냐하면 세계는 존재물 혹은 총체성이 전제로 삼고 있는 지평이기 때문이다. "세계는 하나이다"라고 말하고 싶은 유혹을 받겠지만, 후설이 말하는 바와 같이, "세계는 복수적인 것이 세계에 적용될 때 아무 의미가 성립하지 않는 그런 유일무이함으로 존재한다." 달리 말하면, 둘이었을 수도 있었다는 어떠한 의미에서도 세계가 하나인 것은 결코 아니다. 또 다른 방식으로 말하면, 세계를 "유일무이한 것"으로 기술하고, 그래서 "세계로부터 이끌려 나오는 모든 단수적인 것과 모든 복수적인 것은 세계지평을 전제한다"고 말하는 것은 셈 개념이 아무 의미가 성립하지 않는다거나 여기에서 전혀 적용이 되지 않는다는 것을 의미한다.[14] 모든 대상이 주어지는 방식과 세계지평이 주어지는(즉, 항상 이미 미리 주어지는) 방식 사이의 이 다름을 고려하면, "대상과 세계지평에 대한, 근본적으로 다른 상관관계적 유형들의 의식"이 존재한다는 것이 틀림

없다는 결과가 따른다.

후설의 용어 **지평**과 **지반**은 은유적인 바, 시각적이기도 하고 지질학적이기도 하다. 지평은 '바깥에 저기'에 있는 사물이 아니라 나타남의 구조이다. 그렇기에 지평은 나타남들이 그렇게 구조화되는 지각하는 사람을 함축하거나 소급지시한다. 현상학적 언어로 말하면, 나타남의 구조로서 노에마적으로 취해진 '지평'은 의식의 구조로서 노에시스적으로 취해진 '지평'을 함축하고 있다. '전제조건'이 너무 정적이라는 점을 제외하면, 우리는 지평이 모든 것의 나타남을 위한 전제조건이라고 말할 수 있을 것이다. 발생론적 음역에서 진술한다면, 지평은 대상(노에마)과 의식(노에시스)이 참여하는 개시開示의 역동적 구조이다(Steinbock 1995, p. 107). 출현하는 모든 것은 지평에 의해 한계가 정해지면서 개방되어 있는 빈터 또는 트인 곳에서 그렇게 현출하거나 혹은 창발한다. 모든 가능한 지평의 지평은 세계이다. 그러나 세계지평은 이 모든 가능한 지평들의 종합, 총체성, 또는 부분전체관계론적 총합이 아니다. 왜냐하면, 세계지평은 이 모든 가능한 지평들과 관련해서 미리 주어진 것이거나 또는 선험적인 것이며, 따라서 독특한 것*sui generis*이기 때문이다. 마찬가지로, 생활세계를 지반*Boden*으로 기술하는 것은 생활세계가 정적인 토대가 아니라 모든 것이 발생하고 자양분을 받는 미리 주어진 토대라고 말하는 것이다. 이 토양은 우리의 선조와 문화를 포함한다. 우리 인간들은 세대들에 걸쳐 있는 역사적 시간 속에서 우리 자신의 발달로서 경험하는 문화적 전통을 통해서 우리 자신을 구성하고 재구성한다. 그러므로 모든 경험의 지평과 지반으로서의 생활세계를 탐구하는 일은 다름 아닌 세대간성—세대들을 걸쳐서 일어나고, 또 모든 개인적 발생이 항상 이미 처해 있는 생성의 과정들, 창조하고 재창조해 가는 과정들—을 탐구하는 일을 요구한다.

세대간적 현상학은 우리의 본래적radical 신체화의 상호주관적이고 사회적이고 문화적인 측면들을 전면에 내세운다. 개인들은 태어나고 죽으며, 발달하고 끊임없이 변화하며, 그들의 선조들로부터 출현하며, 오는 세대들 속에서 그들 자신을 영속화한다. 시작부터 개인적 주체는 특정한 지질학적 문화적 환경 속에서 본원적으로 타자들에 관여하며 타자들에 의해 변경되는 상호주관성이다(Depraz 1999c, p. 482; Steinbock 1995). 개인적 주체는 상호주관적으로 또 문화적으로 신체화되어 있고, 감입되어 있고, 창발적이다.

고전적 인지과학은 개인적 자기를 일차적으로 놓고 타자를 이차적으로 놓는다는 가정 하에서 작업한 결과, 상호주관성과 문화를 배제하고 말았으며, 그리하여 실로 인간 마음의 '인지적 건축술'에 대한 그들의 기여를 분석할 수단을 지니고 있지 않았다. 그 결과, 고전적 인지과학은 추상적이고 물화된 마음의 모형을, 탈신체화되고 문화가 부재하는 물리적 상징체계 혹은 고립된 개인의 머릿속에 있는 연결주의적 신경네트워크로서 제공해 왔다. 그러나 이 책의 마지막 장에서 보게 되겠지만, 창출행위적 접근법은 특히 살아지는 몸, 상호주관성, 생활세계의 발생적 현상학과 세대간적 현상학에 의해 인도될 때 상이한 비전을 제공한다. 나는 자아와 타자는 공감을 통해 호혜적으로 서로를 창출한다고 주장할 것이며, 또 인간 주관성은 문화화의 발달과정으로부터 창발하고, 분산된 인지적 망의 상징적 문화에 의해 설정된다고 주장할 것이다.

3장 자율성과 창발

창출행위적 접근법에 따르면, 인간의 마음은 다양한 수준들에서 뇌, 몸, 환경을 긴밀하게 상호연결하는 자기조직화 과정에서 창발한다. 이 명제가 기반으로 하는 핵심 사상은 자율적 체계들 및 창발 곧 창발적 과정들의 사상이다. 이 장에서 나는 이 사상을 설명하겠다. 다음 장에서 나는 이 사상과, 형식 특히 행동의 형식들 혹은 구조들에 관한 현상학적 사상 사이의 몇몇 연관들을 탐색하겠다. 이 두 장은 생명 속의 마음의 뿌리로 거슬러 올라가고, 주관성과 의식을 향해서 앞으로 작업해 나아감으로써 설명적 간극을 다루는 창출행위적 전략을 위한 토대를 마련할 것이다.

이 장의 첫째 절에서 나는 창출행위적 접근법을 위한 배경을 형성하는 동역학적 체계들에 관한 몇몇 기본적 사상을 검토하겠다. 둘째 절에서 나는 자율적 체계의 개념을 설명하겠다. 창출행위적 접근법의 독특한 특질은 이 방법이 자율성을 강조한다는 점이다. 요컨대, 자율적 체계는 바깥으로부터 결정되는 체계 곧 타율적 체계와 구별되는, 자기결정하는 체계이다.

한편으로, 살아 있는 세포, 다세포적 동물, 개미 군체, 인간은 환경과 상호작용하면서 긴밀히 협업하고 자기결정하는 통일체이다. 다른 한편으로, 현금자동인출기는 인간 설계의 영역 내에서 바깥으로부터 결정되고 통제된다. 타율적 체계의 상호작용을 위한 패러다임은 입력/처리과정/출력이며, 여기서는 바라는 출력에서 이탈한다면 이는 체계 오류로 간주된다. 자율적 체계의 상호작용을 위한 패러다임은 대화이며, 여기서는 결과가 만족스럽지 않다면 이는 이해의 단절로 간주된다(Varela 1979, p. xii). 창출행위적 접근법에 의하면, 살아 있는 존재와 인지적 행위자는 자율적 체계로 이해될 필요가 있다. 나는 셋째 절에서 우리가 정보에 관해 생각하는 방식을 위한 이 자율성 관점이 함축하는 바에 대해 논하겠다.

넷째 절에서 나는 세포, 생태계, 도시, 국가처럼 다양한 복잡체계(=복잡계)complex system에 있어서 대규모의 집합적 행동패턴들의 생겨남을 기술하는, 이제는 친숙한 개념인 창발로 향하겠다. 창발은 자기조직화와 순환적 인과성과 밀접하게 관련되어 있는데, 이 둘 모두 '상향식'과 '하향식' 과정들의 호혜적 영향을 포함하고 있다. 예를 들어, 토네이도는 순환하는 대기와 물 입자들의 자기조직화를 통해 창발한다. 토네이도는 경로 상의 모든 것에 대해서 엄청나게 파괴적인 영향을 미치며 호혜적으로 그 입자들을 특정한 거시적인 배열형태 속으로 빨아들인다. 이 절에서 나는 내가 동역학적 공共창발dynamic co-emergence이라고 부르는 창발에 대해 사유하는 방식을 소묘하겠다. 동역학적 공창발은 전체가 부분들에서 생겨날 뿐만 아니라 부분들도 또한 전체에서 생겨난다는 것을 의미한다. 부분과 전체는 공창발하고, 상호적으로 서로를 특정화한다. 전체는 부분들로 환원될 수 없는데, 왜냐하면 부분들은 전체와 무관하게 특징지어질 수는 없기 때문이다. 역으로 부분들은 전체로 환원될 수 없는데, 왜냐하면 전체는 부분들과 무관하게 특징지어질 수 없기 때문이다. 나는 부록 B에서 이런 개념의 창발과 관련 있는 철학적 쟁점들을 논하고 있다.

동역학적 체계

최근에 인지와 정서의 동역학에 대한 늘어나는 관심은 심리과학에서 별개의 동역학적 접근법을 생겨나게 했다(Kelso 1995; Lewis and Granic 2000; Port and van Gelder 1995; Thelen and Smith 1994). 동역학적 접근법의 중심사상은 자연적 인지 — 진화된 살아 있는 행위자들의 인지 — 는 동역학적 현상이고, 따라서 동역학적 체계 과학의 관점에서 이해될 필요가 있다는 것이다. 이 관점은 동역학적 체계 이론(순수수학의 한 분야), 동역학적 체계 모형화(실증적 체계들의 수학적 모형화), 그리고 이 공구들에 의해 정보를 제공받는 생물학적 현상들과 심리학적 현상들에 대한 실험적 탐구를 포함한다.

이 맥락에서 도입할 필요가 있는 첫 번째 중요한 개념은 **동역학적 체계***dynamic system* 개념이다.[1] 간단히 말해서, 동역학적 체계는 시간이 지나감에 따라서 변화하는 체계이다. 그러나 **체계***system*라는 용어는 태양계 같은 세계 속의 현실적 체계를 지칭할 수 있고, 혹은 현실적 체계의 수학적 모형을 지칭할 수 있다는 점에서 양의적이다. 현실적 세계의 경우 **체계**라는 용어는 정확한 정의를 허용하지 않는다. 일반적으로 체계는 어떤 관찰자가 사물들을 보고 개념화할 때 배경으로부터 단일한 전체로 두드러지는 관련된 존재들 또는 과정들의 합집이다. 과학의 역사로부터 취할 수 있는 한 고전적 예는 태양계(=태양체계)이다. 태양계의 성원들은 해, 달, 행성들이고, 태양계의 상태들은 그 성원들의 가능한 배열형태들이다. 시간이 지나감에 따라 변화하는 것이 체계의 상태이다. 그러나 모형이란 의미에서의 동역학적 체계는 현실적 체계가 시간이 지나감에 따라서 변화하는 방식(태양계의 경우 행성의 경로, 식蝕과 같은 사건)을 기술하고 예측하는 것을 목표로 하는 수학적 건립물이다. 이를 위해 현실적 체계의 몇몇 측면들이 특히 중요한 것으로 추출되고, 양적 변수들에 의해 수학적으로 표상된다. 주어진 시간에 모든 변수들의 수치를 특정화하는 것은 그 시간에 있어서 체계의 상태를 가리킨다. 동역학적 체계는 체계의 상태에 대한 그런 기술을 산출하기 위한 절차, 그리고 현재의 상태-기술을 어떤 미래 시간을 위한 또 다른 상태-기술로 변형하기 위한 규칙을 포함한다. 따라서 동역학적 체계는 시간이 지나감에 따라서 체계가 변화하거나 행동하는 방식을 위한 일종의 수학적 모형이다.

만약 시간의 지나감이 (모든 면을 쓸고 지나가는 아날로그시계의 초침처럼) 연속적인 것으로 간주된다면, 동역학적 체계는 미분 가능한 체계이다. 즉, 변수들은 매끄럽고 연속적인 방식으로 변화하며, 체계의 변화하는 상태를 제어하는 규칙 혹은 '진화방정식'은 미분방정식의 형태를 취한다. 만약 시간이 (디지털시계처럼) 균등하게 간격을 두고 이산적으로 도약하면서 지나가는 것으로 간주된다면, 계차방정식 혹은 사상寫像(이산적 시간단계들에서 되풀이해서 적용되거나 반복되는 함수)에 의해 기술된다. 일부 미분방정식들은 해석적 해analytical solution를 갖는데, 이는 이 방정식들이 수학 공식에 의해 정확하게 풀릴 수 있다는 것을 의미한다. 변수들의 시작값starting value(초기조건)을 고려하면, 체계의 모든 미래 상태들은 매 시간증분time increment 때마다 체계의 상태를 재산정하지 않고도 알려질 수 있다. 그러나 대부분의 미분방정식들은 이런 방식으로 풀릴 수 없다. 방정식이 비선형적 항을 내포할 때—출력값이 입력의 총합에 직접적으로 비례하지 않는 함수—그런 해解는 불가능하다. 그러므로 미래 상태를 현재 상태로부터 예측하는 일을 가능하게 하는 공식을 발견하는 것과는 다른 수학적 접근법이 취해져야 한다.

19세기에 앙리 푸앙카레Henri Poincaré에 의해 도입된 이 다른 접근법은 미분방정식(혹은 비선형적 미분 가능한 동역학적 체계)의 질적 연구로 알려져 있다. 이 연구에서는 체계의 모든 가능한 상태들의 공간을 상태공간 혹은 위상공간으로 알려져 있는 기하학적 공간으로 생각하고, 또 체계가 시간이 지나감에 따라서 변화하거나 행동하는 방식을 이 공간 속의 곡선이나 궤적으로 생각한다. 시간의 함수로서의 매 해解를 위한 공식을 구하는 대신에 모든 시간들과 초기조건들에 대한 (위상공간 속의 궤적들에 상응하는) 모든 해들의 합집을 연구한다(Norton 1995, p. 46). 이 접근법은 체계의 정확한 미래 상태(미래 시간에서의 체계의 변수들의 특정값들)를 예측하려고 하는 대신에 체계의 장기 행동(위상공간 속에서의 체계의 행동)의 일반적 혹은 전역적 성격을 연구하기 위해 위상학적 기법과 기하학적 기법을 사용하기 때문에, 질적이라고 말한다. 동역학적 체계 이론의 이름에 의해 진행되는 것은 바로 이 동역학에 대한 질적 접근법이다.

우리는 이와 관련 있는 개념 즉 복잡성 개념을 하나 더 도입할 필요가 있다. **복잡성***complexity*이란 용어는 무작위적이지도 않고, 질서정연하거나 예측 가능하지도 않다. 오히려 복잡성은 이 사이에 있으면서 변화하는 불안정한 패턴들을 보여준다. **역동적 불안정성 혹은 메타안정성으로서의 복잡성** 개념—"끊임없이 창조되고 파괴되고 다시 재창발하고 있는 정형화된 시간적 패턴들을 가진 상이한 일시적인 동역학의 계기적繼起的 표현"(Friston 2000b, p. 238)—이 이 뇌와 행동에 대한 최근의 비선형 동역학적 체계 접근법들의 맥락에서 특히 중요하다. 최근의 연구가 보여주는 바에 따르면, 이런 종류의 복잡성은 수많은 등급과 수준에서, 곧 분자적인 것과 유기체적인 것에서 생태학적인 것과 진화론적인 것에 이르기까지, 또 나아가 신경적이고 행동적인 것에 이르기까지에서 발견될 수 있다.[2] 모든 경우에 복잡성, 불안정성 혹은 메타안정성이 자기조직화와 적응행동에서 필연적이라는 것이 메시지인 것으로 보인다.

이제 우리는 심리과학의 동역학적 접근법으로 되돌아갈 수 있다. 이 접근법의 근본적인 동역학적 가설은, 자연적인 인지적 행위자(사람 및 다른 동물)는 동역학적 체계이고(혹은 더 정확히 말해서, 행위자가 예화하는 인지적 체계는 동역학적 체계이고), 따라서 행위, 지각, 인지는 동역학적 용어로 설명되어야 한다는 것이다(van Gelder 1998). 동역학적 가설을 주창하는 사람들은 이 가설을, 인지적 행위자(혹은 그들이 예화하는 인지적 체계)는 자연적인 것이든 인공적인 것이든 디지털 컴퓨터 혹은 물리적 상징체계이고, 따라서 인지는 상징-처리과정의 용어로 설명되어야 한다는 인지주의자의 가설과 대비시킨다.

이 사상을 예증하기 위해 우리는 하켄, 켈소, 그리고 동료들(Bressler and Kelso 2001; Kelso 1995)이 창안한 협응역학coordination dynamics으로 향할 수 있다. 그들이 연구해 온 한 사례는 리드미컬한 손가락 움직임이다(Haken, Kelso, and Bunz 1985). 실험 과제는 두 집게손가락을 동일한 주파수로 좌우로 움직이는 것이었다. 낮은 속도에서는 두 편안한 협응 패턴이 있다(체계는 쌍안정적이다). 즉, 손가락들이 순위상으로in-phase 움직이거나(각 손의 동등한 근육집단이 동시에 수축한다), 역위상으로anti-phase 움직인다(동등한 근육집단이 수축과 팽창을 번갈아 한다). 속도가 점점 증가함에 따라, 순위상 패턴은 불안정적이 되고, 마침내 어떤 임계주파수에서 손가락들은 자발적으로 역위상 패턴으로 전환한다(체계는 일종의 분기를 겪는다). 속도가 감소함에 따라, 순위상 패턴은 다시 안정적이 되지만, 원래의 전환점 하에서 그렇게 한다(이전 상태로 이 지체되어 복귀하는 일은 이력현상履歷現象/hysteresis으로 알려져 있다.)

하켄, 켈소, 그리고 동료들은 운동 행동의 이 속성들을 기술하고 예측하기 위해 동역학적 체계 모형을 고안해냈다. 이 모형은 두 손가락 간의 상대적 위상 관계가 시간이 지나감에 따라 진화하는 방식을 기술한다. 상대적 위상은 '집합적 변수collective variable'의 한 예이다. 집합적 변수의 값은 다른 변수들의 값들 간의 관계에 의해 설정되는데, 이 경우는 각 손가락 움직임을 기술하는 값들이다. 집합적 변수는 체계의 성원들의 상호작용들로부터 일률적이고 질서정연한 패턴으로서 창발하는 체계의 높은 수준의 혹은 전역적인 특징을 기술한다. 이 거시적 수준의 패턴은 체계의 성원들을 일률적이고 질서정연한 패턴으로 조직함으로써 성원들의 자유도를 낮추기 때문에 또한 질서매개변수order parameter로 알려져 있다. 손가락들이 순위상으로 움직일 때 집합적 변수 혹은 상대석 위상의 질서매개변수는 영이지만, 임계전이critical transition 혹은 역위상으로 분기하는 일이 일단 일어나기만 하면

영이 아닌 것이 되어 어떤 최대값에 이르게 된다. 위상전이가 손가락 왕복운동의 어떤 임계주파수에서 일어날 때 주파수는 체계를 위해 '제어매개변수 control parameter'로서 작용한다. 제어매개변수는 집합적 변수 혹은 질서매개변수(상대적 위상의 창발적 패턴)를 지령하거나 지시하지 않는다. 오히려 제어매개변수의 변화하는 값들은 다양한 가능한 패턴들 혹은 상태들을 통해서 체계를 이끈다(Kelso 1995, p. 7). 따라서 이 모형은 손가락-움직임 주파수의 제어매개변수가 손가락 협응의 상이한 패턴들을 통해서 체계를 이끄는 방식을 수학적으로 기술하고 있다.

동역학적 체계 이론의 언어로 말하면, 이런 종류의 기술은 체계의 변수들의 모든 가능한 가치들을 명시함으로써 체계의 상태공간, 즉 체계의 모든 가능한 상태들을 대표하는 추상적이고 다차원적인 공간을 부여한다. 체계의 시간적 진화는 이 공간을 통과하는 체계의 궤적에 상응한다. 이 모형은 기호명령어를 발부함으로써 전환들을 지시하는 내적 운동프로그램을 설정하지 않고도 한 위상에서 다른 한 위상으로 바뀌는 관찰된 전환을 예측한다. 대신에, 위상전이는 체계의 자기조직화하는 동역학의 창발적 속성으로서 자발적으로 일어난다. 켈소와 동료들은 운동능력 학습, 말소리 지각, 시지각과 같은, 그리고 대뇌피질 영역 간의 역동적 협응의 활동과 같은 매우 다양한 인지적 영역에 적용하기 위해서 이 유형의 위상-전이 모형을 확장하고 발전시켰다(Bressler and Kelso 2001; Kelso 1995).

동역학적 접근법과 관련 있는 핵심 논점들 중의 하나는 시간을 강조한다는 점이다. 전통적인 계산론적 모형은 체계가 통과해야만 하는 이산적 상태들의 서열만을 명시한다는 점에서 정적이다. 이와 달리, 동역학적 체계 모형은 과정들이 실제 시간 속에서 전개되는 방식을 명시한다. 팀 반 겔더 Tim van Gelder가 진술하듯이, "비록 모든 인지과학자들이 인지를 시간 너머에서*over* 일어나는 무언가로 이해하지만, 동역학자들은 인지를 시간 속에서*in* 존재하는 것으로, 즉 본질적으로 시간적인 현상으로 본다"(van Gelder 1999a, p. 244). 반 겔더(1998)는 이 대조를 변화 대 상태, 기하학

대 구조, 시간 속의 구조 대 정적 구조, 시간 대 순서, 병렬적인 것 대 순차적인 것, 진행 중 대 입력/출력으로 기술한다.

계산론자들은 일차적으로 이산적 상태들에 초점을 맞추고서 변화를 체계가 한 이산적 상태에서 다른 한 이산적 상태로 이동할 때 일어나는 것으로 다루는 반면, 동역학자들은 체계가 시간 속에서 연속적으로 상태를 변화시키는 방식에 초점을 맞춘다. 동역학자들은 상태 변화들을 위상공간 속의 위치와 궤적에 의해서 기하학적으로 이해하는 데 반해, 계산론자들은 조합적 존재들의 내적인 형식적 혹은 문법적 구조에 초점을 맞춘다. 계산론자들은 이 구조를 (스냅사진처럼) 정적으로 배치된 것으로, 돌연히 현존하거나 현존하지 않는 것으로 생각하고, 따라서 인지를 그러한 한 정적 구조에서 다른 한 정적 구조로 바뀌는, 규칙의 지배를 받는 변형으로 생각한다. 동역학자들의 경우 인지적 구조는 시간적으로 연장된 활동의 패턴으로 배치되어 있고, 인지는 상호적으로 또 동시적으로 서로에게 영향을 미치는 복잡한 시간적 구조들의 흐름으로 간주된다. 그러므로 동역학자들은 처리과정의 타이밍(진행속도, 주기, 지속, 동시성)에 관심이 있는 반면, 계산론자들은 전통적으로 인지적 상태들의 순서에만 관심이 있다. 더욱이, 계산론자들은 이 순서를 감각하다→지각하다→생각하다→행위하다의 연쇄적이거나 순차적인 진행으로 생각하는 반면, 동역학자들의 경우 인지는 행위함, 지각함, 상상함, 느낌, 생각함의 연속적인 공共진화로 전개된다. 마지막으로, 계산론자들은 인지적 과정을 입력-출력 구조를 갖는 것으로 생각하는 반면 ―체계는 입력을 수용하고, 순차적인 내적 작동들을 통해서 진행하고, 출력을 산출하고, 그런 후에 정지한다―, 동역학자들은 과정을 분명한 출발점이나 종착점이 없이 항상 진행 중인 것으로 생각한다. 목표는 한 시기의 입력을 이후 시기의 출력으로 사상寫像하는 것이 아니라, 항상 적합한 변화를 유지하는 것이다(van Gelder 1998).

자율적 체계

인지적 과정은 분명한 출발점이나 종착점 없이 항상 진행 중이라는 동역학자들의 사상은 자율적 체계와 타율적 체계 간의 구별을 도입함으로써 심화될 수 있다. 자율성과 타율성은 글자 그대로 각각 자기에 의해 지배를 받음과 타자에 의해 지배를 받음을 의미한다. 타율적 체계는 입력-출력 정보 흐름과 외적 제어메커니즘에 의해 정의된다. 전통적인 계산론적 체계는 인지주의자의 체계이든 연결주의자의 체계이든 타율적이다. 예를 들어, 전형적인 연결주의자의 네트워크는 입력층과 출력층을 갖고 있다. 입력은 체계 바깥의 관찰자에 의해 최초로 배당되고, 출력 성과는 외적으로 부과된 과제와 관련해서 평가된다. 그러나 자율적 체계는 내생적이고 자기조직화하고 자기제어하는 동역학에 의해 정의되고, 통상적 의미의 입력과 출력을 갖지 않으며, 이 체계가 작동하는 인지적 영역을 결정한다(Varela 1979; Varela and Bourgine 1991).

일반적으로, 어떠한 체계이든 체계를 특정화하기 위해서는 체계의 조직—체계를 체계 그대로 정의하는 관계들의 집합—을 기술할 필요가 있다. 복잡체계 이론에서 자율적이란 용어는 일반적 유형의 조직을 지칭한다. 자율적 조직을 정의하는 관계들은 정적 존재들 사이에서가 아니라 (한 세포 내의 신진대사 반응 또는 한 세포군 내의 신경점화와 같은) 과정들 사이에서 유지된다. 자율적 체계에서 체계를 이루는 과정들은 (i) 이 과정들이 네트워크로서 발생하고 실현되기 위해 서로에게 반복적으로 의존하고, (ii) 이 과정들이 어떤 영역에서 존재하든 간에 체계를 통일체로서 구성하고, (iii) 환경과의 가능한 상호작용들의 영역을 결정한다(Varela 1979, p. 55). 전형적인 예는 한 살아 있는 세포이다. 이 경우 세포를 이루는 과정들은 화학적이다. 이 과정들의 반복적인 상호의존은 그 자체의 막을 또한 생산하는, 자기생산하는 신진대사적 네트워크의 형태를 취한다. 그리고 이 네트워크는 생화학적인 영역에서 체계를 통일체로 구성하고, 환경과의 가능한

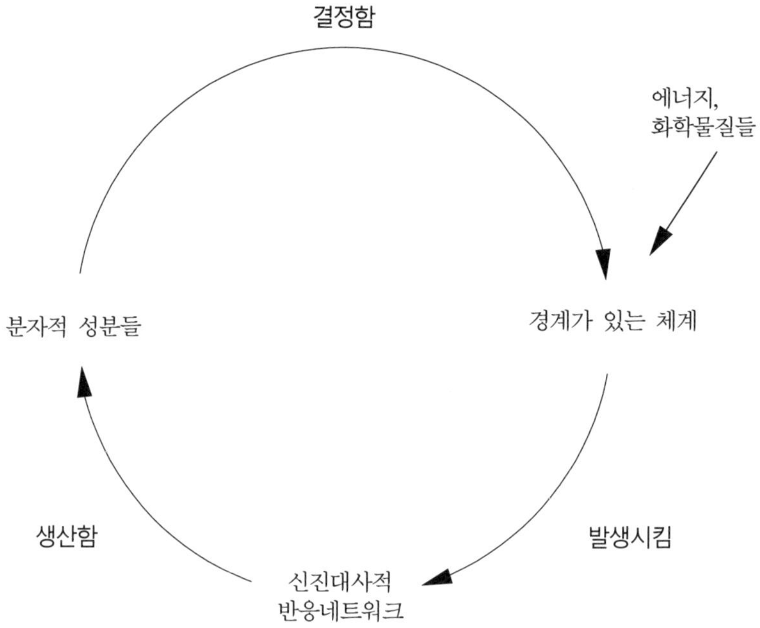

도표 3.1 기본적인 자가생성적 조직

상호작용의 영역을 결정한다. 생화학적 영역에서 이런 종류의 자율성은 자가생성(=오토포이에시스)*autopoiesis*으로 알려져 있다(Maturana and Varela 1980). 도표 3.1은 자가생성의 자율성을 위해 요구되는 기본적 조직을 예시하고 있다.

자가생성은 두 가지 이유에서 생물학적 자율성의 전형적인 사례이다. 이는 경험적으로 가장 잘 이해된 사례이고, 지구상의 모든 생명의 '생물학적' 핵심을 제공한다. 그러나 자율적인 것으로 간주되기 위해서 한 체계는 엄격한 의미에서(자기생산하는, 경계가 있는 분자적 체계라는 의미에서) 자가생성적일 필요는 없다. 자가생성적 체계는 동역학적으로 그 자체의 물질적 경계나 막을 생산하지만, 체계는 이러한 종류의 물질적 경계를 갖지 않고서도 자율적일 수 있다. 예를 들어 곤충 군체의 성원들은 자율적인 사회적 네트워크를 형성하지만, 그 경계는 사회적이고 영토적이지 물질적인 것은 아니다.

자율성 개념을 탐색할 때 우리는 하향식 접근법과 상향식 접근법이라는 두 상보적 접근법을 취할 수 있다(Ruiz-Mirazo and Moreno 2004). 두 접근법은 자율성을 체계 수준의 관계적 속성으로 보지만, 둘 사이에는 중대한 차이가 있다. 하향식 접근법은 자율성 고유의 관계적 조직에 초점을 맞추지만, 상향식 접근법은 자율성을 위한 에너지적 요건과 열역학적 요건을 강조한다.

바렐라는 1979년에 출간된 그의 저서 『생물학적 자율성의 원리들 *Principles of Biological Autonomy*』에서 하향식 접근법을 취한다.[3] 이 저작에서 그는 자율적 체계를 (후에 작동성 폐쇄operational closure라고 부른) 조직성 폐쇄organizational closure를 갖고 있는 체계로 정의하고 있다(Varela 1979, pp. 55-60). 여기서 폐쇄는 체계가 물질적으로 또 에너지적으로 바깥 세계에 닫혀 있다(이는 물론 불가능하다)는 것을 의미하지 않는다. 이와 반대로, 자율적 체계는 주변환경과 끊임없이 물질과 에너지를 교환하는, 열역학적으로 평형을 이루지 않는 체계이어야만 한다. **조직성 폐쇄**는 체계를 한 통일체로 정의하는 자기언급적인(순환적이고 재귀적인) 관계들의 네트워크를 가리키고, **작동성 폐쇄**는 그러한 체계의 재진입적이고 반복적인 동역학을 가리킨다.[4] 자율적 체계는 항상 구조적으로 환경과 쌍결합되어 있다. 한 체계의 행동이 다른 한 체계의 행동의 함수일 때, 둘 혹은 둘 이상의 체계들은 쌍결합되어 있다. (동역학적 체계의 언어로 말하면, 한 체계의 상태변수는 다른 한 체계의 매개변수이고, 역도 마찬가지이다.) '구조적 쌍결합(=커플링)'은 둘 혹은 둘 이상의 체계들 간의 구조적 합동을 가져오는 그런 체계들 간의 반복되는 상호작용의 역사를 가리킨다(Maturana 1975; Maturana and Varela 1987, p. 75). 따라서 한 자율적 체계의 상태변화들은 이 체계의 작동성 폐쇄와 구조적 쌍결합에서 결과한다. 만약 체계의 폐쇄가 와해되지 않는다면, 또 체계가 더 이상 쌍결합을 수행할 수 없지 않다면— 쌍결합을 수행할 수 없다면 체계는 해체된다—, 어떠한 상태변화의 결과도 항상 체계 내에서 더 자기조직화되어 있는 활동이다. 이런 의미로 자율적이라고 기술된 체계들은 살아 있는 세계—단세포, 미생물군집, 신경체계, 면역체계, 다세포 유기체, 생태계 등—도처에 풍부하다. 그런 체계들은 입력명령어를 출력산출물로 전환하기 위한 변환기들이나 기능체들로서가 아니라, 그 자체의 상호작용의 영역들을 특정화하는, 그 자체의 활동의 원천들로 간주될 필요가 있다. 달리 말해서, 이 체계들의 자율적 특성들이 인식될 필요가 있다.

자율성에 대한 제2의 상향식 접근법은 이 조직성 폐쇄와 작동성 폐쇄를 토대로 하지만, 물리적 세계의 '기본적 자율성'의 예화를 위한 에너지적 요건과 열역학적 요건을 해결하려고 한다. 이 관점에서 보면, 기본적 자율성은 "체계를 관통하는 물질과 에너지의 흐름을 감당해서, 이와 동시에 이를 조절하고 수정하고 제어할 수 있는 체계의 능력이다. 즉, (ⅰ) 내적인 자기건립적 과정들, 그리고 (ⅱ) 환경과 교류하는 과정들이다."(Ruiz-Mirazo and Moreno 2004, p. 240). 이 능력은 많은 것을 요구하는 특유의 물리적 이행요건들을 안고 있다. 즉, 체계는 어떤 유형의 성분들, 구체적으로 말해서 반투과성의 활동적 경계(막), 에너지 변환/전환 장치(에너지를 화학결합에서 세포 내의 에너지 흡수 반응으로 이전시키는, 살아 있는 세포 내의 아데노신3인산ATP과 같은 에너지 흐름), 그리고 적어도 자기건립과정을 제어하고 촉진하는 한 유형의 성분(촉매)을 지니지 않으면 안 된다(Ruiz-Mirazo and Moreno 2004, p. 252).

도표 3.1은 살아 있는 세포를 위한 기본적인 자가생성적 조직을 묘사하고 있다. 한 세포는 이 세포를 이 세포가 아닌 것과 떼어놓는 경계를 만들어냄으로써 분자 수프에서 두드러져 나와 있다. 세포 내의 신진대사 과정은 이 경계를 구축하지만, 신진대사 과정 자체가 바로 저 경계에 의해 가능하게 된다. 이런 방식으로 세포는 화학적 배경에서 두드러져 나와 전경의 상figure

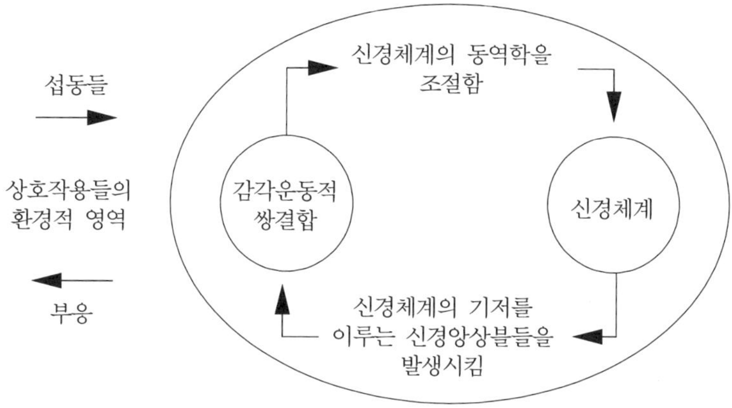

도표 3.2. 신경체계의 조직성 폐쇄

으로 창발한다. 만약 이 자기생산의 과정이 방해를 받는다면, 세포의 성분들은 더 이상 통일체를 형성하지 않고, 점차 분산되어 분자 수프로 되돌아가게 된다.

도표 3.1은 신경체계를 위한 최소 형태의 조직성 폐쇄를 묘사하는 도표 3.2와 비교될 수 있다. 어떠한 신경체계도 기본적인 '신경학적 폐쇄', 즉 자가생성의 생물학적 폐쇄를 계속하고 정교하게 만들어내는 패턴을 따라서 작동한다. 신경체계의 근본적 논리는 연속적 순환 방식으로 운동(=움직임)과 감각적 활동의 흐름을 쌍결합하는 것이다(Maturana and Varela 1987, pp. 142-176). 운동이 생명의 다세포적 유기체의 양식에 없어서는 안 되는 곳이라면 어디에서나 이에 상응하는 신경체계의 발달이 있다. 신경체계는 감각적 표면(감각기관과 신경말단)과 신체 내의 실행기(근육, 분비선)를 연결시킨다. 이런 방식으로 신경체계는 유기체를 통합해서, 이를 이동하는 통일체로, 자율적인 감각운동 행위자로 유지되게 한다.

이 신경학적 폐쇄는 동물의 왕국에서 발견되는, 감각운동적 협응 상의 모든 변이들의 기저를 이루고 있다. 모든 동물들에서 신경네트워크는 동물이 무엇을 감각하는지는 직접적으로 어떻게 움직이는지에 의존하고, 어떻게 움직이는지는 직접적으로 무엇을 감각하는지에 의존하는 감각운동적 순환을 설립하고 유지시킨다. 어떠한 동물도 단순히 수동적인 응답자가 아니다. 모든 동물은 그 자체의 감각운동에 의해서 환경을 만난다. 메를로-퐁티는 그의 첫 번째 저서 『행동의 구조*The Structure of Behaviour*』에서 이 점의 중요성을 인식하고 있었다.

> 유기체는 외적 자극들이 행사되고 이 자극들의 고유한 형식이 그려지는 건반에 적절하게 비교될 수 있는 것이 아니다. 유기체가 그 형식의 구성에 기여한다는 단순한 이유 때문이다. 내 손이 한 짐승을 포획하기 위한 도구를 쥐고 있는 동안 발버둥치는 이 짐승의 매 노력을 따를 때, 내 모든 움직임들(=운동들)이 외적 자극에 반응한다는 것은 분명하다. 하지만 내 수용기들을 자극들의 영향에 노출시키는 움직임이 없다면 이 자극들이 수용될 수 없다는 것도 또한 분명하다. … 눈과 귀가 날고 있는 한 날짐승을 따라갈 때면 자극과 반응을 주고받는데, 이때 어느 것이 먼저 시작되었다고 말하는 것은 불가능하다. 유기체의 모든 움직임은 항상 외적 영향에 의해 조건지어지므로, 원한다면 우리는 쉽사리 행동을 환경의 결과로 취급할 수 있다. 하지만 마찬가지로 유기체가 수용하는 모든 자극들은 이번에는 결국 수용기관을 외적 영향들에 노출하게 된, 이 유기체의 선행하는 움직임에 의해서만 가능하게 되었으므로, 우리는 또한 행동이 자극의 최초의 원인이라고 말할 수 있을 것이다.
>
> 따라서 자극물의 형식은 그 자체를 바깥에서 오는 행위들에 내놓는 고유한 방식에 의해 유기체 그 자체에 의해 창조된다. 의심할 여지없이, 살아 나아갈 수 있기 위해서 유기체는 환경 속의 일정한 수의 물리적이고 화학적인 행위자들과 마주치지 않으면 안 된다. 하지만 민감하게 반응할 물리적 세계 속의 자극들을—신경중추 및 기관의 움직임의 문턱인 수용

기의 고유한 성격을 따라서—선택하는 것은 다름 아닌 유기체 자신이다. "환경(=주위세계)*Umwelt*은 유기체의 현실화 또는 존재를 통해서 세계로부터 창발한다. 세계 속에서 적합한 환경을 발견하는 데 성공하기만 한다면 유기체는 존재할 수 있으므로." 외부의 해머의 그 자체 단조로운 작용에 이러저러한 키들을 제공하는 방식으로—그리고 가변적인 리듬을 따라서—움직이는 것이 바로 이 건반일 것이다. (1963, p. 13)[5]

이 대문은 자율성 관점을 분명하게 표현하고 있다. 유기체들은 우리가 이들을 자율적인 것으로 볼 수밖에 없는 행동의 패턴을 보여준다. 바렐라는 이 자율성을 일반적인 동역학적 패턴 혹은 형식으로, 즉 조직성 폐쇄 혹은 작동성 폐쇄로 추상적 수준에서 규정하려고 한다. 그래서 바렐라는 "모든 자율적 체계는 조직적으로 폐쇄되어 있다"(Varela 1979, p. 58)고 진술하는 '폐쇄 명제Closure Thesis'를 우리에게 제공한다.[6]

도표 3.1은 단세포 수준의 생명을 위해 이 폐쇄가 취하는 최소 형태를 예시하고 있고, 도표 3.2는 신경체계를 위해 이 폐쇄가 취하는 최소 형태를 예시하고 있다. 자가생성적 폐쇄는 세포 신진대사의 수준에서 최소한도의 '신체적 자기'를 낳는 반면, 감각운동적 폐쇄는 지각과 행위의 수준에서 '감각운동적 자기'를 산출한다. 앞의 경우에서는 네트워크 폐쇄에서 자기성(그리고 상관관계적인 타자성)으로 옮겨가는 추이가 바깥 환경과의 상호작용을 조절하는 활동적인 반투막의 경계 혹은 막에서 일어난다. 뒤의 경우에서는 이 추이가 행동과 지향적 행위의 수준에서 일어난다. 두 경우에서 모두 우리는 네트워크 폐쇄(자율성)의 일반적 메커니즘과 이 메커니즘의 물리적 신체화를 통해서 내부와 외부의 공창발, 자기성과 이와 상관관계적인 세계 혹은 환경이라는 타자성의 공창발을 본다. (Varela 1997a; 또한 Moreno and Barandiaran 2004를 보라).[7]

이 세포적 형식과 감각운동적 형식의 자기성 외에 다른 형식의 자기성이 조직적으로 또 작동적으로 폐쇄된 다른 체계에서 생겨난다. (Coutinho 2003;

Varela and Coutinho 1991). 예를 들어—단순한 방어 메커니즘이라기보다는 유기체를 위해 일관되고 신체적 동일성을 설립하는 자율적인 면역 네트워크로 이해된—면역체계는 분산된 세포적 수준과 분자적 수준에서, 동역학적이고 신체적인 동일성을 낳는다(Coutinho 2003; Varela and Coutinho 1991). 따라서 우리의 살아 있는 몸의 생명적 형식은 자기성과 쌍결합의 수많은 창발적 패턴들이 교차하는 장소이다. 세포적이든, 신체적이든, 감각운동적이든, 신경인지적이든, 이 패턴들은 이 패턴들을 조직하고 지휘하는 체계 내부의 어떠한 난쟁이 같은 자기 또는 행위자에게서도 유래하지 않고, 작동성 폐쇄를 지닌 분산된 네트워크들에서 유래하는 것이다. 바렐라의 비유를 써서 말한다면, 우리의 유기체는 '자기 없는 자기'의 그물세공이고, 그물세공인 우리는 이 그물세공을 살아가고 있다(Varela 1991; Varela and Cohen 1989).

이 지점에서 일어날 수 있는 반대를 미연에 방지해보겠다. 신경체계는 유기체의 몸속에 분명히 감입돼 있고, 또 유기체는 환경 속에 분명히 감입돼 있다(Chiel and Beer 1997). 이 사실은 신경체계는 자율적 체계라는 진술이나 유기체는 자율적 행위자라는 진술과 외견상 모순되는 것처럼 보인다. 지금 이 생각에 의하면, 신경체계의 작동이 (감각적 운동적 표면을 경유해서) 몸 전체를 통해서 순환하고, 따라서 신경체계가 작동성 폐쇄를 갖는다는 것(체계 내의 모든 과정의 산물이 체계 내에 머물고 있다는 것)은 가능하지 않은 것 같다. 마찬가지로, 유기체의 신체적 활동은 환경 전체를 통해서 순환하기 때문에(운동 활동은 우리가 환경으로부터 반복해서 수용하는 감각적 자극에 영향을 미치기 때문에), 유기체는 작동적으로 폐쇄된 동역학을 가질 수 없는 것 같다.

방법론적이고 인식론적인 많은 논점이 답으로 지적될 필요가 있다. 첫번째 논점은 엄격히 말해서 체계, 자율성, 타율성은 발견적heuristic 개념들이라는 점이다. 이 개념들은 행동의 관찰 가능한 현상들이나 패턴들을 과학적으로 탐구하고 정의할 때 인지적인 도움과 지침이 된다. 발견적 개념들로서 이 개념들은 관찰자(혹은 관찰자 공동체)의 해석적이고 설명적인 태도를

(암묵적으로) 소급지시하고 시사한다. 어떠한 주어진 경우에 그래서 자율적이든 타율적이든, 체계로 간주되는 것은 맥락에 의존적이고 또 관심에 상관적이다. 어떠한 체계에서든 타율성 혹은 외적 제어 관점을 채택하는 것은 항상 가능하다. 그럼에도 불구하고, 이 태도는 행동의 어떤 관찰 가능한 패턴들, 즉 외적 매개변수에서가 아니라 체계의 내적 동역학에서 일어나는 패턴들을 조명하지 않고, 또 실로 모호하게 할 수 있다. 유기체는 그 자체의 조직을 변화 속에서도 불변하는 것으로서 생산하고 유지하며, 이렇게 해서 또한 그 자체의 상호작용의 영역을 낳는다. (비록 살아 있는 유기체가 이 점에서 전형적인 예이지만, 분명히 그 어떤 체계도 인위적 자율성의 가능성을 배제하지 않는다.) 타율성 관점은 이 현상을 연구하고 이해할 수 있는 적합한 체재를 제공하지 않는다. 그래서 자율성 관점이 필요하다.

두 번째 논점은 어떠한 주어진 경우에서도, 혹은 어떠한 채택 가능한 체계에 대해서도, 우리는 체계 그 자체의 작동operation과 체계의 수행performance을 구별할 필요가 있다. 체계 그 자체의 작동은 체계의 조직(체계를 한 체계로 정의하는 관계들의 집합)과 물리적 구조 이 둘의 함수이고, 체계의 수행은 체계가 관찰되는 더 넓은 모든 맥락과 관련돼 있다. 예를 들어, 우리가 신경체계의 조직과 작동을 유한한 신경적 네트워크로 정의하길 바란다면, 우리는 신경체계를 조직적으로 또 작동적으로 폐쇄돼 있고, 그래서 한 신경세포(혹은 신경집단)의 활동의 어떠한 변화도 (직접적으로 시냅스 활동을 통해서든, 간접적으로 물리적이고 화학적인 개입 요소들을 통해서든) 다른 신경세포의 활동의 변화를 가져오는 것으로 정의할 필요가 있다. 감각뉴런과 실행기뉴런은 이 중 어느 한 뉴런의 어떠한 변화도 다른 한 뉴런의 변화를 가져오고, 그래서 네트워크가 개입 요소들에 상관없이 항상 그 자체에 반복적으로 폐쇄되기 때문에 예외가 될 수 없다(Maturana and Varela 1980, p. 127). 그럼에도 불구하고, (작동적으로 폐쇄된 네트워크로서의) 신경체계에 통용될 수 있는 상태들의 영역은 분명히 몸의 나머지 부분(그리고 환경)과 상호작용해 온 신경체계의 역사의 함수이다. 그래서 폐쇄된 네트워크로 신경체계의 작동을 정의하는 것 이외에, 우리는 몸의 나머지 부분(그리고 환경)과의 구조적 쌍결합 속에서 신경체계의 수행을 정의할 필요가 있다. 마찬가지로, 유기체를 유한한 세포적 존재 혹은 다세포적 존재로 정의하기 위해서 우리는 유기체를 조직적으로 또 작동적으로 폐쇄된 체계로 정의할 필요가 있다. 동시에 우리는 유기체의 수행 혹은 행동을 환경과의 구조적 쌍결합 속에서 정의할 필요가 있다.

우리는 또한 관점을 이동해서 신경체계를 타율적 체계, 즉 유기체와 관련해서 (감각적 변화를 등록하거나 움직임을 유도하는 것과 같은) 다양한 기능들을 갖는 성분체계a component system로 정의할 수 있다. 그러나 이렇게 관점을 이동할 때 우리는 바로 그 사실 때문에 더 이상 동일한 체계를 이야기하는 것이 아니라는 점—이것이 세 번째 논점이다—을 주목해야 한다. 우리가 이제 관계하는 체계는 더 이상 유한한 신경네트워크로서의 신경체계가 아니라, 유기체라는 (신경체계가 한 성분으로 간주되는) 더 큰 체계이다. 마찬가지로, 우리는 또한 관점을 이동해서 유기체를 환경(예를 들어 다른 유기체들)의 제어를 받는 타율적 체계로 정의할 수 있다. 다시 또, 이렇게 관점을 이동할 때 우리는 바로 그 사실 때문에 더 이상 동일한 체계를 다루고 있는 것이 아니다. 체계는 이제 유한한 세포적 존재 혹은 다세포적 존재로서의 유기체가 아니라 유기체 더하기 환경이라는 더 큰 체계이다.[8]

이러한 고찰에 의하면, 우리는 신경체계와 유기체를 자율적으로 정의하는 것과 이들의 신체적이고 환경적인 감입성을 강조하는 것은 어떠한 불일치도 없다는 것을 알 수 있다. 그러나 어떤 주어진 시간에 어느 설명적 발견법이 작용하는가를 알기 위해서는 우리는 우리의 논리적 설명과 개념적 설명을 선명하게 유지해야만 한다. 어쨌든 창출행위적 접근법에 있어서 마음과 생명을 이해하기 위해 계속 기준점이 되는 것은 사전에 정의된 입력-출력 과제 구조가 아니라 자연적인 인지적 행위자에 대한 자율성 관점이다.

정보와 의미

자율성 관점을 채택하는 것은 또한 의미론적 정보 혹은 의미에 관해 생각하는 어떤 방식을 가져다준다. 창출행위적 이론가들에게 정보는 맥락에 의존적이고 행위자에 상관적이며, 체계와 환경의 쌍결합에 속한다. 정보로 간주되는 것은 환경 속에서 작용하는 체계의 역사, 구조, 요구들에 의해 결정된다.

인지과학에서 일반적으로 인정되는 견해에 따르면, 인지능력을 설명하기 위해 우리는 체계 내부의, 정보를 담지하고 있는 상태들에 호소할 필요가 있다. 이런 상태들은, 세계에 관해 이 상태들이 운반하는 의미론적 정보 덕분에, 표상들로 간주된다. 인지주의자는 이 표상들을 계산론적 '사고의 언어' 속의 상징들로 이해하고, 연결주의자는 위상공간 '끌개들'(근처의 모든 궤적들이 수렴하는 위상공간의 영역들)에 상응하는 네트워크 활동의 제약된 패턴들로 이해한다. 두 경우 모두 표상에 대한 객관주의적 이해방식을 채택하는 강한 경향이 있다. 즉, 표상들은 세계에 관한, 맥락과 독립적인 정보를 부호화하는 내적 구조들이고, 인지는 그런 정보의 처리과정이다.

객관주의적 정보 개념은 관찰자 혹은 설계자가 체계 바깥에 서서 무엇이 정보로 간주될 수 있는지를 (이렇게 해서 표상에서 무엇이 오류 혹은 성공으로 간주될 수 있는지를) 진술하는 타율성 관점을 전제한다. 자율성 관점에서 보면 정보는 다르게 보인다. 자율성 관점에서 체계는 작동적으로 폐쇄된 동역학과 구조적 쌍결합의 양식을 기초로 해서 정보가 무엇이고 또 무엇일 수 있는지 결정하는 것을 돕는다.

신경생물학적 예가 이 사상들을 예시할 수 있도록 도와줄 수 있다.[9] 어떤 종류의 대뇌피질 뉴런들은 모서리, 선, 움직이는 점과 같은 다양한 유형의 자극들에 우선적으로 반응하기(이 뉴런들의 기준율보다 위에서 발화하기) 때문에 종종 특징 탐지자feature detector들로 기술된다. 이런 뉴런들은 미소전극으로 각각의 활동을 기록하고 이 뉴런이 가장 민감하게 반응하는 감각적 자극을 결정함으로써 확인된다. 이런 뉴런들은 대상의 특질들을 '표상해서', 그 정보를 뇌의 다양한 체계들에 의해 더 많이 처리되도록 활용할 수 있게 만든다고 한다. 이 견해가 이른바 결합 문제binding problem의 표준적 정식화 뒤에 숨어 있다. 이 문제는 서로 다른 특질들(모양, 색깔, 운동)이 공간적으로 분산되어 있고 기능적으로 분리되어 있는 뉴런의 경로들 속의 세포군들에 의해 표상될 때 대상의 완전하고 정확한 표상을 형성하기 위해 함께 결합될 수 있는 방식(그래서 우측의 모양이 우측의 색깔과 운동과 함께하는 방식)과 관련되어 있다. 뇌에 관한 이러한 사고방식은 뇌를 타율적 체계로 다루는 것이다. 즉, 유기체 바깥의 대상 특징들은 뇌에게 정보 입력을 제공하고, 뇌의 정보 처리 과제는 객관적 세계의 정확한 표상에 도달해서 적응적 운동 출력을 산출하는 것이다.

자율성 관점에서 보면, 관찰자에 의해 정의되는 자극들에 관한 정보와, 자극들이 동물에 대해 무슨 의미들을 지니는가라는 의미에서의 정보를 구분하는 일이 결정적으로 중요하다. 오직 후자만이 뇌의 작동에 의미심장한 역할을 한다. 대상 '특질feature'이란 개념은 체계 바깥에 서서, 환경에 대한 비의존적 접근을 하며, 환경적 특징들과 신경세포적 반응들 사이의 상호관계를 설립하는 관찰자에 의해 정의된다. 동물의 뇌는 이런 의미의 특질들에 대해 어떠한 접근도 할 수 없다. (그리고 한층 더 강력한 이유 때문에 특질들에서 신경세포적 반응들로 향하는 사상寫像에 대해서 어떠한 접근도 할 수 없다.) 프리먼이 설명하듯이, "신경동역학의 견해에 의하면, 모서리, 선, 움직이는 점에 반응하는 뉴런들은 뉴런 지도들—이 뉴런 지도들은 공간적이고 시간적인 대비증강contrast enhancement을 위한 자동적 사전처리과정 속에서 국소적 시간과 공간의 파생물을 추출한다—의 국소적인 위상학적 속성들을 나타내 보이고 있다. 어떠한 대상이나 특질도 단일세포 수준에서 나타나지 않고, 단언컨대 관찰자에 의해 사용되는 것들이 아니다(Freeman 1995, p. 54). 자율성 관점에서 보면, 각각의 뉴런은 대상적으로 정의된 특질을 탐지하지 않는다. 오히려 뉴런들의 집단이 의미를 건립함으로써 자극을 이해하며, 이 의미는 뇌의 내생적이고 비선형적인 활동이 감각적 섭동을 보정補正하는 방식의 함수로서 생겨난다. 이 관점에서 보면, 특질의 결합 문제는 뇌의 문제가 아니라 뇌 이론가의 문제이며, 뇌를 보는 어떤 방식의 인위적 산물이다. 뇌를 비선형적 인과성에 따라서 작동하는 자율적 체계로 보는 데 기초하는, 프리먼의 대안적 견해에 대한 기술은 여기서 충분히 인용할 만한 가치가 있다.

> 이 견해에 의하면, 실험자는 긍정적 강화와 부정적 강화의 사용을 통해서 협력하도록 피험자를 훈련시키고, 이렇게 해서 피험자가 이해하는 대로 자극을 기대하고 추구하는 상태를 유도한다. 기대된 자극들이 다다를 때, 활성화된 수용기는 맥동을 감각피질에 전달하는데, 이 감각피질에서 맥동은 감각피질의 전 영역에 걸치는 거시적이고 공간적으로 일률적인 진동 패턴의 비선형적 동역학에 의해 건립물을 유도한다. … 이는 모든 감각피질들 위의 전극 배열에서 나오는 뇌전도EEG에 의해 관찰된다. 신경단과 공변화하는 단일한 뉴런 맥동 열에서의 변화량의 부분이 너무 작아 대략 0.1퍼센트에 불과하기 때문에, 이것은 단일한 뉴런활동전위로부터 기록할 때 보이지 않는다.
>
> 창발적 패턴은 자극의 표상이 아니다. … 창발적 패턴은 자극에 의해 유도되고, 이전의 학습에서 생긴 피질 뉴런들 사이의 시냅스 변경에 의해 형성되는 패턴의 건립물이 뒤따르는 상태전이다. 이는 또한 신경조절 화학물질들 속에 전뇌前腦를 잠기게 하는 뇌간腦幹 핵核들에 의존한다. 이는 피험자를 위해 자극의 의미를 창조하고 운반하는 동역학적 작용 패턴이다. 이는 지향성의 통일성과 전체성에 상응하는 개별적 역사, 현재의 맥락, 기대를 반영한다. 역사에 의존하기 때문에, 각 피질에서 창조된 패턴들은 각 피험자마다 독특하다. (Freeman 1999b, pp. 149-150)

자율적 의미건립과 타율적 정보처리과정을 구별하는 일이 정보에 관한 신체화된 동역학주의적 사유방식의 더 넓은 맥락에서 행해질 필요가 있다. 이 사유방식을 설명하기 위해 하워드 패티Howard Pattee(1977)가 도입한 사상으로 거슬러 올라가는 일이 도움이 될 것이다. 패티는 복잡체계에 대한 두 기술 양식 간의 중요한 구별을 행했다. 하나는 언어적 양식으로, 이산적이고 속도에 비의존적이고 상징적 요소들에 의해 체계를 기술하는 것이다. 다른 하나는 동역학적 양식으로, 연속적이고 속도에 의존하는 과정에 의해 체계를 기술하고, 따라서 시간의 흐름을 명시적으로 포함하는 것이다. 패티는 다음과 같은 물음을 제기했다. "어떤 구조를 우리 자신의 언어의 규칙과 일치하는 것으로 인식할 뿐인데, 우리가 이 구조를 기술記述로 해석하고 있지 않다는 것을 우리는 어떻게 아는가?"(1977, p. 262). 달리 말해서, 우리의 언어적 기술이 단지 관찰자에 상관적인 것이 아니라 제세 자체에 속하고 체계의 작동에 역할을 하는 상징적 구조와 일치한다는 것을 우리는 어떻게 아는가? 또 그는 대답했다. "우리는 체계 자체에 실로 존재하지 않는, 메시지를 읽는 외적 관찰자의 경우를 제거하기 위해 우리의 복잡체계 모형을 더 제한하지 않으면 안 된다. 이 제한은 복잡체계가 그 자체의 메시지를 읽고 쓰지 않으면 안 된다는 점을 요구함으로써 성취된다(1977, p. 262).

패티가 드는 예는 한 살아 있는 세포이다. DNA 삼중선을 아미노산을 '부호화(=코드화)하는' 것으로 기술할 때 우리는 언어적 양식의 기술을 사용하고 있는 것이다. 주어진 DNA 삼중선이 어느 아미노산을 특정화하느냐 하는 것은 속도에 비의존적인 것으로 생각되고 있다—단백질 합성 과정에서 이 삼중선이 얼마나 빠르게 '읽히느냐' 하는 것은 중요하지 않다—. "GGC는 글리신을 의미하고 AAG는 리신을 의미하는 부호가 의미들이 뒤바뀌는 부호보다 왜 좋거나 나쁜지 알기가 어렵다"(Maynard Smith 1986, p. 19)는 점에서 그것은 또한 자의적인 것으로 생각되고 있다. 패티에 따르면, 이 경우의 언어적 서술양식은 세포가 "그 자체의 메시지들을 읽고 쓰는" 자기기술적 체계이기 때문에 관찰자에 상관적이지 않다. 그 자체의 메시지들을 쓰는 일은 DNA 복제(형판을 통해 원래의 DNA 분자의 보완물을 생산하는 일)에 상응하고, 그 자체의 메시지들을 읽는 일은 단백질 합성(RNA로의 DNA '전사' 그리고 단백질로의 RNA '해독')에 상응한다.

그런 다음 패티는 많은 매우 중요한 논지를 편다. 첫째, 부호가 읽히기 위해서는 결국 세포 내에 언어학적 양식에서 동역학적 양식으로 바뀌는 변환 혹은 전환이 존재해야만 한다. 이 전환은 속도와 무관한 아미노산의 선형 배열이 접혀서 삼차원적 효소가 될 때 일어난다. 따라서 세포의 생애주기 내에는 유전체(=게놈) 속에 지정된 어떤 것으로서의 효소에서 작동적 신진대사의 성분으로서의 효소로 바뀌는 변형이 존재한다. 둘째, 이 변형(단백질 접힘)은 그 자체 세포 속에서 언어학적으로 기술되는 것이 아니라, (DNA에 의해 특정화된 아미노산 서열의 고차적 제약 하에서) 물리적 법칙에 따라서 일어난다. 셋째, 만약 변형이 언어학적으로 기술된다면, 변형이 성취되는 속도와 정확성은 상당히 손상을 입을 것이다. 패티의 결론은 "우리는 부분적으로 자기기술하고 암묵적인 (복잡체계가 모방하는) 동역학적 체계만큼 신속하게 혹은 견실하게 적응하거나 기능하는 복잡체계에 대한 완전한 형식적 기술 혹은 모방을 기대하지 못할 것이다."(1977, p. 264)라는 점이다.

패티는 언어학적 기술양식과 동역학적 기술양식의 상보성을 강조하지만, 상징적 정보는 동역학에서 창발하고 또 동역학에 대한 제약으로 작용한다는 것을 또한 제언한다. 이 사상은 신체화된 동역학주의와 창출행위적 접근법을 위해 중요하다. 세포의 예로 돌아가 보자. 일반적으로, 뉴클레오티드 삼중선들은 만약 이것들이 세포의 신진대사에 적절하게 감입되어 있기만 한다면, 즉 복잡한 생화학적 네트워크 속에서 행하는 다수의 효소적 조절작용에 적절하게 감입되어 있기만 한다면 아미노산을 예측적으로 특정화할 수 있다. 이 네트워크는 여러 수준들에서 닭이 먼저냐 달걀이 먼저냐 하는 성격을 띠고 있다. 첫째, 단백질들은 DNA/RNA '읽기' 과정에서만 생겨날 수 있다. 하지만 이 과정은 단백질들 없이 일어날 수는 없다. 둘째, DNA '쓰기'와 '읽기' 과정들은 세포 간 환경 내에 적절하게 처해 있어야만 하고, 이 환경은 바로 그 과정들의 결과이다. 마지막으로, 세포 전체는 자가생성적 체계이다. 즉, 세포 전체는 그 자체의 생화학적 성분들의 물리적 공간 속에서 구체적으로 세포를 생산하면서 동시에 실현하는 자율적 체계, 작동적으로 폐쇄된 분자적 과정의 네트워크에 의해 정의되는 자율적 체계이다.

이제 우리가 DNA/RNA가 단백질들을 부호화하는 언어학적 방식의 기술과 상태를 사용할 때, 우리는 우리의 초점을 이 전반적인 순환적 인과성의 한 특별한 서열에 제한한다. 현실적인 동역학적 단백질 합성 과정에서 많은 필연적으로 개입하는 인과적 단계들을 도외시하고, (RNA 중합효소 그리고 긍정적이거나 부정적인 조절 단백질 같은) 많은 다른 분자적 요소들의 본질적 참여를 괄호에 넣어 배제한다. 우리는 "따라서 우리의 기술을 핵산의 어떤 부분과 어떤 단백질 조각을 결합하는 뼈대로 환원한다. 다음에 우리는 현실적인 동역학적 과정에 대한 이런 종류의 단순화된 기술이 한 세대에서 다른 한 세대로 진행하는 재생산적 단계들의 서열을 따를 때 동역학적 과정(즉, 결합, 접기 등의 원인이 되는 종류의 동역학)이 계속 안정돼 있는 한 유용하다는 점을 관찰한다. … 어떤 세포 성분들을 유전자로 기술하는 일과 같은 상징적 설명은 우리가 주의하길 원하는 어떤 일률적인 행동 패턴의 창발을 드러낸다."(Varela 1979, p. 75). 상징적인 정보적 수준의 기술을 보증하는 것은 다름 아닌 그러한 일률적인 동역학적 패턴의 창발이다. 즉, "대상 혹은 사건은, 만약 이것이 체계의 조직성 폐쇄의 경계 내에서 일어나는, 축약된 고리연쇄nomic chain의 징표이기만 하다면 일종의 상징이다. 달리 말해서, 내적이거나 외적인 상호작용과 섭동에도 불구하고 체계의 폐쇄가 일정한 규칙적인 패턴을 결정할 때마다 그러한 규칙적인 패턴은 보통 고리연쇄의 최초의 또는 최후의 요소인 일종의 상징으로 축약될 수 있다(Varela 1979, pp. 79-80). 따라서 단백질을 부호화하는 DNA에 관해 말할 때 우리는 동역학적 소동을 넘어 일어나는 특수한 유형의 상징적 인과관계나 특수한 유형의 본질적으로 정보적인 분자를 언급하고 있는 것이 아니다. 오히려 우리는 장황하지만 현저하게 안정적인, 생화학적 사건들의 동역학적 패턴을 축약하고 있는 것이다. 뉴클레오티드 삼중선을 사실상 아미노산을 '상징하는standing for' 것으로 다룸으로써 언어학적 기술방식으로 패턴 전체를 압축하도록 해주는 것은 바로 이 패턴 전체의 안정성과 예측 가능성이다.

이 서술방식은 받아들일 만한 것이고, 또 발견적 가치를 지니고 있다. 유전자 부호는 세포들이 핵산을 단백질의 최초의 구조(아미노산 서열)를 위한 형판으로 사용한다는 사실에 기초하는 인과적 특수성의 규칙에 지나지 않는다는 것을 기억하는 한에서 말이다(Godfrey-Smith 2000b; Thompson 1997). 그러나 DNA는 표현형 설계를 위한 정보를 내포하고 있다고 말한다면 이는 받아들일 수 없는 것이다. 왜냐하면, 이 진술은 본질적인 의미론적-정보적 지위를 한 특별한 유형의 성분에 귀속시키고, 이렇게 해서 이 성분으로부터 이 성분이 자가생성적인 네트워크의 동역학에 필연적으로 감입하고 있음을 박탈하는 것이기 때문이다. 한 세포의 표현형 특징들을 특정화하는 것은 이 네트워크의 성분들 중의 하나가 아니라 다름 아닌 이 네트워크 전체이다. DNA 복제('쓰기')와 단백질 합성('읽기')의 전제조건과 인과적 기초로서 기여하는 것은 바로 이 전체로서의 네트워크이다(Moss 1992를 보라). 정보는 DNA 서열의 정적인 배열에 내재하는 것이 아니라, 세포 속에서 또 세포에 의해서 곧 몸*body*으로서의 세포에 의해서 자가생성적으로 조직된 삼차원적 존재로서 동역학적으로 구성되어 있다. 요약하면, 언어학적 양식은 동역학적 양식에서 창발하는 것이고, 정보는 오로지 동역학적으로 신체화된 것으로서만 존재한다.

이 견해들을 다 보았으니, 이제 우리는 자율적 의미건립과 타율적 정보처리과정 간의 차이로 돌아가겠다. 정보는 외부로부터 강요되는 것이 아니라 맥락 내에서 형성되는 것이다. 그레고리 베이트슨Gregory Bateson은 "정보는 차이를 만드는 차이이다"라고 말했다(Bateson 1972, p. 315). 동역학적으로 이해되는 정보는 어딘가에서 어느 사람some*body*을 위해 차이를 만드는 것이라고 말함으로써(Oyama 2000b) 우리는 이 통찰을 더 다듬어 말해볼 수 있다. 여기에서 정보는 ~내에서 형성한다는 뜻의 *informare*의 의미에서 이해된다(Varela 1979, p. 266). 자율적 체계는 이 체계가 참여하는 의미형성에 의해서 정보를 받게 되며, 이 의미형성은 체계의 내생적인 동역학이 체계에 차이를 만드는 사물을 특정화하는 방식에 의존한다(Kelso and Kay 1987; Turvey and Shaw 1999).

또 다른 예를 위해서 우리는 하켄, 켈소, 번즈(1985)의 손가락 협응 연구로 돌아갈 수 있다. 순위상에서 역위상으로 바뀌는 전환은 운동프로그램에서 내리는 어떠한 명령도 없이 일어난다. 오히려 이 전환은 체계의 자기조직화하는 동역학의 창발적인 속성으로서 자발적으로 일어난다. 상대적 위상의 집합적 변수 혹은 질서매개변수는 이 변수가 체계에게 정보를 주고 물리적으로 혹은 생리적으로 다양한 방식으로 실현될 수 있는 일률적 패턴들 혹은 관계들을 특정화한다는 의미에서 정보적이다. 켈소는 이 점을 다음과 같이 설명한다.

> 동역학을 질량, 거리, 운동량, 에너지 같은 표준적인 생물물리학적 양들을 사용하는 통상의 물리학으로 취급하는 것 대신에, 우리의 협응 혹은 패턴 동역학은 처음부터 정보적이다. 질서매개변수 Φ[상대적 위상]는 상이한 종류의 사물 간의 일률적인 관계들을 포착한다. 통상의 물리학과는 달리, 패턴 동역학은 맥락에 의존적이다. 즉, 이 동역학은 주어진 생물학적 기능이나 과제에 타당하지만, 이 기능이 생리학적으로 시행되는 방식에는 대체로 무관하다. 따라서 만약 우리가 동일한 질서매개변수 Φ가 상이한 종류의 사물들 간의 일률적인 시공간적 관계들을 포착한다면, 그리고 동일한 운동방정식이 상이한 협응 패턴들이 형성되고, 함께 존재하고, 변화하는 방식을 기술한다면, 생물학적 체계들의 질서매개변수들은 함수적으로 특정적이고 맥락에 민감한 정보적 변수들이며, 협응 동역학이 이 동역학을 예화하는 특정한 구조들보다 더 일반적이라고 결론짓는

> 것은 정당화되는 것 같다.
>
> 협응 동역학은 통상의 물리학처럼 그 (순전히 형식적인) 문법의 덫에 걸려 있지 않다는 점에 주목하자. 질서매개변수들은 체계 기능에 본질적으로 의미를 지니는 의미론적이고 관계적 양들이다. 유기체의 부분들 간의 혹은 그 자체와 환경 간의 협응적 관계를 특정화하는 정보보다 무엇이 더 유기체에 유의미할 수 있겠는가? 이 견해는 마음-물질, 정보-동역학 상호작용을 가장 중요하게 여긴다. 동역학을 통상의 물리학으로 취급하거나 정보를 프로그램을 컴퓨터에 관계시키는 방식으로 작용하는 상징적 부호로 취급하지 않고, 동역학이 의미론적으로 유의미한 것으로 제시된다. (Kelso 1995, p. 145)

이 주장을 자율성 관점에 연결시켜보겠다. 우리가 본 바와 같이, 자율성 관점에서 보면 자연적인 인지적 행위자—유기체, 동물, 사람—는 맥락과 무관한 의미에서 정보를 처리하지 않는다. 오히려 이런 행위자는 환경과의 구조적 쌍결합 속에서 의미를 낳거나 창출한다. 자율적 체계의 상태들의 의미는 체계의 동역학과 구조적 쌍결합의 맥락 '내에서 형성된다*informare*'. 그러므로 만약 우리가 표상*representation*이란 용어를 계속해서 사용하길 원한다면, 우리는 이 용어가 창출행위적 접근법을 위해 어떤 의미를 가질 수 있는가를 알아차릴 필요가 있다. 표상적 '운반체'(의미를 신체화하는 구조 혹은 과정)는 뇌-몸-세계의 경계들을 종횡으로 움직일 수 있는 활동의 시간적으로 연장된 패턴이고, 이 운반체가 신체화하는 의미 혹은 내용은 체계가 환경과 구조적 쌍결합을 이루는 맥락에서 산출되고 창출된다.

이 주장을 펴는 또 다른 방식은 자율적 체계는 주관주의적/객관주의적인 의미의 내적 표상들에 기초해서 작동하지 않는다고 말하는 것이리라. 어떤 데카르트적 의미에서 외적 세계를 내적으로 표상하지 않고, 자율적 체계는 그 자체의 구조나 행위와 분리 불가능한 환경을 창출한다(Varela, Thompson, and Rosch 1991, p. 140). 현상학적 용어로 말하면, 이 체계는 그 자체의 구조의 특징을 지니는 세계를 구성한다(개시한다). 골드슈타인을 인용하며 메를로-퐁티는 앞에서 인용한 바 있는 대문에서 말하듯이, "유기체의 존재 혹은 현실화를 통해서 환경은 세계에서 창발한다." 동물적 생명의 경우, 환경은 감각운동적 존재인 유기체의 현실화를 통해서 감각운동적 세계로 창발한다. 유기체는 신경체계 덕분에 감각운동적 존재이다. 신경체계는 해부학적으로 거리가 먼 감각과정과 운동과정을 연결시켜서, 이 과정들을 작동적으로 폐쇄된 감각운동적 네트워크에 복속시킨다. 감각과정과 운동과정의 일률적인 대규모적 활동 패턴을 통해서, 이 네트워크는 그 동물을 위해 감각운동적 동일성 곧 감각운동적 자기를 설립한다. 마찬가지로, 이 네트워크는 타자로 간주되는 것, 즉 그 동물의 감각운동적 세계를 특정화한다.

이 감각운동적 세계—신체에 의해 정향된, 지각과 행위의 세계—라는 사상은 윅스퀼의 독창적 개념인 주위세계*Umwelt*와 다른 것이 아니다. 주위세계는 동물의 살아지는 현상적 세계라는 의미에서, 즉 동물의 감각운동적 저장목록 덕분에 그 자체를 그 동물에게 현시하는 바의 세계라는 의미에서 동물의 환경이다. 한 주체가 지각하는 모든 것은 그의 지각적 세계가 되고, 한 주체가 행하는 모든 것은 그의 실행기적 세계가 된다. 지각적 세계와 실행기적 세계는 한 폐쇄된 단위 곧 주위세계를 함께 형성한다(von Uexküll 1957, p. 6). 이 공창발의 논리는 도표 3.3에 도시되어 있다.

이 도표에 의하면, 정보란 체계의 자율성(조직성-작동성 폐쇄)을 기초로 해서 설립된, 체계와 주위세계의 지향적 관계이다. 신체화된 동역학주의와 창출행위적 접근법을 위한 주요한 과학적 과제 중의 하나는 뇌, 몸, 행동의 패턴 동역학이 이런 의미에서 어떻게 정보적인가 하는 것이다(Kelso 1995, p. 288을 보라).

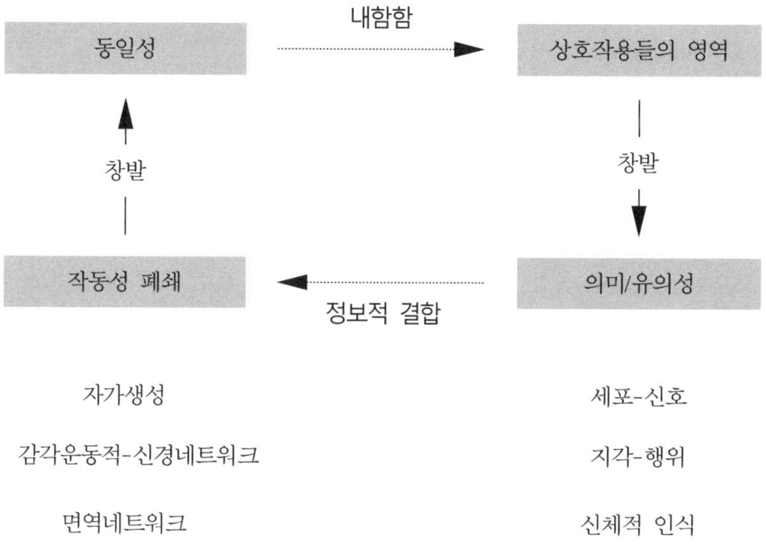

도표 3.3. 자율적 자기성과 세계의 공창발

창발적 과정

여기서 더 자세하게 서술할 필요가 있는 창출행위적 접근법의 또 다른 주요 사상은 창발 혹은 창발적 과정의 사상이다. 복잡체계 이론에서 창발적 과정은 집합적 자기조직화에서 결과하는 과정이다. 창발적 과정은 요소들의 앙상블 혹은 네트워크에 속하고, 이 요소들의 (국소적으로 정의되고 전역적으로 제약되거나 제어되는) 상호작용들에서 자발적으로 생겨나거나 혹은 자기조직화하며, 어떠한 단일한 요소에도 속하지 않는다. 창출행위적 접근법은 이 창발 개념에 기반하는 것이지만, 부분과 전체는 공창발하고 상호적으로 서로를 특정화하는 '동역학적 공창발'로 이 개념을 재정립한다.

먼저 복잡체계의 의미에서 창발을 소개해보겠다. 이 종류의 창발의 한 표준적 예는 부과된 온도 변화도를 겪는 액체 혹은 기체 속의, 유체 흐름의 역동적인 기하학적 패턴인 '베나르 세포들Bénard cells'의 형성이다(Kelso 1995, pp. 7-8; Solé and Goodwin 2000, pp. 13-17을 보라). 베나르 세포들의 창발은 프라이팬 속의 식용유의 행동에서 볼 수 있다. 팬에 열을 가하면 기름 위쪽의 차가운 층과 기름 아래쪽의 뜨거운 층 간의 온도차가 증가한다. 위쪽과 아래쪽 간의 온도차가 작을 때는 대규모의 혹은 전역적인 기름의 움직임이 없지만, 마침내 온도차가 충분히 커질 때는 불안정성이 일어나서 대류구르기convection rolls로 알려져 있는 질서정연한 방식으로 액체가 구르기 시작한다. 달리 말해서, 대류구르기라는 자기조직화하는 새로운 행동과 공간적 구조들이 창발함에 따라서 체계는 수학적으로 분기로 기술되는 상태전이를 겪는다. 온도 변화도가 더욱더 증가함에 따라서, 대류구르기는 또 다른 전이 혹은 분기를 겪어서, 베나르 세포들로 불리는, 육각형의 오르내리는 흐름 패턴들의 배열을 생겨나게 한다.

이 예는 집합적 자기조직화와 동역학적 창발의 몇 가지 기본적 논점들을 예시하고 있다. 온도 변화도는 전이 혹은 분기의 **제어매개변수**이다. 이 온도 변화도는 다양한 가능한 상태들을 통해 체계를 이끌지만, 창발하는 흐름 패턴들을 지령하거나 지시하거나 부호화하지 않는다. 이 패턴들을 결정하는 체계 내부에 어떠한 난장이나 프로그램이 있는 것도 아니다. 켈소의 말에 의하면, "그런 자발적 패턴의 형성이 바로 우리가 자기조직화란 말을 쓸 때 의미하는 것이다. 즉, 체계가 그 자체를 조직하는 것이지, 조직하기를 행하는 체계 내부에 어떠한 '자아', 어떠한 행위자도 있는 것이 아니다"(Kelso 1995, p. 8). 체계의 **질서매개변수**는 대류구르기의 진폭이다. 이 질서매개변수는 유동적 분자들의 상호작용들에 의해 창조되지만, 동시에 이 분자들의 행동을 제어하거나 제약하지 않으면 개별적 분자들이 지닐 막대한 수의 운동 자유도를 대폭 감소시킴으로써 제어하거나 제약한다.

따라서 집합적 자기조직화를 통한 창발은 두 가지 측면을 지닌다. 하나는 국소적인 것이 전역적인 것을 결정하는 것이니, 그 결과 새로운 거시적 수준의 구조들과 과정들이 창발한다. 다른 하나는 전역적인 것이 국소적인 것을 결정하는 것이니, 이렇게 해서 전역적 구조들과 과정들은 국소적 상호작용들을 제약하게 된다. 이 전역적인 것이 국소적인 것에 미치는 영향은 국소적인 것이 전역적인 것에 미치는 영향과 같은 형태를 취하지 않는다. 즉, 이 전역적인 것이 국소적인 것에 미치는 영향은 일반적으로 개별적 요소들(유동적 분자들)의 변화를 통해서가 아니라, 제어매개변수들(위 예의 온도 변화도)과 경계조건들의 변화를 통해서 현출한다. 집합적 변수들 혹은 질서매개변수들에 의해 기술되는 일률적이고 질서정연한 전역적 행동은 개별적 성분들의 행동을 제약하거나 통제해서, 이 개별적 성분들이 더 이상 이것들에게 열려 있는 동일한 행동 대안들을 더 이상 갖지 않도록 끌고 간다. 만약 개별적 성분들이 일률적이고 질서정연한 전역적 패턴으로 상호의존적으로 엮어져 있지 않다면, 이 성분들은 동일한 행동 대안들을 갖게 될 것이다. 동시에, 이 성분들의 행동은 전역적 질서를 발생하게 하고 지속하게 한다. 이 양면적 혹은 이중적 규정은 순환적 인과성으로 알려져 있다(Haken 1983).

창발과 순환적 인과성은 신경동역학의 맥락에서 매우 중요하다. 신경과학에 따르면, 인지, 정서, 행위는 광범위하게 분포된, 부단히 상호작용하는 수많은 뇌 부위들과 영역들의 순간적 통합을 요구한다. 오늘날의 신경과학이 안고 있는 두드러진 문제는 이 대규모적 통합의 메커니즘을 결정하는 것이다. 동역학 체계의 관점에서 보면, 대규모적 통합은 광범위하게 펴져 있는 신경군들 간의 순간적인 동역학적 연관의 형성에 해당한다(Varela et al. 2001). 한편으로, 대규모적 동역학 패턴들은 분포된 국소적 신경 활동들에서 창발한다. 다른 한편으로, 대규모적 패턴들은 이 국소적 활동을 제약한다. 많은 이론가들에 따르면, 동역학적 불안정성 혹은 메타안정성은 이것이 전역적 상태들의 유연한 저장목록을 허용하기 때문에, 즉 체계가 어느 한 특정한 상태의 덫에 걸리지 않게 되기 때문에 대규모적 통합에 매우 중요하다.[10]

창발과 순환적 인과성은 또한 간질의 신경동역학적 연구에 의해 예증될 수 있다(Thompson and Varela 2001). 초점성 간질 발작은 대뇌피질의 특정 부분들에서 발생하며, 계속 이 영역들에 국한되거나 혹은 대뇌의 다른 부분들로 퍼져 나갈 수 있다. 얼마나 넓게 퍼져 나가고, 얼마나 오래 지속되는가 하는 발작의 임상적 징후는 발작이 발생하는 대뇌피질 영역에 의존한다. 국소적 간질 활동은 피험자의 심적 능력을 변경할 수 있고, 시각적이거나 청각적 착각과 환각, 그리고 과거 사건을 생생하게 현실적으로 상기하는 것 혹은 데자뷔 착각을 포함하는 기억 현상들과 같은 다양한 종류의 심적 경험들을 생기게 한다. 이 심적 현상들은 또한 와일더 펜필드Wilder Penfield (1938)가 고전적으로 기술한 바와 같이, 간질 환자의 측두엽에 대해 직접적인 전기적 자극을 행함으로써 유도될 수도 있다. 따라서 간질 유발 구역 수준에서의 국소적 신경활동은 대규모적 결과를 낳아, 마침내 한순간의 의식의 전역적 수준에 영향을 미치게 된다. 이것이 뇌 속에서 국소적인 것이 전역적인 것을 창발하는 일의 한 예이다.

전역적인 것이 국소적인 것에 영향을 미치는 반대의 경우도, 비록 방증할 만한 문서가 더 적기에 논란의 소지가 더 있긴 하지만, 또한 사실인 것으로 보인다. 기본적 사상은 뇌 속의 대규모 통합을 반영하는 인지적 활동은 국소적 활동에 영향을 미칠 수 있다는 것이다. 예를 들어, 피험자는 수많은 환자 보고와 몇 임상적으로 보고된 사례가 보여주는 바와 같이 의지적으로 국소적 간질 활동에 영향을 미칠 수 있다(Le Van Quyen and Petitmengin 2002를 보라). 오래전 1954년에 펜필드와 야스퍼는 복합 수학 계산complex mathematical calculation을 창시함으로써 두정 발작의 폐색을 기술했고 (Penfield and Jasper 1954), 또 최근에는 더 광범위한 관찰로 그런 인지적 영향을 확인해 왔다(Schmid-Schonbein 1998). 우리는 그런 개입이 가능하다고 추정할 수 있는데, 왜냐하면 간질 유발 구역이 인지적 작용들의 기저를 이루는 대규모적 통합에 활동적으로 참여하는 다른 뇌 부위들의 복잡한 네트워크 속에 감입돼 있기 때문이다. 이 전반적 통합 패턴이 결국 국소적 간질 유발 구역을 포함하는 국소적 사건들에 영향을 미칠 수 있고, 따라서 이 국소적 사건들의 활동이 전역적 영향의 표시로 간주될 수 있다고 추정하는 것도 또한 합당해 보인다.

미셸 르 반 퀴옌, 프란시스코 바렐라, 그리고 그들의 동료들의 실험적 작업은 특이하게 초점적이고 안정적인 후두측두의 간질 방전을 보이는 환자의 사례에서 그런 전역적인 것이 국소적인 것에 미치는 영향에 대해 증거를 제공하고 있다.[11] 이 환자는 인지적 손상의 어떠한 증거도 보이지 않았으며, 시각적 식별이나 청각적 식별을 행하는 단순한 인지적 과제에 기꺼이 참여했다. 시각적 식별 과제의 경우 그는 목표물 자극이 나타나면 버튼을 누르지만, 다른 두 가지 목표물이 아닌 자극이 나타나면 누르지 말라고 요청받았다. 간질 스파이크 패턴의 잇따른 방전들 간의 시간간격이 분석되었다. (최초 귀환 지도first-return map로 알려져 있는 위상공간의 형태의) 동역학적 검사에 따르면, 간격들의 분포는 특정한 종류의 불안정한 동역학적 패턴을 따랐다. 스파이크는 다른 불안정적 방향을 따라서 분기하기 전에 짧은 시간 동안 다른 주기 활동, 곧 불안정한 주기 궤도로 알려져 있는 일종의 동역학적 패턴을 보였다. 더욱이 이 활동은 지각 과제를 수행하는 동안 환자의 특정한 심적 상태에 따라서 공변共變했으며, 그의 인지적 상태와 연합한 감마 주파수(30-70 헤르츠) 활동성에 의해 조절되는 것처럼 보였다. (감마 주파수 활동은 주의, 지각, 기억을 포함하는 다양한 인지적 과정들과 연합해 있다는 것이 폭넓게 보고되었다.) 이 발견들은 환자의 지각작용이 고도로 특별한 방식으로 특정한 불안정적 주기 궤도를 향해서 간질적 활동들을 '끌어당기도록' 기여했다는 것을 시사한다. 인지적 활동에 의해 동원되는 그런 전역적인 것이 국소적인 것에 미치는 영향은 간질성 발작을 제어하는 인지적 전략을 위한 가능성을 열게 할지도 모른다(Le Van Quyen and Petitmengin 2002).

순환적 인과성과 창발에 관한 이 사상들을 다시 자율성에 연결시키면서 이 장을 마무리 짓도록 하겠다. 자율성 관점은 창발에 관한 어떤 사유방식을 가져다준다. 세포 같은 자율성 체계의 경우에 창발하는 것은 그 자체의 상호작용의 영역을 또한 낳는, 자기생산하는 존재이다(도표 3.3을 보라). 이런 종류의 창발은 물리적인 산일적 체계의 동역학적 패턴 형성을 넘어서는 주요한 단계를 취한다.

> 비록 자기조직화의 현상이 표준적인 산일적 구조들에서 체계의 성분들의 (낮은 수준의) 동역학을 제약하는 전역적 (혹은 높은 수준의) 패턴 혹은 상호관계의 발생과 유지를 항상 포함한다 할지라도, 이것은 체계가 적합한 경계조건들 하에 놓일 때만 일어난다. 만약 저 (외적으로 제어된) 조건들이 변화한다면(특히 물질 혹은 에너지의 입력이 어떤 범위 바깥에 있다면), 자기조직화의 동역학은 사라지고 만다. 그러므로 '자발적인' 산일적 구조들의 전형적인 예와 실제적인 자율적 체계 사이에는 중요한 차이가 있다. 즉, 전자의 경우 체계를 평형에서 벗어나게 하는 에너지와/나 물질이 체계의 조직화에 의해 제어되지 않는 데 반해(체계의 주요 경계조건들이 실험실의 과학자에 의해 혹은 자기조직화하는 현상에 인과적으로 의존하지 않는 어떤 자연적 현상에 의해 외적으로 설립되는 데 반해), 후자의 경우 구성 과정들을 통해 환경에서 흘러나오는 에너지/물질 흐름을 현실적으로 유도하는 제약들이 내생적으로 창조되고 유지된다. (Ruiz-Mirazo and Moreno 2004, p. 238)

세포 혹은 다세포적 유기체와 같은 자율적 체계는 촛불처럼 자기유지하는 것일 뿐만 아니라 또한 자기생산하는 것이기도 해서, 내부와 외부를 획정하고 환경과의 상호작용을 능동적으로 조절하는 활동적인 위상학적 경계를 포함하는, 그 자체의 자기유지하는 과정을 생산한다. 단세포의 자가생성적 자율성의 형태에서 막 경계가 있는 신진대사 네트워크는 네트워크 그 자체 및 네트워크의 경계가 있는 동역학을 가능하게 하는 막을 구성하는 대사물代謝物을 생산한다. 다른 자율성 체계는 상이한 부류의 자기건립 과정 및 네트워크 위상학을 갖고 있다. 체계는 세포이든(세포적 자가생성이든) 면역 네트워크이든(신체적 면역 네트워크이든), 신경체계이든(감각운동적이고 신경인지적인 신경체계이든), 곤충 군체이든, 동물 사회이든(사회적인 동물 사회이든), 창발하는 것은 그 자체의 자기생산하는 동일성 및 상호작용의 영역 곧 주위세계를 갖는 통일체이다.

동역학적 공창발은 우리가 자율성에서 보는 종류의 창발을 가장 잘 기술하고 있다. 자율성 체계에서 전체는 조직성 폐쇄의 부분들에서 생겨날 뿐만 아니라 부분들도 또한 전체에서 생겨난다.[12] 전체는 부분들의 관계들에 의해 구성되고, 부분들은 이것들이 전체 속에서 서로 간에 맺는 관계들에 의해 구성된다. 그래서 부분들은 전체 속에서 자체의 동일성을 보유하는 독립적 존재로서 전체에 선행해서 사전에 존재하는 것이 아니다. 오히려 부분과 전체는 공창발하며 상호적으로 서로를 특정화한다.

자율성 관점에서 본 생물학적 생명은 동역학적 공창발의 전형적인 예를 제공한다. 최소의 자가생성적 전체는 막 경계와 내적인 화학적 반응 네트워크의 동역학적 의존에서 창발한다. 막과 반응 네트워크는 (이것들을 이루는 분자들은 물론이고) 독립적 존재로서 사전에 존재하지 않는다. 오히려, 막과 반응 네트워크는 서로 간의 통합적이고 신진대사적인 관계를 통해 공창발한다. 막과 반응 네트워크는 전체를 생산하고 구성하는 반면, 전체는 이것들을 생산하고 또 이것들을 전체에 복속시킨다. 우리는 2부에서 이 동역학적 공창발의 전형적인 사례로 돌아올 것이다.

4장 행동의 구조

전 장에서 제시된 창발의 개념은 메를로-퐁티가 그의 저평가된 첫 번째 저서, 1942년에 출간된 『행동의 구조』에서 전개한 사상에 접속될 수 있다. 내가 동역학적 공창발이라 부르고 있는 것은 메를로-퐁티가 성분들에서 벗어나 위치할 수 없지만 성분들로 환원될 수도 없는 전체인 **형식**이란 말로 의미하는 것을 가장 잘 기술하는 종류의 창발이다. 메를로-퐁티는 그가 물질, 생명, 마음의 세 가지 질서들이라고 부르는 것을 정의하기 위해 형식 개념을 사용한다. 그는 물질, 생명, 마음이 "부등하게 형식이란 본성에 참여하고", "서로 다른 정도의 통합을 나타내며… 개체성이 점진적으로 성취되는 위계를 구성한다"고 진술한다(1963, p. 133). 이 사상을 검토하고 이를 더 최근의 이론적이고 실증적인 발달 성과들에 연결시킨다면, 생명 속의 마음의 뿌리로 거슬러 올라가고 주관성과 의식을 향해 앞으로 작업해 나아감으로써 설명적 간극을 다루는 창출행위적 전략을 위한 토대를 마련하는 데 도움이 될 것이다.

형식과 순환적 인과성

메를로-퐁티가 『행동의 구조』에서 이루고자 하는 목표는 "유기적이고 심리적이며 심지어 사회적이기까지도 한, 의식과 자연의 관계들을 이해하는 일이다. 우리는 여기서 자연이란 말을 서로 간에 외적이고 인과성의 관계들에 의해 함께 결합돼 있는 다양한 사건들로 이해한다"(1963, p. 3). 메를로-퐁티의 관심은 오늘날 우리가 의식과 자연 간의 설명적 간극이라 부르는 것이다. 그의 전략은 현대 철학과 과학의 (데카르트식) 의식/자연 이분법에 어울리지 않는 어떤 것, 물질 · 생명 · 마음에 관해 생각하는 방식을 강력하게 교정하게 하는 어떤 것인 제3의 용어를 도입하는 것이다. 이 제3의 용어는 행동*behavior*이다. "그 자체로 간주될 때 이 용어는 '심적인 것'과 '생리적인 것' 간의 고전적 구별과 관련해서 중립적이고, 따라서 우리에게 이것들을 새롭게 정의할 수 있는 기회를 부여할 수 있다"(1963, p. 4). 행동을 철두철미하게 탐구해보면, (물질적인, 살아 있는, 심적인) 자연적 과정들을 서로 간에 외적이고 작용인적 관계들efficient causal relations에 의해 결합돼 있는 다양한 사건들이 아니라 통일체 혹은 구조적 전체로 생각할 필요가 있다는 점이 밝혀질 것이다. 물론 '행동'이란 단어는 메를로-퐁티의 술어가 아니다. 그는 현 문맥에서 그의 생각을 더 잘 전달하는 프랑스어 *comportement*을 사용한다. 영어권 철학과 심리학에서 '행동behavior'은 행동주의적 의미를 강하게 내포하고 있는데, 메를로-퐁티는 행동주의자가 아니다. 이와는 달리, 『행동의 구조*the Structure of Behavior*(*La Structure du Comportement*)』는 행동주의에 대한 광범위한 비판과 반대를 담고 있다. 그는 이 비판의 이유를 벽두에서 이렇게 진술하고 있다. "행동주의를 지나쳐 감으로써 우리는 적어도 의식을 심리학적인 실재 혹은 원인으로서가 아니라 구조로서 도입할 수 있게 된다"(1963, p. 5).

메를로-퐁티가 사용하는 '구조'는 (그가 게슈탈트 심리학에서 취하는 개념인) '형태(=형식)form'와 유사하다. 그가 게슈탈트 심리학이 이 형태

개념을 제대로 이해하지 못하고 있다고 생각할지라도 말이다. 그는 "체계의 속성들이 체계의 부분들 중 단 한 부분 속에서 야기된 모든 변화에 의해 변경될 때마다 형식이 존재하고, 또 이와 반대로 부분들 사이에 동일한 관계를 유지하는 동안 이 부분들이 모두 변화할 때 체계의 속성들이 보존될 때마다 형식이 존재한다"(1963, p. 47)고 진술한다. 이 이해방식에 따르면, "형식은… 형식에서 분리될 수 있는 부분들의 속성들과 관련해서 본래적 속성들을 소유한다. 형식 속의 각 계기는 다른 계기들의 그룹화에 의해 규정되고, 이 계기들 각각의 가치는 총체적 평형 상태—이 총체적 평형 상태의 공식이 '형식'의 본질적 성격이다—에 의존한다(1963, p. 91). 따라서 조직성 폐쇄가 메를로-퐁티의 의미에서 한 유형의 형식인데, 이 조직성 폐쇄 속에서 과정들이 그 자체의 발생과 실현을 위해 서로에게 반복적으로 의존하고 또 이 과정들이 체계를 통일체로 구성한다.

메를로-퐁티는 그의 시대의 어떤 심리학적 이론과 생리학적 이론을 분석함으로써 행동은 행동주의의 자극과 조건반응이나 신경생리학의 분리 가능한 신경회로들과 같은 고립된 요소들로 이해된 부분들로 분해될 수 없다고 주장한다. 그는 그런 분해적 설명을 '실재론적 분석' 혹은 '기계론적 사고'라고 부른다. 이런 식의 설명은 전체를 서로 간에 외적으로 관계를 맺는 부분들로 남김없이 분석할 수 있는 것으로 다룬다. 생명 과정들(생물학의 분야)도 심적 과정들(심리학의 분야)도 실재론적 분석을 통해서는 이해될 수 없다. 왜냐하면, (i) 이 과정들은 분해 불가능한 행동의 구조들 혹은 행동comportment의 형식들이고, (ii) 형식 혹은 구조는 전체와 부분의 상호 결정에 의해 구성되고, (iii) 그런 호혜적 결정은 '변증법적 사고'에게만 인식될 수 있는 것이지 기계론적 사고에게는 인식될 수 있는 것이 아니기 때문이다.

행동은 변증법적으로 이해되어야 한다는 주장은 우리를 변증법적 관계들에 대한 메를로-퐁티의 이해방식으로 데리고 간다.[1] 메를로-퐁티가 기계론적 관계와 변증법적 관계를 대립시키는 방식에서 보아 분명하듯이, 기계론적 관계인 것의 부분은 선형적인 것이고 변증법적 관계인 것의 부분은 비선형적인 것이다. 이 책 앞에서 그는 "유기체와 환경의 관계는 선형적 인과성의 관계가 아니라 순환적 인과성의 관계이다"(1963, p. 15)라고 쓰고 있다. 뒤에서 그는 기계론적 관계에 대해 다음과 같이 정의하고 있다.

> 기계론적 작용은, 이 말을 제한적 의미에서 취하든 더 느슨한 의미에서 취하든, 원인과 결과가 일대일 대응의 실재적 요소들로 분해될 수 있는 작용이다. 기본적 작용에서 의존은 단방향적이다. 원인은 이 원인의 존재와 본성 속에서 생각된 결과의 필요충분조건이다. 그리고 두 항 간의 호혜적 작용에 대해 말할 때, 이 작용은 일련의 단방향적 결정으로 환원될 수 있다. (1963, pp. 160-161)

그러므로 A와 B의 관계는 (A를 B의 원인이라고 가정할 때) (ⅰ) A가 B를 결정하고(A는 B의 필요충분조건이고), (ii) B는 A를 결정하지 않고(단방향적 의존이고), (iii) B에 인과적으로 작용을 미치는 A의 모든 요소는 B의 어떤 결과하는 요소와 일대일 사상寫像/mapping에 있게 되는(일대일 대응하는) 관계이다. 조건 (ii)와 (iii)은 관계를 선형적인 관계로 만든다. 이와 대조적으로, 변증법적 관계는 (ⅰ) A가 B를 결정하고 B가 A를 결정하며(양방향적 의존 혹은 상호 결정이며), (ii) A도 B도 인과적으로 작용을 미치는 이산적인 (일대일 대응하는) 요소들로 분석될 수 없는(분해될 수 없는) 관계이다. 더욱이, 변증법적 관계는 동적이지 정적이지 않다. 그래서 (iii) A는 B를 변경하고 B는 A를 변경하며, (iv) A는 B의 결정요인으로서 B에 의해 변경되고 B는 A의 결정요인으로서 A에 의해 변경되며, 또 (ⅴ) A는 A가 B를 통하여 존재하는 것을 만들고, B는 B가 A를 통하여 존재하는 것을 만든다는 의미가 파생적으로 성립한다(Priest 1998, p. 163). 이런 종류의 서로 밀접한 상호의존들을 고려해볼 때, A와 B는 변증법적으로 관계를 맺고 있을 때 또한 더 큰 전역적 전체 혹은 패턴의 부분들로 간주될 수 있다. 그러므로 (vi) A를 부분이게 하는 어떤 것은 B를 부분이게 하는 어떤 것이다(Priest 1998, p. 43).

메를로-퐁티가 "부분들의 합성에 의한 전체의 발생은 허구적인 것이다. 이 합성은 자의적으로 호혜적 결정을 파괴한다"(1963, p. 50)고 주장할 수 있는 것은 바로 이 변증법적 관계에 대한 이해방식에 기초해서이다. 이런 호혜적 결정은 오늘날 복잡체계 이론이 비선형성, 자기조직화, 순환적 인과성, 구조적 쌍결합에 의해 기술하려고 하는 일을 함의한다는 것은, 위에서 인용한 기계론적 관계를 설명하고 난 직후에 계속해서 적고 있는 데에 분명히 나타나 있다.

> 이와는 반대로, 우리가 본 바와 같이, 물리적 자극들은 이 자극들이 질적으로 변할 때 질적으로 변할 전역적 반응을 유발함으로써만 유기체에 작용한다. 유기체와 관련해서 이 자극들은 원인의 역할이라기보다 기회원인들occasions의 역할을 수행한다. 반응은 자극들의 물질적 속성들에 의존한다기보다 자극들의 생기적 의미vital significance에 의존한다. (1963, p. 161)

자극들이 질적으로 변할 때 유기체의 전역적 반응이 질적으로 변한다고 말하는 것은, 자극들이 어떤 일정한 임계 문턱에 도달할 때 유기체 속에서 전역적인 질적 불연속성(위상공간 내의 분기)을 유도하는 제어매개변수들로서 유기체에 작용한다고 말하는 것이다. 자극들이 원인의 역할이라기보다 기회원인들의 역할을 수행한다고 말하는 것은 자극들이 유발 조건들triggering conditions로 작용하는 것이지 작용원인(=작용인)efficient causes으로 작용하는 것이 아니라고 말하는 것이다. 유기체의 반응이 자극의 생기적 의미에 의존한다고 말하는 것은 정보적 자극이 물리적 자극과 동등하지 않다고 말하는 것이다. 후자는 유기체와 무관하게 정의될 수 있지만, 전자는 그렇지 않다. 정보적 자극은 유기체(의 형식 혹은 구조)에 의해 정보를 받는 자극이다. 이 정보적 자극은 이미 관계적이고, 유기체에 관련해서만 정의될 수 있고, 혹은 유기체가 환경과 구조적 쌍결합을 이루는 것을 배경으로 해서만 특정화될 수 있기 때문에, 유기체와 무관하게 정의될 수 있는 '입력'으로 기술될 수 없다. 그래서 메를로-퐁티는 계속해서 말한다.

> 그러므로 행위conduct가 현실적으로 의존하는 변수들과 행위 자체 사이에서 의미의 관계 혹은 내재적 관계[필자 강조]가 나타난다. 우리는 세계가 유기체에 작용하는 순간을 지정할 수 없으니, 왜냐하면 이 '작용'의 바로 그 결과가 유기체의 내적 법칙을 표현하고 있기 때문이다. 유기체와 주위세계의 상호 외면성은 자극들의 상호 외면성과 더불어 극복된다. 따라서 고립 속에서 정의된 이 두 항들은 두 상관관계적인 것들, 즉 행동의 두 극이라 할 수 있고 동일한 구조에 참여하고 있는 '주위세계milieu'와 '적성aptitude'으로 대체되지 않으면 안 된다. (1963, p. 161)

이 논급은 내가 앞 제3장에서 한, 자율성 관점에서 이해된 의미와 정보에 관한 논의와 연관해서 생각해볼 수 있다. 어떤 무언가는 유기체의 통합을 유지하기 위한 규범에 (긍정적으로 혹은 부정적으로) 관련되는 한에서 의미를 획득한다(De Preester 2003, p. 202). 그런 유지함은 메를로-퐁티가 '유기체의 내적 법칙'—우리의 용어로 유기체의 자율성을 의미한다—이라 부르는 것의 한 기능이다. 따라서 생물학적 자율성은 필연적으로 규범의 초래함을 포함하고 있다. 이 점을 인식하기 위해 우리는 도표 3.3으로 돌아가 언급할 수 있다(3장을 보라). 이 도표는 조직성-작동성 폐쇄가 자율적 체계와 이 체계의 상관관계적 상호작용 영역 곧 주위세계 간의 순환적이고 변증법적인 관계를 발생시키는 방식을 묘사하고자 시도하고 있다. 한편으로, 작동성 폐쇄는 창발적 동일성 혹은 '자기'를 위한 메커니즘(패턴 형성의 원리)이다. 다른 한편으로, 폐쇄를 통한 '자기'의 실현은 동시에 또한 상관관계적 환경, 상호작용의 영역 곧 주위세계의 특정화이다. 폐쇄를 통해 구성된 이 주위세계는 또한 그렇게 구성된 '자기'를 위해 본질적으로 유의미하다(=

의미를 지닌다). 의미는 유기체와 주위세계의 쌍결합에 본질적이고, 따라서 유기체와 주위세계의 상호 외면성을 극복하고 있다.

메를로-퐁티가 행동의 두 극(유기체와 주위세계)은 동일한 구조에 참여하고 있다고 적고 있을 때, 그는 첫째로 행동behavior or comportment은 구조화된 전체, 동역학적 패턴이고, 둘째로 주위세계와 유기체는 자극과 반응reaction으로서가 아니라 상황과 부응response으로서 이 구조에 참여하고 있다는 것을 의미한다. 행동은 일종의 대화인 바, 이런 대화 속의 유기체는 응답함을 필요로 하는 물음으로서의 상황에 부응하려는 적성aptitude을 지니고 있다. 말하자면, 행동은 대화적이며, 정보처리과정이 아니라 의미-구성을 표현한다. 따라서 대화가 개별적인 화자 속에 (혹은 뇌 속에) 존재하지 않는 것과 같이, 혹은 재즈 즉흥곡이 개별적인 악기나 독주자에 존재하지 않는 것과 같이, 행동이 신경체계 속에 혹은 신체 속에 존재하는 것은 아니다(1963, p. 161).

이 논점들은 메를로-퐁티 이래 발생해 온 이론적이고 실증적인 발전에 연결될 수 있다. 메를로-퐁티의 첫 번째 논점은, 현대의 언어로 진술하자면, 행동은 **형태동역학적***morphodynamic*이라는 것이다. 형태동역학은 형식 혹은 구조와 관련된 동역학 체계 이론의 한 분야이다(Petitot 1992, 1995, 1999). 기본적 사상은 "구조는 본질적으로 **임계현상**, 즉 기체基體의 질적 불연속성(이질성)을 유도하는 대칭파괴의 현상에 의존한다. … 이산적 구조는 질적 불연속성을 통해 창발한다. … 기체基體의 질적 불연속성의 체계는 **형태***morphology*라고 불리며, 형태의 동역학적 이론은 **형태동역학**이라 불리는 것에 속한다. 그러므로 '구조'의 개념과 형태동역학 간에는 밀접한 관련이 있다"(Petitot 1995, p. 231; 저자 강조)는 것이다.

메를로-퐁티의 두 번째 논점을 현대적으로 표현하자면, 행동은 뇌, 몸, 환경으로 이루어지는 집합적 현상이지 신경체계 내부에 거주하는 무언가가 아니라는 것이다. 그러므로 행동은 뇌, 몸, 환경을 가로질러 가는 집합적 변수들과 질서매개변수들에 의해 정의될 필요가 있다. 이 사상은 신체화된 동역학주의 인지과학의 중요한 연구 주제이다(Chiel and Beer 1997; Thelen and Smith 1994; Thelen et al. 2001). 켈소의 작업은 유용한 예로 역할할 수 있다. 지향적 운동 행동과 대뇌피질 활동을 포함하는 어떤 실험적인 전형적 예들에서(Bressler and Kelso 2001; Kelso et al. 1998), 그는 상대적 위상의 동일한 집합적 변수는 “서로 다른 사물들이 협응하고 있다는 사실을 꿰뚫는, 뇌와 행동적 사건들 간의 추상적 질서매개변수 이형동질異形同質 isomorphism을 표현한다”(Kelso 1995, p. 276)는 점을 보여주어 왔다. 달리 말해서, 형태동역학적 수준에서, 동일한 형식 혹은 구조가 어떤 감각운동적 행동과 뇌 활동들을 정의하는 것으로 간주된다. 따라서 메를로-퐁티의 명제 “행동은 일종의 형식이다”(1963, p. 127)는 수학적으로 정교하게 서술될 수 있으며, 형태동역학적 과학에 의해 실증적으로 입증될 수 있다. 메를로-퐁티가 1959-1960 강의에서 자연의 ‘현상적 위상학’에 대해 말했을 때, 생애의 끝으로 향하는 그의 사유는 또한 이 형태동역학적 방향으로 움직여 갔다(2003, p. 264).

물리적 질서와 살아 있는 질서

『행동의 구조』 끝에서 두 번째 장에서 메를로-퐁티는 물질, 생명, 마음, 혹은 그가 부르는 대로 하면, 물리적인 것, 생기적인 것, 인간적인 것의 세 가지 질서의 가장 기본적인 현상적 위상학을 소묘하고 있다. 그는 물리학의 형식 혹은 구조 개념을 고찰함으로써 시작한다. 비누거품이나 대류구르기 같은 물리적 형식은 주어진 외적 조건들과 관련해서 설립된 구조적 안정성이고(1963, p. 145), 따라서 물질적 기체基體의 질적인 불연속성으로서 두드러진다. 이미 이 수준에서 분석적 환원주의가 거부될 수 있다.

한 [물리적] 형식의 각 국소적 변화는 관계의 항상성이 보장되는 힘들이 재분배됨으로써 바뀔 것이다. 바로 이 내적 순환이 물리적 실재로서의 체계이다. 그리고 (항상 조옮김을 할 수 있는) 멜로디가 이것의 순간적 표현인 개별적 음들로 만들어지는 것이 아닌 것처럼, 체계는 이 형식 속에서 구분될 수 있는 부분들로 만들어지는 것이 아니다. 한 조각의 공간에 새겨져 있는 내적 통일체를 소유하고 또 순환적 인과성에 의해 외적 영향들에서 오는 변형deformation에 저항할 때, 물리적 형식은 개체이다. 연속적 방식으로 증가하고 감소하는 외적 힘들에 굴복하면서, 체계는 어떤 일정한 문턱을 넘어, 체계의 내재적 법칙의 또 다른 표현인 질적으로 상이한 질서 속에서 그 자체의 힘들을 재분배하는 일이 일어날 수 있다. 따라서 형식과 함께 불연속성의 원리가 도입되고, 조건들이 도약이나 위기에 의한 발달을 위해, 사건을 위해, 혹은 역사를 위해 주어진다. (1963, p. 137)

불연속성의 원리를 도입하면서, 또 '위기'에 의해 발달하기 위한 조건들을 도입하면서 물리적 형식을 이렇게 기술하는 작업은 메를로-퐁티 이후 이론적 발전에 의해 확립되어 왔다. 특별한 발전들은, 물리적 체계 내의 급격한 전이와 질적 불연속성을 수학적으로 기술하는 르네 톰의 '카타스트로피 이론'(Thom 1975)이고, 르네 톰의 작업을 형태동역학적 '현상성의 물리학'으로 확장한 장 프티토의 연구이다. 장 프티토의 작업은 미시물리학적 기체基體와 거시물리학적이고 현상적인, 물질의 현출 양식 사이의 간극을 메우는 것을 목표로 하고 있다(Petitot and Smith 1996을 보라).

물리적 질서는 물리적 형식이 물질적 기체基體에서 질적 불연속성으로 창발하는 것이라는 특징을 지니는 반면, 생기적 질서는 살아 있는 구조가 물리적 질서에서 창발하는 것이라는 특징을 지닌다. 물리적 구조와 마찬가지로 살아 있는 구조 또한 외적 영향들과 관련해서 안정성을 획득하지만, 이 구조는 상이한 방식으로 그렇게 한다.

> 물리적 형식은 어떤 주어진 외적 조건들과 관련해서 획득되는 일종의 평형이다. … 의심할 여지 없이 어떤 물리적 체계들은 이 체계들이 자체의 내적 진화에 의해 의존하는 바로 그 조건들을 변경한다. … 하지만 체계 외부에서 행사되는 작용은 긴장의 상태를 감소시키고 체계를 휴식을 향하여 나아가게 하는 영향을 항상 갖는다. 이와는 달리, 실재하고 현존하는 조건들과 관련해서가 아니라 오직 잠재적일 뿐인, 체계 그 자체가 생겨나게 하는 조건들과 관련해서 평형이 획득될 때, 구조가 외적 힘들의 압박을 통해서 관통되는 힘들로부터 풀림을 얻는 것이 아니라 이 구조의 고유한 한계 너머에서 작업을 실행하고 그 자체를 위해 고유한 환경을 구성할 때, 우리는 생기적 구조에 대해 말한다. (1963, pp. 145-146)

물리적 구조에서 살아 있는 구조로 향하는 이 이행은 물질에서 생명으로 향하는 이행이고, 물리학과 화학에서 생물학으로 향하는 이행이다. 가장 단순한 살아 있는 구조는 신진대사 구조이다. 만약 우리가 메를로-퐁티의 설명을 생물학적 자율성 이론과 결합한다면(Ruiz Mirazo and Moreno 2004; Varela 1979, 1997a), 우리는 살아 있는 세포는 세 가지 주요한 면에서 물리적 산일구조와 다르다고 말할 수 있다. 첫째, 살아 있는 세포는 그 자신의 막 경계를 이루는 것을 포함하는 물질적 화합물의 거듭되는 화학적 합성과 분해(동화와 이화)를 통해 그 자체를 동역학적으로 생산하고 유지한다. 그렇게 할 때 세포는 또한 내생적으로 그 자신의 외적 경계조건을 제어하고 조절한다. 반면에, (촛불과 같은) 물리적 산일구조는 그렇게 하지 않는다. 살아 있는 구조는 자기생산하고 자기조절하는 통일체이고, 그래서 이 구조는 물리적 산일구조와는 질적으로 상이한 유형의 형태동역학을 지닌다. 살아 있는 세포에서 내생적으로 생산된, 체계의 조직은 또한 열역학적 평형을 멀리하게 하는, 물질과 에너지의 흐름을 능동적으로 조절한다.

둘째, 이 전 과정의 물질적 요구와 에너지적 요구는 실재하고 현존하는 조건들이란 의미에서뿐만 아니라 현실화될actualized(성취되거나 획득될)

필요가 있는 조건들, 달리 말해서 잠재적 조건들*virtual conditions*이란 의미에서, 필요한 세포를 환경으로 정향하게 한다. 유기체는 물리화학적 환경을 주위세계*Umwelt*로 빚어낸다. 주위세계는 물리화학적 수준에서 현존하고 실재하는 견지에서 보면 잠재적인 것, 현실화될 필요가 있는 어떤 것, 더욱이 또 다른 수준인 생기적 규범과 의미의 수준에서 현실화될 필요가 있는 어떤 것이다.

이 마지막 논점은 우리를 살아 있는 구조는 단순한 물리적 구조와는 다르다는 세 번째 측면으로 데리고 간다. 물리적 구조는 법칙에 의해 표현될 수 있는 반면, 살아 있는 구조는 규범과 관련해서 이해되어야 한다. "따라서 주어진 주위세계가 현존할 때 각 유기체는 최적의 활동 조건들 및 평형을 실현하는 고유한 방식을 지닌다"(1963, p. 148). 살아 있는 세포 혹은 유기체는 "자체의 활동의 내적 규범에 따라 주위세계를 변경한다"(1963, p. 154).

지구상에서 가장 단순한 자가생성적 체계인 박테리아 세포(원핵세포)는 이 살아 있는 세포에 대한 이런 이해방식을 예증하기 위해 사용될 수 있다. 대장균*Escherichia coli(E. coli)*은 운동성 간상세포motile rod-shaped cell를 지닌 일종의 박테리아이다. 자당 변화도(=경사도)의 현존 속에서 헤엄치고 있을 때, 이 세포들은 이리저리로 굴러 떨어져 마침내 자당에 노출하는 것을 증가시키는 방향점을 우연히 마주치게 될 것이다. 이 지점에서 그들은 가장 큰 자당 농도의 지대를 향해서, 변화도가 상승된 상태에서 그들의 편모에 의해 추동되어 앞으로 헤엄쳐 나아갈 것이다. 자당은 물리화학적 환경의 실재하고 현존하는 조건인 데 반해, 영양분으로서의 자당의 지위는 그렇지 않다. 영양분임은 자당 분자의 물리화학적 구조에 내재하지 않는다. 영양분임은 박테리아의 신진대사와 연관된 한 관계적 특질이다. 메를로-퐁티의 용어로 말하면, 음식으로서의 자당의 지위는 잠재적이다. 이 지위는 또 다른 수준에서 현실화되는 어떤 것이다. 구체적으로 말해서, 이 지위는 자율성과 이 자율성이 가져오는 규범이 주어질 때 유기체가 환경과 쌍결합하는 방식에 의해 창출되거나 산출된다. 자당은 물리적 질서에 속하지만,

영양분으로서의 자당은 살아 있는 질서에 속한다. 자당은 음식으로서의 의미와 가치를 지니지만, '체계 그 자체가 생겨나게 하거나' 혹은 '그 자체를 위해 구성하는' 주위세계 속에서 그러할 뿐이다.

자당 경사도(=변화도)를 헤엄쳐 오를 때의 박테리아의 활동을 충분하고 완전하게 설명하기 위해서는, 자당이 막을 횡단해서 내적으로 자리 잡을 때 이 자당의 국소적인 분자적 영향을 언급하는 것만으로는 충분하지 않다. 비록 이 국소적 영향이 실로 중요하긴 하지만, 이 영향은 모든 단계들에서 자가생성의 전역적 유지에 의해 종속되고 조절된다. 달리 말해서, 국소적인 분자적 영향들은 이 영향들이 감입돼 있는 전역적이고 조직적인 맥락 때문에 그렇게 일어나는 것이다. 그리고 박테리아를 생물학적 개체로, 지당을 음식으로 규정하는 것은 바로 이 전역적 수준이다.

따라서 살아 있는 구조는 단순한 물리적 구조와 관련해서 볼 때 존재론적으로 창발적이다. 이 구조는 단순히 물리적인 질서와는 질적으로 다른 새로운 질서의 자연을 구성한다. 이 새로운 질서는 두 가지 일반적 특징을 지니고 있다. 첫 번째 일반적 특징은 유기체는 이전 물리적 개체성의 개념을 넘어서는 새롭고 정확한 의미에서 개체라는 점이다. 메를로-퐁티가 비록 "물리적 형식은 개체이다"(1963, p. 137)라고 앞에서 진술하긴 했지만, 이제 그는 유기체는 "심지어 현대 물리학의 개체가 아니라는 의미에서 개체이다"라고 진술한다(p. 154). 물리적 개체는 (대류구르기나 비누거품과 같은) 변화하는 물질적 기체基體 내의 불변적인 위상학적 패턴이라는 의미에서 개체이다. 이 경우의 개체성은 물질적 변화 속에서 유지되는, 형식의 동일성에 상응한다. 자가생성적 의미에서 살아 있는 형식은 (관계의 네트워크를 정의하는) 자체의 조직이 물질적 변화 속에서 유지되는 근본적인 형태동역학적 불변자인 형식이다. 자가생성적 체계는 이 체계를 이루는 분자적 과정들이 그 네트워크를 생산하고 신체화하는 순환적 네트워크이다. 이 경우의 개체성은 **'형식적 자기동일성'**, 즉 체계 그 자체에 의해 유지되고 실현되는 불변적인 동역학적 패턴에 상응한다. 체계는 끊임없는 물질적 변형을 겪고, 이에 맞춰 자체의 외적 경계조건들을 조절한다. 따라서 자가생성적 체계는 자기 *self*라는 용어에 어울리기 시작한다는 의미에서 개체이다. 살아 있는 질서의 두 번째 일반적 특징은 유기체와 환경의 관계는 유의미하고(=의미를 지니고) 규범적이라는 점이다. 도표 3. 3이 묘사하는 바와 같이, 공규정된 자기-극과 환경-극의 쌍결합이 존재하고 그런 쌍결합이 일단 (위에서 논의된 생물학적 의미의 규범으로 볼 때) 내재적으로 규범적인 한, 의미meaning(혹은 의미significance 혹은 정보)가 함축되어 있다.

나는 생명에 대한 이 설명을 2부에서 더 상세하게 개진할 것이다. 이제까지 메를로-퐁티의 설명을 밝히기 위해 자가생성 이론을 사용해 왔는데, 이는 살아 있는 구조는 자가생성에 기초하는 구조라고 말함으로써 요약할 수 있겠다.

인간적 질서

메를로-퐁티의 세 번째 질서는 인간적 질서이다. 인간적 질서는 행동의 가장 전형적인 구조들과 형식들이 상징적이란 점에서 고유성originality을 지닌다.[2] 상징들 혹은 상징적 구조들은 고립 속에서 존재하는 것이 아니라, 상징체계들에 속해 있다. 이 체계들에서 각 상징은 상징이 상징화하는 것—예를 들어 상징이 대표하는 사물 혹은 사건—과 관련돼 있을 뿐만 아니라 또한 다른 상징들과 관련돼 있다. 이 상징들 간의 수평적 관계는 동일한 사물의 다양한 표현들이나 표상들의 가능성을 열어놓는다. 상징은 어떤 것을 다양한 측면들과 관점들 하에 놓이는 불변자로 파악할 수 있는 심적 가능성을 의미한다. 따라서 상징은 관점적 변이 속에서도 계속 불변적인 것으로 남아 있는 어떤 것, 주체가 다른 주체들도 또한 접할 수 있는 것으로 파악할 수 있는 어떤 것이라는 현상학적 의미에서 어떤 것을 대상(=객체)*object*으로 파악할 수 있는 능력을 의미한다. 그러나 메를로-퐁티에게 있어서 인간의 상징적 행동이 무엇보다 독특한 점은 이 행동이 사물 혹은 대상 자체로 향해 있다는 것이 아니라, 문화적으로 구성된 의미를 부여받은 '사용대상use-objects'으로 향해 있다는 점이다. 따라서 상징적 행동은 전적으로 새로운 종류의 주위세계를 창출하는 것enactment을 의미한다. 이 주위세계는 더 이상 생기적 상황-부응situation-response이 아니라 '지각된 상황-노동perceived situation-work이다'(1963, p. 162).[3]

'지각된 상황-노동'은 '지각-행위' 맞짝개념 이상으로 이루어져 있다. 이 두 번째 맞짝개념이 심지어 지각과 행위가 수단 대 목적으로 단순히 도구적으로 관련돼 있는 것이 아니라 서로를 구성한다고 주장하는 오늘날 동역학적 감각운동이론에 의해 이해될 때조차 그러하다(Hurley 1998; Noë 2004; O'Regan and Noë 2001a). 이 두 맞짝개념들 간의 차이는 '지각된 상황-노동' 구조가 본질적으로 상호주관적이라는 점이다.

'지각된 상황'이란 말로 메를로-퐁티는 사물을 사용대상으로 지각하는 일에 토대를 두는 다른 주체들의 행위를 지각하는 일을 의미한다. 메를로-퐁티는 인간적 지각의 '본원적 대상'은 발달론적으로(개체적 시간에서 최초에) 또 현상학적으로(경험의 구성에서 가장 근본적이고 시원적으로) 또 다른 인간 주체의 의도적 행위라고 주장한다(1963, p. 166). 인간적 지각은 일차적으로, 자연의 대상들과 이 대상들의 감각적 성질들로 향해 있다기보다 오히려 의도들이 다른 인간들 속에 표현돼 있는 방식으로 향해 있다. 인간적 지각은 의도들을 '경험되는 실재들experienced realities'로 파악하지, 무관심하거나 지적인 의미에서의 대상들로 파악하는 것이 아니다. 발달심리학의 후속연구를 기대하면서 메를로-퐁티가 지적하듯이, 유아가 시지각에서 최초로 경험하는 실재들은 엄마나 보모의 얼굴과 제스처들이다. 엄마의 얼굴은 대상 혹은 단순히 감각적 성질들의 합집이 아니라, 의도적 표현과 행위의 중심점이다(예를 들어 Meltzoff and Moore 1998; Stern 2000; Trevarthen and Aitken 2001을 보라). 따라서 지각은 다른 무엇보다도 관상학적이며, 이후 사용대상으로서의 사물로 향하는 것이다. 지각은 결코 그 관상학적 성질을 잃지 않으니, 발생기의 위상에서뿐만 아니라 성숙한 현상적 성격에서도 또한 여전히 관상학적이다(이는 메를로-퐁티의 후속저작에서 중요성을 획득하게 된 사상이다).

메를로-퐁티에게 '노동'이란 용어는 물리적 본성과 생명적 본성을 변형하고 이렇게 해서 주위세계를 변경하거나 혹은 새로운 주위세계를 생산하는 활동(의도적 행위의 앙상블)을 의미한다(1963, p. 162). 노동은 미래지향적이며, 창조적이거나 혹은 생산적이다. 현재의 주위세계를 변경할 때 노동은 사실상 새로운 주위세계를 위해서 이 현재의 주위세계를 부정하는 것이다(메를로-퐁티는 바로 이 헤겔의 사상을 전달하고자 '행위' 대신에 '노동'이란 단어를 사용한다.) 노동을 위해 요구되는 이와 상관관계적인 형식의 지각은 대상을 단순히 거기에 지금 있는 어떤 것(현존적이고 현실적인 어떤 것)으로서가 아니라 다른 사물들을 변화시킬 수 있는 사용의 어떤 것(미래와 가능성들과 관련해서 정향돼 있는 어떤 것)으로 현시하는 지각이다.

생명적 구조는 물리적 구조와 관련해서 존재론적으로 창발하는 반면에, '지각된 상황-노동'이라는 인간적 구조는 생명적 구조와 관련해서 창발한다. 이 인간적 구조는 유기체와 주위세계, 혹은 자기와 세계 간의, 새로운 종류의 변증법적 관계를 나타낸다. 메를로-퐁티는 "비록 모든 행위들이 생명에 적응하도록 해줄지라도, '생명'이란 단어는 동물성과 인간성에서 동일한 의미를 지니지 않는다. 생명의 조건들은 종의 고유한 본질에 의해 정의되는 것이다"(1963, p. 174). 인간 생명의 주요한 특징은 주위세계와 변증법적 관계를 맺는 양의성에 놓여 있다. 인간의 주위세계는 사회적이고 문화적이며, 또 이 주위세계는 인간 그 자체에 의해 창조된다. 우리의 상징적 행동 형식은 우리가 관여돼 있는 사회적이고 문화적인 구조들을 창조하는 일을 가능하게 한다. 그렇지만 우리 자신이 이 구조들과 동일하게 되도록 놓아두려 하지 않고, 이 구조들을 넘어 지나가 새로운 사물들을 항상 창조하려 하고 있다. 메를로-퐁티의 말대로 하면, "사용대상들과 문화대상들은 이 대상들의 출현을 가져오는 활동이 또한 이 대상들을 거부하고 뛰어넘기 위해 의미를 갖지 않는다면, 이 대상들의 본래의 모습이 아닐 것이다"(1963, p. 176. 강조 생략). 우선, 이 스스로를 뛰어넘는 심성mentality은 문화적 형식들을 위한 구조적 전제조건이다. (심성이 모든 구체적 사례들에서 문화적 형식들에 의해 항상 이미 호혜적으로 구성되는 동안에도 그러하다.) 인간적 질서에 그 전형적인 예가 보이는 바와 같이, 이 심성은 전반적인 생명적 질서와 관련해서뿐만 아니라 또한 고등동물과 관련해서도 창발한다 (1963, pp. 175-176).

이런 사상들을 갖고서 메를로-퐁티는 형식 혹은 구조의 정적 현상학과 발생적 현상학에서 상호주관성과 문화의 세대간적 현상학으로 (혹은 자연의 현상적 위상학에서 문화의 현상적 위상학으로) 이동한다.

이 책에서 나는 메를로-퐁티의 선례를 따라가면서, 생명, 발달, 진화(5-7장)로 시작해서, 그런 다음 의식으로 계속해서 나아가고(8-12장), 마지막으로 공감과 문화화에 대해 논하겠다(13장).

의식 및 행동의 구조

물질, 생명, 마음에 관해 생각하는 방식을 교정함으로써 의식과 자연 사이의 설명적 간극에 다리를 놓고자 하는 『행동의 구조』의 전반적 목표로 돌아가 보자. 메를로-퐁티가 하는 주장의 취지는 형식 개념이 물질, 생명, 마음의 질서들을 통합하고 각 질서의 고유성을 설명할 수 있음을 보여주는 것이었다. 한편으로, 자연은 순전한 외면성이 아니고, 생명의 경우에는 그 자체의 내면성을 지니며, 따라서 마음을 닮아 있다. 다른 한편으로, 마음은 순전한 내면성이 아니고, 세계에 관여하고 있음의 형식 혹은 구조이며, 따라서 생명을 닮아 있다.

이 이야기의 첫 번째 측면은 물질과 생명으로 시작된다. 메를로-퐁티가 제시하는 형식 개념을 고려해볼 때, 우리는 더 이상 데카르트 방식으로 자연을 단순히 서로에게 외적이고 인과성의 관계에 의해 결합돼 있는 다양한 사건들로 이해할 수 없다. 이렇게 자연을 순전한 외면성(메를로-퐁티가 적은 바의 *partes extra partes*)으로 이해하는 것은 물리적 수준에서 형태동역학적 형식 개념에 의해 이미 극복되었다. 이렇게 이해된 형식은 "(항상 조옮김을 할 수 있는) 멜로디가 멜로디의 순간적 표현인 개별적 음들로 이루어져 있지 않듯이, 그 안에서 구분될 수 있는 부분들로 이루어져 있지 않다"(1963, p. 137)

그러나 내면성이 생겨나는 것은 바로 생기적 수준에서이다. 내면성은 한 내부 곧 자가생성적 개체의 자기생산, 그리고 이 개체와 환경 간에 유지되는 내적이고 규범적인 관계(유기체와 주변환경의 상호 외면성을 극복하는 '내재적 관계'—메를로-퐁티 1963, p. 121)로 이루어져 있다.

우리가 본 바와 같이, 이런 종류의 내면성—규범적으로 관계를 맺고 있는 외부를 또한 특정화하는 한 내부의 자기생산—은 자가생성적 폐쇄 및 기본적 자율성의 열역학적 요건들을 통해서 일어난다. 따라서 자가생성은 동역학적 내면성의 창발을 위한 가능성의 조건이다(Varela 1991, 1997a). 그러나 방금 논급한 바와 같이, 한 내부의 창발은 또한 한 외부의 특정화이다. 따라서 내면성의 동역학적 창발은 내면성과 외면성의 동역학적 공共창발로 더 완전하게 기술될 수 있다.

그럼에도 불구하고, 여기에는 비대칭이 있다고 보이는데, 왜냐하면 체계가 외부 환경과 상호작용하는 일을 제어하거나 혹은 조절하는 것은 바로 내적 자기생산 과정이기 때문이다(Varela 1991). 우리가 본 바와 같이, 그 자가생성적 형식 내에서 기본적 자율성의 열역학적 요건들은 체계가 그 외적 경계조건, 즉 물질과 에너지가 체계를 통하며 흐르는 방식을 능동적으로 조절한다는 사실을 수반한다. 그런 조절능력은 이번에는 체계는 내적으로 자기생산하는 체계일 뿐만 아니라, 또한 그 환경 속의 상호작용적 행위자라는 사실을 수반한다(Ruitz-Mirazo and Moreno 2004). 그래서 비록 내부와 외부가 동역학적으로 공창발할지라도, 이것들은 동일한 대칭적 관계를 공유하지 않는다. 모레노와 바란디아란은 이렇게 설명한다. "한 내부의 (자기) 발생은 존재론적으로 안과 밖 이분법에 선행한다. 비대칭을 발생시키는 것은 바로 내부이고, 외부가 설립될 수 있는 것은 바로 이 내부와 관련해서이다. 비록 체계의 유지를 위해 상호작용적 과정들/관계들이 필연적일지라도, 상호작용적 관계들을 제어하는 것은 바로 체계의 내적 조직이기 때문에, 이 관계들은 체계를 전제한다"(Moreno and Barandiaran 2004, p. 17).

메를로-퐁티의 논점은, 일단 우리가 체계가 포함하는 이런 종류의 내면성과 규범성을 인정하기만 하면, 우리는 더 이상 생명을 고전적 의미의 메커니즘(작용인적 관계를 통해서 서로 간에 외적으로 관계를 맺는 부분들의 배열)으로 간주할 수 없다. 그렇다면 우리는 오히려 자연을 고전적 메커니즘 개념이 전혀 적합하지 않은 일종의 내적 생명으로 보지 않으면 안 된다. 이 사유방식은 마음을 생물학적 생명에서 철저하게 잘라내버린 데카르트로부터 벗어나 가리키고, 마음과 생명을 영혼soul or psyche의 표제 하에 함께 속하게 한 아리스토텔레스를 향해 가리키고 있다(8장을 보라).

이야기의 두 번째 측면은 마음에 대해, 특히 인간의 의식에 대해 다시 생각해보는 일인데, 이에는 자연을 다시 생각해보는 일이 따른다. 의식은 감각입력과 운동출력과 선형적 인과관계 속에 있는 마음 혹은 뇌의 내면적 상태가 아니다. 의식은 세계에 지각적 운동적 조율을 행하는 행동comportment의 형식 혹은 구조이다. 우리 인간의 경우 이 조율은 유의미한 상징들의 환경 및 타자들의 의도적 행위에 대해 일차적으로 행해진다. 메를로-퐁티는 다음과 같은 예를 사용해서 이 사상을 예증하고 있다.

> 행위 중인 선수에게 축구장은 '대상', 즉 무한하게 다양한 관점적 시각을 생겨나게 할 수 있고, 그 외관상의 변형들 하에서 계속 동등한 것으로 남아 있을 수 있는 이념적 항이 아니다. 축구장은 구석구석 힘의 라인들(야드 라인들; '페널티 지역'의 경계를 획정하는 라인들)이 배여 있으며, 일정한 양식의 행위를 요구하고 마치 선수는 이를 알아차리지 못한다는

> 듯이 행위를 창시하고 인도하는 구역들(가령 상대 선수들 사이의 '트인 지역')로 분절되어 있다. 축구장 자체는 그에게 주어져 있지 않지만, 그의 실천적 의도의 내재적 항으로 현존하고 있다. 선수는 축구장과 하나가 되고, 가령 그 자신의 몸의 수직적 면과 수평적 면만큼이나 즉각적으로 '골'의 방향을 느낀다. 의식이 이 주위세계에 거주하고 있다고 말하는 것으로는 충분하지 않을 것이다. 이 순간 의식은 주위세계와 행위의 변증법과 다른 것이 아니다. 선수가 행하는 매 동작은 경기장의 성격을 변경하고, 그 안에서 새로운 힘의 라인들을 수립하며, 또 이번에는 이 힘의 라인들 속에서 행위가 전개되고 달성되고, 다시 현상적 축구장을 변경한다. (1963, pp. 168-169)

의식을 환경에 능숙하게 조율하는 것으로 이해하는 이 방식은 지각적 의식에 대한 현대의 동역학적인 감각운동적 접근법과 강하게 공명한다. 이러한 접근법에서 지각적 경험은 감각운동적 지식을 능숙하게 행사하는 경험이다(Noë 2004; O'Regan and Noë 2001a). 나는 9장에서 지각적 의식에 대한 동역학적인 감각운동 접근법을 논하고, 11장 초두에서 능숙한 조율된 의식에 대한 메를로-퐁티의 사상으로 돌아오겠다.

자연주의와 현상학적 태도

이제까지 나는 메를로-퐁티의 견해의 오직 한 측면 즉 그가 "'외부 방관자'의 시점"이라고 기술하는 것만을 제시해 왔다(1963, p. 184). 이 관점은 물질, 생명, 마음을 자연의 일부로 볼 때 (물리학, 화학, 생물학, 심리학과 같은) 경험과학이 채택하는 관점이다. 메를로-퐁티는 형식 개념으로 풍부하게 하기 위해 이 관점을 채택한다. 그러나 메를로-퐁티의 견해의 또 다른 측면은 우선 한 걸음 물러나 형식이 과학적 인지를 위해 대상으로 구성되게 되는 방식을 살펴보는 것이다. 형식이 나타나는 양식 혹은 방식은 무엇이고, 이 주어짐의 양식의 인식론적 기원은 무엇인가? 이 물음은 철학적이며, 초월론적 현상학의 관점을 표현하고 있다. 따라서 메를로-퐁티 견해의 또 다른 측면은 물질, 생명, 마음에 관한 국외자 혹은 방관자의 관점에 단순히 만족하길 거부하고, 물질, 생명, 마음이 의식에 대해 구성되게 되는 방식에 관한 초월론적인 현상학적 이해를 얻는 것을 목표로 하는 내부 참여자의 견해이다.

이 두 번째 관점을 채택하면서 메를로-퐁티는 다음과 같은 주장을 내놓는다. (1) 형식 개념은 지각되는 세계로부터 차입된다. (2) 형식 개념은 물리학이 우리를 지각된 사물들을 소급지시하게 하는 한에서만 물리학에서 마주칠 수 있다. (3) 그래서 '물리적 형식' 개념은 행동 구조의, 특히 행동의 지각구조의 실재적 토대가 될 수 없다. (4) 행동 구조는 지각의 대상으로서만 고찰될 수 있다(1964, p. 144). 달리 말해서, 메를로-퐁티는 자연주의는 형식 개념을 필요로 하지만—그 자체의 내적 발달을 통해 이 필요를 인식하게 되었다—, 이 개념은 환원 불가능하게 현상적이다. 그러므로 설명이 자연에서 주관성을 추방하고, 그런 다음 그렇게 추방된 자연에 근거해서 주관성을 재구성하려 하는 한, 자연주의는 물질, 생명, 마음을 설명할 수 없는 것이다.

이 주장에는 무언가 중요한 것이 있지만, 우리는 주의할 필요가 있다. 특히 우리는 물리적 형식은 사전에 존재하는 의식으로 만든 건립물이라는 형이상학적 관념론을 위한 주장이 되지 않도록 이 주장을 지켜낼 필요가 있다. 오히려 이 주장은 초월론적 사유방식을 표현하는 것으로 이해될 필요가 있다. 우리가 대상이 어떻게 우리에게 개시開示되는지 하는 구성적 질문을 할 때, 과학적 대상을 포함하는 모든 대상은 이 대상을 지향하는 심적 활동과 상관관계 속에서 고려되지 않으면 안 된다. 이 초월론적 정향은 결코 실재적인 물리적 세계의 존재를 부정하는 것이 아니라, 우리가 물리적 세계와 맺는 관계에 대한 객관주의적 이해방식을 거부하는 것이다. 세계는 결코 우리의 개념적 체재에서 떼어낼 수 있는 적나라한 사실로서 우리에게 주어지지 않는다. 오히려 세계는 우리의 주관성 구조와 우리의 지향적 활동 덕분에 나타나는, 모든 기술 가능한 방식으로 그렇게 나타내 보인다. 미셸 빗볼Michel Bitbol은 이 초월론적 태도에 대해 분명한 진술을 제시한다.

> 그렇다면 초월론적 철학의 중심사상은 무엇인가? 그것은 과학의 각 대상을 사물 그 자체로서라기보다 현상들의 종합의 초점으로 이해하는 것이다. 또 따라서 그것은 그런 대상들의 가능성 바로 그것이 우리의 연구활동에 사용되는 절차에 의해 사전에 제공된 연결하는 구조들에 의존한다는 점을 인정하는 것이다. 따라서 무언가가 현상들의 연결의 보편적이고 필연적인 양식에서 기인한다면, 이 무언가는 객관적이다. 달리 말해서, 만약 무언가가 모든 (인간적인) 능동적 주체에 타당하다면 이 무언가는 객관적이고, 자율적 존재들의 내재적 속성들에 관계한다면 이 무언가는 객관적이지 않다.
>
> 이 점에서 과학은 사전에 존재하는 기저를 이루는 절대적 실재의 어떠한 것도 드러내도록 되어 있지도 않고, 효과적 방책들의 거의 무작위적인 집적도 아니다. 오히려 과학은 전체로서의 실재와 이 실재의 특수한 부분의 동역학적 상호관계의 안정화된 부산물이다. 실재의 이 특수한 부분을 주체로 규정하는 것은 이 주체가 대상성의 불변적인 현상들의 무리들을 추출하는 것의 다른 한 면이다.
>
> 이 태도를 공유하는 누군가는 경험주의자만큼 형이상학적으로 불가지론자이지만, 실재론자만큼 과학이론의 구조가 대단히 의미심장하다고 확신한다. 왜냐하면, 초월론적 견지에서 보면, 과학이론의 구조는 어떤 연구실천을 뒷받침하는 (또 역으로 이 실천의 창출행위에서 생겨나는 저항들에 의해 제약되었던) 절차적 합리성들의 틀이기 때문이다. (Bitbol 2003, pp. 336-337)

빗볼의 명료한 진술은 능동적으로 경험하는 주체들은 그들이 구성하기를 돕는 객관성에 의해 영향을 받지 않는 상태로 계속 남아 있는 것이 아니라, 오히려 호혜적으로 영향을 받고 또 객관성에 의해 구성된다는 점을 인정하고 있다. 후설이 인정했듯이, 비록 생활세계는 모든 경험의 지평이고 지반이며, 따라서 과학이 이를 전제해야만 하지만, 과학 역시 생활세계로 흘러들어간다(Husserl 1970, pp. 113, 138). 그러나 메를로-퐁티는 특히 『행동의 구조』에서 물리적 형식과 현상적 형식의 관계를 논할 때 때로 이 점을 놓치는 것 같다. 내가 의미하는 것을 알아보기 위해서 우리는 그의 시대 이후의 이론적이고 실증적인 발달에 비추어서, 현상적인 것의 우위를 내세우는 그의 주장을 고찰할 필요가 있다.

메를로-퐁티는 먼저 이 책 중간에서 행동과 뇌의 관계를 논할 때 이 주장을 도입하고 있다. 신경기능에 대한 원자적 이해방식에 반대하고, 뇌 과정에 대한 동역학적이고 구조적인(형태동역학적인) 설명의 필요성에 찬동하는 주장을 펼 때(1963, pp. 60-91)—따라서 이는 뇌를 자기조직화하는 복잡체계로 보는 견해를 예고하는 것이다—, 메를로-퐁티는 이 분석에서 두 서로 다른 의미가 가능하다는 점을 보여준다(1963, pp. 91-93). 한편으로, 뇌 과정들을 위상학적으로 규정함으로써, 우리는 마음과 관련해서 신경체계의 우위성을 주장하는 것을 목표로 할 수 있을 것이다. 이 견해에 의하면, 심리학적 현상들은 생리학적으로 국소화돼 있는데, 이는 뇌의 성분들의 해부학적 공간에 지형학적으로가 아니라, 뇌(그리고 몸)의 나머지 부분의 활동을 '배경'으로 하는 '상들figures'로 두드러지는, 뉴런 활동의 동역학적 형식들 혹은 패턴들로 위상학적으로 국소화돼 있다. 메를로-퐁티가 지적하는 바와 같이, 이런 방식으로 '엄격한 이형동질rigorous isomorphism'이 심리학적 현상과 생리학적 현상 사이에 유지될 수 있을 것이다(1963, p. 92). 고전적으로 게슈탈트 심리학과 연관돼 있는(쾰러 1947을 보라) 심리신경적 이형동질의 명제는 오늘날의 동역학적 체계 접근법에 활기를 불어넣고 있다.

만약 사고들이 그 이론에 따라 Φ와 같은 [상대적 위상과 같은], 뇌 속의 시공간적 활동의 동역학적 패턴들을 규정하는 집합적 변수들의 용어로 표현되어야만 한다면, 다음과 같은 결론이 논리적으로 불가피해 보인다. 질서매개변수 이형동질은 마음과 몸, 의지와 뇌, 심적 사건과 신경적 사건을 연결시킨다. 마음 자체는 뇌의 준안정적인 동역학적 패턴들을 주조하는, 한 시공간적 패턴이다. 마음-몸 이분법은 핵심이 의미론적으로 유의미한 패턴 변수들인 단일한 이형동질에 의해 대체되는 것이다. (Kelso 1995, pp. 288-289)

메를로-퐁티가 파악하는 두 번째 의미는, 형식 개념을 사용해서 뇌와 행동을 분석하게 되면 이는 또한 우리로 하여금 현상적 형식 개념으로 돌아가서 언급하게 할 수도 있다는 점이다. 메를로-퐁티는 이 사유방식을 다음과 같이 설명한다.

하지만 우리가 '상figure'과 '지반ground'이란 용어를 이 '생리학적 형식들'을 기술하기 위해 현상적 혹은 지각된 세계로부터 차입해야 했다는 바로 그 사실은, 만약 여전히 생리학적인 과정들을 원리상 이해할 수 있다면, 만약 통상 '의식'이라고 불리는 것에 내재하는 관계들을 적합하게 상징화하는 과정들을 이해할 수 있다면, 우리는 이 생리학적 과정들이 여전히 생리학적 현상들인지 의아스럽게 여기게 된다….

기능 곧 '동질적 지반 위의 점', 혹은 더 일반적으로 말해 기능 곧 '상과 지반'은 지각된 세계에서만 의미를 지닌다. 즉, 우리가 상이 무엇인지, 지반이 무엇인지 알게 되는 것은 바로 거기 지각된 세계에서이다. 지각된 것은 지각된 것 자체에 의해서만 해명될 수 있는 것이지, 생리학적 과정에 의해서 해명될 수 있는 것은 아닐 것이다. 지각에 대한 생리학적 분석은 그야말로 불가능할 것이다. … 이 행동의 구조와 이 구조를 지원하

> 는 뇌의 기능은 지각된 세계에서 차입된 용어로서만 이해될 수 있을 뿐이므로, 후자는 더 이상 생리학적 현상들의 질서와 아주 유사한 현상들의 질서로 나타나지 않고, 그보다 풍부한 질서로 나타난다. 생리학은 심리학에서 차입하지 않고서는 온전하게 개념화될 수 없다. (1963, pp. 92-93)

이 사유방식에 따르면, 형식 개념은 환원 불가능하게 현상적이고 기술적이지, 생리학적이고 인과적이지 않다. 그럼에도 불구하고, 이 개념 없이 생리학적으로 신경기능을 정의하는 것은 불가능하다. 따라서 현상적 영역은 생리학적 건립물의 의미를 제공하고, 그래서 현상적 영역과 생리학적 영역 간에는 일대일 대응관계가 있을 수 없다.

다시 또, 이 사유방식에는 무언가 중요한 것이 있지만, 우리는 주의 깊게 진행할 필요가 있다. 현상적 형식 개념이 물리학적 형식과 생리학적 형식의 관념보다 개념적으로 또 인식론적으로 선행한다는 것은 사실이다. 예를 들어, 형태발생(Thom 1975)과 형태동역학(Petitot 1992)의 과학적 이론들은 '질적 불연속성'(성질의 불연속적 변이들)이란 현상적 개념을 주요한 시원적 개념으로 취하고 있다. 이 개념은 후설의 『논리 연구*Logical Investigations*』를 따라 '분리된separated' 감각 가능한 성질들과 '혼합된blended' 감각 가능한 성질들 간의 구별에 의해 현상학적으로 엄밀하게 기술될 수 있다(Husserl 2000, vol. 2,3: §8, pp. 448-450). 하지만 이 개념(=질적 불연속성이란 현상적 개념)은 또한 위상학의 수학적 표현을 부여받을 수 있고, 그때 지각적으로 돌출된 거시물리학적 형식들을 설명하기 위해 사용될 수 있다(Petitot and Smith 1996을 보라). 이 형태학적 설명은 기술적일 뿐만 아니라 설명적이기도 한데, 왜냐하면 이 설명은 물질적 기체基體의 미시물리학적 설명과 거시물리학적 현상적 형식 사이의 다리를 설치하기 위해 사용될 수 있다.

'현상-물리학pheno-physics'(현상적 형태론의 질적 물리학)이란 과학이 존재한다는 것은 '질적 불연속성'과 '형식(=형태)'이 '지각된 세계에서만'

의미를 지니지 않는다는 것을 함의한다. 첫째, 현상적 형태는 수학적으로 기술 가능하고, 그래서 수학상의 의미를 지닌다. 둘째, 이 수학적 형태론은 거시물리학적 체계와 신경생리학적 체계의 형태동역학적 모형을 통해서 물리학적 내용과 생리학적 내용이 부여될 수 있다(Petitot 1994, 1999를 보라). 그래서 지각된 것은 오직 지각된 것 그 자체에 의해서만 '해명 가능하다'는 것은 사실이 아니다. 이와는 달리, 지각된 것은 뇌 과정들과 행동을 형태동역학적 수준에서 연결시키는 수학적 모형에 의해 해명 가능하다. 메를로-퐁티는 분명 그런 발전의 가능성을 (적어도 1942년에는) 마음속에 그릴 수 없었다. 이 점에서 그는 의심할 여지없이 후설의 영향을 받았는데, 후설은 현상적 형태에 대한 수학적 기술이 존재할 수 있다는 것에 대해 의구심을 품었었다. 그러나 어떠한 사상가도, 심지어 수학자인 후설도 그런 기술을 가능하게 하는 위상학과 미분기하학의 진보를 예견할 수 없었다(Petitot 1999; Roy et al. 1999, pp. 54-56을 보라). 이 새로운 발전들은, 메를로-퐁티가 "지각의 생리학적 분석은 그야말로 불가능하다"고 적을 때 만약 '생리학적 분석'이란 말로 그가 어떠한 높은 수준의 형태동역학적 수준의 설명과도 무관한, 엄밀하게 뉴런 수준에서 행하는 분석을 의미한다면, 그를 지원하기 위해 또한 채택될 수 있다.

이형동질의 문제는 복잡다단하기에, 이 책 후반부 여러 지점에서 다시 수면 위로 떠오를 것이다.[4] 이형동질이 심리학적 과정들과 관련해서 신경활동을 정의하기 위해 단지 작업가설로서 해석된다면, 생리학적인 것은 현상적인 것을 차입하지 않고서는 온전하게 해석될 수 없다는 메를로-퐁티의 주장이 어떻게 반론으로 설 수 있는지 이해하기 어렵다고 말하는 것으로 여기서는 충분할 것이다. 우리는 생리학적 개념들은 현상적 세계에서 기원을 갖는다는 점을 인정할 수 있지만, 그럼에도 불구하고 생리학적 현상들과 지각적 현상들 사이에 어떤 수준에서의, 혹은 어떤 유형의 이형동질이 존재할 수 있다는 점을 주장한다. 우리가 본 바와 같이, 11장에서 논하는, 바렐라가 그의 시간의식의 신경현상학에서 그렇게 하듯이 형태동역학은 이 접근법을 취한다. 더욱이, 메를로-퐁티는 형식 개념은 이 개념이 현상적 영역에서 수학, 물리학, 생물학으로 확대될 때 확대되고 풍요롭게 된다는 핵심 논점을 놓치는 것 같다. 이 풍요로움은 현상적 개념을 변화하지 않은 상태로 두는 것이 아니라, 다시 순환해서 돌아와 이 개념을 변경하고 개조할 수 있다.

메를로-퐁티가 그가 자연주의 혹은 실재론이라 부르는 것을 비판할 때 마음속에 품고 있는 것은 실로 객관주의이다. 객관주의는 "구조들은 즉자적으로in-itself, *en soi* 취해진 자연 속에서 발견될 수 있고, 마음은 이 구조들로부터 구성된다고 주장한다"(1963, p. 140). 객관주의는 자연에서 주관성을 추방하고, 그런 다음 그렇게 추방된 주관성을 자연에 의거해서 재구성한다(Husserl, 1970, pp. 20-100을 보라). 이런 사유방식의 문제점은 이것이 과학적 탐구의 기술 가능한 현상들로서의 생리학적 과정들이 또한 현상학적 의미에서 구성된다는 것을 잊는다는 점이다. 그러나 이 비판적 논점은 초월론적 수준의 분석에서 유지된다. 그래서 메를로-퐁티의 주장은, 심리신경적 이형동질에 호소함으로써 의식의 초월론적 지위를 무효화하려고 하는 객관주의자를 반대하는 주장으로 볼 때 가장 잘 해석되는 것 같다.

지금의 이 논점은 다음과 같은 말을 따라가는 무언가여야 할 것이다. 즉, 의식의 초월론적 지위 때문에 (의식은 모든 대상의 개시를 위한 가능성의 불변적 조건으로서 항상 이미 전제되어 있다는 것 때문에), 모든 주관성이 추방된 외적 실재로 일대일 사상寫像/mapping을 가져오기 위해서 바깥으로, 말하자면 경험하는 주관성 바깥으로 나갈 수 있는 방법이 전혀 없다는 것이다. 현상적 세계가 어떠한 과학적 대상들의 영역보다—심지어 당연시되는 물리학의 '보편적' 영역보다도—더 풍부하다는 것은 바로 이 초월론적 의미에서이다. 그리고 메를로-퐁티의 '물리적→생명적→인간적' 순서의 혹은 '물질→생명→마음' 순서의 역전이 의미가 성립하는 것은 바로 오직 이 초월론적 견지에서일 뿐이다. 마음은 경험적 수준에서 물질과 생명에서 창발하지만, 초월론적 수준에서 모든 형식 혹은 구조가 또한 필연적으로 의식에 의해 개시된다. 이 역전과 함께 우리는 과학자의 자연적 태도에서 (현상학에 따르면, 올바른 의미에서 철학적인 태도인) 초월론적인 현상학적 태도로 넘어간다.

메를로-퐁티의 선례를 따라가지만, 이 장과 이전 장에서 검토한 더 최근에 발달한 연구성과와 이를 결합한다면, 우리는 객관주의와 환원주의와는 다른 종류의, 물질, 생명, 마음에 대한 접근법을 마음속에 그리기 시작할 수 있다. 경험의 초월론적이고 그래서 제거 불가능한 지위를 인식하는 일부터 시작해서, 목표는 물질, 생명, 마음의 질서들을 통합해서 각 질서의 고유성을 설명할 수 있는 형태동역학적 원리들을 찾아내는 것이리라. 이 접근법은 바로 바렐라가 심리과학은 '신경현상학'을 필요로 한다고 할 때 마음속에 그린 것이다(Varela, 1996).

이 책의 나머지 부분에서 나는 이 과제를 다루겠다. 나는 2부를 살아 있는 존재 곧 생명의 본성을 재고함으로써 시작하겠다. 현상학의 경우 살아 있는 존재는 살아 있는 주관성이고, 생물학의 경우 살아 있는 존재는 살아 있는 유기체이다. 다음 세 장들의 주제는 이 온전한 의미의 살아 있는 존재이다.

2부

마음 속의 생명

5장 자가생성

살아 있는 것의 조직

생명에서 모든 시작은 유일무이하지만, 어떤 것도 고립되어 있지 않고 자립적이지 않다. 우리는 두 부모 세포들인 난자와 정자의 결합으로 형성된 단일한 세포들로서 출발한다. 우리의 부모 세포들 역시 그들의 기원을 난자와 정자의 훨씬 이른 결합에 빚지고 있는 우리의 어머니와 아버지의 몸에서 생산된 자손이다. 한 시작은 그것에 앞서 시작을 지니고, 이 또 다른 시작은 그것에 앞서 시작을 지니면서, 모든 시작은 차츰 멀어져 가는 생물학적 과거를 통해서 기원의 시간과 장소, 지구상의 생명의 시작으로 돌아간다.

약 40억 년이 우리 시대와 저 생명 창발의 영겁의 시기 사이에 놓여 있다. 저 규모의 수는 인간의 마음으로는 헤아리기가 어렵다. 그 수의 광대함은 지구상의 모든 생명체들의 공동조상을 가리키는 힘을 약화시키는 것 같다. 인간의 뇌를 이루는 1,000억 개의 신경세포들 혹은 뉴런들이 우리한테 더 가까이에 있다. 모든 것은 우리가 약 4주의 배아였을 때 창발한 한 타래의 세포들의 자손이다. 이 세포들 각각의 내부에서, 각 세포의 단백질과 DNA에서 우리는 지구상의 다른 모든 살아 있는 세포의 유전자와 효소와 닮은 가족유사성을 발견할 수 있다.

우리는 우리의 몸 안의 모든 곳에 과거를 품고 있다. 우리 내부의 세포들에게 신체적 환경의 화학적 합성은 최초기의 세포들이 거주했던 대양 환경을 상기하게 하는 역할을 수행한다. 30억 년 전에 박테리아는 지구의 태고적 바다의 따뜻한 얕은 데를 헤엄치고 있었다. 그들의 오늘날 후손들 중에는 우리의 몸 안에 거주하는 박테리아들이 있는데, 이들이 없으면 우리는 살 수 없다. 반면에 그들 자손 중 미토콘드리아와 운동섬모와 같은, 다른 남은 생명체들은 우리의 오늘날의 세포들 내부에 존재한다(Margulis 1984, 1993).

모든 생명은 공동조상에서 진화했기에 광범위하고 다양한 생명들의 기저를 이루는 통일체가 존재한다는 사상은 현대 생물학의 중심사상이다. 우리는 학교에서 생명의 통일체는 세 가지 사항에 기초한다고 배웠다. 즉, (1) 살아 있는 모든 것들은 세포들로 만들어져 있다. (2) 모든 세포들의 생애주기—그들의 형성, 성장, 발달, 재생산 등—는 유사한 종류의 분자들 간의 화학적 반응에 기초한다. (3) 아미노산이 단백질을 형성하기 위해 결합되는 방식은 정확하고 거의 보편적인 도식에 따라 DNA와 RNA에 의해 특정화된다.

이 사항들에다 우리는 생물학적 조직의 원리를 찾아내려 함으로써 '생명이란 무엇인가' 하는 물음을 다루는 이론가들을 따르는 네 번째 사항을 더할 수 있다. 생명의 기본적인 형식적 조직이 있고, 그 전형적인 예와 최소한의 사례는 단세포에서 발견할 수 있다. 단세포 유기체는 자기형성하는self-making 혹은 자기생산하는self-producing 존재이다. 자기생산은 재생산과 다르다. 즉, 재생산할 때 한 세포는 둘로 나뉘지만, 자기생산할 때 한 세포는 끊임없이 그 자체를 매질medium 혹은 주위세계milieu와 구분되는, 공간적으로 경계가 있는 체계로서 생산한다. 자기생산에 대해서 주목할 만한 것은 체계 속의 모든 분자 반응은 이 분자 반응들이 생산하는 바로 그 동일한 체계에 의해 발생한다는 점이다. 여러 해 전에 신경생물학자

훔베르토 마투라나와 프란시스코 바렐라는 이 순환적인 자기생산하는 조직에 관심을 기울였고, 이를 자가생성*autopoiesis*이라 불렀다(Maturana and Varela 1973, 1980; Varela, Maturana, and Uribe 1974). 이 장을 논하는 나의 목적은 생명에 대한 자가생성적 접근법의 몇몇 핵심사상들을 제시하는 것이다.

세포 이론

찰스 다윈의 『종의 기원*Origin of Species*』이 출간되기 한 해 전인 1858년에, 독일 생물학자 루돌프 피르호Rudolf Virchow는 모든 생명의 기본단위는 세포이고, 모든 세포들은 사전에 존재하는 세포들에서 발생한다는, 오늘날 세포 이론으로 알려져 있는 것을 주창했다. 피르호는 그의 책 『세포 병리학 *Cell Pathology*』에서 다음과 같이 썼다.

> 매일 새로운 발견을 낳지만, 이는 또한 발견을 위해 새로운 문제들을 열어놓는다. 조직학에서 긍정적인 어떤 것이 있는가 하고 우리는 우리 자신에게 물어야 한다. 생명적 행위가 시작되는 신체의 부분들은 무엇인가? 어느 것이 능동적 요소이고, 어느 것이 수동적 요소인가? 이것들은 생리학과 병리학의 장을 지배하는 큰 어려움을 일으켜 왔던 의문들인데, 나는 이를 "세포가 진정한 유기적 단위를 구성한다"는 것을 보여줌으로써, 세포가 모든 살아 있는 요소의 환원 불가능한 궁극적 형식이고, 또 세포로부터 건강과 질병 속의 모든 생명의 활동성이 발산된다는 것을 보여줌으로써 풀어 왔다. (Virchow 1967, p. 23)

피르호는 살아 있는 세포를 최초로 관찰한 사람은 아니었다. 세포의 최초의 관찰은 네덜란드 동식물학자이자 렌즈 제작자인 안톤 반 레벤회크

Anton Van Leeuwenhoek가 현미경을 통해 연못 물을 살펴보고, 거기에서 아주 작은 생물들이 헤엄치고 있는 것을 본 1674년으로 거슬러 올라간다. 피르호가 살았던 세기에 많은 동식물학자가 살아 있는 유기체의 조직tissue이 세포로 이루어져 있다는 것을 관찰했다. 하지만 그들 중 많은 사람들은 또한 세포는 이전의 비세포적 물질에서 발달한다는, '세포의 자유로운 형성'으로 알려져 있는 사상을 믿었다. 피르호는 세포가 생겨나는 방식에 관한 이 사상을 거부했다. 그는 경쟁자들의 견해를 유명한 라틴어 경구로 요약했다. "세포의 존재는 이전의 어떤 다른 세포의 존재를 전제한다— *omnis cellula e cellula*(모든 세포는 반드시 어떤 다른 세포에서 나온다)— 식물이 다른 어떤 식물에서 유래하지 않고서는 생겨날 수 없거나 혹은 동물이 다른 어떤 동물에서 유래하지 않고서는 생겨날 수 없는 것과 꼭 같다"(Virchow 1967, p. 25).

생물학은 세포를 '모든 살아 있는 요소의 환원 불가능한 궁극적 형식'으로 보는 피르호의 견해를 넘어 이동해 온 것 같다는 생각이 들지도 모른다. 분자생물학은 우리를 세포 내부 깊이 DNA, RNA, 아미노산의 미시적 우주로 데리고 갔다. 분자적 관점으로부터 대체 불가능한 통찰과 발견을 얻어 왔다는 것은 의심할 나위 없다. 그러나 근년에 다수의 생물학자들은 분자생물학은 전체로서의 유기체를 잃을 수 있다는 점을 논의해 왔다(Goodwin 1994; Rose 1997). 여기서 또한 피르호의 말을 환기해 볼 만하다. "세포 내부에서 일어나는 분자적 변화는 어떤 부분 혹은 세포를 구성하는 다른 부분에 속한다는 것은 의심의 여지가 없다. 그러나 최종적 결과는 생명 행위가 시작되는 세포에 기인하며, 살아 있는 요소는 세포가 우리에게 그 자체의 독립된 존재를 향유하는 완전한 전체를 수여하지 않는 한 활동적이지 않다"(Virchow 1967, p. 23).

세포는 완전한 전체이고, 모든 세포는 사전에 존재하는 세포에서 생겨난다는 사상은 딜레마를 제기하는 것 같다. 즉, 생명이 항상 존재해 왔거나 혹은 최초의 한 세포가 존재했음에 틀림없다. 하지만 만약 모든 세포가 사전에 존재하는 세포에서 생겨난다면, 우선 생명이 어떻게 생겨날 수 있겠으며 또 출발할 수 있겠는가? 피르호는 "오로지 한 가지 세포를 형성하는 방식이 있을 뿐이니, 그것은 분열번식에 의해서이다. 한 요소는 다른 한 요소를 따라 분열되게 마련이다. 각 새로운 세대는 어떤 선행하는 세대로부터 진행한다"고 썼다(Virchow 1967, p. 25). 만약 생명에게 역사적 시작인 기원이 있다면, 살아 있는 세포들의 최초의 세대가 있었음에 틀림없다. 하지만 의존해야 할 어떤 이전 세대 없이 최초의 세대가 어떻게 생겨날 수 있겠는가? 생명이 어떻게 비생명에서 생겨날 수 있겠는가?

현재의 과학적 이해에 따르면, 우리 태양계와 지구는 약 50억 년 전에 모습을 갖추었고, 이어서 몇십 억 년 후 시생대 기간 동안 생명의 기원이 따랐고, 다시 이어서 오늘날 알게 된 다섯 왕국의 살아 있는 존재들로 생명이 팽창되었다. 모네라계Monera는 가장 오래된 왕국이다. 이것은 모든 원핵생물 혹은 핵이 없는 세포들(박테리아)로 이루어진다. 다른 네 왕국에 속하는 구성원들은 모든 진핵생물 혹은 핵이 있는 세포들로 이루어진 유기체—원생생물Protoctists(가령 아메바와 녹조류), 균류, 식물, 동물—이다(Margulis and Schwartz 1988).

생명의 기원, 팽창, 역사는 보통 많은 가지들이 있는 나무, 즉 공통 조상에서 진화해 온 데 따른 생명의 통일체를 시각화하는 방식을 제공하는 이미지로 묘사되고 있다. 살아 있는 것들은 이전의 살아 있는 것에서 생겨나며, 따라서 생명의 가장 고대적인 형태에서 가장 현대적인 형태에 이르기까지의 기저에는 연속성이 놓여 있다. 그러나 35억 년여 전에 생명의 기원과 함께 새로운 무언가가 일어났고, 새로운 형태 혹은 질서의 어떤 것들이 창발했다. 비록 생명은 물리적이고 화학적인 요소들로 구성되지만, 살아 있는 유기체는 다른 부류의 물리화학적인 것들과 다르고, 살아 있는 존재가 거주하는 행성의 표면은 생명이 없는 행성과 현저하게 다르다.

이 자연주의적이고 진화적인 관점을 고려해볼 때, 여기서 제기된 딜레마를 벗어나는 유일한 방법은 가장 오래된 박테리아 유기체의 '조상 세포'를 낳은 더 단순하고 선행물인 화학체계인 원세포 곧 '근원세포'가 분명 존재했었다고 가정하는 것이다(Morowitz 1992, 또한 Margulis 1984도 보라). 우리는 모든 현대의 생명이 단일한 세포 혹은 세포군이었을지도 모르는 한 보편적인 조상에서 분명 유래한다는 것을 알고는 있지만, 얼마나 많은 원세포의 독립적 기원들이 이 조상 유기체를 이끌고 있었는지는 모른다. 해럴드 모로비츠가 그의 책 『세포적 생명의 시작*Beginnings of Cellular Life*』에서 관찰하듯이, "문제는 단순히 생명의 기원이 아니라, 원유기체의 물리적 화학적 형성 및 보편적 조상을 낳는 진화적인 획기적 사건epoch이다"(Morowitz 1992, p. 88). 이 관점으로부터 많은 상이하지만 상호 관련된 물음들이 일어난다. 생명이 생겨났을 때 초기 지구의 환경조건들은 무엇이었는가? 생명은 정확히 언제 생겨났는가? 생명은 상이한 시간, 상이한 장소에서 한 번 이상 생겨났는가? 복잡한 박테리아 세포가 어떻게 더 단순한 원세포체계에서 생겨났는가? 원세포 생명은 비생명에서 생겨났는가? 우리는 '생명'이란 말로 이 최소한의 의미에서 정확히 무엇을 의미하는가?

많은 과학자들은 마지막 물음에 마주치기를 절대 바라지 않는데, 그들은 이 물음을 실증적인 것이 아니라 철학적인 것으로 보기 때문이다. 하지만 이 물음은 그렇게 쉽사리 비켜갈 수 없다. 생명이 언제 그리고 어떻게 비롯되었는가 하는 물음은 생명 체계가 무엇인가 하는 물음과 분리 불가능하다. 만약 목표가 생명이 언제 그리고 어떻게 생겨났는가 결정하는 것이라면, 우리에게는 생명체계와 비생명체계를 구분하는 것을 정의하는 명확한 방식이 필요하다. 그러한 정의는 또한 다른 행성들의 다른 데서 거주하는 생명을 인식하거나, 우리가 언젠가 인공적으로 합성해낼지도 모르는 그 어떤 것이 살아 있는 것의 자격을 받을 수 있는지 어떨지 결정하기 위한 표준 혹은 기준으로 역할할 수 있을 것이다.

현대 생물학에는 생명을 정의하는 세 가지 주요 접근법이 있다. 첫 번째 접근법은 생명을 유전학과 재생산적 개체군에 기초해서 정의하는 것이다. 한 세대의 박테리아는 다음 세대의 박테리아를 만들고, 한 세대의 초파리들은 다음 세대의 초파리들을 생산하고 등등 이런 식으로 모든 식물과 동물에 적용할 수 있다. 이 관점에서 보면, 생명은 역사적 연속성과 진화에 의존하고, 세대간의 유전학에 기반을 둔 연쇄 및 다양한 진화적 요인들의 결과로 생겨나는 한 개체군 내의 새로운 변수들에 의존한다.

생명을 정의하는 두 번째 방식은 보다 생태학적이다. 이 관점에서 보면, 개체적 유기체는 재생산적으로(=생식적으로) 연결된 개체군의 구성원으로서뿐만 아니라 환경과 건설적으로 상호작용해서 그들과 그들의 후손들이 살고 있는 세계를 변화시키는 존재로서 간주된다. 유기체는 "적소適所를 건설하는niche-constructing" 존재이다(Odling-Smee 1988). 이 사유방식의 특히 규모가 큰 예는 대기화학자 제임스 러블록과 미생물학자 린 마굴리스가 내놓은 가이아 이론Gaia theory에서 발견될 수 있다(Lovelock 1979, 1988; Lovelock and Margulis 1974; Margulis and Lovelock 1974) 그들의 견해에 의하면, 생명은 행성의 규모에서만 일어날 수 있는 현상이다. 생명의 지속은 생물군(살아 있는 것의 총계)과 지구의 물질적 환경(대기, 바위, 해양)을 포함하는 통합된 과정에 의존한다. 러블록은 특히 살아 있는 유기체의 전역적 현존이 없다면 지구는 생명이 거주할 수 없게 변해버렸을 것이라고 주장해 왔다.

마지막으로 생명을 정의하는 세 번째 방식은 지금 여기의 단일한 개체적 실재 혹은 유기체에 초점을 맞추는 것이다(Luisi, Lazcano, and Varela 1996). 여러분이 단일한 표본을 보고 있다고 가정해보자. 그것은 한 계통의 박테리아, 새롭게 발견된 해파리, 합성 초분자 복합체, 먼 행성에 산다고 추정되는 표본, 혹은 곤충처럼 생긴 새로운 로봇일 수 있다. 그때 여러분은 이것은 살아 있는 것인가 아닌가 하고 궁금해 할 수 있다. 이 물음은 개체적 실재를 겨냥하는 것이기에, 진화적 배경과 생태학적 배경은 직접적으로 덜 중요하다(이런 배경들은 알려지지 않거나 수립되기 어려울 수 있다). 이러한 종류의 국소적인, 지금 여기의 상황에서 생명과 비생명을 구분해내는 명확한 기준에 대한 요구가 특히 시급해 보인다.

생명을 정의하는 이 세 가지 방식은 상호보완적이지 상호배타적이지 않다. 우리 자신의 행성에 거주하는 생명—현재 우리가 아는 유일한 생명—의 경우 온전한 의미의 '생명'은 생태학적으로 감입된, 능동적인 개체적 유기체가 재생산적으로 연결된 개체군을 의미한다. 그러나 현대 분자생물학은 생명의 개체적 정의를 도외시하고, 거의 배타적으로 유전적-개체군의 정의만을 채택해 왔다. 그러나 개체적 정의는 재생산적 정의보다 일정한 논리적 우위성을 지닌다. 그 이유는 재생산(=번식)은 개체와 개체가 재생산하는 몇몇 과정을 전제하기 때문이다. 따라서 개체는 재생산과 진화적 선택 과정보다 논리적으로 또 경험적으로 선행한다(Fleischaker 1988; Maturana and Varela 1980, pp. 96-111; 1987, pp. 55-74). 달리 말해서, 어떠한 주어진 개체군 혹은 진화적 연쇄도 그 개체군 혹은 연쇄의 구성원들의 개체화에 비해 부차적이다. 그러므로 개체성을 설명하는 생명의 정의는 개체성을 설명하지 않는 정의보다 논리적 우위성을 지닌다.

생물학의 역사에서 살아 있는 체계와 살아 있지 않은 체계를 구별하기 위한 다양한 기준들—탄소기반 화학적 구성, 핵산, 움직일 수 있는 능력, 재생산할 수 있는 능력 등—이 제기되어 왔다. 오늘날 생물학 교재의 표준적 절차는 살아 있는 것들의 종류를 묘사하기 위해 그러한 특징들을 열거하는 것이다. 그러한 목록은 보통 신진대사와 자기유지, DNA와 RNA의 유전적 물질, 자연선택에 의한 진화를 포함하고 있다. 이 접근법의 문제는 그것이 기술적이지 설명적이지는 않다는 점이다. 이 접근법은 살아 있는 것과 살아 있지 않은 것의 구분을 당연하게 받아들이고, 그런 다음 살아 있는 것으로 인정된 체계의 몇몇 공통된 특징들을 열거한다. 하지만 우리는 어떤 특징들이 목록에 포함되어야 하는지, 혹은 목록이 언제 완성되는지를 어떻게 아는가? 목록들은 사물들을 기술하지 설명하지는 않는다. 설명하기 위해서 우리에게는 이론이 필요하다.

세포 이론에 따르면, 모든 살아 있는 것들은 세포들로 구성된다. 비록 생명의 과학적 기준을 제공하기는 하지만 이 진술에는 단점이 있는데, 지구상의 어떠한 생명도 세포 없이는 발견되어 오지 않았다는 관찰에 기초하고 있기 때문이다. 하지만 살아 있는 체계가 무엇인가를 명확히 정의하지 않은 채, 우리는 비세포적 생명이 불가능하거나 그러한 생명이 존재해 온 적이 없다고 단순히 가정할 수는 없다. 더욱이, 세포의 용어로 생명을 정의하는 것은 기본적으로 동어반복이다. 세포가 없다면 생명이 없기 때문에, 생명은 세포적이다. 동어반복에서 벗어나기 위해서 우리는 생명의 개념을 들먹이지 않고 세포의 기본적 속성들을 특정화할 필요가 있다. 다시 말해, 우리는 세포에 관한 무엇이 세포를 살아 있는 것으로 만드는지를 특정화해야 한다.

이 요구를 충족시키는 하나의 전략은 세포와 같은 살아 있는 체계를 이 체계의 관계적 형식 혹은 조직에 의해 정의하는 것이다(Maturana and Varela 1980, 1987). 한 체계의 조직은 체계를 특정한 부류의 한 성원인 것으로 정의하는 관계들로 이루어진다. 예를 들어 어떤 것이 자동차의 자격을 부여받기 위해서는 이 어떤 것의 부분들은 서로 간에 어떤 방식으로 배열되거나 연관되어야 한다. 한 체계의 조직을 특정화하고자 할 때 우리는 이 체계가 어떤 부류의 체계인지를 정의하는 관계들의 패턴 혹은 집합을 추출한다. 따라서 한 체계의 조직은 이 체계의 현실적인 구조적 관계들이나 성분들과 동등하지 않다. 왜냐하면 동일한 조직이 상이한 방식으로 구조적으로 실현될 수 있고, 한 체계는 조직을 반드시 변화시키지 않고서도 구조적 변화를 겪을 수 있기 때문이다. 따라서 한 자동차의 조직은 자동차의 일생 동안 변화할 수 있는, 상이한 물리적 물질들과 메커니즘들 속에서 실현될 수 있다. 마찬가지로 박테리아와 같은 단세포는 생애주기 동안 단세포적 유기체로서의 조직을 변화시키지 않고서도 많은 구조적 변화들을 겪는다. 살아 있는 체계의 경우에 확정적 조직을 특정화하는 것이 가능한가? 세포 이론과 관련해서, 구조와 무관한 세포의 조직을 특정화할 수 있는가?

자가생성적 조직

마투라나와 바렐라(1973, 1980, 1987)가 정립한 자가생성 이론은 살아 있는 것의 조직에 관한 바로 그 문제들을 다룬다.[1] 마투라나와 바렐라는 단일한 생물학적 개체, 살아 있는 세포에 초점을 맞춘다. 세포는 환경과 끊임없이 물질과 에너지를 교환하는, 열역학적으로 열려 있는 체계이다. 어떤 분자들은 막을 통해 수입되고 세포 내부의 과정에 참여하는 반면, 다른 분자들은 노폐물로서 배출된다. 이 교환 내내 세포는 (막 덕분에) 세포 내에 계속 남아 있으면서 바로 그 동일한 생산과정에 참여하는 일군의 물질들을 생산한다. 달리 말해서, 세포는 진행 중인 순환과정 속에서 그 자체의 성분들을 생산해내고, 이 성분들은 다시 이 세포를 생산해낸다. '자가생성'이란 단어는 이런 종류의 끊임없는 자기생산을 명명하기 위해 주조되었다. 세포는 자기생산하는 즉 자가생성적인 통일체이다. 그 자체를 생산하지 않고 생산물이 그 자체와는 다른 체계를 이종생성적*allopoietic*이라고 말한다. 예를 들면, 리보솜(RNA와 단백질로 이루어진 살아 있는 세포 내의 한 작은 구체球體, 단백질 합성의 현장)은 세포의 자가생성에 매우 중요한 참가자이지만, 그 자체의 작동을 구성하는 과정과는 다른 과정에 의해 생산된다(Varela, Maturana, and Uribe 1974, pp. 188-189). 마투라나와 바렐라는 또한 자동차와 디지털 컴퓨터와 같은 인간 설계의 영역에서 일어나는 이종생성적allopoiesis 체계인 타자생성적heteropoietic 체계와 자가생성적 체계를 구별한다. 마투라나와 바렐라의 근본명제는 살아 있는 체계는 자가생성적이거나 혹은 자가생성적 조직을 지닌다는 것이다. 살아 있는 체계는 이 체계를 이루는 과정들이 이 동일한 과정들의 지속을 위해 필요한 성분들을 생산하는 그런 방식으로 조직된다.

자가생성적 조직 개념은, 세포가 별개의 실재로서 유지되는 한, 어떠한 종류의 구조적 변화를 통해서도 불변적인 것으로 남아 있는 기본적 형식 혹은 패턴을 세포의 분자적 과정들에서 추출하고자 하는 시도에서 생겨났다. 그러므로 자가생성적 조직을 이해하기 위해 우리는 이를 세포의 수준에서 생각해볼 필요가 있다.

우리가 앞서 본 바의 도표 3.1은 한 최소 세포의 기본적 패턴 혹은 조직의 도식적 실례를 제공하고 있다. 나에게 '최소 세포'란 말은 별개의 독립적 실재가 되기에 충분한 최소 조직이 있는 세포를 의미한다. 세포는 세포의 내부와 외부 환경 사이의 경계를 설립하는 반투막에 의해 공간적으로 형성된다. 막은 세포와 환경 사이의 자유 확산에 장애물의 역할을 하지만, 또한 경계를 가로지르는 물질과 에너지의 교환을 허용하기도 한다. 이 경계 내에서 세포는 신진대사적 네트워크를 구성한다. 외부로부터 들어오는 영양소에 부분적으로 기초해서, 세포는 화학적 변형의 네트워크에 의해 그 자체를 지속시킨다. 그러나 신진대사의 네트워크는 막 경계를 이루는 성분들을 포함해서 그 자체의 성분들을 재생시킬 수 있다—이것이 첫 번째 핵심 논점이다—. 게다가 막이 제공하는 경계 봉쇄가 없다면 화학적 네트워크는 분산되어 둘러싸고 있는 매질 속에 잠겨버리고 말 것이다—이것이 두 번째 핵심 논점이다—. 따라서 세포는 자기발생의 순환적 과정을 신체화한다. 즉, 신진대사적 네트워크 덕분에 세포는 막을 포함해서 파괴되고 있는 성분들을 끊임없이 대체하고, 따라서 그 자체와 다른 모든 것 간의 차이를 끊임없이 재창조한다.

우리는 이 사상을 약간은 다른 방식으로 접근할 수 있다. 즉, 세포는 세포가 아닌 것과 세포를 갈라놓는 경계를 창조함으로써 분자 수프에서 벗어난다. 세포 내의 신진대사 과정은 이 경계를 결정하지만, 신진대사 과정 자체는 바로 저 경계에 의해 가능하게 된다. 이런 방식으로 세포는 화학적 배경으로부터 상figure으로 창발한다. 자기생산의 이 과정이 방해받는다면, 세포의 성분들은 더 이상 공간적으로 개체화된 전체를 형성하지 못하고, 점차 도로 분자 수프로 분산되고 만다.

도표 3.1에 제시된 패턴은 마투라나와 바렐라가 자가생성적 조직이란 말로 의미하는 것이다. 이 조직을 실현하는 것은 무엇이든 자가생성적 체계

이다. 마투라나와 바렐라의 견해에 의하면, "자가생성 개념은 살아 있는 체계의 조직을 정의하는 데에 필요하고 충분한 조건이다"(1980, p. 82; 강조 생략). 그들은 또한 말한다. "물리적 공간 속의 자가생성은 한 체계를 살아 있는 체계로 정의하는 데에 필요하고 충분한 조건이다"(p. 112). 그러나 어떤 과학자들은 최근에 비록 자가생성이 생명을 위한 필요조건이지만 충분조건은 아니라고 주장해 왔다(Bitbol and Luisi 2005; Bourgine and Stewart 2004; Luisi 2003). 나는 이 장의 말미에서 이 문제를 다루겠다.

마투라나와 바렐라는 그들의 저서에서 자가생성에 대해 몇 가지 정확한 정의를 제공하고 있다. 그들의 독창적이고 고전적 정의는 '자가생성적 기계'에 대한 것이다.

> 자가생성적 기계는 성분들을 생산하는, 성분들의 생산(변형과 파괴) 과정들의 네트워크로서 조직된(통일체로 정의된) 기계이다. 이 성분들은
>
> (i) 이 성분들을 생산한 과정들(관계들)의 네트워크를 상호작용들과 변형들을 통해서 끊임없이 재생하고 실현한다. 또
> (ii) 기계가 네트워크로서 실현하는 위상학적 영역을 특정화함으로써 이 성분들이 존재하는 공간 속의 한 구체적 통일체로서 기계를 구성한다. (Maturana and Varela 1980, pp. 78-79)

'기계'란 말로 마투라나와 바렐라는 기계의 조직에 의해 정의되고, 그래서 특정한 구체적 체계 속의 그 조직을 실현하는 구조적 성분들에 의해서가 아니라, 그 조직을 구성하는 관계들에 의해서 설명될 수 있는 체계를 의미한다. '성분들'과 '생산과정들'은 분자적 영역에서 무엇이 분자이고 화학적 반응인지를 정의하는 추상적 방식들이다. 따라서 거칠게 말하면, 분자적 자가생성 체계는 화학적 반응들이 (i) 이 반응들에 참여하면서 이 반응들에 촉매작용을 행하는 분자들을 생산하는 체계이고, (ii) 이 반응들을 저장하는

막을 생산함으로써 공간적으로 체계를 개체화하는 분자들을 생산하는 체계이다.

자가생성적 조직에 대한 약간 다른 정의가 바렐라, 마투라나, 우리베(1974)에 의해 제공되고, 그런 다음 세포와 관련해서 예증되었다.

> 자가생성적 조직은 성분들의 생산 네트워크에 의해 통일체로서 정의된다. 이 성분들은
>
> (i) 이 성분들을 생산한, 성분들의 생산과정들의 동일한 네트워크에 반복적으로 참여하고
> (ii) 생산들의 네트워크를 성분들이 존재하는 공간 속의 통일체로서 실현한다.
>
> 예를 들어 세포의 경우를 고찰해보자. 세포는 분자들을 생산하는 화학적 반응들의 네트워크이고, 분자들은
>
> (i) 이 분자들을 생산한 반응들의 동일한 네트워크를 그 자체의 상호작용들을 통해 발생시키고 이에 반복적으로 참여한다. 또,
> (ii) 세포를 물질적 통일체로서 실현한다.
>
> 따라서 배경으로부터 지형학적으로 또 작동적으로 분리 가능한 물리적 통일체로서의 세포는, 세포를 구성하는 화학적 반응들의 형식과 특이성의 면에서 변화하는 일과 상관없이 물질의 영속적 전환 하에서 이 조직이 끊임없이 실현되는 한, 그 자체로 계속 남아 있다. (Maturana and Varela, and Uribe 1974, p. 188)

'발생시키고 반복적으로 참여한다'는 구절이 첫 번째 조건의 세포적 예시

에서 무엇을 의미하는지 궁금해 하는 사람이 있을지도 모르겠다. 반응에 '참여한다'는 것은 반응물이 된다는 것을 의미한다고 해석하고, 반응을 '발생시킨다'는 것은 그 반응에 촉매작용을 행한다는 것을 의미한다고 해석하는 것은 일리가 있어 보인다(McMullin 1999, p. 2). 따라서 정의의 첫 번째 조건은 "체계의 조직을 특징짓는 반응 네트워크는 물질적으로 체계를 구성한다고 생각되는 모든 종들의 분자적 성분을 생산해야만 하고, 그리고 이 성분들은 반응의 일부(혹은 전부?)—그렇지 않다면 무시해도 될 정도의 비율에서 일어날 것이다—에 촉매작용을 행한다는 의미에서 그 자체가 반응 네트워크를 생성해야만 한다"(McMullin 1999, p. 3)는 것이다. 두 번째 조건은 반응 네트워크는 또한 체계를 '공간 속의 통일체'로 설립해야만 한다. 즉, 반응 네트워크와 외적 환경 사이에 경계를 설립함으로써 체계를 획정해야만 한다. 이 조건은 반투성 막을 생산함으로써 세포 속에서 충족된다.[2]

후기 저작에서 바렐라(2000a)는 자가생성에 대한 다음과 같은 단순화된 정의를 제안했다. 체계가 자가생성적인 것이 되기 위해서는, (i) 체계는 반투성의 경계를 지녀야만 하고, (ii) 경계는 경계 내에서 발생하는 반응 네트워크에 의해서 생산되어야만 하며, (iii) 반응 네트워크는 체계의 성분들을 재생산하는 반응들을 포함해야만 한다.

요약하면, 자가생성적 조직의 형식 혹은 패턴은 자기재발생시키는 과정들의 상호연결된 망과, 경계의 자기생산 사이의 독특한 순환적 상호의존성의 형식 혹은 패턴이며, 그래서 체계 전체가 공간적으로 구분되는 개체로서 연속적인 자기생산 속에서 지속된다.

생명 개념을 언급하거나 혹은 생명을 세포에 의해 정의하지 않고서, 자가생성적 조직은 세포의 최소 조직을 포착해낸다. 실로 자가생성적 조직은 우리가 아는 바의 생물학적 세포에서뿐만 아니라 많은 상이한 종류의 분자적 체계들에서 실현될 수 있을 것이다. 예를 들면, 살아 있는 세포 속의 화학적 반응들은 핵산들(RNA와 DNA)과 이에 부응하는 효소들을

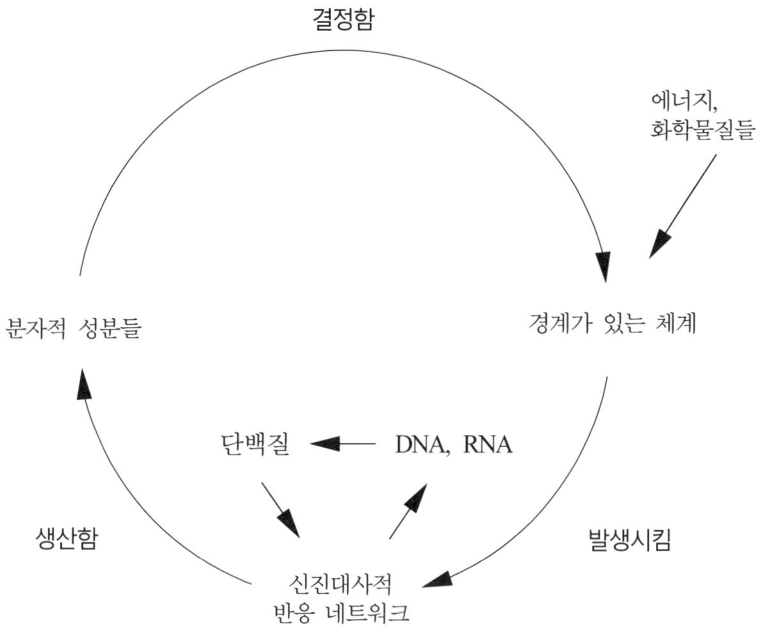

도표 5.1 자가생성의 DNA/RNA 버전

포함한다. 그러나 최소 생명의 자가생성적 정의는 핵산들과 단백질들의 이 특정한 구조적 배열에 의존하지 않는다. 자가생성적 정의는 더 일반적이고, 그래서 '부호화되지 않은 생명', 예를 들어 지구 초기의 원세포(Fleischaker 1990a) 혹은 핵산이 결여된 합성 분자체계(Bachman, Luisi, and Lang 1992)에 적용될 수 있을 것이다. 달리 말해, 최소 생명에 대한 자가생성적 정의는 비록 이 정의가 살아 있는 세포에 기반할지라도, DNA에 기반하는 생명 패턴을 한 가능한 표현으로 하는 일반적 패턴에서 시작된다.

도표 5.1은 지구상의 살아 있는 세포들의 구조에서 발견되는 DNA에 기반하는 생명 버전과 관련해서 자가생성적 조직을 보여주고 있다. 우리가 본 바와 같이, 자가생성적 조직은 순환적 조직이다. 즉, 내적 반응 네트워크

에 의해 생산되는 분자적 성분들은 회합되어 내적 미시환경과 반응 네트워크를 담고 있는 반투성의 경계가 되고, 이 반투성의 경계는 다시 분자적 성분들을 생산한다. 세포가 유지되는 한 계속 이 과정을 밟는다. 도표 3.1이 반응들의 유형 및 성분들의 화학적 본성을 특정화하지 않고서 자가생성적 조직을 묘사하는 데 반해, 도표 5.1은 살아 있는 세포의 DNA와 RNA가 행하는 역할을 명시적으로 보여준다.

자가생성의 최소 조직 혹은 패턴에 의해 생명을 정의하는 방식의 이점은, 우리가 무언가가 그 조직을 만족시키는지 아닌지를 결정하는 분명한 기준을 열거할 수 있다는 점이다.

1. 반투성의 경계: 체계가 분자적 성분들로 이루어지는 반투성의 경계에 의해 규정되는지 아닌지를 점검해보라. 경계에 의해 여러분은 관련 성분들에 입각해서 체계의 내부와 외부를 구별할 수 있는가? 만약 '예'라고 답한다면, 2로 넘어가라.
2. 반응 네트워크: 성분들이 경계 내에서 발생하는 반응들의 네트워크에 의해 생산되고 있는지 아닌지를 점검해보라. 만약 '예'라고 답한다면, 3으로 넘어가라.
3. 의존성: 1과 2가 상호의존적인지 아닌지를 점검해보라. 즉, 경계의 성분들은 반응의 내적 네트워크에 의해 생산되고 있고, 그 네트워크는 경계 그 자체에 기인하는 조건들에 의해 재생성되고 있는가? 만약 '예'라고 답한다면, 체계는 자가생성적이다.

이 기준들을 적용함으로써, 우리는 생명에 대한 상식적 이해방식들이 별로 도움이 되지 않는 수준에서도 어떤 주어진 체계가 자가생성적인지 아닌지를 결정할 수 있다. 위의 세 기준을 따라 분석되는 표 5.1의 각 항목을 살펴보라.

표 5.1 한 존재가 자가생성적인지 아닌지를 결정하기

	기준 1	기준 2	기준 3	결론
존재	경계	네트워크	상호의존적	자가생성적?
바이러스	예	아니오	아니오	아니오
결정체	예	아니오	아니오	아니오
박테리아	예	예	예	예
아메바	예	예	예	예
미토콘드리아	예	예	아니오	아니오
DNA 박편	아니오	아니오	아니오	아니오
자가촉매적 집합	아니오	예	아니오	아니오

박테리아(원핵생물)와 아메바(진핵생물)는 세 기준 모두를 만족시키기 때문에 자가생성적이다. 그러나 결정체는 성분들이 그 자체 내에서 생성되지 않기 때문에 자가생성적이 아니다. DNA와 RNA 같은 복제형 분자들 또한 자가생성적이지 않다. 왜냐하면 이것들은 반투성 막도 내적 반응 네트워크도 지니지 않기 때문이고, 따라서 순환적인 자기생산하는 조직을 예화하지 않기 때문이다. 바이러스는 종종 살아 있는 것으로 기술되지만, 자가생성적 기준을 만족시키지 않는다. 바이러스는 단백질 외피를 지닌, 경계가 있는 구조이기 때문에 첫 번째 조건을 만족시킨다. 하지만 두 번째(그런 이유로 세 번째도) 조건은 만족시키지 않는다. 왜냐하면 바이러스의 분자적 성분들(핵산)이 바이러스 내부에서 생성되지 않고, 외부의 숙주세포에서 생성되기 때문이다. 바이러스는 그 자체의 신진대사를 지니지 않고, 따라서 자가생성적 의미에서 자기유지하지 않는다. 숙주세포 외부에서, 환경 속에서 바이러스는 지속될 수 있지만, 거듭 자기생산하는 방식으로 환경과 물질을 교환하지는 않는다.

또 다른 흥미로운 사례는 자가촉매적 분자 집합들이다. 촉매는 특정한 화학적 반응이 발생하기 위해 혹은 어떤 반응의 속도를 높이기 위해 그 현존이 요구되는 분자적 물질이지만, 촉매 자체는 반응에 의해 변하지 않는다. 자가촉매적 반응은 반응의 산물이 바로 그 반응을 위한 촉매가 되는 그런 반응이다. 자가촉매적 집합, 즉 집합적 자가촉매 체계는 자기영속화하는 많은 회로의 분자적 반응들로 이루어진 화학적 네트워크이다. 이 체계는 촉매들로 작용하는 분자들을 생산하는 반응들을 위해 바로 그 분자들(=촉매들로 작용하는 분자들)로 이루어져 있다. 그런 네트워크는 먹이 분자food molecule의 충분한 공급이 있는 한, 항상적으로 그 자체를 재창조할 수 있게 될 것이다. 이런 부류의 화학적 반응의 핵심 속성은 촉매적 폐쇄catalytic closure이다. 외부에서 공급되는 먹이 분자를 제외하고, 체계 속 모든 분자들은 네트워크를 이루는 자기촉매적 반응에 의해 생산된다.

스튜어트 카우프만Stuart Kauffman은 촉매적 폐쇄가 생명의 기본이라고 제안해 왔다. "생명은 근원적으로 한 집합의 분자적 종 간의 촉매적 폐쇄의 속성에 놓여 있다. 각 분자 홀로는 죽은 것이다. 일단 공동으로 그들 간에 촉매적 폐쇄가 성취되기만 하면, 분자들의 집합적 체계는 살아 있는 것이다"(Kauffman 1995, p. 50). 카우프만은 촉매적 폐쇄를 자가생성과 유사한 것으로 보고, 그의 단백질의 자가촉매적 집단의 모형이 자가생성의 분자적 실현을 위한 모형의 역할을 할 수 있다고 제안해 왔다(Brockman 1995, p. 217; Kauffman 1995, p. 274). 하지만 비록 자가생성적 체계와 자가촉매적 집합 간에 가족유사성이 있긴 하지만, 그 둘은 동등하지 않다(Maturana and Varela 1980, p. 94; McMullin 1999). 가족유사성은 두 번째의 반응 네트워크 기준에 기인한다. 차이는 집합적 자가촉매적 체계에는 공간적으로 네트워크를 획정하고 함유하는 반투성의 경계가 없고(기준 1), 그래서 자가촉매적 집합은 그러한 경계에 기인하는 조건들에 의해 재생성될 수 없다(기준 3). 그런 이유로 자가촉매적 집합은 자가생성적 체계가 공간적으로 구분되는 개체로 간주되는 방식으로 간주될 수 있는 것이 아니다.

최소의 자가생성적 체계는 단순히 자가촉매적 네트워크와 동등하지 않고, 반투성의 막 경계 내에서 또 이 막 경계와 상호의존적으로 연결되어서 거처하는 자가촉매적 네트워크이다. 결정적 속성은 막이 단순히 반응 네트워크의 봉쇄 장치가 아니라, 오히려 이것이 반응 네트워크의 산물로서 생산되고 유지된다는 점이다. 이 속성은 체계를 자율적 개체로 정의하는 데 결정적이다(Varela 1979). 집합적 자가촉매 체계는 이 속성을 결여하기 때문에, 올바른 의미의 자율적 행위자의 자격을 얻을 수 없다(카우프만께는 죄송한 말씀이지만. Kauffman 2000; McMullin 2001을 보라).

자가생성의 세 가지 기준들은 단세포 유기체에 기초하고 있음이 분명하다. 다세포적 유기체의 경우는 어떤가? 이 또한 자가생성적 체계인가?

이 쟁점을 논할 때 마투라나와 바렐라(1987, pp. 87-89)는 1차 자가생성적 체계와 2차 자가생성적 체계를 구분한다. 살아 있는 세포는 1차 자가생성적 체계인 반면, 개별적 세포들을 구조적 성분들로서 포함하는 체계는 2차 자가생성적 체계이다. 마투라나와 바렐라는 그런 체계를 '메타세포적인 것metacellular'이라 부르고, 그 예로 다세포적 유기체, 군체, 사회를 열거한다. 그들이 긴밀하게 결합해 있는 세포 집적체들을 식별해낼 수 있는 구조를 갖고 있는 통일체로 메타세포적인 것을 정의한다는 것을 감안할 때, 심장이나 간과 같은 장기도 이에 포함될 수 있을 것이다. 결정적인 쟁점은 2차 자가생성적 체계가 또한 1차 자가생성적 체계인가 하는 점이다.

이 질문에 답하기 위해, 2차 자가생성적 체계가 이 체계의 **구조**의 요소들로서 세포들을 포함한다는 것을 지적하는 것으로는 충분하지 않다. 왜냐하면 쟁점은 이 체계의 고유한 성분들이(이 성분들이 무엇이든 간에) 자가생성적 **조직**을 실현하는가이기 때문이다. 예를 들어, 곤충과 같은 다세포적 유기체는, 이 유기체의 성분들이, 경계를 이루는 성분들을 포함해서 그 자체 내로부터 끊임없이 교체되고 있고 경계에 의해 부과되는 조건들 하에 있기 때문에, 1차 자가생성적 통일체로 간주될지도 모른다. 반면에, 곤충 군체는 단지 자가생성적 체계들의 집적체로 간주될 뿐이고 그 자체는 자가생성적 통일체가 아닌 것으로 간주될지도 모른다. 이는 사회를 이루는 인간 신체들의 집적체는 높은 수준의 신체가 아니기 때문에, 자가생성적 체계들의 집적체는 그 자체 자가생성적 체계가 아닐 것이라는 생각과 마찬가지이다. 문제는, 이 직관적 구별이 엄밀하기 위해서 메타세포적 체계들에 고유한 종류들의 조직에 대한 명백한 설명에 근거해야만 한다는 점이다.

> 우리는 세포가 분자적인 자가생성적 통일체로서 생겨나는 방식을 아주 자세하게 알고 있다. 하지만 우리는 도대체 어떻게 유기체를 분자적인 자가생성적 체계로 만드는 성분들과 관계들을 이 유기체 내에서 기술할 수 있는가? 메타세포적인 것들의 경우, 우리는 이 메타세포적인 것들을 세포들에 맞먹는 자가생성적 통일체들로서 구성하는 분자적 과정들에 대해 여전히 알지 못한다. … 우리는 메타세포적 체계들이 1차 자가생성적 체계들인지 아닌지 하는 물음을 열어둔 채 놓아둘 것이다. 우리가 말할 수 있는 것은 메타세포적 체계들은 이 체계들의 조직이 작동성 폐쇄를 지닌다는 점이다. 즉, 메타세포적 체계들의 동일성은 네트워크를 떠나지 않고 영향을 미치는 동역학적 과정들의 이 네트워크에 의해 특정화된다. … 메타세포적 체계들의 조직이 무엇이든 간에, 이 체계들은 1차 자가생성적 체계들로 이루어지고, 세포들을 통해 재생산함으로써 계통을 형성한다. 이 두 조건은, 메타세포적인 체계들에서 일어나는 것은 무엇이든 이 체계들을 이루는 세포들의 자가생성의 보존과 함께 자율적 통일체로서 일어날 때처럼 이 체계들 그 자체의 조직의 보존과 함께 자율적 통일체로서 일어난다는 것을 우리에게 확신시키기에 충분하다. (Maturana and Varela 1987, pp. 88-89)

오늘날 우리가 후생동물 유기체의 발달 동안 이루어지는 분자적 과정에 대해 지니고 있는 지식을 고려할 때(7장을 보라), 후생동물이 2차 자가생성적 체계일 뿐만 아니라 1차 자가생성적 체계이기도 하다고 주장하는 것은 합당해 보인다. 그럼에도 불구하고 어려움이 여전히 남아 있는데, 왜냐하면

한 주어진 체계가 자가생성적 체계의 자격을 받을 수 있는지 여부를 결정하고자 할 때, 많은 것이 우리가 자가생성의 기준에서 '경계'와 '내부 반응 네트워크'를 해석하는 방식에 의존하기 때문이다. 한편으로, 자가생성 이론은 분자적 영역의 생산과정에 적용하기 위해 정립되었으므로, 경계와 네트워크가 비분자적이 되도록 허용하는 것은 문제들을 야기한다.[3] 이 점에서 자율성(조직성 폐쇄)과 자가생성 간의 바렐라(1979)의 구분은 적절하다. 자가생성적 체계는 특정한 종류의 자율적 체계 — 분자적 영역에서 생산과정들의 조직성 폐쇄를 지니는 자율적 체계 — 이지만, 만약 체계를 이루는 과정들이 그 작동 영역에서 조직성 폐쇄를 보인다면 자가생성적이지 않은 자율적 체계가 있을 수 있다. 예를 들어, 곤충 군체 혹은 동물 집단은 이 의미에서 자율적 체계로 간주될지도 모른다. 다른 한편으로, '경계'가 단세포의 반투성 막만을 의미한다거나 혹은 다세포의 표피성 막을 의미한다고 생각하는 것은 너무 제한적인 것 같다(식물과 곤충은 피부를 지니지 않는다). 오히려 중대한 문제는 체계가 그 자체의 내적 위상학과 기능적 경계를 생산하고 조절하는 것이지, 이 경계를 실현하는 특정한 물리적 구조가 그렇게 하는 것은 아니라는 점이다(Bourgine and Stewart 2004; Zaretzky and Letelier 2002).

최소의 자가생성

자가생성적 기준에 따르면, 지구상에서 발견되는 가장 단순한 살아 있는 체계는 원핵생물 곧 박테리아 세포이다. 세포의 염색체와 DNA가 거처하는 핵을 포함해서 많은 내적 구획들을 내포하는 구조적으로 더 복잡한 진핵세포와 달리, 박테리아 세포는 어떠한 구획들도 지니지 않으며, 나선형 DNA가 세포 내에서 떠다닌다. 그럼에도 불구하고, 박테리아 세포는 2,000개에서 5,000개 정도의 유전자 및 이와 유사한 수의 단백질이 이것들이 함께 제작하는 세포막 내에서 상호적으로 서로를 생산하는, 이미 고도로 복잡한 생물학적 존재이다(Margulis and Sagan 1995, p. 50).

우리는 세 가지 자가생성적 기준을 충족시키는 더 간소한 분자적 체계의 모형을 만들 수 있을까? 이 문제는 최소의 자가생성의 모형을 만드는 것과 관련될 뿐만 아니라 또한 생명의 기원에 대한 연구와도 관련된다. 왜냐하면, 이 연구의 한 가지 중심 목표는 원세포들이 어떻게 생겨날 수 있었고, 마침내 오늘날 우리가 보는 복잡한 살아 있는 세포를 어떻게 낳게 되었나를 설명하는 것이기 때문이다(Morowitz 1992; Szostak, Bartel, and Luisi 2001).

최소의 자가생성이라는 주제에 접근하는 한 가지 방법은 컴퓨터 모형들을 통해서인데, 이는 '인공 생명Artificial Life' 곧 'Alife'로 알려져 있는 분야에서 중심을 이루는 접근법이다. 최소 생명의 최초의 컴퓨터 모형 중의 하나는 1980년대 후반에 인공 생명의 분야가 그 자체를 정의하기(Langton 1989) 몇 년 전에 바렐라, 마투리나, 우리베(1974)에 의해 고안되었다. 이 모형은 이후 맥멀린과 바렐라(1997)에 의해 교정되고 재시행되어 왔다.[4] 이 모형의 질적 화학은 살아 있는 세포 속에서 발견되는 종류의 화학적 반응들의 간소화에 영감을 얻고 있고 또 이를 나타내고 있다. 이 모형의 화학적 영역은 분리된 2차원 공간에서 일어난다. 이 유형의 모형은 모자이크식 자동장치 혹은 2차원적 세포식 자동장치로 알려져 있다. 이 공간 속의 각 위치는 비어 있거나 아니면 단일 입자에 의해 점유된다. 입자들은 일반적으로 공간 속에서 임의 행보random walks로 운동한다. 세 구분되는 유형의 입자들이 있고, 이 입자들은 세 구분되는 반응에 참여한다(전면삽화 I 을 보라).

- **생산** : 두 기질基質(S) 입자들이 촉매(K)의 현존 속에서 반응해서 한 연결(L) 입자를 형성한다.
- **결합** : L입자들은 다른 L입자들과 결합한다. 각 L입자는 (최대) 두 결합을 형성할 수 있고, 이렇게 해서 막을 형성하는 데서 끝나는 무한

하게 긴 사슬들의 형성을 허용할 수 있다. 결합된 L입자들은 움직이지 않게 된다.

- 분해 : L입자는 자발적으로 분해되어 두 S입자들을 산출한다. 이 분해가 일어날 때, L입자와 관련된 모든 결합들은 또한 파괴된다.

L입자들의 사슬들에 S입자는 투과할 수 있지만, K입자와 L입자는 투과할 수 없다. 그렇기 때문에 K입자들이나 L입자들을 에워싸는 폐쇄된 사슬 혹은 막은 효율적으로 이 입자들을 가둔다.

이 인공화학에 대해 예측할 수 있는 기본적인 자가생성적 현상은, 그 자체의 유지를 위한 조건을 거듭해서 생산하는, 세포와 유사한 동역학적 구조들을 실현할 수 있는 가능성이다. 이런 체계는 한 개 이상의 K입자들을 에워싸는 L입자들의 폐쇄된 사슬 혹은 막으로 이루어질 것이다. L입자들의 거듭되는 생산이 있을 수 있다. L입자들은 막을 통해 투과하는 S입자들의 촉매화된 반응들에 의해 형성되기 때문이다. L입자들은 막을 통해 탈출할 수 없기 때문에, 상대적으로 높은 농도의 L입자들이 체계 내부에서 구축될 것이다. 그러나 간간이 막은 이를 이루는 L입자들이 분해된 결과 파열될 것이다. 막 내부의 L입자의 높은 농도를 고려할 때, K입자가 탈출하기 전에 이 L입자 중의 하나가 파열 부위로 표류해 가서 수리를 행할 개연성이 높다. 이런 방식으로 L입자의 높은 농도의 구축을 가능하게 하는 조건들이 정확하게 재설립될 것이다.

일어날지도 모르는 2차적 현상은 입자들의 무작위적 최초의 배열로부터 자기지속하는(=자기유지하는) 체계를 자발적으로 설립하는 것이다. 이러한 자발적 형성은 바렐라, 마투라나, 우리베에 의해 1974년 최초의 연구에서 보고되었지만, 맥멀린과 바렐라(1997)에 의해서는 연구되지 않았다. 대신에, 그들은 자가생성적 존재로 추정되는 것을 인위적으로 체계에 도입했고, 이 존재가 수많은 시간 단계들을 걸쳐서 기술되는, 자기지속하는 반응 네트워크(이 인공화학에 대해 예측할 수 있는 기본적인 자가생성적 현상)를

실현하는 데 성공할 수 있는지 여부를 탐구했다.[5]

이 절에서 제시된 질적 화학은 바렐라, 마투라나, 우리베(1974)가 최초에 제공한 기술記述과 일치한다. 그러나 그들의 작업을 재시행하는 후속 시도들은, 그들의 본래 프로그램 부호에는 현존하지만 그 기술에는 기록되지 않은 부가적 상호작용의 발견을 가져왔다(McMullin 1997a, 1997b). 이 부가적 상호작용은 막 내에서 생산되는 L입자들의 자발적이고 너무 이른 결합을 방지한다. 그런 결합은 L입자들을 이동하지 못하게 해서 막에 대해 수리를 행하지 못하게 만든다. 맥멀린과 바렐라(1997)는 이 부가적 상호작용을 '사슬 기반 결합 억제chain-based bond inhibition'라 부르고, 이를 다음과 같이 기술한다. "이것은 이중으로 결합돼 있는 또 다른 L입자의 바로 부근에 있는 어떠한 자유로운 L입자와도 결합하는 것을 억제하는 상호작용이다. 사실상 그러면 자유로운 L입자는 이 입자가 L입자들의 존재하는 사슬 (끝이 아니라) 옆에 있는 한, 결합을 형성할 수 없다. 하지만 자유로운 L입자는 사슬의 끝에 있을 때 결합(들)을 형성할 수 있다. 특히 이 입자가 끊어진 사슬의 부위(가령 파열 부위)에 위치하고 있을 때 그러하다."(McMullin and Varela 1997, p. 6). 맥멀린과 바렐라(1997)는 이 상호작용이 이 모형의 기본적 자가생성적 현상을 실현하는 데 중대하다는 점을 보여주고 있다.

전면삽화 II-V는 자가생성적 반응 네트워크가 설립되고 일련의 성공적인 막 수리membrane-repair 사건들이 일어나는 동안의 실험 과정의 하나를 보여주고 있다. 설립되는 형태morphology는 특히 강건해 보이고, 이 모형의 대략 일천 개의 시간 단계들 동안 지속한다. 전면삽화 II에 예시된 최초의 배열체는 인공적으로 건립된, 세포와 유사한 단일한 존재 — 단일한 K입자가 거처하는 L입자들의 폐쇄된 막 — 이다. 이 배열체는 환형環形 공간 속에 감입돼 있다. 시간 0과 시간 226 사이에 최초의 막은 2번의 파열을 겪고, 이 파열은 막 형태의 어떠한 변화도 없이 수리된다. 시간 227에서 444 사이에는 4번의 파열과 수리 사건들이 있고, 전면삽화 III에서 볼 수 있는 새로운 막 형태를 산출한다. 이 새로운 형태는 상대적으로 강건해 보인다. 이 형태는

5번 이상의 파열과 성공적인 수리 사건들을 겪는 동안 시간 1250까지 지속된다. 시간 1250과 시간 1310 사이에는 두 번의 파열과 수리 사건들이 있고 이것들은 전면삽화 Ⅳ에서 볼 수 있는 새로운 형태를 산출한다. 이 존재는 시간 1741까지 두 번 이상의 파열과 수리 사건들을 통해서 이 형태로 지속한다. 그런 다음 시간 1742와 1745에서 빠르게 계기하며 두 번의 파열이 있다. 시간 1746에서 막은 해체되고, 전면삽화 Ⅴ에서 볼 수 있듯이, 부분적으로 나선형을 그리며 와동 속으로 들어간다. 그때에는 어떠한 단순한 자기수리 과정을 통해서도 폐쇄된 막을 회복하는 일은 더 이상 가능하지 않다.

이 자기지속하는 체계가 자가생성을 위한 모든 요건들을 충족시키는가? 이 물음은 사실 다소 까다로운 물음이다. 바렐라, 마투라나, 우리베(1974, p. 191)는 "[이 모형의] 우주 내에서 이 체계들은 자가생성적 조직을 충족시킨다"고 명쾌하게 진술한다(또한 Varela 1979, p. 20을 보라). 하지만 이 모형에는 그 자체는 네트워크의 어떠한 반응에 의해서도 생산되지 않는 한 성분—K입자 곧 촉매—이 있다. 보긴과 스튜어트(2004)는 체계가 완전히는 자가생성적이지 않다는 것을 의미하고자 할 때 이 모형의 이 특질을 든다. 그러나 맥멀린(1999)은 한 특정한 체계가 자가생성적인지 여부를 결정하는 바렐라, 마투라나, 우리베(1974)의 기준을 인용해서, 일부 성분들은 이 성분들이 다른 성분들의 생산에 필요하고 영구적인 역할을 하는 한, 체계 속의 반응들에 의해 생산되지 않는다는 것은 인정될 수도 있다고 제언한다. 예를 들면, 기질 입자들은 막을 가로질러 외부로부터 체계로 들어갈 수 있기 때문에 반응 네트워크에 의해 필연적으로 생산되는 것은 아니다. 더욱이, 자기지속하는 네트워크의 자발적 생성의 경우라면, 사전에 존재하는 촉매(K)는 사전에 존재하는 기질(S)과 상호작용하고, 이렇게 해서 일련의 결합된 사슬들(L입자들)을 형성할 것이다. 결국 이 사슬은 울타리가 되어 촉매를 둘러싸고, 그 결과 이 울타리 내에서 생산되는 L입자는 부패하는 경계의 L입자들을 대체할 것이다. 그렇다면 그런 자기지속하는 네트워크는 세 가지 자가생성적 기준을 만족시키는 것으로 보일 것이다.[6]

최근의 논문에서 보긴과 스튜어트(2004)는 2차원에서 3차원으로 모자이크식 자동장치 모형을 확장시키고, 이 모형을 임의적인 동역학적 체계로서 수학적으로 다루고 있다(도표 5.2를 보라). 이 접근법으로 그들은 막 속의 일시적 구멍들을 모형화할 수 있게 된다. 1차원 막이 있는 2차원의 모형에서 2개의 구멍은 막을 즉각 파열시키지만, 2차원 막이 있는 3차원의 모형에서 막은 막 속의 실질적인 일부 구멍들에도 불구하고 위상학적 연속성을 보유한다. 이 모형들의 체계는 3가지 유형의 성분들로 이루어진다. 즉, A성분들 곧 기질분자들, 두 기질분자들 간의 반응에 의해 형성되는 B성분들(A+A→B), 그리고 2차원 판의 형식을 지니고 내부 표면이 A+A→B 반응에 촉매작용을 행하는, 막에 속하는 C성분들이다. 막 내에서 B성분들은 자유롭게 분산한다. 만약 두 단일한 B성분들이 충돌하면 이 성분들은 결합하지 않지만, 만약 한 자유로운 B성분이 막 속 구멍의 가장자리와 충돌하면, 이 성분은 표면에 달라붙어 (부분적으로 혹은 전체적으로 구멍의 크기에 의존하면서) 구멍을 수리한다. (이 특질은 사슬기반 결합 억제와 유사하다.) 이렇게 해서 이 방식으로 막을 통합하는 한 B성분은 한 C성분이 된다. 이번에는 (막의 내부 표면에 있는) C성분들은 B성분들의 생산에 촉매작용을 행한다. 이런 방식으로 체계는 체계 그 자체에 의해 생산되지 않는 촉매에 대한 요구를 피한다. (C성분들은 B성분들에 의해 형성되고, C는 B의 생산에 촉매작용을 행한다.) 마지막으로, C성분들 각각은 분해될 수 있으며, 최종산물D는 막을 통합하지 못하고 막에 구멍을 남기면서 (혹은 사전에 존재하는 구멍을 확대하면서) 외부 환경으로 탈출한다.

보긴과 스튜어트는 이 체계를 무작위적인 동역학적 체계로 수학적으로 다룰 때, 체계의 구조적 동역학을 이해하기 위한 결정적 변수는 C성분들이 점유하는 총 표면적의 비율이라는 점을 보여준다. 이 변수의 값이 50퍼센트 이상일 때 체계는 그 자체를 동역학적으로 유지하는데, 이는 막의 해체의 비율(C→D)이 수리 과정(B→C)과 균형을 유지하는 것을 의미한다. 임계점 아래에서 수리 동역학은 더 이상 구멍들의 형성과 균형을 유지할 수 없다.

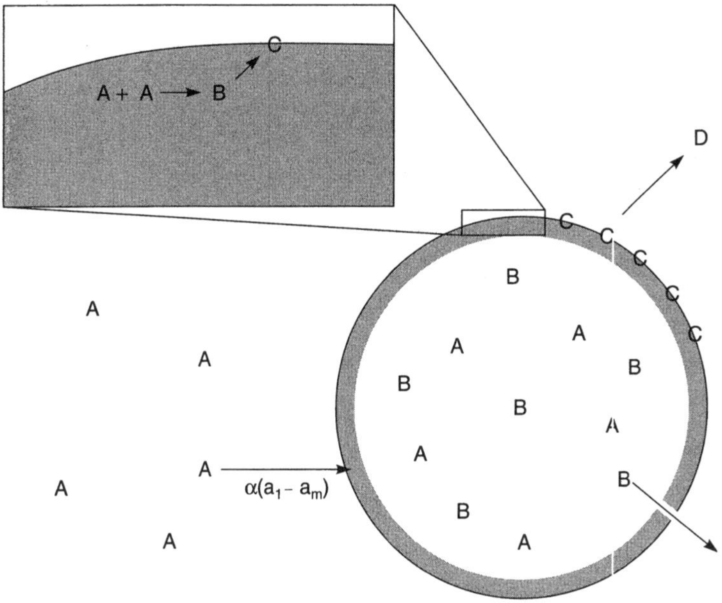

도표 5.2

자가생성의 3D 모자이크식 자동장치 모형의 도식적 예시. 보긴과 스튜어트(2004)에서 따온 것이다. 확대된 그림은 막 바로 밑의 얇은 용적 속에서 일어나는 과정들(B의 촉매적 생산, 그리고 C성분들이 되기 위해 막으로 들어가는 B성분들)을 보여준다. 반응 C→D는 막 속의 구멍을 남기는 한 C성분의 분해를 나타낸다. B성분들은 보통 막에 의해 감금되지만, 구멍들을 통하여 상실될 수 있다. $\alpha(a_1\text{-}a_m)$는 막을 가로지르는 A의 진류량眞流量/net flux을 나타낸다. Paul Bourgine and Stewart, Autopoiesis and Cognition, *Artificial Life* 10:3(Summer 2004), 330. ⓒ 2004 by the Massachusetts Institute of Technology. 폴 보긴과 존 스튜어트의 허락을 받아 전재.

구멍들은 크기와 수가 증가하고, 악한 순順 피드백vicious positive feedback이 있고, 체계는 붕괴한다. 따라서 체계 작동의 위상공간은 두 질적으로 다른 체제 및 분기의 임계점을 지닌다. 보긴과 스튜어트는 이렇게 적고 있다.

"촛불처럼 체계는 '살아 있거나' 혹은 '죽은' 것이다. 만약 살아 있다면 체계는 간간이 흔들릴 수도 있지만(몇 개의 구멍이 나타날 수도 있지만), 그러나 이는 회복될 수 있고 아무 일도 일어나지 않았다는 듯 계속된다. 만약 체계가 죽은 것이라면 어떤 것도 이를 소생시킬 수 없다. 체계는 붕괴되고 완전히 분해된다"(Bourgine and Stewart 2004, p. 332).

우리가 검토해 온 모형들은 세 가지 자가생성적 기준이 비교적 간단한 화학적 체계 속에서 실현되는 것이 가능하리라는 것을 보여준다. 달리 말해, 박테리아 세포보다 훨씬 더 간단한 화학적 체계 속에서, 경계가 네트워크에 의해 생산되고, 또 이번에는 이 경계가 네트워크를 에워싸는 자기지속하는 반응 네트워크를 실현하는 것이 가능하게 되리라는 점이다. 그렇지만 이러한 모형들은 실제의 물리적 체계가 아니라, 컴퓨터상으로 모의실험된 체계(McMullin and Varela 1997; Varela, Maturana, and Uribe 1974)이거나 동역학 체계 이론의 수학적 체재 속에서 기술된 추상적 체계이다(Bourgine and Stewart 2004). 비록 어떤 존재가 살아 있는 체계로 간주되기 위해 세 가지 자가생성적 기준이 최소 생명의 조직을 특정화하는 데 필요하고 어쩌면 충분하다 할지라도, 신체화가 요구된다. 즉, 체계는 물리적 공간 속에서 세 가지 자가생성적 기준을 만족시켜야 한다(Maturana and Varela 1980 pp. 84, 112; 또한 Boden 2000; Fleischaker 1988을 보라). 이 논점은 다음과 같은 물음을 일으킨다. 실제의 화학적 매질에서 최소의 자가생성은 어떠한가?

자가생성의 화학적 모형을 창조하는 것이 1990년대 초반 이래 화학자 피에르 루이지 루이시Pier Luigi Luisi와 그의 동료들의 연구 목적이었다.[7] 미포微胞/micelle와 소포小胞/vesicle를 연구한 결과 그들은 실험실에서 최소의 자가생성적 체계를 창조하는 데 성공했다고 주장한다(Bachman, Luisi, and Lang 1992; Luisi 1993). 이러한 체계들은 생명의 기원과 관련 있는 분자적 자기회합의 다양한 화학적 과정을 밝히는 빛을 던져줄 수 있을지도 모른다(Szostak, Bartel, and Luisi 2001).

미포와 소포는 자발적 형성 혹은 자기결집이 가능한, 3차원적으로 폐쇄돼 있는 분자적 구조들이다. 어떤 유형의 분자들은 수용액水溶液/aqueous solution 속에 분산되어 있을 때, 예측 가능한 방식으로 무리 혹은 집적체를 형성한다. 하나의 미포는 경계가 그런 무리짓기에 의해 형성되는 아주 작은 방울이다. 계면활성제界面活性劑/surfactant(표면활성제surface active agents)로 알려진 분자들은 구의 형태로 집적해서, 경계가 있는 미시환경(방울의 내부)을 생산한다. 게다가 어떤 분자들은 자기결집해서 이중층bilayer이라 불리는 이중층의 집적체들이 되고, 이렇게 해서 세포막과 같이 이중층의 경계가 있는 작고, 액체로 가득 찬 낭囊/sac인 소포를 형성한다. 러시아 과학자 알렉산더 오파린(Oparin 1938)으로 거슬러 올라가는 전통을 따라서 분자들이 자기결집해서 이중층의 막이 되고, 또 이 막이 폐쇄해서 소포를 만들어 '최소 세포'를 형성한다는 것은 생명의 기원의 몇 시나리오를 위한 토대로서 역할을 해 왔다(Fleischaker 1990a; Morowitz 1992; Morowitz, Heinz, and Deamer 1998; Szostak, Bartel, and Luisi 2001).

최소의 자가생성적 체계를 만들어내기 위해 미포와 소포를 활용하는 배후의 기본적 사상은 경계가 있는 구조를 합성하는 것이다. 이 경계가 있는 구조는 이 구조의 수성水性 내부에서 계면활성제 분자들의 생산을 가져오는 화학 반응을 주도하고, 동시에 계면활성제 분자들이 이 화학 반응을 위해 집적해서 경계를 형성한다. 그러한 체계를 위한 도식이 도표 5.3에 제시되어 있다(도표 5.2와 비교해보라). 우리는 오직 한 유형의 S성분들로만 이루어지는 반투성의 막 경계로 시작한다(도 5.3). 단 한 유형의 영양소A는 막을 투과할 수 있다. 체계 내부에서 A는 S로 변형된다. 체계는 두 경쟁적 상호작용인 '생성'과 '붕괴'의 특징을 지닌다. 생성은 A로부터 S를 산출하고, 붕괴는 경계를 떠나 환경으로 진입하는 산물P로 S를 분해한다. 이 두 생성과 붕괴의 상호작용 속도가 수적으로 동등할 때 체계는 자기영속화하는 정상 상태steady state 곧 항상성homeostasis 속에 있다. 생성의 속도가 붕괴의 속도보다 크면, 체계는 성장하고, 마침내 두 개의 작은 체계로 분열함으로써 재생산할 수 있다. 끝으로, 붕괴의 속도가 생성의 속도보다 크면,

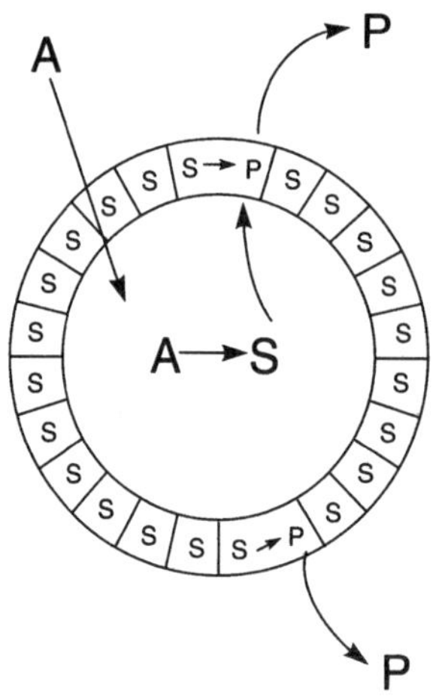

$$V_{gen} = \frac{d[S]}{dt} \; ; \; V_{dec} = \frac{-d[S]}{dt}$$

If $V_{gen} = V_{dec}$ 항상성

If $V_{gen} > V_{dec}$ 자기재생산

도표 5.3

최소 자가생성적 체계. 두 경쟁적 반응들—경계의 성분을 건립하는 반응과 파괴하는 반응—이 체계를 규정한다. 이 두 속도상수의 상대적 가치에 따라 체계는 항상성에 있을 수도, 성장할 수도, 죽을 수도 있다. 피에르 루이지 루이시의 "Autopoiesis: A Review and Reappraisal," *Naturwissenschaften* 90 (2003): 53, fig. 4, ⓒ 2003 Springer-Verlag에서 따온 것이다. Springer Science and Business Media의 흔쾌한 허락을 받아 전재.

체계는 S성분이 저하할 것이고 결국 붕괴되고 말 것이다.

소포에서 시행되는, 두 번째 재생산적 양식의 예는 도표 5.4에서 볼 수 있다. 이것은 계면활성제 S에 의해 형성된 상대적으로 정적인 수성水性 소포와 함께 (왼쪽 위에서) 시작된다. 그런 다음 S-S로 표시되는, S의 고도로 지방친화적인 전구체는 소포의 경계에 결합되고, 이 경계에서 가수분해되어 동일한 계면활성제 S를 산출한다. 소포는 성장해서 마침내 둘 이상의 열역학적으로 더 안정되고 더 작은 소포들로 나뉜다. 전체 과정은 자가촉매적이다. 즉, 더 많은 소포가 형성되면, 더 많은 S-S가 결합되고 더 많은

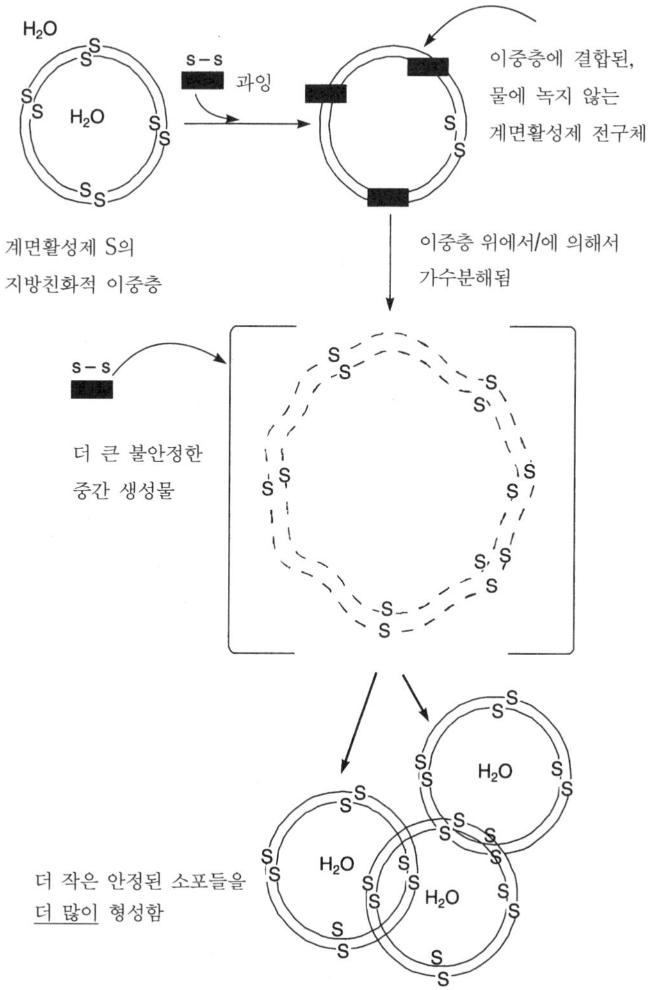

도표 5.4.

자가생성과 자기재생산하는 소포들. 자기재생산하는 소포들(리포솜들)을 얻기 위한 실험절차. S-S는 계면활성제 S의, 물에 녹지 않는 전구체를 나타내고, S_S는 미포 혹은 소포의 세포막에서 가수분해되는 것을 나타낸다. 피에르 루이지 루이시의 "Autopoiesis: A Review and Reappraisal", *Naturwissenschaften* 90(2003): 56, fig. 4, ⓒ 2003 Springer-Verlag에서 따온 것이다. Springer Science and Business Media의 흔쾌한 허락을 받아 전재.

소포들이 형성된다.

이러한 미포와 소포는 최소의 자가생성적 체계의 자격을 받을 수 있는가? 답이 전적으로 분명한 것은 아니다. 한편으로, 이 체계들은 분명히 기준 1과 2를 충족시킨다. 즉, 반투성 경계가 있고, 경계가 체계 그 자체에 의해 생산된다. 이 체계들의 순환적 조직과 자가생성적 최소 세포의 조직 사이에는 분명한 유사점이 있다. 다른 한편으로, 이 체계들이 기준 3—그 자체와 경계를 재생성하는 내적 반응 네트워크의 현존—을 완전히 만족시키는지는 불분명하다. 루이시가 말하듯이, "반응은 체계의 일부인 경계에서 발생하지만, 제한된 것이다. 내적인 수성水性의 핵심은 반응 체계의 일부가 아니며, 더구나 우리는 내부화된 반응 네트워크 대신 오직 한 가지 반응만을 다루고 있다"(Luisi 2003, p. 56). (같은 지적이 또한 보긴과 스튜어트의 3차원적 모자이크식 자동장치에 대해서도 제기될 수 있다.) 루이시는 이 체계들은 비록 제한적인 경우이지만 실험적 자가생성의 가장 단순한 사례라고 주장한다(Bitbol and Luisi 2005). 그러나 우리는 이 체계들을 최소로 자가생성적이라고 할 때보다 원原-자가생성적proto-autopoietic이라고 할 때 더 잘 기술할 수 있다고 주장할 수 있을 것이다. 우리가 어떤 기술을 선택하는가는 우리가 이 체계들을 세 번째 기준과 관련해서 평가하는 방식에 달려 있다. 이 장의 마지막 절에서 보게 되겠지만, 이 쟁점은 또한 자가생성이 최소의 생명을 위한 필요충분조건인지, 아니면 단지 필요조건인지와 관련이 있다.

이 절을 마치면서, 최소 자가생성의 사상을 지구상의 생명의 기원에 관한 연구와 간략하게 결부시켜보겠다. 1985년에 프리먼 다이슨Freeman Dyson은 그의 책 『생명의 기원*Origins of Life*』(1985)에서 우리가 알고 있는 바의 생명은 신진대사적 자기유지와 핵산의 복제 둘 다를 필요로 한다고 지적했다. 그는 살아 있는 세포는 두 가지 독립적으로 진화된 이전 체계—하나는 핵산으로 구성된 자기복제하는 체계이고, 다른 하나는 단백질의 자기유지하는 자가촉매적 체계—의 '공생적symbiotic' 합병에서 생겨난다고 주장했다. 그러나 자가생성적 관점에서 보면, 생물학적 개체성—지금 여기, 혹은 거기 그 당시에 개체적인 살아 있는 체계—을 위해 요구되는 결정적 단계는 이런 하위 체계들은 이 체계들이 함께 생산하는 막 내에 봉쇄되어야 한다는 것이다. 마굴리스와 세이건이 말하듯이, 이 단계 이전에는 둘 중 어느 하위체계도 살아 있지 않고, 이 단계 이후 이 하위체계들은 살아 있는 체계 전체이다(그리고 그런 이유로 합병을 기술하고자 사용하는 '공생'이란 단어는 그다지 적절하지 않다)(Margulis and Sagan 1995, p. 60).

『세포적 생명의 시작들: 신진대사는 생물발생을 재연한다*Beginnings of Cellular Life; Metabolism Recapitulates Biogenesis*』에서 모로비츠(1992)는 핵산들 및 이 분자들 이후에 진화해 온 단백질들의 많은 특질은 막 경계가 있는 단위 혹은 원세포 내에 봉쇄되게 되었다고 제안한다. 자가생성적 관점에 부응하면서, 그는 생명을 설립하고 안정화하는 데 막이 중요하다고 강조한다. "비생명에서 생명으로 넘어가는 불연속적 이행을 나타내는 것은 바로 소포가 되기 위한 양쪽 친매성 이중층 막의 폐쇄이다"(Morowitz 1992, p. 9). 그는 '근원세포Ur-cell'(혹은 원세포)와 조상 세포를 구분한다. 소포 형성은 원세포 단계에서 비생명에서 생명으로 넘어가는 이행의 핵심 사건이다. 우리는 이런 소포 형성이 몇 번이나 일어났는지, 얼마나 많은 원세포적 생명의 독립적 기원들이 있었는지 알지 못한다. 그러나 우리는 모든 동시대의 생명이 단세포 혹은 세포들의 개체군이었을 수 있는 보편적 조상에서 유래한다는 것은 분명 알고 있다. 따라서 생명의 기원의 문제는 근원세포의 화학적 형성 및 보편적 조상을 생겨나게 한 후속하는 진화적 서열로 이루어진다(Morowitz 1992, p. 88). 모로비츠의 각본에 의하면, 최초에 소포 형태의 원세포들이 생기고, 다음에 단순한 형태의 신진대사 혹은 내적 반응 네트워크가 오고, 그런 다음 단백질이 발달하고, 마지막으로 유전자가 이르렀다.

첫 번째 단계는 대략 40억에서 38억 년 전에 물과 대기 접점의 대양에서 일어난 소포들의 형성이었다. 이 사건은 내부, 경계, 외부라는 세 위상 체계를 만들어냈다. 자가생성적 시점에서 보면, 이 단계는 내부와 외부를 분리하는 반투성 경계의 설립을 말하는 기준 1에 해당한다. 두 번째 단계는 소포 내부의 간단한 신진대사적 반응 네트워크의 발달이었다. 이 네트워크는 막 경계의 분자를 포함해서 자기유지에 필요한 분자를 합성할 수 있었다. 이 두 번째 단계는 기준 2와 3에 해당하고, 따라서 자가생성적 원세포에 해당한다. 모로비츠는 이러한 초기 세포의 신진대사가 단백질에 기반하는 것이 아니었다는 가설을 세운다. 원세포들은 또한 잠재적으로 자기재생산하고, 그렇게 해서 증식했을 것이다. 그런 다음 뒤따른 것은 원세포들에서 보편적 조상으로 이끄는 최초의 진화적 방사였다. 이 이행은 원세포적 신진대사가 더 복잡해진 결과 일어난 아미노산의 형성, 그리고 핵산들의 기원과 이른바 유전자 부호를 수반했다.

모로비츠의 각본은 생명의 자가생성적 견해와 분명 통하는 면이 있다. 물론 그 세부사항들은 실험적 검증을 요구한다. 하지만 나에게 여기서 중요한 것은 '생명의 기원'에 관한 단일한 각본의 세부사항들이라기보다는 전반적인 이론적 체재이다. 자가생성적 체재에서 최소의 생명은 RNA/DNA와 같은 특정한 분자적 구조로 확인되는 것이 아니라, 원리상 상이한 방식들에서 구조적으로 실현될 수 있는, 경계가 있는 자기생산하는 과정들의 연쇄로 확인된다.

자가생성과 생태적 생성

이 장 앞에서 나는 생명을 정의하는 세 가지 상이한 방식—진화적, 생태적, 개체적 정의—을 언급했다. 이 장의 초점은 개체적 정의이다. 생명에 대한 자가생성적 정의는 개체적인 살아 있는 체계의 조직을 강조한다. 최소 자가생성의 모형들은 그러한 체계가 생물 발생 이전의 화학적 환경에서 창발할 수 있었던 방식을 밝히는 빛을 던져주려고 한다. 그러나 우리는 자가생성의 생태계적 맥락을 잃어서는 안 된다. 모로비츠는 다음과 같이 쓰고 있다.

> 생명의 기원에 대해 말할 때 우리는 일반적으로 유기체의 발흥을 언급하고 있는 것이다. … 그러나 이것은 오로지 지구적 생태계 내에서만 발생할 수 있다는 것을 기억하는 게 좋다. 어떤 의미에서, 생명의 기원은 무기물의 상태에서 식물, 동물, 미생물의 활동이 지배하는 상태로 행성의 표면이 변형되었음을 가리킨다. (Morowitz 1992, p. 6)
>
> 전통적 생물학은 생물학적 연속체보다 개별적 유기체에 주의를 집중하는 경향이 있어 왔다. 따라서 생명의 기원은 둘러싸고 있는 주위세계에서 유기체가 생겨나는 독특한 사건으로 강구되고 있다. 더 생태학적으로 균형 잡힌 관점에 의거할 때 우리는 유기체를 닮은 물체가 나타났을 동안에 발달하고 번성했음에 틀림없는 원原생태학적 사이클 및 후속하는 화학적 체계를 검토하게 될 것이다. (Morowitz 1992, p. 54)

여기서 두 논점이 중요하다. 첫째, 자가생성은 항상 생태학적으로 감입되어야 한다. '자기생산하는'이란 세포를 한 개체로 만드는 종류의 순환적 조직을 가리키지, 그 자체를 환경에서 떼어놓는 것을 의미하지는 않는다. 둘째, 비록 작고 국소적인 지역에서 시작되었을지라도, 생명은 급속히 증식하고, 진화하고, 행성의 표면 전체를 변형시켰다. 우리가 아는 바의 생명은 진화적이고 행성적인 규모의 현상이다. 자가생성적 기준을 따를 때 지구상의 가장 단순한 살아 있는 존재인 원핵 박테리아의 예를 들어보자. 박테리아는 고립된 자기형성자self-makers가 아니다. 이와 달리, 그들은 결코 자연에서 고립된 개체로서 살지 않는다. 오히려 그들은 미생물 공동체 혹은 연합체를 형성한다(Margulis and Sagan 1986). 더욱이 그들은 재생산하지(=생식하지) 않고도 서로 간에 유전자를 건네줄 수 있고, 사실상 공동의 잠재적 유전체(=게놈)를 공유한다. 이러한 이유들 때문에 일부 생물학자들은 모든 박테리아는 하나의 유기체 즉 초유기체superorganism를 형성한다고 주장해 왔다.

> 박테리아는 개체적이고 국소화된 팀 활동을 수행할 뿐만 아니라, 소통하고 협조하는 미생물들의 행성적 존재, 즉 우리가 생각하기에 유전적으로 또 기능적으로 진정한 초유기체인 존재를 함께 형성한다. 박테리아가 그들의 예외적인 능력을 나타내고 자연에서 주요한 역할을 수행하는 것은 바로 사회적 수준—그들의 연합의 수준—에서이다. (Sonea and Panisset 1983, p. 8)

생명은 행성적 현상이라는 사상은 화학자 제임스 러블록과 미생물학자 린 마굴리스가 제기한 가이아 이론의 중심이 되는 사상이다(Lovelock 1979, 1988; Margulis 1998). 그들의 이론은 생물군biota(살아 있는 유기체들의 총체), 대기, 대양, 암석, 토양은 자기조절하고 자기유지하고 있는 단일한 행성적 존재를 이룬다고 진술한다. 그들은 이 존재를 가이아Gaia라 부르는데, 러블록은 종종 이를 행성적 유기체 혹은 초유기체로 기술한다. 이 이론은 부분적으로 이 장에서 논한 생명에 관한 쟁점 때문에 논란의 여지가 있다. 이러한 이유로 이 이론은 여기서 고찰할 가치가 있다.

1970년대에 최초로 그들의 이론을 제안했을 때, 러블록과 마굴리스는 이를 가이아 가설이라고 불렀다(Lovelock and Margulis 1974; Margulis and Lovelock 1974). 이 가설은 지구 표면, 대기, 대양의 물리적 화학적 조건이 생명에 유리한 한계 내에서 유지되고, 이 항상성이 역逆 피드백 과정들을 통해 생물군에 의해 자동적으로 성취된다는 것이었다. 이렇게 최초로 정립한 이후에 러블록과 마굴리스는 이 가설을 이론으로 확장시켜 왔다. 가이아 이론에 따르면, 생물군과 이들의 물질적 환경은 창발적 현상으로서 발생하는 행성적 기후와 대기를 자기조절하면서, 단일한 '긴밀히 쌍결합된 체계'로서 함께 진화한다. 생명은 행성적 현상일 뿐만 아니라, 지구상의 생명의 물질적 환경은 부분적으로 생물학적 건립물이다. 러블록은 이 점을 다음과 같이 말한다. "결코 유기체들은 물리학과 화학에 의해서만 결정된 죽은 세계에 단지 '적응하는' 것이 아니다. 그들은 그들의 조상의 숨과 뼈이고, 그들이 지금 지속하고 있는 세계와 함께 산다'(Lovelock 1991, p. 32). 러블록과 마굴리스는 이 행성적 체계 곧 가이아가 알려져 있는 것 중 가장 큰 생물학적 개체라고 믿는다.

> 가이아는 초유기체로 생각될 때 가장 잘 생각된 것이다. 이것들은 일부는 살아 있는 유기체로 이루어지고, 일부는 살아 있지 않은 구조적 물질로 이루어진, 경계가 있는 체계이다. 벌집은 초유기체이고, 초유기체 가이아와 마찬가지로 그 온도를 조절하기 위한 능력을 지닌다. (Lovelock, 1988, p. 15)

가이아가 행성적 초유기체라는 주장은 아무 비판을 받아 오지 않은 것은 아니었다. 몇몇 초기의 주된 비판은 생물학자 W. 포드 두리틀과 리처드 도킨스로부터 나왔다(Dawkins 1982, pp. 234-237; Doolittle 1981, 1987). 그들은 가이아에게 살아 있는 체계의 상태를 부여해서는 안 된다고 주장했다. 가이아는 재생산하는 개체가 아니고 그런 이유로 유전적 계통을 지니지 않기 때문이다. 그들은 또한 러블록과 마굴리스가 가설로 세운 자기유지하는 행성적 메커니즘들은 자연선택에서 결과할 가능성이 없고, 그래서 만약 이 메커니즘들이 존재한다면 이것들은 '우연적'이라고 주장했다.

이 비판은 우리를 다시 생명에 관한 쟁점들로 데리고 간다. 두리틀과 도킨스는 진화, 재생산, 유전학의 관점에서 생명을 보고 있었다. 이는 행성적인 생물학적 개체가 존재하는가 하는 물음에 답하기 위한 올바른 관점인가? 나는 그렇다고 생각하지 않는다. 올바른 관점은 이 장에서 우리가 중요하게 고찰하는 관점, 즉 생명에 대해 개체적 정의를 행하는 관점이다. 우리가 본 바와 같이, 이 수준에서는 재생산이 한 살아 있는 체계를 정의하는 특질로 들어오지 않는다. 재생산은 한 개체가 재생산되기를 요구하고, 그런 이유로 재생산은 자율적 체계가 그 자체를 한 개체로 구성하는 과정들에 논리적으로나 경험적으로나 이차적이다. 그러므로 자기생산하지만 재생산하지는 않는 행성적 체계는 진정한 생물학적 개체로 간주될 수 있을 것이다. 더구나 이 체계의 자기생산하고 자기유지하는 메커니즘들은, 비록 유사한 체계들의 군에 영향을 주는 자연선택의 결과가 아닐지라도, 거의 '우연적'이지는 않을 것이다. 실로 이 메커니즘들은 아마도 복잡체계의 자기조직화와 창발이라는 합법적 원리들을 반영할 것이다.[8]

만약 러블록과 마굴리스가 옳다면, 가이아는 어떤 종류의 생물학적 존재일까? 러블록은 가이아를 초유기체로 기술한다. 마굴리스는 가이아를 세포 같은 자가생성적 체계로 기술한다.

> 가장 단순하고 작다고 알려져 있는 자가생성적 실체는 단일한 박테리아 세포이다. 가장 큰 자가생성적 실체는 아마도 가이아이리라. 세포들과 가이아는 자가생성적 존재들의 일반적 속성들을 보여준다. 환경이 예측 불가능하게 변화하더라도, 그들은 자신의 부분들을 재형성하고 호환함으로써, 태양 에너지를 훼손해 가며 구조적 완전성과 내적 조직을 유지한다. 신진대사는 이 끊임없는 활동에 주어지는 이름이다. (Margulis 1991, p. 237)

마굴리스의 말은 러블록이 최초에 가이아 가설을 발표했을 때와 같은 시기 쯤에 루이스 토마스가 그의 책 『세포의 일생*The lives of a Cell*』에서 쓴 무언가를 메아리처럼 따라 하고 있다.

> 나는 지구를 일종의 유기체로 생각해보려고 해 왔지만, 그건 안 되는 말이다. 나는 지구를 이런 식으로 생각할 수 없다. 지구는 너무 크고, 너무 복잡하고, 보이는 접속들이 없는 너무 많은 작동 부분들을 갖고 있다. 지난번 밤에 남부 뉴잉글랜드의 산이 많고 수목이 울창한 지역을 자동차로 지나가면서, 나는 이 점을 궁금하게 여겼다. 만약 유기체가

> 아니라면, 이것은 무엇과 비슷할까, 무엇과 가장 비슷할까? 그때 만족스럽게도 그 순간 이것은 단일한 세포와 가장 비슷하다는 생각이 들었다. (Thomas 1974, p. 5)

행성 지구의 생태권 전체인 가이아는 자가생성적 체계로 생각되어야 하나? 마굴리스는 개체적 수준에서 가장 적합한 생명의 정의로서 자가생성을 오랜 기간 지지해 온 주창자였다. 공생, 세포 진화, 가이아 이론에 대한 그녀의 작업은 자가생성적 관점을 매우 풍부하게 해 왔다(Margulis 1993, 1998; Margulis and Sagan 1995, 2002).[9] 그렇지만 우리가 가이아를 자가생성적 체계로 간주해야 하는지는 어려운 문제이다. 결정적 쟁점은 우리가 분자 규모에서 행성적 규모로 전환할 때 '경계'와 '내적 반응 네트워크'가 분명한 해석을 지니는가이다. 우리는 이미 '경계'가 오직 반투성 막 혹은 피부만을 의미한다고 해석하는 것은 너무 좁다는 것을 아는 기회를 가졌었다. 오히려 중요한 것은, 체계는 체계가 작동하는 모든 영역에서 그 자체의 내적 위상학과 기능적 경계를 생산하고 조절하는 점이다. 러블록과 마굴리스는 생태권을 그 자체의 내부적 위상학과 기능적 경계를 생산하고, 능동적으로 그 자체의 경계 조건을 조절하고, 연속적으로 성분들을 생산하고 그러면 이번에는 성분들이 체계를 생산하는 대규모 체계로 간주하는 강력한 논지를 펴고 있다.

하지만 이 직관적으로 우리를 주목하게 하는 그림을 정확히 하기 위해서는, 가이아를 생산하고 실현하는 '지구생리학적' 과정에 대해 더 상세한 지식을 가질 필요가 있고, 비분자적 영역에 적용되는 세 가지 자가생성적 기준을 더 정확하게 다듬을 필요가 있다. 보긴과 스튜어트가 논급하듯이, "지구의 생태권이 실제로 진정한 자가생성적 체계인지 아닌지는 현재 미해결의 문제임에 틀림없다. 이 문제에 답하기 위해서는 완전히 정상적으로 작동하는 자가생성을 수학적으로 정의하고, 그런 다음 이 정의를 생태권의 사례에 적용하는 상당한 과제를 수행하는 일이 필요할 것이다. 그러나 단순히 생태권이 명료하게 구체화된 단일한 막을 지니지 않는다는 이유 때문에 이미 이 단계에서 이 가능성을 단연코 배제하기를 우리는 분명 원하지 않는다고 말할 수 있다"(2004, p. 337).

그의 논문 중 하나에서 러블록은 가이아를 기술하기 위해 생태적 생성 *ecopoiesis*이란 용어를 사용한다(Lovelock 1987). 이 용어는 가이아와 자가생성적 세포 사이의 유사성과 차이성을 전달하기에 딱 알맞은 것 같다. 유사성은 생태권과 세포가 자율적 체계라는 것에 기인하고, 차이성은 그들의 자율성이 형태를 갖추는 규모와 방식에 기인한다.

자가생성과 인지

마투라나와 바렐라에 따르면, "자가생성의 개념은 살아 있는 체계의 조직을 정의하기 위해 필요충분적이다"(1980, p. 82; 강조 생략). 그들은 또한 이렇게 진술한다. "물리적 공간에서 자가생성은 체계를 살아 있는 체계로 정의하기 위해 필요충분적이다"(p. 112). 이 장의 마지막 대목에서 나의 목표는 이러한 필요조건과 충분조건 주장을 평가하는 것이다.

필요조건 주장은 지금 여기의 개체적 존재가 살아 있는 체계로서 정의되기 위해서 그것은 자가생성적 조직을 실현하지 않으면 안 된다는, 즉 세 가지 자가생성적 기준을 만족시키지 않으면 안 된다는 명제로서 표현될 수 있다. 달리 말해서, 지금 여기에서 살아 있다고 불릴 만한 체계는 그 어떤 체계이든 자가생성적이지 않을 수 없다. 이 주장을 실험하거나 도전하는 방식은 반례로 추정되는 것, 즉 지금 여기에서 자가생성적이지는 않지만 살아 있다고 불릴 만한 체계를 찾아내는 것이다. 자가생성의 기준이 살아 있는 세포에 기초하고, 다세포적 유기체와 군체가 상위의 자가생성적 체계로 간주된다는 것을 고려할 때, 그러한 반례는 세포의 영역 외부로 나와야 한다. 마음에 떠오르는 두 후보는 바이러스 그리고 RNA와 DNA와 같은 복제형 분자이다.

이 장 초반에서 본 바와 같이, 바이러스는 자가생성적 기준을 충족시키지 않는다. 바이러스는 자체 내에서 그 자체의 단백질 피막protein coat 곧 핵산들을 생산하지 않는다. 오히려 핵산들은 바이러스가 주거지로 정하는 숙주세포에 의해 생산된다. 그럼에도 불구하고, 바이러스는 종종 살아 있는 것으로 기술된다. 그러므로 바이러스는 필요조건 주장에 도전을 제기하는가? 이 쟁점이 일상언어 '살아 있는'의 의미에 관한 것이 아님을 분명히 하는 것이 중요하다. 이 쟁점은 자가생성이란 이론적 개념이 생물학적 연구의 최종적 대상인 자가생성적 체계의 조직을 정의하는 데 성공하는지 여부이다. 바이러스는 분명히 미생물학적 연구의 대상이다. 그러므로 쟁점은 자가생성의 이론이 바이러스를 살아 있는 체계로 정의하지 않는 충분한 이유를 제공할 수 있는지 여부로 귀결된다.

그런 이유는 찾기 어렵지 않다. 바이러스는 산일체계dissipative system나 신진대사적 존재가 아니다. 그들은 환경과 물질이나 에너지를 교환하지 않는다. 숙주 세포 바깥에서 바이러스는 완전히 비활성이며, 전적으로 환경의 부침에 종속해 있다. 세포 내부에서 바이러스는 세포의 신진대사를 이용하지만, 그 자체의 신진대사를 전혀 지니지 않는다. 따라서 바이러스는 원핵세포 곧 박테리아나 자가촉매적 원세포와 근본적으로 상이한 종류의 물리화학적 존재이다. 자가생성 이론은 조직화적 수준에서 이 차이를 잡아내는 데 성공한다. 그런 이유로 바이러스는 자가생성이 살아 있는 체계의 조직을 정의하는 데 필요조건이 된다는 주장에 주목할 만한 도전을 제기하지 않는다.

복제형 분자는 어떠한가? 최소의 생명은 RNA와 DNA, 그리고 그들이 형성하는 분자적 구조에 의해서 규정되거나 정의될 수 있다고 주장하는 사람이 있을지도 모르겠다. 예를 들면 리보자임으로 알려진 어떤 RNA 가닥은 그 자체의 복제를 위해 촉매로 작용할 수 있다. 리보자임은 효소와 같은 촉매적 능력 및 핵산의 형판 특정성template specificity을 지니기 때문에 주목할 만하다. 시험관 안에서 리보자임은 자기복제하는 패턴을 급속히 진화하게 한다. 만약 그러한 분자가 살아 있는 것으로 기술될 만하다면, 자가생성은 체계를 살아 있는 것으로 정의하는 데 필요조건이 되지 않는다.

그러나 이 사유방식은 한 문제를 제기한다. 즉, 이 사유방식은 생명에 대한 지금 여기의 개체적 설명에서 개체군과 유전적-진화적 설명으로 암암리에 이동하고 있다. 단일한 RNA 분자는 그 자체의 복제를 촉매화하지도 않고 자연선택에 의해 진화하지도 않는다. 자가촉매적 복제는 큰 군집의 분자들을 필요로 하고, 자연선택에 의한 진화는 재생산적 개체군을 필요로 한다. 따라서 분자적 기술은 진화적, 개체군 수준에서 유래하고, 그래서 개체적 수준의 자가생성적 설명에 대한 반론으로서 힘을 지니지 않는다. 더구나 개체군과 진화적 관점은 개체적 관점을 전제한다. 즉, 정의상 개체군은 개체적 성원들로 이루어지며, 진화는 재생산적 개체를 필요로 한다. 따라서 개체군 관점은 지금 여기의 단일한 개체들의 수준에서, 특히 실험실에서 합성된 존재 혹은 초기 지구의 원세포와 같은, 유전적 유산을 지니지 않거나 유전적 물질이 결여돼 있는 개체들의 수준에서 생명을 정의할 수 없다(Luisi 1998).

이제 만약 어떤 것이 자가생성을 보인다면 이 어떤 것은 살아 있는 것이라고 진술하는 충분조건 주장으로 향해보자. 이 주장은 최근에 두 그룹에 의해 의문이 제기되어 왔다(Bitbol and Luisi 2005; Bourgine and Stewart 2004). 양 그룹이 자가생성의 중요한 주창자이고 본질적으로 동일한 주장, 즉 모든 살아 있는 체계는 자가생성적 체계이고 인지적 체계이지만, 자가생성적 체계가 반드시 인지적 체계인 것은 아니라는 주장을 내놓고 있다는 것은 의미심장하다.

이 주장은 자가생성과 인지의 관계에 대한 물음을 제기한다. 마투라나와 바렐라(1980)는 최초로 모든 살아 있는 체계는 자가생성적 체계이고 모든 자가생성적 체계는 인지적 체계라고 제안했다. '자가생성'은 살아 있는 체계의 자기생산하는 조직에 관한 것인 반면, '인지'는 환경에 대한 체계의 행동 혹은 수행에 관한 것이다. 마투라나와 바렐라(1980)에 따르면, 자가생성과 인지의 관계는 두 가지 결정적 특질을 지닌다. 첫째, 현실적인 구체적 체계에 자가생성적 조직을 예화하는 일은 체계와 환경의 인지적 관계를 수반한다. 둘째, 이 인지적 관계는 자가생성의 유지를 반영하고 또 이에 종속된다. 마투라나가 획기적인 한 초기 논문에서 이 점에 대해 다음과 같이 말했다. "인지적 체계는 조직이 체계 그 자체의 유지와 관련해서 작용할 수 있는 상호작용의 영역을 정의하는 체계이고, 인지의 과정은 이 영역에서 현실적(귀납적) 작용하기 혹은 행위하기이다. 살아 있는 체계는 인지적 체계이고, 과정으로서 살아 가는 것은 인지의 과정이다. 이 진술은 신경체계가 있든 없든 모든 유기체에 타당하다"(Maturana 1970, p. 13; 강조 생략).

보긴과 스튜어트(2004), 빗볼과 루이시(2005)는 모든 살아 있는 체계는 인지적 체계라는 명제를 받아들인다. 그들이 도전하는 것은 자가생성이 인지를 수반한다는 것이다. 보긴과 스튜어트는 그들의 3차원적 모자이크식 자동장치가 최소 자가생성적 체계라고 간주하지만, 인지적 체계라고는 간주하지 않는다. 빗볼과 루이시는 자가촉매적 미포와 소포가 최소 자가생성적 체계라고 간주하지만, 인지적 체계라고는 간주하지는 않는다. 각각의 경우에 체계는 자가촉매적으로 그 자체의 경계를 생산하지만, 능동적으로 환경과 관계를 맺지는 않는다(또한 Ruiz-Mirazo and Moreno 2004, pp. 244-245를 보라). 이런 체계들에는 미생물의 주성走性/taxic 반응, 식물의 굴성屈性/tropism, 동물의 감각운동적 활동에 비교할 만한 것이 없다. 그런 이유로 이 체계들은 마투라나와 바렐라가 '인지적 영역'—체계가 그 자체의 독자생존능력, 즉 그 자체의 자가생성을 유지하기 위해 작동하거나 행동하는, 체계의 조직에 의해 정의되는, 상호작용들의 영역 혹은 적소niche—이라 부르는 것을 지닌다고 기술되어서는 안 된다(Maturana 1970, pp. 10-11; Maturana and Varela 1980, p. 119).

보긴과 스튜어트에게 인지적 상호작용은 감각적 반응이 행위를 인도하고, 행위는 후속하는 감각적 자극을 위해 결과를 지니는, 체계가 그 자체의 독자생존능력을 유지해야 한다는 제약을 받는 상호작용이다. '감각적 반응'과 '행위'는 가령 직접적 환경 속에서 자당의 농도를 감지하고 이에 따라서 그 자체를 움직여 가는 박테리아의 능력을 포함하는 것으로 대략적으로 생각될 수 있다. 살아 있는 체계에서 독자생존능력은 자가생성을 유지하는 일을 필요로 한다. 그러나 모자이크식 자동기계의 경우 감각에 의해 인도되는 행동은 없다. 체계는, 비록 최소로 자가생성적이긴 하지만, 인지적이지 않고 그러므로 살아 있는 체계가 아니다.

빗볼과 루이시에게 "인지는 신진대사와 동등하다." 그들은 인지의 두 단계 혹은 수준을 구별한다. 첫 번째 인지의 단계는 환경에서 엄선된 성분들을 정상적인 신진대사 과정을 통해 동화하는 일에 상응한다. 두 번째 인지의 단계는 살아 있는 체계의 구조에 변화를 가져오는 새로운 요소들을 합체하는 일에 상응하는데, 이는 존재하는 신진대사에 상응하는 것이지 체계의 조직에 상응하는 것이 아니다. 그들은 첫 번째 단계를 피아제의 동화assimilation 개념에, 두 번째 단계는 피아제의 조절accommodation 개념에 배대한다. 그러나 자가촉매적 미포와 소포에 신진대사적 네트워크는 없다. 대신에 이 존재의 경계에서 발생하는 오직 단일한 유형의 자가촉매적 반응만이 있으며, 내적 수성水性 핵은 이 반응체계의 일부가 아니다. 이 화학적 체계들은 비록 자가생성적이긴 하지만, 인지의 첫 번째 단계인 신진대사적 동화에조차 도달하지 않기에, 그러므로 살아 있는 체계가 아니다.

이러한 고찰에 기초해서 빗볼과 루이시는 물론이고 보긴과 스튜어트도 자가생성은 체계가 살아 있는 체계가 되기 위한 필요조건이지만 충분조건은 아닌 데 반해, 자가생성과 인지의 결합이 필요충분조건이라고 결론을 내린다.

이 사유방식에 관해 제기될 수 있는 주요한 문제는 모자이크식 자동장치와 자가촉매적 미포와 소포가 원原-자가생성적 체계가 아니라 진정한 최소 자가생성적 체계의 자격을 실제로 받을 수 있는가이다. (물론 모자이크식 자동장치는 추상적 모형이지 실제 물리화학적 체계가 아니지만, 건축술과 동역학에 있어서 모자이크식 자동장치는 미포나 소포에 가깝다.) 우리는 최소 자가생성적 체계는 단순히 폐쇄되고 자기생산하는 경계 이상의 것을 필요로 하며, 또한 그 자체와 경계 둘 다를 재생성하고 그 경계를 통해서 체계의 외부 환경과의 상호작용을 조절하는 별개의 내적 반응 네트워크를 필요로 한다고 주장할 수 있을 것이다. 자가생성의 기준을 이렇게 해석하는 것이 아마도 마투라나와 바렐라의 본래의 이론 정립에 더 가까울 것이다. 그럼에도 불구하고, 바렐라는 자가촉매적 미포와 소포는 최소 자가생성적 체계라고 주장했다. 또한 그는 자가촉매적 미포와 소포를 살아 있는 것으로 부르기를 주저하지 않았다(Luisi 2003; Luisi and Varela 1989).

그러므로 우리는 다음과 같은 선택에 직면하고 있는 것으로 보인다. 우리는 모자이크식 자동장치나 자가촉매적 미포와 소포가 최소 자가생성의 모형이라고 주장할 수 있다. 우리는 또한 물리적 공간에서의 자가생성은 체계를 살아 있는 체계로 정의하는 데 필요조건이지 충분조건은 아니라고 말할 수 있다. 아니면 우리는 이 모형들이 자가생성적이 아니며 오직 원原-자가생성적일 뿐이라고 주장할 수 있다. 왜냐하면 자가생성은 그 자체와 경계 모두를 재생성하고, 그 경계를 통해서 체계의 외부 환경과의 상호작용을 조절하는 별개의 내적 반응 네트워크를 필요로 하기 때문이다. 이 선택지에 따를 때, 물리적 공간에서의 자가생성은 인지적 체계임을 수반하고, 체계를 살아 있는 체계로 정의하기 위해 필요충분조건이다.

이 맥락에서 인지가 무엇을 의미하는지를 상기해보자. 인지는 체계 그 자체가 자율성에 기초해서 창출하거나 산출하는 의미와 규범과 관련된 행동 혹은 수행이다(4장을 보라).[10] 그러므로 이 쟁점을 우리 앞에 놓는 또 다른 방식은 자가생성이 인지에 대해 충분조건인가이다. 만약 자가생성이 외부 환경과 능동적 상호작용을 포함하지 않는 최소 부류의 내적 자기생산을 의미한다고 좁게 생각한다면, 자가생성은 인지에 충분조건이 아니다. 하지만 만약 자가생성이 환경과 관련해서 건설적이고 상호작용적인 과정들에 충분한 내적 자기생산을 의미한다고 넓게 생각한다면, 자가생성은 인지를 내함한다.

나는 주제넘게 이 문제를 확정할 생각이 없다. 나는 과학자들이 어떤 방식이든 그들의 연구를 위해 가장 생산적인 방식으로 해결할 수 있도록 놓아두겠다. 내 목적을 위해서는 어떠한 살아 있는 체계도 자가생성적 체계이고 인지적 체계이다 하고 주장하는 것으로 충분하다. 왜냐하면 이 명제는 생명과 마음의 깊은 연속성을 설립하기 위해 충분하기 때문이다. 우리 앞에 놓여 있는 과제는 이 깊은 연속성을 더 많이 상세하게 검토하는 것이다.

6장 생명과 마음

유기체의 철학

만약 자가생성과 인지가 생명과 비생명을 구별하는 기준이라면, 생명을 이해하는 기획과 마음을 이해하는 기획은 연속적인 관계에 있다. 생명과 마음의 이 깊은 연속성은 생물학과 심리과학에 못지않게 철학에도 유효하다. 한스 요나스Hans Jonas는 1966년에 간행된 저서, 『생명의 현상*The Phenomenon of Life*』 서문에서 다음과 같이 썼다.

> 생명 철학은 유기체의 철학과 마음의 철학으로 이루어져 있다. 이는 그 자체 생명 철학의 최초의 명제, 실은, 실행 과정 속에서 이를 입증하지 않으면 안 되는 생명 철학의 가설이다. 범위를 진술한다면 이는 유기적인 것은 그 가장 낮은 형태에서조차 마음을 예상하고, 마음은 그 가장 높이 닿는 곳에서조차 여전히 유기적인 것의 일부로 남아 있다는 주장에 못지않은 것을 표현하기 때문이다. (1966, p. 1)

생명은 마음을 예상하고 마음은 생명에 속한다는 명제는 심리과학에서 생명과 마음의 강한 연속성 명제로 불리어 왔고(Godfrey-Smith 1996; Wheeler 1997), 혹은 내가 그렇게 부르기를 선호하는 것처럼 생명과 마음의 깊은 연속성으로 불리어 왔다. 이 명제에 따르면, 생명과 마음은 일단의 기본적인 조직적 속성들을 공유하고, 마음을 특징짓는 조직적 속성들은 생명에 근본적인 속성들의 풍부한 버전이라는 것이다. 마음은 생명과 같고, 생명은 마음과 같다. 앤디 클라크Andy Clark는 이 명제를 이렇게 기술한다. "만약 가령 생명의 조직을 이해하는 데 필요한 기본 개념들이 자기조직화, 집합적 동역학, 순환적 인과 과정, 자가생성 등으로 판명된다면, 또 **바로 그 동일한 개념들과 관념들이** 마음을 올바르게 과학적으로 이해하는 데 중심적이라는 것이 판명된다면, 강한 연속성의 명제는 참일 것이다"(Clark 2001, p. 118; 원문 강조).

그러나 생명 철학에 관한 요나스의 명제는 깊은 연속성 명제의 주창자들이 그다지 잘 탐색하지 않는 더 많은 생각을 표현하고 있다. 이 생각은 생명과 마음의 연속성은 조직적이거나 기능적이거나 행동적일 뿐만 아니라 현상적이라는 것이다. 달리 말해, 이 연속성은 인지적 측면은 물론이고 심적 삶mental life의 주관적이고 경험적인 측면들을 포함한다는 것이다. 요나스에게 인간의 경험을 이해하는 데 필요한 어떤 기본 개념들은 생명 그 자체에 적용될 수 있는 것으로 드러난다. "인간이 그 자신 속에서 발견하는 큰 모순들—자유와 필연성, 자율성과 의존성, 자아와 세계, 관계와 고립, 창조성과 필멸성—은 생명의 가장 원초적 형태들에서조차 초기적인 흔적을 지니며, 각각 존재와 비존재 사이에서 불안정하게 균형잡혀 있고, 각각 '초월'의 내적 지평이 이미 부여되어 있다"(1966, p. ix).

생명과 마음의 깊은 연속성에 대한 이 사상이 이 장의 주제이다. 내 목표는 유기체의 철학과 마음의 철학(=심리철학) 사이에 다리를 놓기 위해 자가생성의 이론을 활용하는 것이다. 이 길을 따라갈 때 주관성과 경험이 어디에 놓여 있는지, 또 생명 철학에서 현상학이 어떤 역할을 해야만 하는지가 우리가 이 길을 따라가며 살펴보아야 하는 문제들이다.

칸트와의 연관

나의 출발점은 1790년에 최초로 간행된 『판단력 비판*Critique of Judgment*』에서 칸트가 행한 유기적 자연에 대한 고전적 논의와 관련해서 자가생성의 이론을 검토하는 것이다(Kant 1987). 칸트는 자기조직화하는 존재로서의 유기체에 대한 독창적이고 선견지명이 있는 설명, 자가생성의 이론과 많은 방식에서 가까운 설명을 제공했다. 그러나 칸트는 또한 우리가 유기적 자연에 대해 제공할 수 있는 종류의 과학적 설명에 의미심장한 한계들이 있다고 생각했다. 나는 자가생성의 이론이 그가 부닥쳤던 어려움을 해결할 수 있다는 점을 보여주고자 한다.

칸트는 우리 인간들은 유기적 자연을 기계적으로 설명해서는 안 되고, 이를 목적론적으로, 즉 목표*end* 혹은 목적*purpose* 개념을 이용해서 설명해야만 한다고 생각했다. 칸트적 모형의 기계론적 설명은 목적론을 위한 자리가 없는 뉴턴 물리학이었으며, 그는 우리가 언젠가 기계론적 용어로 유기체를 이해할 수 있게 될지도 모른다고 가정하는 것은 터무니없다고 생각했다. 따라서 한 유명한 대문에서 그는 이렇게 썼다. "왜냐하면 자연의 단순히 기계론적 원리들에 의한다면 우리는 조직화된 존재들에 그리고 그런 존재들이 내적으로 가능한 방식에 적당하게나마도 친숙해질 수도 없고, 하물며 설명할 수도 없다는 것은 꽤 확실하기 때문이다. 그래서 우리는 인간 존재들이 심지어 단 한 가닥의 풀이 생기는 방식을 어떠한 의도에 의해서도 지시를 받지 않는 자연법칙의 용어로 언젠가 우리에게 설명하게 될 또 다른 뉴턴이 생겨날지도 모른다고 희망하는 것, 혹은 심지어 기도하는 것조차 터무니없다고 대담하게 진술할 수 있겠다"(Kant 1987, pp. 282-283).

칸트의 논점은 자연에 대한 기계론적 설명이 진보할 수 있고 진보하리라는 점을 부정하는 것이 아니다. 오히려 논점은 목적론은 그림에도 불구하고 다음과 같은 이유 때문에 계속 필수불가결한 것으로 남아 있게 될 것이라는 점이다(Cornell 1986). 첫째, 존재를 유기체로 기술한다는 것은 유기체를 본질적으로 목적론적인 것으로 이해한다는 것이다. 왜냐하면 유기체는 자기조직화하는 존재, 즉 그 자체가 원인이면서 결과인 조직화된 존재이기 때문이다. 둘째, 이 목적론적 이해방식은 기계론(무생명적 물질세계의 작용인과론efficient causation) 개념 하에 복속될 수 없으니, 이 둘(=목적론과 기계론)은 원리적으로 공약 불가능하다. 마지막으로, 생물학에서 작용인efficient cause에 대한 이해를 확장할 때 어떠한 확장이든 항상 유기체의 목적론적 체재 내에 자리 잡도록 해야 한다.

우리는 이 추론이 오늘날 생물학에서 어떻게 해야 잘 이루어지는지 물어볼 필요가 있다. 우리 시대에 기계론적 설명 대 목적론적 설명의 쟁점은 더 복잡하다. 고전적인 기계론적 설명은 뉴턴적 의미에서 엄격하게 기계론적이지도 않고, 목적론적이지도 않은 형태의 설명에 의해 물리학(양자 이론과 상대성 이론)에서 대체되어 왔다. 다른 한편으로 기계론적 설명은 생물학, 뉴다윈주의 진화이론, 분자생물학에서 훨씬 더 정교하게 설명되어 왔고, 동역학적 복잡체계 이론에 의해 변형되어 왔다. 동시에, 생물학자와 철학자는 전통적 플라톤이나 아리스토텔레스의 목적론의 구성요소들—즉, (미래의 목적 상태에서 이 목적 상태로 이끄는 사건들로 향하는) 역방향 인과관계, (의식적인 목적을 지시하는) 의인법, (비물질적 힘에 호소하는) 생기론—을 포함하지 않는 '목적률적teleonomic' 혹은 기능주의적 형태의 설명을 개략적으로 서술해 왔다(Lennox 1992).

이러한 진전들을 고려해볼 때, 우리는 칸트의 『판단력 비판』 약 70년 후인 1859년에 제기된, 자연선택에 의한 다윈의 진화이론이 실로 "단 한 가닥의 풀이 생기는 방식을 어떠한 의도에 의해서도 지시를 받지 않는 자연법칙의 용어로 우리에게 설명했고," 따라서 다윈은 '한 가닥 풀의 뉴턴'이 될 수 있었다고 생각하는 사람이 있을지도 모르겠다. 어떤 의미에서 이 생각은 올바르다. 왜냐하면 최초에 제기된 다윈의 이론은 완전히 뉴턴주의적 성격을 띠고 있었기 때문이다(Cornell 1986). 베버와 드퓨(1996)가 말하듯이, 처음에 다윈은 자연선택을 뉴턴의 고전역학에서 유래한 체재 내에서 이해했다. "적응적 자연선택은, 다윈이 라이엘Lyell을 따라 '동물의 더디게 의지함'으로서의 적응이라고 편견을 갖고 말하는 경향이 있었던 내생적 경향의 해결로서가 아니라, 충격을 가하는 외적 힘들(결핍)에 의해 관성적 경향(맬더스 재생산malthusian reproduction)이 제약되는 과정으로 묘사된다(조셉 후커에게 보낸 다윈의 편지, 1844년 1월 11일…)"(Weber and Depew 1966, p. 35).

그렇지만 다윈은 한 가닥 풀의 뉴턴이 아니었다는 견해를 지지하는 논지가 개진될 수 있다. 칸트의 관심은 살아 있는 존재의 최종적 조직화이었지만, 자연선택에 의거하는 다윈의 진화이론은 생물학적 개체 수준의 조직화에 대해 어떠한 설명도 제공하지 않는다. 하지만 이 이론은 생물학적으로 조직화된, 재생산하는 개체를 전제하지 않으면 안 된다. 더구나 다윈의 뉴턴주의적 체재는 설계가 외적 힘으로 이해되는 자연선택에서 일어나기 때문에 유기체의 내생적 자기조직화를 다루지 않는다. 유기체의 자율성에 뿌리를 둔 발달과 진화의 이 측면은 다윈주의적 전통이 제공하지 않는 공구들로 현대 생물학에서 재발견되어야 했다. 이러한 이유 때문에 칸트의 쟁점들은 다윈에 호소함으로써 풀릴 수 있는 것이 아니며, 생물학적 자기조직화의 이론과 관련해서 해결되지 않으면 안 된다.

칸트의 유명한 "목적론적 판단력의 이율배반"을 검토하는 것으로 시작해 보겠다(Kant 1987, §§70-71). 칸트는 자연과학을 충돌하는 것처럼 보이지만 화해할 수 있는 두 가지 탐구의 격률 혹은 원리에 의지하는 것으로 제시한다. 이 탐구의 원리들이 우리에게 대상 그 자체의 구성에 관해서 말해주는 원리들이 아니라 자연에 대한 우리의 탐구를 조절하거나 인도하는 원리들로서 엄밀하게 이해되는 한에서 그렇게 보고 있다. 첫 번째 기계론적 원리에 따르면, "물질적인 사물들과 이 사물들의 형식의 모든 생산은 단지 기계론적 법칙에 의해서만 가능하다고 판단되어야만 한다"(Kant 1987, p. 267). 두 번째 목적론적 원리에 따르면, "물질적 자연의 어떤 산물들은 단지 기계론적 법칙에 의해서만 가능하다고 판단될 수 없다.(이 산물들을 판단하려면 아주 다른 인과적 법칙, 즉 목적인의 법칙이 필요하다)"(p. 267). 기계론적 법칙들은 오직 물질과 작용인과성의 근본적 속성들을 포함할 뿐이다. 따라서 태양계는 기계론적으로 설명 가능하다. 왜냐하면 우리는 태양계의 존재 — 태양과 행성들의 형성과 운동들 — 를 기계론적 법칙에 따라 작동하는 물리적 과정에서 끌어낼 수 있기 때문이다. 하지만 자연의 다른 산물들, 특히 식물과 동물은 '조직화된 존재들'이고, 우리는 단지 기계론적 법칙에 의해서만은 구조와 작동방식에서 식물과 동물이 내보이는 조직화를 해명할 수 없다. 달리 말해서, 우리는 그들의 조직화된 성격을 비조직화된 물질의 기본적 속성들에서 끌어내는 방법을 알지 못한다. 따라서 우리는 유기체를 목적론적으로, 즉 목표 혹은 목적으로 해명하지 않을 수 없다.

칸트는 목적을 "우리가 한 개념을 대상의 원인으로 간주하는 한에서 이 개념의 대상"으로 정의한다(pp. 64-65). 목적의 경우에, "우리는 대상 그 자체(대상의 형상form, 혹은 대상의 실존existence)를 결과의 개념을 통해서만 가능하게 되는 그 결과로 생각한다"(p. 65). 따라서 설계의 산물은 무엇이든 목적이다. 즉, 우리는 설계된 목적을 오직 개념 혹은 이념, 설계 혹은 계획 덕분에 가능하게 되는 결과로… 생각한다. 달리 말해서, 원인의 작용은 결과의 이념에 기초한다. 하지만 이 목적 개념은 설계의 산물이나 의도적으로 창조된 인공물에 제한되지 않는다. 이 목적 개념은, 만약 우리가 물체가 "목적들에 따라 작동하는 인과성"에 의해, 즉 "일정한 규칙의 표상"(p. 65)에 따라 사물들을 배열하는 인과성에 의해 생산된다고 가정하지 않는다면, 우리가 이해할 수 없는 가능성을 지닌 모든 대상에 적용된다.

칸트는 이런 의미에서 유기체들은 목적들이라고 주장한다. 우리는 기계론적 법칙에 의해 유기체의 조직화된 성격을 설명할 수 없고, 유기체가 목적론적 인과성에 따라 생산된다고 가정할 때에만 그들의 가능성을 이해할 수 있다. 우리는 유기체를 기계론적으로 설명할 수 없다. 왜냐하면 유기체의 조직화된 형식은 비유기적 자연의 기계론적 법칙에 의거해서 볼 때 우연적이지 필연적이지 않다. 그런 이유로 이 기계론적 법칙들은 유기체를 설명하기에 충분하지 않고, 그래서 우리는 다른 종류의 목적론적 원리를 필요로 한다.

> 왜냐하면, 예를 들어 우리가 어떻게 새의 뼈는 비어 있는지, 어떻게 새의 날개는 운동을 산출하도록 또 새의 꼬리는 조정을 할 수 있도록 배치되는지 등등에 관해서 새의 구조를 지적할 때, 만약 단지 자연의 작용 인과관계nexus effectivus에 의해 진행하고 특수한 종류의 인과성 즉 목적의 인과성(목적 인과관계the nexus finalis)에 의지하지 않는다면, 우리는 이 모든 것이 전적으로 우연적이라고 말하고 있는 것이기 때문이다. 다른 말로 하면, 단지 기계장치로 간주되는 자연은 목적들의 원리에 의해서 정확히 통일체를 떠올리지 않고도 수천 가지 방식으로 다르게 그 자체를 구조화할 수 있었을 것이라고 말하고 있는 것이기 때문이다. 그래서 우리는 만약 자연의 개념 안이 아니라 자연의 개념을 넘어 통일체를 추구하지 않는다면, 이 통일체를 위한 선험적 기초를 발견하리라고는 조금도 희망할 수 없다. (Kant 1987, p. 236)[1]

이 사유방식은 유기체와 인공물 사이의 유사성—하지만 보게 되겠지만 이는 제한된 유사성이다—을 포함한다. 기계론적 법칙에 의거해서 볼 때 시계와 같은 인공물의 조직도 또한 우연적이다. 시계의 형성을 설명하기 위해 우리는 물질의 기본적 속성들과 작용적 인과성에만 호소할 수 없다. 우리는 또한 설계를 언급할 필요가 있는 것이다. 그러나 이 유사성에서 유기체를 신적 인공물로 보는 논거를 찾아낸 19세기 영국 자연신학자 윌리엄 페일리(Paley 1996)와는 달리, 칸트는 유기체는 자연적 산물이지 신적 설계의 산물이 아니라고 주장했다. 유기체는 기계론적으로 해명될 수 없고 또 목적으로 간주되어야만 하지만, 인공물과는 달리 유기체는 자연적 목적이다. 유기체들은 어떤 외적인 이성적 행위자에 의해서가 아니라, 그들 자신의 형성적 힘에 의해서 야기된다.

칸트는 두 종류의 목적성 곧 '내재적 목적성intrinsic purposiveness'과 '상대적 목적성relative purposiveness'을 구별한다(Kant 1987, §63). 내재적 목적성은 직접적으로 목적으로(즉, 그 결과의 이념을 통해서만 가능하게 되는 결과로서) 간주되는 결과에 속하는 반면, 상대적 목적성은 결과가 어떤 목적에 대한 수단으로서 가지는 유용함 혹은 이익이다. 칸트는 "식물이 자랄 수 있는 모든 종류의 토양을 운반하는 강들(1987, p. 245)", "서리로부터 작물을 보호하고" "사람들이 (썰매를 타고) 모이는 것을 더 쉽게 만드는" 추운 땅의 눈을 언급한다(p. 247). 하지만 그는 자연적 산물이 인간에게 유용하기 때문에 목적이라는 사고를 철저히 거부한다. 자연적 목직인 유기체의 경우 목적성은 상대적이거나 외재적이 아니라 내재적이다. 즉, 유기체의 목적성은 개념 혹은 이념에 명백하게 일치함 속에서 유기체가 조직화된 존재라는 것에 기초하지만, 유기체를 그 자체로 향하는 목적으로 만드는 존재라는 것에 기초하는 것이다.

칸트는 처음에 자연적 목적을 다음과 같은 방식으로 정의한다. "만약 사물이 그 자체의 원인이면서 결과라면, 사물은 자연적 목적으로서 존재한다(비록 두 가지 다른 의미에서 '그 자체의'일지라도)"(1987, p. 249). 그가 드는 예는 나무이다. 나무는 잇따른 세대들을 걸쳐 번식하므로, 각 세대는 선행하는 세대의 결과이고 후속하는 세대의 원인이다. 따라서 나무 종은 그 자체의 원인이고 결과이다. 개체적 실체로서 나무는 성장과 세대를 통하여 그 자체를 생산한다. 더욱이 나무의 각 부분은 이를 보존하기 위해 다른 부분들에 의존하고, 이렇게 해서 각 부분은 다른 부분과 상호의존하며 그 자체를 생산하는 것이다.

칸트는 사물이 자연적 목적이 되기 위한 두 요건을 진술함으로써 그의 설명을 확장한다. 첫째, "(한 사물의 실존과 형상과 관련해서) 이 사물의 부분들의 가능성은 전체에 대한 이 부분들의 관계에 의존하지 않으면 안 된다"(1987, p. 252). 만약 한 사물이 목적이라면, 이 사물의 이념은 이 사물의 생산을 위한 기저를 이루는 조건이고, 이 이념은 이 사물 속에 있는 모든 것, 특히 전체와 관련한 부분들의 조직화를 선험적으로 결정하지 않으면 안 된다. 하지만 칸트는 만약 무언가가 오직 이 요건만을 충족시킨다면 이 무언가는 단지 인공물일 뿐이지 자연적 목적은 아니라고 적고 있다. 왜냐하면 무언가가 자연적 목적이 되기 위해서는 두 번째 요건이 충족되어야만 하기 때문이다. "이 두 번째 요건은 사물의 부분들은 호혜적으로 이 부분들의 형상의 원인과 결과이기 때문에 결합되어 전체의 통일체가 된다는 것이다"(1987, p. 252). 그는 이 요건들을 한 단락 뒤에서 다시 진술한다. 첫째, 모든 부분은 다른 부분들과 전체를 위해 존재한다. 하지만 이 조건은 또한 인공물에도 해당되기 때문에 충분하지 않다. 시계에서 각 부분은 다른 부분들을 위해 존재한다. 그렇기 때문에 두 번째 요건이 있다. "우리는 각 부분이 다른 부분들을 생산하는 (이렇게 해서 각 부분이 다른 부분들을 호혜적으로 생산하는) 기관으로 생각해야만 한다. … 한 산물이 그 조건을 [또한] 만족시키기만 한다면, 오직 이 이유 때문에 이 산물은 조직화된 존재이면서 자기조직화하는 존재일 터이고, 그러므로 자연적 목적이라 불릴 수 있다"(1987, p. 253; 원문 강조).[2]

인공물과 자연적 목적 사이의 이 차이는 중요하다. 인공물의 경우 각 부분은 전체에 대한 부분의 관계에 의존한다. 왜냐하면 전체의 이념이나 개념은 전체의 생산에 인과적 역할을 하기 때문이다. 이 이념이나 개념은 지성적 설계자의 마음속에 존재의 외부에 거주한다. 그러나 유기체는 자연적 산물이지 인공물이 아니기에, 유기체를 생산하는 원인은 유기체 내에 거주한다. 유기체는 자기생산하고 자기조직화한다. 왜냐하면 유기체의 각 부분들은 호혜적으로 다른 부분들을 생산하기 때문이다. 따라서 우리는 유기체의 이념이나 개념이 유기체 그 자체의 원인이라고 간주할 수 없다. 왜냐하면 그것은 유기체가 인공물이지 자연적 산물이 아니라고 간주하는 것을 의미하기 때문이다. 오히려 우리는 유기체의 이념을 우리가 유기체를 인지하는 지반으로 받아들여야만 한다. 즉, 우리는 유기체의 이념을 유기체를 조직화된 존재로서 인지하고, 유기체의 구조와 작동을 통일된 방식으로 파악할 수 있는 우리의 능력의 기반으로 보아야만 한다. 따라서 칸트가 자연적 목적에서는 "사물의 부분들은 호혜적으로 이 부분들의 형상의 원인과 결과이기 때문에 결합되어 전체의 통일체가 된다"는 두 번째 조건을 도입할 때, 그는 곧바로 다음을 덧붙여 말한다. "왜냐하면 오직 이 방식으로만 전체의 이념이 다른 모든 부분들의 형식과 결합을 원인으로서가 아니라 —왜냐하면, 그렇다면 전체는 기술의 산물일 것이기 때문이다—, 이 전체를 판단하는 누군가가 주어진 물질에 내포된 모든 다양의 형상과 결합 속에서 체계적 통일을 인지하는 기반으로서 역으로 (또 호혜적으로) 결정하는 것이 가능하기 때문이다"(1987. p. 252).

유기체를 자연적 목적과 자기조직화하는 존재로 보는 칸트의 설명은 우리가 유기체를 기계론적으로 설명할 수 없다는 그의 주장의 기저를 이루고 있다. 우리는 그가 유기체의 구조와 작동은 물질의 기계론적 법칙에 의거해서 볼 때 우연적인 것으로 보인다고 주장하는 것을 보아 왔다. 그렇기 때문에 우리는 단순히 운동 중인 물질의 법칙에 의해서 유기체를 설명할 수는 없다. 오히려 우리는 유기체를 목적으로 간주해서 이를 목적론적으로 설명해야만 한다. 목적purpose에서는 각 부분이 다른 부분들을 위해 존재하고, 따라서 부분들은 서로 간에 호혜적으로 목적end과 수단means으로 관계한다. 우리는 이 상호적 관계가 운동 중인 물질의 필연적 결과라고 설명할 수 없다. 하지만 목적론적 설명을 위한 이 이유는 또한 인공물에도 해당된다. 즉, 시계에서 각 부분은 다른 부분들을 위해 존재하고, 따라서 부분들은 목적과 수단으로서 서로 간에 관계한다. 그러나 유기체는 단순히 목적이 아니라 자연적 목적이다. 이 경우 부분들은 다른 부분들을 위해 존재할 뿐만 아니라 또한 이 부분들은 서로를 생산하고 서로를 수리하며, 또 일반적으로 서로를 위해 존재한다. 우리는 기계론적 작용 인과관계에 의해서는 이 자기생산의 상호적 인과성을 이해할 수 없다. 그렇기 때문에 우리의 대안은 이 인과관계가 목적적 설계를 표현하는 것이긴 하지만 이를 외재적이거나 상대적이지 않고 내재적이어야만 하는 목적성을 표현하는 것으로 보는 것이다.

따라서 유기체들은 목적들이기에 목적론적으로 이해되어야 할 필요가 있을 뿐만 아니라 또한 자연적 목적으로서—자기생산하고 자기조직화하는 존재로서—근본적으로 기계와 다르기 때문에, 기계론적으로 해명될 수 없다(1987, p. 253). 기계는 목적이긴 하지만, 물질적 부분들은 이 부분들이 결정하는 전체에서 논리적으로 독립해 있고, 시간적으로 이 전체에 선행하는 목적이다. 그러나 유기체에서 부분들은 전체에서 논리적으로 독립해 있지 않으며, 시간적으로 전체에 선행하지 않는다. 부분들은 이 부분들이 전체 속에서 현존할 때 결정되고, 또 전체에서 독립해서는 가질 수 없는 속성들을 갖는다. 기계는 그 자체를 부분들로 분해함으로써 설명될 수 있는 데 반해, 유기체를 설명하기 위해서 우리는 유기체를 모든 부분들의 형상과 결합을 호혜적으로 결정하는 통일된 전체로 파악할 필요가 있다(1987, pp. 252-253).

칸트의 자기조직화의 이해방식과 현재의 과학적 자기조직화의 이해방식 사이의 유사성은 주목할 만하다. 알리샤 주아레로Alicia Juarrero는 이렇게 쓰고 있다. "우리가 칸트에서 예상하고 있는 것은 성분들을 이해하는 것으로 환원될 수만은 없는 창발적 속성들을 지닌 체계적 수준의 조직에 대한 인식, 즉 초기적인 체계 이론이다"(Juarrero-Roqué 1985, p. 111). 특히 각 부분이 다른 부분들을 호혜적으로 생산하는, 유기체의 독특한 자기생산적 성격에 대한 칸트의 인식은 자가생성 개념을 예상하고 있다(Weber and Varela 2002).

그렇지만 칸트의 견해는 자기조직화는 자연주의적으로 이해될 수 없다는 것이다. 유기체의 통일을 이해하기 위해서 우리는 "자연 개념 안에서가 아니라 자연 개념 너머에서 유기체의 통일을 추구해야만" 한다(1987, p.

236). 자기조직화는 결국 자연주의적으로 이해할 수 있는 것이 아니다. 자기조직화는 설계에 따르는 것처럼 진행되는 자기생산의 상호적 인과성을 포함하는데, 이때 이 설계는 유기체 그 자체에 내재하지 외적 설계자의 마음속에 거주하는 것이 아니다. 칸트는 "엄격하게 말해서, 자연의 조직은 우리가 알고 있는 인과성과는 어떠한 유사한 점도 가지고 있지 않다"고 쓰고 있다(p. 254).

칸트의 견해는 미묘하다. 비록 기계론과 목적론이 모두 우리의 자연 탐구에 필수불가결하지만, 우리는 그 자체의(=즉자적) 자연이 목적적이라든가, 아니면 목적론은 단지 기계론적 실재에 대한 인간의 환영적인 투사에 불과하다든가 하고 가정할 수는 없는 것이다. 우리는 부분이 그 자체의 작용적 인과성 속에서 단독으로 존재한다고 고찰하느냐, 아니면 전체로서의 유기체 속에서 그 자체의 역할을 행사한다고 고찰하느냐에 따라, 기계론적 사유와 목적론적 사유에 의존할 필요가 있다. 코넬Cornell이 진술하듯이, "생명의 '배후에' 존재하면서 생명의 기본적인 목적적 성질에 '원인이 되는 causing' 것이, 만약 그런 것이 있다면, 무엇인지 우리는 도저히 알 수가 없는 것이다. 이 인식론적 한계 때문에, 결국 기계론과 목적론의 원리는 공약 불가능하지만 살아 있는 자연을 이해하고 탐구하는 데 둘 다 필요한 두 사유양식만을 표현하기 때문에, 칸트는 생명에 대한 전적으로 기계론적 설명이 곧 마련되는 일은 없으리라는 것이 '의심할 여지없이 확실하다'고 반복해서 말했다"(1986, p. 408).

여기에서 칸트의 '구성적' 개념과 '규제적' 개념의 구분이 중요하다. 거칠게 말해서, 구성적 개념은 어떤 것이 무엇인지를 우리에게 말해주고 그래서 우리의 지식을 이루는 반면, 규제적 개념은 탐구를 규제하고 인도한다. 칸트에게 자연적 목적 개념은 구성적이 아니라 규제적이다. 자연적 목적 개념은 유기적 자연에 대한 우리의 탐구를 인도하고, 우리가 조직화된 자연의 산물 곧 유기체의 구조와 작동을 파악할 수 있도록 해준다. 달리 말해서, 자연적 목적 개념은 발견적heuristic이지 설명적explanatory이지 않다. 우리는 유기체 혹은 조직화된 존재 전체의 이념을 유기체 그 자체의 원인이라고 생각하지 않는다(그렇다면 유기체는 인공물이지 자연적 목적이 아닐 것이기 때문에). 오히려 우리는 통일된 방식에서 유기체를 파악하기 위한 우리의 능력의 지반으로서 전체의 이념에 의존한다(1987, p. 252).

칸트는 "그 자체로 자연적 목적인 사물 개념은 지성이나 이성의 구성적 개념이 아니다. 하지만 이 자연적 목적인 사물 개념은 반성적 판단을 위한 규제적 개념일 수 있다. 이 규제적 개념은 일반적으로 목적들에 의해서 우리가 우리 자신의 인과성과의 먼 유비를 활용하도록 허용해서, 조직화된 대상들에 대한 우리의 탐구를 인도하고, 이 대상들의 종국적 기반과 관련해서 중재한다"고 진술한다(1987, p. 255). 이 '먼 유비'를 기초로 해서 우리는 다음과 같은 격률 혹은 원리에 따라 목적론적으로 유기체를 이해한다. "조직화된 자연의 산물 이 속에서는 모든 것이 목적이고 또한 호혜적으로 수단이다"(1987, p. 255). 이 원리로부터 칸트는 필연적 결과로서 다음과 같은 진술을 이끌어낸다. "그러한 산물에서 어떠한 것도 무상無償이거나 무목적이거나 혹은 맹목적인 자연적 기계론으로 귀결되는 것은 없다"(p. 255). 이 원리와 그 필연적 결과는 또한 규제적이지 구성적이지 않으며, 목적론적 체재가 주어진 그러한 가정들 위에서 진행해야 한다는 것을 우리에게 알려준다. 이렇게 해서 "우리는 자연과학을 상이한 원리 곧 목적인의 원리에 의해서 확장하지만, 자연의 인과성 속의 메커니즘의 원리를 손상시키지 않고서 그렇게 하는 것이다"(1987, p. 259).

칸트의 목적론 문제는 의식과 자연 사이의 설명적 간극의 문제와 밀접하게 관련돼 있다. 무언가를 유기체로 이해하는 것은 이를 자연적 목적, 자기조직화하는 존재로 이해하는 것이다. 하지만 이 이해방식은 자연주의적 용어로는 해명될 수 없으며, 목적에 대한 우리 자신의 인간적 경험에 대한 유비에 기초한다. 칸트는 목적론과 기계론이 "자연 그 자체의 내적 기반에… 하나의 원리에 연결되어 있을지도 모른다"는 것을 용인하지만(1987, p. 268), 그러나 그는 인간 이성은 이 숨어 있는 통일을 이해할 수 없다고 믿는다. 이 견해는,

비록 의식은 전적으로 자연적 현상이지만 의식을 자연주의적으로 설명하는 데 필요한 개념들은 우리의 인간 이해력을 넘어서 있다고 믿는 오늘날의 '새로운 신비주의자들New Mysterians'의 견해와 다르지 않다(McGinn 1991).

이제 우리는 칸트의 설명이 오늘날 생물학과 관련해서 얼마나 성취했는가 하는 물음으로 돌아갈 수 있다. 칸트는 인간 이성은 자기조직화의 인과성을 이해할 수 없다고 믿었지만, 과학적 상황은 그의 시대 이후로 급격하게 변화해 왔다. 우리는 지금 자기조직화하는 복잡체계의 과학의 출발을 보고 있다. 자가생성의 이론이 특히 칸트의 설명과 관련이 있는데, 왜냐하면 이 이론은 칸트가 그의 유기체 이해에 중심이 되게 한 바로 그 특징 즉 자기생산하는 조직에 상세한 과학적 정의를 제공하기 때문이다. 여기에 두 종류의 과학적 진보가 결정적이 되어 왔다. 첫 번째 진보는 분자적 자기생산 체계를 살아 있는 세포 내에서 상세하게 사상寫像하게 된 것이다. 우리는 이제 세포 내의 유전적 체계와 효소적 체계가 호혜적으로 서로를 생산하는 많은 방식을 이해할 수 있다. 두 번째 진보는 비선형적 동역학 체계에서 자기조직화를 분석하기 위한 수학적 개념과 기법을 발명하게 된 것이다. 둘 중 어떠한 진보도 칸트의 시대에는—혹은 다윈의 시대에도—예견될 수 없었다.

칸트의 설명을 위한 이러한 진보들이 함의하는 것은 의미심장하다. 자가생성적 체계는 자연적 목적, 즉 부분들이 호혜적으로 서로를 생산하고 그래서 그 자체의 원인과 결과로 존재하는 어떤 것에 대한 칸트의 정의를 만족시킨다(Juarrero-Roqué 1985, pp. 118-119; Weber and Varela 2002). 자가생성적 체계에서 막과 내적 반응 네트워크의 연속된 존재는 그들의 상호적 자기생산 덕분에 가능하다. 선형적인 고전적 기계론의 견지에서 볼 때 이 자기생산이 매우 놀라운 것은, 국소적 과정들이 단지 국소적이고 독립적인 동일성을 더 이상 지니지 않도록 자기영속화하는 전체가 이 과정들을 포괄하는 동안 바로 이 과정들에서 이 전체가 창발한다는 점이다. 칸트가 접할 수 없었던 것은 바로 이 순환적 인과관계와 비선형적 창발의 견해이다.

이 자기조직화의 현대적 이해는 자기조직화는 자연의 구성적 원리가 아니라 오직 우리 판단의 규제적 원리일 뿐이라는 칸트의 견해에 대한 지지를 철회하는가? 이 물음에 답하기 위해서는 주의가 요구된다. 한편으로, "자연의 조직은 우리가 알고 있는 인과성과는 어떠한 유사한 점도 가지고 있지 않다"(1987, p. 254)는 칸트의 진술은 순환적 인과성, 비선형적 동역학, 자기조직화하는 체계에 대한 우리의 늘어나는 이해 덕분에 더 이상 설득력이 있어 보이지 않는다. 현금의 많은 과학자들은 생물학적 자기조직화의 필연적 원리들이 존재한다고 믿고 있다.[3] 과학의 진보는 자기조직화를 자연 그 자체의 구성적 원리로뿐만 아니라 단순히 자연에 관한 우리의 판단의 규제적 원리로도 간주할 만한 설득력 있는 이유가 더 이상 없어 보이도록 칸트가 본 바대로의 이성의 한계를 더 멀리 밀어붙이는 것처럼 보인다(Juarrero-Roqué 1985).

다른 한편으로, 칸트의 비판적 인식론적 논점 — 우리는 기계론이나 목적론적 설명에 의해 '자연 자체의 내적 기반'에 관한 결론을 이끌어낼 자격을 받지 못했다는 논점 — 은 여전히 어떤 힘을 지닌다. 하지만 이 힘은 초월론적 수준의 분석에서 작동하기 시작한다. 이 수준에서, 과학적 대상으로서의 자연은 더 이상 소박하게 당연한 것으로 간주될 수 없다. 오히려 자연은 자연이 개시開示되는 과학적 탐구자의 주관성과 연구 실천과의 관련 속에서 보아져야만 한다.[4]

칸트의 자연적 목적 개념을 자가생성적으로 근거지을 때 우리는 칸트를 당황하게 한 또 다른 주요한 문제의 방식을 볼 수 있게 된다. 자기조직화를 우리가 아는 어떠한 인과성과도 다른 것으로 기술하기 직전에 칸트는 생물학적 생명을 자기조직화로 거의 정의하기에 이른다. 그러나 그는 '물활론'(물질은 본질적으로 살아 있다) 대 이원론(생명은 비물질적 영혼의 현존을 필요로 한다) 사이의 철학적 딜레마를 회피할 방법을 알 수 없어서 뒷걸음치고 만다.

> 자연 그리고 자연이 조직화된 산물들 속에서 내보이는 능력을 고찰할 때, 이를 예술의 유사체로 부른다면 우리는 너무나 적은 것을 말하는 셈이 된다. 왜냐하면 그 경우에 우리는 예술가(이성적 존재)를 자연으로부터 떨어져 있는 것으로 생각하기 때문이다. 오히려 자연은 그 자체를 조직한다. … 우리가 만약 이를 불가해한 자연의 속성으로 부른다면 더 가까이 다가갔다 할 수 있을지도 모른다. 하지만 그 경우에 우리는 물활론이 그렇게 하듯이, 단순한 물질로서의 물질에 물질의 본성과 충돌하는 일종의 속성[즉 생명의 속성]을 부여하지 않으면 안 된다. … 아니면 우리는 물질을 물질과 결합되는 이질적 원리(영혼)로 보완하지 않으면 안 된다. 하지만 [이 또한 잘 되지 않을 것이다. 왜냐하면] 만약 조직화된 산물이 자연적 산물일 수 있다면, 우리는 이 영혼을 이 조직화된 산물을 만든 제작자가 되게 할 수는 없기 때문이다. 이 영혼은 산물을 (물질적) 자연으로부터 치워버리게 될 것이기 때문이다. 이 외에 유일한 대안은 이 영혼이 그 수단으로 조직화된 물질을 사용한다고 말하는 것이리라. 하지만 만약 조직화된 물질을 전제한다면, 우리는 물질을 더 이해할 수 있는 것으로 전혀 만들 수 없을 것이다. 그러므로 엄격하게 말해서, 자연의 조직은 우리가 알고 있는 인과성과는 어떠한 유사성도 가지지 않는다. (1987, p. 254)

칸트는 생명의 자기조직화된 성격을 이해하는 방식으로 자연 외부의, 생기성vitality의 비물질적 원리에 호소하는 것은 이 비물질적 원리가 무엇이든 무용하다고 보고 있다. 그가 마음속에 그릴 수 있는 유일한 다른 선택사항은 모든 물질은 생명이 부여되어 있다는 교설인 물활론이다. 하지만 이 교설은 물질의 바로 그 본성과 모순되는데, 뉴턴 물리학에 따르면 물질의 본성은 생명 없음 혹은 타성(=관성)inertia이다(1987, p. 276). 이 딜레마를 넘어설 수 없게 되자 칸트는 자기조직화는 오직 우리 판단의 규제적 원리이지 자연의 구성적 원리가 아니라는 견해로 후퇴한다.

이 딜레마는 더 이상 강력해 보이지 않는다. 물질을 본질적으로 에너지와 동등한 것으로 보고, 수많은 시공간적 규모에서 자기조직화를 위한 잠재력을 지닌 것으로 보는 우리의 이해는 고전적 뉴턴주의 세계관과는 거리가 멀다. 특히 자기조직화하는 체계들의 화학과 생물학과 결합한 열역학적 열린 체계들의 물리학은 칸트가 접할 수 없는 또 다른 선택사항을 제공한다. 즉, 생명은 자연의 어떤 형태동역학적 원리들에서, 구체적으로 말해 자가생성의 원리들에서 결과하는 창발적 질서이다. 이 견해에 따르면, 자가생성적 체계는 단지 생명의 유사체가 아니라, 생명의 최소 사례이자 우리가 아는 모든 살아 있는 형식의 기반이다.

나는 자가생성의 이론이 칸트의 자연적 목적 개념의 자연화된, 생물학적 설명을 제공한다고 주장해 왔다. 우리가 이제 고찰할 필요가 있는 문제는 이 자가생성적 설명에서 목적론이 어떤 위치를 차지하는가이다.

자가생성과 목적론

우리가 본 바와 같이 칸트에게 자기조직화는 내재적 목적성을 의미한다. 자연적 목적은 그 자체의 원인이자 결과이다. 모든 부분은 다른 부분들을 위해 존재할 뿐만 아니라 호혜적으로 다른 부분들을 생산한다. 부분들은 전체를 생산하지만, 또한 전체에 의해 그들의 존재를 지닌다. 이 자기조직화의 순환성 때문에 원인-과-결과 관계는 또한 수단-목적 관계이다. 따라서 자연적 목적은 상호연관된 수단들과 목적들의 총체성이다. 인공물과는 달리 자연의 목적성은 외재적이지 않고(자연 외부의 무언가에 의해 자연이 사용될 수 있기에 외재적이다) 그 자체를 조직화함으로써, 자기조직화함으로써 존재하는 것에 다름 아닌 존재이기에 내재적이다.

이에 반해, 최초에 정립될 때의 자가생성 이론은 명백히 기계론적이고 반목적론적이었다. 마투라나와 바렐라는 살아 있는 체계를 자가생성적 기계와 동일시했으며, 살아 있는 체계가 목적론적이라는 것을 부정했다. "물리적 자가생성적 기계로서 살아 있는 체계는 목적 없는 체계이다"(Maturana and Varela 1980, pp. 86). 그들은 '기계'란 말로 인공물을 의미하지 않았다. '기계'란 말로 그들은 작동이 관계적 조직에 의해 또 조직이 구조적으로 실현되는 방식에 의해 결정되는 어떤 존재 혹은 체계를 의미했다(1980, pp. 75, 77).[5] 자가생성적 기계는 그 자체의 조직을 물질적 변화를 겪으면서도 항상적 상태로 유지하고, 그렇기에 특수한 종류의 정적 항상성homeostatic 혹은 동적 항상성homeodynamic의 체계이다(1980, pp. 78-79). 목적, 목표, 혹은 기능은 기계가 무엇이든 기계 조직의 특징들이 아니다. 그렇기는커녕 이것들은 관찰자에 의해 정의되는 사용의 어떤 맥락과 관련해서 체계를 정의하기 위해 사용되는 기술적descriptive 개념이다(1980, pp. 85-86).

따라서 유기체는 그 자체를 생산하고 조직하기 때문에 기계가 아니고 내재적으로 목적적이라는 칸트의 주장과, 유기체는 물리적인 자가생성적 기계이고 목적 없는 체계라는 자가생성적 논지 사이에는 충돌이 있는 것처럼 보인다. 이 충돌을 처리하는 한 방식은, 칸트는 자기조직화하는 기계의 가능성에 대해 몰랐고, 기계에 대한 그의 이해가 한물간 것이라는 점을 단순하게 지적하는 것이다(Keller 2000, pp. 106-111을 보라). 하지만 이 논점은 목적론의 문제를 건드리지 않고 그대로 놓아두고 있다. 만약 자기조직화한다는 것이 혹은 더 정확히 말해 자기생산한다는 것이 내재적으로 목적적이라는 것과 동등하다면, 자기생산하는 기계는 내재적으로 목적적인 기계일 것이다. 따라서 우리는 두 가지 다른 쟁점—유기체와 기계 사이의 개념적 혹은 이론적 관계, 그리고 자가생성과 목적론 사이의 개념적 혹은 이론적 관계—에 직면하게 된다.

첫 번째 쟁점과 관련해서 이론생물학에서 하는 또 다른 작업방식 곧 로버트 로젠Robert Rosen의 작업방식을 도입하는 것이 유용할 것이다(1991, 2000). 마투라나와 바렐라와 마찬가지로, 로젠은 생명의 조직에 대한 정확한 설명을 제공하는 것을 목표로 하는데, 비록 그들이 그들의 저서에서 서로에 대해 결코 언급하지는 않지만, 그들의 이론 사이에는 깊은 친연성이 있다(Letelier, Marín, and Mpdozis 2003). 그러나 마투라나와 바렐라와 달리, 로젠은 유기체와 기계를 구별하기 위한 엄격한 논거를 제시한다. 이 논거의 아주 흥미로운 특징은, 유기체를 메커니즘과 기계로부터 구별해내는, 살아 있는 것의 순환적이고 자기언급적인 조직이라고 마투라나와 바렐라가 부르는 것 바로 그것이라는 점이다. 이 논거는 또한 칸트를 떠오르게 한다. 유기체의 조직은 수많은 순환적인 인과적 회로들로 이루어지는데, 그래서 모든 성분은 성분이 속해 있는 총체적 조직에 의해서만 정의 가능하고, 반면에 총체적 조직은 그 성분들을 특정화함으로써만 정의 가능하다.

로젠은 이러한 자기언급적 회로들 혹은 '비술어적인 것들impredicativities' 때문에 유기체는 기계와 달리 완전하게 '분할될fractionated' 수 없다고, 즉 속성들을 합하면 그대로 체계 전체의 속성들과 동등하게 되는 부분들로 분리될 수 없다고 주장하며, 또 유기체는 또한 계산론적 혹은 알고리즘의 과정에 의해 적합하게 모형화될 수 없다고 주장한다. 로젠의 용어로 말하면, 유기체는 '복잡하다'. 이는 유기체가 분할 불가능한 속성과 튜링의 계산 불가능한 모형을 지니는 종류의 체계에 속한다는 것을 의미한다. 이에 반해, 기계는 '단순하다'. 이는 기계가 오직 분할 가능한 속성을 지니는 종류의 체계에 속하고, 단일한 동역학적 기술記述에 의해 완전히 모형화될 수 있고(단일한 "가장 큰 모형"을 지닐 수 있고), 오직 계산 가능한 모형만을 지닌다는 의미에서 그러하다.

이 논증 방식을 이해하기 위해 우리는 로젠이 '기계'란 말로 의미하는 것을 분명히 알아둘 필요가 있다(Rosen 1991, pp. 202-243). 그는 기술적 존재technological entities를 의미하지 않는데, 왜냐하면 그는 가령 생물학적 기술과 같은 비기계적 복잡성 기술technology의 가능성을 명백하게 인정하기 때문이다. 그는 "만약 유기체가 기계가 아니라면, 기술도 기계일 필요가 없다"(Rosen 2000, p. 295)고 말한다. 또 그는 마투라나와 바렐라와는 달리 어떠한 물리적으로 예화된 관계적 조직도 의미하지 않는데, 왜냐하면 (그가 말하는 의미에서) 복잡체계(=복잡계)는 관계적 조직을 지니지만 기계는 아니기 때문이다. 로젠에게 '기계'는 '메커니즘'의 부분집합인데, 그는 '메커니즘'이란 말로 모든 모형이 튜링의 계산 가능한 모형이라는 것을 의미하고, 단일한 동역학적 기술에 의해 포착될 수 있는 종류의 체계를 의미한다. 기계는 모형 중의 하나가 수학적 기계, 즉 우리가 소프트웨어(혹은 프로그램)와 하드웨어(물리적 시행)를 구별할 수 있는 체계인 메커니즘이다.

로젠은 그렇게 이해된 기계와 유기체 사이에 근본적 차이가 있다고 주장한다. 메커니즘(그렇기 때문에 기계)에서 "작용 인과관계efficient causation의 폐쇄된 경로는 있을 수 없다"(Rosen 1991, p. 241). 이 진술로써 그는 관계적 모형의 기계에서 수학적 의미의 사상寫像인 함수의 경우라면 우리는 무엇이 이 함수를 유발하거나bring about 내함하는지entail 하는 물음에 답하기 위해 결국 체계 외부로 나갈 필요가 있다는 것을 의미한다. 그러나 관계적 모형의 유기체에서 모든 함수 혹은 사상寫像은 모형 내의 또 다른 함수에 의해 내함된다. 기계가 아니라 유기체에서 모든 작용인efficient cause은 체계 내에서부터 생산된다. 따라서 유기체는 "작용적 인과관계가 폐쇄돼 있고" 그 자체의 관계적 모형은 "최대 내함maximal entailment"을 나타내는 데 반해, 기계는 그 자체의 내함 구조가 "저하되어 있다". "작용 인과관계가 폐쇄돼 있다"는 것은 유기체가 물질적으로나 열역학적으로 폐쇄돼 있다는 것을 의미하거나 함의하지 않는다는 것을 이해하는 것이 결정적으로 중요하다. 이와는 반대로, 물리적 체계는, 만약 이 체계가 물질적으로나 열역학적으로 열려져 있지 않다면, 작용 인과관계가 폐쇄될 수 없다(Rosen 2000, pp. 5-32). 따라서 로젠의 '작용 인과관계가 폐쇄돼 있음'이란 개념은 마투라나와 바렐라의 조직성 폐쇄 개념과 유사하다. 게다가 그의 유기체와 기계 사이의 구별은 바렐라의 조직성-작동성 폐쇄를 지니는 자율적 체계와 외부의 제어에 의해 정의되는 타율적 체계 사이의 구별과 유사하다(Varela 1979).

로젠은 또한 튜링 기계는 유기체의 폐쇄와 최대 내함을 모의실험할 수 없다고 주장한다. 더 정확하게 말해, 그는 모든 함수가 체계 내부의 또 다른 함수에 의해 내함되는 신진대사-수리Metabolism-Repair 체계 곧 (M, R) 체계라 불리는 어떤 종류의 관계적 모형은 튜링의 계산 가능한 모형이 아니라는 것을 수학적으로 증명할 수 있다고 주장한다. 이를 기초로 해서 그는 세포와 같은, (M, R) 체계의 어떠한 물질적 실현도 메커니즘이거나 기계일 수 없다고 주장한다. 이 결과는 로젠의 (M, R) 체계와 자가생성적 체계 사이의 관계가 무엇인가라는 물음을 제기한다. 한 중요한 논문에서 레텔리에Litelier, 마린Marín, 므포도치오Mpodozio(2003)는 자가생성적 체계는 (M, R) 체계의 부분집합이라고 주장한다. 즉, 포괄적 (M, R) 체계가 그 자체의 경계와 내적 위상학을 생성하는 자가생성적 속성이 결여해 있기 때문에, 모든 자가생성적 체계는 작동성의 면에서 (M, R) 체계와 동등하지만 그 역은 성립하지 않는다는 것이다. 레텔리에, 마린, 므포도치오가 지적하듯이, 이 분석으로부터 자가생성적 체계는 튜링의 계산 가능한 모형이 아니고—자가생성적 체계는 계산 가능한 모형에 더해서 계산 가능하지 않은 모형을 지닌다—, 물리적 자가생성적 체계는 (이 추상적이고 강력한 기계 개념에 따를 때) 기계가 아니라는 결과가 따른다.

만약 이 주장이 온당하다면, 로젠의 작업은 인공두뇌 메커니즘의 범주에서 자가생성의 본래의 배치에 대한 중요한 도전을 제기한다. 그의 작업은 또한 자가생성이 내가 마지막 장에서 논하는 종류의 세포적 자동장치 모형에 의해 포착될 수 있다는 가설에 이의를 제기한다. 여기서 주안점은 자가생성적 체계가 기계론적 모형을 지니지 않는다는 것이 아니라 어떠한 기계론적 모형도 이 체계의 모든 관련 특징을 나타낼 수 없고, 그렇기 때문에 새로운 종류의 모형이 개발될 필요가 있다는 것이다. 이와 동시에, 임의 동역학 체계(5장을 보라)로서의 보긴과 스튜어트(2004)의 최소 자가생성적 모형은 로젠에게 도전으로 생각될 수 있다. 즉, 이 모형은 로젠의 (M, R) 체계가 성공적으로 포착하는 살아 있는 조직의 어떤 결정적으로 중요한 특징을 배제하는가라는 것이다.

우리는 이제 목적론과 자가생성적 자기조직화의 쟁점으로 돌아올 수 있다. 자가생성적 체계가 목적이 없다고 말할 때 마투라나와 바렐라는 목적purpose, 목표aim, 목표점goal, 기능의 개념이 "살아 있는 조직의 정의에 필요하지 않고… 살아 있는 체계의 작동이 기술되는 영역과 별개이고 독립된 기술적descriptive 영역에 속한다"는 것을 의미했다(Varela 1979, pp. 63-64). 그들이 반대하고 있었던 견해는 살아 있는 존재는 자크 모노Jacques Monod가 제시하는 의미에서 본질적으로 목적률적teleonomic이라는 견해로, 이 견해에 따르면 살아 있는 존재는 "자신의 구조에서 드러내고 자신의 수행을 통해 이행하는 **목적 혹은 목표를 부여받은 객체이다**"(Monad 1971, p. 9, 원문 강조). 목적률이 "살아 있는 존재의 바로 그 정의에 필수적이다"(같은 책)는 견해에 반대해서 마투라나와 바렐라는 다음과 같이 주장했다.

> 목적 혹은 목표는… (이종생성적이든 자가생성적이든) 기계의 조직의 특징이 아니다. 이 개념들은 행동에 관한 우리의 담론의 영역에 속한다. 즉 기술記述의 영역에 속한다. 그리고 이 개념들이 기계 혹은 우리한테서 독립해 있는 체계에 적용될 때면 어떤 포괄적 맥락에서 기계나 체계에 대해 우리가 고찰하는 것을 반영한다. 일반적으로 관찰자는 기계를 개념적으로 혹은 구체적으로 어느 정도 사용하고, 이렇게 해서 기계를 변화하게 하는 일단의 환경을 규정하며, 출력할 때 어떤 경로의 변이들을 따른다. 이 출력들 간의 연관성, 대응하는 입력들, 그리고 관찰자가 입력과 출력을 함께 계산하는 맥락과 이 입력과 출력이 맺는 관계가 우리가 기계의 목적 혹은 목표라 부르는 것을 결정한다. 이 목적은 맥락을 정의하고 연계들을 설립하는 관찰자의 영역에 필연적으로 놓여 있다. 마찬가지로, 기능 개념은 어떤 포괄적 존재와 관련해서 기계 혹은 체계의 성분들을 관찰하는 자가 기술할 때 생겨나는데, 이 포괄적 존재는 기계 전체 혹은 부분일 수 있으며, 또 이 존재의 상태들은 성분들의 변화가 가져올 수 있는 목적을 구성한다. 여기서 또, 성분들의 상태의 변화와, 이 성분들이 체계 전체 속에서 발생하는 상태 간의 인과적 연관들이 아무리 직접적일지

라도, 기능 개념이 암시하는 설계의 함의가 관찰자에 의해 설립되고 그의 기술 영역에 배타적으로 속한다. 따라서 기능 개념에 함의된 관계들은 자가생성적 체계의 조직을 구성하지 않기 때문에, 기능은 자가생성적 체계의 조직을 설명하는 데 사용될 수 없다. (Maturana and Varela 1980, pp. 85-86)

이 대문은 비판받고 있는 목적 개념이 칸트가 외재적 혹은 상대적 목적성이라 부르는 기능주의적 버전, 즉 존재는 존재에 외적인 목표 혹은 목적을 제공한다는 사상을 보여준다.[6] 마투라나와 바렐라의 주된 주장은, 비록 이 목적 개념이 의사소통적인 가치를 지니긴 하지만 체계의 조직을 특징짓는 데 어떠한 설명적 가치도 지니지 않는다는 점이다. 하위체계의 기능적 기술은 기능이 참조하는 더 큰 맥락 즉 체계 전체의 맥락을 필연적으로 포함한다. 한편으로, 만약 우리가 체계 전체의 조직에 대한 완전한 이론을 소유한다면, 비록 기능적 기술이 여전히 의사소통적 목적을 위해 유용할 수 있다고 할지라도 이 기술이 설명적으로 필수불가결한 것은 아니다. 다른 한편으로, 기능적 기술이 필수불가결하다면, 이는 "하위체계가 기능적 용어로 기술된다면 이 체계를 발생하게 하는 체계의 조직이나 구조를 위한 이론이 결여해 있다는 징후를 보이는 것이다"(Varela 1979, p. 65).

이 주장은 자기조직화함으로써 존재하는 것은 내재적으로 목적적이라는 칸트의 사유와 어떤 관련이 있을까? 여기서 세 가지 논점이 중요하다. 첫째, 한 체계의 성분들에 대한 외재적인 기능적 기술이 필수불가결하다는 것은 체계 전체가 내재적으로 목적적이라는 것과 논리적으로 양립 가능하다. 외재적 기능은 체계 전체라는 더 큰 맥락을 전제하지만, 내재적 목적성은 체계 전체 그 자체의 전반적 조직에 관한 것이다. 한 체계는 이 체계가 자기조직화하는 전체이기 위해서 체계의 각 부분은 다른 부분들의 생산물이고 생산자인 경우에만 내재적으로 목적적이게 되는 것이다. 우리가 본 바와 같이, 자가생성적 체계는 이 요건을 만족시킨다. 자가생성적 체계에서 형성적 과정들 사이의 상호적으로 생산적인 관계들은 작동적으로 폐쇄된 네트워크를 규정한다. 이 폐쇄는 개별적 성분들이 다른 성분들과 전체와 관련해서 인과적이면서 동시에 목적인적인finalistic 용어로 해석될 수 있다는 것을 의미한다.

둘째, 자가생성적 조직의 조건들을 정할 때 형성적 과정들 혹은 체계 전체의 목표, 목적purpose, 목표점goal, 기능에 대해 어떠한 참조도 이루어지지 않는다. 따라서 자가생성 이론은 분석되지 않은 방식으로 내재적 목적성을 전제하거나 호소하지 않고, 오히려 이 개념을 자연주의적으로 해명한다.

마지막으로, 이 자연화된 설명에서 '내재적intrinsic'은 **구성적**인 것을 의미하고 **비관계적**이지(그렇기 때문에 분석 불가능하지) 않은 것을 의미한다고 간주되지 않으면 안 된다.[7] 내재적 목적성은 자가생성적 체계의 구성적 속성이지만, 관계적인 자가생성적 조직에 의해 분석 가능한 창발적 속성이다.

이 추론의 방식을 고려해볼 때, 이 종류의 구성적 목적성은 **내재적 목적성** *immanent purposiveness*으로 부르는 것이 나을지도 모른다. 여기서 이 생각은 목적성은 ('내재적'이 우리를 오도하도록 암시할 수 있는) 체계 내적인 무언가의 비관계적 속성도 아니고, 체계의 외부의 무언가에 의해(체계를 넘어서는 무언가에 의해) 결정되는 속성도 아니라는 것이다. 오히려 목적성은 체계가 조직화되는 방식 때문에 체계 전체가 소유하는 구성적 속성이다.

바렐라는 결국 이 내재적 목적성 개념이 단지 기술적인 것이 아니라 설명적이라고 믿게 되었다. 내재적 목적성은 그렇지 않았으면 놓쳤을, 생명에 고유한 동역학적 활동 패턴을 보이도록 하기 때문이다. 그는 이 패턴을 **동일성***identity*과 **의미형성작용***sense-making*의 2중 패턴이라고 부른다(Varela 1991, 1997a). 비록 수년 동안 자가생성이 목적론적인 어떤 것을 포함한다는 사상을 거부해 왔지만, 그는 그의 최후의 논문 중 하나에서 그의 견해를 수정했다. 안드레아스 베버Andreas Weber와 함께 쓴 이 논문은 자가생성, 칸트의 자연적 목적 개념, 요나스의 유기체 철학 사이의 관계에 관한 것이다(Weber and Varela 2002). 베버와 바렐라는 자가생성은 두 상호보완적 양식으로 내재적 목적성을 내함한다고 주장한다. 첫 번째 목적성 양식은 **동일성**이다. 자가생성은 물질적 변화에도 불구하고 동역학적 동일성의 생산과 유지를 수반한다. 두 번째 목적성 양식은 **의미형성작용**이다. 자가생성적 체계는 계속 독자생존 가능한 것으로 남기 위해서 항상 세계를 이해해야 한다. 의미형성작용은 물리화학적 세계를 의미significance와 유의성誘意性/valence의 환경으로 변화시켜서 체계를 위한 **주위세계***Umwelt*를 창조한다. 바렐라가 주장하는 바 의미형성작용은 최소한의 본원적인 생물학적 형식의 지향성이다(Thompson 2004; Varela 1997a).[8]

바렐라(Varela 1997a)는 동일성과 의미형성작용을 다음과 같이 연결시킨다.

1. 유기체는 자가생성에 기반해서 근본적으로 자기확인하는 동일성을 생산하는 과정이다.
2. 자기확인하는 동일성은 의미형성작용과 상호작용의 영역을 위한 논리적이고 작동적인 기준점 혹은 관점을 설립한다.

이 두 명제는 상호보완적이 되도록 의도되어 있으며, 한 창발적 과정의 두 측면을 기술하도록 되어 있다(도표 3.3을 보라).

자가생성에 관한 최근의 한 중요한 논문에서 에제퀴엘 디 파올로Ezequiel Di Paolo(2005)는 이 체재의 어떤 측면들에 대해 이의를 제기하고 있다. 그는 비록 마투라나와 바렐라의 독창적인 자가생성 정의가 자기생산의 내재적 목적론에는 충분할지라도 의미형성작용의 기투적projective 목적론에는 불충분하다고 설득력 있게 주장한다(이와 관련된 고찰을 위해서는 또한 Ruiz-Mirazo and Moreno 2004를 보라). 최소의 자가생성은 오직 내적 물질 전환 및 체계에 대한 외적 섭동들을 관통하는 동일성 보존의 일반적 사례를 수반할 따름이고, 내적인 정적 항상성이나 동적 항상성 메커니즘에 의해 자가생성적 네트워크를 능동적으로 추적관찰하고 조절하는 특수한 사례는 수반하지 않는다. 의미형성작용이 필요로 하는 것은 바로 이 특수한 사례이다. 의미형성작용은 규범적이지만, 자가생성이 제공할 수 있는 유일한 규범은 자기지속성의 전부이거나 혹은 아무것도 아닌 규범이지 (박테리아가 자당 변화도를 헤엄쳐 오를 때처럼) 자기생산의 조건들을 향상시키고자 능동적으로 노력하는 유기체가 함의하는, 등급별 규범은 아니다

이 논점은 생명적 구조는 규범과 관련해서 이해되어야 하는 데 반해, 물리적 구조는 법칙과 관련해서 이해되어야 한다는 메를로-퐁티의 사상을 떠올리게 한다. 즉, "각 유기체는 주어진 주위세계가 현존할 때 활동의 최적 조건들 및 평형을 실현하는 고유한 방식을 지닌다." 그리고 각 유기체는 "활동의 내적 규범에 따라 주위세계를 변경한다"(1963, pp. 148, 154). 그런 규범적 언어를 지지하기를 거부하고, 자가생성은 단지 조직의 보존이라고 주장하는 마투라나(1975, 1980a)와 달리, 바렐라는 그가 의미형성작용을 자가생성적 과정이 지속하기 위해 결핍해 있는 것을 보충하려는 항상적이고 필연적인 요구로부터 생겨나는 것으로 기술할 때 암묵적으로 규범적 이해방식을 지지하고 있는 것이다(Varela 1991, 1997a). 디 파올로는 규범적 이해방식이 요구된다는 점에 동의한다. 그렇지 않다면 스트레스, 질병, 피로, 건강은 물론이고 더 일반적으로 가소성과 적응성과 같은 생물학적 현상을 설명할 길이 없다. 하지만 그는 자가생성에 대한 본래적이고 표준적인 정립은 이 규범적 이해방식을 정초하기에는 충분하지 않다는 타당하고 중요한 주장을 제기한다. 오히려 체계가 이 체계의 독자생존 가능성의 조건들과 관련해서 그 자체를 능동적으로 조절하고, 이렇게 해서 활동의 내적 규범을 따라 주위세계를 변경할 수 있기 위해서 별개의 '적응성' 능력이 최소의 자가생성적 조직에 추가될 필요가 있다.[9] 요컨대 비록 자가생성은 의미형성작용에 필요조건은 될지라도 충분조건은 되지 않지만, 자가생성과 적응성은 함께 필요충분조건이 된다.

규범성에 관한 이 쟁점은 자가생성이 생명에 필요충분조건이 되는가

안 되는가 하는 쟁점과 밀접하게 관련돼 있다. 우리가 이전 장의 말미에서 보았듯이, 빗볼과 루이시(2005), 그리고 보긴과 스튜어트(2004)는 살아 있는 체계는 인지적 체계이지만, 그러나 최소 자가생성적 체계는 인지적 체계가 아니기 때문에 자가생성은 인지를 수반하지 않는다고 주장한다. 최소 자가생성적 체계는 환경에 유연하고 적응적으로 반응하는 일을 가능하게 하는 내적 신진대사 네트워크를 결여한다. 그러한 체계는 강건하지만—이 체계는 물질적 변화를 관통하는 동일성을 보존한다—, 환경에 동화하고 적응할 방법이 없기 때문에 유연하거나 적응적이지 않다. 마찬가지로, 디 파올로는 의미형성작용은 적응성을 필요로 하지만, 최소 자가생성은 적응성을 위해 충분하지 않고, 그렇기 때문에 의미형성작용을 위해 충분하지 않다고 주장한다. 적응성은 내적 규범으로 간주되는 자가생성적 동일성과 관련해서, 섭동들을 능동적으로 추적관찰하고 이 섭동들을 보정함으로써 도전들을 참아내는 특별한 방식이다. 적응성은 자가생성을 기반으로 해서 설립될 필요가 있다. 그렇지 않다면 의미형성작용은 체계에 고유하지 않고(=본래적이지 않고) 단지 외부로부터 귀속된 것에 지나지 않게 된다. 하지만 최소 자가생성은 적응성과 의미형성작용을 위해 충분하지 않다.

이 논의의 결과는 살아 있는 존재는 내재적immanent 목적성을 신체화하고, 이 목적성은 자가생성(자기생산의 내재적intrinsic 목적론)과 의미형성작용(적응성과 인지의 기투적 목적론)이라는 두 상호보완적인 자가생성 양식으로 나타난다. 최소 자가생성은 의미형성작용(혹은 인지)에 필요조건이지 충분조건은 아니지만, 적응성을 포함하는, 확장된 이해방식의 자가생성은 필요충분조건이 된다.

우리는 이제 생명과 마음의 깊은 연속성의 기초를 제시하는 길로 향하는 먼 길을 왔다. 하지만 또 다른 중요한 단계를 채택할 필요가 있다. 즉, 우리는 목적론의 현상학적 측면, 즉 살아지는 경험(=체험)의 특질로서의 목적성을 다룰 필요가 있다. 우리가 이 단계를 채택하지 않는다면 본질적으로 마음과 자연 사이의 설명적 간극의 필연적 버전인, 칸트의 목적론 문제의 핵심 부분에 직면할 수 없게 될 것이다. 칸트 이후의 현상학적 철학의 결과로, 특히 한스 요나스의 저작들의 결과로, 우리는 이제 자가생성적 생물학과 현상학 사이의 간극에 다리를 놓을 수 있는 철학적 설명을 갖게 되었다. 비록 요나스의 저작들은 자가생성 이론보다 앞서지만 그럼에도 불구하고 그는 이 이론을 철학적으로 보완하고 현상학적으로 풍부하게 하는 유기체 이해방식을 진전시켰다. 생물학적 관점과 현상학적 관점 이 두 관점을 함께 엮음으로써만 우리는 유기체의 내재적 목적성 및 생명과 마음의 깊은 연속성에 대한 더 충분한 이해를 얻을 수 있다.

유기체의 필연상관적 자유와 자기성

살아 있는 존재는 그들 자신을 환경과 구별함으로써 그들 자신의 동일성을 확증하고, 따라서 자율성의 관점으로부터 보여지기를 요구한다. 자가생성은 최소의 세포적 형태에서의 기본적 자율성이다. 즉, 살아 있는 세포는 환경과 만나는 일을 능동적으로 조절하는 자기생산하는 과정의 폐쇄된 네트워크로서 화학적 배경으로부터 부각된다. 칸트가 유기적 존재의 두드러진 특징으로서 인정한 것—단순히 집적체가 아니라 통일체인 것—은 살아 있는 세포에서 그 최소한의 표현이 발견된다. 세포는 단지 지속하는persisting 물질적 집적체가 아니라 자기지속하는self-sustaining 통일체, 곧 다른 것에 직면해서도 그 자신의 동일성을 동역학적으로 생산하고 유지하는 통일체이다. 요나스는 그가 "생명의 가장 기본적 사례를 기술할 때면 언제든 회피할 수 없는, '자기self'라는 용어의 도입은 생명 그 자체와 함께 내적 동일성이 창발함을 보여주고, 그래서 그 창발과 함께하는 생명으로서 다른 여타의 실재로부터 떨어져 있는 자기격리self-isolation를 보여주는 것이기도 하다"(1966, pp. 82-83)고 쓸 때 이 독특한 생명의 표지를 마음속에 품고 있었다.

그렇지만 자기격리는 세계로부터 전면적으로 독립해 있음을 의미할 수 없다. 또 생명 그 자체와 함께 일어나는 내적 동일성의 창발은 동일성이 일종의 주어진 것이라는 점을 의미할 수 없다. 유기체는 세계 내에 또 세계에 대해 존재하며, 유기체의 동일성은 바로 그 살아 있음의 과정 속에서, 말하자면 세계를 동화시키고 세계를 조절하는 과정 속에서 창출되어야 한다. 세계의 원인들과 조건들에서 결코 면제되지 않는 자율성은 바로 그 원인들과 조건들에 의존하는 성취이다. 이 점을 상기하게 하는 요나스의 말에서, 유기체의 곤경은 필연상관적*needful* 자유의 곤경이다.

> 이 자기지속되는 존재의 과정에서 유기체가 물질적 실체와 맺는 관계는 이중적 성격을 띠고 있다. 즉, 물질은 유기체에 특수의 면에서는 본질적이고, 개별의 면에서는 우연적이다. 유기체는 그 순간의 현실적 물질 더미와는 일치하지만 잇따르는 순간들의 어떠한 물질 더미에도 매이지 않으니, 파도의 물마루와 같은 물질의 변화를 '타되' 그 자신의 위업으로서 지속되는 물질의 형식에만 매이는 것이다. 유기체는 물질을 물질로서 이용할 수 있음에 의존하지만, 물질이 이 물질과 같음으로부터는 독립해 있다. 일시적으로 물질의 동일성을 병합하는, 유기체 자신의 기능적 동일성은 상이한 질서의 동일성이다. 한 마디로 말해, 유기적 형식은 필연상관적 자유와 물질의 변증법적 관계에 있다. (1966, p. 80)

우리가 본 바와 같이, 변증법적 관계는 항들이 서로 간의 상호의존성의 결과로 진화하고, 이렇게 해서 새로운 통일체를 구성하게 되는 관계이다. 리처드 레빈스와 리처드 르원틴은 그들의 저서 『변증법적 생물학자*The Dialectical Biologist*』에서 다음과 같은 방식으로 변증법적 관계를 기술한다. "이것들이 우리가 변증법적이라 부르는, 사물들의 속성들이다. 한 사물은 다른 사물 없이는 존재할 수 없고, 한 사물은 그 자체의 속성들을 다른 사물들과의 관계로부터 획득하고, 양 사물의 속성들은 이 속성들의 상호침투의 결과로서 진화한다"(Levins and Lewontin 1985, p. 3). 이 의미에서 유기체와 환경의 관계는 변증법적이다. 유기체는 환경 없이는 존재할 수 없고, 환경과 맺는 관계로부터 그 자체의 속성들을 획득하며, 유기체와 환경은 서로 간의 상호침투의 결과로서 진화한다.

유기체의 필연상관적 자유는 이 관계의 한 측면이다. 한 유기체는 물질적 존재이고, 어떠한 주어진 순간의 유기체의 실재도 그 자체의 물질적인 구성과 완전하게 일치한다. 그렇지만 유기체의 동일성은 그 자체의 물질적 구성이 항상적으로 갱신되기 때문에 물질의 항상성에 기초할 수 없다. "닷새마다 여러분은 새로운 위 내벽을 갖게 된다. 여러분은 두 달마다 새로운 간을 갖는다. 여러분의 피부는 6주마다 교체된다. 매년 여러분 몸의 98%의 원자들이 교체된다. 이 멈추지 않는 화학적 교체인 신진대사는 확실한 생명의 표징이다"(Margulis and Sagan 1995, p. 23). 오직 형식 혹은 패턴의 수준에서만 우리는 유동 속의 항상성을 발견할 수 있다.

요나스는 순전한 신진대사의 사실이 살아 있는 존재에 독특한 자유와 필연성의 변증법적 관계를 가져온다고 제안한다. 칸트의 발자국을 따르며 요나스는 유기체의 자기조직화하는 존재를 그의 출발점으로 채택하지만, 자유는 생명 그 자체와 시작이 같고 동일한 외연을 가진다고 주장함으로써 그의 걸출한 독일 선배를 넘어 대담한 조치를 취한다. 칸트에게 있어서 유기체는, 비록 자기조직화하는 존재이기에 자연적 목적이긴 하지만, (우리에게 불가해한) 사전에 결정된 패턴에 따라 자기조직화한다는 점에서 자유롭지 않다. 그러므로 자연의 산물로 간주되는 우리 인간은 자유롭지 않다. 오직 자연을 초월하는 이성적이고 도덕적 행위자로서만 우리는 자유롭다. 자유는 도덕성이 가능하기 위해 이성이 그 자신의 자유를 전제해야만 하는 실천이성의 영역에 속한다. 우리는 우리의 유기적 존재에 힘입어서가 아니라 자연을 초월하는 이성적 존재에 힘입어서 이 영역에 속하는 것이다. 그러나 요나스는 이 이원론을 거부한다.

> 우리는 마음과 의지의 영역에서 ['자유'라는] 용어를 마주치리라 기대하지 그 이전에는 기대하지 않는다. 하지만 만약 마음이 처음부터 유기물에서 예시豫示된다면, 자유도 예시된다. 그리고 실로 우리의 주장은 모든 유기적 존재의 기본적 수준인 신진대사조차 자유를 내보인다는 것이다. 즉, 신진대사는 그 자체 자유의 최초 형식이다. 이는 틀림없이 대부분의 독자에게 낯선 말로 들리겠지만, 나는 자유가 이와 다르리라 기대하지 않는다. 어찌 우리 몸 깊은 곳에서 수행되는 화학의 맹목적 자동현상보다, 이 말(=자유)의 통상적 이해를 따를 때 자유로부터 더 나아간 것, 자유를 위해 요구되는 의지와 선택으로부터 더 나아간 것이 있을 수 있겠는가? 그렇지만 물리적 우주의 광대한 필연성 내에서 자유의 원리—태양들, 행성들, 원자들과는 이질적인 원리—가 최초로 광채를 발하는 것은 태고의 유기적 물질의 캄캄한 섞임 속에서라는 것을 보여주는 것이 우리 담론의 한 부분의 취지일 것이다. 분명 모든 의식적으로 '심적인' 내포들은 처음에는 매우 포괄적인 원리를 위해 사용될 때의 개념과 멀리하지 않으면 안 된다. 즉, '자유'는 대상적으로 식별 가능한 존재양식, 즉 유기물 그 자체를 특징짓고 따라서 모든 성원들이 공유하지만 이 부류의 비성원들은 공유하지 않는, 존재existence를 실행하는 양식을 의미하지 않으면 안 된다. 즉, 처음에는 단지 물리적 증거에만 적용될 수 있는 존재론적으로 기술적인 용어. 그렇지만 그 자체조차 자유라는 용어는 이 용어가 차용되는 인간의 영역에서 지니는 의미와 관련되지 않은 것이어서는 안 되는데, 그렇지 않으면 이 용어를 확장해서 사용하는 것은 경솔한 일이 되고 말 것이다. (1966, p. 3)

살아 있는 세계 속의 "대상적으로 식별 가능한 존재양식"으로서의 자유와 인간의 자유liberty라는 의미에서의 자유를 연결하는 것은 바로 유기체의 개체성 혹은 자기성이다. 마투라나와 바렐라가 **자율성**이란 용어를 살아 있는 체계의 자기발생하고 자기유지하는 조직을 기술하기 위해 인간의 영역에서 취하듯이, 요나스는 자유*freedom*라는 용어를 신진대사 속에서 또 신진대사를 통해서 성취되는, "그 자신의 물질에 대한 형식의 어떤 독립"(1966, p. 81)을 기술하기 위해 취한다. 생명이 없는 사물은 신진대사를 하지 않는다. 그렇기 때문에 "생명이 없는 사물의 지속은 그저 있던 대로 남아 있는 것일 뿐이지 재확인하는 것이 아니다"(1966, p. 81). 신진대사가 없다면 '생명선lifeline'(Rose 1997)이 있을 수 없고, 물질적 변화를 관통하는 개체의 발달적 연속성이 있을 수 없다. 모든 유기체는 생명선을 행위에 의해 창출하고, 따라서 세계의 물질성에 대해서 일종의 자유라는 특징을 지닌다. 유기체의 동일성은 유기체의 물질적 구성에 매이지 않는데, 왜냐하면 이 구성은 항상적으로 갱신되기 때문이다. 유기체의 동일성은 형식적 수준에서 동역학적으로 성취된다. 그렇지만 이 자유와 함께 상관관계적 필연성이 온다. 즉, 유기체는 변해야 하고 정지는 불가능하다. 유기체는 먹고 배설해야만 하고, 그렇지 않다면 유기체는 죽는다. 세계와의 끊임없는 신진대사적 교환이 없다면, 물질적 지속으로부터 동역학적 자기성이 해방되는 일은 있을 수 없다. 따라서 유기체의 조건은 필연상관적 자유의 하나이다. 즉, "이는 생명의 뿌리에서 일어나는 또 그 가장 기본적 형식에서 이루어지는 자유의 이율배반, 신진대사의 이율배반이다"(1964, p. 84).

동일성과 의미형성작용

요나스에 따르면 신진대사의 필연상관적 자유에서 우리는 생명의 내재적 목적성을 발견한다. 신진대사는 물질과 에너지의 바다 한가운데에 있는 형식의 섬의 끊임없는 재생성이다. 신진대사는 외부의 세계와 뚜렷이 다른 내적 동일성을 지니는 자아를, 존재being가 곧 그 자신의 행위doing인 자아를 설립한다. 신진대사는 유기체의 연속을 위해 중립적인 사건들이 선인지 악인지를 결정하는 내적 규범에 따라 작동한다. 이렇게 해서 신진대사는 내재적으로 목적론적이다. 한 유기체는 자기가 겪는 모든 변화를 동일성을 유지하는 데에 복속시켜야만 하고, 그 자체를 조절해야만 하고 또 활동성의 내적 규범에 따르는 상호작용을 조절해야만 한다. 따라서 생명은 그 자체의 동일성을 산출하거나 혹은 창출하며 동일성의 관점에서 세계를 이해하는 자기확인하는 과정이다. 유기체의 '관심', '자연적 목적'은 목전의 비존재에 직면해서 계속 나아가고, 살아 있기를 계속하고, 그 자체를 확인하고 재확인하는 것이다. 환경과의 끊임없는 물질적 전환과 교환이 이 관심의 이유이자 이를 충족시키는 유일한 방법이다. 생명의 내재적 목적론이란 그러한 것이다. "유기적 개체성은 그 자체가 항상 도전해 왔던 목표로서 타자성otherness에 직면해서 성취되고, 따라서 목적론적이다"(Jonas 1968, p. 243).

자가생성의 이론은 이 설명을 보완하기 위해 요청될 수 있다. 이 이론에 따르면, 내재적 목적성, 유기체의 '관심'은 신다윈주의에서처럼 어떠한 외재적이고 타율적 목적이나 적응적 기능도 아니고, 생기론vitalism에서처럼 어떠한 특수한 생명적vital 힘 곧 생명력entelechy도 아니다. 그렇기는커녕 우리가 본 바와 같이 내재적 목적성은 자가생성에 기반한, 동일성(자기생산)과 의미형성작용(적응성과 인지)의 이중의 목적성이다.

이 이중의 목적성은 무관심한 물리화학적 세계를 생물학적 의미의 환경으로 바꾼다. 즉, "—유기체가 오직 세계 속에서 적합한 환경을 발견하는 데 성공해야만 존재할 수 있다는 것을 [인정한다면]— 환경(=주위세계)*Umwelt*은 유기체의 현실화 혹은 존재를 통해서 세계로부터 창발한다"(Goldstein에서 인용하는 Merleau-Ponty 1963, p. 13).

환경에 대해서 내적 동일성의 극을 설립할 때 자가생성적 과정은 동시에 타자로 간주되는 것, 유기체의 세계를 산출한다. 개체로서 존재한다는 것은 수적으로 다른 사물들로부터 구분된다는 것을 의미할 뿐만 아니라 타자성alterity, 타자임what is other, 세계와의 역동적(=동역학적) 관계 속에서 자기-극self-pole이 되는 것을 의미하는 것이기도 한다. 이러한 종류의 관계는 비자율적 존재에서는 가능하지 않다. 조직성 폐쇄와 작동성 폐쇄가 없다면

—다른 말로 해서, 최초의 결과가 그 자체의 생산물인 순환적이고 자기지시적 과정이 없다면—동일성을 생산하는 메커니즘이 없다. 그렇기 때문에 개체와 환경의 역동적인 공창발이 없다.

폰 윅스퀼von Uexküll(1957)의 주위세계*Umwelt*의 의미에서 환경은 의미meaning와 가치value를 지닌다(Merleau-Ponty, 2003, pp. 167-178을 보라). 유기체의 환경은 단순히 물리학과 화학의 렌즈를 통해 본 세계와 동등하지 않다. 물리적 현상과 화학적 현상은 그 자체 속에서 또 그 자체에 대해서 특별한 의미significance or meaning를 지니지 않는다. 그것은 누군가에 '대한for' 것이 아니다.[10] 살아 있는 존재들은 세계를 형성해서 상호작용의 유의미한 영역으로 만들고, 이렇게 해서 그 자신들의 의미significance와 유의성誘意性/valence의 환경을 산출한다(도표 3.3을 보라).

관찰자인 우리의 관점에서 보면, 우리는 세계의 물리학이나 화학과 살아 있는 존재의 환경 사이에서 쉼 없이 뒤로 물러났다 앞으로 나아갔다 하며 전환하고 있다. 우리는 물리적 매개변수와 화학적 매개변수를 조작할 수 있고, 그런 다음 유기체에 대해 이 조작이 지닌 의미를 기술할 수 있다. 예를 들어 만약 자당 변화도(=경사도) 속에서 유영하는 박테리아를 분석하길 바란다면, 우리는 자당이 막 투과성에 미치는 국소적 영향, 매질의 점도, 편모 박동의 유체역학 등을 지적할 수 있다. 그러나 우리는 오직 자가생성적 통일체인 박테리아가 이 특징들을 자신의 동일성과 관련된 것으로 선정하기 때문에만 물리화학적 세계의 이 특징들을 지적하는 것이다. 이 특징들의 생물학적 의미는 박테리아에 의존한다. 만약 우리가 자가생성적 개체인 박테리아의 관점을 무시한다면, 자당 변화도와 유체역학의 모든 상관관계는 어떠한 생물학적 의미도 결여하는 단지 화학적 규칙들이 될 뿐이다(바렐라 1991).

바렐라(1991, 1997a)는 유기체의 환경과 물리화학적 세계 사이의 이 차이를 '의미의 잉여surplus of significance'의 하나로 기술한다. 박테리아가 높은 변화도로 이동하면서 자당 분자들을 신진대사해서 자가생성을 고양할 때를 제외하고는 자당에는 먹이 의미가 없다. 자당의 먹이 의미는 분명 그 상황의 물리학이나 화학과 관계가 없는 것이 아니다. 자당의 먹이 의미는 변화도를 형성하고 세포막을 횡단하고 등등을 할 수 있는 자당에 의존한다. 하지만 물리학과 화학만으로는 이 의미를 드러내기에 충분하지 않다. 그렇게 하기 위해서는 자가생성적 세포의 관점이 요구된다. 이 이유 때문에 바렐라는 유기체와 환경의 구조적 쌍결합은 항상 유기체가 제공하는 '의미의 잉여'를 포함한다고 진술한다. 무엇을 만나더라도 유기체는 자기확인하는 동일성이 설립하는 유리한 위치로부터 평가해야만 한다. 가장 간단하게 말해, 이 평가는 끌어당기거나 밀어내거나 하는 이원적 유의성의 형태를 취하고, 또 이 유의성과 상관적인 다가가거나 물러나거나 하는 행동의 형태를 취한다. 이렇게 해서 의미형성작용은 "세계 위에 새로운 격자판을 놓는다. 도처에 가치의 눈금을 놓는다."(Weber and Varela 2002, p. 118).

유기체의 자기초월

요나스는 생명의 내재적 목적성을 그가 유기체의 자기초월이라 부르는 것으로 거슬러 올라간다. "생명의 '초월'이란 말로 우리는 생명이 점-동일성 point identity을 넘어 지평 혹은 지평들을 영입하는 것을 의미한다"(1966, p. 85). 동일성 혹은 자기생산은 오직 "주어진 조건을 넘어 끊임없이 움직임으로써만"(1968, p. 243) 성취될 수 있다. 만약 동일성을 유지하기 위해 물질을 바꿔야만 한다면, 유기체는 그 자체를 넘어, 현재의 조건 혹은 지금 여기의 점-동일성을 넘어 조준하지 않으면 안 된다.

「개체성의 생물학적 토대Biological Foundations of Individuality」라는 논문에서 요나스(1968)는 이 사상을 스피노자에 연결시킨다. 끊임없이 재생성하는 신진대사의 활동성은 생명에게 계속해서 존재하고자 하는 최소의 '관심'을 부여한다. 스피노자는 이 관심을, 그 자체를 보존하고자 하고, 계속해서 존재하고자 하는 생명의 노력과 힘인 코나투스*conatus*라고 부른다. 요나스는 "하지만 스피노자는 그의 시대의 지식에 머물렀기 때문에, 지속적으로 존재하고자 하는 코나투스가 사물의 주어진 상태를 넘어 끊임없이 나아가는 운동(=움직임)으로만 작동할 수 있다는 점을 알아차리지 못했다"(1968, p. 243)고 쓰고 있다. 우리도 또한 요나스가 그의 시대의 지식에 머물렀기 때문에 이 운동이 자가생성과 의미형성작용의 자연적 결과라는 점을 알아차리지 못했다고 덧붙일 수 있다. 신진대사는 사물들의 주어진 상태를 넘어 나아가는 가장 단순한 형태일 뿐만 아니라, 자가생성적 조직의 중대한 부분의 생화학적 실현 혹은 예화이다. 자가생성적 조직은 동적 항상성으로 유지되어야만 하고, 오직 끊임없는 신진대사의 물질적 유동을 통해서만 유지될 수 있다. 이렇게 해서 자가생성의 작동성 폐쇄로 인해 유기체가 열역학적으로 열린 체계이어야 한다는 점이 필요하게 된다. 이 폐쇄와 개방의 이중적 조건은 유기체의 필연상관적 자유의 또 다른 측면이다. 한 유기체는 어떠한 주어진 순간에도 결코 물질적 구성에 매이지 않지만, 같은 이유로 정지는 죽음을 의미하기 때문에 변해야 한다.

이 필연성은 유기체를 앞으로 또 밖으로 나아가게 한다. 한 유기체는 그 자체를 넘어 기투해서 그 자신의 생애주기 혹은 생명선의 시간적 지평, 그리고 바깥 세계의 공간적 지평으로 개방되어야만 한다. 이렇게 해서 자가생성과 의미형성작용은 생물학적 시간과 공간을 창출하거나 혹은 산출한다. "그 자체를 계속해야 하는 다음의 임박한 존재의 국면을 향하는 내적 방향은 생물학적 시간을 구성하고, 함께-현존하는 그 자체가 아닌 것을 향하는 외적 방향은 생물학적 공간을 구성한다. 여기가 저기로 확장하듯이, 지금이 미래로 확장한다."(Jonas 1966, p. 86)

생물학적 공간과 시간의 지평들은 진화의 과정을 거쳐, 특히 신경체계가 있는 후생동물의 유기체에서 크게 확장되어 왔다. 이 책의 종반에서 나는 시간의식의 현상학적 분석은 물론 시간과 정동affect의 관계에 대해서 논의하겠다. 요나스는 신진대사의 세포적 수준에서 이미 이 관계의 전조를 발견하고 있다.

> 원함(=결핍)에 의해 발동하는 자기관심은 외적 현존성이 아니라 내적 내재성—유기적 연속성이 매 순간 그 순간의 원함을 만족시킴으로써 미래로 막 확장해 가려고 할 때의 그 미래의 내재성—을 수용하는 시간의 지평을 또한 열어젖힌다. 따라서 생명은 바깥으로뿐만 아니라 앞으로 향하고 있고, 양 방향으로 동시에 그 자체의 직접성을 '넘어' 확장한다. 사실 생명은 그 자체의 자유의 필연성에 의해 앞으로 향하기 때문에만 바깥으로 향한다. 그래서 생명은 시간적 내재성에 의해 공간적 현존성이 이를테면 켜지게 되고, 그리고 둘(=시간적 내재성과 공간적 현존성)은 과거의 충족(혹은 이것의 부정인 실망)으로 합병된다. (1966, p. 85)

신진대사는 생명을 시간과 공간에서의 현존하는 조건을 넘어 바깥으로 또 앞으로 나아가게 한다. 생명의 최초 조건은 관심과 원함 중 하나이고, 동물의 삶에서 욕구 혹은 욕망으로 나타나는 조건이기 때문에 생명은 이런 식으로 정향되어 있지 않으면 안 된다. 관심, 원함, 요구, 욕구, 욕망 이것들은 본질적으로 정동적이며 예지적protentional 곧 앞을 미리 보는 것forward-looking이다. 유기체는 신진대사가 그 자체를 시간 속에서 앞으로 나아가게 하기 때문에 바깥으로 개방되어 공간으로 나아가며, 이 앞으로 나아가는 궤적은 원함, 관심, 요구에 의해 연료가 공급된다. 요나스가 주장하듯이(1966, p. 86), 만약 관심이 유기체의 일차적 조건이라면, 현상학자들이 즉각적 미래의 예지라고 부르는 것이 막 지나간 것의 파지보다 생명의 시간성에서 어떤 우위를 지닌다.

이 책 종반에서 나는 정동적 수용성 및 미래로 향하는 예지적 개방성을 강조하는 시간의식에 대한 현상학적 분석을 검토하겠다. 이 분석들과 관련 있는 점을 요나스에서 찾아본다면, 세포적 수준의 신진대사에서 유기체가 앞을 향해 나아가는 궤적은 시간의식의 예지적 개방성의 생명적 근원이라는 그의 관찰에 있다.

이 앞을 향해 나아가는 궤적은 생명의 내재적 목적성의 또 다른 표현이다. 칸트의 목적론이 조직화된 자연에 대해 행하는 우리의 판단을 위한 규제적 원리이었던 것에 지나지 않은 데 반해, 요나스는 목적성을 "물질에 대한 형식의 자유와 동일성에 상응하는, 어떤 실존 양식의 역동적 성격"(1966, p. 86)과 동일시한다. 이 실존 양식은 메를로-퐁티가 생기적 구조들vital structures이라 부르는 것과 동등하다. 생기적 구조는 이 구조의 활동의 내적 규범에 따라 주위세계를 변경한다. 요나스에게 그러한 변경은 이 유형의 구조의 역동적 성격, 즉 그가 초월이라 부르는 역동적 성격의 한 표현이다. 여기에서 요나스는 그의 멘토 하이데거의 초월 개념, 즉 인간 실존(현존재*Dasein*)에 고유한, 세계 속에서 언제나-이미-뛰어넘는 것always-already-surpassing 혹은 자기 자신을-넘어-기투되는 것being-projected-beyond-oneself으로서의 초월 개념에 의지한다. 하이데거는 이 실존적 의미 초월은 심적 향해 있음mental directness인 현상학적 지향성 개념이 전제하는 것이라고(따라서 이 지향성 개념보다 더 근본적이라고) 주장했다(Heidegger 1982, pp. 161-162). 요나스는 더 근본적인 조치를 취하며 이 실존적 현상학의 통찰을 생명 속 마음의 바로 그 뿌리 및 끊임없는 신진대사의 자기초월로까지 가지고 내려간다.[11] 이 조치는 이 장의 초반에서 선언한 마음과 생명의 깊은 연속성의 사상으로 우리를 다시 데리고 간다.

생명과 마음의 깊은 연속성

이 사상을 표현하는 보통의 방식은 마음의 조직화적 속성들이 생명에 근본적 속성들의 강화된 버전이라는 것이다(Godfrey Smith 1996; Wheeler 1997). 우리가 보았듯이, 요나스는 여기서 더 나아간다. 그는 인간 생명의 어떤 실존론적 구조들이 모든 생명을 구성하는 구조들의 강화된 버전이라는 것을 주장하기 위해 현상학적 철학을 이용한다. 바렐라도 마투라나(1970)의 "살아 있음은 인지의 과정이다"라는 명제를 "살아 있음은 의미형성작용이다"라는 명제로 재정립할 때 마음속에 그런 실존론적 연속성을 품고 있다(Varela 1991, 1997a; Weber and Varela 2002).

바렐라가 의미형성작용이란 말로 의미하는 것의 한 예로 우리는 당의 먹이 변화도의 위쪽으로 유영하는 유동성 박테리아라는 이제는 친숙한 예를 다시 논해볼 수 있겠다. 이 세포들은 당에 대한 그들의 노출을 증가시키는 정향점 — 가장 큰 당 농도의 영역을 향해서 앞으로, 변화도 위쪽으로 유영하는 지점 — 을 마주칠 때까지 이리저리 굴러 떨어진다. 이 행동은 박테리아가 막 안의 분자적 수용기를 통해 국지적 환경 속에서 당 농도를 화학적으로 감각할 수 있기 때문에 일어난다. 박테리아는 프로펠러와 같이 편모를 조정해서 회전시킴으로써 앞으로 이동할 수 있다. 물론 이 박테리아는 자가생성적이다. 박테리아는 또한 동역학적 감각운동 회로를 신체화한다. 즉, 그들이 (굴러 떨어지거나 앞으로 유영하면서) 운동하는 방식은 그들이 감각하는 것에 의존하고 그들이 감각하는 것은 그들이 운동하는 방식에 의존한다. 이 감각운동 회로는 체계의 자율성을 표현하면서 동시에 이에 복속되고, 체계의 자가생성의 유지를 표현하면서 동시에 이에 복속된다. 따라서 모든 감각운동적 상호작용 및 환경의 모든 식별 가능한 특질은 박테리아의 관점을 신체화하거나 반영한다.

이 책(4장을 보라) 초반에서 편 논지를 반복하자면, 비록 자당이 물리화학적 환경의 실제적이고 현존하는 조건이긴 하지만 먹이로서의 자당의 지위는 그렇지 않다. 자당이 영양소라는 것은 자당 분자의 지위에 내재적이지 않다. 오히려 자당은 박테리아의 신진대사와 연결된 관계적 특질이다. 자당은 먹이로서의 의미나 가치를 지니지만, 유기체 그 자체가 생겨나게 하는 주위세계에서만 그러하다. 우리가 보았듯이, 바렐라는 유기체의 자율성 덕분에 유기체의 환경 곧 적소適所는 물리화학적 세계에 비해 '의미의 잉여'를 지닌다고 말함으로써 이 사상을 요약한다.[12] 살아 있음은 의미형성작용의 과정이고 의미와 가치를 산출하는 과정이다. 이렇게 해서 환경은 유의성, 끌어당김과 밀어냄, 다가감과 물러남의 장소가 된다.

우리는 "살아 있음은 의미형성작용이다"라는 바렐라의 명제를 다음과 같이 더 다듬어서 서술할 수 있다.

1. 생명=자가생성과 인지. 살아 있는 체계라면 무엇이든 자가생성적이고 인지적 체계이다. (이후로 나는 '자가생성'을 인지와 적응성을 포함하는 넓은 의미로 사용하겠다.)
2. 자가생성은 신체적 자기의 창발을 수반한다. 물리적 자가생성 체계는 작동성 폐쇄(자율성)에 힘입어 살아 있는 신체인 유기체의 형식으로 개체 혹은 자기를 생산하고 실현한다.
3. 자기의 창발은 세계의 창발을 수반한다. 자기의 창발은 또한 필연적으로 그 자기에 고유한 상호작용의 영역인 환경 곧 주위세계*Umwelt*의 공창발이다.
4. 자기와 세계의 창발=의미형성작용. 유기체의 환경은 유기체가 세계에 대해 만드는 의미이다. 이 환경은 유기체의 전역적 행위의 결과로서 의미와 유의성의 장소이다.
5. 의미형성작용=창출행위. 의미형성작용은 자립적 생존을 가능하게 하는 상황행동conduct이다. 그런 상황행동은 환경의 의미와 유의성을 향해 정향되어 있고 종속되어 있다. 의미와 유의성은 '저기 바깥에서' 사전에 존재하는 것이 아니라, 살아 있는 존재가 창출하고, 산출하고, 구성하는 것이다. 살아 있음은 창출행위인 의미형성작용을 수반한다.

이 지점에서 누군가는 인지와 적응을 합체하는 "살아 있음은 인지의 과정이다"와 "살아 있음은 의미형성작용이다"라는 명제에 반대할지도 모른다. 마가렛 보던Margaret Boden(2000)은 이 반대를 제기한다. 그녀는 자가생성이 필연적으로 인지를 포함한다는 함의를 피하기 위해 인지라는 용어를 보다 엄밀하게 사용하는 것이 더 낫겠다고 생각한다.

이 문제를 결정하기 위해 우리는 우리가 '적응'과 '인지'라는 단어를 사용할 때 무엇을 의미하는지 주의를 기울일 필요가 있다. 적응은 조건이지만, 인지는 활동이다. 신다윈주의에서 진화는 자연선택을 통해서 적응을 최적화하는 일을 포함한다. 그러나 자가생성적 관점에서 적응은 모든 생명의 불변적 배경 조건(Maturana and Varela 1987, pp. 94-117)이고, 반면에 현재의 문맥에서 인지는 의미형성작용의 활동을 의미한다. 인지는 체계 그 자체가 자율성에 기초해서 창출하거나 산출하는 의미와 규범과 관련되는 행동 혹은 상황행동이다. 우리는 의미형성작용은 최소의 자가생성 이상의 것을 필요로 한다는 것을 보아 왔다. 의미형성작용은 적응성의 능력 곧 동화와 조절의 능력으로 강화된 자가생성을 필요로 한다. 이 문맥에서 적응성은 유연성, 즉 자립적 생존을 가능하게 하는 방식으로 (그리고 반드시 최적이지는 않은 방식으로) 조건들을 변화시킨다는 점에서 변화시킬 수 있는 능력을 의미한다. 내가 제안해 온 견해를 따르면, 자가생성 더하기 적응성은 의미형성을 수반하는데, 이런 의미형성이 최소 생물학적 형태의 인지이다.

'인지'의 이 용법은 인정하건대 넓은 용법이고,[13] 나는 분명 이 용어로 동물과 인간 인지의 변별적 특징을 모호하게 하려는 의도를 갖고 있지 않다. 그럼에도 불구하고, 이 용법은 지향성의 자연적 뿌리에 관한 명시적 가설에 의존하기 때문에, 단순히 말하는 방식에 지나지 않는다고 할 수 없다. 지향성은 작동성 폐쇄와 상호작용적 자가생성의 동역학으로부터 일어난다. 세계의 구성 혹은 개시開示를 의미하는 것으로 넓게 이해된 지향성은 한 유형의 자기조직화와 상응한다는, 2장에서 제시된 제안을 상기해보라. 우리는 이제 이 유형의 자기조직화가 취할 수 있는 최소 형태가 (적응성을 포함하는 것으로 이해된) 자가생성이라는 것을 볼 수 있는 위치에 있다. 자가생성의 복잡성 수준 아래에서 — 예를 들면 자기조직화하는 물리적 산일구조들의 수준에서 — 우리는 현상학적 세계개시 개념과 유사한 것을 발견할 수 없다. 그러나 일단 자가생성에 도달하면 우리는 정확히 이 종류와 유사한 최초의 사례, 즉 활동으로 세계를 산출하거나 구성하는 체계를 발견할 수 있다.[14] 요컨대, 지향성은 자가생성과 의미형성작용의 형태로 자연 속에서 최초로 창발한다.

따라서 이 제안을 내놓으면서 나는 "지향성은 높은 곳에서 오지 않는다. 지향성은 아래로부터 위로 스며든다"(Dennett 1995a, p. 205)고 진술하는 데넷의 생각에 동의한다. 이 생각을 더 다듬어 풀어내면서 그는 이렇게 쓰고 있다.

> 아무리 시원적이라 할지라도 그 자신의 용해와 분해를 피하는 행동을 할 수 있는 현장에 도달할 때 존재는 그 자신의 '선善'을 세계로 가지고 온다. 즉, 존재는 세계의 사건들이 크게 보아 호의적인 것, 호의적이지 않은 것, 중립적인 것으로 분할될 수 있는 시점을 창조한다. 그리고 첫 번째 것을 구하고, 두 번째 것을 피하고, 세 번째 것을 무시하는 그 자신의 선천적 성향은 세 부류의 정의에 본질적으로 기여한다. 따라서 생물이 관심을 갖게 됨에 따라서, 세계와 세계의 사건들은 생물의 이유들—생물이 세계와 세계의 사건들을 온전하게 인식할 수 있는지 없는지 하는 이유들—을 창조하기 시작한다. … 최초의 이유들은 세계와 세계의 사건들 자체의 인식보다 이전에 존재했다. (Dennett 1991a, p. 174)

이 인용문은 내가 의미형성작용이라고 불러 온 것에 대한 하나의 주석으로 쉽게 역할을 할 수 있을 것이다. 그럼에도 불구하고, 데넷의 제안과 내가 여기서 내놓고 있는 제안 사이에는 중요한 차이가 있다. 내 제안은 자가생성 이론에 기초하는 반면, 데넷의 제안은 도킨스(1989)가 옹호하는 이기적 유전자 이론에 기초한다. (나는 이 이론을 7장에서 비판할 것이다.) 데넷에게 행위체와 의미는 복제하는 분자가 현장에 도달했을 때 생겨난다. "분자생물학의 현미경을 통해, 우리는 '일을 하기'에 충분한 복잡성을 지닌

고분자에서 행위체의 탄생을 목격하게 된다. 이것은 현란한 행위체—이성, 숙고, 반성, 의식적 결정의 표상을 지니는 진정한*echt* 지향적 행위—가 아니라, 지향적 행위의 씨앗이 성장할 수 있는 유일하게 가능한 지반이다"(1995a, p. 202).

이 견해의 문제점은 복제하는 고분자는 기본적인 자율적 체계가 아니라는 점이다. 복제하는 고분자는 그 자체 내에서부터 그 자체를 생산하지 않고, 또 외적 경계조건들을 조절하지 않는다. DNA와 RNA는 자기복제하지 않는다(기본적인 자율적 체계가 자기생산하는 방식으로 자기복제하는 것이 아님이 확실하다). DNA와 RNA는 자신들을 복제하지 않는다. DNA와 RNA는 자신들이 생산하지 않는 복잡한 네트워크에 참여한 결과로서 복제된다—물론 DNA와 RNA는 자신들의 자기생산에 결정적인 역할을 하지만—(7장을 보라). 행위체와 의미는 자율성을 요구하고, 최소의 행위체와 의미는 최소의 자율성을 요구한다. 최소의 자율성은 고분자에 의존하지만, 이 고분자가 어떤 특정한 방식으로 즉 자가생성적 방식으로 조직화되어야 한다는 것을 요구한다. 지향적 행위의 씨앗이 자랄 수 있는 지반이 되는 것은 바로 이 자가생성적 조직이지 고분자 그 자체가 아니다.

우리는 이제까지 자가생성은 인지와 예리하게 구분되어야 한다는 보던의 반대가 제기하는 쟁점을 고찰해 왔다. 보던에서 시작하는 스펙트럼의 다른 끝에 있는 생물학자 린 마굴리스(2001)는 '미생물의 의식'과 '의식하는 세포'에 관해서 쓰고 있다. 그녀와 도리언 세이건은 의식은 생명 그 자체와 시작 시기가 같고 외연이 같다고 믿는다.

> 동물만이 의식하는 것이 아니라 모든 유기적 존재, 모든 자가생성적 세포도 의식한다. 가장 단순한 의미에서 의식은 외부 세계에 대한 알아차림이다. 그리고 이 세계는 포유류의 털 외부의 세계일 필요는 없다. 이 세계는 또한 하나의 세포막 외부의 세계일 수도 있다. 분명히 알아차림의 어떤 수준, 이 알아차림으로 인한 반응성의 어떤 수준이 모든 자가생성적

체계에 함축되어 있다. (Margulis and Sagan 1995, p. 122)

이 견해를 지지하는 또 다른 저자는 철학자이자 현상학자인 맥신 쉬츠존스톤인데, 그는 운동성 박테리아는 신체적 혹은 자기수용감각적 의식의 초기적 형식을 신체화하고 있다고 주장한다(Sheets-Johnstone 1999a, pp. 52, 73).

세포적 의식에 관한 이 사상을 평가하는 데 있어서 우리는 이 문맥에서 의식이 무엇을 의미한다고 하는지 생각할 필요가 있다. 마굴리스와 세이건은 의식을 '외부 세계에 대한 알아차림'으로 기술하지만, 심리과학에서 얻을 수 있는 친숙한 사상은 모든 형태의 알아차림이 주관적 경험이란 의미에서 의식을 함의하지는 않는다는 점이다. 서로 다른 다수의 의식 개념이 있지만, 여기서 가장 관련 있는 개념은 아마도 정감情感/*sentience*, 즉 살아 있음의 느낌과 움직임(=운동) 속에서 노력을 행사하고 있다는 느낌일 것이다. 19세기 프랑스 철학자 멘 드 비랑Maine de Biran(1766-1824)은 '실존의 느낌*le sentiment de l'existence*'에 대해 썼다. 신경과학자 다마지오(1999)와 팬크셉Panksepp(1998b)은 원초적 자기 느낌*feeling of self*에 대해서 쓰고 있다. 따라서 정감이란 의미에서의 의식을 일종의 원초적으로 자기를 알아차리는, 신체의 생기감liveliness 혹은 활기감animation으로 기술하는 사람이 있을 수도 있겠다. 정감은 생명 그 자체, 최초의 살아 있는 신체 곧 박테리아와 함께 창발하는가? 요나스도 그의 저작들에서 이 문제를 제기하고 있다.

> 생명의 방대한 스펙트럼의… 어느 지점에서 우리는 내향성의 '영zero'을 먼 쪽으로, 또 최초의 '일one'을 우리에게 더 가까운 쪽으로 귀속시키는 선을 그리는 일이 정당화되는가? 생명의 바로 그 시작 이외의 다른 어느 곳에서 내향성의 시작이 위치할 수 있는가?(1996, p. 63)

우리가 내향성에 느낌, 수용성 혹은 자극에 대한 반응, 의지 등등의

> 이름을 주든 아니든, 이 내향성은 '알아차림'의 어떤 정도에서 그 자신의 존재와 지속에 대한 유기체의 절대적 관심을 품고 있다.(1996, p. 69)

이 '그 자신의 존재와 지속에 대한 유기체의 절대적 관심'은, 우리가 앞에서 적었듯이, 스피노자가 코나투스라 불렀던 것, 존재하고자 하는 혹은 존재를 계속하고자 하는 생명의 관심이다. 자가생성 이론의 관점에서 우리는 이 관심을 동일성과 의미형성작용이라는 이중의 목적성으로 생각할 수 있다. 지금 우리가 밝힐 필요가 있는 논점은 이 내재적 목적성은 의식을 수반하지 않는다는 것이다.[15] 다음과 같은 고찰들이 이 견해를 지지하고 있다. 첫째, 비록 이 논점이 논란의 여지가 있긴 하지만, 무언가를 '현상적으로 의식함'은 이 무언가에 대해서 작용하기 위해 지향을 형성할 수 있음을 내함한다는 것을 가정하는 것은 합당하다(Hurley 1998, pp. 149-150). 지향적 접근을 행할 수 있는 가능성이 전혀 없다면, 주관적으로 경험한다는 의미에서 무언가를 의식한다는 사상을 이해하기란 어려운 일이다. 그러나 최소의 세포적 종류의 자가생성적 자기성이 의미를 형성하기 위해 유기체 쪽의 어떠한 종류의 지향적 접근도 포함한다고 생각한다면 이것에는 충분한 이유가 없다. 둘째, 최소의 자가생성적 자기성이, 현상적 1인칭 관점을 구성하는 전반성적 자기알아차림이란 의미에서 현상적 자기성 곧 주관성을 포함하는 것 같지는 않다(9장을 보라). 오히려 이런 종류의 알아차림(=최소의 자가생성적 자기성)은 신경체계가 제공하는, 생명 과정들에 대한, 반사에 입각한 정교한 서술과 해석을 (우리가 아직 완전히 이해하지 못하는 방식으로) 필요로 하는 것으로 보인다. 마지막으로, 의식을 생명 조절의 동역학적, 무의식적 과정들과 관련해서 위치시키는 것이 중요하다. 만약 우리가 의식을 세포적 수준 아래로 투사한다면, 이 노력은 어렵고 어쩌면 불가능하게 된다.

생명은 오직 생명에 의해서만 알려질 수 있다

이 마지막 절에서 우리의 시선을 우리 자신에게 다시 돌려 다음과 같은 질문을 하도록 해보자. 무엇이 과학자와 철학자인 우리로 하여금 자가생성적 자기성의 현상을 인지하거나 파악하게 하는가? 이 형태의 실존(=존재)에 대한 우리의 인식과 이해의 가능성의 조건은 무엇인가? 자가생성적 자기성은 어떤 탈신체화된, 객관적 견지에서 개시開示될 수 있는가? 혹은 오히려 우리는 우리가 직접 알고 있는, 우리 자신의 신체적 자기성이나 주관성의 형태와 닮았기 때문에 이 형태의 실존을 인지할 수 있는가?

우리는 자가생성이 내향성과 외향성을 동시에 생겨나게 하는 방식을, 내부가 규범적으로 관계를 맺고 있는 외부를 또한 특정화하는 내부의 자기생산을 생겨나게 하는 방식을 보아 왔다. 우리 자신은 우리 자신의 신체적 자기성을 직접 경험하는 살아 있는 존재이기 때문에 나는 이 내향성 혹은 내면성이 우리에게 개시될 수 있다는 것을 인정한다. 요나스(1966, pp. 64-98)를 따라 우리가 탈신체화된 순전히 분석적이고 수학적 지성의 관점에서 한 유기체를 보고 있었다고 가정해보자. 우리가 유기체의 내향성과 목적성을 인식할 수 있겠는가? 탈신체화되고 분석적인 견지에서 유기체는 순식간의 객관적인 물리화학적 사건들의 집합체로 분해되고, "결국 **자기 관련 자율적 통일체**의 모든 특질들은 순전히… 허구적인 것으로 나타나게 될 것이다"(1996, p. 78, 필자 강조).[16] 그렇지만 우리 자신이 신체적 존재이고, 내향성과 목적성을 경험한다.[17] 따라서 "우리는 탈신체화된 구경꾼은 그 누구든 그가 균일적이고 분석적인 시각에서 본 수학적 신은 결정적 논점 곧 생명 그 자체의 논점—자기중심의 개체성이라는 논점, '내부'와 '외부'를 나누는 본질적 경계를 지니면서 그 자체에 대해 존재하고 또 세계의 나머지 모든 것과 대치하며 존재한다는 논점—을 놓친다고 말할 이유를 갖지 못하리라고 말할 수 있다"(p. 79).

요나스는 이 사유방식을 "생명은 오직 생명에 의해서만 알려질 수 있다"

는 명제 속에 담아 요약하고 있다(p. 91). 이 명제는 본질적으로 현상학적 명제이다. 과학자이기 전에 우리는 다른 무엇보다 앞서 살아 있는 존재이며, 따라서 우리는 우리 자신 내에 목적성의 증거를 소유하고 있다(Weber and Varela 2002, p. 110). 요나스가 말하듯이, "우리 자신 살아 있는 신체이기 때문에, 우리는 우연하게도 내부 지식을 갖고 있다"(1966, p. 79). 자신의 실존을 지속하려고 분투하는 — 화학 방충제로부터 벗어나 능동적으로 유영해 가는 박테리아에서 시작하는 — 다른 생명체들을 관찰할 때, 우리 자신의 경험의 증거 및 다윈의 생명 연속성의 증거를 통해서 우리는 내향성과 목적성을 살아 있는 존재에 고유한 것으로 간주할 수 있다.

이 생명관이 회고적 요소를 지니는 것은 사실이다. 우리는 우리 자신의 경험에 대한 현상학적 분석과 공약 가능한 용어들로 우리의 생물학적 기술을 회고적으로 재주조한다. 과학과 경험 사이의 진행 중이고 피할 수 없는 실용적 순환 그리고 상호적으로 제약하는 관계가 이 절차를 적법화하고 있다(Gallagher 1997; Varela 1996; Varela, Thompson, and Rosch 1991). 따라서 현재의 문맥에서 자가생성 이론은 생명이 경험에서 비롯된다는 목적론적 이해방식에 대한 자연주의적 해석을 제공하지만, 우리 자신의 신체적 존재에 대한 우리의 경험은 자가생성적 자기성에 대한 우리의 이해를 위한 가능성의 조건이다.

생명은 오직 생명에 의해서만 알려질 수 있다는 명제는 또한 현상학적 의미에서 초월론적 명제이다. 우리가 실제로 생물학적 지식을 갖고 있다는 점을 고려할 때, 이 명제는 생명을 아는 가능성을 위한 조건들에 관한 것이다. 이 초월론적 사유방식을 분명히 표현하는 한 방법은 다음과 같다. (1) 어떤 관찰 가능한 현상들을 설명하기 위해서 우리는 (자기조직화하고 내재적으로 목적적인 전체라는 칸트적 의미의) 유기체 개념 그리고 자가생성 개념이 필요하다. (2) 이 개념들의 의미를 위한 원천은 살아지는 신체, 즉 우리 자신의 신체적 존재(=실존)에 대한 우리의 본원적인 경험이다. (3) 이 개념들 및 이 개념들이 등장하는 생물학적 설명들은 물리주의적 과학

신화가 우리에게 믿게 하는 것처럼 몇몇 관찰자로부터 독립적이고, 문맥의 존적이 아니고, 객관적이고, 물리화학적 기술에서 유래할 수 있는 것이 아니다. 물질에서 생명과 마음으로, 물리학에서 생물학과 심리학으로 연관을 형성하기 위해서 우리는 유기체와 자가생성과 같은 개념을 필요로 하지만, 이 개념들은 그 자신의 신체적 생명에 대한 직접적 경험을 갖는 신체적 주체만이 이용할 수 있다. 메를로-퐁티의 말로 하면, "나 자신이 살아 있는 몸을 창출하지 않고서는, 또 내가 세계를 향해서 떠오르는 몸이지 않고서는 나는 살아 있는 몸의 기능을 이해할 수 없다"(1962, p. 75).

이 초월론적 관점은 객관주의적 철학과 과학의 무비판적 입장을 전복시킨다. 객관주의는 사물들이 인간 경험과 지식에 개시될 수 있는 방식, 혹은 사물들이 의미meaning or significance를 갖고서 개시되게 되는 방식에 대해서 묻지 않고, 사물들을 당연한 것으로 받아들인다. 예를 들어 생물학의 객관주의는 유기체를 바깥에 저기 세계 속에서 미리 만들어진ready-made 객체로 당연하게 받아들인다. '유기체' 범주가 과학적 경험에서 우리에 대해 구성되는 방식에 대해 어떠한 관심도 보이지 않는다. 이와 대조적으로, 현상학은 이 범주를 우리의 신체적 존재의 살아지는 경험인 인지적 원천으로까지 거슬러가며 추적한다. 객관주의는 이러한 종류의 회귀적 조치를 취하기를 거부한다. 이렇게 해서 객관주의는 그 자체를 무지와 검토되지 않은 생명에 처하게 할 뿐만 아니라, 한 형태의 그릇된 의식에 처하게 한다. 메를로-퐁티가 그의 『지각의 현상학』 서문에서 진술하듯이, "과학의 우주 전체는 직접적으로 경험되는 세계 위에 세워지며, 만약 우리가 과학 그 자체를 엄밀한 조사를 받도록 해서 과학의 의미와 범위에 대한 정확한 평가에 이르기를 원한다면, 우리는 세계의 이차적 표현인 과학이 딛는 세계의 기본적 경험을 다시 일깨움으로써 시작하지 않으면 안 된다"(1962, p. viii). 비판적이고 반성적인 과학은 이 현상학적 관점을 포용할 수 있는데, 왜냐하면 그러한 과학은 이런 방식으로 과학적 경험을 명확하게 함으로써 과학 그 자체가 인간 생명의 나머지와 관련해서 적절하게 자리 잡고, 이렇게 해서 더 견실한 토대 위에서 확보되는 것을 보기 때문이다.

이 장과 이전 장에서 우리는 생기적 질서, 생명의 현상에 대한 과학적 지식에 초점을 맞추었다. 우리가 지금 도달한 논점은, 비록 현상학자들에게는 친숙할지라도, 생물학자들에게는 덜 친숙할 수도 있고, 혹은 적어도 그들은 이에 대해 선뜻 말하지 않는다. 이 논점은 공감은 생기적 질서에 대한 우리 이해의 전제조건, 특히 환경에 거주하고 있으면서 의미를 형성하고 있는 유기체에 대한 우리 이해의 전제조건이라는 것이다. 이 문맥에서 **공감***empathy*이라는 용어를 사용하면서 이 책의 마지막 장의 주제를 미리 말하고 있는 셈이다. 마지막 장에서 우리는 공감은 살아 있는 두 신체 서로 간의 자발적이고 비의지적인 공명 속에 뿌리를 내리고 있는 다면적인 경험임을 보게 될 것이다. 내가 지금 거론하고 있는 것은 이런 종류의 신체적 공감이지만, 그것은 유기체에 대한 우리의 이해 그리고 생명의 목적성에 대한 우리의 인식을 정초하기 위해 인간 영역 너머로 확장되어 있다(Husserl 1980, pp. 94-98; 1989, pp. 170-180). 이 의미의 공감은 우리 인간의 살아지는 몸과, 인간이든 동물이든 혹은 심지어—특히 '유기체에 대한 느낌'(Keller 1984)을 갖고 있는 생물학자들에 대해—박테리아든 우리가 살아 있는 것으로 인식하는 다른 존재들의 몸들과 쌍결합하는 일을 포함한다.

7장 걸으면서 길을 내기

발달과 진화

우리 살아 있는 유기체들은 역사적이고 발달적인 존재들이다. 우리는 우리 인간 선조들뿐만 아니라 헤아릴 수 없이 많은 다른 살아 있는 존재들, 즉 가장 초기의 박테리아 유기체로까지 쭉 거슬러 올라가는, 인간 종에 선행하는 조상들로부터 번식(=재생산)에 의해 내려온다. 게다가 우리 각자는 '생명선lifeline'의 형태를 띠는, 즉 시간과 공간을 관통하는 발달 경로의 형태를 띠는 유일무이한 역사를 지닌다(Rose 1997). 우리는 다세포 유기체이고, 우리의 모든 세포는 부모의 난자와 정자의 융합에서 형성된 하나의 특정한 세포로부터 번식에 의해 내려온다. 따라서 우리의 역사는 두 교차하는 수준에서 번식에 의해 만들어진다. 즉, 우리는 우리 부모의 자식이고, 우리의 개체적 세포 성분들은 한때 우리 각자이었을 배아로부터 번식에 의해 내려온다.

비록 우리의 부모 및 선조의 유기체들이 우리의 몸에 발달 자원들을 공급하고, 그들이 밟아가는 삶의 길에서 우리의 몸을 인도하도록 돕는다

할지라도, 그 경로는 우리 안에서—우리의 유전자나 어떤 다른 곳에서—사전에 결정되어 놓여 있는 것이 아니다. 그렇기는커녕 길은 우리의 발자국들이고, 걸어가면서 내는 것이다. 길과 발자국들, 길과 걸음 사이의 어떠한 분명한 구분도 없는, 걸으면서 길을 내기라는 이 이미지는 이 장이 우리를 인도하는 이미지이다(Varela 1987).

이제까지 나는 지금 여기의 개체적 수준에서만 생명을 논해 왔다. 그렇지만 오늘날 그러한 바의 단일한 개체적 유기체는 생태학적으로 감입된, 발달적 과정 곧 생애주기life cycle로서의 유기체와 관련해서도, 생식적 계통의 성원으로서의 유기체와 관련해서도 어느 정도 일종의 추상물이다. 이 이유 때문에 우리는 발달과 진화를 포괄하기 위해 우리의 체재를 확장시킬 필요가 있다.

이 장은 역사적 현상으로서의 생명에, 살아 있는 존재의 진화와 발달에 초점을 맞추고 있다. 여기서 제시된 관점을 따르면, 우리의 살아 있는 몸은 시간적으로 연장된 생명선으로 간주되기 때문에, 생식을 통해 새로운 생애주기들을 개시開始하는 발달적 과정 혹은 생애주기이다. 살아 있는 존재들은 생애주기들의 역사적 네트워크들에 의해 구성되고, 진화의 단위들은 유기체와 환경으로 이루어지는 발달적 체계들이다.

자가생성, 재생산, 유전

살아 있는 존재를 역사적 존재로 만드는 것이 무엇인지를 이해하기 위해서 우리는 재생산(=번식)의 현상에서 시작할 필요가 있다.[1] 재생산은 세포분열과 같은 특정한 과정을 거치는, 부모 유기체와 형태가 거의 유사한 새로운 개체들의 생산으로 이루어진다. 더 추상적인 용어로 말하면, 재생산은 같은 부류의, 즉 같은 조직을 지니는 또 다른 통일체를 발생시키는 한 통일체로 이루어진다. 그러므로 재생산은 본래의 통일체와 이 통일체를 재생산하는 어떤 과정이라는 두 기본적 조건을 필요로 한다. 살아 있는 존재의 경우에 본래의 통일체는 자가생성적 통일체이고, 재생산적 과정은 최초의 통일체와는 구분되는 적어도 하나의 다른 자가생성적 통일체의 형성으로 끝난다.

비록 자가생성과 재생산은 살아 있는 세포 속에서 조화를 이루고 있긴 하지만, 그 둘 사이에는 논리적 비대칭이 존재한다. 재생산은 자가생성을 전제하지만, 자가생성은 반드시 재생산을 전제하는 것은 아니다. 왜냐하면 한 체계는 재생산할 능력이 없어도 자가생성적 기준에 따라 자기생산하는 것일 수 있기 때문이다. 그러한 사례가 논리적으로나 개념적으로 가능하기도 하지만 실제로 지구상의 초기 생명의 역사에서 잘 일어났었을 수 있었을 것이다. 아마도 바로 그 최초의 자발적으로 자기결집하는 자가생성적 체계는 재생산할 능력이 없었을 것이고, 그래서 어떤 후손도 남기지 않았을 것이다. 후에 재생산은 초기 자가생성적 원세포가 다른 존재들과 부딪친 결과로 오직 파쇄fragmentation를 통해서 최초로 발생했을지도 모른다. 그렇게 생산된 역사적 네트워크에서 그런 다음 몇몇 변종세포들이 그들 자신의 내적 동역학의 결과로 재생산적 균열fracture을 겪었을지도 모른다. 이 자기생산하는 변종들은 분리 메커니즘을 소유했을 것이고 계통 곧 안정적인 역사적 계승을 생겨나게 했을 것이다. 사건들이 이 방식으로 발생했든 아니든, 다음의 일반적 논점은 타당하다. 재생산은 살아 있는 존재의 최소 조직의 일부가 될 수 없다. 왜냐하면 무언가를 재생산하기 위해서 이 무언가는 우선 통일체이어야만 하고 이 무언가를 정의하는 조직을 지녀야만 하기 때문이다. 그러므로 재생산은 논리적으로나 작동적으로 자가생성보다 부차적이다.

생물학적 재생산에서 가능한 가장 작은 부모는 단세포이다. 원핵세포에서 재생산은 2분열binary fission을 통해서 일어난다. 모세포가 두 부분으로 나뉘어 갈라져 딸세포가 된다. 진핵세포에서 재생산은 각각 모세포와 같은 수와 종류의 염색체를 함유하는 핵을 지니는 두 딸세포를 낳는 일종의 핵분열인 유사분열有絲分裂/mitosis을 통해 일어난다. 두 경우 모두에서 재생산이 본원적인 세포적 통일체가 자신의 자식으로 분할되고 합입合立/incorporation되는 일을 거쳐 발생하는 것은 필수적이다. 본원적 세포는 같은 종류의 두 새로운 세포를 낳는 균열을 겪는 것이다.

비록 재생산하는 모세포와 재생산되는 딸세포 사이에 세포 내의 분리가 없을지라도, 딸세포는 모세포 속에 사전에 존재하는 것이 아니다. 더욱이 비록 딸세포가 원본적 세포와 같은 자가생성적 조직을 지니고, 따라서 원본적 세포와 구조적 특성을 공유하긴 하지만, 이 딸세포는 원본적 세포와 구조적으로 다르고 다른 딸세포와도 구조적으로 다르다. 딸세포들은 더 작고, 그들의 구조는 원본적 세포의 생애주기의 재생산적 위상 동안 원본적 세포에서 직접적으로 유래한다. 따라서 살아 있는 세포들은 재생산의 결과로서, 구조적 실현의 변이와 더불어 자가생성적 조직의 보존이 존재하는 역사적 계통을 형성한다.

재생산은 분열을 통해서 일어나고, 그래서 세포적 성분들의 이전 증식에, 즉 세포 내의 분자들과 분자적 구조들의 이전 복제에 의존한다. 그럼에도 불구하고, 이 두 현상 — 재생산과 복제 — 은 서로 다른 수준에 속하고, 서로 다른 논리를 지닌다. 재생산은 자가생성적 통일체로서 세포 전체의 수준에서 발생하지만, 복제는 세포 내 분자적 성분들의 수준에서 발생한다. 일반적으로 복제가 발생하기 위해서는 같은 부류의 존재들을 반복적으로 생산하는 메커니즘이 있어야만 한다. 단백질 합성의 경우 생산적 메커니즘은 DNA, RNA, 리보솜을 포함하는 복잡한 분자적 메커니즘이다.[2] DNA 복제의 경우 메커니즘은 형판型板/template을 통한 원본적 DNA 분자의 보체補體/complement의 생산을 포함한다.[3]

이 경우가 예증하듯이, 복제에서 (1) 모든 물질은 세포 내부의 주변 매질에서 얻는 새로운 물질(아데닌, 구아닌, 시토신, 티민의 필연적 전구체 분자로, 이들 자체가 더 단순한 물질로부터 합성되지 않으면 안 된다)의 형태로 원본적 구조(DNA 가닥) 외부에서 오지 않으면 안 된다. (2) (DNA 결합 단백질, DNA 중합효소, 다양한 DNA 복구 메커니즘으로 이루어지는) 복제의 생산적 메커니즘과 생산물(DNA 분자들)은 작동적으로 서로 다른 체계이다. (3) 생산적 메커니즘은 독립적인 요소들을 생성하게 한다. 이와 대조적으로, 세포 전체의 재생산에서는 오직 원본적인 부모 세포 내에서 오는 물질만이 요구된다. 모든 것은 통일체의 부분으로서 통일체 내에서 일어나고, 재생산하는 체계와 재생산되는 체계 사이에는 어떠한 분리도 존재하지 않는다.

역사와 관련해서 이 차이들이 의미하는 것은, 재생산은 역사적으로 연결된 통일체를 필연적으로 생겨나게 하지만 복제는 그렇지 않다는 점이다. 복제물들은 종종 역사적으로 서로 간에 무관하다. 개별적 역사에서 복제물 중 어느 한 복제물에 일어나는 것은, 생산의 계열에서 이 복제품을 뒤따르는 복제품들에 일어나는 것에 영향을 주지 않는다. 한 중요한 예외가, DNA 복제에서 일어날 때처럼, 한 복제물이 뒤따르는 복제물을 만들기 위해 사용될 때 일어난다. 이 경우 역사적으로 연결된 다수의 존재들이 생성되는데, 왜냐하면 모형으로서 역할하기 전에 그 시간 동안 각 존재에 일어나는 것은 후속하는 복제물의 특성들을 결정하기 때문이다. 복제와 달리 재생산은 원본적 통일체가 자식으로 분할되고 합입되는 것을 통해서 일어나기 때문에 역사적으로 연결된 통일체들을 필연적으로 생겨나게 한다.

재생산에 의해 생성되는 역사적 계통이라면 어떠한 것에도 단순히 생산적 분할 메커니즘의 결과로서 한 세대에서 다른 한 세대로 넘어가는 통일체들의 구조적 특성들의 보존과 변이가 존재할 것이다. 달리 말해서, 재생산적 계통을 발견하는 곳이라면 어느 곳에서든 우리는 유전의 쌍둥이 현상, 즉 계열의 한 성원에 속하는 구조적 특성들이 다음의 성원에게 다시 나타나는 재생산적 보존, 그리고 부모, 자식, 남매 사이에 차이들이 생겨나는 재생산적 변이를 발견하게 된다. 이 추이 현상에 대한 연구는 유전학 분야에 속한다.

많은 현대 유전학은 유전자를 DNA의 길이를 지닌 유전 단위로 확인하려고 하는 데 초점을 맞추어 왔다. 너무나 복잡해서 여기에서는 분석할 수 없는 많은 이유 때문에, 그 자체의 복제적 계획을 담고 있는 분자적 정보 저장소로서의 유전자의 이미지는, 이 근본적으로 편향된 그림을 정정하려는 많은 과학자들의 노력에도 불구하고, 과학과 일반사회에 엄청난 영향력을 행사해 오게 되었다. 이 유전자 중심적 학설은 이 책에서 제시되는 생명과 마음의 시각과 상충하기 때문에, 이 학설의 결함을 드러내고 대안을 소묘하는 것은 중요한 일이 아닐 수 없다.

유전자 중심주의 및 일반적으로 인정된 진화관

유전자 중심주의는 19세기의 찰스 다윈Charles Darwin과 알프레드 러셀 월리스Alfred Russel Wallace의 저작들에서 비롯된 이른바 일반적으로 인정된 진화관the received view of revolution의 수정 혹은 교정의 결과로 20세기에 일어났다. 1859년에 최초로 간행된 다윈의 『종의 기원』은 결국 대부분의 과학자들로 하여금 진화의 사실 — 유기체는 이전 유기체에서 수정되어 내려온다는 사실, 그리고 내려오는 경로는 분기형 패턴branching pattern을 지니기에 오늘날 종은 하나 혹은 두서넛의 먼 조상에서 내려온다는 사실 — 을 확신하게 만들었다. 다윈에 따르면, 진화의 주요한 메커니즘은, 비록 유일한 메커니즘이 아니긴 하지만, 그가 자연선택이라 부른 것이다. 이 말로 그는 세대에서 세대로 내려오며 "이로운 변이들은 보존하고 해로운 변이들은 거부하는 것"(Darwin 1996, p. 176)을 의미하는데, 이는 바람직한 형질을 얻기 위해 인간이 식물과 동물에 실행하는 인위적인 선택적 교배에 유비될 수 있다.

비록 다윈이 자연선택에 대해 명백하고 정확한 정의를 제공하지 않았지만, 그 자신의 주장뿐만 아니라 이후의 과학자들의 주장은 자연선택에 의한 진화가 세 가지 기본적 요건을 지닌 과정으로 정의될 수 있다는 점을 분명히 했다. (1) **표현형 변이***Phenotypic variation*. 속성 혹은 형질에 있어서 한 개체군의 개체들 사이에는 변이가 존재해야만 한다. (2) **유전***Inheritance*. 이 형질들은 유전 가능한 것이어야만 한다. 이 형질들은 부모에서 자식으로 전해지는 것이 가능해야만 한다. (3) **차별적 재생산 성공률***Differential reproductive success* 혹은 **적합도***fitness*. 개체들은 유전 가능한 형질들에 적어도 부분적으로 기초하는 서로 다른 성공도(어떤 개체들은 다른 개체들보다 더 많은 자식을 남긴다)를 지녀야만 한다. 요컨대 자연선택에 의한 진화의 과정은 적합도(재생산적 성공률) 상의 유전 가능한 변이가 존재해야 한다는 것을 요구한다.[4]

이제 적합도 상의 유전 가능한 변이가 진화에 기여하는 방식에 대해 기초적 그림을 소묘해보자. 한 개체군의 개체적 유기체는 구조적 특성들 혹은 형질들이 다르다. 어떤 유기체들은 그들이 소유하는 형질들의 결과로 환경이 제기하는 문제들을 해결하는 데에 있어서 다른 유기체들보다 더 능하다. 그러므로 그들은 재생산할 수 있는 시기까지 생존해서, 상이한 형질들을 지닌 다른 유기체들보다 더 많은 자식을 남길 개연성이 더 크다. 만약 더 성공적인 유기체의 형질들이 (적어도 부분적으로) 유전 가능하다면, 후속하는 개체군들에서 그런 형질들의 더 큰 빈도로 향하는 치우침이 있게 될 것이다. 따라서 개체군의 형질들의 빈도수 분포는 변할 것이고 개체군은 진화해 있을 것이다.

우리는 이 진화 개념을 적응 개념과 연결시킬 필요가 있다. 이제 막 제시된 그림에서, 동료보다 환경에 더 잘 적응한 유기체는 더 큰 번식 성공률을 지닌다. 이 적응의 개념이 의미하는 것은 정확히 무엇일까? 적응은 어떤 사전에 존재하는 물리적 상황과 잘 어울리는 어떤 설계 혹은 작도를 신체화하는 것에 기초하는 적응된 상태를 의미한다고 가정하고 싶은 유혹을 받기 쉽다. 그러나 다윈주의에서 적응 개념은 상태라기보다는 과정 — 적합도(즉 생존과 재생산)와 연결된 적응 과정 혹은 적응해 가는 과정 — 이다. 일반적으로 인정된 견해에 따르면, 자연선택에 의해 형성되는 이 적응 과정은 자연에서 분명하게 관찰되는 적응적 설계의 정도의 이유가 된다 (Lewontin 1978).

일반적으로 인정된 견해에 따르면, 한 개체군에서 적응적 변화를 낳기 위해서 자연선택은 많은 세대를 거쳐서 점진적으로 또 누적적으로 일어나야만 한다. 단일한 돌연변이가 적응적 변화를 생겨나게 할 가능성은 낮으며, 큰 영향들을 미치는 단일한 돌연변이는 거의 항상 해롭다. 그러나 점진적 누적적 선택은 적합도 상의 유전 가능한 변이보다 더 많은 것을 요구한다. 이는 또한 (선택이 넘쳐날 수 있는 너무 많은 변이가 있지 않기 위해서) 낮은 돌연변이율, 그리고 많은 세대를 거치는, 상당히 일관된 선택압력selective pressures의 방향을 요구한다. 게다가 도중의 각 단계는 적합도를 증가시키는 것이어야 한다. 높이가 적합도를 나타내는 이른바 적응 풍경화의 이미지에서, 너머에 있는 더 높은 산에 도달하기 위해서 계곡 아래로 한 개체군을 이끌 수는 없다.

이제까지 나는 다윈에서 유래된 진화이론의 오직 일부 기본적 사상만을 언급해 왔다. 20세기에 고전적 다윈주의는 처음에는 1930년대에 진화이론과 유전학 간의 이른바 현대적 종합Modern Synthesis의 결과로, 그리고 다음에는 1950년대에 분자생물학의 발흥으로, 때로 신다윈주의로 불리는 것으로 변형되었다. 20세기 초반 수십 년 동안에, 자연선택에 의한 다윈의 진화이론은 이 세기 초 멘델 연구의 재발견에 기초하는 유전과학의 발달을 실제로는 반대하는 것으로 간주되어 왔다. 다윈주의자들은 표현형 형질들을 서로 간에 연속적으로 다른 것으로 이해했지만, 멘델 유전학에 따르면 표현형 특질들 간의 차이들은 불연속적이고, 별개의 유전적 단위 곧 유전자에 의해 결정된다. 그러나 1930년대가 시작되면서 R. A. 피셔, 시월 라이트, J. B. S. 홀데인과 같은 과학자들은 멘델 유전학이 다윈 이론에 포함될 수 있는 방식을 보여주었다. 기본적 관념은, 만약 유전자들이 유기체의 생존과 재생산에 영향을 미치는 형질들의 작은 차이에 연결된다면, 멘델의 법칙에 따라 작용하는 유전자들이 시간이 흘러감에 따라 한 개체군에서 서로를 대체하리라는 것이었다. 이런 생각들이 전개된 결과로, 또한 이어서 세포 핵 속 염색체 상의 DNA에 있는 유전단위들을 위한 세포적 기반과 분자적 기반을 확인한 결과로, 진화란 용어는 한 개체군에서의 유전자 빈도수의 변화를 의미하기 위해서 이전보다 좁은 의미에서 사용되게 되었다.

요약해보자. 일반적으로 인정된 견해에 따르면, 선택압력은 한 개체군의 유전적 다양성에 작용해서, 시간이 흘러감에 따라 이 개체군에서 적응적 이동adaptive shifts을 산출한다. 자연선택은 개체군에 현존하는 가장 적합한 형질들의 진화를 가져온다는 의미에서 최적화하는 힘으로 간주된다. 따라서 일반적으로 인정된 견해는 자연선택의 최적화하는 힘이 유기적 진화에서 주요한 요인이라고 강조하는 적응주의adaptationism로 알려진 이론과 손을 잡고 가고 있다. 이는 일반적으로 인정된 견해가 다른 잘 알려진 중요한 요인들—예를 들면 무작위적인 유전적 표류(거칠게 말해, 우연으로 인한 유전자 빈도의 변화), 한 개체군 안으로나 바깥으로 개체들이 이주하는 것, 그뿐만 아니라 구분되는 표현형 형질이 상호 관련되도록 야기할 수 있는 다면발현pleiotropy(한 유전자가 두 표현형 결과를 지니는 것)과 연결linkage(한 유전자의 유전이 다른 유전자의 유전에 연결되도록 두 유전자가 같은 염색체 상에 위치하는 것)—을 인정하지 않는다고 말하는 것이 아니다. 오히려 논점은 일반적으로 인정된 견해, 특히 적응주의자의 이론이 비선택적 과정들의 중요성을 경시하고 자연선택과 적응적 변화를 강조한다는 것이다.

일반적으로 인정된 견해와 유전자 중심주의의 관계는 무엇인가? 유전자 중심주의는 일반적으로 인정된 견해의 주요 교의—특히 적응주의자의 이론—를 수용하지만, '유전자의 눈gene's-eye'의 진화관으로 관점이 이동해야 한다고 주장한다(Dawkins 1989; Williams 1966). 유전자 중심주의에 따르면, 생명의 근본 단위는 유기체가 아니라 유전자이다. 유전자들은 특성들이 변화하며, 그들 자체의 복사본을 만듦으로써 증식하는데, 어떤 유전자들은 그들의 특정한 특성들의 결과 그들 자체를 복제하는 데에 있어서 다른 유전자들보다 더 성공적이다. 따라서 유전자는 경쟁적 상호작용과 자연선택의 결과로서 진화한다. 이와 대조적으로, 유기체는 유전자로 하여금 상이한 환경을 이용할 수 있게 하고 이렇게 해서 더 성공적으로 복제할 수 있게 하는, 유전자가 만든 유전자를 위한 운반체이다.

이 견해에 따르면, '복제'와 '상호작용'은 진화를 이루는 두 과정이다. 복제는 어떤 존재—'복제자replicator'—가 한 세대에서 다음 세대로 직접적이고 정확하게 복사되어 계통을 형성하는 과정이다. 상호작용은 복제를 차등 있게 하는 것이다. 즉, 어떤 존재들—'상호작용자들interactors'—은 이들이 포함하는 복제자가 다음 세대로 차등적으로 복사되는 방식으로 환경과 상호작용한다. 비록 원리적으로 동일한 존재가 복제자이자 상호작용자일 수 있을지라도, 상호작용자는 일반적으로 복제자에 의해 또 복제자를 위해 건조되는 '운반체'로 이해된다. 유전자는 전형적인 복제자이고, 유기체는 전형적인 상호작용자이다. 환경과 상호작용하는 일을 중재하고 이렇게 해서 복제를 돕는 (유기체이지만 아마도 또한 군체와 개체군일) 운반체를 건조함으로써 복제자(유전자)들은 서로 간에 경합한다.

이런 방식으로 복제자/상호작용자 구분으로 무장해서, 유전자 중심주의(곧 '유전자 선택주의')는 자연선택은 유전자(복제자)에 직접 작용하는 것이 아니라 오직 표현형(상호작용자)에만 작용한다는 논점을 수용할 수 있게 되는데, 그럼에도 불구하고 유전자가 궁극적 원천이고 표현형 적응의 수혜자라고 주장한다. 요약하면, 유전자 중심주의에 따르면, 유기체는 유전자에 의해 건조되고 제어되는 정교한 기계장치—도킨스가 부르는 바대로 한다면 '로봇' 혹은 '생존 기계'—로서 진화한다(Dawkins 1989, pp. 19-20).

유전자 중심주의의 문제점들

생명은 본질적으로 세포 핵 내부의 유전자의 문제라는 견해는 마음은 본질적으로 머리 내부의 컴퓨터 뇌의 문제라는 견해와 상응한다. 유전적 과정들은 마음(과 뇌)을 머릿속 정보처리 장치 혹은 컴퓨터로 보는 고전적 계산주의자의 그림과 상응하는 '정보', '지시', '부호화'의 용어로 기술된다. 만약 마음이 컴퓨터라면, 마음의 인지적 과정들은 본질적으로 추상적(알고리즘적)이고 마음이 유기체에서 신체화되는 일과 무관하게 될 것이다. 이 견해에 따르면, 뇌는 마음의 소프트웨어를 위한 특정한 하드웨어 실행에 지나지 않게 된다. 마찬가지로, 만약 유전체(=게놈)가 일단의 부호화된 지시라면, 그것은 또한 본질적으로 추상적이고, 세포 속의 프로그램으로서 역할에 인과적으로 특권이 부여돼 있다. 그러므로 세포는 유전자들에 의해 추동되는 '운반체'에 지나지 않게 된다. 따라서 유전자 중심주의와 계산주의는 동일한 개념적 연료로 달린다. 둘 다 하드웨어 대 소프트웨어, 물질 대 정보, 몸 대 마음의 이원론을 영속화하고, 둘 다 환경 속에 감입돼 있는 유기체 전체의 근본적으로 동역학적 현상인 것에서 특정한 하위체계들이 행하는 역할을 그릇되게 특징짓는다. 비록 이 두 견해가 20세기 중반부터 후반까지 과학적 현장과 철학적 현장을 지배해 오긴 했지만, 오늘날 이 견해들은 비판적인 검토와 교정을 급속하게 받고 있다. 이 절에서 이후에 제시할 진화에 대한 창출행위적 접근법을 준비하기 위해서 나는 유전자 중심주의를 비판적으로 살펴보겠다.

바이스만 학설

유전자 중심주의에 따르면, 시간을 관통하는 생물학적 동일성은 유전적 복제자에 기초한다. 왜냐하면 오직 유전적 복제자만이 통세대적으로 살아남는다고 생각되기 때문이다. 이 견해는 생식질 연속성 학설the Doctrine of the Continuity of the Germ Plasm을 선언한 19세기 후반의 자연학자 아우구스트 바이스만August Weismann의 이름을 따라 명명된 이른바 바이스만 학설에서 유래한다. 바이스만은 생식질(게놈)과 유기체의 체조직 사이에는 엄격한 차이가 있다고 주장했다. 유기체의 발달에는 생식계열germ line—유기체의 성세포들의 조상인 세포들—과 체세포계열—유기체 몸의 조직tissues 및 여타의 성분들을 형성하는 세포들—의 초기 분화와 엄격한 분리가 있다. 생식계열만이 오직 유전성의 원인이 된다. 생식계열은 잠재적으로 세대 사이의 불멸不滅의 다리 역할을 하는 데 반해, 체세포는 자연선택이 작용하는 필사必死의 그릇일 뿐이다. 생식세포 계열에서 유전자는 전형적인 복제자이다. 유전자는 그들 자신의 복제의 개연성에 아무 영향을 주지 않는 '수동적 복제자'와 대조적으로 '능동적 생식계열 복제자'이며, 개체적 유기체 내에서만 (유사분열有絲分裂로) 복제하는 '막다른(=끝이 닫혀 있는) 복제자'이다(Dawkins 1982, p. 83). 비록 각 개별적인 능동적 생식계열 복제자(각 징표token 복제자)는 오직 유한한 삶을 가질 뿐이긴 하지만, 이는 무한하게 길고 사실상 끝이 열려 있는 복사(=복제) 계통의 선조로서 역할을 한다. 따라서 유전자 계통은 잠재적으로 불멸하는 반면, 유기체는 한 세대에서 다음 세대로 유전자 계통을 운반하는 필사의 '운반체'이다.

바이스만 학설(혹은 분자적 바이스만주의)의 용어는 세 가지 관련되지만 구별되는 사상을 전하고 있다. (1) **분리 학설**: 생식계열과 체세포계열은 개체발생 동안 엄격하게 분리되고, 그래서 생식세포는 체세포의 어떠한 변화로부터도 절연돼 있다. (2) **유전 학설**: 비유전자적 유전은 어떠한 것도 없다. (3) **인과적 비대칭성 학설** : 세포 내에서 유전 외적 요소들과 과정들은 유전자에 의존하지만, 그렇다고 해서 유전자가 유전 외적 요소들과 과정들에 의존하는 것은 아니다. 우리는 이 세 가지 사상의 문제를 유전자 중심주의의 문제를 확인할 수 있다(Smith 1994).

1. 분리 학설

생식계열과 체세포 계열의 분할은 모든 동물에 존재하는 것도 아니고, 식물에 적용될 수 있는 것도 아니다. 실로 분리 학설은 대부분의 유기체에 해당되지 않는다. 레오 버스Leo Buss는 그의 중요한 책 『개체성의 진화*the Evolution of Individuality*』에서 그가 체세포 배아발생somatic embryogenesis, 후생後生/epigenesis, 전성前成/preformation이라 부르는 세 발달양식을 구분한다(Buss 1987, pp. 20-22). 체세포 배아발생에서는 별개의 생식계열이 없다. 즉, 모든 세포는 신체의 발달과 생식세포의 형성에 참여할 수 있다. 절연된 생식계열 세포가 없기 때문에, 체세포에서 생겨나는 돌연변이가 자손에게 전해지는 일이 가능하다. 후생에서는 분명하게 분화된 생식계열이 있지만 이는 발달에서 상대적으로 늦게 발생한다. 이 경우에 생식 계열의 절연은 완전하지 않은데, 왜냐하면 생식계열의 완전한 분리 이전에 일어나는 체조직의 어떠한 변화도 자손에게 전해질 수 있기 때문이다. 마지막으로 전성적 발달에서는 생식계열이 개체발생 초기에 말단에서 분열된다. 이 경우에 생식계열은 대체로 체세포 영향에서 절연되기에, 기본적으로 분리 학설이 적용될 수 있다.

가장 흔한 발달양식은 체세포 배아발생이다. 체세포 배아발생은 식물, 균류, 원생생물에서 나타난다. 다른 두 발달양식은 오직 동물에서만 발견되지만, 동물계에서조차 체세포 배아발생이 일어나는 다수의 문門/phyla이 있다. 그러므로 비록 어떤 유기체들은 발달 초기에 생식계열과 체세포계열을 분리시키긴 하지만, 분리 학설은 대다수의 다세포 유기체에는 적용되지 않는다.

2. 유전 학설

바이스만 교설은 비유전자적 유전은 불가능하다는 명제를 지지할 때 종종 언급된다. 이 명제에는 두 가지 문제점이 있다. 첫째, 이는 개념적 문제인데, 이 명제는 유전의 현상과 유전의 물리적 메커니즘의 혼동을 포함한다는 것이다(Maturana and Varela 1987, pp. 68-69). 가장 넓은 의미에서 유전은 한 계통의 역사적으로 연결된 통일체들의 발달을 위해 필요한 자원들의 통세대적 보존이다. 그러나 DNA 복제는 유전의 물리적 메커니즘이다.

진화적 관점에서 보면, 다른 유전 외적 유전 메커니즘의 가능성을 묵살할 이론적 이유는 없는데, 왜냐하면 진화는 유전이 일어나는 메커니즘에 상관없이 유전 가능한 형질들이 존재하는 한 일어날 것이기 때문이다. 실로, 이는 둘째 경험적 문제인데, 이른바 후생적 유전 체계, 즉 DNA 복제 이외의 메커니즘을 포함하는 세포 내의 비유전적 구조의 유전을 위한 체계가 존재한다는 상당한 증거가 있다(Jablonka 2001; 또한 Sterelny and Griffiths 1999, pp. 95-97을 보라).

후생적 유전의 기본적 사상은 세포는 동일한 DNA 서열을 지니고 있어도 표현형이 다를 수 있고, 이 표현형들은 유전될 수 있다는 것, 즉 세포분열 동안 딸세포로 전달될 수 있다는 것이다. 세포 표현형들의 전달은 DNA 복제 이외의 메커니즘을 필요로 한다. 이 메커니즘들은 후생적 유전체계로 불린다. 세 유형의 후생적 유전체계가 구분되어 왔다(Jablonka 2001; Jablonka and Szathmáry 1995).

(1) 정상상태의 유전체계: 이 유형의 체계는 세포 내의 유전자 표현과 유전자 산물들의 자기조절에 기초한다. 가장 단순한 예는 한 유전자가 그 자신의 연속적 활동을 촉진하는 산물을 생산하는 체계이다. 그러한 활동 혹은 기능적 상태의 패턴이 유전되기 위해서는 세포분열 동안 충분한 양의 조절 유전자 산물들이 딸세포로 전달되어야만 한다.

(2) 구조적 유전체계: 이 유형의 체계에서는 세 차원의 구조가 딸세포에서 동일한 구조를 위한 형판으로서 역할을 한다. 예를 들면, 세포의 세포골격과 피질 조직 속의 변이들은 세포분열(유사분열과 감수분열)을 통해 유전될 수 있다.

(3) 염색질 형성 체계: 이 유형의 체계는 DNA상의 메틸화 패턴과 같은 염색질 표지의 유전에 기초한다.[5] 한 특정한 DNA 서열은 그것에 부과된, 몇 개의 서로 다른 유전 가능한 메틸화 패턴을 지닐 수 있고, 이 패턴들은 특수한 메틸화 복제 체계에 의해 딸세포 속에서 복제된다. 남성과 여성의 사회적 행동의 어떤 차이들이 서로 다른 메틸화 패턴의 유전에서 유래할

수도 있다는 점이 제기되어 왔다. 여성에서, 오직 X염색체 하나만 얻어 어머니로부터 X염색체를 받는 개체가 염색체의 그 영역에서 유전자를 전사轉寫할 수 없도록 X염색체의 서열은 메틸화될 수도 있다. 그러므로 어떤 유전자 산물은 남성에게 이용 가능하지 않다. 그럴지라도 X염색체 서열은 남성 정자세포에서 탈메틸화되어, 여성은 아버지로부터 활성화된 유전자를 소유하는 X염색체를 얻는다(Isles and Wilkinson 2000; Skuse et al. 1997).

후생적 유전은 모든 유전이 유전자 계통의 기능인 것은 아니라는 일반적 논점의 한 예일 뿐이다. 또 다른 예는 공생symbiosis이다(Margulis and Sagan 2002). 공생은 둘 또는 그 이상의 서로 다른 종의 유기체가 함께 친밀하게 살아 가는 것으로 정의된다. 많은 유기체들은 그들 내부에 살거나 그들에게 부착된 다른 유기체에 의존한다. 공생자들이 그들의 생애주기 내내 함께 존속하는 유전적 공생이 흔하게 볼 수 있는 경우이다. 예를 들면 나무를 먹고 소화하는 흰개미와 같은 유기체는 섬유소와 목질소를 당과 초산염으로 분해하기 위해 장 속 원생생물과 박테리아의 미생물 공동체에 의존한다. 인간을 포함해서 거의 모든 유기체 집단이 다른 유기체와 공생적 동맹을 형성해 온 구성원들을 갖고 있다. 공생자 유전의 패턴들은 DNA 공생자 외에도 미생물 공동체와 같은, 기능하는 개체군 전체의 공생자들이 한 세대에서 다음 세대로 전달되는 것을 일반적으로 포함하고 있다(Margulis and Sagan 2002). 공생에 관한 이 사실들 덕분에 시간을 관통하는 생물학적 동일성을 통세대적 DNA 다리와 단순하게 동일시할 수 없게 된다.

유전에 관한 마지막 한 논지를 펼 필요가 있다. 우리는 유기체가 의미형성하는 존재라는 것을 보아 왔다. 유기체는 세계와의 구조적 쌍결합이라는 특정한 방식을 통해 환경을 산출하거나 창출한다. 결과적으로, 살아 있는 존재들은 그들 자손의 환경을 구조화하기 때문에, 유기체는 유전체뿐만 아니라 발달적 모체matrix 전체를 물려받는다(Sterelny and Griffiths 1999, p. 95). 수잔 오야마의 말을 따르면,

> 우리가 향해 가는 것은 발달적 체계를 사전에 존재하는 암호를 읽어내는 것으로서가 아니라 상호작용하는 복합적 영향들로서 이해하는 것이다. 이 상호작용하는 영향들 중 어떤 것은 유기체의 피부 내부에 있고 어떤 것은 유기체의 피부 외부에 있으며, 유기체의 시간적이고 공간적인 모든 측면들에서 생태학적 적소適所를 포함한다. 또 이 영향들 중 많은 부분은 어느 면에서 유기체의(혹은 이와 동종의) 활동들이나 특성들에 매여 있기 때문에, 혹은 일반적 환경의 안정적 특질들이기 때문에 일반적으로 재생산 속에서 전해진다. (Oyama 2000b, p. 39; 원문 강조)

나는 이 장의 종반에서 이 중요한 발달적 체계의 개념으로 돌아가겠다.

3. 인과적 비대칭성 학설

유전자가 원동자prime-mover이고 세포는 유전자의 운반체라는 것은 결코 참이 아니다(Moss 2003). 예를 들면, 비록 막을 구성하는 유전자 산물 없이는 막이 존재할 수 없을지라도, 유전자는 막 없이는 존재할 수 없으며, 막을 구성하는 유전자 산물은 이미 존재하는 막 형판으로부터 만들어진다. 실로 복제자라는 바로 그 용어가 우리를 오도하는데, 왜냐하면 이 용어는 마치 DNA가 모든 것을 단독으로 복제할 수 있다는 듯 유전자가 자기복제자라는 것을 함의함으로써 이 순환적 인과성을 모호하게 하기 때문이다. 실제로 DNA 복제는 자가생성의 전역적 맥락 속에 있는 수많은 세포 내적 과정들의 복잡한 편성에 의존한다. 우리가 후생적 유전체계의 경우에서 보았듯이, 세포의 과정들은 유전자를 다음 세대로 전달하는 일을 가능하게 할 뿐만 아니라, 또한 많은 세포의 요소들이 유전자와 함께 전달되고 세포의 고유한 발달을 위해 필요하다. 인간 생식세포의 경우 이 후생적 요소들은, 몇 개만을 들어보면, 단백질과 (미소관微小管/microtubule을 조직하는 중심들과 같은) 단백질 구조, 세포질의 화학적 변화도, 세포 소기관과 지질막脂質膜, DNA 메틸화 패턴 등을 포함한다. 게다가 이 세포 요소들의 일부는 인과적으로 중요한 방식으로 유전구조를 변경한다. 예를 들면, DNA에 메틸 무리들을 부착시킴으로써 세포의 과정들은 유전체를 메틸화 상태에 있게 하고, 이렇게 해서 유전자를 필요에 따라 켜지고 꺼지게 할 수 있다.

유전자는 그럼에도 불구하고 세포의 과정들이 DNA 속에 담겨 있는 정보에 따라 수행되기 때문에 인과적 우위성을 지닌다고 유전자 중심주의자가 응답한다면 이는 온당하지 않을 것이다. 첫째, 우리가 짧게 살펴보겠지만, 유전자가 자신이 '부호화하는' '정보'에 기초하는 '지시'를 발부한다는 은유는 매우 문제가 많다. 둘째, 유전자는 결코 세포 내적 환경의 후생적 요소로부터 떨어져 일어나지 않고, 또 '벌거벗은 복제자' 혹은 '벌거벗은 DNA'는 (부모의 DNA뿐만 아니라 세포분열에 관여하는 후생적이고 미소관을 조직화하는 중심들인 중심소체中心小體/centriole를 전달하는) 정자 속에서조차도 결코 전달되지 않는다. 모스는 일반적 논점을 이렇게 말한다. "DNA 분자 그 자체의 수준에 관여하는 메커니즘을 탐구해보니 인과적 기원의 어떠한 특권적 지점도 없다는 점을 알게 되었고, 오히려 유전자 활동의 인과적 기초로서의 세포/유기체 전체의 복잡한 상태를 소급지시한다는 것을 알게 되었다"(Moss 1992, p. 344; 또한 Moss 2003을 보라).

바이스만 학설에 대한 이 논의를 요약해보겠다. 우리는 대다수 유기체의 개체발생에서 생식계열과 체세포계열이 엄격하게 분리되지 않는다는 것, 다양한 형식의 비유전자적 유전이 있다는 것, 유전자 활성화는 세포적 주위 세계에 결정적으로 의존한다는 것을 보아 왔다. 따라서 바이스만 학설을 신중하게 검토해보았더니 유전자 중심주의를 지지할 수 없고 대신에 유전적 가능성은 유기체의 '신체적 생태somatic ecology' 속의 발달과정에 의해 제어된다는 근본적 논점을 얻게 되었다(Buss 1987, p. 3). (버스가 지적하듯이, 사실 이는 바이스만의 불후의 공헌이다.) 나는 이 장의 종반에서 이 발달관으로 돌아가겠다.

정보의 단위로서의 유전자

우리가 검토할 필요가 있는 유전자 중심주의의 또 다른 측면은 유전자가 순수한 정보의 단위라는 신화이다. 유전자 중심주의의 중심적 교의들 중 하나는, 유전자는 한 세대에서 다른 세대로 정보를 전달하기 때문에 특권적 지위를 지니는 반면에 다른 발달의 원인들은 단지 물질적일 뿐이어서 정보적 지위를 지니지 않는다는 것이다. 도킨스의 저서보다 더 열렬하게 이렇게 유전자를 별개의 정보 단위로서 이해한다고 공언하는 곳은 없다. 도킨스에게 "생명은 단지 디지털 정보의 바이트이고 바이트이고 바이트일 따름이다"(Dawkins 1995, p. 19)와 같은 선언은 "은유가 아니고 명백한 사실이다"(1986, p. 111).

은유에 대한 이러한 부정은 용인할 수 없는 것이다. 명백한 진실은, 몇 저자들이 상세하게 보여주어 왔듯이, DNA는 유기체를 만들기 위한 프로그램이 아니라는 점이다(Keller 2000; Lewontin 1993; Moss 2003). 이 맥락에서 '프로그램'은 정확히 은유이지만, DNA에 특히 잘 맞는 은유는 아니다(Coen 1999, pp. 9-12를 보라).[6] 한 가지 이유는, 소프트웨어와 하드웨어는 한 컴퓨터 내에서 독립적인 데 반해 — 하드웨어는 프로그램이 운영될 수 있기 전에 컴퓨터 내에 존재해야만 하고, 하드웨어와 소프트웨어는 서로를 자가생성적으로 생산하지 않는다 —, DNA 복제와 유전자 활성화는 세포의 자가생성에 전적으로 의존한다는 점이다. DNA 복제와 유전자는 이 과정에 막대하게 기여하지만, 또한 이 과정에 그들의 존재를 빚지기도 한다.

'부호화된 지시를 따르는 것'보다 더 나은, 발달에 대한 은유는 '걸으면서 길을 내기'이다. 이 은유는 계획과 실행된 행위 사이에 분리가 없다는 것을 함의한다. 이는 또한 칸트가 논의하고, 유전학자이자 발달생물학자인 엔리코 코엔Enrico Coen이 그의 책 『유전자의 예술*The Art of Genes*: 유기체는 어떻게 그들 스스로를 만드는가*How Organisms Make Themselves*』에서 부활시킨 유기적 자기조직화와 인간적 창의성 사이의 유사성을 떠오르게 한다.

누군가가 창의적일 때 계획과 실행 사이에는 분리가 있을 필요가 없다. 우리는 누군가가 규정된 계획을 따르지 않고 그림을 그리거나 시를 짓는다는 직관적 개념을 가질 수 있다. 그렇지만 그러한 창의적 과정들의 결과—그림이나 시—는 임의적이지 않고 고도로 구조화돼 있다. 이런 점에서 나는 인간적 창의성은 일단의 지시에 따르는 제조의 개념이나 컴퓨터 프로그램 운영보다 발달의 과정에 훨씬 더 가까이 다가가 있다고 제안하고 싶다. (Coen 1999, p. 13)

고도로 구조화된 우발성의 창의적 결과로서의 생명의 이 이미지는 정보적 은유보다 더 정확하다. 분자생물학에서 정보라는 용어를 공들여 분석하면서 생물학의 역사학자이자 철학자인 사호트라 사르카르Sahotra Sarkar는 "분자생물학에서 '정보'의 분명한 기술적technical 개념은 없다. 정보라는 용어는 이론적 개념으로 가장하는 은유와 다를 바 없고, … 분자생물학에서 행하는 있을 수 있는 설명들은 우리를 오도하는 자연의 그림으로 이끈다"(Sarkar 1996, p. 187).

정보라는 용어는 1958년 프랜시스 크릭Francis Crick의 한 논문에서 분자생물학 내로 명백하게 도입되었고 또 정의되었다. 그는 "정보란 말로 나는 단백질의 아미노산 서열의 특정화를 의미한다"고 썼다(Crick 1958, p. 144). 유전적 정보의 개념은 유전자가 세포가 만들 수 있는 종류의 단백질들을 특정화하는 이른바 유전적 부호의 사실에 근거한다고 알려져 있다. 더 정확하게 말하면, 유전적 부호는 DNA 속 뉴클레오티드 염기의 특정한 삼중선이 특정한 아미노산을 특정화하는 체계에 해당한다. 따라서 단백질 합성은 DNA에 '쓰여 있고', 그 다음에 분자적 '전사轉寫/transcription'와 '해독translation'의 복잡한 과정에서 탈부호화되는 '지시'를 포함한다고 말한다. 전사는 전령messenger RNA(mRNA) 분자가 DNA 형판으로부터 삼중선의 상보적 서열을 생산하는 일에 해당한다. 해독은 (리보솜, 운반transfer RNA, 그리고 다른 분자들에 의해 완성되는) mRNA 서열로부터 아미노산 서열을 생산하는 일에 해당한다. 따라서 이것은 유전적 부호의 개념 배후에 놓여 있는, DNA와 단백질 간의 특정화의 고도로 안정된 물리화학적 관계이다 (Godfrey-Smith 2000b; Thompson 1997).

이 안정성을 고려할 때 우리는 DNA/RNA-단백질 관계가 DNA의 특정한 연쇄로부터 단백질의 아미노산 서열을 예측할 수 있는 순람표順覽表/look-up table의 형식으로 표현될 수 있으리라 생각할지도 모르겠다. 그러나 사르카르(1996)가 상세하게 논하듯이, 진핵생물 유전학의 복잡한 특징들 때문에 이 순람표는 거의 어떠한 예측적이거나 설명적인 가치도 지니지 않는다. 복잡한 특징들은 무수하지만, 기본적 논점은 진술하기가 어렵지 않다. DNA 서열과 표현형 특성들 간의 인과적 연쇄는 너무 간접적이고 복잡하고 다면적이기 때문에, 그들 사이에는 어떠한 굳건한 일대일 관계도 존재할 수 없다. 그런 이유로 어떠한 표현형 특성도 DNA 서열에 의해 '부호화'되어 있다고 말할 수 없다.

더 구체적 용어로 말하자면, 세포 내 효소과정은 DNA에서 RNA로의 전사와 RNA에서 단백질로의 해독으로 편성돼 있는데, 동일한 DNA 서열이 세포의 상이한 화학적 상태들에서 혹은 상이한 세포적 환경들에서 생긴 상이한 표현형 결과들과 연결돼 있도록 그렇게 되어 있는 것이다(Moss 2003, pp. 75-116; Sarkar 1996, pp. 199-201; Sterelny and Griffiths 1999, pp. 124-128). 따라서 "단백질은 신체의 주어진 부분 속에서 주어진 시간에 주어진 유전자로부터 만들어지고, 이는 발달적 모체의 많은 요소들에 의해 영향을 받을 수 있는 세포의 전반적인 화학적 상태에 의존한다"(Sterelny and Griffiths 1999, p. 103). 그렇다면 유전자가 유기체의 발달을 위한 정보를 함유한다고 말할 수 있다면 그러한 어떠한 의미도 유기체의 다른 발달적 특질들에도 똑같이 잘 적용될 수 있을 것이다.[7]

정보의 개념과 관련된 또 다른 문제는 이 개념이 거의 변함없이 물질 대 정보의 이원론과 손을 잡고 간다는 점이다. 이 이원론은 세포적 동역학의 본성을 모호하게 한다. DNA는 그 자체가 자가생성적 체계인 세포 작동의 한 산물이다. 우리가 3장에서 보았듯이, "DNA는 단백질을 부호화한다"는 진술은 세포 동역학 내 한 특정한 사건들의 서열을 고립시키고, 그 서열을 이루는 많은 개입하는 인과적 단계들을 도외시한다. 그렇기 때문에 이 진술은 신진대사 네트워크의 한 고립된 부분 속에서 일어나는 길디긴 인과적 서열의 생화학적 사건들에 대한 발견적heuristic 축약으로 이해될 필요가 있지, 단백질 합성의 현상을 정확하게 재정립하는 것으로 받아들여져서는 안 된다(Maturana and Varela 1980, p. 90; Varela 1979, p. 75).

'부호화된 정보'의 은유는 모든 은유와 마찬가지로 개념적 분기를 지닌다. 부호는 부호의 상징과 이 상징이 나타내는 사물 사이의 자의적인 지시적 관계로 이루어지는 표상적 체계이다. 그러나 세포의 분자적 성분들은 이런 방식으로 표상적이지 않다. 핵산은 자가생성적 과정의 성분이지, 독립적 존재들 사이의 자의적 연결이 아니다(Maturana and Varela 1980, p. 102). 세포가 핵산을 단백질의 일차구조(아미노산 배열)를 위한 형판으로서 사용한다는 사실에 기초하는 인과적 특이성의 규칙이 바로 유전적 부호라고 보는 한, "DNA는 단백질을 부호화한다"고 말하는 것은 나무랄 데 없다(Godfrey-Smith 2000b; Thompson 1997). 그러나 "DNA는 표현형 설계를 위한 정보를 담고 있다"고 말하는 것은 특수한 의미론적 혹은 지향적 지위를 한 특정한 유형의 성분에 귀속시키는 것이기 때문에 수용할 수 없다. 이렇게 해서 이 말은 자가생성적 네트워크의 나머지 부분과 맺는 필연적 상호관계로부터 이 성분을 박탈한다. 세포의 표현형의 특성들을 특정화하는 것은 바로 이 네트워크 전체이지 세포의 성분들 중의 하나인 것은 아니다. DNA 복제와 단백질 합성의 전제조건이자 인과적 기초가 되는 것은 바로 네트워크 전체인 것이다.

정보는 DNA 서열의 선형적 배열에 내재하는 것이 아니다. 오히려 정보는 자가생성적으로 조직화되는 3차원적 존재로서의 세포 — 신체로서의 세포 — 속에서 또 세포에 의해서 구성된다. DNA에 부호화된 정보라는 은유의 면에서 계속 생각함으로써 우리는 정보를 분자적이고 세포적인 과정들의 동역학적 복잡성의 창발적 속성으로 이해할 필요를 배제하게 된다(Fleischaker 1990b).

이 비판적 논점 몇 가지를 다루는 유전자 중심주의자는 데넛(1995a)이다. 그의 눈에 유전자 중심주의를 비판하는 자는 "텍스트[유전 부호]를 강등시킴으로써 독자[부호를 읽는 환경]를 권력으로 승격시키는, 생물학의 해체주의자이다." 그는 이 비판적 논점에 "이는 과도하게 단순화된 유전자 중심주의에 대한 해독제로서는 유용한 주제가 될 수 있지만, 과다하게 복용하면 문학연구의 해체주의만큼이나 어리석은 일이 될 수 있다"(1995a, p. 115, n.10)고 하며 응답한다. 그의 견해에 의하면, "DNA가 유전을 위한 유일한 정보 저장소라는 학설인 '유전자 중심주의'는… 항상 오직 유용한 과도한 단순화일 뿐이었다. … [왜냐하면] 물론 유전자 중심주의는 정보를 보존하고 저장하는 도서관 더하기 독자일 뿐이기 때문이다"(1995a, p. 197). 데넛은 세포 내적 환경과 세포 외적 환경이 DNA에 부호화된 정보를 완성한다는 점을 인정한다. 그는 "우리는 여기서 매우 일반적인 원리의 한 특수한 사례를 만난다. 즉, 기능하는 어떠한 구조도 기능이 '작동하는' 환경에 관한 암묵적 정보를 운반한다"(1995a, p. 197)고 진술한다.

이 견해에는 많은 문제점이 있다. 유전자 중심주의는 DNA가 유전을 위한 유일한 정보저장소일 뿐이라는 학설 이상의 것을 의미해 왔다. 유전자 중심주의는 유전자가 생명의 근본적 단위이고 진화 과정에 이루어지는 선택의 일차적 단위라고 주장한다. 이 견해는 유전자를 이기적이고 계산하는 행위자로 비유하는 은유—데넛이 아무런 망설임을 보이지 않고 채택하는 은유—에서 전형적으로 표현된다(1995a, p. 326을 보라). 나는 '복제자'로서의 유전자가 개념적이고 실증적인 우위성을 지닌다는 이 주장이 그릇된 것임을 설파해 왔다. 더욱이 나는 정보저장소로서의 DNA 개념이 "항상 오직 유용한 과도한 단순화일 뿐이었다"라고 명백하게 인정한 적이 있는 유전자 중심주의자에 대해 아는 바가 없다. 그러므로 만약 그들이 이렇게 인정했다면 유전자 중심주의의 적에게 큰 양보를 한 것으로 보인다. 이 양보를 하면서 데닛은 DNA가 환경의 암묵적 정보에 의존해서 기능하는 명시적 정보 저장소라고 제안함으로써 유전자 중심주의를 구하고자 애쓴다. 하지만 이런 방식으로—명시적으로 부호화된 것과 암묵적으로 배경조건으로 주어진 것으로—정보를 분할하고자 애쓰는 것은 분명하고 명료한, 작용하는 정보 개념이 없다는 점을 다시 강조하는 것일 따름이다. 주요한 비판적 논점이 여전히 유효하다. 정보저장소로서의 DNA 개념이—매우 유용한 것이 아니라—과도하게 단순화된 것이라는 이유는 이 개념이 거의 또는 전혀 예측적인 힘이나 설명적인 힘을 지니는 것이 아니라 오히려 자가생성, 재생산, 유전, 발달의 동역학에 대한 우리의 이해를 모호하게 하기 때문이다. 실로 일단 우리가 정보—그것이 무엇이든 간에—를 (세포의 내부와 외부의) 상호작용 네트워크 도처에 분포돼 있는 무언가로 취급하는 길을 따라 걷기 시작하기만 하면, (네트워크 동역학에 앞서 존재하는) 저장된 무언가로서의, 또 한 장소에서 다른 한 장소로 전달되는 무언가로서의 바로 그 정보 개념은—정적이고 선형적인 배열의 뉴클레오티드 속에서 명시적이든, 환경 속에서 암묵적이든—, 의미를 잃고 만다. 데닛은 이 길을 따라 가기 시작하지만, 도중에 멈출 수 있다고 생각한다. 그는 "DNA는… 이것이 특정화하지 않는 '독자'의 계속적인 공급을 필요로 한다"는 사실이 "그 독자를 특정화하기 위해 나머지 정보는 어디에서 오는가?" 하는 물음을 일으킨다는 점을 깨닫는다. 그는 이 물음에 대답한다.

> 그것은 환경의 바로 그 연속성—가공되지 않은 (또 부분적으로 가공된) 필수 재료들의 지속, 그리고 이 재료들이 이용될 수 있는 조건들—에서 온다. 이용하는 사이에 행주가 적절하게 마른다는 것을 확인할 때마다 그대는 죽길 바라는 행주 속의 박테리아 DNA가 전제하는 정보적 배경의 일부인 환경적 연속성(예를 들면 많은 습기)의 연쇄를 깨고 있는 것이다. (1995a, p. 197)[8]

하지만 어떻게 명시적(부호화된) 정보와 암묵적(부호화되지 않은) 정보 사이에 원칙에 입각한 선이 그어질 수 있을까? 우선 만약 환경에서 오는 정보가 유전적 정보를 정보적이게 하기 위해 필요하다면, 유전자가 정보적 원동자라는 유전자 중심적 교의를 집착하는 근거는 무엇인가? 오야마는 이렇게 논평한다.

> 데넷이 그의 정보 개념 전체가 위험에 처해 있다는 걸 감지하고 있는지는 분명하지 않다. 그는 DNA 상의 정보 부하負荷를 늘여야 할지 줄여야 할지 결정을 못 내리고 망설이는 것 같다. … 우리가 '유전을 위한 정보저장소'가 실제로는 결코 유전자에 한정된다는 것을 의미하지 않는다는 그의 포기각서를 진지하게 받아들인다고 가정해보자. 이 정보저장소가 실제로 축축한 행주 속에 있다는 것을 의미하는가? … 이것은 단지 다른 세포 성분들을 포함하기 위해 유전적 전달을 최소한으로 확장한 것에 지나지 않는 것이 아니다. 이것은 세포 그 자체 외부로 뻗어 나간다. 일단 그대가 모든 생물학적 기능을 돌보기 위해 요구될 바로 그 자유로운 손으로 유전된 정보를 주변에 흩뿌리기만 하면, (유전적인, 또 그의 유전모형과 같은 이원적 유전모형에서는 유전적이고 문화적인) 전통적으로 특권적인 유전 채널에는 무슨 일이 일어날까? … 아마도 데넷은 정보가 '저기 바깥에' 존재하지 않고, 핵 혹은 다른 어느 곳에도 존재하지 않으며, 원인 혹은 규정이라기보다 어떤 상호작용들에 관해 말하는 방식이라는 것을 의미할 것이다. 만약 그렇다면, 정보는 결코 운반되고, 저장되고, 전달될 수 없다. 하지만 그때에 데넷은 그가 아주 둔하다고 생각하는 일부 비판자와 결국 견해가 일치하는 것으로 보인다. (Oyama 2000b, pp. 197-198)

데넷은 이 논쟁들에서 자주 볼 수 있는 또 다른 주장인 절약parsimony에 의거하는 주장을 끌어온다. "유전자 중심주의자의 관점이 가장 좋다거나 가장 중요하다는 주장은 분자생물학의 중요성에 관한 주장이 아니라, 더 추상적인 무언가에 관한 주장, 즉 가장 많은 조건들 하에서 가장 많은 설명적 작업을 행하는 수준에 관한 주장이다"(1995a, p. 327). 하지만 설명적인 실제 작업을 행하는 일이 있다 하더라도 정보저장소라는 유전자 중심주의적 은유의 DNA는 행하는 일이 별로 없다. 더구나 일단 유전자가 세포의 동역학적 맥락이라는 제자리로 다시 돌아가게 되면), 창발하는 진화와 발달의 그림은 유전적 다리에 의해 연결되는 성숙한 유기체 중의 하나가 아니라, 생애주기의 다양한 수준들에 있는, 유전적인 것이 연속적이고 비선형적인 인과적 나선형의 상호의존적 요인들—유전적인 것은 이 중의 하나일 뿐이다—의 하나이다(Keller 2000, pp. 133-148; Moss 2003; Smith 1994).

이 논쟁에서 데넷은 또한 환원주의의 역할을 독특하게 이해한다. 그는 "유전자 중심주의가 '환원주의적'이라고 종종 말들 한다."고 적지만, "그것은 좋은 의미에서 그러하다. 즉, 그것은 스카이훅[1](하늘에서부터 내려오는, 마음을 일차적으로 여기는 설계의 힘 혹은 세력)을 피하고, 설계공간Design Space의 모든 들어 올림은 기중기(땅에서부터 작업하는, 마음 없는 메커니즘)에 의해 행해져야만 한다고 주장한다"(1995a, p. 326)고 반박한다. 이 사고방식은 유전자 중심주의에 대한 어떠한 비판도 스카이훅을 갈망하는 것에서 태어났음에 틀림없으며, 이렇게 해서 생물학의 모든 기중기가 유전자 중심적인 것일 필요는 없다는 것을(혹은 유전자 중심적인 것에 기반할 필요가 없다는 것을) 보지 못한다고 가정한다. 자가생성적 관점은 (물론 유전자 중심주의를 비판하는 모든 이들이 공유하는 것은 아니지만) 스카이훅에 호소하지 않는다. 그렇기는커녕 자가생성적 관점은 자기조직화의 원리와 메커니즘의 형태로, 또 이 원리들과 메커니즘이 살아 있는 세포 속에서 생화학적으로 실현되는 형태로 오직 기중기만을 이용한다.

프로그램 혹은 정보저장소라는 은유의 DNA의 가장 심각한 결함은 그것

---

1) 항공기로부터 투하되는 물자의 감속을 위한 회전 날개.

이 물질과 정보의 이원론적 체제, 마음은 정보적 소프트웨어이고 뇌는 하드웨어라는 계산주의와 기능주의자의 이원론에 상응하는 체제를 함의한다는 점이다. 두 경우 모두에서, 내재적으로 동역학적이고(시간적으로 편성되고), 신체화되고(신체적이고 유기체적이고) 감입된(환경 혹은 주위세계에 필연적으로 처해 있는) 과정들은—개체발생의 과정이든, 진화의 과정이든, 인지의 과정이든 간에—세포 핵 속 유전적 프로그램 혹은 뇌 속 컴퓨터 프로그램의 물화된 추상물들 속으로 투사된다. 앞의 경우에서, DNA를 표현형 설계를 '부호화하는' 것으로 기술하는 것은 부호화된 내용을 일종의 신화적 '순수정보'로 물화하는 것이다. 그러한 정보는 "의미의 어떠한 저하나 변화 없이 부호화되고encoded, 재부호화되고recoded, 탈부호화될decoded 수 있다"(Dawkins 1995a, p. 19). 따라서 정보는 세포나 유기체나 신체에 나타나는 이 정보의 우발적인 물질적 표현과 개념적으로 또 존재론적으로 구별된다. 뒤의 경우에서, 뇌를 기능이 '정보 처리과정'인, 머릿속 컴퓨터로서 기술하는 것은, 정보를 '저기 바깥에' 사전에 존재하며 뇌 속 표상적 체계에 의해 '골라지고' '처리되는', 그리고 원리상 신체로부터 독립해서 단지 정보의 '운반체'로서만 역할하는 무언가로 물화하는 것이다. 두 경우 모두에서, 우리는 물질 대 순수정보의 이원론을 건네받을 뿐만 아니라, 여러모로 물질성과 신체로부터의 도주이기도 한 정보적 공간으로의 도주를 넘겨받기도 한다(Oyama 2000b, p. 198).

이 이유들 때문에 내가 비판해 온 정보 개념은 결국 퇴행적인데, 왜냐하면 이 개념이 생기론이나 마음-몸의 이원론과 구조적으로 동형적인 형태의 사고를 수반하기 때문이다.[9] 이 정보적 이원론이 투명하게 나타나 있는 도킨스와 데넷에서 따 온 다음 인용문을 살펴보자.

> 모든 살아 있는 것들의 한가운데 놓여 있는 것은 불도 아니고, 따뜻한 숨도 아니고, '생명의 불꽃'도 아니다. 그것은 정보, 단어, 지시이다. 만약 그대가 은유를 원한다면, 불, 불꽃, 숨을 생각하지 마라. 대신 결정체의

정체에 새겨져 있는 10억 개의 이산형 디지털 부호들을 생각하라.[10] 만약 그대가 생명을 이해하고 싶다면 활기차고 약동하는 젤과 진흙을 생각하지 말고, 정보 기술에 관해 생각하라. (Dawkins 1986, p. 112)

다음은 정보적 이원론의 데넷의 버전이다.

만약 그대가 그대 자신을 서사적 중력의 중심[뇌의 정보 처리과정에 의해 정의되는 추상물]으로 생각한다면… 그대의 실존은 이 서사적 중력의 중심의 지속에 의존한다. … 이 서사적 중력의 중심은 매체의 많은 전환들을 무한하게 견뎌낼 수 있고, (원리상) 저녁 뉴스만큼 쉽사리 순간이동될 수 있고, 순전한 정보로서 무한하게 저장될 수 있다. 만약 그대의 본질이 그대 신체의 제어체계를 구조화한 정보의 조직이라면(혹은 더 일상적이고 도발적인 형태로 말한다면, 만약 그대가 그대 뇌의 컴퓨터상에 운영되는 프로그램이라면), 그러면 프로그램이 제작되고 최초로 운영된 컴퓨터의 파손을 이 프로그램이 견뎌낼 수 있는 것만큼이나 온전하게 그대는 그대의 신체의 죽음을 원리상 견뎌낼 수 있다. (Dennett 1991a, p. 430)

다음은 다시 도킨스의 말이다.

DNA의 강은… 공간이 아니라 시간을 관통하며 흘러간다. 이 강은 뼈와 조직의 강이 아니라 정보의 강이다. 견고한 신체들 그 자체의 강이 아니라 신체들을 만들기 위한 추상적 지시의 강이다. 정보는 신체들을 관통해서 지나가고 신체들에 영향을 미치지만, 통과하는 도중에 신체들에 의해 영향을 받지는 않는다. 이 강은 정보가 통과해 흐르는 잇따른 신체들의 경험과 성취에 의해 영향을 받지 않을 뿐만 아니라, 또한 표면상 훨씬 더 강력한, 오염의 잠재적 근원 곧 섹스에 의해서도 영향을 받지 않는다.

(Dawkins 1995, p. 4)

현대과학적 옷을 걸치고 있음에도 불구하고 이 인용문에서 표현되는 정보적 이원론은 고대의 이원론 형식보다 철학적으로 덜 정교하다. 영혼과 신체의 고대 이원론에서—예를 들어 플라톤의 『파이드로스』에 표현된 바와 같이—영혼psyche과 신체soma는 자기self가 인도하는 생명 속에서 상호침투하고 서로에게 영향을 미친다. 청정하지 않은 신체는 영혼을 오염시키고, 청정한 신체는 영혼을 자유롭게 한다. 이와는 달리, 새로운 이원론에서 "정보는 신체들을 관통해서 지나가고 신체들에 영향을 미치지만, 통과하는 도중에 신체들에 의해 영향을 받지는 않는다." 세포 속에서 그 자신의 표현을 지니고 사전에 존재하며, 유기체와 환경의 발달적 모체에 의해 영향을 받지 않는 무언가로서의 이 정보 개념은 어떠한 설명적 가치도 지니지 않는 물신화이다. 그것은 정보적 우상숭배이고 미신이지, 과학이 아니다.

발달적 체계 이론

만약 유전자 중심주의가 마음은 머릿속의 컴퓨터라는 계산주의자의 견해와 상응한다면, 발달적 체계 이론은 마음은 능동적 유기체 속에 신체화되어 있고 세계 속에 감입되어 있다는 창출행위적 견해와 상응한다.[11] 발달적 체계 이론은 진화를 유전자 빈도 속의 변화가 아니라 "발달적 (유기체-환경) 체계들의 분포와 구성"으로 정의한다(Oyama 2000a, p. 77). 그렇게 이해된 진화의 근본적 단위는 생애주기이다.

> 생애주기는 이 주기가 재건립되는 방식으로 전 범위의 자원들을 결합할 수 있는 발달적 과정이다. 생애주기를 창조하는 자원들의 모체는 '발달적 체계'인데, 이 이론은 이로부터 그 이름을 취하고 있다. 생애주기들은

> [유전자, 세포 계통, 유기체, 군체, 초유기체 등과 같은, 조직의 다양한 수준들과 선택의 단위들을 강조하는] 더 전통적인 위계적 진화관이 기술하는 것과 유사한 한 위계의 단위들을 형성한다. (Sterelny and Griffiths 1999, p. 108)

발달적 체계 이론은 발달과 진화의 이분법적 설명들을 거부한다. 이런 이분법적 설명들은 내적 대 외적, 생득적 대 획득적, 천성 대 양육, 유전적 대 환경적, 복제 대 상호작용, 정보 대 물질의 인과적 이분법에 의해 개념적으로 구조화돼 있다. 이런 설명들은 모든 생물학적 특질들이 유전적이자 비유전적 요인들의 결과로서 발달한다는 일반적으로 인정된 견해의 '상호작용주의적interactionist 합의'뿐만 아니라, 이른바 내재적 요인들의 중요성 즉 발달적 제약 및 복잡체계의 자기조직화하는 속성들의 중요성을 강조하는 많은 설명들을 포함하고 있다. 이 내재적 요인들은 자연선택의 '외적 요인들'과 대조를 이룬다고 생각되고 있다(Kauffman 1991; Maynard Smith 1998, pp. 21-40; Maynard Smith et al. 1985를 보라). 발달적 체계 이론에 따르면, 생애주기는 유전적 청사진이나 프로그램이 전송하는 것에 따라 전개되는 것이 아니라 한 세대에서 다음 세대로 (걸으면서 길을 내는 것과 같이) 그들 자체를 건립하고 재건립함으로써 전파된다. 재건립의 과정은 유전적 천성 대 환경적 양육의 이분법적 범주에 속한다기보다 과정과 산물로서 호혜적으로 서로에게 관련시키는 수많은 상호의존적 인과적 요소들을 포함한다.

유전자 중심주의에서 발달적 체계 이론으로 향하는 개념적 이동을 설명하기 위해서 나는 오야마(2000a, pp. 197-200)의 텍스트를 광범위하게 인용하고 싶다.[12] 그녀는 유전자 중심주의의 다섯 가지 전형적 근거를 제시하고, 여기에다 그 근거가 얼버무리고 넘어가는 것을 보여주는 삽입어구, 그리고 발달적 체계 이론(DST)의 관점을 표현하는 삽입어구의 확장을 덧붙이고 있다.

1. 주장(우렁찬 목소리로 읽는다): 유전자는 유기체를 생산한다.
   한정적 삽입어구: (물론, 비록 충분적이지는 않더라도, 원자재들은 이용할 수 있어야만 하고 조건들은 적합해야만 한다.)
   DST 확장: 비록 유전자가 많은 다른 분자들과 조건들을 필요로 하는 과정들에 관여하긴 하지만, 유전자 그 자체는 아무것도 '만들지' 않는다. 다른 상호작용자들(이나 자원들이나 수단들)이 현미경으로 보아야 보이는 미세한 것에서부터 생태학적인 것에 이르기까지의 범위에서 발견되는데, 이들 중 어떤 것은 살아 있고 어떤 것은 살아 있지 않다. 어떠한 것도 충분적이지 않고, 이들의 영향은 상호의존적이다. 발달은 결코 진공 속에서 일어나지 않고 또 일어날 수도 없다.
2. 주장: 공유된 유전자는 종 특성species characteristics에 대해 원인이 된다.
   한정적 삽입어구: (물론, 적합한 조건들이 현존하는 한에서)
   DST 확장: 유기체 일반을 만들지 못하듯이, 유전자는 종에 전형적인 특수한 성격을 만들 수 없다. 전형적 조건들은 또 많은 범위에서 이 특성들을 형성하는 데 기여하지만, 이 특성들의 제일성uniformity이 과장되어서는 안 된다. 자기자극self-stimulation을 포함하는 유기체의 활동은 종종 종에 전형적인 발달의 결정적으로 중요한 측면이고, 다른 유기체로부터의 영향 또한 그러하다. 유전적 변이와 환경적 변이는 종종 과소평가되고, 유연한 과정들은 때로 비전형적 표현형의 자원들에도 불구하고 전형적 표현형을 가져온다[강조 생략].
3. 주장: 유전적 변이들은 자연선택을 위해 요구되는 유전 가능한 표현형들을 특정화한다.
   한정적 삽입어구: (물론, 유전 가능성은 조건들에 의존하고, 유전적 영향과 환경적 영향을 분리하는 것은 어려울 수 있다.)

DST 확장: 만약 비유전적 요인들이 조항에 의해 배제되지 않는다면, 다른 발달적 자원들 또한 다양한 의미에서 유전 가능한 것일 수 있는 표현형 변이들을 특정화할 수 있다. 유전적 특정화의 논의를 보장하는 유전자형과 표현형의 상관관계는 모든 상황 하에서 일어나지 않을 수도 있고, 세대적 시간 내에서 또 세대적 시간을 가로질러 변화할 수도 있을 것이다. 더욱이 특정성specificity은 다루기 힘든 문제이다. 특정성은 물어지고 있는 물음, 행해지고 있는 비교, 이용되고 있는 수단에 의존할 뿐만 아니라, 유기체의 발달 상태 및 비교의 맥락에도 의존한다. 행동유전학자를 괴롭히는, 유전형과 환경의 상관관계 및 통계적 상호작용은 사실 단지 발달적 체계 이론가들이 기술하는 상호의존적 네트워크의 현현일 따름이다.

4. 주장: 오직 유전자들만이 재생산 속에서 전해진다. 표현형들, 그렇기에 환경적 영향들은 일시적이고, 따라서 진화적으로 무관하다.
한정적 삽입어구: (물론, 유전자들은 한 세포 속에 거처한다.)
DST 확장: 만약 전송(=전달)transmitting 혹은 '전함passing on'이 '물질적으로 변화되지 않고 배송함'을 의미한다면, 그렇다면 발달적 자원들이 물질적 변화를 측정하는 방법에 따라서 진화적 시간을 가로질러 전달되는 일이 있더라도 거의 없게 된다. 만약 전송이 DST에서 생물학적으로 관련 있는 의미인 '다음 생애주기에 확실하게 현존한다'는 것을 의미한다면, 그렇다면 무한하게 큰 집합의 이질적 자원들 혹은 수단들이 전송된다. 그것들은 아마도 사회적 과정과 제도를 통해 유기체 그 자체에 의해 추구되거나 생산되고, 다른 유기체에 의해 공급되며, 혹은 이와는 역으로 이용 가능하다. 비록 발달적으로 중요한 많은 환경적 특질들은 극도로 안정적이지만, 다른 특질들은 비연속적이고, 아마도 계절적으로 혹은 지리학적으로 변화할 것이다. 선험적으로 핵이나 세포 경계에 특권을 주지 않는 유전에 대한 어떠한 정의도 체계의 다른 성분에 적용할 수

있을 것이다. … 발달적 체계 관점은 생애주기의 연속적 반복을 위한 전제조건들을 합치는 과정들을 강조한다. ….

5. 주장: 만약 유전자 빈도가 변하지 않는다면, 진화는 정의상 일어난 적이 없었을 것이다.

   한정적 삽입어구: (물론, 유전자 개념은 역사적으로 최근의 것이므로, 진화에 대한 다른 정의가 가능하다.)

   DST 확장: 역사가는 우리에게 유전자 빈도가 정의적인*definitional* 것이 되기 위해 진화적 변화의 지표*index*가 되는 것으로부터 이동한 방식에 대해 말할 수 있을 테지만, 그러나 우리는 하나의 정의를 주장할 필요는 없다. 사실, 생물학의 많은 분야는 판에 박힌 듯 표현형의 변화에 대해 말한다. 만약 우리가 진화의 '단위'를 지녀야만 한다면, 그것은 상호작용적인 발달적 체계, 즉 적소에 있는 유기체의 생애주기일 것이다. 그렇다면 진화는 이 체계의 구성과 분포 속에서 변화할 것이다. 이 정의는 더 전통적인 것을 수용하지만 이것에 제한되지는 않는다.

유전자 중심주의와 발달적 체계 이론의 차이를 강조해 왔기 때문에, 나는 이제 더 적극적 형식으로 발달적 체계 이론을 제시할 수 있다. 이 제시에는 5단계가 있다.

1단계는 유전 개념을 확장시키는 것이다. 유전자뿐만 아니라 많은 다른 종류의 발달적 자원들도 유전된다. 이 자원들은 세포 내의 세포질 성분들로부터 공생자와 사회적 전통에 이르기까지 걸쳐 있으며, 광범위하게 확장된 발달적 체계를 함께 형성하고 있다. 각 세대에서 견실하게 되풀이되고, 진화한 생애주기를 건립하는 데에 역할을 하는 발달적 체계의 어떠한 요소도 유전된 무언가로 간주된다(Gray 1992; Sterelny and Griffiths 1999, p. 97).

2단계는 유전자에 대한 '우두머리 분자master molecule' 이해방식을 거부하는 것이다. 유전자는 정보적이라고 간주되지 않는 다른 발달적 요인과 종류가 다른 발달의 정보적 원인이 분명히 아니다. 발달적 체계 이론의 '동등성 명제parity thesis'에 따르면, 발달생물학에서 정보에 대한 일관성 있는 유일한 정의는 유전적인 인과적 요인과 비유전적인 인과적 요인에 동등하게 적용될 수 있다는 것이다(Griffiths and Knight 1998; Oyama 2000c).

3단계는 발달적 정보의 본성을 재개념화하는 것이다. 정보는 한 세대에서 다음 세대로 전송되는 것이 아니라 오히려 발달 속에서 재건립되는 것이다 — 따라서 이는 오야마의 성구 정보의 개체발생(Oyama 2000b)이 의미하는 것이다. 정보란 어떤 시기에 어떤 과정 동안에 정보로 간주되는 것이다. 그렇기 때문에 정보는 시간이 흘러감에 따라 변하고 맥락의존적이다.

4단계는 '천성'과 '양육'을 이분법적인 인과적 요인들이 아니라 산물과 과정으로 재개념화하는 것이다. "'천성들'은… 흔하든 드물든 간에 단지 발달하고 있는 표현형들일 뿐이기에, 발달적 상호작용의 끊임없는 '양육'에 의해 창발하고 변화한다. 이는 천성과 양육을 유기적 형식의 내적 원인과 외적 원인, 혹은 유기적 형식의 양자택일적 원천이 아니라 발달적 산물(천성)과 발달적 과정(양육)으로 만든다"(Oyama 1992b, p. 225). "이것을 달리 말하는 방식은, 천성은 발달적 체계의 현재 상태인 데 반해, 양육은 발달적 체계의 개체발생적 역사라는 것이다"(Oyama 1993, p. 8).

5단계는 진화(계통발생)와 자연선택을 재개념화하는 것이다. 진화는 발달적 체계의 구성과 분포의 변화이다. 자연선택은 유기체에 작용하는 독립적이고 외적인 행위자 혹은 힘이 아니라, 발달적 체계들의 차등적 전파의 결과이다. "자연선택은 유기체와 환경이 서로를 정의하고 선택하는 다른 많은 상호작용들의 최종 결과이다"(Oyama 1993, p. 8). 이렇게 이해된 자연선택은 "견실한 생애주기를 요구하지 정적인 유전적 프로그램이나 유기체를 요구하지는 않는다"(Oyama 2000a, p. 80).

이 마지막 단계의 주장으로 발달적 체계 이론은 자연선택과 적응주의에 관한 논쟁에 접속하게 된다. 나는 이 장의 마지막 두 절을 위해 이 문제에 대한 논의를 남겨둘 텐데, 이 절들에서 나는 발달적 체계 이론과 창출행위적 진화의 사상을 연결할 것이다. 지금 내가 하길 바라는 것은 위의 사고방식의 세 가지 중요한 함의를 강조하는 것이다.

만약 생태학적으로 감입된 발달적 체계가 진화의 근본적 단위라면, (1) 복제자/상호작용자의 구분은 진화과정을 개념화하는 데에 더 이상 유용하지 않고, (2) 유전된(유전적) 특성과 획득된(환경적) 특성 사이에 이해 가능한 구분이 존재하지 않고, (3) 자연과 문화 사이에 이해 가능한 구분이 존재하지 않는다.

한편으로, 만약 복제자가 그 자체를 복제할 수 있는 내재적인 인과적 힘을 지니는 존재로서 정의된다면, 그렇다면 이 유일한 복제자는 재생산하는 유기체 혹은 생애주기이고, 또 이것은 전형적인 상호작용자일 수밖에 없다. 다른 한편으로, 만약 복제자가 발달 속에서 확실하게 복제되는 어떤 것으로 정의된다면, 그렇다면 유전자 이외에도 많은 복제자들이 있다. 그러므로 복제자/상호작용자 구분은 진화와 발달에 분명하게 적용되는 것이 아니다. "복제자가 한 세대에서 다음 세대로 이동해서 상호작용자를 건립한다기보다는, 발달과정 전체가 상호의존적인 많은 인과적 경로를 통해서 한 세대에서 다음 세대로 그 자체를 재건립하는 것이다"(Sterelny and Griffiths 1999, p. 95).

이 설명을 고려할 때, '유전된'과 '획득된'(혹은 '생득적' 대 '학습된')은 발달적 특성의 두 상호 배타적인 부분집합이라고 이름할 수 없다. 표현형 형질들은 유전된 만큼이나 획득되는데, 왜냐하면 이 형질들은 발달적으로 건립되어야만 하기 때문이다. 즉 개체발생에서 획득되어야 하기 때문이다. 그리고 환경적 조건들은 획득된 만큼이나 유전되는데, 왜냐하면 이 조건들은 유전자와 분리 불가능하게 전달되어 시작부터 유기체의 형성에 들어가기 때문이다. 논점은, 오야마가 강조하듯이, "유전자와 환경이 유전된 것이든 획득된 것이든 간에 모든 특성들에 필연적이라는 것이 아니라(통상의 계몽된 견해), 유전된(생물학적이고, 유전적으로 기반된) 특성과 획득된(환경적으로 매개된) 특성 사이에 이해 가능한 구분이 존재하지 않는다는 점이다. … 일단 유전된 것과 획득된 것 사이의 구분이 제거되기만 하면, 양극단으로서뿐만 아니라 한 연속체로서도 진화는 구분에 의존한다고 말할 수 없다"(Oyama 2000b, p. 138; 또한 Scholz 2002를 보라).

마지막으로 자연과 문화를 구분하는 통상적 방법은, 자연은 생물학적으로 주어진 것('유전된 것', '생득적인 것', '하드웨어에 내장된 것')인 반면, 문화는 학습된 것, 혹은 '사회적으로 건립된 것'이라고 말하는 것이다. 생물학적 진화는 신다윈주의적인 반면, 문화적 진화는 라마르크적이라고 말하는 일이 종종 있다.[13] 자연과 문화를 구분하는 이 방법들은 천성과 양육, 유전된 것과 획득된 것의 구분을 치환한 것이고, 유전적으로 전달된 형질과 환경적으로 획득된 형질 사이의 이분법에 기초한다. 이 이분법이 근거가 없다는 것을 고려할 때, 유기체의 형질들을 자연과 문화의 분리된 범주로 나누고자 애쓰는 것은 아무 의미가 성립하지 않는다.[14]

자가생성 이론과 발달적 체계 이론 사이의 관계에 관해 몇 가지 언급을 하면서 이 절을 마치고자 한다. 이 장의 초반에서 나는 자가생성적 통일체가 순차적 재생산을 겪고 역사적 계통을 생성하는 방식에 대해 기술했다. 우리는 그러한 통일체를, 자기생산하는 동역학 및 환경과의 구조적 쌍결합의 면에서 특징지을 수 있다. 두 번째 경우(=환경과의 구조적 쌍결합)에서 우리는 그런 통일체를 발달적 체계 이론의 방식을 따라서, 생태학적으로 감입된 생애주기 혹은 발달적 과정으로 특징짓는다. 그러므로 발달적 체계 이론과 자가생성 이론 사이에는 자연적 친연관계가 존재한다. 두 이론은 모두, 오야마가 적고 있듯이, "신다윈주의의 진화적 종합의 어떤 측면들, 즉 때로 좁은 유전자 중심의 초점, 그 결과 활동적인 발달하는 유기체를 간과하는 일, 적응을 사전에 존재하는 환경적 문제를 해결하는 것으로 보는 관념 등에 불만족을 표현한다. 각 이론은 또한 유기체의 발달적 형성이 (종종 유전적 프로그램에 의해) 내부로부터 제어되고, 진화는 대체로 외부 환경에 의해 형성된다는 신다윈주의의 내부-외부 관계 논의와 대결을 한다"(Oyama 1999, p. 187). 실로 신다윈주의를 비판하는 일을 넘어 이 두 이론은 서로를 지원한다. 자가생성 이론은 발달과 진화가 진행하는 기반을 이루는 살아 있는 사물의 자기생산하는 조직을 기술하기 위해 요구되고, 발달적 체계 이론은 개체발생과 계통발생에서 이루어지는 유기체와 환경의 구조적 쌍결합에 대해 이분법이 아닌 설명을 제공하기 위해 요구된다.[15]

발달적 체계의 강건성과 유연성

발달적 체계 이론을 고찰했으니, 이제 우리는 다양한 유기체들의 발달적 체계들에서 어떤 유전자들이 하는 중요한 역할을 새로 살펴볼 수 있게 되었다. 하지만 먼저 어떤 역사적 맥락이 요구된다.

이 장 초반에서 나는 진화 이론과 유전학의 현대적 종합the Modern Synthesis을 검토한 바 있다. 그렇지만 길버트, 오피츠, 라프(1996)가 논평하듯이,

> 만약 유전학과 진화의 '현대적 종합'이 있다면, 이 종합이 대체한 어떤 '현대적이 아닌 종합'이 있었어야 했다. 이 현대적이 아닌 종합은 진화는 발달 속의 변화에 의해 야기된다는 개념이었다. [19세기와 20세기 초반의] E. 헤켈, E. 메치니코프, A. 바이스만, W. K. 브룩스 등의 종합은 진화와 발생학(=태생학)embryology의 종합이다. [개체발생은 계통발생의 반복이라는]) 헤켈의 생물발생적 법칙Biogenetic Law은 모든 다른 발달적 종합을 대체해 왔고, 1930년대쯤에 이 종합은 인종차별주의적이고, 과학적으로 지지받을 수 없는 것이 되었다. … 그것은 유전학자와 (W. Garstang과 N. J. Berrill과 같은) 발생학자가 파괴하기에 쉬운 표적이었다. 하지만 1930년대와 1940년대 발생학은 이 신빙성 없는 개념을 대체할 새로운 것이 전혀 없었다. 사실 발생학자들은 진화에 더 이상 관심을 두지 않았고, '더 과학적'이고자 즉 실험적이고자 시도하며 그들 자신을 진화생물학으

> 로부터 떼어놓았다. … 유전학은 쉽사리 이 진공을 채웠고, 현대적 종합은 진화를 위한 발동기로서 발생학 대신에 유전학을 채택했다. 따라서 (이전에 진화의 '시녀'였고… 또 다윈이 그의 증거의 주요한 원천으로 여겼던) 발생학은 유전학에게 그 자리를 넘겨주었다. (Gilbert, Opitz, and Raff 1996, p. 358)

그러나 1970년대에 현대적 종합이 종의 기원에 대한 설명으로서 적합하다는 것이 의문시되기 시작했다. "유전학은 미소진화microevolution를 설명하기에 적합할지 모르지만, 유전자 빈도에서의 미소진화의 변화들이 파충류를 포유류로 바꾸게 할 수 있는 것으로 혹은 어류를 양서류로 전환하게 할 수 있는 것으로 간주되지는 않았다"(Gilbert, Opitz, and Raff 1996, p. 361). 이 비판적 재검토는 이보디보evo-devo로 알려진 발달생물학과 진화생물학의 '새로운 종합New Synthesis'을 가져왔다(Hall and Olson 2003을 보라). (진화 속의 모든 중요한 변화들은 발달 속의 변화라는) 이 새로운 종합의 핵심사상은 19세기와 20세기의 초기 사상가로 거슬러 올라간다. 그렇지만 새로운 종합은 이제 세포생물학과 비교발생학, 고생물학, 분자유전학의 분야들을 걸쳐 있으면서 상호연결하는 연구를 통해 훨씬 더 상세하게 설명되고 있다. 목표는 다름 아닌 바로 발달 과정이 진화하는 동안 변경되게 되는 방식, 또 이 변경들이 형태학 내의 변화 및 동물의 신체구도를 산출하는 방식을 설명하는 것이다(Arthur 2002; Coen 1999; Gerhart and Kirschner 1997; Holland 1999; Raff 1996).

이 새로운 종합에서 창발하는 중심사상들 중 하나는 진화는 강건하고 유연한 발달적 과정들에 의해 추동된다는 것이다(Gerhart and Kirschner 1997, pp. 444-445). 강건성*robustness*은 조건들이 변할 때 변하지 않는 능력, 변화에도 불구하고 자기유지, 자기적응, 자기조직화를 할 수 있는 능력이다. 유연성*flexibility*은 변화하는 조건들에 의거해서 변화하는 능력, 변화에 순응하는 능력이다. 강건하고 유연한 발달적 과정들은 유기체에 치명적이지 않은,

발달 속에서 생겨나는 표현형 변이들을 허용하기 때문에 진화적 변화를 위한 유기체의 능력을 향상시킨다. 진화하는 동안 내내 "강건하고 유연한 과정들이 보존되며, 다양화된 과정들이 이 과정들을 둘러싼다"(Gerhart and Kirschner 1997, pp. 444). 이는 진화를 보존과 혁신, 영속과 변화, 필연성과 우발성이 철저하게 섞여 짜인, 빼어난 태피스트리tapestry[2)]로 만든다.

지난 수십 년 동안 이전에는 관련이 없다(독립적으로 진화했다)고 생각되던 — 종종 수렴진화convergent evolution의 고전적 사례로 제시되던 곤충의 눈과 척추동물의 눈과 같은 — 구조들이 유전적 보존과 발달적 보존의 더 깊은 수준에서 관련돼 있다는 것이 발견돼 왔다. 달리 말해서, 상사하다*analogous*(외관상 유사하지만 서로 다른 방식으로 진화해 왔다)고 생각되던 구조들이 더 깊은 상동성*homologies*(공통의 진화적 기원에서 파생한 것)에 기반한다는 것이 제시되었다. 이 연구결과는 특정한 유전자들의 무리와 이 유전자들에 의해 특정화되는 전사인자들transcription factors을 포함하는, 발달하는 배아 내 과정들의 수준에서 특히 분명히 나타났다. (전사인자들은 DNA에서 RNA로의 전사 과정 동안에 RNA 중합효소를 DNA 분자에 결속시키는 일을 증가시키거나 감소시키는 단백질들이다.) 따라서 곤충과 척추동물의 눈 발달은, 이 두 동물 집단의 눈 해부학 상의 근본적 차이에도 불구하고, 유전자 팍스-6*pax-6*에 의해 특정화되는 전사인자와 관련돼 있다. 쥐에서는 작은 눈이라 불리고 초파리 드로소필라*Drosophila*에서는 장님이라 불리는, 이 유전자의 돌연변이체는 눈이 부분적으로 상실되었거나 전면적으로 상실되어 있다. 마찬가지로, 팍스-6 유전자에 선천적 이상이 있는 사람은 눈 *크기*가 축소되어 있거나 홍채가 없다는 것이 알려졌다. 만약 쥐의 팍스-6 유전자가 초파리로 이전하면, 이 유전자가 활성화되는 곳마다 눈 — 쥐의 눈이 아니라 초파리의 눈 — 이 나타나게 된다는 것이 알려졌다. 곤충과 포유동물이 다른 것만큼이나 다른 동물들에서 유전자의 현존은 눈의 발달

2) 여러 가지 색실로 그림을 짜 넣은 직물.

을 가져오는 배아의 특정한 부위에서 일련의 연속적인 사건들을 개시開始한다.

길버트, 오피츠, 라프가 논급하듯이, 상사한 과정과 구조를 대신하는 상동적 유전자의 이 발견은 "우리의 상사성analogy과 상동성homology 정의를 사정없이 파괴했다"(1996, p. 364). 상동성의 고전적 개념은 (골격이나 유전자 같은) 구조의 유사성에 관한 것이었다. 그러나 '과정의 상동성'이라는 새로운 개념은 발달적 메커니즘의 수준에 있는 동역학적(=역동적) 상호작용의 유사성에 관한 것이다. 결과는 척추동물의 눈과 절지동물의 눈, 혹은 척추동물의 다리와 절지동물의 다리와 같은 구조적으로 상사한 기관들은 상동적 과정에 의해 형성될 수 있다는 것이다.

절지동물과 척추동물의 눈 발달의 경우에 과정의 상동성은, 팍스-6 유전자가 5억5천만 년 전 캄브리아기에 절지동물과 척추동물의 분리 이전에 생겨난 눈 형성을 위해 보존된 경로의 중요한 규제적 유전자regulatory gene라는 점을 함의한다고 생각되어 왔다. 즉 오늘날의 곤충과 척추동물의 눈은 아마도 전캄브리아기 후생동물後生動物의 기본적인 감광感光/light-sensitive 세포가 변성된 후손일 것이며, 이 세포의 발달은 팍스-6 유전자 서열의 표현과 관련돼 있었다. "비록 무척추동물과 척추동물의 눈이 깊은 의미에서 중간의 공통의 '눈'에서 나오고 있는 상동적인 것이라고 상상하기는 어렵긴 하지만, 그들은 각각 일단의 보존된 규제적 성분들로부터 생성되어 왔으며, 서로 다른 시기에 서로 다른 환경들 속에서 합쳐져 왔다"(Gerhart and Kirschner 1997, p. 34).[16]

보존된 규제적 성분들의 가장 두드러진 몇 가지 예가 가장 높은 수준의 후생동물의 공간적 조직 및 세포 유형의 특화에서 발견될 수 있다. 이것은 동물 전체의 문門 유형 신체구도*phylotypic body plan*, 동물이 자신의 문門/phylum의 모든 성원들과 공유하는 공간적 조직의 수준이다(절지동물節肢動物, 척삭동물脊索動物, 환형동물環形動物, 극피동물棘皮動物, 연체동물軟體動物이 문의 예이다)(Gerhart and Kirschner 1997의 7장을 보라). 이 조직 또한 해부학적으로뿐만 아니라 발달하는 배아 내의 상동적 과정의 수준에서도 기술될 수 있다.

동물의 신체구도를 보는 이 방식의 깊이를 이해하기 위해서는, 생명의 기원과 진핵세포의 창발 이후 생명의 역사에서 그 다음의 중대한 사건이 6-10억 년 전 전캄브리아기에 있었던 다세포체의 수립이라는 점을 생각해보라. 만약 서로 다른 세포 계통이 협력해서 연결될 수 없었다면, 이 사건은 일어날 수 없었을 것이다(Buss 1987을 보라). 후생동물이 정합적인 존재로서 작동하기 위해서는 발달에서 분화되고 특화되는 세포들과 협력적으로 연결하는 방식을 지녀야 한다. 이런 이유 때문에 후생동물의 발달은 신진대사적이고 유전적인 규제적 네트워크를 통해 분화된 세포들을 결합해서 긴밀한 상호작용의 패턴으로 만든다.

특히, 후생동물의 신체인 다세포적 개체군에서 세포들이 부위적 동일성을 갖게 되는 특수한 공간적 분화는 다세포체의 주요한 진전이다. 이 진전이 없다면, 구조적이고 기능적인 다양한 세포 분화(근육, 신경, 뼈 등)는 별로 소용이 없을 것이다. 이 부위적이고 위치적인 동일성의 수립은 선택유전자들electror genes로 알려진 어떤 유전자들에 의존한다는 것이 오늘날 알려져 있다.[17] 이 유전자들은 기능적으로 특화된 세포 유형이 현존하기 전에 배아 발달 동안에 활성화되고, 발달하는 배아 내에서 신체적 부위 상호 간을 구분해낸다. 따라서 기능적으로 유사하지만 서로 다른 신체 부위에 위치하는 세포들은 그들의 선택유전자 활성화에서 다를 수도 있다.

동물의 문門 유형 신체구도와 관련해서 이것이 의미하는 것은 세포들이 해부학적으로 그리고 두 가지 다른 방식으로—첫째로 유전자 상동성의 면에서, 즉 "선택유전자의 표현을 담는 구획칸, 즉 배아가 이 선택유전자에 의해 부호화된 RNA와 단백질의 위치를 드러내는 착색된 시약으로 취급될 때만 보일 수 있는 '이차적 해부'의 면에서", 둘째로 과정의 상동성의 면에서, 즉 "선택유전자를 포함하는 구획화된 발달적 과정 및 견실하게 분포된 신호 단백질의 공간적 조직으로서"(Gerhart and Kirschner 1997, pp. 296-297)

—기술될 수 있다는 점이다. 이 발달적 과정들은 유기체의 문 유형의 과정으로 알려져 있고, "신체구도는 문 유형 과정들의 조직이다"(ibid.).

신체구도는 초기 발달의 과정 동안에 형성되고, 신체구도의 현저한 특질이 현존하는 최초의 단계, 이른바 문 유형 단계에서 생겨난다. 예를 들어 우리는 척삭동물의 문(門)에 속하는데, 이 문의 문 유형 단계는 파린굴라 pharyngula라고 불린다. 이는 척삭동물의 네 가지 현저한 특질—척삭(발달 후기에 척추에 의해 대체되는 골격 대skeletal rod), 등 신경 삭dorsal hollow nerve cord, 아가미 구멍, 항문 뒤의 꼬리—이 현존하는 최초의 단계이다. 대략 서른 가지 최신의 문門이 있고, 따라서 같은 수만큼의 문 유형 신체구도들 및 문 유형 발달 단계들이 있다. 이 신체구도들과 단계들은 진화 속에서 매우 잘 보존되어 왔고, 5억 3천만 년 동안 지속되어 왔다. 동시에 문 유형 이전 단계와 문 유형 이후 단계의 배아 발달에 상당한 다양화가 존재해 왔다. 하나의 문門 내에 강綱, 목目, 과科 사이의 해부학적 차이가 있기에 이 다양화는 분명하다. 비록 발달 초기에 서로 다르고 물론 후에는 상당히 분기하긴 하지만, 문 유형 단계에서 문의 모든 성원들은 꽤 유사해 보인다. 따라서 초기의 발달은 문 유형 단계에 수렴하고 그런 다음 분기한다. 게르하르트와 키르쉬너의 이미지에 따르면, "매우 다양화된 단계들이 선행하고 후속하는 문 유형 단계는 지협地峽과 같이 발달의 한가운데에 놓여 있다"(1997, p. 380).

절지동물의 경우 문 유형 신체구도는 (이른바 난자의 납작하고 길게 늘어진 모양과 뚜렷한 신체 체절體節/segmentation 때문에) 배아의 '체절된 배대胚帶/segmented germ band' 단계에서 생겨난다. 이 단계는 신체의 주요한 전후anteroposterior 면과 배복背服/dorsoventral 면이 수립된 직후에 일어난다. 신체의 특정한 구획은 특정한 선택유전자의 활성화의 결과로 이 두 면dimensions을 따라 정의된다. 선택유전자의 세 가지 주된 부류가 전후의 축anteroposterior axis을 따라 활성화된다. 첫째는 체절 극성 유전자segment polarity gene로, 이 유전자의 특정화된 산물은 신체의 모든 체절의 공통 특질을 수립한다. 둘째는 말단 유전자terminus gene로, 이 유전자의 산물은 신체의 체절화되지 않은 끝부분을 정의한다. 셋째는 호메오 유전자homeotic gene로, 이 유전자의 특정화된 산물은 배아의 부위들을 서로 간에 분화하게 하는데, 특히 머리의 전면과 후면, 흉부, 복부를 분화하게 한다.

호메오 유전자는 많은 관심과 논의의 대상이 되었다. 호메오 유전자는 열 가지 선택유전자로 이루어지는데, 각 유전자는 앞에서부터 뒤로 신체구도의 특정한 구획에서 활성화된다. 두 가지 유전자는 배아의 두부 전면에서 표현된다. 혹스 유전자Hox gene로 알려진 다른 여덟 유전자는 두부 후면, 흉부, 복부에서 활성화된다. 각 호메오 유전자는 호메오 상자homeobox라 불리는 DNA 서열을 내포하고, 이 호메오 상자는 호메오 영역homeodomain으로 알려진 60개의 아미노산 서열을 특정화한다. 이 서열을 내포하는 단백질은 전사인자들transcription factors의 호메오 영역 과科에 속하고, 발달하는 배아의 유전자 활성화를 조절한다.

특히 혹스 유전자들은 이 유전자들의 호메오 영역 산물과 함께 개별적 요소들의 집합으로서가 아니라 그 자체의 독특한 속성들을 지닌 네트워크로서 작동하는 것으로 보인다. 예를 들면, 여덟 혹스 유전자들이 신체구도 내의 여덟 활성화 구획들의 전후방 순서에 상응하는 순서로 하나의 염색체 상에 무리지어 있다는 주목할 만한 사실에 어떤 식으로든 기초하는, 이 유전자의 활성화를 위한 하나의 단일한 순서가 존재한다. 각 유전자가 일단 부위적으로 활성화되기만 하면, 이 유전자는 자체의 특정화된 호메오 영역 전사인자를 포함하는 조절회로를 거쳐 자가활성화하고 자기유지하게 된다. 더구나 염색체 상의 유전자 배치가 동일 직선상에서 이루어지는 순서 및 신체 내의 활성화가 전후방에서 이루어지는 순서의 동일한 유형을 지니는, 유사한 유전자들이 절지동물에서뿐만 아니라 척삭동물, 환형동물, 연체동물과 같은, 다른 문의 후생동물에서도 발견된다—이 발견은 최근 생물학의 가장 주목할 만하고 놀라운 것으로 평가된다—. 만약 서로 다른 동물들의 상응하는 부위에서 유전자의 DNA 서열을 비교하면, 우리는 같은 동물의 다른 부위에 있는 유전자의 서열 사이에서보다 서로 다른 동물들의 상응하는 부위에 있는 유전자 서열 사이에서 더 많은 유사성을 발견하게 된다. 예를 들어, 초파리의 최전방 유전자는 앞으로부터 뒤로 신체의 길이를 따라가면서, 다른 초파리 혹스 유전자 등등과 유사한 것보다 쥐의 최전방 유전자와 더 유사하다.

지금까지 얻은 결론은 모든 양면 대칭적 동물들의 공통 조상은 일련의 혹스 유전자들을 소유하고, 이 유전자들은 후생동물 진화 이래로 쭉 보존되어 왔다는 점이다. 실로 혹스 유전자가 아주 오래되고 보편적이라는 점을 고려해볼 때, 이 유전자가 모든 후생동물을 위한 공통의 '동물 유형의' 신체구도를 정의한다는 것이 제기되어 왔다(Slack, Holland, and Graham 1993). 따라서 혹스 유전자 네트워크들은 진화하는 동안 보존에 의해서뿐만 아니라, 복제와 다양화—최신 후생동물의 전후의 면을 따라 이 복제와 다양화에 상응하는 매우 다양한 신체적 구획들과 부속물들을 가져왔다—에 의해서 입증된 강고성과 유연성의 빼어난 예를 제공한다.

우리는 후생동물의 신체구도의 배복背腹의 차원을 따라서, 동일한 강고성과 유연성, 보존과 혁신을 발견한다. 1820년에 에티엔 조프루아 생틸레르 Etienne Geoffroy Saint-Hilaire는 척추동물과 곤충은 동일한 기본적 신체 배치 body layout를 공유한다고 제안했다. 그의 제안은 1830년에 파리의 프랑스 과학 아카데미의 면전에서 조프루아와 조르주 퀴비에Georges Cuvier 사이의 유명한 논쟁을 초래했다(Coen 1999, 7장을 보라). 형태의 고찰에 기초하는 조프루아의 견해는 척추동물과 절지동물이 공통의 배복背腹 조직을 공유하지만, 한쪽의 배치는 다른 쪽의 배치와 정반대라는 것이다. 따라서 척추동물은 배 쪽의 심장ventral heart과 등 쪽의 신경 삭dorsal nerve cord을 가진 반면, 절지동물은 등 쪽의 심장과 배 쪽의 신경 삭을 지녔다. 퀴비에의 반대 견해는 기능의 고찰에 기초했다. 그는 척추동물과 절지동물이 그들의 신체 부분의 기능적 조직의 차이 때문에 서로 다른 유형의 동물로 간주되어야만 한다고 주장했다.

비록 조프루아의 견해가 수년간 많이 비판받긴 했지만, 아마도 그가 예측할 수 없었을 이유 때문에 결국 그가 올바른 방향으로 나아가고 있었다는 것이 판명되었다(Arendt and Jung 1994; De Robertis and Sasai 1996; Gerhart and Kirschner 1997, pp. 340-343을 보라). 그의 견해는 골격의 고찰에—특히 뼈는 기능에 상관없이 동물들에서 동일한 접속을 유지한다는 그의 '접속의 원리Principle of Connections'에[18]— 기반하는 데 반해, 오히려 기저를 이루는 순서는 경계가 있는 특정한 부위 내에서 선택유전자와 이 유전자의 전사인자를 포함하는 발달적 과정의 순서이다. 따라서 실로 절지동물과 척삭동물의 문 유형 신체구도는 한쪽의 신체구도가 다른 한쪽의 신체구도와 관련해서 전도된 공통의 배복 조직을 공유한다. 절지동물에서 신체 복부의 발달은 *sog* 유전자(짧은 낭배형성囊胚形成, short gastrulation)의 활성화에 의해 조절된다. 이 유전자는 척삭동물 신체 배부의 발달을 조절하는, 척삭 유전자 코딘*chordin*과 밀접하게 관련돼 있다. 절지동물의 신체 배부의 발달은 *dpp*(decapentaplegic)의 활성화에 의해 조절되며, 이 유전자는 척삭동물 신체 복부의 발달을 조절하는 척삭 유전자 *BMP*(뼈 형태형성 단백질bone morphogenetic protein)와 밀접하게 관련돼 있다. *sog/chordin*과 *dpp/BMP*가 *pax-6*와 관련을 맺고 있는 혹스 유전자와 감광성 기관과 함께 절지동물과 포유동물 계통의 선조—신체구도의 '캄브리아기 폭발' 전에 살았던 우르빌라테리아urbilateria(원시적 양면 동물)라 이름이 붙은 태고의 벌레 비슷한 가설상의 동물—에 현존했다고 제안되어 왔다(De Robertis and Sasai 1996).

이 장에서 나는 발달적 체계들과 진화를 포함할 수 있도록 생명에 대한 자가생성적 설명을 확장해 왔다. 이 절에서 행한 논의를 통해서 나는 발달적 체계들의 진화에서 다양성을 조성하는 보존된 통일체의 주목할 만한 패턴을 드러내 왔다. 게르하르트와 키르쉬너의 말을 따르면, "다양화가 발견되는 곳에는 보존된 유연하고 강고한 과정들이 가까이에 있고 이 속성들(=다양성, 유연성, 강고성)을 지니기 위해 선택된다"(1997, p. 438). 신체구도의 공간적으로 조직화된 문 유형 과정들의 경우에 "이 과정들이 허용해온 다양화의 선택 때문에 이 과정들이 보존되어 왔다. … 끊임없이 선택되어 온 것은 신체구도의 다양 가능성, 유연성, 변통성, 강고성이지 문 유형 단계의 해부학적 구조가 아니다”(p. 372). **선택된**이란 용어는 우리가 다음 두 절에서 상정할 여타의 수많은 쟁점을 제기한다. 우리는 이 절의 주요 논점을 요약하기 위해 이 쟁점들을 잠시 보류할 수 있겠다. 강고하고 유연한 발달 과정은 다양성의 세대를 가능하게 하고, 그렇게 해서 진화의 과정 전체를 가능하게 한다.

창출행위적 진화

이제 진화 이론 및 생물학의 철학에서 자연선택과 적응에 관한 논쟁적 문제들로 직면하도록 화제를 옮겨가 보자. 나의 견해는 자가생성적 관점과 발달적 체계 관점이 자연선택과 적응을 재개념화하는 일을 수반한다는 것이다.

유전자 중심주의와 일반적으로 인정된 견해는 오야마(2000a)가 자연선택, 생득성, 유전이라는 세 가지 서로 맞물리는 이해방식에 의해 형성되는, 생명과정에 관해 사고하는 방식들의 반향회로라 부르는 것에 의해 지배되고 있다. 자연선택은 적합도를 최적화하는 영향을 지니는 외적 힘으로 개념화되고, 생득적 형질들은 내적인 유전적 발달 프로그램에 귀속되고, 유전은 형질들을 위해 한 유기체에서 다른 한 유기체로 유전자들을 전달하는 것으로 간주된다. 이 관념들은 서로를 보강한다. 유전은 형질들을 위해 유전자들을 전달하는 것으로 간주되기 때문에, 진화는 한 개체군 내의 유전자 빈도의 변화로 환원되는 반면, 개체발생은 미리 주어진 유전적으로 부호화된 발달 프로그램의 전개로 생각되고 있다. “그렇다면 유전적으로 창조된 표현형들의 관념은 정적 형질들에 ‘작동하는’ 것으로서의 자연선택의 관념을 보강한다. … 만약 우리가 선택, 발달, 유전 사이의 관계를 이해하고자 한다면,

타파해야만 하는 것은 바로 이 회로이다"(Oyama 2000a, p. 78).

우리는 발달적 체계 이론이 이 회로를 타파하는 방식을 보아 왔다. 첫째, 유전은 표현형 설계를 위해 유전적 정보를 '전달하는 일'에 의존하는 것이 아니라, 개체발생에서 패턴을 재건립하는 일, 즉 유전자 이외에도 다른 많은 발달적 자원들을 포함하는 과정에 의존한다. 둘째, 생득적인 것과 획득된 것의 구분은 발달적 과정에 적용될 수 없다. 마지막으로, 자연선택은 외적 힘이 아니라 발달적 체계의 차등적 전파이다. 이제 우리가 전념하고자 하는 것은 자연선택에 관한 이 세 번째 논점이다.

일반적으로 인정된 견해의 견지에서 보면, 특히 적응주의로 알려진 관점에서 보면, 진화이론의 핵심적 문제는—유기체는 다른 유기체로부터 변성되어 내려온다는—진화의 사실뿐만 아니라, 또한 자연에 널리 퍼져 있는 설계의 나타남을, 달리 말해서 살아 있는 것이 환경에 잘 적응하는 것으로 보인다는 것을 설명하는 데 있다. 적응주의에 따르면, 진화 및 설계의 나타남은 자연선택의 과정에 의해 설명될 수 있다. 한 주어진 개체군 내의 개체들의 형질 사이에는 변이가 있고, 이 형질들은 유전 가능하고, 어떤 개체들은 그들이 소유하는 유전 가능한 형질들의 결과로서 다른 개체들보다 더 많은 자손을 남기며, 결과적으로 개체군 내에 현존하는 가장 적합한 형질들이 한 세대에서 다음 세대로 '선택되는' 경향이 있다. 충분한 양의 시간을 고려해볼 때, 유기체들은 더 적합한 변이체들의 자연선택의 결과로서 그들의 국지적 환경에 더 잘 적응하는 경향이 있을 것이다. 그렇지만 환경은 결코 정적이지 않고 항상 변화하기 때문에, 자연선택은 환경적 변화보다 불가피하게 뒤떨어질 것이다. 그러므로 우리는 유기체들이 완벽하게 적응하는 것을 기대해서는 안 된다.

1978년에 스티븐 제이 굴드Stephen Jay Gould와 리처드 르원틴Richard Lewontin은 이 진화의 그림에, 그들이 '적응주의자의 프로그램the adaptationist programme'이라 부른 그림에 너무나 쉽게 의존하는 태도를 비판하는, 이제는 유명해진 한 논문을 발표했다(Gould and Lewontin 1978). 수년간

이 논문으로 인해 적잖이 설왕설래했지만, 그러나 어떤 핵심 논점들은 시간과 논란의 시험을 견뎌냈다. 이 논점 중 하나는 적응주의자들은 실제로는 통합된 전체인데도 불구하고 유기체를 마치 분리된 부분들의 모자이크인 양 다룬다는 것이다. 일반적으로 적응주의자들은 유기체를 '형질들'로 원자화하고, 이 형질들을 "기능을 위해 자연선택에 의해 최적하게 설계된 구조들로서" 설명하려고 한다(Gould and Lewontin 1978, p. 256). 그런 다음 이 부분별 분석의 한계에 봉착할 때 그들은 유기체의 통합에다 대고 입에 발린 말을 한다. 그들은 유기체를 단지 서로 다른 형질들을 최적화하는 대립되는 요구들 사이에 이루어져야 할 필요가 있는 협상이나 '협정'의 부수현상으로 다룰 뿐이다.

자가생성 이론과 발달적 체계 이론은 모두 이와는 다른 유기체관을 제공한다. 자가생성적 체계(일반적으로 자율적 체계)는 많은 상호의존적 과정들의 통합된 네트워크이다. 따라서 유기체는 원자론적 형질들을 부분들로 갖는 종류의 체계가 아니다. 그러한 형질들은 이론적 추상의 산물일 따름이다. 마찬가지로 발달적 체계 이론의 견지에서 보면, 유기체를 선택이 작용하는 형질들의 배열로 보는 적응주의적 개념은 발달을 모호하게 한다. 발달에는 정적 형질들이 전혀 없고, 오히려 통합된 발달적 과정이 있다.

굴드와 르원틴이 그들의 비평에서 행한 또 다른 중요한 논점은, 적응주의는 유기체를 환경에서 분리해내고, 환경을 유기체가 적응에 의해 풀어내야만 하는 문제를 제기하는 것으로 본다는 점이다. 유기체와 환경의 관계에 대한 이 견해는 유기체를 분리 가능한 형질들로 분석하는 원자론적 견해와 결합해 있는데, 이는 유기체가 진화 과정의 능동적 행위자 혹은 주체가 아니라 단지 선택의 수동적 대상이라는 점을 함의한다(Levins and Lewontin 1985, pp. 85-106을 보라).

발달적 체계 이론은 유기체와 환경을 분리하는 견해를 가장 철저하게 거부한다. 만약 진화의 단위가 발달적 체계라면, 그리고 유전된 발달적 자원들이 내생적 요소(유전자, 세포질 성분, 세포골격, 피질의 세포 조직

등등)뿐만 아니라 구조화된 외생적 환경 — 환경은 유기체 그 자체에 의해 독자생존 가능한 적소適所로 구조화된다 — 도 포함한다면, 환경이 유기체에서 독립해 있다고 생각할 아무 근거가 없다. 이와는 달리, 유기체와 환경은 서로 발달과 진화에서 서로를 건립한다.

> 진화는 생애주기의 복제 동안에 변이들이 있기 때문에 일어나고, 어떤 변이들은 다른 변이들보다 더 성공적이다. 전통적으로 변이체들은 독립적으로 존재하는 선택적 힘, 독립적으로 존재하는 환경의 표현에 노출돼 있다고 말들 해왔다. 발달적 체계 설명에서 변이체는 그들 자체를 복제할 수 있는 능력에 차이가 있다. 한 변이체는 다른 변이체보다 더 잘 복제하는데, 그 까닭은 이 변이체와 어떤 사전에 존재하는 환경적 특질 사이의 일치 때문이 아니라, 환경적 특질과의 상호작용을 포함하는 생애주기가 이 상호작용을 결여하는 생애주기보다 그 자체를 복제할 수 있는 더 큰 능력을 지니기 때문이다. 전통적 환경의 많은 특질들이 진화적 설명을 지니기 때문에 이 관점이 적절하다. 유기체와 환경은 모두 차등적으로 자기복제하는 생애주기의 진화의 영향으로서 진화하고 있다. 생애주기는 여전히 적합성 가치를 지니지만, 이 가치들은 유기체와 환경 사이의 일치의 척도로서가 아니라, 체계의 자기복제하는 힘의 척도로서 해석된다. 적합성은 더 이상 독립적 환경에 '적합되어 있음fittedness'의 문제가 아니다. (Griffiths and Gray 1994, pp. 300-301)

유기체와 환경의 이 공동결정co-determination은 창출행위 개념에 중심이 된다(Varela, Thompson, and Rosch 1991). 서로의 움직임을 낳는, 춤을 추는 두 파트너와 같이 유기체와 환경은 구조적 쌍결합을 통해 서로를 창출한다. 유기체와 환경의 공동결정이라는 이 견해를 고려할 때, 진화는 유기체가 독립적 환경이 제기하는 설계 문제에 점점 더 잘 적응해 가는 과정으로서 기술되어서는 안 된다는 결과가 따른다. 진화에 중심이 되는 것은 적응의 최적화가 아니라 적응의 보존이다. 해체되지 않고 자율적 통합을 유지하는 한, 살아 있는 존재는 환경과의 구조적 짝결합을 수행할 수 있기 때문에 적응되어 있다(Maturana and Varela 1987). 그러므로 살아 있는 존재를 환경에 적응하게 하는 것은 자율성과 구조적 짝결합의 필연적 결과물이다. 달리 말해서, 적응의 조건이 생명의 불변자이다. 자가생성과 구조적 짝결합이 계속되는 한, 적응의 조건은 필연적으로 보존된다.

불변적 배경 조건으로서의 적응을 고려해볼 때, 살아 있는 존재의 구조적 변이들은 재생산과 발달을 통해 생겨난다. 이 변이들의 다수는 주어진 환경에서 살아남을 수 있는 개체들을 생산하고, 이 변이체들은 따라서 모두 적응되어 있다. 변이체들은 특정한 환경에서 이 환경이 변하고 있든 변하고 있지 않든 적어도 일정한 기간 동안 그들이 속하는 계통을 계속 유지할 수 있다. 다른 구조적 변이들은 변화하고 있는 환경 속에 있는 한 개체군의 다양성에 기여하는 상이한 기회를 갖는 계통을 생겨나게 한다. 우리는 이 차이를 회고적으로 본다. 즉, 소멸하는 계통들이 있으며, 이 계통들의 소멸이 우리에게 드러내 보이는 것은 구조적 배열형태 때문에 그들은 연속성을 위해 요구되는 적응의 조건(자가생성적 조직화와 구조적 짝결합)을 보존할 수 없게 되었다는 점이다. 자가생성 및 환경과의 구조적 짝결합을 통한 적응의 보존에 초점을 맞춘 이 진화관은 **창출행위적 진화***enactive evolution*라고 불릴 수 있다.[19]

이 관점에 따르면, 살아 있는 모든 존재는 그들이 살아 있는 한 적응되어 있다. 재생산적 성공—적합성의 척도—은 고립된 형질들에 의해서가 아니라 생애주기 전체에 의해서 결정된다. 그렇기 때문에 효율 값efficiency values을 형질들로 돌리는 것은 우리를 오도한다.

적응주의적 생물학자들이라면 이에 동의하지 않을 것이다. 예를 들면 도킨스는 누적적 선택의 결과로 또 경합하는 계통들 사이의 진화적 '군비경쟁'의 결과로 살아 있는 존재들은 진화적 단기간 동안 종종 그들의 적소에 더 잘 설계되거나 적응되게 된다고 생각한다(Dawkins 1986, pp. 178-181).

하지만 적응적 과정에 대한 이런 제한된 사상조차도 문제들을 안고 있다. 첫째, 진화적 '군비경쟁' 개념은 인간사의 영역으로부터 취해지고, 생명의 역사에 등장한 어떤 종들 사이의 상호작용에 투사된 의심스러운 은유일 뿐이다. 이는 전적으로 관찰자 상관적 기술이다. 둘째, 진화생물학에서는 유기체와 환경 사이에 적응돼 있음의 일반적인 가변적 속성 혹은 '적합'의 정도가 확인되거나 엄밀하게 정의된 적이 없다. 확실히 적합성에 대한 다양한 기술적technical 정의가 있지만, 정의들 간에는 의미심장한 차이가 있고, 서로 다른 이론적 문맥에서 사용된다. 이 정의들은 적응돼 있음의 어떠한 변수도 지시하지 않는다(Stearns 1982, 1986을 보라).

창출행위적 진화의 사상은 다음과 같은 네 가지 논점에서 더 온전하게 설명될 수 있다.

1. 진화의 단위는 어떠한 수준(유전체, 세포 계통, 개체, 사회집단 등등)에서든 (주위세계에 감입된, 전파 단위라는 가장 넓은 의미에서) 발달적 체계이다.

2. 발달적 체계는 자기조직화하는 배열형태의 풍부한 저장목록을 보여주는, 생태학적으로 감입된 자율적 네트워크들로 이루어져 있다.

3. 이런 네트워크들은 설계의 최적성이나 환경에 적합되어 있음에 의거해서가 아니라, 예측 불가능하거나 특정화되지 않은 환경에도 불구하고 살아가는 독자생존 가능성에 의거해서 분석 가능하다.

4. 환경과의 재생산적인 구조적 쌍결합을 통해서 이 네트워크들은 유전된 변이의 차등적 보유라는 의미에서 선택을 생성하게 한다.

첫 번째 논점은 진화의 선택 단위들에 관한 논쟁에서 다원주의자가 취하는 입장을 함의하고 있다. 발달적 체계의 많은 내포된nested 단위들은 병렬적으로 작동한다. 이 단위들은 유전된 변이의 차등적 전파와 보유를 통해 진화하고, '경쟁적'이고 '협동적'인 복잡한 상호작용을 겪는다. 이 내포된 단위들은 생태학적으로 감입된 유전자, 유기체, 사회집단을 포함한다(Sober and Wilson 1998을 보라).

둘째, 발달적 체계의 고유한 부분들은 전형적인 적응주의적 의미—사실 이 의미는 잘 정의된 적이 없다—의 '형질들'이 아니라 자율적 네트워크들이다. 우리가 보았듯이, 자율적 네트워크는 입력-출력의 정보 흐름과 외적 제어에 의해서가 아니라 조직성 폐쇄와 작동성 폐쇄에 의해 정의되는 네트워크이다. 전형적인 예는 자가생성적 세포이고, 다른 예는 발달하는 유기체의 유전체적 조절 네트워크, 형태생성적 장,[20] 면역 네트워크, 신경 집단이다.

셋째, 기능하는 자율적 네트워크는 예측 불가능하거나 특정화되지 않은 환경에도 불구하고 독자생존할 수 있는 능력을 부여받는다. 독자생존 가능성의 개념 배후의 기본적 사상은 체계의 행동이 유일무이한 최적의 궤적에 의해서가 아니라, 일단의 가능한 궤적들에 의해 정의된다는 것이다. 체계의 과제는 최적의 적합성의 요구에 의해 결정된 정확한 궤적을 따르는 것이 아니라, 독자생존 가능성의 지대 내에 머무는 것이다—그렇지 않으면 체계는 해체된다—(Varela and Bourgine 1991을 보라). 적합성 개념에 비해서 독자생존 가능성 개념은 이른바 만족화 모형satisficing model과 연결될 수 있다. 만족화*satisficing*란 용어는, 차선이지만 당면과제를 위해서는 충분히 훌륭한 해결책을 취하는 과정을 기술하기 위해 허버트 사이몬Herbert Simon(1955)이 도입한 용어이다. 스턴스는 진화이론에서 만족화 모형이 적합도 모형에 적용될 수 있다는 것을 다음과 같이 기술한다.

> 진화적 맥락에서 좋은 것the good은 어떤 적합성 정의에 의해 주어지고, 모형화 양식은 무엇이 이 정의를 처리하는지를 결정한다. 만족화 모형에서 최적의 것을 탐색하는 일은 중지 규칙stopping rule을 탐색하는 일, 즉 언제 충분히 좋은 대안이 발견되었는지를 말하는 방식을 탐색하는 일로 대체된다. 그러한 모형은 공약 불가능한 차원들이 있는 몇 적합성

척도를 수용할 수 있는데, 왜냐하면 중지 규칙은 모든 차원들을 따라 충분히 좋은 해결책이 발견되었을 때 탐색이 중지된다는 것을 명시하기 때문이다. 만약 우리가 이 견해를 채택한다면, 실제 과제는 유기체가 무엇을 '충분히 좋은 것'으로 간주하는지를 알아내는 것이 된다. (Stearns 1982, p. 13)

이렇게 최적성에서 독자생존 가능성으로 전환하면, 자연선택은 독립적 환경의 힘들이 이룩하는 일종의 '외적 조종장치'와 더 이상 유사하지 않게 된다. 오히려 자연선택은 지속을 위해 충분히 좋다면(충분히 온전하다면) 어떠한 구조도 허용하는 '거친 여과기'와 비슷한 것이 된다.[21] 달리 말하면, 유기체의 많은 형태학적이고 생리학적인 특성들은 변화하는 환경에서 이루어지는 생존과 재생산의 요구에 의해 결정되지만 무척 불충분하게 결정되는 것으로 보인다. 그러한 특성들에 있는 변이가 "선택에 의해 '고지'될 때, 선택의 초점은 형질 그 자체가 아니라 유기체 전체이고, 궁극적으로 유기체의 생의 역사를 통해서이다"(Wake, Roth, and Wake 1983, p. 220; 또한 Stearns 1992를 보라).

그렇지만 나는 여기에서 더 나아가 자연선택이 독자생존 가능성에 대한 독립적인 여과기나 제약으로서가 아니라 자율적 체계와 환경 사이의 구조적 쌍결합의 창발적 결과로서 이해되어야 한다고 촉구하고 싶다. 이 쟁점은 우리를 창출행위적 진화에 관한 네 번째 논점, 즉 재생산적인 자율적 체계와 환경 사이의 구조적 쌍결합 혹은 상호작용적 춤이 자연선택을 발생시킨다는 논점으로 이끈다. 이 말로 나는 자연선택은 환경과 구조적 쌍결합에 있는 자율적 네트워크 그 자체들이 이룩하는 독자생존 가능한 궤적의 '만족화'에서 결과한다는 것을 의미한다. 핵심 논점은 자연선택은 독립적 환경으로부터 네트워크에 가해지는 외적 힘이나 제약이 아니라, 네트워크와 주변 환경 간에 행해지는 공동결정의 역사의 산물이라는 것이다.

선택에 대한 이러한 이해방식을 고려할 때, 자연선택이라는 바로 그 용어는 수동적 객체들에 작용하는 외적 힘의 사상과 너무나 쉽게 연합하기 때문에 바람직하지 않다는 점이 주장될지도 모른다. 굿윈이 제안하듯이, 아마도 우리는 "자연선택이라는 용어를 동역학적 안정화*dynamic stabilization*, 곧 동역학적 체계 내의 안정된 상태들의 창발로 대체해야만 할 것이다. 이는 자연선택이 함의하는 것을 두고 생기는 어떤 혼란을 피할 수 있을지도 모른다"(Goodwin 1994, p. 53). 나는 이 권유에 어떤 공감을 갖고 있다는 것을 인정하지만, 이 용어를 내버린다면 역효과가 생길 수 있다고 생각한다. 다른 전략은 이 용어를 사용하되 창출행위적 체재 내에서 이를 다시 자리 잡게 하는 것이다. 자연선택 개념이 다윈 시대 이래로 생물학적 지식의 증가와 함께 끊임없이 수정되고 확장되었다는 점을 기억할 가치가 있다. 베버와 드퓨가 발언하듯이, "다윈주의의 연구 전통의 견고한 핵심은 자연선택 개념이지만, 자연선택 그 자체는 시간이 흘러감에 따라 대부분 동역학에 관한 변화하는 사상들로부터 유래하는 용어들로 다르게 이해되어 왔다"(Weber and Depew 1996, p. 33; Weber and Depew 1995도 보라).

그렇지만 이 발언은 또 다른 의문을 낳는다. 우리는 어떻게 다윈주의의 전통 모두와 관련해서 자기조직화와 생물학적 자율성을 강조하는 이론들을 이해해야 하는가? 창출행위적 진화의 사상은 다윈주의의 전통과 연속선상에 있는가, 아니면 후기 다윈주의에 속하는가? 이 물음들은 오늘날의 생물학이 제공하는 지구상의 생명에 관한 상이한 시각의 핵심으로 향해 가며, 이 물음들을 다루는 것이 이 장과 2부를 마무리 짓기에 적합할 것이다.

걸으면서 길을 내기: 필연성과 우발성 사이

「자연선택과 자기조직화Natural Selection and Self-Organization」라는 논문에서 베버와 드퓨는 생물학과 복잡체계 과학에서 현재 활발하게 논쟁 중인 중심적 쟁점을 확실하게 지적했다.

> 만약 자연선택이 인정된 방식들로 계속해서 이해된다면, 그것은 필연적으로 가능성과 자기조직화와 겨루는 것으로 간주될 것이다. 결과적으로, 새로운 동역학은 다윈주의 전통에 있어서 다가오는 위기를 예고하는 것으로, 또 진화이론에 있어서 다윈주의의 역사적 라이벌에게, 특히 조프루아 생틸레르까지 거슬러 올라가는 여전히 생기적인 '형식의 법칙' 전통에게 새로운 무기를 제공하는 것으로 간주될 수도 있다. … 만약에 다른 한편으로 다윈주의와 동역학 간의 생기적이고 생기화하는 연관이 항상 존재해 왔다는 것을 인정한다면, 우리는 자연선택이 가능성과 자기조직화와 겨루는 것이 아니라, 세 가지 모든 요소들을 포함하는 과정의 일부이고, 그 자체가 다른 것들과의 작용으로부터 진화해 온 현상이라는 점을 더욱 쉽게 알게 될 수도 있다. 이 경우 복잡 동역학은 다윈주의 전통의 종말을 예고하는 것이 아니라, 동역학이 과거에 해 온 것만큼이나 다윈주의의 계속되는 발전을 위해 생기적 근원을 제공해주게 될 것이다. (Weber and Depew 1996, p. 34)

현재의 생물학과 과학철학은 이 쟁점에 관한 일련의 견해들을 제시하고 있다. 한쪽 끝에는 브라이언 굿윈(1994), 게리 웹스터(Webster and Goodwin 1996), 매완 호와 피터 손더스(1984), 그리고 때로 스튜어트 카우프만(Burian and Richardson 1996을 보라) 같은 과정구조주의자들이 서 있다. 이 그룹은 에티엔 조프루아 생틸레르와 다시 톰슨D'Arcy Thompson의 전통에서 보편적 '형식의 법칙' 혹은 발생적 질서의 원리가 자연선택과 역사적 계통들보다 생물학적 구조를 이해하기 위한 더 훌륭한 토대를 제공한다고 주장한다 (Lambert and Hughes 1988을 보라). 다른 쪽 끝에는 존 메이나드 스미스(1993), 리처드 도킨스(1986), 다니엘 데닛(1995a)과 같은 기능주의자들과 적응주의자들이 있다. 생물학적 체계들을 연구하는 최선의 방법(데닛에 따르면 피할 수 없는 방법)은 좋은 설계(복잡한 적응)를 찾는 것이고, 좋은 설계에 대한 유일한 설명은, 비록 선택이 구조주의자들이 '형태공간morphospace'에서의 '형태의 법칙'으로 보는 것과 상응하는, '설계 공간'에서의 '강요된 조치'에 의해 크게 제약된다는 것이 판명된다 하더라도(Denett 1995a), 자연선택이라고 주장한다. 이 두 극단 사이에 중간에 있는 일련의 견해들이 있다. 예를 들면 스티븐 제이 굴드는 자연선택 외에 유전적 표류, 발달적 제약들, 대량멸종들을 포함하는 선택의 단위들 및 진화의 원인들에 관해 다원주의를 주창했다. 그는 또한 진화의 역사적 우발성의 역할을, 그렇기 때문에 역사적-서사적 형태의 설명이 필요함을 특별히 강조했다(Gould 1989). 다른 방식으로 카우프만(1993), 베버와 드퓨(1995), 윔사트(1985)는 진화적 설명에서 자기조직화, 우연성, 자연선택을 종합하거나 결합하려고 시도한다.

이 관점들 중 창출행위적 진화의 사상과 가장 상충하는 관점은 데넷이 말하듯이 "생물학은 공학이다"라는 기능주의적 견해이다. 이 말로 그는 유기체들은 일종의 설계된 존재물 — 그는 이 존재물을 '자연적 인공물'이라고 부른다 — 이고 '분해공학reverse engineering'에 의해 설명될 수 있다는 것을 의미한다. 이 전략을 통해서 우리는 한 구조가 현존하기 위한 충분한 이유가 있다고 가정함으로써 이 구조를 설명하고, 그런 다음 그런 가정을 고려해서 이 구조의 기능을 연역해내려고 한다. 우리는 이런 방식으로 유기체를 인공물로 해석하는 것을 선택할 수 있고, 다양한 상황에서 그렇게 하는 것이 유용할 수 있다.[22] 그러나 자연적 인공물이라는 이 유기체 개념은 설명적이고 발견적인 범주이지 존재론적 범주는 아니라는 점을 기억하지 않으면 안 된다. 더욱이 발견적 범주로서 이는 유기체를 타율적이고 분해가능한 체계로 다루는 것과 다를 바 없다. 그러므로 이것은 자율성 관점으로 균형을 이루도록 할 필요가 있다.

유기체를 자연적 인공물로 해석하는 것은 다윈이 빠져 있던 영국 전통의 자연신학에서 유래한다(Ruse 1996을 보라). 이 전통의 중심적 주장 — 설계에 의거하는 주장the Argument from Design — 에 의하면, 땅에서 우연히 발견된 시계와 같은, 우연히 발견된 잘 조직된 존재물이 임의로운 형성의 산물보다 더 지성적 설계의 산물인 것처럼, 살아 있는 존재들은 임의로운 형성보다 더 지성적 설계자(즉 신)의 산물인 것 같다는 것이다.[23] 다윈은 오늘날 도킨스(1986)와 데넷(1995a, p. 68)이 그러하듯이 유기체와 설계된 존재물 곧 인공물 사이에는 깊은 유사성이 있다는 주장의 핵심 가정을 받아들였다. 다윈의 위대한 기여는 설계는 지성적 설계자 없이 자연선택의 결과로 생겨날 수 있다는 견해를 내놓음으로써 설계에 의거하는 주장과 결별하는 것이었다. 그러나 칸트로 거슬러 올라가는 대륙의 구조주의적 전통은 유기체의 자율성이 무대의 중심을 차지하는 더 정교한 설계관을 갖고 있었다. 영국 전통의 자연신학에서는 유기체의 자율성이 인정되지 않게 된다. 즉, 유기체는 부분들이 호혜적으로 서로의 형식의 원인과 결과가 되지 않고, 기능과 목적이 그것 바깥에 사용자에 있는 존재물인 시계에 비유된다. 따라서 설계에 의거하는 주장은 그 목적성이 완전히 외재적인 타율적 체계로 유기체를 이해하는 것을 전제한다.

그러나 칸트는, 우리가 이전 장에서 보았듯이, 살아 있는 존재들은 목적성이 이에 맞게 내재적인 자기조직화하는 존재들이기 때문에 설계된 존재물들과 근본적으로 상이하다는 점을 분명하게 인식했다. 윌리엄 페일리는 『자연신학*Natural Theology*』(Paley 1996)에서 유기체가 시계와 유사하다는 주장을 세운 데 반해, 칸트는 유기체는 시계 혹은 다른 어떠한 기계적 존재물과도 같지 않다고 이미 진술했었다. 기계적 존재물에서 부분들은 서로 간에 작동할 때의 외적 조건들이고, 기계 전체의 원인은 기계 바깥에 설계자에 있다. 그러나 유기체에서 부분들은 서로를 수단으로 삼아 존재하고, 유기체 전체의 원인은 체계 그 자체 내에 있다. 칸트가 결국 지성적 설계의 이론을 위해 그 자신의 논거를 개진했다는 것은 사실이다. 유기체의 자연적 목적론을 설명하기 위해 그가 마음속에 그릴 수 있었던 유일한 선택은 (모든 물질은 본질적으로 살아 있다는) 그가 불합리하다고 생각했던 '물활론', 그리고 유기체를 '자연적 목적'으로서 설계에 의거해서 창조하는 지성적 존재Intelligent Being를 상정하는 유신론이었다. 여기서 강조되어야 할 것은 칸트가 아마도 최초로 살아 있는 존재들에 고유한 자율적 조직화를 인식하고 정립했다는 점이다. 이 인식은 생물학의 구조주의와 합리적 형태론 Rational Morphology의 대륙 전통으로 넘어갔지만, 다윈에 의해 계승되고 변혁된 기능주의적 전통에서는 한 번도 적절하게 파악된 적이 없었다.

따라서 생물학은 공학에 불과하다는 주장에 반대하는 창출행위적 태도는 자율성 관점을 필요로 한다는 면에서 구조주의적 전통과 일치한다. (그러나 창출행위적 접근법은 구조주의가 역사적인 '진화의 경로'보다 비역사적인 '형태의 법칙'에 특권을 주는 것에 대해서는 동의하지 않는다.) 유기체는 분해공학 태도의 견지에서 해석될 수 있다는 주장에서 유기체는 설계의 인공물이라는 주장으로 이동하는 것은, 발견적인 혹은 해석적인 특정한 체재를 현상들 그 자체와 혼동하는 것이다.[24] 이 현상들은 또한 자율성 관점을 요구한다.

당면한 쟁점은 자기조직화의 생성적 원리와 관련해서 자연선택을 어떻게 이해해야 하느냐 하는 것이다. 많은 적응주의자들, 이른바 극단적 다윈주의자들이라면 자연선택을 '알고리즘의 과정'으로 보는 데넷의 기술을 지지할 것이다. 알고리즘은 어떤 결과를 산출하기 위해 보장되는, 마음이 없고 형식적으로 정의되는 단계식 절차로 생각되고 있다. 알고리즘의 확정적 속성들 중 하나는 물질적 기질基質의 인과적 힘들이 알고리즘의 단계들을 미리 정해진 대로 정확하게 진행되게 할 수 있는 한, 어떠한 물질적 기질基質에서도 시행될 수 있다는 점이다. 만약 자연선택이 이런 의미에서 알고리즘의 성격을 띤다면, 이 자연선택은 시행에서 독립해 있는 것이 된다. 복제, 변이, 차등적 생존이 현존하는 한, 어떠한 것도 자연선택에 의해 진화할 수 있다. 그렇다면 다윈의 '위험한 생각'—소중히 간직해 온 믿음들을 뒤집어엎기 때문에 위험하다고 하는 것이다—은 자연선택은 마음 없이도 설계를 일으키는 알고리즘 과정이라는 바로 이 생각이 될 것이다. 혹은 데넷의 다른 표현을 써서 말해본다면, 다윈의 위험한 생각은 먹을 것을 담는 단지를 포함해서 모든 것을 먹어 치우는 유년기 공상의 '보편적 산unversal acid'과 같은 것이 될 것이다. 그래서 또한 자연선택을 알고리즘으로 보는 원리는 생물학에서 빠져 나와 아래로 위로 퍼져나가, 아래로는 생명의 기원 또 심지어는 우주를 설명하겠다고, 또 위로는 인간의 의식, 문화, 윤리를 설명하겠다고 협박하게 될 것이다.

자연선택의 그런 부풀려진 개념의 문제는 (마르크스주의와 프로이트주의의 한때 인기 있고 마찬가지로 부풀려진 버전과 같이 다윈주의를 일종의 세속적 종교 대용품으로 전환하는 문제 말고도) 이 개념이 자연선택에 대한 충분한 자연주의적 설명을 제공할 수 없게 된다는 점이다. 즉, 이 개념은 "자연선택의 창발은 더 기본적인 동역학적 과정들과 열역학적 과정들의 예상된 산물인데도, 자연선택을 하나의 자연적 현상 그 자체로 설명하지 못하게 한다. (Weber and Depew 1996, p. 57).

창출행위적 관점에 따르면, 자연선택은 자가생성의 창발적 결과이지 자가생성의 원인이 아니다. 이 논점은 논리적이자 역사적이다. 자연선택은 재생산을 요구하지만, 재생산은 자가생성적 통일체들을 전제한다. 그렇기 때문에 자가생성은 논리적으로 자연선택에 선행한다. 폰타나, 와그너, 버스는 간결하게 또 강력하게 이 사상을 표현하고 있다.

> 다윈은 진화를 기본적으로 힘에 상당하는 것 곧 '자연선택'의 결과로 상정했다. 자연선택은 운동역학kinetics에 관한 진술이다. 즉, 한 개체군에서 다른 변이체보다 더 잘 생존할 수 있고 번식할 수 있는 유기체의 변이체들은 축적될 것이다. 만약 진행 중인 변이가 있고 또 변이가 (적어도 부분적으로) 유전 가능하다면, 선택 운동역학의 연속적 작동은 살아 있는 조직들의 변성을 가져올 것이다. 그러나 사람들은 조직이 최초에 어떻게 생겨나는지 이해하고 싶어 한다. 다윈의 이론은 이 물음에 답하려고 의도되어 있지 않다. 실로 이 점은 이 이론의 형식적 구조를 조사해보면 분명하다. 신다윈주의는 돌연변이, 선택, 부동浮動에 의해 결정되는, 개체군 내의 대립형질 유전자들의 동역학에 관한 것이다. 대립형질 유전자, 개체, 개체

군의 동역학에 기반하는 이론은 이 존재물들의 선행하는 존재를 필연적으로 가정하지 않으면 안 된다. 선택은 선택해야 할 존재물들이 있고 나서야 비로소 시작될 수 있다. 선택은 생성적 힘을 지니지 않는다. 선택은 단지 '부적합한 것'을 없애서 진화 과정의 운동역학적 측면을 확인할 따름이다. 진화의 원리 문제는 자연선택의 과정이 기초하는 조직들이 어떻게 생겨나는지를 이해하기 위한, 또 돌연변이가 어떻게 조직적 새로움, 즉 표현형적 새로움을 생겨나게 할 수 있는지를 이해하기 위한 건립*construction*의 문제이다. 이 문제를 해결하고자 할 때 우리는 필연적 조직들의 특질과 우연적 조직들의 특질을 구분하게 될 것이다. 그러한 노력은 조직이론을 필요로 한다. 그렇지만 조직이론이 결여해 있다. 조직 연구를 위한 개념적 체재의 필요성은 개체발생과 계통발생의 해결되지 않은 문제들의 한가운데에 있다. (Fontana, Wagner, and Buss 1994, p. 212)

생물학은 (폰타나, 와그너, 버스가 그들 자신의 프로젝트의 선구자로 인정하는) 자가생성 이론의 형식 속에, 그리고 카우프만(1995, 2000)이나 로젠(1991, 2000)과 같은 다른 관련 있는 생물학적 조직의 이론 속에 시초를 가지고 있을 수 있다. 어느 경우든 논점은 자연선택은 자가생성적 조직을 전제하지 않으면 안 되기 때문에 (극단적 다윈주의자가 가정하듯이) 최소의 자가생성적 형식의 생명을 설명하기 위해 아래로 퍼져나갈 수 없다는 것이다.

극단적 다윈주의자라면 동의하지 않을 것이다. 만약 그들이 진술하듯이 자연선택이 알고리즘 과정이라면 자연선택은 시행에서 독립해 있는 것이 되고, 이렇게 해서 화학적 수준으로 향하는 단계로 떨어질 수 있다. 그 결과는 세포의 자가생성적 조직이 한 개체군의 복제분자들에 작동하는 자연선택의 결과로서 설명될 수 있을지도 모른다는 것이다. 하지만 문제는 기질基質이 알고리즘의 의미에서 중립적이라는 것은 전혀 명백하지 않다는 점이다. 달리 말해서, '선택'이 재생산하는 유기체의 생물학적 수준과 분자적 복제의 화학적 수준에 적용될 수 있는 하나의 일의적인 의미를 지닌다는 것이 분명하지 않다는 점이다. 생물학적 수준에서 하는 선택은 재생산적으로 적합한 것의 선택이다. 화학적 수준에서 하는 선택은 에너지적으로 효율적인 것의 선택이다. 마찬가지로, 생물학적 수준의 종과 개체군 개념은 시간과 공간 속에서 계통학적으로 관련된 개체를 지시하는 반면, 화학적 수준의 종과 개체군 개념은 분자 구조의 유형들을 지시한다.

분자는 자가생성적 의미의 개체가 아니다. 실로 분자는 전혀 개체가 아니라 통계학적 집적물 혹은 집합물이다. 플라이샤커는 "분자들은 세포들이 그렇듯 서로 '관련을 맺고' 있지 않고, 또 그렇게 할 수도 없다. 세포들은 물리적 존재물들인 반면, 분자들은 통계학적 '개체들'이고 계통학적 개체들이 아니다. 분자들은 계통을 지니지 않기 때문에 그들의 물질을 재분배하지 않고, 그들 자체를 재생산하지 않으며, 유전적 특성들을 지니지 않는다. … 만약 이 용어들을 사용할 때 주의하거나 자각하지 않는다면, 우리는 다윈주의의 (세포적, 재생산적) 개념들을 이 개념들이 아무 의미를 가질 수 없는 비다윈주의의 (분자적, 복제적) 영역으로 슬며시 가지고 가는 것이다."라고 적고 있다(Fleischaker 1994, p. 41).

이것은 자연선택과 관련해서 자가생성의 우위성을 보여주는 역사적 지점으로 우리를 데리고 간다. 내가 마음에 두고 있는 역사적 현상은 지구상에 있었던 생명의 기원이다. 자가생성적 세포의 창발은 생명의 기원에 있어서 중심적 사건이다. 자가생성적 세포의 창발은 기본적 자율성으로 이행한다는 것을, 따라서 비생명에서 생명으로 이행한다는 것을 나타낸다. 재생산적으로 적합한 것을 선택한다는 다윈주의적 의미의 자연선택은 이 이행 전에는 존재하지 않는다. 일단 자가생성적 체계의 계통에 있는 재생산과 유전 가능한 변이가 활동하기 시작하면, 자연선택이 분명히 나타난다. 베버와 드퓨는 (비록 자가생성의 면에서 구체적으로는 아니지만) 이 논점의 기본적 논리를 분명하게 제시하고 있다.

이른바 자연선택의 현상이 정의상 존재하지 않는 세계에서 생명이 비롯된다는 것을 우리는 너무나 쉽게 잊는다. 왜냐하면 우리가 지금 이해하는 바의 자연선택은 살아 있는 것으로 정의되는 체계에만 귀속될 수 있는 복제적 변이와 이행적 능력을 요구하기 때문이다. 따라서 문제가 '부트스트래핑bootstrapping'[3]의 하나로 이해될 때 이는 무언가 잘못되어 왔다는 신호이다. 이는 정보를 보유하는 원시적 고분자들이 그들의 충실도가 지금 의존하고 있지만 기원이 의문시되는 바로 그 과정의 산물인 복잡한 촉매 효소에 의지하지 않고서 더 많은 복제충실도replicative fidelity를 획득하는 길을 모색하는 것이다. … 우리는 생명의 창발로 이끈 과정이 선택 과정이었다는 점을 의심하지 않는다. 하지만 자기조직화와 산일의 물리적 명령은, 살아 있는 체계의 창발로 이끄는 특정한 종류의 선택 과정이 최초에는 재생산적으로 적합한 선택(생물학적 선택)이 아니라 안정적인 것의 선택(물리적 선택)과 효율적인 것의 선택(화학적 선택)이었기를 요구한다. 올바르게 제기된다면, 생명의 기원 문제는 자연선택의 현상이 더 기본적인 이 선택의 형식들에서 창발한다는 것을 관찰하는 것이다. 이 관점에서 보면, 원시적인 원세포적 체계를 생명으로 이끄는 동역학의 장소로서 보거나, 혹은 '복제자가 최초'라는 전략을 두고 단백질과 복제하는 핵산 간의 공진화에 찬동하는 것이 더 유익할 수도 있다. 그러한 장소에서 얻는 선택의 더 기본적 형식은 자기조직화의 경향, 열린 체계와 산일적 구조의 성향에 의해 확률론적 사건을 증폭하는 것과 분리될 수 없다. (Weber and Depew 1996, pp. 51-52)

물리적이고 화학적 선택에 대해 말하기보다 나는 어떤 일정한 종류의 동역학적 안정화—경계가 있는 생화학적 체계 속의 안정적 자기생산하는

3) 최초의 몇 개의 명령으로 모든 명령을 순차적으로 입력 장치에서 컴퓨터 내로 가져올 수 있도록 하는 방법.

과정의 창발—가 자연선택의 전제조건이라고 말하기를 더 좋아한다. 이런 전제조건이 있고 난 후에 자연선택은 재생산하는 자가생성적 체계들—이 체계들은 생애주기를 재건립하고 전파하는 데 필요한 발달적 자원들을 다양화하고 전달하는 능력을 획득한 것이다—의 창발적 결과로서 활동하기 시작한다. 이렇게 이해된 자연선택은 자가생성에서 창발하는 과정이고, 따라서 생물학의 홈 베이스를 벗어날 수 있는, 기질 중립적이거나 시행에서 독립적인 알고리즘 과정으로 이해될 수 없는 것이다.

내가 제안하는 견해에 따르면, 자기조직화와 자연선택은 상반되는 것이 아니라 실제로는 단일한 창출행위적 진화과정의 서로 엮여져 있는 두 측면들이다. 유사한 사상이 최근에 특히 스튜어트 카우프만(1993, 1995)에 의해 개진되어 왔다. 이 사상에 대한 그의 표현은 그의 견해가 해석을 입은 결과 서로 다른 형태를 취하고 있다. 어떤 때 그는 과정구조주의를 좇아 자기조직화를 통한 일반적인 안정적 상태의 창발을 강조한다. 어떤 때 그는 자기조직화를 안정적 배경 혹은 귀무가설歸無假說/null hypothesis4)로, 이에 반해 선택은 측정될 수 있는 것으로 취급한다. 어떤 때 그는 자연선택을 자기조직화에 대한 제약—자기조직화가 생산하는 것에 대한 거친 여과기—으로 본다. 어떤 때 그는 자기조직화를 선택의 힘에 대한 제약으로 본다.

이 오락가락함은 발달적 체계 이론의 표적이 되는 것과 동일한 종류의 이분법적 생각에서 유래하는 것으로 보인다. 자기조직화와 자연선택은 내부와 외부로서 이분법적으로 이해되고, 결과적으로 제약의 개념은 내부로부터 혹은 외부로부터 부과되는 독립적으로 존재하는 요소로 물신화된다(Oyama 1992a를 보라). 이 교착상태에서 벗어나는 첫 번째 단계는 제약으로 간주되는 것이 한쪽의 설명적 준거틀에 상대적임을 기억하는 것이다.[25] 다음 단계는 자기조직화와 자연선택을 서로에 대하여 호혜적으로 과정과 산물이 되도록 재개념화하는 것이다. (여기서 취하는 조치는 발달적 체계

---

4) 설정한 가설이 진실일 확률이 극히 적어 처음부터 버릴 것이 예상되는 가설.

이론에서 천성과 양육을 과정과 산물로서 재개념화하는 것과 유사하다.) 이렇게 해서 자기조직화와 선택은 유기체와 환경이 공동결정하는 단일한 진화과정의 서로 엮여진 두 측면이 된다. 이러한 종류의 서로 엮여짐은 카우프만의 공진화 모형에 분명히 나타나 있다. 이 공진화 모형에서 개체군들 사이의 상호작용이 쌍결합된 적합도 풍경들에 의해서 모형화된다. 이 풍경들에서 개체군은 그들 자신의 환경뿐만 아니라 서로의 환경까지도 변화시킨다.

일단 이 단계가 채택되면, 자기조직화의 필연성을 역사의 우발성에 대립시키는 일이 아무 의미가 성립하지 않는다는 것은 분명하다. 조직의 필연적 원리들이 존재하지만, 그들이 실현되거나 신체화되는 특정한 방식은 역사를 통해 접하게 되는 진화적이고 발달적인 경로에 있어서 항상 우발적이다.

물론 실증적 문제로서, 지구상의 생명의 역사에서 이루어지는 필연성과 우발성의 상호작용은 분명하지 않다. 굴드는 그의 저서 『놀라운 생명 *Wonderful Life*』에서 진화는 대체로 우발성의 문제라고 주장했다. 그는 진화가 일반적으로 결과를 예측할 수 없는 특정한 선행사건들에 의존한다는 것을 의미한다. "진화의 '가장행렬'은 돌이켜볼 때 충분히 이해 가능하고 엄밀한 설명을 받을 수 있지만 전혀 예측 가능하지 않고 전혀 반복 가능하지 않은, 절대로 일어날 것 같지 않은 일련의 사건들이다"(Gould 1989, p. 14). 그의 저서 말미에서 우리는 우리가 속해 있는 문(門)— 척삭동물문phylum Chordata. 이 이름은 척삭notochord 곧 우리의 척수spinal chord로 진화한 경화硬化한 등 쪽 대dorsal rod에서 유래한다 — 의 존재는 진화적인 우연한 사건, '단지 역사'의 우발성"이라는 말을 듣게 된다. 그것은 최초에 기록된 척삭동물인 피카이아 그라실렌스Pikaia gracilens가 캄브리아기의 대량 멸종에서 살아남았다는 사실의 결과이다. "생명의 테이프를 버제스 시기Burgess times[화석이 브리티쉬 콜럼비아[5]의 버제스 혈암頁岩에 남아 오는 시기]로

5) 캐나다 서남부의 주.

되돌려 테이프를 재생해보라. 만약 피카이아가 이 재생에서 살아남지 않는다면, 우리는, 상어에서 울새, 오랑우탄에 이르는 우리 모두는 미래 역사에서 전멸할 것이다"(Gould 1989, p. 323).

이와는 달리, 사이먼 콘웨이 모리스는 버제스 혈암에 관한 그의 저서에서 수렴적 진화convergent evolution 때문에 "우발성은 불가피하지만 주목할 만한 것은 아니다"라고 주장한다. 그는 (날기와 같은) 동일한 형질이 서로 다른 종에서 독립적으로 진화한다고 진술한다. "우리가 관심을 갖는 것은 한 특정한 계통의 기원, 운명이나 숙명이 아니라, 가령 의식과 같은 한 특정한 속성의 창발의 개연성이다. 이 점에서 수렴의 실재는, 굴드의 은유를 사용하면, 생명의 테이프는 우리가 원하는 만큼 여러 차례 틀 수 있고, 원리상 지능은 분명히 창발하리라는 것을 시사한다. 우리의 행성에서 우리는 지능을 연체동물(문어)과 포유동물(인류)에서 본다"(Conway Morris 1998, pp. 13-14). 콘웨이 모리스는 적응주의자 관점에서 주장하고 있지만, 다른 사람들은 '테이프'는 두 차례 재생될 뿐만 아니라 여러 차례 다시 재생될 수 있다는 자기조직화하는 체계의 컴퓨터 모형의 맥락에서 유사한 주장을 펴 왔다. 따라서 폰타나와 버스(1994)는 단순한 동역학을 갖춘, 추상적 화학에 기초하는 모형을 고안해냈다. 그들은 어떤 견고한 일반적 속성들이 자가생성적인 종류의 자기유지하는 복잡한 조직과 같은 모형 세계에서 반복적으로 생겨나고, 이 속성들은 더 낮은 수준의 조직들을 성분들로서 함유하는 새로운 조직을 생산하기 위해서 위계적으로 결합될 수 있다는 것을 보여주었다.

실증적 문제로서, 생명의 역사에 등장하는 우발성과 필연성 사이의 상호작용은 일정한 기간 동안 해결되지 않은 채 남아 있을 것이다. 그러나 말할 수 있는 것은 이 둘을 대립시키는 것은 개념적으로 도움이 되지 않는다는 점이다. 우발성과 필연성은, 요나스가 아주 통찰력 있게 기술했듯이, 존재와 비존재, 자아와 타아, 자유와 필연성, 형상과 질료와 같은, 생명의 바로 그 핵심에서 발견되는 양극성 중의 또 다른 하나를 형성한다. 실로, "생명의 많은 형식들에 대한 공감적 연구"(1966, p. 2)의 관점에서 이루어진, 이 양극성에 대한 요나스의 기술은 자가생성적 생물학, 발달적 체계 이론, 이보디보, 복잡체계 이론의 과학적 관점들과 잘 정합한다. 이 관점들은 사건들이 예측 불가능한 결과를 갖고서 서로에 대해 종종 매우 우발적으로 일어난다는 점을 법칙적 필연성을 기초로 해서 기대하도록 우리를 이끈다.

창출행위적 진화의 사상은 이 필연성과 우발성의 상호작용을 전달하고자 하는 시도를 나타낸다. 다윈주의 전통과 단순히 연속적인 것도 아니고, 다윈주의로부터 급격하게 벗어나는 것도 아니면서, 이 사상은 살아 있는 존재에 고유한 자율적 자기조직화의 원리를 다윈주의 유산의 진화적 서사들 속에 새기고자 하는 시도를 나타낸다. '창출행위'는 생명선의 행위 속에서 수행 혹은 이행을 함의한다. 창출행위는 살아 있는 존재들의 이미지를 떠올리게 하는 바, 이 살아 있는 존재들은 그들 자신의 동역학을 통해서 역사적 경로를 펼쳐놓고, 그들과 구조적으로 쌍결합되어 있는 환경을 펼쳐놓는다. 창출행위적 진화는 걸으면서 길을 내는(=펼쳐놓는) 것이다.

3부

생명 속의 의식

8장 간극을 넘어서는 생명

매우 다양한 형식들에도 불구하고 생명은 지구의 자연의 역사 동안에 오직 두서넛 기본적 양식들의 존재만을 산출해 왔다. 우리가 보았듯이, 단세포적 자가생성은 생명의 최소 조직화이다. 신체를 형성하기 위해 다세포적 개체들이 협동해서 함께 결합해 있음인 다세포성은 다른 양식들의 존재를 위한 기반이다. 만약 우리가 박테리아와 원생생물을 별개의 개체들로서가 아니라 다세포적 군체를 형성하는 것으로 간주한다면, 우리는 자급자족이 어떻게 유지되고 영양분이 어떻게 조달되는지를 기초로 해서 분류되는, 기본적으로 세 가지 방식의 다세포적 유기체가 있다고 말할 수 있다. 즉, 자급자족이 빛을 먹이로 하는 형태를 취하는 식물 양식, 먹이가 다른 유기적 존재들의 주변환경에서 추출되거나 흡수되는 균류 양식, 영양분이 능동적으로 탐색되어야만 하거나 추구되어야만 하는 동물 양식이다. 따라서 동물 생명은 세계 내의 독특한 감각운동적 존재 방식이란 특징을 지닌다. 이 감각운동적 존재 방식은 자세히 말하면 운동과 지각, 정서와 느낌, 행위체

감각과 자기 감각, 한마디로 말하면 정감sentience으로 이루어져 있다.

3부의 주제는 신체적 정감에서 시작하는 의식이다. 이 책의 초반에서 나는 정감을 살아 있음의 느낌으로 기술한 바 있다. 정감적임은 신체와 세계의 현존을 느낄 수 있음을 의미한다. 정감은 살아 있는 존재의 자가생성적 동일성과 의미형성에 바탕을 두고 있지만, 이뿐 아니라 정감은 자기와 세계에 대한 느낌을 의미한다. 자연적 세계에서의 정감의 창발과 현존을 어떻게 설명해야 하는가는 오늘날 심리과학의 미해결 문제 중의 하나이다.

이 책의 남은 장에서 의식에 대한 탐구를 준비하기 위해 나는 의식과 생물학적 생명에 관한 몇몇 널리 유포된 철학적 가정을 검토함으로써 시작할 것이다. 이 검토의 주안점은, 의식과 생명에 대한 이분법적 분리는 신체적 정삼이라는 기본적 형태로 의식을 이해하는 일을 불가능하게 만든다는 점을 보여주는 것이다. 창출행위적 접근법에 따르면, 생명과 의식적 심성心性/mentality을 포함하는 마음 사이에는 깊은 연속성이 있고, 심리철학은 살아 있는 몸에 대한 현상학적 철학에 뿌리를 박고 있을 필요가 있다.

의식과 생명

오늘날 많은 심리철학자들은 의식과 순전한 생물학적 생명 사이에는 심각한 차이가 존재한다고 믿는다. 한편으로, 의식, 더 정확하게 말해 이른바 현상적 의식은 내적이고, 주관적이고, 질적이고, 내재적 속성의 어떤 심적 상태들이라고 생각되고 있다. 다른 한편으로, 생명은 외적이고, 객관적이고, 구조적이고, 기능적인 속성의 물리적 체계라고 생각되고 있다. 이 사고방식을 고려할 때, 의식 및 의식이 자연에서 놓이는 위치를 이해하고자 하는 시도는 이른바 의식의 어려운 문제hard problem of consciousness라 불리는 특별한 문제를 발생시킨다(Chalmers 1996, 2002; Nagel 1974). 개인적인 의식적 존재에 의해 내부로부터 경험되는 의식이 어떻게 외부로부터 관찰되고 이해되는, 이 존재의 자연적 생명과 관계를 맺는가? 토마스 네이글은 다음과 같이 말한다.

> 만약 경험의 사실들—경험하는 유기체에 대해서 경험이 무엇과 같은지에 관한 사실—이 오직 하나의 시점[주관적 시점]으로부터만 접근 가능하다면, 경험의 진정한 성격이 그 유기체의 물리적 작동 속에서 어떻게 드러날 수 있는지 수수께끼일 것이다. … 이 문제는 아주 특별하다. 만약 심적 과정들이 물리적 과정들이라면, 본질적으로, 어떤 물리적 과정들을 겪게 되는 것이 무엇과 같은지 할 때의 그 무언가가 존재한다. 그러한 일이 사실이라면 이것이 무엇인지는 여전히 수수께끼로 남아 있다. (1979, pp. 172, 175)

문제는 물리적 해명은 한 체계의 구조와 기능을 외부로부터 규정되는 것으로 설명하지만, 의식적 상태는 주관적 성격에 의해 내부로부터 경험되는 것으로 정의된다는 점이다. 이 차이를 감안할 때, 구조와 기능에 대한 물리적 해명은 의식을 설명하기에는 부족해 보인다. 달리 말해, 물리적 구조와 기능과 의식 사이에는 설명적 간극이 있어 보인다는 것이다(Levine 1983). 따라서 의식적 경험들이 어떻게 물리적 과정들이 될 수 있는지는 수수께끼이다.

이 사고방식에 따르면, 생물학적 생명이 물리적 구조와 기능과 관계를 맺는 방식에 관해서는 마찬가지의 '어려운 문제'는 없다. 따라서 데이비드 차머스는 다음과 같이 쓰고 있다.

> 생명의 문제에 관한 한… 설명을 필요로 하는 것은 구조와 기능이라는 점이 정말 분명하다. 살아 있는 체계는 어떻게 자기조직화하는가? 살아 있는 체계는 환경에 어떻게 적응하는가? 살아 있는 체계는 어떻게 재생산하는가? 생기주의자들조차 이 중심 논점을 인정했다. 그들의 강력한 물음

은 항상 "순전한 물리적 체계가 어떻게 이 복잡한 기능들을 수행할 수 있었는가?"이었지 "이 기능들이 왜 생명에 수반되는가?"가 아니었다. … 생명에는 뚜렷한 '어려운 문제'는 없으니, 생기주의자들에게조차 이 문제는 있었던 적이 결코 없다. (Chalmers 1997, p. 5)

여기서 제시된 생각은, 비록 구조와 기능에 대한 물리적 설명이 살아 있는 과정을 설명하기에는 개념적으로 또 논리적으로 충분하지만, 의식은 다르다는 것이다. 의식적 경험은, 비록 우리 주변의 사물들을 지각하고 우리의 마음 상태를 보고하거나 표현하는 것과 같은 다양한 인지적 기능들과 결합해 있긴 하지만, 기능적 분석에는 저항하는 것처럼 보인다. 많은 철학자들은 의식적 존재를 이루는 물리적 구조와 기능이 이 존재의 경험에 대한 주관적 성격을 설명하기에는 개념적으로 또 논리적으로 충분하지 않다고 믿고 있다. 이 철학자들은 의식적 존재와 물리적으로 동일한 체계를 생각해볼 수는 있겠지만 이 체계는 의식적 존재와는 체계적으로 다른 부류의 경험을 지니거나('전도'), 의식적 경험이 완전히 결여된 것('좀비')이라고 생각한다. 이 사고방식에 따르면, 생명과 마음 사이에 존재하는 연속성은 무엇이든 오직 마음의 기능적 속성들에 대해서만 유효하고 의식에 대해서는 그렇지 않다는 것이다. 생명과 의식의 깊은 연속성은 있지 않고, 오히려 그들 사이에는 근본적인 단절이 있다. 살아 있는 의식적 존재의 물리적 구조와 기능에 대한 완전하고 정확한 설명을 고려하면, 이 존재의 의식적 경험에 관한 것은 아무것도 논리적으로 혹은 개념적으로 따라 나오지 않는다. 차머스는 "생명과 같은 현상의 경우… 어떤 기능이 수행될 것이고, 이 기능의 수행은 생명을 설명하기 위해 우리가 설명할 필요가 있는 모든 것이라는 점을 물리적 사실들은 함의한다. 하지만 그런 대답은 의식에 대해서는 충분하지 않을 것이다."라고 쓰고 있다(1996, pp. 106-107).

이 사고방식은 의심스럽다. 정감이 복잡한 유기체의 생명 조절 과정과 밀접하게 관련돼 있다는 것은 잘 알려져 있다(Damasio 1999; Panksepp 1998b;

Parvizi and Damasio 2001). 그러므로 우리는 의식과 생명 간에 있어 보이는 처치하기 곤란한 어떠한 이분법에 대해서도 의심해야 한다. 달리 말해, 우리는 어려운 문제의 이 정식적 진술 배후에 놓여 있는 의식과 생명의 개념에 대해서 의심해야 한다.

이 지점에서 그 동안 있었던 발언을 살펴보는 것이 유용할 수 있겠다. 차머스는 생기주의자들조차도 생명의 개념이 기능적 개념이라는 점을 인정했다고 주장한다. 그렇기 때문에 생기주의에게는 생명에 관한 어려운 문제들이 없었고, 물리적 체계가 다양한 생기적 기능들(신진대사, 성장, 회복, 번식 등등)을 수행할 수 있는 방식을 이해하는 것에 관한 문제만 있었다고 말한다. 그러나 이 해석은 부정확한 것 같다. 어떤 생기주의자들은 실제로 생명에 관한 어려운 문제에 마주쳤다(Garrett, 인쇄 중). 의식적 존재의 물리적 복제물이 의식을 완전히 결여할 수 있다는 것이 이해 가능하다고 생각하는 철학자들과 마찬가지로, 이 생기론자들은 기능적으로 유기체와 구별될 수 없는, 조직화되고 움직이는 신체들이 '생기성'을 결여할 수 있다는 것이 이해 가능하다고 생각했다. 이 생기론자들은 이 조직화된 움직임들이 왜 생명에 수반되는지를 물었다. 우리는 더 이상 물질과 생명에 대한 생기주의자의 개념을 받아들이지 않기 때문에, 이 추론이 공허하다는 생각이 든다. 우리의 물질 개념은 더 이상 기계론적 운동 법칙에 의해 지배되는, 생기가 없고 미세하고 연장된 물체들의 개념이 아니고, 우리의 생명 개념은 더 이상 특수한 속성의 생기성 개념이 아니다. 어려운 문제의 표준적인 정식적 진술에서 중요한 부분을 이루는 의식과 생명 개념도 마찬가지로 부적절하다고 생각하는 것은 합리적인 것으로 보인다.

생명이 기능적으로 정의될 수 있다고 물질주의자들이 생각하는 것과 동일한 방식으로 의식이 기능적으로 정의될 수 있다는 것이 이 유비를 끌어들여서 내가 하고자 하는 말이 의미하는 것은 아니다. 이와는 반대로, 6장에서 내가 주장했듯이 표준적 물질주의자의 설명이 인식하지 못한, 생명의 내향성inwardness이 존재한다. 내가 하고자 하는 말은 오히려 의식의 문제로 나아가기 위해 우리가 어려운 문제의 표준적인 정식적 진술에 보이는 의식과 생명의 이원론적 개념을 넘어설 필요가 있다는 것이다. 특히 우리는 생명이 통상의 물질주의적 의미에서 '외적' 현상에 불과하다는 생각을 넘어설 필요가 있다. 이원론이나 물질주의의 생각과 달리, 생명 곧 살아 있는 존재는 이미 '내적'과 '외적' 사이의 간극을 넘어서 있다. 구조와 기능에 대한 순전히 외적인 시각 혹은 외부의 시각은 생명에는 부적합하다. 살아 있는 존재는 순전한 외면성*partes extra partes*이 아니라 일종의 내면성, 그 자신의 내재적 목적성의 내면성을 신체화한다. 우리가 보았듯이, 이 내면성은 외부를 특정화하는 내부의 자기생산으로 이루어지며, 이 내부는 구성적으로 또 규범적으로 이 외부와 관련돼 있다.

하이데거의 용어를 빌리면, 살아 있는 존재는 일종의 '내-존재in-being'이고, 존재함은 외적 구조와 기능의 언어로 적합하게 기술될 수 없는 실존론적 구조이다(Heidegger 1985, pp. 165-166). 이 종류의 내-존재, 자가생성적 내면성의 내-존재는 물질적 유계성有界性/boundedness의 문제가 아니다. 하이데거가 지적하듯이, 살아 있는 존재는 물이 물잔 내에 있는 것과는 완전히 다른 의미에서 세계 '내'에 있다(ibid.). 생명의 내면성은 자기성과 의미형성 작용의 내면성인 바, 의식의 내면성의 선도자이다. 살아 있는 존재는 의미significance와 유의성誘意性/valence의 특징을 갖는 주위세계를 창출한다. 외면성은 유기체와 주위세계의 양극 사이의 의미meaning와 규범성normativity의 관계에 의해 극복된다. 따라서 순전히 외적인 이해방식을 벗어나는 생명의 내향성이 존재한다. 이 내향성은 생명과 마음의 깊은 연속성의 기저를 이루고, 의식의 창발은 이 내향성의 맥락에서 이해되어야만 한다.

어려운 문제의 표준적인 정식적 진술에 보이는 의식과 생명의 이원론적 개념의 문제는 이들이 구축에 의해 서로를 배제한다는 점이다. 그렇기 때문에 의식과 생명 사이의 간극을 좁힐 방법이 없다. 의식적 경험을 외적 구조와 기능으로 환원하는 것은 의식을 사라지게 만드는 것이고(물질주의), 외적 구조와 기능을 내적 의식으로 환원하는 것은 외적 사물들을 사라지게 만드는 것이며(관념주의), 이 둘 사이에 어떤 제3의 성분을 주입하는 것은 다리를 놓을 수 없는 깊은 틈에 다리를 놓는 무망한 노력이다. 따라서 '어려운 문제'는 어렵다기보다는 불가능하다. 마음과 몸의 관계를 이해 가능하게 만드는 문제는 의식과 생명이 서로가 서로를 본질적으로 배제하는 그러한 방식으로 개념화되는 한 해결될 수 없다. 이런 이유 때문에 이 깊은 틈이 데카르트로 거슬러 올라가는, 문제가 있는 침전된 사고방식들에 기반한 철학적 구축물이라는 점을 깨닫는 것이 결정적으로 중요하다. 우리는 이 데카르트의 유산을 더 면밀히 살펴볼 필요가 있는데, 왜냐하면 이 유산은 의식의 문제에 대한 많은 현대적 논의들에서 여전히 막강한 힘으로 남아 있기 때문이다.

데카르트의 유산

데카르트는 의식을 오직 1인칭적 반성만이 접근할 수 있는 내적 경험으로 개념화하고, 또 생명을 기계적 구조와 기능으로서 개념화한 데에 대해 큰 책임이 있다. 데카르트 이전 아리스토텔레스주의 전통에서 생명과 마음은 영혼*psyche*이란 표제 하에 함께 속해 있었다. 아리스토텔레스에게 영혼은 비물질적 실체가 아니라, 가장 넓은 의미에서 영혼은 다양한 방식으로 능동적일 수 있는 유기체의 역량이다. 따라서 영혼은 인지적이거나 심적인 역량을 포함해서 생명에 속하는 모든 역량 혹은 능력을 망라한다. 빼어난 이미지를 써서 아리스토텔레스는 영혼과 신체의 관계는 시각과 눈의 관계와 같다고 말한다. "만약 눈이 살아 있는 생명체라면, 눈의 영혼은 눈의 시각일 것이다"(De Anima Ⅱ, Ⅰ, 412b 19; Mensch 1996, p. 175를 보라). 이 이해방식에서 영혼은 논리적으로 신체와 분리될 수 없다. 보는 작용이 눈이 기능하지 않고도 존재할 수 있다거나 눈이 보는 작용 없이도 제대로 기능할 수 있다고 가정하는 것이 부적합하듯이, 영혼—신체의 필수적 역량—이 살아 있는 신체 없이 존재할 수 있다거나 살아 있는 신체가 영혼 없이 존재할 수 있다고 가정하는 것은 부적합하다. 왜냐하면 아리스토텔레스에게 봄이 눈의 목표나 목적이듯이 영혼은 어떤 것이 살아 있기 위해 신체화되어야만 하는 목표들의 총체성이다. 따라서 영혼과 신체는 살아 있음의 단일한 과정의 두 측면이다. 그러나 생명이 신체화할 수 있거나 신체화해야만 하는 목표에 따라 서로 다른 종류의 영혼이 있다. 이 궁극 목표들은 자양분과 성장(영양적 혹은 식물적 영혼), 느낌과 감각작용(감각적 영혼), 자기운동과 자기지휘(의지적 영혼), 이성 및 상징들의 사용(이성적 혹은 지성적 영혼)이다.[1]

16세기 기계론적 자연철학의 발흥과 함께 자연현상을 목표지향적인 것으로 보는 아리스토텔레스의 견해는 거부되었다. 기계론적 세계관에 따르면, 자연세계에 내재하는 목표나 목적은 없으며, 자연은 운동 중인 물질을 지배하는 기계론적 법칙에 따라서만 작동할 따름이다. 살아 있다는 것은 어떤 목적을 실현하고자 분투하는 것이 아니라 기계론적 원리에 의해 지배되는 물질의 특정한 배열형태가 되어 있다는 것이다. 아리스토텔레스적 영혼 개념은 자연세계의 어떠한 것에도 적용되지 않는 허구로서 이해되게 되었다. 대신에 이제 영혼은 자연을 초월하고 의식적 사고가 본질을 이루는 이성적 마음과 동일시되었다.

데카르트는 마음과 자연, 의식과 생명을 이렇게 분리해내는 데에 핵심적 역할을 했다. 그는 의식적인 것과 살아 있는 것 사이의 전통적 연결뿐만 아니라 살아 있는 사물과 기계장치의 전통적 분리도 거부했다(Matthews 1991). 한편으로, 의식은 비물질적 마음 혹은 영혼의 속성이고, 그래서 의식적 마음 그 자체는 살아 있지 않다. 다른 한편으로, 살아 있음은 단지 기계에 불과한 인간 신체의 속성이고, 그래서 살아 있는 신체 그 자체는 의식적이지 않다. 의식과 생명은 서로 다른 본성을 지니며, 한 인간 내에서 아무리 밀접하게 통일되어 있다 할지라도, 의식과 생명은 분리되어 존재한다(데카르트의 가톨릭주의에 따르면, 이른바 죽음 후에 이런 일이 일어난다고 한다).

데카르트가 행한 의식과 생명의 분리는 감각경험과 관련해서 의식에 관한 새로운 사고방식을 가져왔다(Matthews 1991). 아리스토텔레스주의의 전통적 이해방식에 따르면, 감각작용과 지각작용은 논리적으로 신체를 필요로 한다. 즉, (1) S가 무언가를 감각하거나 지각한다는 진술은 (2) S가 감각작용 혹은 지각작용의 신체적 기관을 지닌다는 것을, 그래서 (3) S는 신체를 지닌다(혹은 신체이다)는 것을 내함한다. 그러나 데카르트는 그의 『제일철학에 관한 성찰*Meditations on First Philosophy*』의 「제2 성찰」에서 감각경험이 신체의 존재에 내함된다는 것이 더 이상 타당하지 않다는, 감각-경험*sentire*의 새로운 의미를 제안한다. 그는 그가 신체를 지니고 있는지 의심할 수 있고(그가 기만을 당하는 것일 수 있다), 따라서 그의 신체는 그의 고유한 본질에 속하지 않을지도 모른다고 쓰고 있다. 그러나 그는 그가 의식적으로 생각한다는 것을 의심할 수 없으며, 그러므로 그는 본질적으로 생각하는 사물임에 틀림없다. 하지만 생각하는 사물이란 정확히 무엇인가? 그는 생각하는 사물이란 "의심하고, 이해하고, 긍정하고, 부정하고, 의지하고 의지하지 않고, 또한 상상하고 감각지각을 지니는 사물이다"라고 진술한다(Descartes 1986, p. 19). 그렇지만 순전히 생각하는 사물이 즉 신체를 지니지 않는다고 하는 생각하는 사물이 어떻게 상상하겠으며 신체를 분명히 필요로 하는 감각지각을 지닐 수 있겠는가? 데카르트의 대답은 비록 상상함의 대상들은 그 무엇도 실재적이 아닐지라도 상상함의 힘은 그의 생각함에 속한다는 것이다. 마찬가지로, 비록 그가 감각하는 사물들은 그 무엇도 실재적이 아닐지라도, 확실하게 그가 이 사물들을 감각하는 것으로 보인다는 것이다. "확실하게 내가 보고, 듣고, 따뜻함을 느끼는 것으로 보인다*seem*. 이것은 거짓일 리 없다. '감각적 지각을 지닌다'고 불리는 것은 엄격하게 바로 이것이며, 이 제한된 의미에서 감각적 지각은 단지 생각함[혹은 의식]이다"(ibid.).

가레쓰 매튜Gareth Matthew의 설명에 따르면, 감각적 지각의 의미를 이렇게 제한한 결과 생기는 것은 "생각함에다 감각과 지각의 (말하자면) '내적 부분'을 더한 것을 포함하는 새로운 개념 곧 의식이다"(Matthew 1991, p. 68). 달리 말하면, 의식의 고유한 이해에 도달하기 위해서 "우리는 봄, 들음, 맛봄 등으로부터, 우리가 할 수 없다든가 또한 우리가 하고 있다는 것을 의심하는 그러한 것인, 보는 것, 듣는 것, 맛보는 것 등으로 보이는*seeming* 것을 (말하자면) '벗겨내지' 않으면 안 된다."(ibid.). 그러한 '보이는 것들 seemings'은 (이것들이 오늘날 불리는 바의) 지각의 내재적인 '현상적 내용들'을 제공하고, 논리적으로 한 사람의 신체(혹은 이 물질을 대신하는 자연의 다른 어떤 것)의 존재를 수반하지 않는다.

아리스토텔레스의 영혼 개념과 달리, 데카르트의 새로운 의식 개념은 생명의 개념과 근본적으로 단절되었다. 그렇지만 데카르트의 의식 개념은 또한 영혼 개념이 누락된 1인칭적인 현상학적 정향을 지니고 있었다. 아리스토텔레스는 비인칭적 입장에서만 영혼과 생명의 통일성을 인식했다. 그는 결코 신체를 내향적 관점에서 한 사람 자신의 신체로서 논하지 않았다(Patočka 1998, pp. 8-11). 그러나 데카르트는 1인칭적 출발점을 기초로 해서 의식과 생명의 분리를 수립했다. 그 자신의 자기알아차림에서 시작해서, 그는 그 자신의 경험에 주어지는 무엇이 의심할 여지없이 사실인지를 물었다. 때때로 이 1인칭적 충동이 그를 신체적 경험에 대한 반성으로 이끌었고, 특히 그가 그 자신의 사례에서 마음과 몸의 체험적 통일에 대해 설명하지 않으면 안 되었을 때 그러했다. 따라서 『제6 성찰』의 유명한 한 대문에서 데카르트는 영혼은 배의 조종사라는 은유를 거부했다.

> 내가 몸을 지니고 있다는 것, 내가 통증을 느낄 때 몸에 무언가 잘못된 것이 있다는 것, 그리고 내가 배고프거나 목마를 때 먹을 것과 마실 것이 필요하다는 것 등보다 나의 자연이 더 생생하게 나를 가르치는 것은 없다. 그러므로 나는 이 점에 어떤 진리가 있다는 것을 의심하지 말아야 한다.

자연은 또한 고통, 배고픔, 목마름 등의 감각작용에 의해 내가 단지 배 안의 선원처럼[프랑스어 판에서는 '그의 배 안의 조종사처럼'이라고 되어 있다], 나의 몸 안에 현존하는 것이 아닐 뿐만 아니라 나는 나의 몸과 매우 긴밀하게 연결돼 있고 말하자면 나의 몸과 혼합돼 있고, 이렇게 해서 나와 몸은 하나의 단위를 형성하고 있다. 만약 그렇지 않다면, 생각하는 사물에 지나지 않는 나는 몸이 다쳤을 때 통증을 느끼지 않게 될 것이고, 배 안의 물건이 부서졌을 때 선원이 시각에 의해 지각하듯이 순전히 지성에 의해서만 손상을 입게 될 것이다. (Descartes 1986, p. 56)

그렇지만 나와 나의 몸이 하나의 단위를 형성하고 있다는 부정할 수 없는 사실은 데카르트의 철학이 설명할 수 없는 바로 그것이다. 데카르트에게 몸은 단지 기계적 사물일 뿐이고, 분명 몸의 생명적 기능에 속하는 내향성 혹은 정감은 형이상학적 구분의 다른 면에, 비물질적 의식의 영역에 있다. 하지만 만약 의식적 마음과 살아 있는 몸이 전적으로 다르다면, 이것들이 각 개별적 인간 존재에서 서로 다른 통일체를 형성하고 있다는 사실은 이해 불가능하다. 특히 나의 마음이 나의 몸에 통합된다는 사실은 전적으로 우연적이거나 자의적인데, 왜냐하면 형이상학적 원리의 물질만큼이나 쉽게 나의 마음은 다른 어떤 몸과 통합될 수 있기 때문이다. 따라서 데카르트가 살아 있는 몸의 개인적 성격을 인식함에 있어서 아리스토텔레스보다 더 진전하는 데 성공할 리는 없는 것이다(Patočka 1998, pp. 9-20을 보라).

한 번 더 신체적 경험을 반성함으로써, 데카르트 이후 데카르트식의 마음과 몸, 의식과 생명의 분리에 대항한 유럽 사상의 흐름이 있었다 (Merleau-Ponty 2001을 보라). 탁월한 예는 프랑스 철학자 마리 프랑수아 피에르 멘 드 비랑Marie Francois Pierre Maine de Biran(1766-1824)인데, 그는 1794년 최초의 원고들부터 일기의 마지막 쪽까지 그가 '실존의 느낌*le sentiment de l'existence*'이라 부른 것에 대해 궁금해 마지않았다. 멘 드 비랑은 어떤 종류의 감성주의sentimentalism의 이름으로 데카르트의 탈신체화된 생각하는 자아에 이의를 제기한 것은 아니었다. 대신에 그는 개인적 '나'의 바로 그 근원을 파악하려고 했고, 이 개인적 '나'가 움직일 때 노력을 행사하는 신체적 경험에서 발견될 수 있다고 주장했다. 유명한 체코의 현상학자 얀 파토츠카Jan Patočka는 멘 드 비랑의 통찰을 이렇게 기술한다.

> 나는 가령 내 손을 움직이는, 어떤 가능성들을 지니는 노력을 원초적으로 알아차리고 있다. 나의 몸을 내가 목적적으로 조작하는 노력의 의미는 나 자신으로부터 생겨난다. 이 노력으로부터 나는 움직임이 자율적 중심으로부터 생겨나듯이 나로부터 생겨난다는 것을 즉각적으로 안다. … 우리는 노력을 행사하는, 원초적으로 능동적인 나이다.
>
> 노력은 경계를 지닌다. 무언가가 노력에 저항한다. 노력은 경계가 없는 에너지가 아니다. 노력은 신체의 효능, 신체적 효과성이다. 이 점에서 나는 오직 신체적으로만 가능하다는 것—나는 의지하고, 분투하는 나이고, 따라서 신체적인 나라는 것—이 분명하다. 이것은 상쾌, 피로, 탈진 등과 같은 다양한 양상들을 포함한다. … 나는 생물학적 유기체에서만 가능하다. 생물학적 유기체는 내가 내 스스로 무언가(즉, 동작)를 할 수 있는 순간에 실제적인 사람*person*이 된다. (Patočka 1998, p. 25)

멘 드 비랑의 '실존의 느낌'은 정감, 즉 살아 있음의 느낌을 기술하는 또 다른 방식이다. 이 개념은 탈신체화된 데카르트식 의식 개념에서 벗어나서, 노력을 행사하고 또 정동적으로 영향을 받는 원초적 경험, 즉 신체적 정감으로서의 의식을 되돌아 가리킨다.

좀비들: 현상학적 비판

정감에 주목하면 우리는 또한 데카르트의 유산의 또 다른 측면—오늘날 많은 심리철학자들에서 볼 수 있는 '좀비'에 대한 애호—의 한계를 보는 데 도움을 받을 수 있게 된다(Chalmers 1996, pp. 94-99; Moody 1994). 좀비는 의식적 인간과 꼭 같은 신체적 구조, 기능적 메커니즘, 행동은 지니지만, 어떤 의식적 경험도 지니지 않는 가공의 존재물이다. 만약 그러한 존재물이 논리적으로나 개념적으로 가능하다면, 만약 그러한 존재물이 모순이나 어떤 다른 종류의 부정합 없이 진정으로 이해 가능하다면, (그래서 주장이 계속되는 것이지만) 물리적 구조와 기능의 면에서 행해지는 유물론적 의식 분석은 올바르지 않을 리가 없다.

이 주장은 형식상 대단히 데카르트주의적이다. 데카르트는 『제일철학에 관한 성찰』에서 마음은 본질적으로 의식적 사고이고, 몸은 본질적으로 공간의 연장 혹은 점유이며, 의식적 사고는 연장과 분리되어 존재할 수 있다는 것이 완벽하게 이해 가능하다고 주장했다. 비록 데카르트가 마음과 몸은 동일하지 않다고 결론을 내렸을지라도, 그의 주장은, 네이글이 지적했듯이, 현대의 좀비 논쟁의 최초기 버전 중의 하나로 바꿔 세워질 수 있다.

> 마음이 없는 몸의 존재는 몸이 없는 마음의 존재만큼 이해 가능하다. 즉, 나는 (전형적으로 자기의식적인 행동을 포함해서) 행동의 완전한 물리적 인과관계를 갖고서 안팎으로 지금 하고 있는 것을 하는 나의 몸을 이해할 수 있지만, 내가 지금 경험하고 있는 심적 상태들이나 혹은 이 문제를 위한 다른 심적 상태들 없이 그렇게 한다. 만약 이것이 실제로 이해 가능하다면, 심적 상태들은 몸의 물리적 상태들과 구분됨에 틀림없다. (Nagel 1980, p. 205)[2]

이러한 종류의 주장과 관련해서 네이글은 계속해서 다음과 같이 말했다. "진짜 문제는 우리가 그와 같은 것을 이해했다는 것을 알 수 있느냐 하는 것이다. … 데카르트식의 주장을 물리치기 위해 제시되지 않으면 안 되는 것은, 우리가 몸이 없는 마음을 이해하고자 할 때, 혹은 그 역일 때 우리는 성공적으로 그렇게 할 수 없고 대신에 그것으로 오해하는 다른 무언가를 한다는 것이다"(1980, p. 205).

좀비 형태 속에서 데카르트식 주장은 의식과 생명의 근본적인 개념적 분리라는 극단적 사례를 제공한다. 여러분과 똑같다고 가정된 좀비 쌍둥이는 물리학적으로 또 생물학적으로 여러분과 동일하다. 좀비는 여러분과 똑같은 생물학적 유기체의 완전한 복제본이다. 그러므로 모든 구조적, 기능적, 행동적 세부사항과 관련해서 이 좀비는 꼭 여러분처럼 살아 있다*alive*. 그럼에도 불구하고 이 좀비는 전혀 살아 있음을 느끼지 않고*feel alive*, 전혀 정감적이지 않다.

이 생각은 이해 가능한 것 같아 보이지 않는다. 우리는 신체적 생명이 물리적 구조와 기능과 관련해서 의식적 인간과 동일하지만, 신체적 정감이 없고 신체적 실존과 환경에 대한 주관적 경험이 없는 살아 있는 존재, 인간 유기체를 상상하도록 요청받는다. 현상학적 용어로 말하면, 우리는 의식적 존재와 물리적으로 또 행동적으로 동일하지만 살아지는 몸*lived body*(a *Leib*)이 아닌 물리적인 살아 있는 몸*physical living body*(a *Körper*)을 상상하도록 요청받는다. 이 시나리오가 기술된 대로 엄격하게 이해 가능하다거나 상상 가능하다는 것은 거의 분명하지 않다. 이 시나리오는 주어진 의식적 주체의 실제세계의 몸의 물리적 대응물(분자에 대한 분자 복제물)이 그 자신의 몸에 대한 주관적 경험을 전혀 지니지 않는다는 것을 제외한 모든 면에서 의식적 주체의 몸과 구분될 수 없는 신체적 생명을 지녀야 한다는 것을 요구한다(Hanna and Thompson 2003).

그렇지만 우리의 물리적인 살아 있는 몸(*Körper*로서의 몸)의 지각능력과 운동능력의 많은 부분은 이 살아 있는 몸이 주관적으로 살아지는 몸(a *Leib*)이라는 사실에 의존한다는 것이 분명하다. 예를 들면 고유수용감각적proprioceptive 경험과 운동감각적kinesthetic 경험 없이는 많은 종류의 정상적 지각행위와 운동행위가 일어날 수 없다. 좀비 시나리오는 신체적 경험이 관련 행동을 구성하는 방식을 위해 혹은 방식 속에서 어떤 식으로든 필요하지 않다거나, 신체적 정감 없이도 꼭 같은 행동이 가능하다는 가정을 요구한다. 이 가정은 아주 강력하므로, 별도로 논증될 필요가 있다. 이 가정을 믿을 이유가 거의 없다. 비록 우리가 내부로부터의 신체적 경험과 외부로부터의 신체적 기능 사이의 개념적 구분을 행할 수 있기는 하지만, 그렇다고 후자가 전자 없이 존재할 수 있다는 결론은 거의 따르지 않는다.

현상학적 지각 분석과 관련해서 이 사유방식을 상술할 만한 가치가 있다. 후설의 지각 분석의 중심적 주제 중의 하나는 모든 시각적 혹은 촉각적 지각은 우리의 신체적 움직임들(손 움직임, 눈 움직임, 머리 움직임, 온몸의 움직임 등)의 감지가 동반되고, 함수적으로 연결돼 있다는 것이다(Husserl 1997). 촉각적 혹은 시각적 지각에 주어진 한 대상의 모든 측면이나 일면은 우리 신체의 운동감각적 경험과 상관관계를 맺고 있을 뿐만 아니라 이 경험에 함수적으로 연결돼 있다. 예를 들면 우리가 컴퓨터 키들을 감촉할 때 키들은 우리의 손가락 움직임의 감지와 함께 주어지고, 우리가 날아가는 새를 볼 때 새는 우리의 머리와 눈 움직임의 감지와 함께 주어진다. 후설은 지각적 연속성 — 변화하는 다양한 나타남들을 관통하는 대상의 연속성 — 은 운동감각과 지각의 연결에 의존한다는 것을 상세하게 주장한다. 그가 진술하듯이, 한 대상이 그 자체를 일련의 통합된 나타남들로서 현시하는 것은 우리의 움직임 및 움직일 때의 신체적 자기경험을 통해서이다. 달리 말해, 운동감각의 형태로 이루어지는 신체적 자기경험은 일상적 지각에 대한 구성적 조건이다.

이 분석의 배후에 있는 사상은, 어떤 관점으로부터 대상을 지각하기 위해서 — 어떤 관점으로부터의 나타남 또는 일면을 공간 속에 있는 객관적 사물의 한 나타남으로 취하기 위해서 — 우리는 대상의 다른 공존하지만 부재하는 일면들을 암묵적으로 즉 전반성적으로 알아차릴 필요가 있다는 것이다. 이 부재하는 일면들은 현존하는 일면과 어떤 관계 속에 있다. 즉, 부재하는 일면들은 만약 우리가 어떤 움직임들을 수행한다면 현존하는 것이 될 수 있다. 달리 말해, 부재하는 일면들은 우리의 가능한 신체적 움직임과 위치의 운동감각적 체계와 상관관계를 맺고 있다. 만약 우리가 이렇게 움직인다면 대상의 저 측면이 보이게 되고, 만약 우리가 저렇게 움직인다면 이 측면이 보이게 된다. 후설의 용어로 말하면, 지각은 "운동감각적으로 동기부여된다."

간단함을 위해 우리는 움직이지 않는 대상의 경우를 취할 수 있다. 만약 운동감각적 경험(K_1)이 주어진 시간간격 내내 계속 불변한다면, 지각적 나타남(A_1) 또한 계속 불변한다. 만약 운동감각적 경험이 변한다면(K_1이 K_2가 된다면), 지각적 나타남 또한 변한다(A_1이 A_2가 된다). 따라서 운동감각적 경험과 지각적 경험 사이에는 기능적 상호의존성이 있다. 주어진 나타남(A_1)은 동일한 운동감각적 경험(가령 K_1)과 항상 상관관계를 맺는 것은 아니고, 다른 어떤 운동감각적 경험과 상관관계를 맺어야만 한다. 이러한 이유 때문에 지각은 운동감각적 경험과 고유수용감각적 경험에 밀접하게 연관돼 있다.

결과는 전반성적인 신체적 경험, 우리 신체에 대한 암묵적 경험이 지각을 구성한다는 것이다. 그렇다면 (함수적으로 정의된) 지각적 능력이 바로 (물리적으로 동일한) 의식적 대응물의 능력인 완전히 비의식적 존재, 그 자신의 신체에 대한 경험이 전혀 없는 존재의 관념을 우리는 어떻게 이해할 수 있겠는가? 이 시나리오의 의미가 성립하려면, 정상적인 인간적 지각능력을 지닌 존재가 신체에 대한 어떠한 운동감각적 경험도, 그 자체에 대한 어떠한 전반성적 경험도 지니지 않을 수 있다는 것이 이해되어야만 한다. 하지만 만약 현상학적 분석이 옳다면, 신체적 경험은 다양한 감각적 나타남들을 관통하는, 공간 속의 연속적 대상들을 개체화하는 지각적 기능을 구성한다. 그러므로 동일한 지각적 기능을 할 수 있는 존재라면 그 어떤 존재도 그 자신의 신체에 대한 경험을 가질 필요가 있을 것이고, 또 그런 이유로 좀비가 될 수 없을 것이다.

이 추론방식은 좀비 시나리오가 상상 가능하다는 확신에 이의를 제기하지만 이 시나리오가 이해 불가능하다는 것을 입증하지는 않는다. 그러나 나의 목적은 좀비의 논리적 가능성에 대한 믿음을 말하자면 정면으로 논박하고자 하는 것이 아니다. 우리는 이 추정의 철학적 가치에 의문을 제기하기 위해 이 추정으로부터 형식적 모순을 도출함으로써 좀비의 논리적 가능성을 입증할 필요가 없다(차머스께는 죄송한 말씀이지만. Chalmers 1996, p. 96). 우리는 오직 좀비 시나리오가 의존하는, 문제가 있는 추정 — 꼭 같은 행동이 정감의 현존과 부재 속에서 일어날 수 있다든가, 정감은 엄밀하게 내적이고 현상적인 일어남인 데 반해 행동은 전적으로 외적 구조와 기능의 문제라는 추정 — 만을 드러내기만 하면 된다. 이 문제가 있는 추정을 고려해볼 때, 좀비 시나리오는 이해 가능해 보인다고 단순히 주장하면서 철학자들이 달아나도록 놓아두어서는 안 된다. 의식적 주체의 물리적인 살아 있는 몸*Körper*과 살아지는 몸*Leib*이 분명 분리 불가능하다는 점을 고려할 때 좀비 시나리오가 이해 가능하게 되려면 그들은 충분히 상세하게 이 시나리오를 기술하지 않으면 안 된다.

이 요구는 좀비 애호가들이 제공하는 것보다 더 많은 것을 필요로 한다. 예를 들면, 김재권은 좀비는 '큰 어려움 없이' 이해 가능해 보인다고 단순히 주장할 뿐이다(Kim 1998, pp. 101-102). 또 차머스는 다음과 같이 쓰고 있다.

> 나는 좀비의 논리적 가능성이 나에게는 [1마일 높이의 외발자전거의 가능성과] 마찬가지로 명백해 보인다는 것을 고백하겠다. 좀비는 바로 나와 물리적으로 동일하지만, 의식적 경험을 갖지 않는 — 내부는 모든 것이 어두운 — 어떤 것이다. 이것은 아마도 실증적으로 불가능하겠지만, 일관된 상황이 기술된다는 것은 확실해 보인다. 나는 이 기술에서 어떠한 모순도 발견할 수 없다. 어떤 면에서 이 논리적 가능성에 대한 주장은 결국 조야한 직관이 되겠지만, 단지 외발자전거를 타는 것에 지나지 않을 따름이다. 나에게는 거의 모든 사람들이 이 가능성을 이해할 능력을 갖고 있는 것으로 보인다. (Chalmers 1996, p. 96)

나는 동의하지 않는다. 이 시나리오를 충분히 상세하게 상상해보라는 요청을 받았을 때 거의 모든 사람들이 이 가능성을 이해할 수 있다든가 그들이 많은 어려움 없이 그렇게 할 수 있다는 것은 거의 참(=진)으로 보이지 않는다(Cottrell 1999; Dennett 1995b를 보라). 실로 참으로 보이는 것은, 이 시나리오가 데카르트식의 의식 개념에 지배받는 사람들이라면, 또 이 시나리오가 엄밀하게 기술되었을 때 우리의 상상력에 대해 실제로 요구하는 것에 대해 특히 신체적 경험의 현상학과 관련해서 주의 깊게 생각해보지 않은 사람들이라면 어떤 사람에게든 이해 가능해 보이리라는 것이다. 그러므로 좀비로 추정되는 논리적 가능성은 1마일 높이의 외발자전거의 논리적 가능성과 같지 않다. 후자의 추정은 단지 한 사물의 물리적 크기와 구조적 비율에 관한 상상된 변이를 포함하지만, 전자의 추정은 의식과 신체적 생명에 관한 심각하게 문제가 있는 사고방식의 한계에 대한 지성적 추론을 포함한다.

데카르트식의 의식 개념은 또한 다른 의식적 마음에 관한 극단적 회의주의로 이끈다. 우리가 도대체 어떻게 좀비와 의식적 주체 사이의 차이를 말할 수 있겠는가? 만약 '좀비성zombiehood'이 가능하다면 (비록 실증적으로는 아닐지라도 개념적으로나 논리적으로) 여러분의 배우자, 아이, 가까운 친구, 사랑하는 사람이 여러분 혹은 다른 어떤 사람들도 알지 못하는 좀비라는 것도 가능하다. 그런 추정은 그 가장 극단적 부분에서 다른 마음들에 대한 데카르트식의 문제를 표출한다.[3] 하지만 사정이 훨씬 더 좋지 않게 된다. 구벤 귀첼데레Guven Güzeldere가 말하듯이, "좀비성은 다른 마음들의 문제, 따라서 3인칭적 (또 2인칭적) 회의주의뿐만 아니라, 1인칭적 회의주의도 가져온다. 만약 이 글을 읽는 독자인 여러분이 갑자기 좀비로 변한다면, 아무도 어떠한 차이도 알아차리지 못할 것이고, '알아차린다'는 중요한 의미[외적이고 기능적인 의미]에서 여러분도 어떠한 차이도 알아차리지 못할 것이다"(Güzeldere 1997, p. 43). 이러한 종류의 회의주의의 한 가지 문제는 의식적 주체라는 것이 무엇인지에 관한 우리의 이해는 공감을 통해 상호주관적으로 구성돼 있다는 점이다.('공감'이란 말로 나는 우리의 인지적 관점과 정서적 관점의 상상적 상호교환뿐만 아니라 우리의 살아지는 몸들의 감각운동적이고 정동적인 쌍결합을 의미한다.) 나는 13장에서 이 사상으로 돌아가겠다.

이 논의의 교훈은 어려운 문제의 표준적인 정식적 진술에 보이는 마음과 몸의 개념에서 시작하지 말고 우리는 살아지는 몸에서 시작할 필요가 있다는 것이다. 이 장을 마무리하기 위해 나는 생명과 신체를 우리의 출발점으로 택함으로써 설명적 간극의 문제를 재정립하고자 한다.

신체-신체 문제

한편으로, 만약 심적 과정들이 신체적 과정들이라면, 본질적으로 어떤 신체적 과정들을 겪는 무언가가 존재한다. 다른 한편으로, 만약 어떤 신체적 과정들을 겪는 무언가가 이 신체적 과정들에 속한다면, 이 신체적 과정들은 경험들이다. 네이글Nagel(1974)이 말하듯이, 신체적 경험들은 '주관적 성격'을 지니며, 이 주관적 성격이 없다면 신체적 경험들은 경험들이길 그칠 것이다. 신체적 경험들은 윌리엄 제임스가 의식 그 자체만의 모든 상태들을 지시하기 위해 '느낌'이란 용어를 사용했을 때 마음에 품고 있었던 넓은 의미의 느낌들이고(1981, p. 185), 그리고 이는 안토니오 다마지오Antonio Damasio가 느낌들을 "우리 마음 내의 생명에 증인이 되는 것"으로서 기술함으로써 부활시켰던 것이다(Damasio 2003, p. 140). 따라서 심적 과정들이 또한 신체적 과정들이라는 것이 무엇인가 하는 문제는 대부분 주관성과 느낌이 신체적 현상이라는 것이 무엇인가 하는 문제이다.

어려운 문제의 이 정식적 진술에서 나는 신체적인 것(=물리적인 것)physical이란 용어 대신에 신체body란 용어를 사용해 왔다.[4] 신체는 생명, 살아 있는 유기체를 함의하며, 데카르트적 의미의 신체적인 것(=물리적인 것)보다 의미가 더 풍부하다. 이 풍부함에 의지하면, 우리가 설명적 간극의 용어들을 정련하는 데 도움이 될 수 있다.

현상학자들은 신체가 경험 속에서 개시되거나 구성될 수 있는 두 가지 방식, 물질적 사물로서의 신체*Körper*와 경험의 살아 있는 주체로서의 신체 곧 살아지는 신체*Leib*를 구분한다. 그러나 우리는 적어도 두 가지 이유 때문에 이 구분을 정련할 필요가 있다. 첫째, 우리는 우리의 신체가 존재론적 이원성으로 개시될 수 있는 두 가지 방식 사이의 현상학적 구분을 물화하는 위험이 생기지 않도록 경계할 필요가 있다. 신체는 물리적 신체와 살아지는 신체로서 개시될 수 있지만, 이것이 두 가지 신체가 존재한다거나 신체가 상호적으로 환원 불가능한 두 가지 형이상학적 속성들이나 측면들을 지닌다는 것을 함의하지 않는다.[5] 둘째, 신체를 경험하는 두 방식과 상호 관련돼 있는, 신체적 현존의 두 양식 간의 이 구분조차도 심지어 부적절하다. 왜냐하면 이 구분은 우리의 경험에서 신체가 개시될 수 있는 다양한 방식들을 전달하지 않기 때문이다.

후설은 객관적인 물리적 신체에서부터 주관적 삶의 흐름life-flow에 이르기까지, 이 사이의 살아 있는 신체라든가 살아지는 신체와 같은 다양한 신체 개념과 함께, 신체가 개시될 수 있는 차별화된 방식들의 스펙트럼을 위해 다양한 용어를 이용해야 했다(Depraz 2001a, pp. 2-111).[6] 이후의 현상학자들은 이러한 분석들을 정교화하고, 풍부하게 하고, 정련해 왔다. 우리가 13장에서 보게 되듯이, (다른 사람의 신체가 우리 자신에게 개시되는 방식은 물론이고) 우리 자신의 신체가 우리 자신에게 개시되는 방식과 다른 사람에게 개시되는 방식을 연결하는 복잡한 상호주관적 경험구조도 있다. 이런 이유 때문에 '신체'는 탐구와 분석의 열린 영역을 명명하는 것으로 간주되어야 하지, (데카르트식 이원론적 형이상학이나 유물론적 형이상학에서 말하는 '신체적(=물리적)'이나 '심적'과 같은) 어떤 추상적인 형이상학적 도식의 고정된 존재론적 준거점으로 간주되어서는 안 된다.

나는 어려운 문제의 표준적인 정식적 진술이 이 '심적' 대 '신체적'이라는 데카르트식 체재 속에 감입돼 있고, 이 체재는 생명 혹은 살아 있는 존재 개념에 중심을 둔 접근법을 위해 포기되어야 한다고 주장해 왔다. 비록 설명적 간극이 우리가 이 접근법을 채택할 때에도 사라지는 것은 아니지만, 실로 다른 성격을 띠게 된다. 주도적 쟁점은 더 이상 주관주의적 의식 개념이 객관주의적 신체 개념에서 유래될 수 있는가 없는가 하는 작위적인 것이 아니다. 오히려 주도적 쟁점은 살아 있는 주관성이 살아 있는 존재에서 창발하는 일을 이해하는 것인 바, 여기서 살아 있는 존재는 객관주의적 자연 그림에서 탈피하는 내면성을 이미 소유하는 것으로 이해된다. 우리가 다룰 필요가 있는 것은 이 창발의 쟁점이지 어려운 문제의 데카르트식 버전이 아니다.

이 쟁점을 선명하게 하기 위해 우리는 물리적 신체와 살아지는 신체 사이의 현상학적 구분을 정련할 필요가 있다. 이 기본적 구분 이외에 우리는 물리적 신체의 구조적 형태학과 살아 있는 신체의 동역학과 살아지는 신체의 동역학을 구분할 수 있다(Cole, Depraz, and Gallagher 2000). 형태학은 사지, 장기, 조절체계, 뇌 구조 등의 신체적 구조들로 이루어진 반면, 동역학은 생명의 살아지는 흐름, 즉 지향적 움직임과 살아지는 (내수용적interoceptive, 외수용적exteroceptive, 고유수용적proprioceptive) 감각들의 흐름으로 이루어진다. 신체를 물리적 대상으로 보는 것에서 신체를 구조적 형태학의 살아 있는 신체로 보는 것으로 이행하는 데에는 어떠한 설명적 간극도 없는 것 같아 보인다. 하지만 신체를 살아 있는 신체로 보는 것에서 느낌과 지향적 활동의 장소로서의 살아지는 신체, 요컨대 정감적인 살아지는 신체로 보는 것으로 이동하는 데에는 실로 간극 혹은 불연속성이 있는 것 같아 보인다. 정확히 무엇이 이 간극의 본질인가?

여기서 두 가지 논점이 중요하다. 첫째, 간극이 더 이상 두 근본적으로 다른 존재론들(심적인 것과 신체적인 것) 사이에 있는 것이 아니라, 신체화의 유형학 내 두 유형 사이에 있다. 둘째, 간극이 더 이상 절대적이지 않은데, 왜냐하면 이를 정식화하기 위해 우리는 생명 혹은 살아 있는 존재에 대해 공통의 준거를 만들 필요가 있기 때문이다. 이런 이유들 때문에 그리고 어려운 문제의 데카르트식 정식화와 대조를 이룬다는 점을 강조하기 위해 우리는 이 설명적 간극을 신체-신체 문제*the body-body problem*로 부를 수 있을 것이다(Hanna and Thompson 2003).

신체-신체 문제와 데카르트식 어려운 문제의 차이점은 철학적으로 사소한 것이 아니다. 어려운 문제에서는 설명적 간극은 절대적인데, 왜냐하면 심적인 것과 신체적인 것(=물리적인 것) 사이에 공통인자가 없기 때문이다. (또 이것들이 정의되는 방식에 관해 주어지는 것이 아무것도 있을 수 없기 때문이다.) 그렇기 때문에 주된 선택사항은 이 간극을 조야한 존재론적 사실(이원론)로서 받아들이거나, 환원(유물론 혹은 관념론)에 의해 이 간극을 좁히거나, 어떤 제3의 사변적인 '여분의 성분'—이에 대해서는 어떤 과학적 증거나 동기부여도 없다—을 도입해서 이 간극에 다리를 놓거나 하는 것이다. 이 선택사항들은 신체-신체 문제를 위해서는 아무 의미가 성립하지 않는다. 이 문제를 풀어가는 길을 찾아가면서 우리는 심적 존재와 속성 대 신체적 존재와 속성이라는 전통적 데카르트식 어휘를 폐기해 오지 않으면 안 되었다. 살아지는 몸은 살아 있는 몸이고, 살아 있는 몸의 동역학적 조건이다. 우리는 우리의 살아지는 몸은 우리의 살아 있는 몸의 수행이며, 우리의 몸이 살아 있음 속에서 창출하는 어떤 것이라고 말할 수 있을 것이다. 중요한 철학적 과제는 생물학과 현상학을 통합해서 '간극을 넘어서는' 살아지는 몸에 대한 설명이 어떻게 존재할 수 있는가 보여주는 것이다(Bruzina 2004; Roy et al. 1999). 과학적 과제는 살아 있는 몸의 조직적이고 동역학적인 과정이 어떻게 주관적 시점을 구성하게 될 수 있는지 그래서 그 신체가 된다는 것이 무언가와 같다고 할 때의 그 무언가가 존재한다는 것을 이해하는 것이다. 창출행위적 접근법의 경우, 이 과제는 현상적 세계를 산출하고 창출하고 구성하는 의미형성작용을 이루는 특별한 종류의 자율적 체계로서 살아지는 몸을 이해하고자 하는 형태를 취한다.

*전면삽화 Ⅰ.

자가생성의 컴퓨터 모형, SCL(substrate-catalyst link) 인공화학의 입자 유형들을 푸는 열쇠. Barry McMullin, "Rediscovering Computational Autopoiesis," http://www.eeng.dcu.ie/~alife/ bmcm-ecal97/. 배리 맥멀린의 허락을 받아 전재.

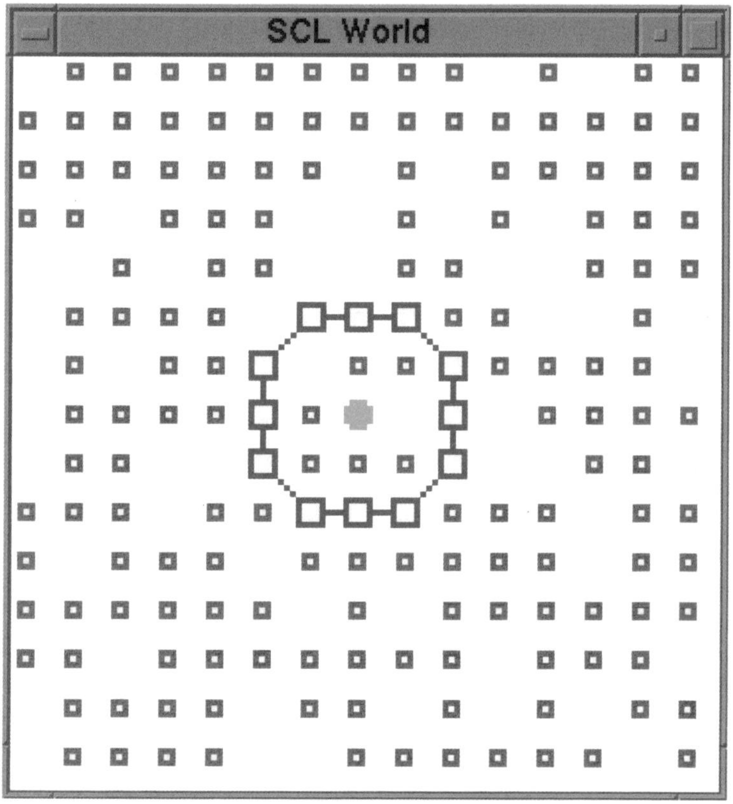

*전면삽화 Ⅱ.

자가생성의 컴퓨터 모형, 초기 배열형태. Barry McMullin, "Rediscovering Computational Autopoiesis," http://www.eeng.dcu.ie/~alife/bmcm-ecal97/. 배리 맥밀런의 허락을 받아 전재.

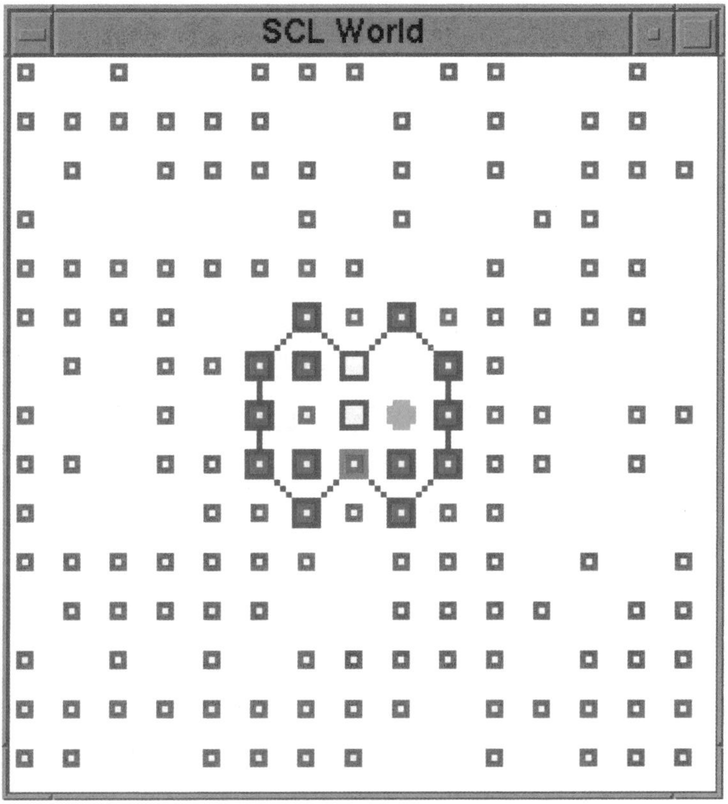

*전면삽화 Ⅲ.

자가생성의 컴퓨터 모형, 실험 2, 실행 1, 시간 444. Barry McMullin, "Rediscovering Computational Autopoiesis," http://www.eeng.dcu.ie/~alife/ bmcm-ecal97/. 배리 맥밀런의 허락을 받아 전재.

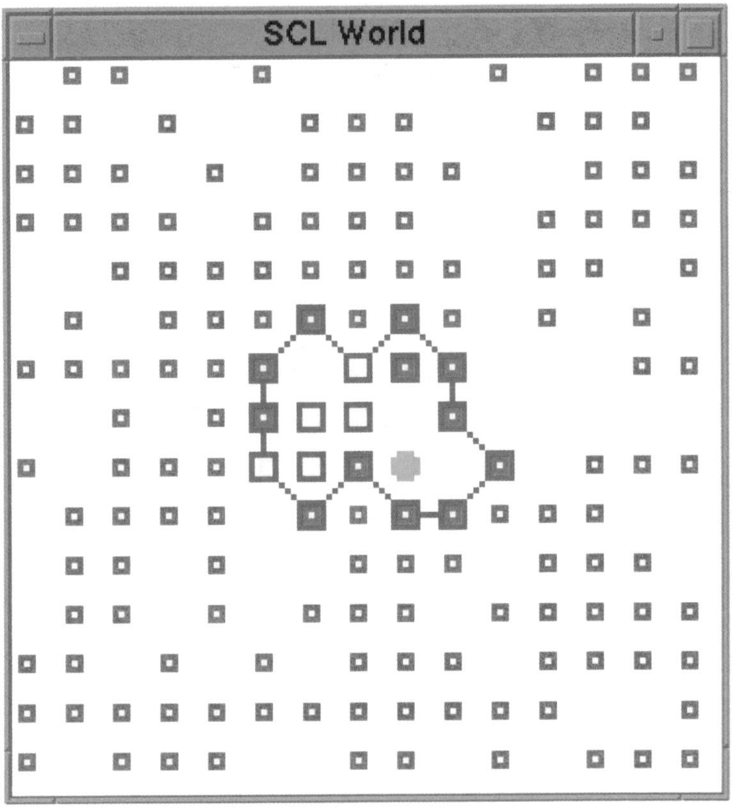

*전면삽화 Ⅳ.

자가생성의 컴퓨터 모형, 실험 2. 실행 1, 시간 1310. Barry McMullin, "Rediscovering Computational Autopoiesis," http://www.eeng.dcu.ie/~alife/ bmcm-ecal97/. 배리 맥밀런의 허락을 받아 전재.

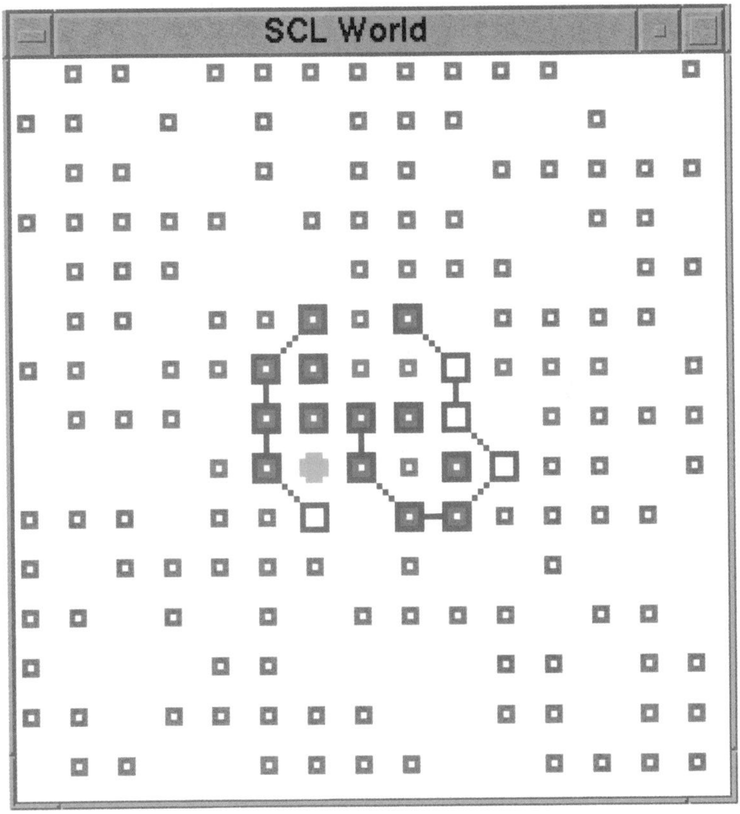

*전면삽화 V.

자가생성의 컴퓨터 모형, 실험 2, 실행 1, 시간 1746. Barry McMullin, "Rediscovering Computational Autopoiesis," http://www.eeng.dcu.ie/~alife/ bmcm-ecal97/. 배리 맥밀런의 허락을 받아 전재.

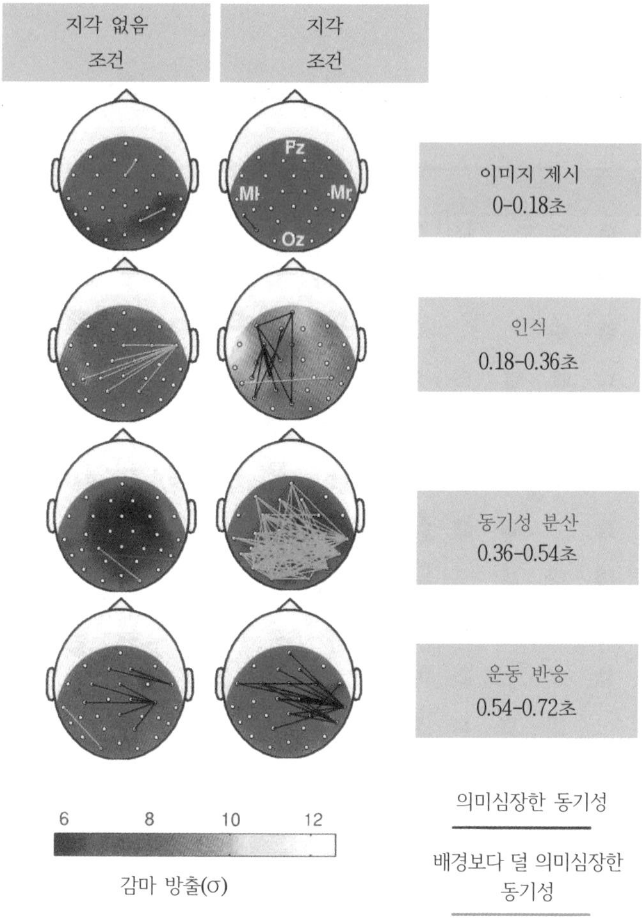

*전면삽화 Ⅵ

지각의 음영. 감마활동과 위상동기성의 평균 두피 분포. EEG가 두피 표면에 붙인 전극들에 의거해서 기록되었다. 피험자들에게 무니 인물들(고대비 얼굴들)이 똑바로 또 거꾸로 제시되었다. 이 무니 얼굴들은 똑바로 제시될 때는 얼굴들로 쉽게 지각되지만, 거꾸로 제시될 때는 의미를 갖지 않는 흑백 형태들로 보통 지각된다. 피험자들의 과제는 그들이 첫눈에 얼굴을 지각했는가 여부를 둘 중의 한 버튼을 신속하게 눌러 반응하는 것이었다. 색 부호화는 (평균 34-40헤르츠 주파수 범위의) 감마 세력이 자극 개시(0초)에서 운동 반응(0.72초)까지 0.18초 시간 창 동안 주어진 전극을 지배한다는 것을 보여준다. 감마활동은 공간적으로 동질적이고 시간이 흐르면서 조건들이 서로 유사하다. 이와 대조적으로, 위상동기성은 뚜렷하게 영역적이고 조건들이 서로 다르다. 전극쌍들 간의 동기성은 검은 선과 푸른 선으로 제시되어 있는데, 각각 동기성의 의미심장한 증가 혹은 감소에 해당한다. 이것들은 오직 동기성 가치가 뒤섞인 데이터 집합들의 분포를 넘어 있을 때만($P < 0.01$; 방법들, Rodriguez et al. 1999를 보라) 제시된다. Elsevier의 허락을 받아 Evan Thompson and Francisco Varela, “Radical Embodiment; Neural Dynamics and Consciousness,” *Trends in Cognitive Sciences* 5(2001); 418-425, fig. 1, ⓒ 2001에서 전재.

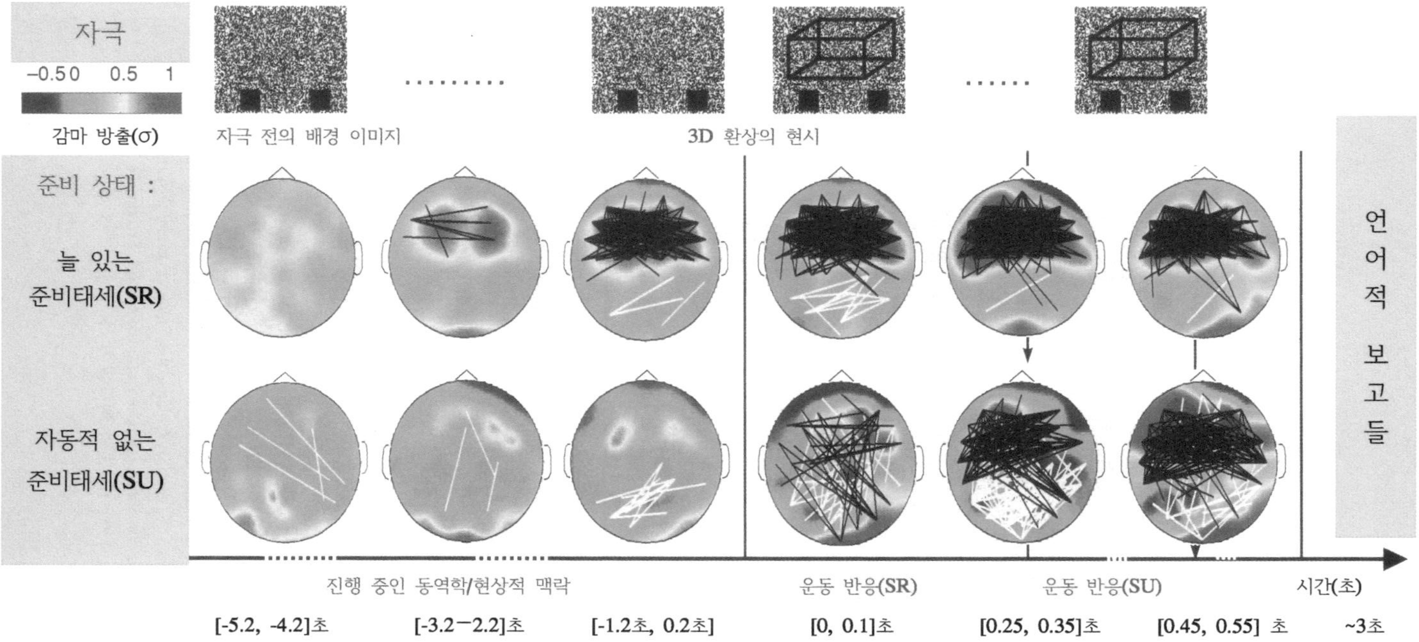

*전면삽화 Ⅶ

진행 중인 의식적 지각의 동역학적인 신경적 표징. 자극 이전의 활동들과 뇌 반응들의 동역학적인 신경적 표징들이 즉각적 지각을 가진 준비태세 기간 동안 (SR) (154 시행) 그리고 자극 동안 놀람이 있는 자동적 없는 준비태세 동안(SU) (38 시행) 한 피험자에게 제시된다. 색 부호화는, 시행 동안 그리고 화살이 보여주는 시간 창 동안 평균화된 먼 기준선(-1.8초, -1.7초; 0초는 입체도의 제시에 해당한다)과 비교해서 대략 35헤르츠로 정상화된 시간-주파수 감마 세력의 두피 분포를 보여준다. 검은 선과 흰 선은 각각 동기성의 의미심장한 증가와 감소에 해당한다. Antoine Lutz, Jean-Philippe Luchaux, Jacques Martinerie, and Francisco J. Varela, "Guiding the Study of Brain Dynamics by Using First-Person Data," *Proceedings of the National Academy of Sciences USA* 99(copyright 2002, National Academy of Sciences, U.S.A.), 1589, fig. 2.의 허락을 받아 전재.

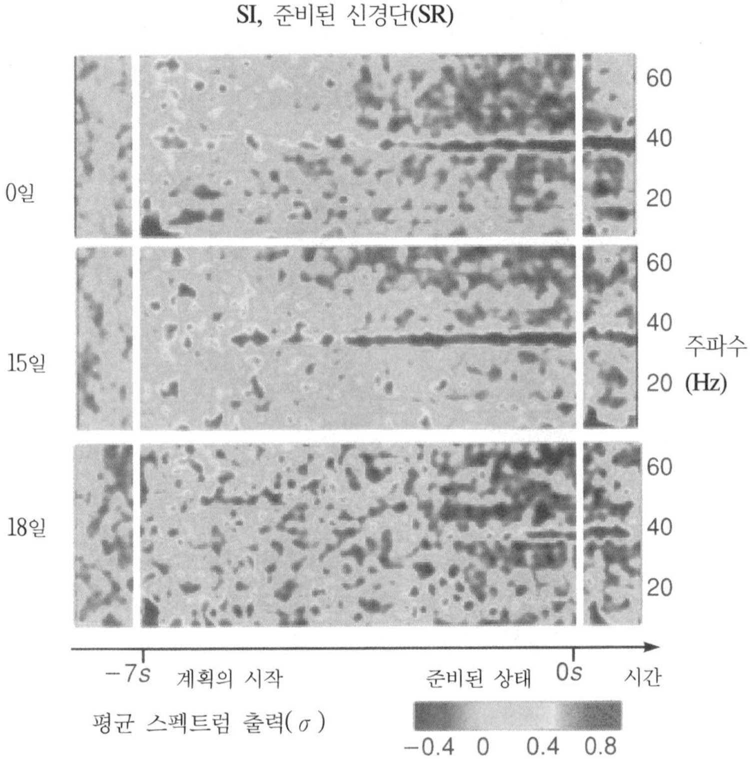

*전면삽화 Ⅷ

한 피험자의 동역학적인 신경적 표징의 안정성. 전두 전극들(FP1에서 FT8까지)의 늘 있는 준비태세(SR) 동안 한 피험자의 경우 기록들의 동역학적 신경적 표징의 안정성. 모든 기록 동안(각각 59, 60, 35 시행) -1.2 초, -0.2초 동안 36헤르츠에서의 증가와 44-64헤르츠 사이에서의 감소가 있다. 이 피험자는 2차 기록보다 3차 기록 동안에 전반적으로 덜 집중되어 있었음을 보고했다. 색 부호화는 시행들과 전극들에 대해 평균화된 먼 기준선(-8.2초, -7.2초)과 비교해서 정상화된 시간-주파수 감마 세력의 두피 분포를 보여준다. Antoine Lutz, Jean-Philippe Luchaux, Jacques Martinerie, and Francisco J. Varela, "Guiding the Study of Brain Dynamics by Using First-Person Data," *Proceedings of the National Academy of Sciences USA* 99(copyright 2002, National Academy of Sciences, U.S.A.), 1590, fig. 5.의 허락을 받아 전재.

생물학적 자연주의

이 장을 맺기 전에 나는 내가 탐구해 온 의식과 생명에 대한 접근법을 존 썰의 '생물학적 자연주의'와 비교하고자 한다(Searle 1992, 2004). 썰 또한 심성과 신체성이라는 전통적 범주를 거부한다. 그는 "만약 우리가 이 용어들을 계속 간직하고자 한다면, 우리는 내재적이고 주관적인 심적 성분을 허용하기 위해 확장된 신체성 개념을 필요로 한다"(2004, p. 116)고 쓰고 있다. 썰에게 의식적 상태들은 내재적으로 질적이고, 주관적이고, 1인칭적인 생물학적 과정들이다. 의식적 상태들은 주관적 혹은 1인칭적 존재론을 갖는데, 이는 의식적 상태들이 오직 의식적 동물이나 인간 주체에 의해 경험되는 한에서만 존재한다는 것을 의미한다. 의식적 상태들은 구성적으로 1인칭적이며, 그렇기에 구성적으로 3인칭적인, 신경생리학적으로 기술되는 뇌 과정들로 존재론적으로 환원될 수 없다. 그렇지만 의식은 인과적으로 뇌로 환원될 수 있는데, 왜냐하면 의식은 전적으로 더 낮은 수준의 신경생물학적 과정들에 의해 야기되고 더 높은 수준 즉 체계적 뇌 활동 속에서 실현되기 때문이다.

나는 의식이 주관적인 생물학적 과정이며, 그렇게 기술될 때 3인칭으로 신경생리학적으로 기술되는 뇌 과정들로 환원될 수 없다는 썰의 견해를 공유한다. 하지만 또한 나의 견해와 다른 점들도 있다.

나는 생명을 설명하기 위해, 또 의식을 설명하는 데 필요한 더 나아간 확장을 위한 방식을 준비하기 위해, 우리는 확장된 신체성 개념을 필요로 한다고 이미 주장한 바 있다. 생명은 순전히 외적인 구조와 기능이라는 표준적 유물론자의 의미에서 신체적이지 않다. 생명은 일종의 내면성, 자기성과 의미형성의 내면성을 실현하고 있다. 따라서 우리는 유기체 혹은 살아 있는 존재를 설명하기 위해서 확장된 신체성 개념을 필요로 한다. 게다가 나는 특수한 경우가 아니라 그런 확장된 생물학적 신체성 개념이 자연에 적용될 때 일반적이거나 전형적이리라는 로버트 로젠의 견해가 설득력 있다고 생각한다(Rosen 1991, 2000). 비록 유기체가 물리적 체계의 부류에서 통계학적으로 드물게 보이기는 하지만, 그렇다고 해서 유기체가 그 부류에서 특수하다든가 일반적이지 않다는 결론이 따르지는 않는다(Rosen 1991, pp. 13, 37; 2000, p. 27). 대부분의 물리학은 열역학적으로 열린 체계가 아니라 닫힌 체계를 위해, 특히 자가생성적 체계 즉 일반적으로는 살아 있는 체계를 위해 발달되어 왔다. 이 자가생성적 체계는 개체성과 내면성 개념이 적용될 수 있는 바로 그 체계이다. 조직적으로 특수하다든가 일반적이지 않은 것은 다름 아닌 닫힌 체계이지 열린 체계가 아니다. 로젠은 이를 산수의 유리수와 무리수에 비유한다. "우리는… 유리수에 대한 편애, 즉 유리수의 실제적 풍부함에 비해 도를 넘게 무게를 실어주고 있다. 그렇지만 모든 수학적 의미에서 실로 드물고 매우 특수한 것은 다름 아닌 유리수이다. 왜 이 점이 물리학과 생물학에는 해당될 수 없는 것인가? 왜 물리학의 '보편자들universals'은 오직 물질적 체계의 (지나치게 두드러질지라도) 작고 특수한 부류에만 적용되고, 유기체가 속하기에는 너무나 일반적인*general* 부류에 적용될 수는 없는가? 역으로 물리학이 특수하고 생물학이 일반적이라면 어떤가?" 1991, p. 13).

나 또한 의식의 환원 불가능성을 인정한다는 점에서 썰과 다르다. 썰은 과학적 환원의 표준적 사례들에서 열이나 색깔과 같은 주어진 유형의 현상은 기저를 이루는 미시물리학적 원인들(분자적 운동 에너지나 빛 반사율)의 면에서 재정의된다고 말한다. 이는 현상의 주관적 나타남(느껴진 열이나 지각된 색깔)이 정의에서 배제되는 것이다.[7] 따라서 거시적인 인과적 속성들을 미시구조의 인과적 속성들로 환원하는 일, 그리고 현상을 미시구조의 면에서 재정의하는 일은 현상을 미시구조의 성분들로 환원하는 일을 지지한다고 생각되고 있다.

이 환원의 패턴은 나타남/실재 구분에 의존한다. 현상은 나타남이 아니라 기저를 이루는 실재의 면에서 재정의될 수 있기 때문에 환원 가능하다고 생각되고 있다. 그러나 의식의 경우에 "의식은 나타남들 자체에 있기"(Searle

1992, p. 122) 때문에 우리는 이 나타남/실재 구분을 행할 수 없다.[8] 그렇기 때문에 "만약 우리가 나타남을 도려내고서 단지 기저를 이루는 물리적 실재의 면에서 의식을 정의하고자 한다면, 환원이란 논점은 상실되고 말 것이다"(ibid). 그러나 썰은 의식의 환원 불가능성을 사소하다고 생각하는데, 왜냐하면 의식은 "우리의 정의적 실천이란 화용론의 사소한 결과에 불과하기 때문이다"(ibid). 우리는 인식론적 기반들 곧 나타남들을 생략하는 환원은 인식론적 기반 그 자체를 위해 작용할 수 없다는 결과를 갖고서 의식을 주관적 나타남들의 면에서 정의하는 것이지 기저를 이루는 물리적 실재의 면에서 정의하는 것은 아니다(ibid).

이와 달리, 나는 의식의 환원 불가능성이 사소하지 않다고 생각하며, 의식이 경험적 지위 이외에 초월론적 지위를 지닌다는 것을 보여주겠다. 인식론적 기반으로서 간주되는 의식은 우리의 의식에 주어지는 경험적empirical 대상들에 관한 지각적 나타남들과 동등하지 않다. 인식론적 기반으로서 간주되는 의식은 경험적 대상이 우리에게 개시되는 체험적experiential 작용들과 동등하다. 현상학적 관점에서 보면, 어떤 본질적인 형식적 법칙—이 법칙 하에서 의미를 지니는 세계를 개시하기 위해 경험이 필연적으로 작동한다—덕택에 대상들은 그들이 존재하는 방식으로—구조화된 복잡한 다양성들의 나타남으로—개시된다. 이렇게 간주되는 의식은 모든 나타남들의 가능성의 조건이다. 의식을 이렇게 이해하는 것은 의식을 초월론적으로 이해하는 것이지 단지 경험적으로 이해하는 것이 아니다. 따라서 나는 인식론적 기반 그 자체가 환원 불가능하다는 것은 의식에 대한 초월론적 관점이 필요하다는 것을 가리킨다고 생각한다(또한 Rowlands 2003을 보라).[9]

내가 언급하고자 하는 마지막 차이점은 의식은 인과적으로 뇌로 완전히 환원될 수 있다는 썰의 견해와 관련이 있다. 이 견해는 의식을 인과적으로 효력이 있는 생물학적 과정으로 보는 방법을 제공한다. 썰의 견해에 보이는 의식은 유기체의 행동과 이후의 신경적 활동에 인과적으로 관련이 있는,

뇌의 높은 수준 혹은 전역적 상태이다. 이 신경생물학적 추측은 의식에 관한 몇 가지 신경동역학적 제언과 일치한다(Cosmelli, Lachaux, and Thompson 2007과 이 책의 3, 11, 12장을 보라). 그럼에도 불구하고, 의식은 인과적으로 뇌로 완전히 환원될 수 있다는 견해는 생물학적으로 시기상조이다. 우리는 뇌만이 의식을 위한 최소한의 인과적 기반인지, 혹은 이 기반이 또한 뇌와 신체의 접점 혹은 뇌와 신체와 환경의 접점의 특징들을 포함하는지 아직 알지 못할 따름이다.

통 속의 뇌brain in a vat라는 철학적 사고실험을 생각해보자. 여러분의 뇌가 여러분의 몸으로부터 제거되고, 여러분이 삶을 계속해 갈 때 여러분의 뇌가 정상적으로 받아들이는 것과 똑같은 자극을 신경말단에 받아들이는 화학적 통 속에서 인공적으로 유지되고 있다. 여러분(혹은 여러분의 뇌)은 어떠한 차이를 발견하겠는가? 여러분은 질적으로 동일한 주관적 경험을 지니지 않겠는가? 철학자들은 많은 생각들에 동기를 부여하기 위해 이 시나리오를 사용해 왔는데, 그중의 하나는 뇌(혹은 뇌의 어떤 하위체계)는 또는 뇌만이 의식 혹은 주관적(=주체적) 경험을 위한 최소한의 충분조건이라는 것이다. 그렇지만 이 주장은 통-속의-뇌 시나리오로부터 도출되지 않는다. 오히려 이 주장에서 도출되는 것은, 의식을 위한 최소한의 충분조건이 무엇이든 이 조건이 통의 설정에 의해 성공적으로 실현되었다는 점이다. 우리가 아는 바로는 이 조건은 이 경우 통이 제공하는 뇌 바깥의 무언가를 고유한 부분으로서 반드시 포함한다는 것이다.[10]

통의 설정은 (1) 뇌를 살아 있고 작동이 잘 되도록 유지하고, (2) 모든 외생적 자극을 복제하고, (3) 모든 내생적(또 자기조직화의) 활동을 위한 올바른 방법으로 보완할 수 있어야만 한다는 점에 주목하라. 거의 확실하게 그러한 설정은 많은 화학적, 생체역학적, 감각운동적 신체의 속성들, 아마도 신체와 세계가 행하는 감각운동적 쌍결합조차도 복제해야만 할 것이다. 달리 말해서, 귀무가설은 이 시나리오의 요건들을 충족시키는 통은 어떤 것일지라도 대리 신체일 것이라는 점이다. 그렇기 때문에 통-속의-뇌 사고

실험은 의식은 인과적으로 뇌로 완전히 환원할 수 있다거나, 의식을 위한 최소한의 충분조건이 오직 뇌 내에만 거주한다는 것을 수립하지 않는다. 아마도 신체적 과정들은 의식을 위한 최소한의 충분조건에 속하고, 그 '통'은 대리 신체가 되어야만 할 것이다.[11]

우리는 피질에 대한 직접적 전기 자극이 다양한 종류의 의식적 경험을 산출할 수 있다는 점을 우리가 이미 알고 있다고 하며 반대할지도 모른다. 뇌와 신체의 나머지 부분에 있는 적절한 배경조건을 고려할 때, 이 사실이 의식를 예화하거나 실현하기 위한 최소한의 충분조건인 어떤 신경적 기질基質이 있어야만 한다고 생각할 충분한 이유가 되지 않는가?

그러나 이 제언은 전혀 확정되지 않은 실증적 고찰에 의존하고 있다. 우리는 의식의 예시화하거나 실현하기 위한 최소한의 생물학적 요건들을 아직 알지 못할 따름이다. 신경활동이 무상하고 삽화적인 순간의 현상적 의식을 예화하기 위한 최소한의 충분조건이 된다는 것과, 신경활동이 응집적이고 시간적으로 연장된 지향적 세계경험이란 의미에서 의식을 예화하기 위한 최소한의 충분조건이 된다는 것은 별개의 일이다. 통-속의-뇌 시나리오에 관한 위의 고찰이 시사하듯이, 그러한 의식은 다름 아닌 세계에 관여하는 살아 있는 신체를 필요로 할지도 모른다.

설사 의식을 위한 최소한의 충분조건이 실로 뇌라고 할지라도, 우리가 우리의 뇌를 넘어서면 아무것도 아니라는 결론은 따르지 않는다. 썰의 다음과 같은 진술을 가만히 생각해보라. "뇌는 세계를 우리 자신에게 표상할 목적으로 우리가 갖고 있는 모든 것이고, 우리가 사용할 수 있는 모든 것은 뇌 내부에 존재해야만 한다. 우리 각각이 바로 통 속의 뇌이기 때문에 우리 각각의 믿음들은 통 속의 뇌인 존재에 대해서 가능해야만 한다. 통은 두개골이고 들어오는 '메시지'는 신경체계에 충격을 주는 방식으로 들어오고 있다"(Searle 1983, p. 230). 그렇지만 뇌는 우리가 갖고 있는 모든 것이 아니며, 세계를 표상할 목적으로 우리가 사용할 수 있는 모든 것이 뇌 내부에 존재하는 것도 아니다. 우리는 환경 속의 자원들뿐만 아니라 우리의 신체를 지니고,

세계를 표상하는 데에 사용되는 어떠한 신체적 과정이나 환경적 사원도 뇌 내부에서 표상될 필요가 있다는 것은 전혀 명백하지 않다. 우리 각자는 정확히 통 속의 뇌가 아니며 오히려 신체적 주체이다. 신체는 통이 아니며, 신체를 복제하거나 대체할 수 있는 이른바 어떠한 통도 필시 대리 신체가 되어야만 할 것이다. 뇌는 기관이지 유기체가 아니며, 세계에 의식적 접근을 할 수 있는 것은 바로 유기체, 동물, 혹은 사람이다. 의식적 주체로서 우리는 두개골 통 속의 뇌가 아니고, 신경적으로 활기를 띠고 있는 세계 내 존재이다.

비록 우리의 의식적 경험 속의 모든 주체적이고 현상적인 변화를 위해 우리의 뇌 속에 아마도 상응하는 변화가 있겠지만, 이 변화가 뇌 활동의 감각운동적이고 환경적 맥락들과 독립해서 어느 정도까지 해명될 수 있는지는 여전히 미해결의 문제로 남아 있다.[12] 창출행위적 접근법의 가설은, 만약 우리의 설명 속에서 이러한 맥락들이 명시적으로 고려되지 않는다면 경험과 뇌의 관계가 계속 불투명한 상태로 남아 있게 될 것이라는 점이다. 이 쟁점은 다음 장에서 행하는 논의에 중심이 되고 있다.

9장 감각운동적 주관성

이 책을 주도하는 이념들 중 하나는 인간의 마음은 우리의 유기체 전체 속에 또 세계 속에 신체화되어 있다는 점이다. 우리의 심적 삶들은 신체적 활동의 세 가지 영구적이고 서로 얽혀 있는 양식들, 즉 자기조절, 감각운동적 쌍결합, 상호주관적 상호작용을 수반한다(Thompson and Varela 2001). 자기조절은 살아 있는 정감적인 것에 필수적이다. 자기조절은 정서와 느낌에, 또 깨어 있거나 잠들어 있을 때, 정신이 초롱초롱하거나 몸이 지쳐 있을 때, 배고프거나 배부를 때와 같은 조건들에 분명히 나타나 있다. 세계와의 감각운동적 쌍결합은 지각, 정서, 행위에 표현되어 있다. 상호주관적 상호작용은 자기와 타자의 인지, 자기와 타자의 정동적으로 충전된 경험이다. 인간의 뇌는 이 세 가지 양식들의 활동을 위해 중차대하지만, 또한 이 뇌는 일생 내내 다양한 수준들에서 이 활동들에 의해 형성되고 구조화된다. 만약 각 개별적 인간의 마음이 이 연장돼 있는 양식들의 활동에서 창발한다면, 따라서 만약 이 인간의 마음이 '동역학적 특이점dynamic singularity'—유기체에 집중되는 재발생적이고 재진입적인 과정들의 매듭 혹은 마디(Hurley 1998)—으로서의 이 양식들 속에 신체화되고 감입돼 있다면, 여러분은 "한 꾸러미의 뉴런들에 불과하다"(Crick 1994, p. 2)거나 "여러분은 여러분의 시냅스들이다"(LeDoux 2002)는 신경환원주의의 '놀라운 가설astonishing hypothesis'은 범주 오류이자 생물학적으로 문제가 있는 것이다. 이와 달리, 여러분은 살아 있는 신체적 경험 주체이고, 상호주관적인 심적 존재이다.

이 장은 이 세 가지 양식들의 신체적 활동 중 두 번째 양식의 활동, 곧 동역학적인 감각운동적 활동에 중점을 두고 있다. 이 책 앞부분에서 우리는 신경체계(=신경계)의 근본적 논리는, 즉 기본적인 '신경학적 논리neurologic'는 운동과 감각적 활동의 흐름을 끊임없이 순환하게 하는 방식으로 쌍결합하는 것임을 보았다. 신경체계는 신체 내의 감각표면(감각기관과 신경말단)과 실행기(근육, 분비선)를 연결시킨다. 이런 식으로 신경체계는 유기체를 통합해서, 이 유기체를 운동 단위로, 자율적인 감각운동적 행위자로 유지되게 한다. 신경체계는 감각운동적 순환을 수립하고 유지하는데, 이 감각운동적 순환이 있기에, 감각하는 것은 운동하는 것에 직접적으로 의존하고, 운동하는 것은 감각하는 것에 직접적으로 의존한다. 우리의 생물학적 자율성의 한 가지 현출은 우리가 우리 자신의 감각운동에 의해서 환경을 만난다는 점이다.

근년에 지각적 의식을 이해하기 위한 새로운 동역학적인 감각운동적 접근법이 인지과학과 심리철학에 생겨났다(Hurley 1998; Noë 2004; O'Regan and Noë 2001a). 이 접근법은 지각적 경험을 이해하기 위해 신경활동의 내재적 속성들에 호소하지 않고 신경활동, 신체, 세계 사이의 동역학적인 감각운동적 관계들에 의존한다. 이렇게 지각적 경험의 생물학적 기질基質에 대한 이해를 풍부하게 함으로써 이 접근법은 설명적 간극을 해결하기 위해 새로운 자원들을 제공한다. 이 장의 목표는 신체-신체 문제—주관적으로 살아지는 신체를 유기체 혹은 살아 있는 신체에 관련시키는 문제—에 있어서 일정한 진전을 이루기 위해 이 자원들에 의존하는 것이다.

주관성과 신체적 자기의식

신체-신체(=몸-몸) 문제는 의식적 마음과 물리적 몸 사이의 설명적 간극을 재구성하는, 비데카르트적 방식이다. 우리가 이미 보았듯이, 신체-신체 문제에 있어서 간극은 더 이상 두 근본적으로 상이한 존재론('심적' 그리고 '물리적') 사이에 있는 것이 아니라, 신체화의 한 유형학(주관적으로 살아지는 신체와 살아 있는 신체) 내의 두 유형 사이에 있다. 간극은 더 이상 절대적이지 않은데, 왜냐하면 이 점(=간극이 절대적이 않다는 점)을 정립하기 위해 생명 혹은 살아 있는 존재를 공통적으로 지시할 필요가 있기 때문이다.

신체-신체 문제는 우리가 주관적으로 살고 있는 바의 신체와 세계 속의 유기체로서의 우리의 신체 사이의 관계에 관한 것이다. 이 문제는 이번에는 자기 자신과 세계의 관계라는 일반적인 문제의 일부가 된다. 왜냐하면 우리의 살아 있는 신체는 세계의 일부이고, 우리가 주관적으로 살고 있는 바의 신체는 자기 감각sense of self의 일부이기 때문이다. 따라서 우리는 두 상호 관련된 물음을 제기할 수 있다. 살아지는 신체는 세계와 어떻게 관계를 맺는가, 그리고 살아지는 신체는 그 자체와 어떻게 관계를 맺는가 하는 물음이다. 이 물음들을 다루는 것은 신체의 감각운동적 주관성에 접근하는 한 가지 방식이다.

자기와 세계 사이의 관계는 자기와 신체 사이의 관계를 포함한다. 전 장에서 보았듯이, 데카르트는 자기는 배 안에 있는 선장처럼 신체에 위치하는 것이 아니라 신체와 매우 '밀접하게 결합해 있고' '혼합해 있어서', 둘은 한 단위를 형성하고 있다고 지적했다. 그럼에도 불구하고 자기와 신체는 여전히 둘로 남아 있지 하나가 아니다. 이와는 달리 메를로-퐁티는 이 이원론을 거부한다. 자기는 단지 **신체화되어** 있는 것이 아니라 **신체적**이다. "하지만 나는 나의 신체 앞에 있거나 나의 신체 속에 있는 것이 아니다. 그렇기는커녕 나는 나의 신체이다"(1962, p. 150)[1] 그렇지만 메를로-퐁티는 또한 '나는 나의 신체이다'는 명제를 나는 복잡한 물리적 객체*object*에 불과하다는 의미에서 유물론적 방식으로 이해하기를 거부한다. 대신에 그는 나는 신체적 주체*bodily subject*라는 독창적인 견해를 주장한다. 이렇게 해서 그는 정신과 육체, 주체와 객체라는 전통적 개념들뿐만 아니라 이것들이 의미하는 존재론들(이원론, 유물론, 관념론)을 거부한다(Priest 1998, pp. 56-57을 보라).

메를로-퐁티 견해의 독창성을 바르게 평가하기 위해서 우리는 신체적 주관성에 대한 그의 이해방식을 고찰할 필요가 있다. 메를로-퐁티는 신체의 통일성을 예술작품의 통일성에 비유했는데 우리는 이 점에서부터 시작할 수 있다. 그는 관점적 변이들을 관통하는 한 물리적 대상의 지각적 통일성과 우리 자신의 신체의 체험적 통일성을 대조하며 이 견해를 내놓았다. 정육면체와 같은 물리적 대상은 내 앞에 혹은 내 맞은편에 서 있으며, 나에게 여러 면들을 현시한다. 이 면들을 동일한 정육면체의 면들로 지각적으로 통일하는 것은 이 면들의 관점적 변이의 법칙이다. 그러나 나의 신체는 내 앞에 혹은 내 맞은편에 서 있는 것이 아니며, 나의 신체에 대해 내가 지니는 여러 경험들을 통일하는 것은 관점적 변이들의 법칙이나 규칙이 아니라, 통합된 지각적이고 운동적인 '의미의 배경background of significance'이다(1962, p. 150). 메를로-퐁티는 "손의 '촉각적 감각들tactile sensations'을 통일하고 이 감각들을 같은 손에 대한 시각적 지각들이나 다른 신체적 영역들에 대한 지각들에 연관시키는 것은, 내 손의 제스처에 정보를 주고, 다시 손가락 움직임들의 어떤 양식을 함축하고, 최후로 어떤 신체적 자세에 기여하는 어떤 양식style이다"(ibid). 메를로-퐁티가 신체를 예술작품에 비유하게 된 것은 바로 이렇게 신체적 주관성이 어떤 양식 혹은 자세에 의해 구성된다고 해명했기 때문이다.

> 신체는 물리적 대상이 아니라 예술작품에 비유될 수 있다. … 소설, 시, 회화, 음악작품은 개체들, 즉 표현이 표현되는 사물과 구분될 수 없는

존재들이다. 이 존재들의 의미는 오직 직접적 접촉을 통해서만 접근 가능하고, 시간적 공간적 상황의 변화 없이 방사된다. 신체가 예술작품에 비유될 수 있다는 것은 이러한 의미에서이다. 신체는 살아지는 의미들의 결합이지, 어떤 일정한 수의 공변하는 항들을 위한 법칙이 아니다. 위쪽 팔에서 느껴지는 어떤 촉각적 경험은 같은 팔의 어떤 시각적 측면과 더불어 앞쪽 팔과 어깨에서의 어떤 경험을 의미한다. 왜냐하면 그들 자체 간의 여러 촉각적 지각들, 혹은 촉각적이고 시각적인 지각들은, 한 정육면체의 여러 면들이 이 정육면체의 이념에 관련돼 있는 것과 같이 한 이해 가능한 팔에 관련돼 있기 때문이 아니라, 보이는 팔과 감촉되는 팔은 팔의 여러 부분들과 같이 더불어 동일한 행위를 수행하기 때문이다. (Merleau-Ponty, 1962, pp. 150-151)

이 대문을 읽으면 메를로-퐁티가 '나는 나의 신체이다'라고 언명할 때 주체로서의 나는 단지 객체로서 생각된 나의 신체임을 의미하지 않는다는 것을 이해하는 데 도움을 받을 수 있다. 나는 예술작품이 표현하는 것과 다르지 않은 방식으로 나의 신체이다. 나의 신체는 표현적 존재이고, 나의 신체가 표현하는 것은 나의 주관성이다.

신체적 주관성에 대한 이 표현적 이해는 메를로-퐁티의 (『지각의 현상학』의) 「표현으로서의 신체와 말」에 관한 후반의 장을 앞서 보여준다. 그 장 초두의 각주에서 메를로-퐁티는 두 가지 의미의 '존재'에 주의를 환기시킨다. 즉, "사물로서의 약한 의미의 존재, 술어화의 존재, 그리고…에 속한다, 혹은 취한다는 강한 실존론적 의미(나는 나의 신체이다, 나는 나의 삶이다)"(1962, p. 174). 분명히, 메를로-퐁티가 의미하는 바의 '나는 나의 신체이다'라는 진술은 실존론적 의미로 취해져야만 한다. 더구나 우리가 이 진술을 이런 방식으로 이해할 때 그것은 '나는 나의 신체를 가지고 있다'라는 진술을 이해할 수 있는 어떤 방식과 양립 가능하다. 메를로-퐁티는 가브리엘 마르셀Gabriel Marcel의 '있음(=존재)'과 '가짐(=소유)' 사이의 구별을 논의할 때 존재(=있음)의 두 가지 의미에 주의를 환기시킨다. '가짐'이 소유주 관계(나는 집을 가지고 있다, 나는 모자를 가지고 있다)를 지시하는 데 반해, 마르셀은 '있음'을 더 풍부한 실존론적 의미로 사용한다(1962, p. 174). 이 소유주 관계는 외적 관계인데, 왜냐하면 나의 소유물들은 나와 독립적으로 특정화될 수 있기 때문이다. 그러나 메를로-퐁티는 주체가 그 자체에게 투사하는 항과 이 주체가 맺는 관계 때문에 '가짐'에는 또 다른 의미가 있다는 점을 지적한다(나는 생각을 가지고 있다, 나는 욕망을 가지고 있다. 나는 두려움을 가지고 있다)(ibid). 여기서 관계는 외적이 아니라 내적인데, 왜냐하면 내가 가지는 것은 나와 독립적으로 특정화될 수 없기 때문이다. 실로, 실존론적 의미에서 그것은 나에게 속한다, 혹은 나는 그것을 취한다. '나는 신체이다'와 '나는 신체를 가진다'의 이 의미들 간의 연관은 바로 나의 신체적 존재와 나의 주관성 간의 표현적 관계이다.

이 전통적 주관-객관 이분법에서 영원히 벗어나는 것을 목표로 하는 이 독창적 견해를 그대로 따라가면서, 메를로-퐁티는 자기와 세계의 관계는 주체가 객체와 맺는 관계가 아니라 하이데거를 따라 그가 세계-내-존재라고 부르는 것이다. 신체적 주체의 경우, 세계를 빼놓고 주체를 무엇이라고 특정화하는 것도 불가능하고, 주체를 빼놓고 세계를 무엇이라고 특정화하는 것도 불가능하다. "세계는 주체 곧 세계의 기투일 뿐인 주체와 분리 불가능하고, 주체는 세계 곧 주체 그 자체가 기투하는 세계와 분리 불가능하다(1962, p. 430). 이런 방식으로 세계에 속한다는 것은 우리가 사물에 관계하는 일차적 방식은 순전히 감각적이고 반사적인 것도 아니고, 인지적이거나 지적인 것도 아니다. 오히려 신체적이고 숙련된 것이다. 메를로-퐁티는 이러한 종류의 신체적 지향성을 '운동 지향성motor intentionality'이라고 부른다(1962, p. 110, 137). 그가 드는 예는 한 물체를 잡는 것, 곧 지향적으로 쥐는 것이다. 무언가를 잡을 때 우리는 우리 자신을 이 무언가로 향하고, 따라서 우리의 행위는 지향적이다. 하지만 우리의 행위는 사물의 대상적이고 규정적인 특질들을 표상함으로써 그 사물을 지시하는 것이 아니라, 우리 신체가 초래하는 맥락적인 운동 목표에 비추어서 실용적으로 그 사물을 지시한다(1962, p. 138). 마시려고 찻잔을 들어 올릴 때 나는 공간 속의 객관적인 장소에 의해서가 아니라 내 손들과 맺는 자아중심적 관계에 의해서 찻잔을 식별하고, 홀짝거리며 마시고자 하는 목표에 비추어서 찻잔을 잡는다.

동시에 내 주변환경의 찻잔, 컴퓨터 키, 손잡이 같은 사물들은 깁슨(1979)이 행동유도성이라 부르는, 적합한 행위들을 유발하는 운동적 의미sense or meaning를 갖고 있다. 세계 내 사물들은 적합한 지향적 행위들과 운동 기투들을 주체로부터 낳지만(주체는 세계로 기투한다), 세계 내 사물들은 주체의 운동 능력과 관련해서만 특정한 운동적 의미 혹은 행동유도성을 갖고 있다(세계는 주체에 의해 기투된다). 운동 지향성의 이 신체-환경 회로는 메를로-퐁티가 감각 가능성과 운동성, 지각과 행위를 통합하는, 의식의 삶을 대항하는subtend[1] '지향적 호intentional arc'라고 부르는 것에 속한다(1962, p. 136). 지향적 호와 세계-내-존재 모두 순전히 1인칭적(주관적)이지도 않고 순전히 3인칭적(객관적)이지도 않으며, 심적(=정신적)이지도 신체적(=물리적)이지도 않다. 지향적 호와 세계-내-존재는 이 추상물들에 선행하고 또 이 추상물보다 더 근본적인 실존론적 구조들이다. 이런 이유로 메를로-퐁티는 지향적 호와 세계-내-존재는 신체적 주관성에 대한 실존론적 분석에서 말하는 '심리적인 것'과 '생리적인 것'의 통합(p. 80)을 가져올 수 있고, 병리학에서 말하는 통합의 붕괴를 가져올 수 있다고 주장한다.

의식의 삶을 대항하는 지향적 호에서 우리의 신체는 다른 모든 물체들 속의 한 물체로서가 아니라 세계 내 존재의 운반체로서 현존한다(1962, p. 139). 하지만 만약 우리의 신체가 세계 내 존재의 운반체이고 이런 방식으

1) 'subtend'의 번역 '대항對向'은 현이 호를, 각이 변을 '대對한다' 할 때의 그 '대對'의 뜻을 담고 있다.

로 세계의 개시를 위한 가능성의 조건이라면, 어떻게 혹은 어떤 방식으로 신체는 또한 경험에 주어질 수 있는가? 이 물음은 우리가 어떻게 우리 자신을 신체적 주체로서 경험하는가, 혹은 살아지는 신체는 어떻게 그 자체를 살아지는 신체로 경험하는가에 관해 묻는 것이다.

신체적 자기의식으로 접근하는 한 방식은, 신체적 자기를 초월하는 세계에서 이 세계의 지각적 현존의 상관물로서의 신체로 돌아가 작업하는 것이다. 후설까지 거슬러 올라가는 현상학의 한 친숙한 주제는 살아지는 신체가 세계의 지각적 현존의 전제라는 것이다. 사물들은 이것들이 우리의 움직이고 지각하는 신체들로 향해 있다는 데에 힘입어서 지각적으로 처해 있다. 찻잔을 집어든다는 것은 찻잔을 어떤 일정한 각도에서 잡고서 어떤 일정한 방식으로 쥐고서 다룬다는 것이다. 라디오를 듣는다는 것은 우리가 방을 이리로 저리로 움직일 때 변화하는 어떤 일정한 유리한 지점에서 듣는다는 것이다. 식탁 위의 와인 병을 본다는 것은 어떤 일정한 관점에서 본다는 것이며, 손을 뻗으면 닿을 수 있거나 닿을 수 없는 것으로 본다는 것이다. 만약 무언가가 관점적으로 나타나면, 이 무언가가 나타나는 주체는 공간적으로 이 무언가와 관계를 맺고 있어야만 한다. 공간적으로 무언가와 관계를 맺는다는 것은 우리가 신체화되어 있어야 한다는 것을 요구한다. 우리가 무언가가 다른 부재하지만 가능하게 현존하는 일면들을 갖고 있다는 것을 내내 알아차리면서, 이 무언가의 주어진 일면을 지각한다고 말하는 것은, 우리가 지각하는 일면은 이 다른 일면들에 대한 지시를 담고 있다는 것을 의미한다. 이 (노에마적) 지시는 우리의 머리를 기울인다거나 물건을 우리의 손으로 다룬다거나 무언가의 주위를 걷는다거나 등등을 함으로써 우리 자신의 자유로운 움직임을 통해 한 일면을 다른 일면으로 맞바꿀 수 있는 우리의 (노에시스적) 능력에 상응한다.

이 문맥에서 살아지는 신체에 관한 중요한 논점은 두 가지이다. 첫째, 신체는 '영점', '정향의 영점', 사물들이 관점적으로 나타나는 절대적인 지표적 '여기'로 기능한다. 둘째, 살아지는 신체는 또 다른 지각대상으로 환원될 수 있는 것이 아니라 언제나 이런 종류의 지향성을 넘어선다. 살아지는 신체는 일차적으로 지향적 대상으로서가 아니라 움직임(=운동)과 운동지향성의 암묵적이고 실용적인 '나는 할 수 있다'로서 그 자체를 지각적 경험 속에서 현출시킨다(Husserl 1989, pp. 266-267). 후설은 이 '나는 할 수 있다'를 데카르트의 유명한 '나는 생각한다'와 대비시킨다. 왜냐하면 신체적 주체성의 지향적 구조는 내가 어떤 생각을 생각한다(*ego cogito cogitatum*)가 아니라 내가 이런저런 방식으로 할 수 있고 내 자신을 움직이게 할 수 있기 때문이다(1989, pp. 159, 228, 273; 또한 Sheets-Johnstone 1999a, pp. 134-135, 230-232). 이와 같이 다른 무엇보다도 지각적 경험은 살아지는 신체에 대한 대상으로-향해-있지-않은 암묵적인 알아차림, 자동사적이고 전반성적인 신체적 자기알아차림을 수반한다.[2] 물론 우리는 또한 가령 신체를 직접 바라보거나 거울에 비친 신체의 모습을 바라봄으로써 우리의 신체를 한 객체로서 경험할 수 있다. 그런 경우 우리는 무의식적 '신체도식body schema'과 대조적으로 의식적 '신체상body image'이라 불리어 왔던 것을 다루고 있다(Gallagher 1986a, 1995). 신체상은 의식의 지향적 대상으로서의 신체이다. 신체상은 객체로서의-신체에 대한 의식이다(Legrand 2006). 신체상에서 신체는 경험하는 주체가 소유하는 것으로서 경험되며, 의식적인 알아차림이 보통 한 번에 신체의 한 부분이나 영역에만 주의하는 한에서, 그 상은 일반적으로 부분적인 재현이다. 그러나 신체도식은 지향적 대상이나 혹은 신체의 부분적 재현이 아니라, 하부인격적이고 비의식적 방식으로 지각과 행위를 조직하는, 일단의 통합된 동역학적인 감각운동적 과정들이다.

신체도식과 신체상의 이 구분은 근본적 형태의 신체적 경험 즉 전반성적인 신체적 자기의식을 빼놓고 있다(Legrand 2006; Zahavi 1999, pp. 98, 240). 신체도식은 주체가 현상학적으로 이용할 수 있는 것이 아니다. "신체도식은… '나의' 신체에 대한 지각이 아니다. 신체도식은 상image, 재현representation이 아니고 혹은 심지어 신체의 주변적 의식도 아니다. 오히려 신체도식은 신체가 환경과 교감하면서 기능할 때 이 신체를 조직하는 체재이다'(Gallagher 1986b, p. 549). 그러나 우리의 신체 의식은 신체상에 제한되지 않고, 또 신체상이 가장 근본적 형태의 신체적 의식인 것도 아니다. 이와는 달리 대부분의 시간 우리의 신체는 지향적 대상으로 현존하는 것이 아니라, 암묵적이고 묵시적이고 전반성적인 방식으로 경험된다. 이런 방식의 경험은 주체로서의-신체에 대한 의식이다. 이 경험은 살아지는 신체가 그 자체와 맺는 관계, 즉 신체를 지각되는 것으로서가 아니라 지각하고 행위하는 것으로 경험하는 일에 상응한다.[3] 사르트르(1956, p. 1iii)는 이러한 종류의 자기의식은 신체를 대상으로 정립하지 않기 때문에 이 자기의식을 '비정립적non-positional 자기의식' 혹은 '비정립적non-thetic 자기의식'으로 기술하는데, 메를로-퐁티는 이를 전반성적 자기의식이라 부른다. 분석철학 전통의 작자들은 이 자기의식을 비관찰적 형태의 자기의식으로 기술한다(Shoemaker 1968, 1984).

전반성적*prereflective*이란 용어는 논리적인 의미와 시간적인 의미를 같이 담고 있기 때문에 우리의 목적을 위해 유용하다. 전반성적 경험은 논리적으로 반성에 선행하는데, 왜냐하면 반성은 반성되는 무언가를 전제하기 때문이다. 또 전반성적 경험은 반성에 시간적으로 선행하는데, 왜냐하면 우리가 반성하는 것은 여태까지 반성되지 않은 경험이기 때문이다.[4]

전반성적 신체적 자기의식은 촉각에서 분명히 나타나는데, 우리는 감촉하는 사물을 느낄 뿐만 아니라 우리 자신이 이 사물을 감촉하고 있다는 것을, 또 이 사물에 의해 감촉되고 있다는 것을 느낀다. 내가 뜨거운 차 한 잔을 집어들 때 이 자기의 뜨겁고 부드러운 표면을 느끼고 열이 내 손가락들에 스며들어오는 것을 느끼는데, 이 감각들은 내가 컵을 도로 식탁 위에 놓고 나서도 잠시 머물러 있다. 그런 신체적 경험은 신체를 사물에 관련시키는 물리적 사건들의 경험을 제공할 뿐만 아니라, 주관적으로 살아지는 신체를 그 자체에 관련시키는 감각적 사건들의 경험도 또한 제공한다. 보통 우리의 신체는 이 감각적 사건들에서 그 자체를 명시적으로 감각하지 않는다. 찻잔을 집어들 때 나는 내 손가락들의 열을 통해서 살고 있지만,

지각적 대상은 찻잔이지 나 자신이 아니다. 하지만 우리의 신체는 또한 한 손이 다른 한 손을 감촉할 때처럼 그 자신을 명시적으로 감각할 수 있다. 이 경우에 감촉하는 손은 감촉되는 사물이고, 이 감촉되는 사물은 그 자체를 감촉되고 있는 손으로 감각한다.

현상학자들은 수많은 중요한 이유 때문에 이런 종류의 신체적 자기경험을 성찰해 왔다. 외향적 지각과 내향적 느낌 간에는 동역학적 연관이 있고, 그래서 우리는 우리 자신의 신체적 정감을 직접적으로 마주친다. 우리의 신체는 그 자신을 물질적인 것으로 내보이지만, 감각과 운동성에 의해 안으로부터 생명이 불어넣어지는 것으로서 내보인다(Husserl 1989, p. 153). 이런 형태의 신체적 자기의식은 물리적 주체로서의 살아지는 신체의 유일무이한 지위를 명명백백하게 만든다.

> 내 오른손이 내 왼손을 감촉할 때 나는 왼손을 '물리적 사물'로 알아차리고 있다. 하지만 동시에 만약 내가 원한다면, 범상치 않은 사건이 일어난다. 여기에 오른손을 지각하기 시작하는 내 왼손도 있는 것이다. 왼손은 신체가 되고 감각한다*es wird Leib, es empfindet.*[5] 물리적 사물은 생명적인 것이 된다. 아니면 더 정확히 말해 물리적 사물은 이전 상태 그대로 남아 있게 되지만, 그러나 탐색 능력이 이 사물에 머물거나 거주하게 된다. 따라서 나는 나 자신이 감촉하는 일을 감촉하고, 내 신체는 '일종의 반성'을 성취한다. 이 반성 안에, 이 반성을 통해서 지각하는 자와 지각되는 것의 단일방향의 관계만 있는 것이 아니다. 관계는 역전되어 감촉되는 손은 감촉하는 손이 되고, 나는 여기서의 촉감이 신체로 확산된다고, 신체는 '지각하는 사물', '주체-객체'라고 말하지 않을 수 없다. (Merleau-Ponty 1964, p. 166)

그렇지만 감촉하는 경험과 감촉되는 경험은 결코 절대적으로 일치하는 것은 아니다. 두 손은 서로에 대하여 결코 동시적으로 감촉되는 것이고 감촉하는 것은 아니라, 자발적으로 교대로 그들의 역할을 행한다(Merleau-Ponty 1962, p. 93). 이 자발적 교대는 신체가 그 자체의 주관성과 맺는 동역학적인 감각운동적 관계의 표현이고, 이런 종류의 자기관계는 우리의 신체와, 지각 속에서 우리에게 개시되는 다른 사물들을 구별하게 해준다(Husserl 1960, p. 97; Merleau-Ponty 1962, p. 93).

이 경험에서 우리는 또한 감각운동적 주관성이 일종의 감각운동적 상호주관성을 함축할 수 있는 방식을 일별할 수 있다. '자기-타자화self-othering'의 동역학적 과정이 이 경험에서 일어나고, 그래서 우리의 신체는 그 자체에게 다른 것이 된다. 내 왼손이 내 오른손을 감촉할 때(혹은 내가 내 신체를 다른 방식으로 경험할 때), 다른 신체적 주체가 나를 경험하리라 예료하는 방식으로, 이와 동시에 내가 타자를 경험하리라 예료하는 방식으로 나 자신을 경험할 가능성이 생겨난다. 신체적 자기알아차림은 이런 방식으로 일종의 타자성otherness or alterity에 의해 조건화된다. 후설에 따르면, 이 자기타자화 동역학은 타자의 신체적 현존을 기초로 해서 타자를 자기 자신과 같은 주체로 인식할 수 있다는 넓은 의미에서 공감empathy을 위한 매우 중요한 전제조건이다(Zahavi 2003, p. 113). 자기타자화 동역학은 다른 신체들을 우리 자신과 같은 신체적 주체로 인식할 수 있는 우리의 능력을 정초하는, 이 양의성ambiguity에 내재하는 자기성ipseity(나-임)과 타자성alterity(타자-임) 간의 상호작용일 뿐만 아니라, 주관적으로 살아지는 신체와 물리적인 살아 있는 신체 곧 주체-객체'라는 신체의 이중적 지위 바로 그것이다. 나는 이 책의 마지막 장에서 이 사상들로 돌아올 것이다.

이 간략한 현상학적 반성들은 의식은 유일무이한 이중적 방식으로 신체에 관여한다는 것을 보여주기에 충분하다. 우리는 우리 신체를 주체와 객체로 경험한다. 우리가 우리 신체의 한 측면이나 부분에 주의를 보낼 때 우리 신체는 의식의 지향적 대상이다. 이런 종류의 신체적 알아차림의 내용은 신체상 혹은 객체로서의-신체에 해당한다. 그러나 세계 내의 대상들을 경험하는 동안 우리는 또한 (우리의 객체로서의 신체가 포함되는) 주체로서의-

신체를 전반성적으로 또 비지향적으로 경험하기 때문에 신체적 의식은 이런 종류의 경험으로 환원될 수 없다. 의식의 과학적 설명을 위한 어떠한 도전도 신체적 자기의식의 이 유일무이한 이중적 성격을 보존할 수밖에 없다. 그러므로 어떠한 과학적 설명도 이 두 기준을 충족시키지 않으면 안 된다. 즉, 과학은 우리 신체가 지향적으로 세계를 향해 있는 방식들을 설명해야만 하고, 우리 신체를 객체로 식별하는 일을 함의하지 않는 일종의 자기알아차림을 설명해야만 한다.

도로테 르그랑Dorotheé Legrand(2006)은 이 기준들을 충족시키는 신체적 자기의식을 설명하고자 연구를 수행해 왔다. 그녀는 행위 의식의 경우에 신체적 자기의식은 행위하겠다는 지향들의 알아차림으로도, 신체에 대한 내적 양식의 식별로 이해되는 자기수용감각으로도 환원될 수 없다고 주장한다. 그러므로 신체적 자기의식은 원심적 메커니즘이나 구심적 메커니즘 둘 중의 하나에만 기초할 수 없다고 결론을 내린다. 신체적 자기의식은 신체를 지각과 행위가 수렴하는 장소로 경험하는 데 있고, 따라서 지각과 행위가 정합적이기 위해 감각정보와 운동정보의 대응에 의존한다(또한 Hurley 1998, pp. 140-143을 보라). (1) 행위하겠다는 지향, (2) 행위가 실행되는 동안 신체적 움직임들의 유도를 포함하는 이 지향의 운동 결과들, (3) 고유수용감각과 외부수용감각을 포함하는 이 행위의 감각적 결과들 사이에는 특정한 대응이 존재함에 틀림없다.

이 설명의 중요한 함의는, 자기의식의 신경적 상관물들은 우리가 이것들을 동역학적인 감각운동적 맥락에 의해서가 아니라 오직 내재적인 신경적 속성들에 의해서만 이해하는 한, 심적 생명에 대한 설명은 여전히 불투명하게 남아 있게 될 것이라는 점이다(Hurley and Noë 2003; Legrand 2003; Thompson and Varela 2001). 이 점 때문에 우리는 지각경험에 대해 동역학적인 감각운동적 설명을 행해서, 신체-신체 문제를 위해 이 설명이 갖고 있는 의미를 파악할 필요를 느낀다.

지각적 의식에 대한 동역학적인 감각운동적 접근법

신경가소성 및 지각경험에 대한 동역학적인 감각운동적 접근법에 관한 최근의 한 논문에서 수잔 헐리와 알바 노에(2003)는 의식을 위한 세 가지 서로 다른 유형의 설명적 간극을 구분한다. 첫 번째 유형을 그들은 **절대간극** *absolute gap*이라 부른다. 이는 "신경과정들은 도대체 왜 의식적 경험을 동반해야 하는가?"(Hurley and Noë 2003, p. 132) 하는 물음이 의미하는 것이다. 두 번째와 세 번째 유형은 **비교간극***comparative gap*이다. 한편으로, **양태교호적***intramodal* 비교간극은 어떤 신경활동이 왜 가령 청각경험이 아니라 시각경험을 생겨나게 하는가 하는 물음이다. 다른 한편으로, **양태내적***intramodal* 비교간극은 어떤 신경활동이 왜 가령 녹색 경험이 아니라 적색 경험을 생겨나게 하는가 하는 물음이다. 헐리와 노에는 절대간극이 아니라 이 두 비교간극과 관련 있는 동역학적인 감각운동적 접근법을 제시한다. 다른 저작에서 케빈 오레건J. Kevin O'Regan과 노에(2001b)는 이 감각운동적 접근법이 또한 절대간극도 다룰 수 있다고 제시한다(또한 Myin and O'Regan 2002를 보라). 나는 먼저 비교간극에 대한 감각운동적 접근법을 살펴보겠고, 그런 다음 절대간극에 대한 접근법을 검토하겠다.

헐리와 노에는 신경가소성의 사례들을 검토함으로써 비교간극을 다룬다. 그들은 지각경험의 성질들이 감각자극과 신경활동의 정상적 관계의 변화들에 의해 영향을 받을 수 있는 두 가지 방식을 구분한다.

1. "새로운 말초적 입력원으로 인해 생긴 피질 활성화가 그 부위에서의 피질 활동과 정상적으로 혹은 이전에 연합해 있는 질적 성격을 지닌 경험을 생겨나게 할 때, '피질 지배'가 일어난다"(Hurley and Noë 2003, p. 133). 예를 들어 환상지를 경험하는 어떤 환자들의 경우 얼굴을 가격하면 또한 환상 팔을 가격하는 것으로 느끼기도 한다. 이런 환자들을 연구해 온 라마찬드란에 따르면, 이 경험에 대한 설명은 절단 후, 얼굴을 담당하는 체성감각적 피질의 촉각영역이 구심로가 차단된 팔 부위를 인수한다는 것이다

(Ramachandran and Blakeslee 1998; Ramachandran and Hirstein 1998). 팔 부위가 새로운 비표준적 입력원(얼굴)을 받아들일 때 이 팔 부위는 팔을-감촉하는 느낌인, 정상적인 질적 표현을 보유한다. 따라서 이 피질 부위는 그것이 정상적인 질적 표현 혹은 '자연적 기호를 보유한다'는 의미에서 '지배한다'(Hurley and Noë 2003, p. 133).

2. 비표준적이거나 새로운 입력원의 성격으로부터 질적 표현을 취하기 위해, 주어진 부위에서의 피질 활동이 나타날 때, '피질 순종'이 일어난다(ibid). 선천적으로 눈먼 사람들이 가령 점자를 읽을 때 읽을 때의 촉각적 느낌은 시각적 피질의 활동에 의해 중재된다(Sadato et al. 1996). 이 경우에 시각적 피질 내 활동의 질적 표현은 분명 새로운 입력원에 순종한다.

이 피질 지배와 피질 순종의 사례들은 설명적 간극 종류의 물음들을 제기한다. 체성감각적 피질 혹은 시각적 피질의 활성화는 왜 또 다른 방식이 아니라 한 방식으로 느끼는가? 환상지 사례에서 왜 단지 얼굴을 감촉하는 느낌이 아니라 팔을 감촉하는 느낌이 존재하는가? 점자를 읽는 선천적으로 눈이 먼 사람의 경우 왜 시각피질의 활동이 시각적 느낌이 아니라 촉각적 느낌으로 경험되는가? "각 사례에 있어서 질적 표현이 한 방식으로 진행되는지 아니면 다른 방식으로 진행되는지를 무엇이 설명하는가? 어떤 피질 부위의 활동이 왜 저것과 같은 것이 아니라 이것과 같은 것으로 경험되는지를 무엇이 설명하는가?"(Hurley and Noë 2003, p. 139).

동역학적인 감각운동적 가설은 "질적 표현의 변화들은 감각입력의 속성들과 이 속성들을 수용하는 뇌 영역에 의해서가 아니라, 감각자극과 신체화된 활동 사이의 동역학적 상호의존의 패턴에 의해서 설명되어야 한다"는 것이다(Hurley and Noë 2003, pp. 145-146). 동역학적인 감각운동적 접근법, 특히 오레건과 노에의 '감각운동적 수반이론sensorimotor contingency theory'에 따르면, 지각경험은 뇌의 내적 사건이나 상태가 아니라 감각자극이 움직임(=운동)에 따라 변하는 방식에 대한 지각자의 암묵적이고 실용적인 지식(=앎)에 의해 부분적으로 구성되는 숙련된 활동이다. 상이한 감각들은 감각운동적 의존성의 상이한 패턴들을 갖고 있고, 지각자들은 이 상이성들에 대한 암묵적이고 숙련된 통달을 갖고 있다. 가령 시각의 경우 눈이 회전할 때 망막 상의 감각자극은 눈 움직임의 크기, 망막의 구체球體 모양, 망막의 광수용기들이 중심와에서 부중심와로 변이하는 밀도 등에 결정되어 정밀한 방식들로 이동하고 왜곡된다. 몸이 앞으로 움직일 때는 광학적 흐름 패턴이 팽창하고, 몸이 뒤로 움직일 때는 광학적 흐름 패턴이 수축한다. 깜박이는 동안 눈이 감길 때 자극은 균일하게 된다(망막 이미지는 공백이 된다). 이 감각운동적 의존성들이 현저하게 시각적인 데 반해, 청각과 촉각의 그런 특성들(=감각운동적 의존성들)은 상이한 구조들을 갖고 있다. 지각한다는 것은 감각운동적 의존성들의 이러한 패턴들에 암묵적으로 또 능란하게 의존한다는 것이다.

헐리와 노에는 지배/순종 구별을 설명하기 위해 이 체재를 사용한다. 그들은 순종을 표준으로, 지배를 예외로 간주한다. 능숙하게 점자를 읽는 사람들의 경우 시각적 피질에 의해 중재되고 있는 촉각적 감각작용이 생겨나는 사례 이외에 다른 순종의 사례들이 있다. 예를 들어 갓 태어난 흰 담비의 경우 시각적 자극을 청각적 피질 쪽으로 신경경로를 취하도록 외과적으로 수술해서 조정하게 되면 그 결과 청각적 뉴런들은 시각적 속성들을 개발할 수 있다(Roe et al. 1990, 1992; Sur, Angelecci, and Sharma 1999). 또 다른 예는 촉각적-시각 대체 체계tactile-vision substitution systems(TVSS)에서 오는데, 이 체계에서 일단 피험자들이 카메라의 움직임을 제어할 수 있게 되면, 피부에 촉각적 자극을 산출하는 카메라에 시각적 입력을 행할 때 '촉각적 봄'이 생겨난다(Bach-y-Rita 2002). 이런 사례들은 감각적-피질의 경로들을 내생적으로 혹은 외생적으로 다시 조정하게 되면 이 피질영역들이 참여하는 동역학적 감각운동적 패턴들은 변화하기 때문에, 단지 특정한 피질영역들이 활성화된다고 언급하는 것만으로는 설명될 수 없다.

이 설명에 따르면, 감각운동적 패턴들이 경로를 다시 조정함으로써 체계적으로 변형될 때 순종은 예측되고, 행위자는 (예를 들어 TVSS에 일어나는 것처럼) 새로운 패턴 및 이 새로운 패턴이 낡은 패턴과 맺는 관계를 배울 수 있다. 그러나 이 두 조건들 중 어느 하나라도 충족되지 않을 때 지배가 예측된다. 행위자가 수동적이거나 움직일 수 없다면 제2의 조건[2]은 충족되지 않는다. 예를 들어 TVSS는 만약 피험자가 능동적으로 카메라를 제어해서 그것을 그의 감각운동적 목록에 통합할 수 있기만 한다면, 먼 데 있는 물체들의 모양과 움직임을 지각할 수 있는 유사시각적 경험들을 낳는다. 그러나 만약 경로가 다시 조정된 감각적 자극이 '달랑 매달려 있는' 피질 활동—동역학적인 감각운동적 패턴으로 통합되지 않는 활동—만을 생겨나게 한다면, 제1의 조건[3]은 충족되지 않고 다시 지배가 예측된다. 예를 들어 체성감각적 피질의 특정한 영역이 구심로차단의 결과 인접한 영역에 의해 인수될 때 환상지 감각들이 생겨날 수 있다. 만약 그런 달랑 매달려 있는 활동이 동역학적인 감각운동적 패턴으로 재통합될 수 있다면, 지배가 순종에게 길을 내주도록 예측될 것이다. 이런 종류의 재통합은 라마찬드란의 거울상자 실험에서 부분적으로 또 일시적으로 일어나는 것으로 보이는데, 이 실험에서 환자는 그의 환상 손을 움직이라는 지시를 받을 때 손상되지 않은 손으로부터 환상 시각적 피드백이 주어진다(Ramachandran and Blakeslee 1998).

심리학자 니콜라스 험프리는 설명적 간극에 관한 그의 저서들에서 "우리가 마음의 용어들과 뇌의 용어들은 판연히 공약 불가능하다는 식으로 동일성[심적 상태 m=뇌 상태 b]에 대해 쓰기를 계속하는 한, 과학적 진보의 희망이 있을 수 없다. … 우리는—심적인(=정신적인) 것과 물질적인 것에 똑같이 적용될 수 있는—이중통화二重通貨를 지니는 개념들에 의해서, 관련된 심적 상태와 뇌 상태를 정의하기 위해 두 측면에서 작업할 필요가 있다"(Humphrey 2000m, pp. 7, 10)고 언급해 왔다.

---

2) 새로운 패턴 및 이 새로운 패턴이 낡은 패턴과 맺는 관계를 배우는 것.
3) 감각운동적 패턴들이 경로를 다시 조정함으로써 체계적으로 변형되는 것.

간극의 두 측면에서 작업한다는 이 전략은 바로 동역학적인 감각운동적 접근법이 추구하는 전략이다.[6] 이 접근법은 신경활동의 내재적 속성들—예를 들어, 주어진 피질영역에서의 뉴런들의 발화패턴들—에 의존하는 것이 아니라, 신경활동, 신체, 세계 간의 동역학적인 감각운동적 접근법에 의존한다. 이 접근법을 위해 이중통화를 지니는 개념은 동역학적인 감각운동적 활동의 개념이다. 심적인 측면에서 지각경험들은 감각경험과 운동 간의 관계에 대한 지각자의 암묵적이고 실용적인 지식 혹은 숙련된 통달에 의해 부분적으로 구성되는, 행위 방식들로 해명된다(Noë 2004; O'Regan and Noë 2001a). 감각들은 감각운동적 의존성의 상이한 특징적 패턴들을 지니며, 지각자들은 이 상이성들에 대해 암묵적이고 숙련된 통달을 지니고 있다.

심적인 측면에 대한 이 설명은 지각경험을 감각운동적 의존성 그 자체의 일어남과 동일시하는 것이 아니라, 감각운동적 의존성의 불변적 패턴들에 대한 숙련된 통달을 지각자가 실행함과 동일시하는 것임을 주목하는 것이 중요하다. 행동주의와 달리, 내생적 지식(숙련된 통달)에 의해 부분적으로 구성돼 있는 지각적 경험은 감각적 자극과 운동적 행동 사이를 중재한다. 그러나 인지주의와 달리, 경험은 감각적 '입력'과 운동적 '출력' 사이를 선적인 인과적 방식으로 중재하지 않는다. "(행동과 감각적 자극으로 이루어지는) 숙련된 활동이 경험이기 때문에, 감각적 자극은 우리 안의 경험을 야기하지 않고, 결국 우리의 행동을 야기한다"(O'Regan and Noë 2001b, p. 1015). 달리 말해서, 동물 전체 혹은 인간의 숙련된 활동으로서 지각적 경험은 감각적 과정들, 운동적 과정들, 인지적 과정들의 연속적이고 호혜적인(비선형의) 상호작용에서 창발하고, 이렇게 해서 운동적 행동, 감각적 자극, 실용적 지식에 의해 구성된다. 뇌의 측면에서 신경적 상태들은 이 상태들의 내재적인 신경생리학적 속성들의 수준에서 혹은 단순히 심적 상태들의 신경적 상관물로서 서술되는 것이 아니라, 그것들이 능동적 유기체 전체를 포함하는 동역학적인 감각운동적 패턴들에 참여하는 방법에 의해서 서술된다.

동역학적인 감각운동적 접근법은 환원주의적 의미에서 비교 설명적 간극을 좁히려는 시도로서가 아니라, 일률적이고 포괄적인 감각운동적 체재 속에서 지각경험과 신경과정들을 이해하기 위해 새로운 이론적 자원들을 효율적으로 사용함으로써 이 간극에 다리를 놓으려는 시도로서 이해될 때 가장 잘 이해된다. 각 양태의 지각경험 — 봄, 들음, 감촉함 등 — 은 이 양태를 구성하는 감각운동적 의존성의 상응하는 패턴이 존재한다. 세계를 지각적으로 경험한다는 것은 감각하고 운동하는 신체와 환경 사이의 감각운동적 의존성의 일정한 패턴들에 대한 신체적 숙달과 노하우를 발휘한다는 것이다. 서로 다른 감각운동적 패턴들이 이런 방식으로 봄, 들음 등을 구성한다면, "이 감각적 패턴들이 왜 듣는다거나 감촉한다는 것보다는 본다는 것과 잘 어울리는가?" 하고 묻는 것은 아무 의미가 없다. 이와는 달리, 우리는 특정한 뇌 부위에서의 신경활동과 관련해서 이런 종류의 물음을 언제나 제기할 수 있다. "이 피질영역에서의 뇌 활동은 왜 듣는다거나 감촉한다는 것보다는 본다는 것과 잘 어울리는가?" 이런 종류의 물음 배후에 있는 갈구를 충족시키는 방법은 동역학적인 감각운동적 맥락에 국소적 신경활동을 끼워 넣는 설명을 제공하는 것이다. 이런 이유 때문에 (내생적 신경활동을 포함하는) 감각운동적 패턴들은 의식의 단순한 신경적 상관물들보다 더 유망해 보인다(Hurley and Noë 2003, pp. 146-147; Noë and Thompson 2004a, 2004b).

비교 설명적 간극에 다리를 놓으려고 작업을 할 때 감각운동적 접근법은 신체-신체 문제에 기여를 한다. 그렇지만 헐리와 노에의 설명은 신체-신체 문제의 핵심 — 정감의 문제 — 을 충분히 다루지 않고 있다. 그들은 비교 설명적 간극에 다리를 놓으려는 동역학적인 감각운동적 접근법이 도대체 왜 경험이 존재하는가 하는 절대 간극에 다리를 놓는 것은 아니라는 점을 인정한다. 그들의 목표는 우선 행위자가 왜 저와 같은 경험보다는 이와 같은 경험을 지니는지 설명하는 것이지, 무엇이 행위자를 의식적 주체로 만드는지 설명하는 것은 아니다. 실로 그들의 설명은 행위자가 한 종류나 또 다른 종류의 경험을 이미 지니고 있다는 가정으로부터 출발하기 때문에 정감을 전제하는 것이다.

그러나 오레건과 노에(2001b)는 감각운동적 접근법은 또한 행위자가 도대체 왜 경험을 지니는지를 설명할 수 있다고 주장하고, 민과 오레건(2002)은 이 주장을 되풀이 하고 있다.[7] 그들의 제언은 신체-신체 문제와 관련이 있다. 그들의 설명을 검토하는 것은 동역학적인 감각운동적 설명이 왜 그리고 어떻게 자율적 자기성에 대한 창출행위적 설명과 신체적 자기의식에 대한 현상학적 설명 이 둘 모두와 결합되어야 하는가를 보여주는 데 도움이 될 것이다.

오레건, 노에, 민의 전략은 감각적 경험의 어떤 특성적 속성들에 대해 감각운동적 설명을 제공하는 것이다. 이 속성들은 '진행 중임', '강제적 현전', '표현 불가능성', '주관성'이고, 이것들은 의식적 경험의 현상적 성격을 구성한다고 생각되고 있다.

> 진행 중임*ongoingness*은 마치 자동차의 웅웅거리는 소리와 같은 진행 중인 과정이 나에게 거주하는 듯이 경험이 나에게 일어나는 것으로, 혹은 지금 여기서 나에게 발생하는 것으로 경험되는 것을 의미한다. 강제적 현전*forcible presence*은, 가령 역사에 대한 나의 앎과 같은 다른 정신적 상태들과는 달리, 감각적 경험은 외부로부터 나에게 그 자체를 강요하고, 어떠한 정신적 노력을 하지 않고도 나에게 현전하고, 실로 나의 의지적 제어를 대부분 벗어나 있다는 사실이다. 표현 불가능성*ineffability*은 경험에는 우리가 말로 기술할 수 있는 것보다 언제나 더 많은 것이 존재한다는 것을 나타낸다. 마지막으로, 주관성*subjectivity*은 경험은 양도할 수 없는 방식으로 나의 경험이라는 것을 나타낸다. 경험은 너의 것 혹은 아니면 나의 것이고 그의 것 아니면 그녀의 것이며, 경험을 갖는다면 반드시 누군가가 경험을 갖는 것이다. 하지만 주관성은 또한 경험이 나에 대해서*for*

me 무언가이고, 경험되는 것이라면 무엇이든 이와 관련해서 행위하거나 생각하는 기회를 나에게 제공하는 무언가라는 것을 나타낸다. (Myin and O'Regan 2002, p. 30)

진행 중임과 강제적 현전은 감각운동적 체계 작동의 두 상보적 특질들인 '신체성'과 '탈취성'에 의해 설명될 수 있다. 이 특질들은 지각적 알아차림과 비지각적 알아차림 곧 사고를 구분해준다(O'Regan and Noë 2001b). 신체성 bodiliness은 감각적 자극이 신체적 움직임에 의존하는 것을 나타낸다. 신체적 움직임의 결과 감각적 자극의 변화가 크면 클수록 신체성의 정도는 그만큼 더 높아진다. 따라서 앞에 놓여 있는 책에 대한 시각적 경험은 옆방에 있는 책에 대한 비지각적인 알아차림과 비교할 때 신체성의 높은 정도를 지닌다. 깜박임, 눈 움직임, 머리와 몸의 움직임은 책이 감각기관에 영향을 미치는 방식을 조절하지만, 옆방의 책에는 어떠한 차이도 만들어내지 않는다. 탈취성grabbiness는 무언가가 우리의 주의를 끌어당기는 경향이다. 시각은 높은 탈취성을 갖고 있는데, 왜냐하면 우리 주위의 시각장의 갑작스런 변화는 즉각적으로 우리의 주의를 끌어당기기 때문이다. 따라서 우리 앞에 놓여 있는 책의 움직임이나 변화는 주의를 탈취하는 방식으로 즉각적으로 우리의 감각기관에 영향을 미치는 반면에 옆방에 있는 책의 움직임은 그렇지 못할 것이다. 신체성과 탈취성은 다음과 같은 방식으로 강제적 현전과 진행 중임을 설명한다고 생각되고 있다.

(1) 책은 그 자체를 우리에게 강요한다. 책의 어떠한 움직임도 우리의 주의(처리하는 자원)를 그 책으로 향하도록 만들기 때문이다. (2) 우리 신체의 관련 부분들의 아주 작은 움직임도 책과 관련해서 감각적 자극을 변경시킨다. 비유적으로 말해, 그것은 우리가 책과 접촉하고*in contact* 있는 것과 같다. … 우리는 마찬가지 방식으로 진행 중임에 대해 설명할 수 있다. … 진행 중인 질적 상태에 대한 감각은, (a) 신체의 움직임이

> 감각적 자극의 관련 패턴(신체성)을 현재에 생겨나게 할 수 있다는 것을 우리가 이해하는 데에 있고, (b) 뜻하는 대로 우리가 보고 있는 것의 아주 작은 변화도 우리의 주의를 잡아당기고, 그런 방식으로 그 자체를 우리에게 강요하리라는 것을 이해하는 데에 있다. 이와 같이, 진행 중인 무언가가 존재한다고 실제로 가정하지 않고서도, 특히 상응하는 진행 중인 물리적 메커니즘이나 과정이 존재한다고 가정하지 않고서도, 우리는 왜 우리 안에 진행 중인 무언가가 존재하는 것처럼 보이는지를 설명한다. (O'Regan and Noë 2001b, p. 1012)

표현 불가능성과 주관성이라는 두 가지 특징이 아직 남아 있다. 감각운동적 접근법에 따르면, 지각적 경험들은 일종의 숙련된 지식의 능동적 현출들이고, 행위를 위한 잠재력으로 정의된다. 일반적으로, 한 기량의 기저를 이루는 지식을 서술한다는 것은 어려운 일이다. 따라서 표현 불가능성은 지각적 경험을 구성하는 감각운동적 패턴들의 암묵적이고 실용적인 지식을 언어로 기술할 수 없음에 의해 설명된다. 주관성은 다음과 같이 설명된다.

> 누군가는 무언가와 상호작용하고 있기 때문에, 이 누군가는 이 무언가를 지각적으로 알아차리고 있다. 이 누군가가 이 무언가를 의식하게 되는 것은, 그가 지니고 있는 모든 자원들을 그가 의식하고 있는 모든 것에 놓아두기 때문이다. 그래서 일단 그가 이 무언가를 의식하고 있기만 하면, 이 무언가는 '그에 대해서' 존재한다. 이 무언가는 그가 그의 모든 역량들을 바치고 있는 주관적(=주체적) 기투이다. 그래서 의식은 정의상 '주체에 대해서' 존재한다. (Myin and O'Regan 2002, p. 39)

동역학적인 감각운동적 용어들로 경험의 중요한 특징들을 설명한다는 점에서 이 설명은 이해하는 데에 도움이 된다. 그러나 이 설명은 두 가지 면에서 불완전하다. 첫째, 자기성 혹은 행위체를 자율적 체계들에 의해서 창출행위적으로 설명함으로써 보장될 필요가 있다. 둘째, 전반성적 신체적 자기의식을 포함하도록 주관성에 대한 설명을 강화할 필요가 있다.

지각적 경험을 설명하기 위해 감각운동적 앎에 호소하기 때문에 동역학적인 감각운동적 접근법은 자율적 자기성 혹은 행위체 개념을 필요로 한다. 앎은 이 앎을 신체화하는 아는 자나 행위자나 자기를 함의한다. 감각운동적 체계는 상관관계적인 감각운동적 환경을 지닌 진정한 감각운동적 행위자가 되기 위해 어떤 조직을 지닐 필요가 있는가?

창출행위적 접근법에 따르면, 행위체와 자기성은 체계가 자율적이어야 한다는 것을 요구한다. 우리가 본 바와 같이, 최소 자율성의 사례는 살아 있는 세포이다. 세포는 자가생성적 체계이다. 외적 경계 조건들을 조절하고 내적 반응 네트워크를 가능하게 만드는 막 경계를 산출하는 것은 자기조직화하는 생화학적 반응들의 네트워크이다. 세포는 독자생존 가능성 제약을 충족시키기 위해 환경과 능동적으로 관계를 맺는다. 세포의 '감각적' 반응들은 자가생성의 유지(강건성)에 의해 통제되고 적응의 내적 규범들(유연성)에 의해 조절되는 '운동적' 행동들을 유발하도록 역할을 한다. 이 순환적 조직화 및 환경과 쌍결합하는 양식은 신경체계에 의해 더 복잡한 형태로 다시 수행된다. 신경체계는 감각하는 내용은 운동하는 방식에 직접적으로 의존하고, 운동하는 방식은 감각하는 내용에 직접적으로 의존하는 감각운동적 순환을 수립하고 유지한다. 중핵을 이루는 세포적 형태의 생물학적 자기성은 자가생성적 네트워크의 작동성 폐쇄에 의해 산출되는 반면, 감각운동적 자기성은 신경체계의 작동성 폐쇄에 결과한다(Varela 1997a). 어느 경우든 '자기' 개념을 언급하는 것은 적법한데, 왜냐하면 체계에 의해 반복적으로 생산되는 불변적인 위상학적 패턴에 의해, 또 체계가 능동적으로 또 규범적으로 관계를 맺는 외부를 규정하는 불변적인 위상학적 패턴에 의해 체계의 동역학이 특징지어지기 때문이다.

이 사례들을 오레건과 노에가 드는 미사일 유도 체계와 비교해보자. 그들은 이 체계가 비행기를 추적하는 동안 일어나는 가능한 입력/출력 관계에 관해 '모두 알고 있다'거나 '통달해 있다'고 쓰고 있다(O'Regan and Noë 2001a, p. 943). 그러나 이 경우에 운동성 박테리아나 후생동물의 경우와는 달리, '감각운동적 앎'은 단지 관찰자에 의해 체계에 귀속되어 있을 뿐이지 체계 그 자체에 본래 있는 것이 아니다. 자율적이지 않기 때문에 (자율적 조직을 지니지 않기 때문에) 이 체계에는 진정한 감각운동적 앎이나 통달이 전혀 존재하지 않는다. 이 체계는 지속적인 독자생존 가능성을 보장하기 위해 그 자체의 경계조건을 능동적으로 조절하는 자기생산하고 자기유지하는 체계가 아니고, 또 그 자신의 감각운동적 동일성을 환경과의 감각운동적 상호작용의 불변자로서 생산하고 유지하지 않는다. 그러므로 이 체계는 진정한 감각운동적 행위체나 자기성을 전혀 갖지 않고, 그래서 능동적으로 또 규범적으로 세계와 관계를 맺는다고 말할 수 없다.

동역학적인 감각운동적 접근법에 자기성에 대한 창출행위적 설명을 추가하는 것은 신체-신체 문제를 다루는 길로 가는 도중에 있을 뿐이다. 여기에 추가해서 또 우리는 전반성적 신체적 자기알아차림이란 의미에서 주관성을 포함할 필요가 있다.

내가 병을 들어 올려서 손으로 쥐고 있을 때 나는 병을 나와 다른 것으로 경험하지만, 병을 쥐고 있다는 느낌은 직접적으로 또 비추리적으로 나의 것으로 경험된다.[8] 내 촉각적 경험의 지향적 대상은 병이지만, 동시에 나는 지향적이지 않은 방식으로 (대상으로 향하지 않은) 방식으로 내가 잡고 있다는 느낌을 통해 살고 있다. 느낌을 나의 것으로 경험하기 위해 나는 느낌을 나의 것으로 식별할 필요는 없다. 오히려 느낌은 주관성을 구성하는 내재적 '나의 것임'이나 '1인칭적 주어짐'이나 '자기성ipseity'(나-임I-ness)으로 온다(Kriegel 2003a, 2003b; Zahavi 2002a, 2003c).

우리가 본 바와 같이, 민과 오레건(2002)은 지각적 경험의 주관성을 설명하고 있다고 주장한다. 오레건과 노에(2001b)를 따르는 그들의 전략은 여러 현상적 특징들 — 주관성, 진행 중임, 강제적 현전, 표현 불가능성 — 을 따로 뽑아냄으로써 경험을 '탈-물화하는de-reify' 것이다. 그렇지만 진행 중임과 강제적 현전은 구성적인 방식으로 주관성을 포함한다. "진행 중임은 마치 자동차의 웅웅거리는 소리와 같은 진행 중인 과정이 나에게 거주하는 듯이 경험이 나에게 일어나는 것으로, 혹은 지금 여기서 나에게 발생하는 것으로 경험되는 것을 의미한다. 강제적 현전은 감각적 경험은 외부로부터 나에게 그 자체를 강요하고, 어떠한 정신적 노력을 하지 않고도 나에게 현전하며, 실로 나의 의지적인 통제를 대부분 벗어나 있다"(Myin and O'Regan 2002, p. 30; 강조 필자). 고딕체로 적은 각 문구는 주관성 혹은 경험의 1인칭적 성격의 한 측면을 기술하고 있다. 마찬가지로 표현 불가능성은 나의 지각적 경험이 어떤 면들에서 나에게 기술 불가능한 것으로 보인다는 것을 의미한다.

민과 오레건은 그들 노력의 대부분을 진행 중임과 강제적 현전을 설명하는 데 바치고 있다. 그들이 주관성에 관해 쓰고 있는 것은 경험(혹은 경험함)에 고유한 1인칭적 성격 그리고 대상을 향해 있지 않은 자기알아차림 혹은 자동사적인 자기알아차림을 다루는 것이 아니라, 지각적 경험의 지향적 대상들로 주체가 의식적으로 접근하는 길을 다루는 것이다. 그들은 의식은 '주체에 대해서' 존재한다고 제언하는데, 왜냐하면 X를 의식하는 것은 우리의 모든 숙련된 감각운동적이고 주의적인 자원들을 X에 집어넣는 것이고, 이렇게 해서 우리는 X를 알아차리는 것뿐만 아니라 X가 제공하는 그 이상의 행위나 사고를 위한 기회를 알아차리기도 하는 것이다. 이 설명은 주어진 대상 X가 '주체에 대해서' 존재한다는 것이 무엇인지에 대한 설명, 즉 X는 주체의 주의의(혹은 주의가 사용할 수 있는) 지향적 대상이라는 설명으로는 타당한 것 같다. 하지만 이 설명은 X에 대한 우리의 지각적 경험이 자동사적으로 자기를 알아차린다는 것이 무엇인지는 설명하지 않고 있다. 예를 들어, 카펫의 붉은 천이 내 현재의 시각적 경험의 내용이라는 것이 무엇인지를 설명할지 모르지만, 붉은 천을 보는 내 경험이 현상적으로 나의 것으로 현출한다는 것이 무엇인지는 설명하지 않고 있다. 달리 말해서, 지각적 경험의 지향적 대상들로 의식적으로 접근하는 길에 대한 설명은 우리에게 주어지지만, 경험 그 자체의 1인칭적 성질이라는 의미의 주관성에 대한 설명은 주어지지 않는다.

이와 관련된 문제는 이 설명은 모든 의식을 타동사적 경험 혹은 대상으로 향해 있는 경험과 동일시하고, 모든 의식을 주의와 동일시하는 것이다 (O'Regan and Noë 2001a, pp. 944, 955, 960). 이러한 동일시는 의식을 너무 좁게 파악하는 것이다.

먼저 의식과 주의의 동일시에 대해 잘 생각해보자. 네드 블록Ned Block은 창문 바깥 떨어진 곳에서 두두두 하는 드릴 소리가 들리는 동안 대화에 열중하고 있는 예를 보여준다(Block 1997, pp. 386-387). 대화에 몰두하고 있어서 그 시끄러운 소리에 주목하지 않다가 결국 갑자기 우리는 그 소리에 주목하게 된다. 블록은 심적 상태가 (주관적으로 경험되는) '현상적으로 의식적인 것phenomenally conscious'과 (사고, 언어 보고, 행위 지침이 접근할 수 있는) '접근적으로 의식적인 것access conscious' 간의 차이를 분명히 보여주고자 이 예를 사용한다. 그의 제언은 소리를 내내 알아차리는 한, 우리는 현상적으로 소리를 의식하는 것이지 반드시 접근적으로 소리를 의식하는 것은 아니라는 것이다. 소리에 주목할 때 우리는 소리를 접근적으로 의식하게 되고 (또 아마도 또한 내내 소리를 들어오고 있었다는 것을 알아차리고), 그래서 우리는 이제 소리의 현상적 의식과 접근적 의식을 모두 갖게 된다.

오레건과 노에(2001a, p. 964)는 드릴 소리에 주목하고 주의하고 나서야 소리를 듣게 된다고 주장하면서 이 기술에 이의를 제기한다. 우리의 청각적 체계는 소리에 선택적으로 반응할 수도 있겠지만, 우리는 드릴에 주목하고 나서야 소리가 제공하는 정보를 사용하고 또 정보를 사용하려는 태세를 취하게 된다. 그러므로 우리가 접근 의식access consciousness 없이 현상적 의식의 경우를 갖는다고 생각할 아무 근거가 없는 것이다. 접근이 부재할 때는 현상적 의식이 존재하지 않는다.

현상학적 분석의 관점에서 보면, 두 기술 모두 다소 미진한 점이 있다.

소리에 주목하지 않는 것과 그런 다음 주목하는 것 사이의 경험적 차이가 어떠한 연장된 시간적 동역학도 없이 별개의 상태가 이전되는 듯이 정적으로 취급되고 있으며, 암묵적 측면과 명시적 측면 사이의, 경험의 시간적 동역학 내의 어떠한 구별도 존재하지 않는다. 우리는 암묵적 방식으로 소리에 주목할 수도 있는데, 이 경우 우리는 소리를 판명한 대상으로 파악하지 않고 소리를 통해 살아간다. 우리는 또한 소리에 우리의 주의를 향한다는 의미에서 혹은 우리의 주의가 소리에 붙잡힘을 겪는다는 의미에서 소리에 주목할 수도 있는데, 이 경우에 소리는 판명한 대상으로 파악되는 것이다. 마지막으로, 암묵적 수준에서, 경험이 전개될 때의 소리 쪽에 있는 비교적으로 약하고 강한 촉발적 힘의 계기들을 구분하는 것이 중요하다.[9]

2장에서 언급된 후설 현상학에서 하는 두 구분이 여기서 말하는 내용과 관련이 있다. 첫 번째 구분은 **능동성**과 **수동성** 사이에 존재한다. '능동성'은 주의하기, 판단하기, 평가하기, 원망願望하기 등의 작용들에서 인지적 입장을 취하는 것을 의미한다. '수동성'은 비의지적으로 영향을 받고, 무언가에 의해 촉발되는 것을 의미한다. 두 번째 구분은 **수용성**과 **촉발성** 사이에 존재한다. '수용성'은 우리에게 수동적으로 촉발하고 있는 무언가에 반응하는 것을 의미하고, 그래서 선행하는 촉발을 전제한다(Zahavi 1999, p. 116). '촉발'은 촉발적으로 영향을 받고 있거나 섭동되는 것을 의미한다. 주목 가능하게 되는 것은 무엇이든 우리의 주의에 대對해서 이미 우리를 촉발해오고 있었어야만 하며, 어떤 종류의 촉발적 힘 혹은 촉발적 유인allure, 혹은 촉발적 '탈취성grabbiness'을 가지고 있어야만 한다. 심리학자들이 알고 있듯이, 일반적으로 주의는 촉발적으로 동기부여되어 있다(Derryberry and Tucker 1994). 촉발적 유인 혹은 탈취성은 동역학적 게슈탈트 혹은 상-지반figure-ground 구조를 함의한다. 무언가는 어떤 수준에서든 그것의 유인 혹은 탈취성 때문에 주목 가능하게 되어 촉발적 두드러짐prominence, 돌출됨salience, 혹은 부각됨relief으로 창발하는 데 반해, 다른 것들은 유인의 비교적으로 약함 때문에 덜 주목 가능하게 된다. 이 수동성과 능동성, 촉발성과 수용성의 동역학적 상호작용은 대상으로-향하는 혹은 지향적인 의식의 기저를 이루는 진행 중인 '작동적 지향성'을 표현하고 있다(Merleau-Ponty 1962, pp. xviii, 418).

이 고찰들은 소리에 주목하기 전에 소리를 들음은 현상적 의식의 경우로 간주되어야 한다는 것을 시사한다. 만약 '주목함'이 소리에 주의를 향한다는 것을 의미한다면, 우리는 소리에 주목하기 전에 의식적으로 소리를 듣는다. 소리는 암묵적이고 전반성적으로 경험된다. 우리는 소리를 주제화하지 않고 혹은 소리에 의해 촉발되지 않고 소리에 의해 촉발돼 있는 상태를 통해 살아간다. 소리의 나타남과 촉발적 영향은 비록 미규정적인 것이라 할지라도 현상적 성격을 지니기 때문에, 이 전반성적 의식은 현상적 의식으로 간주된다. 메를로-퐁티가 진술하듯이, "주의는… 그때까지 오직 미규정적 지평으로 현시되던 것을 명시적이고 판명한 것으로 만드는 새로운 대상의 능동적 구성이다"(Merleau-Ponty 1962, p. 30). 그렇기 때문에 소리에 주목하기까지는 소리에 대한 아무런 경험을 갖지 않는다고 말하는 것은 옳지 않아 보인다. 그럼에도 불구하고, 이 경험이 또한 접근적 의식의 경우가 아니라고 믿을 아무런 이유도 없다. 결국 우리는 소리에 대한 암묵적이고 전반성적인 들음을 사용할 태세를 취하게 된다. 비록 명시적으로 접근되지 않을지라도 경험의 내용은 적어도 접근 가능하다.[10] 그러나 만약 우리가 인지적으로 소리에 의지할 어떠한 태세도 취하지 않는다고 상상한다면, 그럼에도 불구하고 비의식적으로 단지 소리를 분별하거나 소리에 차별적으로 반응하는 것이 아니라 소리를 현상적으로 의식한다고 믿을 이유를 필요로 하게 될 것이다. 하지만 어떠한 이유도 이 예로부터 나올 수 있는 것이 아니다.

이제 모든 의식은 타동사적 의식이라는 주장을 고찰해보자. 우리는 이미 자동사적 혹은 비지향적 신체적 의식이 지각적 경험을 구성한다는 점을 보아 왔다. 카펫의 붉은 털을 타동사적으로 의식할 때 나는 붉은 털의 카펫을 타동사적으로 의식하지만, 또한 나의 봄을 의식적으로 경험한다(나의 봄은 자동사적으로 스스로를 알아차린다). 내가 병을 잡을 때 나는 병을 타동사적으로 알아차리지만, 또한 나의 잡음을 의식적으로 경험한다(나의 잡음은 자동사적으로 스스로를 알아차린다). 나의 봄이나 잡음은 의식적이지 않다거나 나는 단지 타동사적으로 봄이나 잡음을 의식할 태세를 취할 뿐이라고 주장하는 것은 옳지 않아 보인다.

첫 번째 해석은 정합적이지 않아 보인다. X에 대한 지각을 경험하지 않고서 X에 대한 의식적 지각을 가질 수 있다는 견해를 이해하기란 어려운 일이다.

두 번째 해석은 개념적으로 또 현상학적으로 불분명하다. 우리가 (주의적 이동을 통해) 지각한다는 것 그 자체를 타동사적으로 알아차리게 될 태세를 취하고 있는 것이 현상적이거나 주관적인 성격을 갖는가? 만약 현상적이거나 주관적인 성격을 갖지 않는다면, 그것은 우리의 신경체계의 무의식적 성향 혹은 하부인격적 성향일 것이리라 생각된다. 그렇다면 문제는, 완전히 무의식적인 성향 혹은 하부인격적 성향이 어떻게 비지향적인 신체적 의식의 명백히 현재 일어나고 있는 성격을 설명할 수 있는가 하는 것이다. 하지만 만약 우리가 그렇게 태세를 취하고 있는 것이 현상적이고 주관적인 성격을 갖는다면—만약 우리가 그렇게 태세를 취하는 것을 느낀다면—, 이 느낌은 경험의 주관적 성격의 일부로 설명될 필요가 있다. 이 느낌은 타동사적 혹은 주체-객체 구조를 지니지 않기 때문에 단순히 타동사적 의식의 면에서 설명될 수 없다. 이와 달리, 자동사적이고 비지향적인 신체적 의식의 현상을 기술하거나 이해하는 또 다른 방식이 존재하리라 생각된다.

이 성찰들은 지각적 경험에 대한 완전한 설명은 비지향적이고(자동사적이고 대상으로 향하는 것이 아니고) 전반성적인 신체적 자기의식을 요구한다. 비록 동역학적인 감각운동적 접근법이 타동사적인 지각적 의식을 설명하는 데 의미심장한 진보를 이루어 왔지만, 신체적 자기의식을 다루기 위해 이 이상의 작업이 수행될 필요가 있다. 이 작업은 신체-신체 문제에 관한 진보를 위해 매우 중요할 것이다.

이 장에서 나는 지각적 경험에 대한 동역학적인 감각운동적 접근법이 자기성에 대한 창출행위적 설명 그리고 신체적 자기의식에 대한 현상학적 설명과 유익하게 결합될 수 있다는 것을 보여주었기를 희망한다. 나는 또한 신체-신체 문제로 재구성된 설명적 간극에 진전을 이루기 위해 이 종합이 필요하다는 것을 보여주었기를 희망한다.

창출행위적 접근법에 중심적인 사상은 심리과학과 현상학이 호혜적이고 상호 이해를 돕는 방식으로 연결될 수 있다는 것이다(Varela, Thompson, and Rosch 1991). 창출행위적 접근법은 심리과학을 해명하기 위해 현상학을 이용하고, 현상학을 해명하기 위해 심리과학을 이용한다. 살아지는 신체와 유기체, 신체적 자기성과 자가생성적 행위체, 지향적 호와 동역학적인 감각운동적 의존성과 같은 개념들은 단순히 상관관계적 개념들이라기보다 이와 같이 상호 이해를 돕는 개념들이 될 수 있다(Gallagher 1997; Varela 1996). 현상학과 심리과학이 상호 이해를 돕는다는 이 견해는 이 책의 남은 장들에서 대단히 중요한 성격을 띠고 있다.

다음 장은 이 장에서 시작된 의식의 현상학적 분석을 계속하고, 이 분석을 심적 이미지작용에 관한 과학적 논쟁과 관련해서 궁구해보겠다.

10장 다시 살펴보기

의식과 심적 이미지작용

1970년대와 1980년대의 심적 이미지작용 논쟁 이래로 심리과학과 심리철학에 많은 일들이 발생해 왔다.[1] 컴퓨터 모형 혹은 컴퓨터 마음이론은 한때는 '마을의 유일한 게임'으로 간주되었지만, 지금은 고전적 인지과학이라 불리며 연결주의나 신체화된 동역학주의와 별도로 혹은 여러 혼융된 형태로 공존하고 있다. 한때는 마음을 과학적으로 이해하고자 할 때 주변적인 것이라 해서 묵살되었던 의식이 지금은 큰 관심거리의 주제가 되었다. 게다가 더욱 눈에 띄는 것은, 인지를 과학적으로 연구하려면 내성introspection이 유용하다는 늘어나고 있는 새로운 이해이다(Jack and Roepstorff 2002, 2003, 2004).

이러한 발전을 감안할 때, 최근에 다시 나타난 이미지작용 논쟁이 이 발전을 전혀 고려하지 않는 것은 유감스러운 일이다(Kosslyn, Ganis, and Thompson 2002; Kosslyn, Thompson, and Ganis 2006; Pylyshyn 2002, 2003a, 2003b, 2003c). 특히 심적 이미지작용의 의식적 경험을 해명하려는 어떠한 노력도 이루어지지 않고 있다. 그렇기는커녕, 연구자들은 이미지작용 경험의 주관적 성격이 분명하기에 이런 유형의 심적 활동을 경험하는 방식을 주의 깊게 현상학적으로 분석할 필요가 없다고 가정한다. 그렇지만 여전히 심적 이미지작용의 본성 및 심적 이미지작용이 인지나 뇌와 맺는 관계에 관한 논쟁이 지배하고 있다. 만약 심적 이미지작용을 단지 한 유형의 심적 표상이 아니라 한 유형의 인간 경험으로 이해하는 데 있어서 진보가 있고자 한다면, 우리는 이를 더 잘 연구할 필요가 있다.

심적 이미지작용 연구를 행하면서 나는 심리과학이 경험에 대한 현상학적 분석으로부터 이득을 보는 방식을 보여주는 것을 목적으로 하고 있다. 현상학적 분석이란 말로 내가 무엇을 의미하는지 설명해보겠다.

이 책 초반에서 나는 세 유형의 현상학적 분석 즉 정적, 발생적, 세대간적 현상학적 분석을 구분했다. 이 장에서 우리가 주로 관심을 갖게 될 것은 바로 이 세 유형 중 첫 번째 유형인 정적 현상학이다. (발생적 현상학은 11장과 12장에서 우리의 관심을 차지하게 될 것이고, 세대간적 현상학은 13장에서 한 역할을 하게 될 것이다.) 정적 현상학은 경험의 지향적 대상들이 의식의 어떤 불변적인 형식적 구조들에 힘입어 구성되는 방식 혹은 알아차려지게 되는 방식을 분석한다. 이후로 이 장에서 내가 현상학적 분석을 기술할 때면 정적 현상학을 언급하고 있는 것이다.

현상학의 중심 관심사 중의 하나는, 지각함이나 상상함이나 기억함과 같은 주어진 종류의 심적 활동이라는 주관적 경험에 속하는 것을 밝혀내는 것이다. 현상학은 경험되는 것 곧 경험의 대상들의 질적 성격뿐만 아니라, 심적 활동 그 자체의 주관적 성격 곧 경험의 작용들의 주관적 성격에도 초점을 맞춘다. 예를 들어 시각적 지각의 현상학적 분석은 우리가 보는 것—다양한 지각 가능한 성질들을 갖고서 공간 속에 배열돼 있는 대상들—뿐만 아니라, 보는 활동이 무엇과 같은가에, 세계를 시각적으로 마주치는 것이 무엇과 같이 느껴지는가에 초점을 맞춘다. 현상학은 봄이 들음이나 상상함이나 기억함과 비교되어 무엇과 같은지에 관심을 갖는다. 이 의미에서 경험이 무엇과 같은지는 경험이 무엇인지를 구성한다. 이와 같이 현상학은 경험의 구성적 특질들에 관심을 갖는다.

현상학적 분석은 인격적 수준에서 작동한다. 경험을 기술할 때 우리는 경험을 인격 전체에 속하는 것으로 기술하고 있으며, 우리의 기술은 전체론적이고 규범적인 성격을 갖고 있다. 우리는 지각함, 의도함, 느낌, 상상함, 행위함의 상호관계들을 기술하고, 이 상호관계들을 규범에 의해 지배되는 다양한 방식으로 이해하려고 한다. 이와 대조적으로, 경험이 의존하는 신경과정들을 기술할 때 우리는 하부인격적 현상들을 기술하고 있는 것이고, 우리의 기술은 이 전체론적이고 규범적인 성격을 갖고 있지 않다. 예를 들어 심적 이미지작용에 관한 실험에서 내가 어떤 기학학적 도형의 회전을 마음속에서 시각화하는 것과 같은 어떤 심적 상태를 여러분에게 귀속시킬 때, 나는 인격적 수준에서 한 귀속을 행하는 것이다. 이 귀속이 의미가 성립하는가 여부는 내가 여러분이 (가령 물체 기하학과 공간적 속성들에 관해서뿐만 아니라 또한 여러분이 과제 지시를 이해하는 것에 관해서도) 믿으리라 여기는 다른 무언가에 부분적으로 의존한다. 그러나 내가 여러분의 뇌의 영역에 전자기적 활동의 어떤 패턴을 귀속시킬 때 나는 하부인격적 수준에서 귀속을 행하는 것이고, 이 귀속은 이 전체론적이고 규범적인 고찰을 받지 않는다.

현상학적 분석은 철학적이고 과학적인 중요한 작업을 수행할 수 있다. 현상학적 분석은 인격적 수준에서 경험을 설명하는 일과 하부인격적 수준에서 인지적이고 신경적인 과정들을 설명하는 일 사이의 개념적 관계를 해명하는 데에 도움을 줄 수 있고, 심리과학에서 하는 실험적 연구를 인도하고 정보를 제공하는 데에 도움을 줄 수 있다.

이 장에서 나는 이미지작용 경험에 대한 현상학적 분석을 소묘하고 있다. 이 분석의 주안점은 '현상적 심적 이미지'를 마음의 눈에 의해 점검되는 어떤 종류의 심적 그림mental picture으로 통상 이해하는 것에 대해 의문을 제기하는 것이다. 이미지작용 논쟁의 두 주요 경쟁자들인 '회화론자pictorialist'와 '기술론자descriptionalist' 모두 이미지작용 경험은 주관적으로 심적 그림들의 경험인 것으로 보인다고 가정한다. 그들이 견해를 달리하는 것은 시각적 문제해결에 사용되는 하부인격적 심적 표상들이 형식에 있어서 묘사적이냐 아니면 명제적이냐 하는 것이다. 따라서 두 이론은 심적 이미지 작용의 현상학에 관한 그들의 가정에 있어서 일치한다. 두 이론이 일치하지 않는 것은 기저를 이루는 표상적 구조와 과정에 현상학이 부합하는가 혹은 이 구조와 과정을 정확하게 반영하는가 하는 것이다. 그렇지만 나는 두 이론이 현상학을 오해하고 있다고 말하고 싶다. 상상작용에 대한 후설의 분석(Husserl 2006)과 이 분석에 대한 마르바하Marbach(1993)의 정교한 서술을 가까이 따르는, 이 장에서 제시되는 현상학적 설명에 따르면, 마음속에서 시각적으로 이미지화할 때 혹은 마음속에서 시각화할 때 우리는 심적 그림을 경험하지 않는다. 대신에 우리는 대상이나 장면의 가능한 지각적 경험을 심적으로 창출하거나 영입함으로써 이 대상이나 장면을 마음속에서 시각화한다. 보게 되겠지만, 이미지작용 경험에 대한 이 현상학적 설명은 심리학과 인지신경과학에서 제시하는 심적 이미지작용 이론에 대한 중요한 제약을 제공하고, 심적 이미지작용에 대한 창출행위적 접근법을 지지한다. 또한 이 현상학적 설명은 데넷이 심적 이미지 논쟁의 맥락에서 최초로 제안했던 오직 3인칭적일 뿐인 현상학적 방법 곧 '타자현상학heterophenomenology' (Denett 1978)에 관해 어떤 비판적인 물음을 제기할 수 있는 유리한 지점을 제공한다.

경험과 이미지작용 논쟁

심적 이미지작용의 주관적 경험은 이미지작용 논쟁이 1970년대 초반 시작된 이래 이 논쟁에 있어서 문제적 위치를 차지해 왔다. 한편으로, 모든 사람은 이미지작용 경험이 실제로 존재하고 어떠한 적합한 이미지작용

이론도 결국은 이 경험을 설명할 수 있어야만 한다는 데에 동의한다. 다른 한편으로, 이미지작용 이론의 주요 관심사는 이미지작용 경험을 설명하는 데 놓여 온 것이 아니라, 이미지작용을 사용해서 보고하는 다양한 종류의 인지적 과제들의 문제를 해결할 수 있는 개인들의 능력을 설명하는 데 놓여 왔다. 고전적 예는 하나가 다른 하나와 일치할 수 있는지 보기 위해 하나를 '마음속에서 회전함'으로써, 아니면 한 특정한 대상이 마음속에서 시각화된 지도 위에 현존하는지 결정하기 위해 이 지도를 '마음속에서 스캔함'으로써, 상이한 정향의 두 대상이 동일한 모양을 갖는지 판단하는 것이다(Kosslyn 1980, 1994; Kosslyn et al. 1981). 비록 이미지작용 연구가 데이터의 원천인, 이미지작용 경험에 대한 보고들에 의존하긴 하지만, 이미지작용과 관련된 심적 표상에 대한 이 두 경쟁하는 이론, 즉 회화론과 기술론은 이미지작용 경험 그 자체를 설명하지 않고 내버려두어 왔다.

회화론과 기술론은 이미지작용 과제에 인과적으로 함축되어 있다고 생각되는 하부인격적 표상과 과정에 관한 이론들이다. 회화론에 따르면—이 회화론의 주된 주창자는 스테펀 코슬린Stephen Kosslyn이다—, 이 표상들은 묘사적('준회화적')인데 이는 이 표상들이 공간적 포맷에 힘입어 표상한다는 것을 의미한다. 묘사적 표상에서 대상의 각 부분은 점들의 패턴들에 의해 표상되며, 이 패턴들 간의 공간적 관계는 대상의 부분들 간의 관계와 일치한다.[2] 예를 들어 V1으로 알려진, 망막으로부터 신호를 받는 최초의 피질영역은 망막위상적으로 조직된다. 달리 말해서, 이 영역의 뉴런들은 망막의 공간적 구조를 조야하게 보존하는 방식으로 조직된다. 비록 망막의 피질표상이 물리적 공간 속에서 배치될지라도, 코슬린에 따르면, 묘사적 공간은 물리적일 필요가 있는 것이 아니라, 컴퓨터 내의 배열처럼 순전히 기능적으로 특정화될 수 있다.

기술론에 따르면—이 기술론의 주된 주창자는 제논 필리쉰Zenon Pylyshyn이다—, 시각과 이미지작용과 관련된 심적 표상작용은 명제적 구조에 힘입어 표상한다. 필리쉰은 순전히 기능적인 공간 개념은 심적 표상들의 현실적 포맷을 설명하는 데에 아무런 설명적 가치를 지니지 않는다고 주장한다(2003a, pp. 359-368). 그는 또한 어떤 유형의 시각적인 심적 이미지작용 과제에서 망막위상적으로 조직되어 있는 뇌 영역들의 활성화는 이미지나 시각이 뇌의 물리적 공간 속에 배치되는 묘사적 표상들을 포함한다는 것을 보여주지 않는데, 왜냐하면 피질의 시각적 영역들 속의 심적 이미지들과 지형학적 패턴들이 여러 방식으로 일치하지 않기 때문이라고 주장한다. (예를 들어 우리가 지각하거나 상상하는 것의 3D 공간적 구조는 2D 망막 혹은 V1 내의 2D 망막위상적 피질 투영물에는 결코 현존하지 않았다.) (Pylyshyn 2003a, pp. 387-426). 필리쉰의 기술론적 견해를 따르면, 심적 이미지는 시각적 속성들과 관계들에 대한 우리의 암묵적인 명제적 지식에 기초해서 사물들이 보이거나 보일 방식의 심적 표상이다.

이 두 이론을 시험하고자 고안된 이미지작용에 대한 과학적 연구가 데이터의 필수불가결한 원천인, 이미지작용 경험에 대한 1인칭적 보고들에 의존하지 않으면 안 되었는데도, 기술론자든 회화론자든 그들의 하부인격적 표상이론에서 인격적 수준의 이미지작용 경험으로 다시 돌아가는 어떠한 설명적 가교도 제공하지 않아 왔다. 이미지작용 경험은 들어오는 길에 사용되었지만 나가는 길에서는 잊혀지고 말았던 것이다.

우리는 이 상황을 1973년 토론회에 있었던 필리쉰의 개막 발표까지 거슬러 올라가 생각해볼 수 있다(Pylyshyn 1973). 필리쉰은 이미지작용은 편재하는 형태의 경험이라는 것을, 우리는 이미지의 존재를 동시에 함축하지 않는 의식에 대해 말할 수 없다는 것을 인정했다(1973, p. 2). 하지만 그는 이미지작용 경험은 심적 표상들의 내용 혹은 이 표상들에 작동하는 정보처리기능을 드러내지 않는다고 주장했다. 이미지작용 경험은 침묵을 지킨다기보다는 우리를 적극적으로 오도한다. 이미지에 대한 통상적 혹은 상식적 이해방식은 그림(=회화)에 대한 이해방식이지만, 이미지 과제에 동원되는 심적 표상들은 회화적인 것이 아니라 기술적이고 명제적인 것으로 이해될 때 가장 잘 정의된다. 필리쉰의 결론은 심적 이미지 개념은 심리학에서 말하는 유용한 설명적 건립물이 아니라는 것이다.

코슬린과 포머런츠는 1977년에 필리쉰에 응답하며 이미지작용의 설명적 중요성을 옹호했다(Kosslyn and Pomerantz 1981). 그들은 행동적 수행 데이터를 함께 취한다면 내성이 증거의 중요한 원천이라고 주장했다. 그들은 또한 이미지작용 경험은 부인할 수 없는 사실이며, 이를 본연의 모습대로 연구하는 것은 적법한 기획이라고 논급했다(Kosslyn and Pomerantz 1981, p. 159; 또 Kosslyn, Thompson, and Ganis 2006, p. 48을 보라). 그렇지만 그들은 이런 종류의 연구가 정보를 제공하는 심적 이미지작용에 대한 그런 연구나 과학적 설명을 아무것도 내놓지 않았다. 대신에 그들은 이미지 경험의 **내용***content*은 기저를 이루는 표상의 **포맷***format*과 대응한다는 문제적 추정에 의존하는 것으로 보이는 이미지작용 이론을 소묘해냈다. 이런 유형의 추정은 **분석적 이형동질**異形同質/*analytical isomorphism*이라고 불리어 왔다(Pessoa, Thompson, and Noë 1998; Thompson, Noë, and Pessoa 1999). 분석적 이형동질은, 성공적인 설명은 주관적 경험의 현상적 내용과 기저를 이루는 신경적 표상들의 구조나 포맷 사이에 이형동질(일대일 대응)이 존재해야 한다는 것을 요구하는 사상이다. 이 사상에는 **표상되는 것**(표상적 내용들)의 속성들이 **표상하는 것들**(표상적 운반체들)의 속성들과 합체한다는 것이 포함되어 있다.

코슬린과 포머런츠는 그들이 이미지는 장기기억의 보다 추상적인 정보에서 발생하는 능동적 기억 속의 일시적인 묘사적 표상이라고 제안했을 때 이형동질에 암묵적으로 의존했던 것으로 보인다. 이 견해에 따르면, 이미지는 시각적 완충자에서 이루어지는 활성화의 공간적 패턴이다. (코슬린 이론의 최근년의 진술에 따르면, 시각적 완충자는 후두 피질의 지형학적으로 조직화된 영역들로 이루어진 단일한 기능적 구조이다. Kosslyn, Thompson, and Ganis 2006, p. 136을 보라.) 코슬린과 포머런츠는 사람(=인격)이 경험하는 이미지들은 시각적 완충자 속의 '표면 이미지들'이라는 것을 의미했다.

후속 논문에서 코슬린과 그의 동료들은 이미지라는 용어가 경험이 아니라 능동적 기억 속의 표상들을 지시한다고 설명함으로써 이 관계를 한정했다. 이렇게 해서 '이미지'의 의미는 주로 하부인격적이 된다. 따라서 그들은 "'이미지를 갖는다'는 경험은 이미지 표상이 능동적 기억 속에 현존한다는 표시로 간주된다. 경험 없이 이미지 표상을 가질 수 있는가 없는가 하는 문제는 미해결인 채로 남아 있다"(Kosslyn et al. 1981, p. 133)고 썼다. 수년간에 걸쳐 코슬린이 그의 이론을 확대하고 정련해 왔지만, 하부인격적 표상과 경험 사이의 이 간극은 사라지지 않았다. 따라서 1994년에 간행된 책 『이미지와 뇌*Image and Brain*』에서 그는 이렇게 쓰고 있다.

> 심리학에서 대부분의 관심은 이미지작용의 오직 한 측면—이미지작용의 현상학이나 이미지작용이 정서적 생활에서 하는 역할이 아니라, 이미지작용이 정보처리에서 하는 역할—만에 초점을 맞추어 왔다. 이 책에서 우리는 '마음의 눈으로 보는' 경험의 기저를 이루는 내적 사건들의 본성에 초점을 맞출 것이다. 우리는 경험 그 자체의 성질들을 고려하지 않을 것이다. '이미지'라는 용어는 경험 그 자체가 아니라 정보처리에 사용되는 내적 표상을 지시할 것이다. 이미지작용의 경험은 기저를 이루는 뇌 사건들이 발생하고 있고 그래서 연구에 귀중한 역할을 행하는 표지이지만, 그러나 의당 연구의 현재 주제는 아니다. (Kosslyn 1994, p. 3)

여기서 우리는 심적 이미지 개념이 거의 전적으로 하부인격적이 된 반면, 인격적 수준의 이미지작용 경험이 하부인격적 수준을 이해하기 위한 주로 발견적인 것으로 남아 있다는 것을 쉽사리 볼 수 있다.

인격적 수준과 하부인격적 수준의 이 분기는 의식을 위해 친숙한 설명적 간극과 밀접하게 관련돼 있다. 생물학적이고 기능적인 수준에서의 신경적이고 인지적인 과정들에 대한 설명과, 주관적 경험이란 의미에서의 의식에 대한 설명 사이에는 개념적이고 인식론적인 간극이 존재한다. 따라서 심적 이미지작용의 경우 이미지의 메커니즘('정보 처리과정에 사용되는 내적 표상')에 대한 어떠한 현재의 과학적 설명도 이미지작용의 주관적 경험('경험 그 자체')을 설명하기에는 충분하지 않다.

인격적 수준과 하부인격적 수준 사이의 이 틈, 그리고 이와 관련된, 주관적 경험과 내적 표상 사이의 설명적 간극은 또한 기술론적 견해에 대한 필리쉰의 최근의 재진술에 분명히 나타나 있다(Pylyshyn 2002, 2003a, 2003c). 심적 이미지작용에 특징적인 것은 이 작용이 특수한 묘사적 형태의 표상을 수반한다는 것이 아니라, 우리가 이미지로 경험하는 사고의 내용이 사물이 우리에게 보이거나 보일 방식을 표상한다는 것이다. 필리쉰은 사물이 보이는 방식은 우리의 의식적 경험의 내용의 문제라는 것을 알아차리고 있다. 그는 "과학자로서 우리는 우리의 의식적 경험의 내용들을 간과할 수 없다. 왜냐하면 우리의 의식적 경험의 내용들은 우리가 무엇을 보고 우리의 사고가 무엇에 관한 것인지 아는 주요한 방법들 중의 하나이기 때문이다" (Pylyshyn 2003a, p. xi). 그럼에도 불구하고, 그는 경험의 내용들은 '기만하고' '호도하며', 지각과 이미지작용에 관한 많은 과학적 이론들을 오염시킨다고 믿고 있다(2003a, pp. xi). 그의 견해에 의하면, 주관적 경험이 과학적 마음 이론들을 인도하거나 제약하도록 놓아두는 것은 '현상학적 덫'에 희생이 되는 것이다(2003b, p. 112). 그리하여 그는 봄과 상상함에 대한 현상학적 설명이 지각과 이미지작용에 대한 과학적 설명과 유익하게 연결될 수 있다는 것을 인정하지 않는다.

나는 동의하지 않는다. 현상학과 실험과학을 상호적으로 제약하고 계발하는 기획으로서 추구하는 것은 가능할 뿐만 아니라 필요하다. 만약 우리의 목표가 마음에 대한 포괄적인 이해를 갖는 것이라면, 경험 그 자체의 성질들을 고려하지 않고서 이미지작용 경험의 근저에 놓여 있는 내적 사건들의 본성에 초점을 맞추는 것은 우리를 멀리 데려가지 못할 것이다.

출발하는 좋은 방법은 이미지작용 이론가들이 행하는 현상학적 가정을 면밀히 살펴보는 것이다. 비록 기술론자와 회화론자가 이미지작용 경험에 대한 서로 다른 태도를 택할지라도, 그들은 이미지작용 경험의 현상적 성격에 대한 보다 깊은 견해를 공유하고, 지향적 작용으로서 상상함이 무엇인지에 대한 어떤 이해방식을 가정하고 있다. 기술론자들은 기저를 이루는 심적 표상들의 포맷을 얻는 데에 우리의 주관적 경험이 아무런 지침이 되지 않는다고 주장하는 데 반해, 회화론자들은 우리의 이미지작용 경험이 이 표상적 포맷과 적어도 부분적으로 일치한다고 주장한다(Kosslyn, Thompson, and Ganis 2006, p. 48을 보라). 그럼에도 불구하고, 양 진영의 이론가들은 이미지작용에서 우리는 '현상적인 심적 이미지들'을 경험한다는 데에 의견이 일치하는 것으로 보인다. 이미지작용에 수반되는 내적 표상을 지시하는 기능적인 심적 이미지라는 용어와 대조적으로, 현상적인 심적 이미지는 이미지 경험들의 가상적seeming 대상들을 지시하기 위해 사용되어 왔다(Rey 198, p. 124). 비록 현상적인 심적 이미지는 우리가 보는 사물이 아니라 우리가 가지는 사물이라고 또한 때로 말해지긴 하지만, 보통 현상적인 심적 이미지는 우리가 '마음의 눈으로' 보는 회화적이거나 묘사적인 대상으로 가정된다(Block 1983). 둘 중의 어느 경우든, 심적 이미지작용의 주관적 경험은 현상적인 심적 그림을 가지는(보거나 겪는) 경험으로 적절하게 정의되는 것을 보통 당연한 것으로 받아들인다.

이 가정은 인격적 수준에서 이미지작용 경험을 구성하는 것에 관한 개념적이고 현상학적인 가정이라는 것을 주목하는 일이 중요하다. 이 가정을 놓는 한 가지 방식은 우리의 이미지작용 경험은 그런 경험에서 우리가 마음속에서 이미지를 보거나 가진다는 믿음을 수반한다. 기술론자들은 이 믿음이 엄격히 말해서 그릇되다고 생각한다. 기술론자에 따르면, 이미지작용에 수반되는 심적 표상은 회화적이지 않고, 내성은 우리를 오도하고 신뢰할 수 없으며, 우리의 이미지작용 경험은 일종의 '웅대한 착각'이다. 그러나 회화론자들은 이 믿음이 참이고 혹은 적어도 부분적으로 정확하다고 생각한다. 회화론에 따르면, 이미지작용에 수반되는 심적 표상은 묘사적이고,

내성은 때로 신뢰할 만하다. 코슬린, 톰슨, 가니스가 회화론적 견해를 위한 그들의 최근 사례에서 진술하듯이, "플라톤의 시대부터 적어도 윌리엄 제임스에 이르기까지… 철학자들과 심리학자들은 묘사적 이미지가 심리학에서 기능적 역할을 행한다는 것을 주장하기 위해 그들의 내성에 의존했다. 만약 이 견해가 올바르다면—현상학의 어떤 측면들과 기저를 이루는 표상적 포맷 사이에 주목할 만한 일치가 주어진다면—, 의식의 본성에 대한 중요한 통찰을 얻게 될 것이다"(2006, p. 20).

따라서 우리는 이 두 이론이 공유하는 두 가지 보다 깊은 가정에 다다른다. 첫째, 우리의 이미지작용 경험은 주관적으로 우리에게 회화적인 것으로 보이고, 그래서 이미지작용 경험에 대한 어떠한 현상학적 규정도 이 경험을 회화적인 것으로 기술하지 않으면 안 된다. 둘째, 만약 사물들이 인격적 수준에서 우리에게 주관적으로 보이는 방식이 하부인격적 수준의 내적 표상들과 상응하거나 대응하지 않는다면, 우리의 주관적 경험은 일종의 환상이다. 주관적 경험은 그것이 주관적으로 보이는 것 같지만 실제로는 그러한 것이 아니다.

우리는 또한 이 가정들, 특히 두 번째 가정을 시지각 연구에서 발견할 수 있다. 이미지작용 연구와 관련된 두 가지 예를 언급해보겠다.

첫 번째 가정은 시각적 메움 혹은 지각적 완성에 대한 데닛의 논의이다(Denett 1991a, pp. 344-356; 또한 Pessoa, Thompson, and Noë 1998; Thompson, Noë, and Pessoa, 1999를 보라). 각 눈에는 시신경이 망막을 출발하는, 광수용기가 없는 영역과 일치하는 맹점이 있다. 우리는 보통 이 맹점을 알아차리지 못한다. 두 눈의 맹점들은 겹쳐지지 않는다. 즉, 한 망막의 맹점에 떨어지는 무언가는 다른 한 망막의 맹점 바깥에 떨어지며, 우리의 두 눈은 끊임없는 움직임 속에 있다. 하지만 맹점은 간단한 시각적 실연實演들을 사용해서 밝혀질 수 있다. 이 실연들에 따르면, 맹점의 영역 내에 떨어지는 한 물체(가령 흰 지면 위의 작은 검은 점)는 봄에서 사라지는 반면, 이 영역은 주변의 색깔과 밝음으로 메워지는 것으로 보인다. 데닛은 우리가 시각장의 공백을 알아차리지 못한다는 사실로부터 공백이 없는 시각장의 신경적 표상이 존재하지 않으면 안 된다는 결과는 따르지 않는다는 점을 지적했다. 왜냐하면, 뇌는 맹점의 수용기 신호의 부재를 그저 무시하는 데 지나지 않을지도 모르기 때문이다. 표상의 부재는 부재의 표상과 같지 않다. 설사 뇌가 정보를 부재하는 것으로 표상할지라도, 분실된 정보를 뇌가 능동적으로 메울 필요는 없는 것이다.

그럼에도 불구하고, 능동적인 신경적 채움 과정을 증명하는 신경생리학적이고 신경물리학적인 증거가 있다(Pessoa and de Weerd 2003; Pessoa, Thompson, and Noë 1998). 그러나 지금 내 관심을 끄는 것은 데닛이 메움이 없다는 추정에 대해 계속해 나가는 추론이다. 그는 메움이 없기 때문에 우리의 시각적 세계경험에는 공백이 있지만 우리는 알아차리지 못하는 것이라고 주장한다. 우리의 경험은 실제로 공백이 있고 불연속일 때 연속적이고 공백이 없는 것처럼 보인다. 데닛의 말에 의하면, "의식에 관한 가장 현저한 특질 중의 하나는 가장 간단한 예를 들자면 맹점이나 단속적 공백에서 밝혀진 바와 같이 의식의 불연속성이다. 의식의 불연속성은 의식의 외관상의 연속성 때문에 현저하다"(Denett 1991a, p. 356). 데닛의 결론은 잘 알려져 있다. 즉, 우리 모두는 우리 자신의 의식에 관한 주관적 환상에 시달리고 있다.

다음은 두 번째 예이다. 지각자들은 시각적 장면들의 큰 변화가 충분히 봄에 들어와 있을 때에도 이를 종종 알아차리지 못한다는 것은 잘 알려져 있다. 이 현상은 변화맹change blindness이라 불리는데, 보통 (다른 무엇보다도) 지각의 주의의존적 성격을 보여주기 위해 채택된다(O'Regan and Noë 2001a; Simons and Levin 1997). 만약 환경의 세세한 것에 능동적으로 주의를 기울이지 않는다면, 여러분은 이 세세한 것을 지각하지 못한다. 한 가지 빼어난 예는 검은 옷을 입은 세 사람, 흰 옷을 입은 세 사람 이렇게 여섯 사람이 두 개의 농구공을 주고받는 비디오이다. 여러분은 흰 옷을 입은 선수들이 공을 주고받은 회수를 헤아려보라는 지시를 받는다. 일단 비디오가 끝나고 나면 여러분은 무엇인가 낯선 것을 알아차렸는지 질문을 받는다. 그런 다음 비디오가 재상영되고 여러분은 주고받은 회수를 헤아리지 말고 무엇인가 낯선 것을 지켜보라고 말을 듣는다. 이때 여러분은 고릴라 복장을 한 한 사람이 경기자들 사이를 걸어가다 한가운데에 서더니 가슴을 두드리고는 서서히 걸어 나가는 것을 알아차린다(Simons and Chabris 1999).[3] 처음에 여러분이 그런 두드러진 사건을 놓쳤을 수도 있다는 것을 믿기란 어려운 일이다. 이런 실연들은 물론이고 다른 시각적 주의작용에 대한 연구(Mack and Rock 1998을 보라)를 기초로 해서 수많은 과학자들과 철학자들은 풍부하고 세세한 시각적 환경을 보는 우리의 인상impression에도 불구하고 우리 앞에 존재하는 것 중 아주 적은 양만을 본다고 결론을 내려 왔다. 시각적 경험이 풍부하고 세세하다는 주관적 인상은 '웅대한 착각grand illusion'이다(Noë 2002c를 보라).

경험을—우리 자신의 주관적 1인칭 격 속에서 회화적이되 착각적인 것으로—이렇게 생각하는 방식은 현대의 심리과학에 넓게 퍼져 있다. 지각과 이미지에 관한 다음의 진술을 생각해보라.

> 눈을 뜨고 주위를 둘러보라. 여러분은 아마도 세계의 풍부하고 세세하고 늘 변화하는 그림, '시각의 흐름'을 보고 있는 것 같을 것이다. (Blackmore 2003, p. 79)

> 시각기관의 빈곤한 성질에도 불구하고 우리는 시각적 세계의 매우 풍부함과 '현존'의 주관적 인상을 갖는다. 하지만 이 풍부함과 현존은 실제로는 일종의 착각이다. (O'Regan 1992, p. 484)

> 우리는 정적이고, 균일하게 세세하고, 다채로운 세계의 완전하고 동적인 그림을 본다고 믿는다. … [하지만] 우리의 정적인 시각적 세계는, 돌연 주의를 다시 향하게 하는 메커니즘과 더불어, 간략한 이미지 그리고

아주 개략적이고 높은 수준의 표상으로 건립되는지도 모른다. 우리의 시각적 세계의 풍부함은 이 정도로 일종의 착각이다. (Blackmore et al. 1995, p. 1075)

시각을 이해하는 일이 그렇게 어려운 한 가지 이유는 이 과정을 이해하려고 시도하고 있는 우리가 지각의 현상학 속에 그렇게 감입돼 있기 때문이다. 즉, 우리는 보는 것이 무엇과 같이 느껴지는지 알고 있다. 내다보며 세계를 볼 때 우리는 우리가 머릿속에 지니는 것이 앞에 있는 광경에 대응하는, 세세하고 정적이고 연장되고 실제적인 현시라는 인상을 피할 수 없다. (Pylyshyn 2003a, pp. 2-3)

코슬린의 견해는 최초로 큰 타당성을 갖고 있다. 왜냐하면, 우리는 이미지—마음속의 그림—가 사고에서 중요한 역할을 행한다는 것을 알아차리고 있는 것 같기 때문이다. (Sterelny 1990, p. 608)

우리가 지도와 다이어그램을 사용하는 것과 같은 방식으로 머릿속에서 표상들을 사용하는 것 같다는 사실은 지각과 상상 간의 유사성의 특별한 경우이다. 뚜렷한 노력이나 추리 없이 실제 지도상의 두 도시의 상대적 위치를 지각하듯이, 기억에 의해 발생하는 내적인 표상 위의 이 위치들을 지각하기 위해 내적인 눈을 사용할 수 있는 것 같다. (Sterelny 1990, p. 615)

인지과학은 우리의 직관에 위배되는 생각들로 가득 차 있다. 지각과 심적 이미지작용에 대한 연구에서보다 더 강력하게 주관적인 것을 끌어당기는 힘이 있는 곳은 없다는 주장도 가능하다. 시각적 체계는 우리가 눈을 감고서 한 광경을 상상할 때는 물론이고 우리가 세계를 내다볼 때도 마음속에 지니는 것은 그 광경과 같아 보이는 무언가라는 것은 직관적으로 명백해 보이기 때문에, 우리가 뇌 속에서 상징 구조와 같은 어떤 것을 만들어낸다는 제안을 진지하게 받아들이기란 쉽지 않으며, 그래서 우리가 머릿속에 지니는 것은 무엇이든 기술보다 훨씬 더 그림(=회화) 같아야만 한다. 이것이 글자 그대로 사실이 아닐 수 있고, 세계의 내적 사본을 갖는다는 것이 이익이 되지 않으리라고 우리가 알고 있을 수도 있지만, 이 추리는 우리로 하여금 직관을 멀리하도록 설득하기에는 무력해 보인다. (Pylyshyn 2003, p. 157)

심적 이미지작용에 종사할 때 우리는—어떤 의미에서—머릿속에 그림들을 만들고 있는 것 같다는 것은 아무도 부인하지 않는다. 물음은 이렇다. 우리는 정말로 그렇게 하고 있는가? 즉, 우리 뇌 속의 속성들은 그림의 속성들을 갖고 있는가? (Denett 2002a, p. 189)

이 진술들에서 우리는 이론가들이 다음과 같은 문제가 있는 생각들에 전념하고 있음을 본다.

1. 일반적으로는 시각적 경험의 현상적 성격 그리고 특수하게는 이미지작용 경험의 현상적 성격은 회화적이다(우리가 보는 것과 마음속에서 시각화하는 것은 우리에게 회화의 내용과 같아 보인다). 그래서 이미지 경험에 대한 어떠한 현상학적 설명도 이 경험을 회화적인 것으로 기술하지 않으면 안 된다.
2. 만약 인격적 수준에서의 경험의 현상적 성격이 뇌 속의 내적 표상들과 상응하거나 이에 대응하지 않는다면, 우리의 경험은 착각적이다(우리의 경험은 그것이 주관적으로 보이는 것 같지만 실제로는 그러한 것이 아니다.)
3. 시각적 경험은 어떤 종류의 표상들, 즉 묘사적이거나 회화적인 표상들('뇌 속의 그림들')에는 지각작용과 이미지작용 동안에 뇌 속에서 만들

어진다는 믿음이 스며들어 있다.

4. 시각적 경험의 현상적 성격은 지각작용에서든 이미지작용에서든 일상적 반성에 대해 직관적으로 명백하거나 분명하다. 그래서 주의 깊은 현상학적 분석을 받을 필요가 없다. (시각적 경험은 명백하게 회화적인 것으로 보인다.)

이 생각들은 여러 가지 이유 때문에 비판받을 만하다. 첫째, 지각적 경험의 현상적 성격이 특히 위의 일부 인용문들이 가정하는 사진적이란 의미에서 회화적이라는 것은 명백하지 않다. 이와는 달리, 우리 경험의 내용은 많은 방식으로 그림과 유사하지 않다(Noë 2004, 2장을 보라). 예를 들어 우리는 우리 자신이 시각장의 중심에서 주변까지 예리하게 주목하며 세세한 것들을 균일하게 우리 앞에 있는 전 광경을 본다고 간주하지 않는다. 오히려 우리는 눈을 움직이고 머리를 돌리고 몸의 위치를 바꿈으로써 사물들을 봄으로 가져올 수 있다. 또 다른 차이는 우리의 시각장은 그림과 달리 무한하며, 어떠한 한계도 없는 의미를 갖고 있다는 점이다.

둘째, 우리가 지각 속에서 경험하는 것과 뇌 속에 있는 내적 표상들 사이에 정확한 대응이 있을 필요가 없다. 예를 들어 우리는 어떤 주어진 순간에 뇌에서 모든 세부사항들을 표상해야만 하기 때문이 아니라 세계의 현존과 세부사항에 끊임없이 접근하고 또 이 접근을 어떻게 사용해야 할지를 알고 있기 때문에 우리는 시각적으로 세계를 경험하는 것이다(O'Regan 1992; O'Regan and Noë 2001a).

셋째, 우리가 지각할 때 머릿속에 회화적 표상들이 존재한다고 아마도 우리가 갖고 있는 인상이라면 무엇이든 경험에 대한 1인칭적 인상이 아니라 3인칭적인 이론적 믿음이다. 그래서 착각은 한 이론가의 착각이지 한 경험적인experiential 착각은 아니다. 이 주장에 대한 데닛의 응답은 믿음은 한 이론가의 믿음일 수도 있지만 "우리 모두가 이론가임이 드러난다"는 것이다(Denett 1998, p. 754; 또한 Dennett 2002b를 보라). 그의 견해에 따르면, 지각자들은 자신들이 지각하는 것과 대응하는, 머릿속의 회화적 표상들을 지닌다고 암묵적으로 믿고 있으며, 지각적 경험은 부분적으로 이 경험에 의해 구성된다. 하지만 이 견해는 오도된 것으로 보인다. 지각적 경험은 세계로 향해 있지 뇌로 향해 있지 않다. 뇌에서 진행되는 것에 관한 믿음은 일상적인 지각적 경험의 일부가 아니다. 특히 지각적 경험은 볼 때 우리가 그림들(혹은 다른 종류의 표상)을 갖고 있다는 믿음에 전념하는 일을 포함하지 않는다 (Noë 2002b, 2004, pp. 55-59; Noë, Pessoa, and Thompson 2000).

마지막으로, 전술한 주장들은 즉각적으로 명백하지 않고 (때로 실험적 탐구와 제휴하는) 주의 깊은 현상학적 고찰들에서 출현한다. 비록 주관적 경험이 친밀하고 친숙하긴 하지만, 그렇다고 해서 이 주관적 경험의 현상적 성격이 특정화하기 쉽다는 결론은 거의 따르지 않는다. 우리는 직관적으로 명백하게 보이는 것과, 식별하기 위해 주의 깊은 현상학적 분석을 요구하는 것을 구분할 필요가 있다.

이 장의 남은 부분에서 나는 이 생각들에 기반해서 이를 시각적인 심적 이미지작용에 대한 현상학적 분석에 적용하고 있다. 이 분석에 따르면, 시각적 경험은 많은 이론가들이 추정하는 바와 같이 회화적인 것이 아니다. 지각적 경험의 현상적 내용은 어떤 매우 중요한 면들에서 회화의 내용과 유사하지 않고, 마음속에서 시각화하는 작용은 우리가 심적 그림을 보거나 가지는 것과 같은 경험이 아니다. 마음속에서 시각화하는 작용은 오히려 대상이나 장면의 가능한 지각적 경험을 심적으로 창출하거나enacting 영입함entertaining으로써 이 대상이나 장면을 심적으로 표상하는 활동이다. 만약에 이 분석이 정확하다면, 회화론자가 추정하는 것과 달리 이미지작용 경험의 현상학은 우리가 보거나 혹은 마음속에서 시각화하는 것의 내용과 대응하는, 뇌 속의 묘사적 표상들이 존재한다고 가정할 아무 특별한 이유도 제공하지 않는다. 물론 이 주장은 뇌 속의 묘사적 표상들이 지각과 이미지작용에 기능적 역할을 행할 가능성을 거의 배제한다. 이 가능성은 인지신경과학에 의해 결정되어야 할 실증적 문제이다. 그러나 이 주장이 실로 배제하는 것은 이 표상들의 묘사적 포맷이 우리가 보거나 마음속에서 시각화할 때 우리가 경험하는 것의 내용과 대응한다거나 혹은 동일하다거나 혹은 이 내용을 구성한다는 것이다.

시각적 경험을 그리기

논의의 틀을 잡기 위해 나는 그 자신의 시각장을 묘사하려는 에른스트 마하Ernst Mach의 시도를 원용할 생각이다(도표 10.1)(Mach 1959).[4] 오른쪽 눈을 감은 채 긴 의자에 누워 마하는 그의 방이 아니라 그의 (외눈의) 시각장의 내용을 묘사하려고 했다. 우리는 몇 가지 수준에서 그의 그림(=드로잉)drawing을 고찰할 수 있다. 첫째, 이 그림은 시각적 경험에 대한 어떤 회화적 이해방식을 예시하고 있다. 지각의 내용은 사실적인 그림picture의 내용과 유사하다. 둘째, 이 이해방식을 고려할 때 만약 눈을 감고서 방의 경관을 상상한다면 마하는 기억을 기초로 해서 심적 이미지 곧 (지각과 비교할 때 아마도 성글고 또렷하지 않은) 머릿속의 그림을 만들어내거나 떠올릴 것이다. 셋째, 마하의 그림은 그 자체 회화적 대상이다. 이 그림은 어떤 장면을 묘사하는 물질적 존재이다. 따라서 이 그림은 지각적 경험의 대상일 뿐만 아니라 회화적 경험의 대상이기도 하다. 우리는 마하의 그림의 세 측면을 더 면밀하게 살펴볼 필요가 있다.

마하의 그림은 그가 (한 눈으로) 서재를 보는 것이 무엇과 같은지 할 때의 그 무엇의 묘사가 되도록 의도되어 있다. 이 그림은 또한 이 그림의 외적 관람자인 우리로 하여금 우리의 시각적 경험이 그의 시각적 경험과 말하자면 일치하기 위해서 재현된 장면의 내적 관람자로서 마하의 입장을 취하는 것을 상상하도록 유도한다. 그렇지만 쉽게 구할 수 있는 현상학적 증거에 의하면, 우리의 시각적 경험은 이 묘사와 유사하지 않다는 것을 알 수 있다(Noë 2004, pp. 49-50, 69-72를 보라). 우리가 빈약한 주변적 시야를

도표 10.1.
에른스트 마하의 시각장 묘사. E. Mach, *Die Analyse der Empfindungen und das Verhältniss des Physischen zum Psysischen*(Jena: Gustav Fischer, 1900), 13.

갖고 있다는 점을 생각해보자. 단지 여러분의 시각장 내에서만 팔을 뻗으면 닿을 수 있는 곳에 카드를 놓아둬보라. 그러면 여러분은 카드의 색깔, 세트, 수를 말할 수 없을 것이다. 책의 한 지면 위에 있는 단어나 어구를 응시해보

라. 그러면 여러분은 오직 한두 다른 단어만을 읽어낼 수 있을 것이다. 이 단순한 실례는 마하의 그림과는 달리 우리의 시각장 전체를 우리가 초점을 맞춰 주의를 보낼 때 나타나는 선명함과 세세함을 갖는 것으로 경험하지 않는다.

배리 스미스Barry Smith는 마하의 소묘를 "오른쪽 눈 혹은 왼쪽 눈의 망막 위 주어진 순간에 이미지화된 실제 대상의 총체성"으로 시각장을 정의하는 에발트 헤링Ewald Hering(Hering 1964, p. 226, Smith 1999, p. 324에 인용된 것임)의 묘사로 해석해 왔다. 하지만 이 해석은 올바를 리가 없다. 주변 시야의 빈약한 해상도를 고려할 때, 마하는 주변의 세부사항들을 그리기 위해 눈을 움직였음에 틀림없다. 더욱이 눈 움직임을 포함하는 시각적 주의를 이렇게 명시적으로 이동한 것 외에, 그는 눈을 움직이지 않고 있는 동안 심적(=정신적) 주의를 암묵적으로 이동하고, 이렇게 해서 주변적 시야가 불변의 상태를 유지하는 동안에 그의 심적 초점을 변화시켰음에 틀림없다. 따라서 그의 그림은 시각적 경험의 많은 주의적 위상들attentional phases의 내용을 추상화하고 결합하는 일종의 표상이다. 이 그림은 그 장면에 대한 감각운동적이고 심적인 탐색의, 시간적으로 연장된 동역학적 과정의 정적 표상이다. 이 그림은 어떠한 주어진 순간에도 우리에게 현존하지 않는 시각적 내용들을, 세부사항들을 담은 그림의 방식으로 일괄적으로 제시하려 하고 있다.[5]

마하 그림의 또 다른 특질은 주변부 시각장의 미규정성을 순백으로 희미해져 가는 것으로 묘사하려는 시도이다.[6] 이 특질 또한 시각장 그 자체의 일부인 경계가 없다는 의미에서 이 시각장을 무한하거나 위상학적으로 열려 있는 것으로 묘사하려는 시도이다(Smith 1999, p. 324). 그렇지만 경험의 이러한 종류의 특질들을 한 그림 안에 묘사한다는 것은 불가능해 보인다. 시각장은 무한하며 여러 방식으로 미규정적이지만, 주변부가 순백이 됨으로써 그러한 것은 아니다. 이 특질들을 어떻게 정의하느냐 하는 것은 어려운 문제이지만, 이 특질들이 회화적 속성들인 것 같지는 않다. 경험 내의 재현

가능한 성질들이라기보다 이 특질들은 경험의 구조적 특질들이다.

이 간략한 고찰이 보여주는 것은 어떠한 주어진 순간에도 우리의 시각적 세계경험은 세부사항들의 균일성, 모든 지점의 질적인 규정성, 기하학적 완전성 같은, 그림을 특징짓는 많은 속성들을 결여해 있다. 비록 대부분의 시각 과학자들이 이 진술을 받아들이긴 하겠지만, 많은 이 분야의 과학자들은 또한 우리의 시각적 경험이 우리에게 주관적으로 보이는 방식과 불일치한다고 생각할 것이다(Pylyshyn 2003a, pp. 4-46을 보라). 그러므로 전술한 고찰들이 전적으로 현상학적이었고 우리가 우리 자신의 1인칭 격으로 경험하기 위해 구할 수 있는 것을 넘어서는 어떠한 사실들에도 호소하지 않았다는 것에 주목하는 일이 중요하다.

투명성과 경험

그의 시각장을 묘사하려는 마하의 시도는 우리가 경험한다는 것을, 혹은 우리가 우리의 시각장에 내성적으로 주의를 보낼 수 있다는 것을 전제한다. 그렇지만 마하가 묘사할 수밖에 없었던 것은 어떤 유리한 지점에서 본 그의 방과 그의 몸의 일부이다. 경험은 이와 같이 종종 '속이 비친다diaphanous' 혹은 '투명하다transparent'고 말해진다.[7] 경험의 성질들에 주의를 기울이려고 할 때 우리는 말하자면 이 성질들을 바로 통과해서 경험되는 것의 성질들로 주의를 기울이게 된다.

어떤 철학자들은 이 생각에 의존하는데, 이는 표상주의, 즉 경험의 현상적 성격은 전적으로 경험의 표상적 내용의 문제라는 주의, 달리 말해서 경험의 성질들은 경험에 의해 표상되는 세계의 성질들과 똑같다고 하는 주의에 찬동해서 말하기 위해서이다(Harman 1997; Tye 1991, 1995, 2000). 예를 들어 내가 확 트인 회색빛 겨울하늘을 본다는 것이 무엇과 같은지(=어떤 느낌인지)는 전적으로 내 시각적 경험이 하늘을 표상하는 문제이다. 표상주의의 대부분의 버전들은 외재주의적externalist이다. 그들은 경험의 표상적 내용은 경험에 의해 표상되는 대상들의 외적external 속성들에 의해 주어진다고 주장한다(Dretske 1995a; Tye 1995). 경험은 표상적 내용 이외에 내재적인 감각적 속성들 곧 감각질qualia을 지닌다고 주장하는 철학자들은 표상주의를 거부한다. 나는 표상주의에 대한 상이한 비판을 제시하고 싶다. 이 비판은 현상학적이며, 심적 이미지작용의 현상적 성격을 해명하는 과제와 직접적으로 관련이 있다.

경험의 현상적 성격은 우리가 경험하는 것의 질적인 성격(예를 들어 세계와 우리 신체의 감각적 성질들), 그리고 우리로 하여금 경험하게 하는 심적 작용들의 주관적 성격(지각함, 기억함, 상상함 등)을 모두 포함한다. 여기서 나는 **경험의 주관적 성격**을 네이글(1974)과는 다소 다르게 사용한다. 우리가 본 바와 같이, 네이글은 이 용어를 주체의 경험이 주체에 대해 무엇과 같은지(=어떤 느낌인지)를 지시하기 위해 도입했다. 이 의미에서 경험이 무엇과 같은지는 주체의 경험의 질적 속성들(감각질)과 주체의 1인칭적 관점을 모두 포함한다. 그러나 나는 이 용어를 봄seeing 혹은 마음속에서 시각화함visualizing과 같은, 주어진 유형의 심적 활동이 우리 자신의 경우에 경험되는 방식을 특별히 지시하기 위해 사용하고 있다. 그런 경험은 일반적으로 반성적이거나 내성적인 것이 아니라 전반성적이다(9장을 보라). 한 대상을 볼 때 나는 내가 본다는 것을 전반성적으로 경험하고, 한 대상을 마음속에서 시각화할 때 나는 내가 마음속에서 시각화한다는 것을 전반성적으로 경험한다. 이 자동사적이고 전반성적인 방식으로 나의 심적 활동은 어떤 성격을 띠고서 주관적으로 현출한다.[8]

표상주의는 경험의 주관적 성격을 도외시한다.[9] 이와 대조적으로, 현상학적 분석은 우리가 경험하는 어떤 것의 질적 성격과, 우리로 하여금 그것을 경험하게 하는 심적 활동의 주관적 성격 간의 연관에 명시적으로 초점을 둔다.

이 논점의 의미를 이끌어내기 위해 우리는 경험은 투명하다는 주장을 더 주의 깊게 고찰할 필요가 있다. 최근의 철학에서 보이는, 이 주장의 표준적 발언은 길버트 하르만의 다음과 같은 대문이다.

> 엘로이스가 앞에 있는 나무를 볼 때 그녀가 경험하는 색깔들은 모두 나무와 나무의 주변환경의 특질들로 경험된다. 그 특질들 중 어떠한 것도 그녀의 경험의 내재적 특질들로 경험되지 않는다. 또 그녀는 어떠한 것의 어떠한 특질들이든 그녀의 경험의 내재적 특질들로 경험하지 않는다. 여러분한테도 이는 해당한다. 엘로이스의 시각적 경험에는 특별한 어떠한 것도 없다. 나무를 볼 때 여러분은 어떠한 특질도 여러분의 경험의 내재적 특질들로 경험하지 않는다. 나무를 보고 여러분의 주의를 여러분의 시각적 경험의 내재적 특질들로 향하도록 해보라. 나는 여러분의 주의를 향하는 거기에 있는 유일한 특질들은 '여기에서의' 나무의 관계적 특질들을 포함하는 현시된 나무의 특질들이라는 점을 발견하리라고 예상한다 (Harman 1997, p. 667).

이 대문에 보이는 하르만의 주요 관심사는, 우리가 알아차리는 색깔들은 내적인 심적 속성들이지 외적 대상들의 속성들이 아니라는 감각여건 지각 이론을 폄하하는 것이다. 그럼에도 불구하고, 이 대문의 정확한 논거가 무엇이라 생각되고 있는지 분명하지 않다(Kind 2003; Stoljar 2004를 보라). 이 대문에서 추출될 수 있는 두 핵심적인 현상학적 주장에 초점을 맞춰보자. 첫 번째 주장은 (엘로이스에 관한 3인칭으로 제시되는) 알아차림이란 의미에서 경험에 관한 것이다. 두 번째 주장은 (우리가 우리 자신의 1인칭 격으로 발견하리라는 것에 관한 예상으로 제시되는) 주의에 관한 것이다.

> 알아차림의 극단적 투명성: 우리는 우리의 경험을(즉, 우리 경험의 내재적인 심적 특질들을) 알아차리지 못하고, 단지 이 경험에 의해 현시되는 대상들과 속성들을 알아차릴 따름이다.

주의의 극단적 투명성: 우리는 우리의 경험에(즉, 우리 경험의 내재적인 심적 특질들에) 주의를 기울일 수 없고, 단지 이 경험에 의해 현시되는 대상들과 속성들에 주의를 기울일 수 있을 따름이다.

하르만의 대문은 이 극단적 투명성 주장을 분명하게 제안하고 있다.[10] 나는 이 주장을 다음의 두 중도적 투명성 주장과 구별하기 위해 극단적이라고 부르고 있다.[11]

알아차림의 중도적 투명성: 우리는 보통 우리의 경험을(즉, 우리 경험의 내재적인 심적 특질들을) 알아차리지 못하고, 단지 이 경험에 의해 현시되는 대상들과 속성들을 알아차릴 따름이다.

주의의 중도적 투명성: 우리는 우리의 경험에(즉, 우리 경험의 내재적인 심적 특질들에) (노력을 들여) 주의를 기울일 수 있지만, 이 경험이 지향하는 것(즉, 이 경험에 의해 현시되는 것)을 벗어나 주의를 기울임으로써가 아니다.

나는 극단적 투명성 주장들은 명백히 거짓이고 중도적 투명성 주장들이 참이라고 말할 수 있다.

시각적 경험을 생각해보자. 내 앞에 있는 와인병을 볼 때 나는 와인병을 경험한다. 이런 방식으로 내가 본다는 것을 경험할 때 나는 내성하거나 반성할 필요가 없다. 그렇기는커녕 나의 알아차림은 암묵적이고 비반성적인 알아차림이다. 나는 비반성적으로 이 알아차림을 살아감으로써 내가 본다는 것을 경험한다. 이제 눈을 감고 와인병을 마음속에서 시각화한다고 가정해보자. 내 심적 작용의 지향적 대상은 여전히 병이다(이때의 병은 '내 이미지 경험의 가상적seeming 대상'이지 병의 심적 그림이 아니다).

하지만 이제 내가 암묵적이고 비반성적으로 경험하는 것은 내가 마음속에서 시각화함이다.

여기서 몇 가지 논점이 중요하다. 첫째, 마음속에서 시각화하는 작용과 지각작용의 지향적 내용에는 의미심장한 차이가 분명히 존재한다. 가장 주목할 만한 차이는 마음속에서 시각화된 병은 지각된 병의 직접성과 현존(=현전)을 지니지 않을 뿐더러 오히려 특이한 종류의 현상적 부재를 지닌다는 점이다. 사르트르가 말하듯이, “피에르가 이미지화된 것으로 나에게 나타나는 한, 런던에 현존하는 이 피에르는 나에게 부재하는 것으로 나타난다. 이 근본적 부재, 이미지화된 대상의 이 본질적 무는 이 대상을 지각의 대상과 구분하게 하기에 충분하다”(Sartre 2004, p. 180; 원문 강조).

둘째, 그러나 지향적 내용의 이 차이는 묘사적 내용의 차이가 아니다. 이 차이는 두 경험이 표상하는 대상의 특질들 혹은 속성들의 차이가 아니다. 따라서 경험들이 표상하는 대상 속성들과 관련해서 경험들이 동일하다 하더라도 이 경험들 간에는 지향적 내용의 현상적 차이들이 존재할 수 있다.

셋째, 지향적 작용들 그 자체의 서로 다른 경험적 특질들에 주목하는 것도 또한 중요하다. 예를 들어 시각적 지각작용은 비의지적이고 노력이 들지 않는 것으로 느껴지는 데 반해, 마음속에서 시각화하는 작용은 의지적이고 노력이 들고 기억을 불러올 필요가 있는 것으로 느껴진다.[12] 이런 방식들로 나는 내 경험에 의해 현시되는 지향적 대상들과 속성들뿐만 아니라 또한 내 경험의 특질들, 아니 더 정확히 말하면 나의 진행 중인 경험하는 활동도 알아차린다. 이 특질들은 경험(지각함, 마음속에서 시각화함, 기억함), 이 작용의 부수적 성질들(노력이 듦, 노력이 들지 않음), 그리고 나의 모든 경험함을 특징짓는 ‘나의 것임’ 혹은 ‘나에 대한 것임(=대자성)’(이것은 나의 봄이고 나의 시각화함이다)이라는 불변적인 현상적 성질을 이루는 특정한 지향적 작용 혹은 태도를 포함한다.[13]

우리는 알아차림의 극단적 투명성 이론이 주관적 경험을 구성하는 바로 그 전반성적 자기의식을 도외시한다고 말함으로써 이 마지막 논점을 요약할 수 있겠다. 와인병을 시각적으로 경험할 때 나는 병을 명시적으로 알아차리고 있을 뿐만 아니라 또한 병에 대한 나의 시각적 경험을 암묵적으로 알아차리고 있다.[14] 이런 종류의 암묵적 알아차림은 일종의 자기의식이다(나는 시각적 경험을 나의 것으로 암묵적으로 알아차리고 있다). 하지만 경험을 대상으로 취하는 현상적으로 의식적인 반성이나 내성은 존재하지 않기 때문에, 이 알아차림은 반성적이거나 내성적인 자기의식이 아니다.[15] 오히려 경험 그 자체는 전반성적으로 자기를 알아차리고 있다. 사르트르의 말에 의하면, "대상에 대한 모든 정립적 의식은 동시에 그 자체에 대한 비정립적(대상으로 향하지 않는 혹은 자동사적인) 의식이다"(Satre, 1956, p. 1ⅲ).

내가 9장에서 논했듯이, 이런 유형의 자기의식은 현상적 의식의 구성적 특질이다. 지각함을 경험하지 않고서 의식적 지각을 가질 수 있다거나, 상상함을 경험하지 않고서 의식적인 심적 이미지를 가질 수 있다거나, 기억함을 경험하지 않고서 의식적 기억을 가질 수 있다는 생각을 이해하기란 어려운 일이다. 하지만 만약 의식적 경험이 이런 식으로 반드시 자기를 알아차리는 것이라면, 극단적 투명성 이론과 달리 우리는 우리 경험이 현시하는 대상들과 속성들뿐만 아니라 우리 경험의 구성적 특질들을 암묵적으로 알아차리고 있는 것이다.

주의의 극단적 투명성 이론과 달리, 우리는 우리 경험의 특질들에 주의를 기울임으로써 (이 경험에 의해 현시되는 대상들에만 주의를 기울임으로써가 아니라) 이 특질들을 알아차릴 수 있다는 것도 또한 분명해 보인다. 볼 때, 나는 보기 위해 거기에 존재하는 것의 특질들에 주의를 기울인다. 하지만 나는 또한 봄이 어떻게 느껴지는지에, 보는 활동이 나에 대해서 무엇과 같은지에, 그리고 보는 활동이 자유롭게 상상함이나 기억함과 다르게 느껴지는 방식에 주의를 기울일 수 있다. 이런 식으로 주의를 기울일 때, 나는 보통 암묵적이고 전반성적인 상태로 남아 있기에 통상 주목하지(주의하지) 않는 특질들을 알아차리게 될 수 있다.

주의의 중도적 투명성 이론은 이 논점들과 양립 가능하다. 이 이론은 우리가 노력을 들이면 경험에 주의를 기울일 수 있다는 것을 인정한다. 하지만 이 이론은 또한 이 경험이 현시하는 것을 벗어나 우리의 주의를 돌림으로써 그렇게 할 수 있는 것은 아니라는 논지를 펴고 있다. 실로 어떤 철학자들은 경험되는 대상을 벗어나 지향적 경험 그 자체로 주의를 향하는 일에 대해 말하고 있다. 하지만 이렇게 말하는 방식은 타당해 보이지 않는다. 보통 우리의 주의를 한 사물에서 다른 한 사물로 주의를 돌리는 일에 대해 말할 때 우리는 두 번째 사물을 위하여 첫 번째 사물을 도외시하거나 외면하는 것을 의미한다. 그러나 우리가 경험의 특질들에 주의를 기울일 때 경험되는 대상을 도외시하는 것은 불가능해 보인다(Siewert 2004, pp. 35-37). 이 사실이 바로 투명성 은유가 전달하고자 노리는 것이다. 따라서 현상학적 분석에 관해 생각하는 가장 좋은 방법은, (내성 개념이 시사하듯이) 우리가 우리의 주의를 내면으로 돌리는 것이 아니라, 나타남들은 주관적인 지향적 작용들의 객관적 상관물들이라는 점을 주의 깊게 마음에 간직하면서, 우리가 우리의 주의를 대상의 나타남으로 향하게 하는 것 혹은 더 일반적으로 말해 세계의 나타남으로 향하게 하는 것이다. (무언가가 보이는 방식은 누군가가 이 무언가를 보는 방식과 상관관계에 있고 또 이 보는 방식의 함수이다.)

분명하게도, 여기서 작용하는 주의의 종류는 인지적이거나 심적인(=정신적인) 주의이지 지각적 주의가 아니다. 시각적 경험의 특질들에 주의를 기울일 때 나는 이 경험이 현시하는 것을 외면하지 않고 또 외면할 수도 없다. 오히려 나는 나의 심적이거나 인지적 주의를 내 지각적 태도가 사물들에 주어져 보이는 방식으로 이동한다. 이런 식으로 보통은 암묵적이거나 잠재적으로 남아 있는, 지각적 작용 쪽의 경험의 특질들은 현상학적 고찰을 위해 명시적이고 입수 가능하게 될 수 있다. 요약하면, 우리 경험의 특질들로 직접적으로 주의를 기울일 때 우리는 행하는 것에 관해 생각하는 방식은,

우리는 내적인 것을 위하여 외적인 것을 외면하거나 도외시하는 것이 아니라, 보통은 암묵적이거나 잠재적인 특질들을 명시적으로 혹은 명명백백하게 만드는 것이다.[16]

그림보기

이 생각들을 간직한 채 이제 우리가 보는 그림이라고 생각하면서 마하의 그림으로 돌아가 보자. 후설(2006)을 따라 우리는 그림보기picture-viewing의 경험에 함축돼 있는 세 가지 유형의 지향적 대상을 구분할 수 있다(Bernet, Kern, and Marbach 1993, pp. 150-152를 보라). 첫째, 물리적이고 지각 가능한 **그림 운반체***pictorial vehicle*가 있다. 우리의 경우 종이 위의 마하의 그림(원본과 복사본). 둘째, 또한 지각적으로 나타나지만 그림 운반체와 같은 실재적 사물로 파악되지 않는 **그림 이미지***pictorial image*. 우리의 예에서, 그림 이미지는 묘사된 대로의, 마하의 시각장이다. 그림 운반체는 우리가 만질 수 있거나 혹은 움직일 수 있는 어떤 것인 반면에 그림 이미지 그 자체는 그렇지 않다. 그림 이미지는 비실재적이다. 혹은 사르트르가 도발적으로 말하듯이 그림 이미지는 '무'이다(Sartre 2004, pp. 11-14, 125-136). 마지막으로, **그림 소재***pictorial subject* 곧 지시대상(=지시체)—(초상화에서) 묘사의 소재가 되는 그 또는 그녀인 사람 혹은 (풍경화에서) 장면 그 자체—이 존재한다. 우리의 예에서 그림 소재는 마하의 현실적 시각장이다. 그림 소재는 부재하거나 존재하며, 실제로 존재할 수도 있고 실제로 존재하지 않을 수도 있다.

그림보기의 지향성에 관한 현상학적 문제는 이 서로 다른 유형의 지향적 대상들과 이 대상들의 상관관계적인 지향적 작용들이 무언가를 그림으로 보는 통일된 경험을 형성하기 위해 결합되는 방식에 관한 문제이다.

이제 우리는 2장에서 본 바 있는 **현재화***presentation*와 **준현재화***re-pre-*

*sentation*의 지향적 작용 간의 현상학적 구분을 상기할 필요가 있다. 지각은 현재화적이고 상상, 기억, 그림보기는 준현재화적이다. 우리는 이 구분을 두 가지 측면, 즉 지향적 대상의 측면과 지향적 작용의 측면으로부터 접근할 수 있다. 지각적 경험에서 대상은 '신체적 존재bodily being' 속에서 현재적인 것으로 경험되고, 따라서 직접적으로 접근 가능하다. 준현재화적 경험에서 대상은 이런 식으로 현재적이고 접근 가능한 것으로서가 아니라 부재하는 것으로 경험된다. 그렇지만 이 부재는 정확히 현상적인 부재인데, 왜냐하면 이 경험은 정확히 부재하는 것으로의 대상에 대한 것이기 때문이다. 신체적 현존과 부재 간의, 지향적 대상 쪽의 이 차이는 현재화와 준현재화 간의 지향적 작용 쪽의 차이와 상응한다. 준현재화적 경험은 대상을 이 대상의 신체적 존재가 현상적으로 부재하면서 또한 심적으로 환기되거나 산출된 것으로 구성한다. 이런 식으로 대상은 지각적으로 현시되는presented 것이 아니라, 심적으로 준-현시되는re-presented 것이라고 말해진다. 경험을 준현재화적으로 만드는 것은 이 경험의 대상이 심적으로 환기되거나 산출되면서 또한 현상적으로 부재한다는 것 바로 그것이다. 이는 대상이 다시 심적으로 환기되거나 산출된다는 것이 아니다. 후자의 특징은 기억에 속하지 (상상 같은) 모든 유형의 준현재화적 경험에 속하는 것은 아니다.

그림보기는 복잡한 방식으로 현재화와 준현재화 둘 다로 이루어진다. 물리적 그림은 지각에 현존하는 반면, 부재하는 그림 소재는 준현재화되어 그림 이미지에 의해 현존으로 가져와진다. 그림을 보고 감상할 때 우리는 주로 물리적 그림이나 그림 소재 그 자체에 관심을 갖는 것이 아니라, 물리적 그림에 나타나고 그림 소재를 표상하는 그림 이미지에 관심을 갖는다. 따라서 그림보기의 지향적 대상은 이중적 방식으로 존재하는데, 왜냐하면 이 지향적 대상은 그림 소재, 그리고 그림의 물리적 운반체에 나타나는 그 소재의 그림 이미지로 이루어지기 때문이다. 이 물리적 운반체가 이 운반체 안에 나타나는 이미지의 파악 덕분에 그림 존재(=회화적 존재)로 간주된다고 주장하는 사람이 있을 수 있겠다. 이 견해에 따르면, 상상은 이미지의 심적 파악이란 의미에서 그림 경험(=회화적 경험)의 필연적 성분이다.

여기에서 내 관심사는 그림 경험에 관한 이 주장을 옹호하는 데 있는 것이 아니라, 마음속에서 시각화함이란 의미에서 상상함은 그림보기와 상이한 지향적 구조를 갖고 있다는 주장을 펴는 데 있다.[17] 이 주장은 기억함의 심적 활동을 먼저 고찰함으로써 도입될 수 있다.

기억

마하가 소묘를 마치고 나서 후에 그의 시각장을 소묘한 일을 서재에 앉아서 기억한다고 가정해보자. 이런 종류의 심적 활동의 경험은 무엇에 있는가? 기억함은 지각함이나 그림보기와 주관적 성격이 어떻게 다른가?

내가 앞에서 적은 바와 같이, 지각적 경험은 이 경험의 성격을 준현재화적이 아니라 현재화적으로 만드는 직접성과 즉각성을 갖고 있다.[18] 그러나 삽화적 혹은 자서전적 기억함에 있어서 상황이나 사건은 현재적인 것으로서가 아니라 과거적인 것으로 경험된다. 따라서 과거의 상황이나 사건은 필연적으로 준현재화된다. 현상학적 물음은 이 준현재화가 어떻게 작동하는가이다. 고전적 이미지 이론에 따르면, 기억할 때 우리는 과거에 경험된 무언가의 심적 이미지를 파악한다. 이 이론의 한 가지 문제는 기억할 때 우리는 우리 자신이, 기억하는 것처럼 보이는 무언가를 상상하고 있다고 여기지 않고, 우리 자신이 무언가를 그것이 일어난 대로 기억하고 있다고 여긴다는 점이다. 이 문제를 다루는 표준적 방식은, 우리가 기억하는 것은 심적 이미지가 아니라 과거의 일(=사건)이지만 우리는 심적 이미지를 통해서 과거를 기억한다고 주장하는 것이다. 하지만 이 조치는 더 심각한 문제를 드러낸다. 즉, 이미지 이론은 이미지가 어떻게 기억 경험을 지나간 무언가의 기억 경험으로 산출할 수 있는 능력을 현재에 갖고 있는지 설명하지 못한다. 기억을 과거 경험의 준현재화로 보는 후설의 설명은 이 난점을 극복하는 것을 목표로 하고 있다(Bernet 2002; Marbach 1993, pp. 78-83).

과거의 일, 상황, 사건을 기억할 때 여러분은 또한 이에 대한 이전의 경험을 암묵적으로 기억한다는 점을 잘 생각해보라. 마하는 그가 누워 있는 긴 의자로부터 그에게 나타나는 바대로의 시각장을 기억하지만, 그렇게 할 때 그는 또한 이전의 시각적 지각을 암묵적으로 기억한다. 따라서 기억 속에서 우리는 현재의 심적 그림이라는 의미에서의 이미지에 의해서가 아니라, 과거에 일어났다고 믿어지는 경험을 준현재화하는 활동을 통해서 부재하는 무언가(지나간 것)를 파악하는 것이다. 물론 우리는 삽화적 혹은 자전적 기억 경험에 대한 믿음을 명시적으로 품고 있을 필요는 없다. 오히려, 기억할 때 준현재화되는 경험은 과거에 일어났던 것으로 단지 주관적으로 주어질 따름이다. 기억 속에서 우리는 이 과거 경험을 재생산하고 말하자면 다시 사는 것이지만, 지금 일어나고 있는 것으로서가 아니라 변양된 방식으로 즉 정확히 말하자면 준현재화된 방식으로 다시 사는 것이다. 달리 말하면, 과거의 경험은 현재에 글자 그대로 또는 실제로 재생산되는 것이 아니라, 기억의 지향적 내용의 일부로서 재생산되는 것이다(Marbach 1993, p. 61). 후설의 정식적 표현에 의하면, 현재의 기억은 과거의 경험을 '실제로 really' 함유하는 것이 아니라, 이를 '지향적으로 함축한다intentionally implicates'(Husserl 1983, §99, p. 294; Marbach 1993, pp. 34-36, 69-70).

이 견해에 따르면, 내가 X를 기억한다고 말하는 것은 내가 과거에 일어났다고 주관적으로 주어지는(혹은 더 인지주의적 방식에 의하면, 과거에 일어났다고 믿어지는) X의 경험을 준현재화함으로써 X를 지향한다(혹은 X를 지시한다거나 X에 내 자신을 심적으로 향하게 한다)고 말하는 것이다. 기억의 지향적 대상은 (만약 과거의 경험과 과거의 사건이 과거의 정서나 느낌의 경우와 달리 동일하지 않다면) 보통 과거의 경험이 아니라 과거의 사건이라는 점에 주목하자. 만약 기억의 지향적 대상이 과거의 경험 그 자체라면 기억하는 작용은 반성적 작용이다. 그러나 보통 과거 경험을 준현재화하는 작용은 과거의 사건이나 상황에 대한 우리의 기억 속에서 오직 암묵적이고 전반성적으로 작동한다.

이 생각들을 심리과학에 연결하는 매력적인 방식은, 기억은 '온라인' 감각적 경험—환경과 행하는 현재의 감각운동적 상호작용에 의해 적절하게 제약되는 경험—이 아니라, 모의실험되거나simulated 모방실험되는 emulated 오프라인 감각적 경험을 수반한다고 말하는 것이리라. 모방실험은 제한되고 변양된 방식으로—가령 말초 감각체계와 운동체계를 모형화하지만 이 체계들의 회로를 갖지 않는 내적 과정으로—활동을 재창출reenacting함으로써 이 활동을 표상한다(Grush 2004). 기억은 이전의 감각적 경험들을 모방실험하는 것을, 따라서 이 경험들을 변양된 방식으로 재창출하는 것을 수반할 수 있을 것이다.

따라서 기억 경험은 일종의 의식의 이중화를 수반하는데, 왜냐하면 기억작용은 과거 사건의 의식적인 준현재화이면서 또한 이전 의식의 의식적인 준현재화이다(Bernet 2002). (여기서 우리는 다음 장의 주제인 내적 의식의 복합성을 간단히 언급하고 있는 셈이다.) 하지만 무언가를 그림으로 보는 것은 이중적인 지향적 대상—'그림 소재'에다 더하기 '물리적 그림에 나타나는 그림 이미지'—를 수반한다. 따라서 그림보기는 현상적인 심적 이미지를 수반한다고 말들 할 수 있는 분명한 의미가 있는데, 왜냐하면 그림 속의 이미지는 거의 확실히 그림보기라는 심적 활동의 지향적 상관물에 다름 아니기 때문이다. 이 이미지는 분명히 식별될 수 있는 운반체 곧 그림의 물리적 재료를 지닌다. 그러나 기억작용은 운반체/이미지/지시체라는 이 삼중의 구조를 결여한다. 더구나 심적 이미지에 호소하는 것은 기억의 지향성을 설명하지 못한다. 고전적인 이미지 기억이론은 기억 경험을 일종의 그림보기로 바꾸고 이렇게 해서 기억 경험의 지향적 구조와 주관적 성격을 왜곡시킨다.

시각화[4)]

동일한 사항들이 시각적 이미지화 혹은 시각화의 의미에서의 상상작용에도 해당한다. 즉, 이미지작용 경험은 그림보기의 일종이 아니다. 시각적 이미지화에 있어서 우리는 대상을 현상적인 심적 그림에 의해서가 아니라, 이 대상을 가능한 지각적 경험에 주어지는 것으로서 준현재화함으로써 파악한다. 해명될 필요가 있는 것은 이런 종류의 심적 준현재화가 기억작용과 어떻게 다른가 하는 것이다.

마하가 그의 시각장을 소묘하는 동안 산만해져서 책장에 다시 배열된 책들을 마음속에서 시각화한다고 가정해보자. 우리는 그가 어떠한 특정한 과거의 배열도 기억하고 있지 않고, 현실적으로 책들을 다시 배열할 의도도 없다고 가정할 수 있다. 그는 그저 책들이 다르게 배열되었을 때 어떻게 보이나 마음속에서 시각화하고 있을 뿐이다. 이런 식으로 상상작용은 이 작용이 그 장면을 심적으로 준현재화할 때 지향적으로 함축하는 지각적 경험의 사실적인 실재에 대한 믿음을 요구하지 않는다. 달리 말해서, 그런 경험이 (기억작용에서처럼) 과거에 일어났다거나 (예기작용이나 기대작용에서처럼) 미래에 일어나리라는 어떠한 함축도 존재하지 않는다. 오히려 상상작용에서는 지향적으로 함축된 경험의 현실적인 (과거나 미래의) 사건에 대한 믿음의 이 억견적doxastic 특질이 '중성화되어 있다'.[19]

이 견해에 따르면, 내가 X를 상상한다고 말하는 것은 X를 중성화된 지각적 경험에 주어지는 것으로 심적으로 준현재화한다고 말하는 것이다 (Marbach 1993, p. 75를 보라). 예를 들어, 지금 에펠탑을 자유롭게 마음속에서 시각화할 때 나는 에펠탑을 내가 결코 관여할 수 없는 현실적인 (과거나

---

4) visualizing. 시각화, 시각화함, 시각화 작용. 마음속에서 시각화하는 것을 말한다. 시각화의 의미가 정확히 드러나도록 가능한 한 '마음속에서'를 앞에 붙여 '마음속에서 시각화함'이라고 번역하겠지만, 문맥에 따라 '시각화함'이라고 번역하더라도 '마음속에서 시각화함'으로 이해해 주길 바란다.

미래의) 사건의 지각적 경험에 주어지는 것으로 준현재화한다. 이 심적 작용을 준현재화적으로 만드는 것은 에펠탑이 현상적으로 부재하고, 심적으로 환기되거나 산출된다는 점이다. 이 작용을 기억작용과 다른 것으로 만드는 것은 내가 에펠탑을 과거에 일어났던 것으로 정립하지 않는 지각적 경험에 주어지는 것으로 심적으로 준현재화한다는 점이다. (물론 이 경우의 시각화는 기억에 의존하지만, 이는 또 다른 문제이다.) 요약하면, 우리가 X를 마음속에서 시각화한다는 것은 X의 중성화된 지각적 경험을 주관적으로 모의실험하거나 모방실험함으로써 X를 심적으로 준현재화한다는 것이라고 말할 수 있겠다.

따라서 이 설명은 마틴이 "감각적으로 Φ를 상상하는 것은 Φ를 경험하는 것을 상상하는 것이다"라고 진술하는 '의존성 명제the Dependency Thesis'라 부르는 것과 유사하다(Martin 2002, p. 404). 이 명제에 따르면, 대상들을 마음속에서 시각화할 때 우리는 이 대상들을 시각적으로 경험하는 것을 상상한다. 마틴은 이 명제가 "한 종류의 현상적으로 의식적인 상태 곧 상상작용이라는 사건은 마음의 또 다른 유형의 의식적인 상태 곧 감각적 경험을 대상으로 취한다"(ibid)는 것을 함의한다고 생각한다. 그러나 여기서 제시된 후설의 영향을 받은 견해에 따르면, 비록 대상을 마음속에서 시각화하는 일이 대상을 시각적으로 경험함을 상상하는 일을 수반할지라도, 시각적 경험은 상상작용의 대상이 아니다. 상상작용의 지향적 대상은 시각화된 대상이다. 그러나 시각화된 대로 그 대상이 어떤 식으로든 시각적으로 주어져야만 하며, 대상 쪽에서의 이 시각적 주어짐의 양식은 주체 쪽에서의 시각적 주어짐의 상관관계적 양식을 수반한다. 따라서 대상을 마음속에서 시각화할 때 함께-상상되는 시각적 경험은, 마음속에서 시각화할 때 시각적으로 나타나는 이미지화된 대상 양식의 지향적 상관물일 뿐이다. 이미지화하는 타동사적 의식의 지향적 대상은 이미지화된 대상이지만, 상관관계적이고 함께 상상되는 시각적 경험은 오직 자동사적이고 전반성적으로 경험될 뿐이다. 달리 말하면, 이 경험은 보통 주목되지 않고, 주의되지 않고,

반성되지 않고서 '살아진다'. (만약 이 경험이 이런 식으로 주목된다면 이미지화하는 경험은 반성적 경험이 된다.) 나는 이 지향적 구조가 마틴이 "이미지는 우리에게 상상된 장면 경험의 현존이 아니라 상상된 장면의 현존을 제공하는 것 같다"(2002, p. 416)고 말하게 되는 이유라고 생각한다. (그러나 앞에서 언급된 바와 같이 이 현존(=현전)은 또한 일종의 현상적 부재이다. 사르트르 2004, pp. 11-14, 126-127, 180을 보라.)

상상작용의 무언질적(=무입장적, 중립적)noncommittal 성질에 관해 몇 가지 논평을 할 차례이다. 첫째, 이 무언질적 성질에 기여하는 믿음의 중성화 혹은 중지는 이미지화된 대상의, 함께-상상된 시각적 경험에 속한다. 따라서 상상작용은 이미지화된 대상이나 장면의 존재(=실존) 혹은 비존재(=비실존)의 믿음으로부터 독립해 있다. 나는 에펠탑이 파리에 실존한다고 믿는다. 그럼에도 불구하고, 에펠탑을 (말하자면) 트로카데로5)부터 지각에 주어지는 것으로 마음속에서 시각화할 때, 또한 나는 내가 그 현실적 사건에 과거나 미래의 어떠한 시간에도 관여하지 않는 시각적 경험을 심적으로 환기한다. 아니면, 만약 내가 플루트를 부는 켄타우로스를 마음속에서 시각화한다면(Husserl 1983, §23을 보라), 나의 심적으로 환기된 시각적 경험은 중성화된 경험일 뿐만 아니라, 또한 나는 나의 시각화의 대상을 순전히 허구적인 것으로 받아들인다. 따라서 마음속에서 시각화할 때 물체나 장면이 심적으로 준현재화될 수 있는 다양한 방식들이 여전히 남아 있다. 예를 들어 나는 물체나 장면이 실존한다거나(에펠탑), 실존하지는 않지만 이 세계에서 가능하다거나(내가 살 수 있는 상상의 집), 혹은 실존하지 않고 순전히 허구적이라고(플루트를 부는 켄타우로스) 생각할 수 있다.[20]

둘째, 중성화는 우리가 상상된 장면에 대해서 비언질적이라는 것을 함의하지 않는다. 예를 들어 트로카데로부터 에펠탑을 마음속에서 시각화할 때, 나는 상상된 장면이 센 강을 가로질러서 보이는 탑을 담고 있는지 여부에

• • •

5) 영국 런던의 한 건물.

관해 비언질적이지 않다. 달리 말해서, 이 특질들에 대한 나의 관여는 그 자체 상상된 것이 아니라 현실적인 것이다.[21]

그럼에도 불구하고, 셋째, 상상작용은 대상을 상이한 방식으로 정립할 수 있다. 사르트르는 네 가지 방식을 구분한다. "상상작용은 대상을 비실존하는 것으로, 혹은 부재하는 것으로, 혹은 다른 곳에 실존하는 것으로 정립할 수 있다. 상상작용은 또한 그 자체를 중성화할 수 있다, 말하자면 대상을 실존하는 것으로 정립하지 않을 수 있다"(2004, p. 12). 앞의 세 가지 유형의 정립작용은 상상된 대상에 관한 것이며, 상상할 때 대상이 부재하는 것으로 나타나는 방식 상의 모든 변주들이다. 네 번째 유형은 정립작용 그 자체에 관한 것이며, 상이한 구조를 갖고 있다.

첫 번째 유형에서 대상은 비실존하는 것으로 정립되고, 그래서 결코 지각적으로 현존할 수 없는 것으로 정립된다. 그런 대상은 (플루트를 부는 켄타우로스처럼) 허구이다(Sartre 2004, p. 20).[22] 두 번째와 세 번째 유형에서 대상은 실존하는 것으로, 또 우리의 현존으로 가져와져 신체적 존재에서 지각될 수 있는 무언가로 정립된다. 한편으로, 대상은 더 이상의 유보 조건이 없이 단지 부재하는 것으로만 정립될 수 있다. 다른 한편으로, 대상은 부재하되 다른 곳에 실존하는 것으로 정립될 수 있다. 예를 들어 내가 지금 친구 알바Alva를 상상할 때 나는 그를 단지 부재하는 것으로, 혹은 부재하되 버클리에 실존하는 것으로 정립할 수 있다.

네 번째 유형의 정립작용은 대상의 실존에 대한 믿음의 중지이지만, 대상의 비실존을 정립하지 않고서 그렇게 하는 것이다. 그렇게 정의된다면, 중지는 상상에서뿐만 아니라 지각에서도 일어날 수 있다. "한 사람이 나에게 다가오는 것을 보고 내가 '이 사람은 피에르일 수 있다'고 말할 때 이것이 지각에서 일어나는 일이다. 하지만 정확히 말해 이 믿음의 중지, 이 자제는 다가오는 사람에 관한 것이다. 이 사람에 대해 나는 그가 피에르라는 것은 의심하지만, 그렇다고 해서 그가 사람이라는 것은 의심하지 않는다. 한마디로 말해, 나의 의심은 나에게 다가오는 한 사람이라는 유형의 실존을 정립하는 것을 함의한다"(Satre 2004, p. 13). 사르트르가 드는 상상작용의 중성화의 예는 그림보기의 경우이다. "내가 한 잡지 속의 사진들을 본다면 이 사진들은 '나에게 이렇다 할 아무것도 말할 수 없다', 말하자면 나는 실존을 정립하지 않고서 이 사진들을 본다. 따라서 내가 보는 사진 속의 사람들은 실로 이 사진들을 통해 도달되지만, 마치 '기사와 죽음Knight and Death'이 뒤러 Dürer의 판화를 통해 도달되는 것처럼 내가 그들의 실존을 정립하지 않고서 그렇게 하는 것이다"(Sartre 2004, p. 24).[23] 사르트르의 논점은, 내가 사진들을 볼 때 단순히 번들번들한 종이들로서가 아니라 사람들의 사진들로 볼 수 있지만, 이 사람들이 살아 있는가 죽었는가, 실존하는가 실존하지 않는가 생각하지 않고서 그렇게 한다는 것이다. 오히려 나는 비언질적 상태에 있으며, 나의 그림 경험은 이 문제에 들어가거나 이 문제를 꺼내지 않는다.[24]

따라서 사르트르가 중성화 개념을 사용하는 방식과 내가 이 개념을 제시해 온 방식 간에는 차이점이 있다. 한편으로, 사르트르가 분명하게 하듯이 "상이한 정립적 유형들을 구분하는 것은 지향의 명제적 성격이지, 대상의 실존이나 비실존이 아니다"(2004, p. 24). 달리 말해서, 비언질적 성질은 지향적 **내용**이 아니라 지향적 **작용**에 속한다. 다른 한편으로, 사르트르가 중성화되어 있다고 생각하는 것은 (그가 든 사진 속의 사람들의 예에서처럼) 상상된 대상의 실존이나 비실존에 대한 믿음인 데 반해, 내 제시에 의하면 중성화되어 있는 것은 우리가 이미지화된 대상을 준현재화할 때 함축돼 있는 **시각적 경험**의 현실성에 대한 믿음이다. 즉, 비언질적 성질은 시각적 상상작용을 구성하는 심적으로 모의실험되거나 모방실험된 봄(=시각적 경험)seeing에 속한다. 따라서 비언질적 성질은 지향적 구조의 내용-쪽이 아니라 작용-쪽에 굳건하게 놓여 있다.

전술한 시각적 상상작용에 대한 분석은 지각적 경험과 이미지작용 경험 사이의 중요한 유사점과 차이를 포착하려 하고 있다. 시각적 상상작용은 시각적 경험을 포함하지만, 이 시각적 경험은 오직 지향적으로만 함축돼 있지 현실적인 것은 아니다. 우리가 시각적으로 한 대상이나 장면을 상상할 때마다 준현재화되는 시각적 경험이 있다는 것이 시각적 상상작용의 본성에 내적이라는 사실은 (공유된 관점적perspectival 내용과 같은) 시각적 지각작용과 시각화 작용 사이의 중요한 유사점을 설명할 수도 있다. 그러나 시각적 경험이 오직 지향적으로만 함축돼 있다는 사실은 시각적 경험의 내용이 상상하는 지향과 이 지향이 담고 있는 지식에 의해 결정된다는 것을 의미한다.[25]

이 점을 고려할 때 우리의 현재의 감각운동적 활동들은 우리가 지각하는 것을 제약하지만 우리가 상상하는 것은 제약하지 않는다는 가설을 세우고 싶은 유혹을 느낄지도 모른다. 이 가설에 따르면, 우리가 마음속에서 시각화하고 있는 내용과 우리가 감각하고 운동하고 있는 방식 사이에는 어떠한 상호관계도(혹은 단지 일시적이고 우연적인 상호관계도) 존재하지 않는다. 엘리사벳 파쉐리Elisabeth Pacherie는 그녀가 "예를 들어 나는 정육면체를 상상할 수 있고, 심지어 내 스스로 정육면체를 돌리는 일을 상상할 수도 있으며, 이렇게 실행하는 동안 내 머리와 몸을 여러 방식으로 움직일 수 있지만, 만약 우연의 일치에 의해서나 고의적으로 그렇게 하고자 의도하기 때문이 아니라면, 내 움직임들은 내가 돌리고 있다고 상상하는 일련의 정육면체의 이미지들과 상호관계를 맺지 않을 것이다"(Pacherie 1999, p. 158)고 쓸 때 이 주장을 펴고 있는 것으로 보인다.

그럼에도 불구하고, 마크 벡슬러Mark Wexler가 지적하듯이(사적으로 주고받은 내용), 손과 몸의 움직임이 심적 이미지에 미치는 영향에 관한 실험의 결과는 이 가설과 반대되는 것으로 나타나고 있다. 오히려 이 결과는 운동과정들이 심적 이미지 변형을 이끈다는 가설을 지지하고 있다(Wexler, Kosslyn, and Berthoz 1998; 또한 Grush 2004를 보라). 더 정확히 말하면, 외현적으로 억제돼 있는 운동 행위들의 감각적 예료들은 심적 이미지 변형들을 추동한다. 예를 들어 벡슬러, 코슬린, 베르토즈Wexler, Kosslyn, and Berthoz(1998)는 보이지 않는 시계방향의 손의 회전을 실행하는 것이 시계방향의 회전의 동시적 시각화를 돕지만, 보이지 않는 시계반대방향의 손의 회전은 시계방향의 회전의 동시적 시각화를 방해한다는 것을 발견했다. 다른 내용도 들어 있는 이 결과(Simons and Wang 1998; Simons, Wang, and Roddenberry 2002; Wexler and Klam 2001; Wohlshläger and Wohlschäger 1998)는 신체적 동작은 몸을 움직이거나 물건을 조작하는 동안 우리가 수행할 수 있는 시각화를 강력하게 제약한다는 것을 보여준다. 이 결과들은 또한 운동 메커니즘은 우리가 움직이지 않는 동안에도 적어도 어떤 유형들의 심적 이미지를 추동한다는 것을 시사하고 있다.

따라서 비록 감각운동 과정들이 우리가 마음속에서 시각화할 수 있는 것에 영향을 미치긴 하지만, 이미지작용 경험과 지각적 경험의 감각운동적 내용에는 중요한 차이가 여전히 남아 있다. 상상되는 대상은 지각적 대상이 탐색될 수 있는 방식으로 탐색될 수 있는 것이 아니다(Casey 2000, pp. 91-93). 지각에서 대상들은 관점적으로 나타날 뿐만 아니라 움직임에 따라 변하는 일면들(=측면들)을 현시한다. 우리는 대상을 '감각운동적 일면들'을 갖고 있는 것으로 경험하는데, 사물의 나타남들은 우리가 사물의 주변을 움직일 때 혹은 사물이 우리에 대해서 움직일 때 이에 맞추어 변하기 때문이다(Noë, p. 117). 따라서 지각은 대상을 일주하는 필연성을 함의한다(Satre 2004, p. 8). 한편, 비록 상상되는 대상은 관점적으로 나타날지라도 "우리는 이 상상되는 대상을 더 이상 일주할 필요가 없다. 즉, 이미지화된 정육면체는 그 본질이 즉각적으로 주어진다"(Ibid., p. 9). 내가 무언가를 정육면체로 보는 것은 취소 가능하지만 — 나는 오인할 수 있고, 대상은 그 자체를 내가 탐색하는 것과는 다른 무언가로 보여줄 수 있다 — , 내가 정육면체를 상상하는 것은 이런 식으로 취소 가능한 것이 아니다. 대상이 정육면체가 아니라는 것을 보여줄 수 있는, 여전히 개시되어야 할 일면들의 가능성은 전연 없는데, 왜냐하면 이 대상이 더 이상 정육면체가 아니라 다이아몬드라고 말하는 것은 내가 지금 다이아몬드를 상상하고 있다고 말하는 것이기 때문이다. 달리 말하면, 내가 상상하는 지향은 변화해 왔으며, 이제 새로운 지향적 대상을 규정한다. 만약 내가 정육면체를 지금은 이 각도에서 지금은 저 각도에서 마음속에서 시각화한다면, 정확히 동일한 것이 적용된다. 즉, 나는 이 정육면체를 탐색하거나 일주하지 못하지만, 상상적 지향을 변화시킴으로써 내가 상상하는 것을 변화시킨다.[26] 그럼에도 불구하고, 그런 지향들은 분명히 감각운동적 지식을 신체화한다. 더욱이 감각운동적 과정들은 한 시각화하는 지향에서 다음의 시각화하는 지향으로 이동하는 것에 강력하게 영향을 미친다.

우리는 이제 이미지작용 경험에 관한 이 현상학적 분석의 주요 논점을 요약하는 위치에 있다. 이 분석은 마음의 눈에 의해 점검되는 현상적인 심적 그림이란 의미에서의 심적 이미지에 관해 어떠한 언급도 하지 않는다. 시각적으로 이미지화할 때 즉 시각화할 때 우리는 현상적인 심적 그림을 점검하지 않는다. 대신에 우리는 대상에 대한 지각적 경험을 주관적으로 모의실험하거나 모방실험함으로써 이 대상을 심적으로 준현재화한다.

현상적인 심적 이미지 혹은 그림은, 비록 기억하거나 상상하는 경험의 지향적 대상이 아니고 따라서 내면적으로 '보여지지seen' 않는 것이긴 하지만, 그럼에도 불구하고 그러한 유형의 경험들 속에서 '가져지고had' 혹은 '겪어지는undergone' 것이라고 이의를 제기할 사람이 있을지도 모르겠다. 우리가 어떻게 이 이의제기에 응답해야 하는가는 우리가 현상적인 심적 이미지를 무엇으로 이해하는가에 달려 있다. 만약 이 제안이 현상적인 심적 이미지는 단지 주관적으로 모의실험되거나 모방실험되는 지각적 경험일 뿐이라는 것이라면, 전술한 분석은 이 제안을 지지한다고 간주될 수 있다. 그러나 이 제안이 현상적인 심적 이미지 개념에 대한 중요한 개념적이고 현상학적 해명에 해당한다는 점에 주목하라. 현상적인 심적 이미지는 마음의 눈에 의해 점검되는 현상적 그림이 아니다. 또 실로 어떠한 종류의 정적 이미지나 묘사도 아니다. 오히려 이 이미지는 심적으로 환기하고 대상의 지각적 경험을 주관적으로 모의실험함으로써 주관적으로 이 대상을 준현재화하는 심적 활동이다.

아니면, 만약 이 제안이 이 모의실험되는 시각적 경험이 그 자체 일종의 심적 그림(=회화)이라는 것이라면, 혹은 더 정확히 말해서 이 시각적 경험의 지향적 내용이 회화적이라면, 이 제안의 운명은 시각적 경험이 회화적인가 아닌가에 달려 있다. 이 장 앞에서 우리는 시각적 경험의 내용은 어떠한 그림과도 같지 않은 방식들이 존재한다는 것을 본 바가 있다. 만약 지각적 경험이 회화적이 아니라면, 상상하거나 기억할 때 모의실험되는 시각적 경험의 내용이 회화적이라고 생각할 이유가 전혀 없다. 따라서 이 경험이 어떤 종류의 심적 그림이라고 생각할 이유가 전혀 없다. 요약하면, 내가 제안하고 있는 이 견해에 따르면, 시각적 경험이 단적으로 회화적인 유일한 때는 우리가 그림을 보는 시각적 경험을 가질 때나 혹은 그림을 기억하거나 상상하는 경험을 가질 때이다.

이미지작용 논쟁 재고

이미지작용 논쟁의 관점에서 볼 때 이미지작용 경험에 대한 현상학적 분석에 관해 최초로 주목할 만한 것은 이 분석이 기술론자들이 한 주장을 지지한다는 점이다. 그들의 전매는 아니지만 이 주장은, 마음속에서 시각화함은 심적 이미지의 점검이 아니라, 사물이 보이는 방식에 대한 암묵적 지식, 이 지식이 조직화되는 방식, 그리고 감각운동적 능력을 고려할 때 무언가를 본다는 것이 무엇과 같은지(=어떠한 느낌인지) 혹은 무엇과 같았는지 혹은 무엇과 같을지에 대한 심적 표상이라는 것이다. 따라서 현상학적 분석은 이미지작용 연구에서 하는 분석적 이형동질을 위한 원리적 동기부여, 즉 이미지작용 경험은 현상적인 심적 이미지라는 추정 혹은 이미지작용 경험의 내용은 이미지에 의해 주어진다는 추정을 약화시킨다. 분석적 이형동질은 이미지작용 경험의 이미지적 혹은 회화적 내용에 추정되는 것에 대응하는 묘사적 구조들을 뇌에서 발견하고자 시도한다. 물론 지형학적으로 조직화된 피질 영역들이 이런저런 유형의 시각적 상상작용에 관련되는지 아닌지는 실증적 물음이다. 하지만 이 영역들이 관련돼 있다는 증거가, 우리가 대상을 시각적으로 상상할 때 이 영역들에서 이루어지는 활동이 우리가 경험하는 것의 내용에 대응하는 것을 의미한다고 간주될 수는 없다. 대상을 마음속에서 시각화할 때 우리는 시각적 경험을 주관적으로 모의실험하고, 이 경험의 내용은 이미지나 그림에 의해 주어지지 않는다.

설사 이 사고방식이 회화론을 비판한다 할지라도—회화론이 지형학적 피질영역에서 이루어지는 활동이 이미지작용 경험에 대응한다고 주장하는 한—, 기술론을 찬동하는 것으로 간주되어서는 안 된다. 기술론은 시각화가 무언가를 본다는 것이 무엇과 같다고 할 때의 무엇에 대한 심적 표상을 주장할 뿐인 것은 아니다. 기술론은 또한 관련 있는 암묵적 지식은 형식이 명제적이라는 점을, 또 신경적 표상들의 하부인격적 포맷은 상징적이라는 (언어와 같다는) 점을 주장한다. 여기서 제시되는 현상학적 분석은 하부인격적인 표상적 포맷에 관한 이 가설과 직접적으로 관련이 있는 것이 아니다. 우리가 본 바와 같이, 이 분석은 인격적 수준에서 이미지작용 경험의 주관적 성격과 현상적 내용을 해명하는 것을 목표로 하고 있다. 그런 경험이 묘사적이거나 명제적인 구조들에 의해 신경적으로 매개되어 있느냐 여부는 현상학 단독으로 대답할 수 있는 어떤 것이 아니다.

그러나 기술론자들이 호소하는 암묵적 지식이 기술적이고 명제적이라기보다 대체로 숙련되고 감각운동적인 것은 아닌지 의아해 하는 사람이 있을지도 모르겠다(Noë 2004; O'Regan and Noë 2001a; Thomas 1999, 2002). 앞 장에서 논의된, 지각에 대한 동역학적인 감각운동적 접근법에 따르면, 지각할 때 우리는 감각운동적 우발성들에 대해 혹은 감각적 경험이 신체적 움직임의 함수로서 변이하는 방식들에 대해 숙련된 신체적 통달을 실행한다. 그러한 신체적 통달은 명제적인 감각운동적 지식이라기보다 대체로 실천적 지식의 문제이다. 더욱이 우리가 앞에서 보았듯이, 마음속에서 시각화할 때 우리는 지각에서 사용되는 동일한 숙련된 감각운동적 지식을 실행하며, 운동과정들은 우리가 시각화하는 것을 이끈다. 그러므로 창출행위적 관점에서 보면, 마음속에서 시각화함은 추상적인 감각운동적 능력의 탈신체화된 실행이 아니라 진정한 감각운동적 작용인 것이다.

전술한 현상학적 분석은 기술론에 대한 실로 어떤 비판적 함의를 갖고 있다. 현상학적 분석은 심적 이미지작용에 대한 기술론자의 암묵적 지식에 의거한 설명은 애매하고 충분히 특정화돼 있지 않다고 시사한다. 필리쉰에 따르면, '귀무가설'은 모든 인지가 동일한 표상적 포맷을 사용하는 것이다.[27] 이미지작용에 특징적인 것은 우리의 사고의 내용은 사물이 보이는 방식에 관한 것이라는 점이다. 그러나 어떠한 주어진 경우에 이 귀무가설을 거부하는지 여부를 결정하기 위해서 우리는 피험자가 심적으로 무엇을 행하고 있는지 정확히 알 필요가 있다. 암묵적 지식 제안에 따르면, 피험자가 무언가를 마음속에서 시각화하도록 요청을 받을 때 실제로 그들은 이 무언가를 본다는 것이 무엇과 같은지를 스스로에게 묻고, 그런 다음 사물이 보이는 방식에 대한 지식, 이 지식이 조직화되는 방식, 그리고 그들의 정신물리학적 능력들의 저장목록을 고려할 때, 그들이 할 수 있는 만큼 많은 관련 측면들을 모의실험한다. 현상학적 견지에서 볼 때 이 제안의 문제점은 이미지작용 경험의 특정한 삽화적 사건 동안 개별적 피험자가 심적으로 무엇을 하고 있나를 충분할 정도로 상세하게 특정화하지 못한다는 점이다. 우리가 본 바와 같이, 우리는 무언가를 봄을 여러 가지 방식으로 — 그것을 상상함으로써(이는 여러 가지 '정립하는 태도들'을 따르는 비언질적 준현재화를 의미한다), 그것을 기억함으로써, 그것을 그림 속에서 봄으로써 — 모의실험할 수 있다. 우리는 또한 이 유형의 심적 활동들을 복잡한 방식으로 반복할 수 있다. 즉, 무언가를 상상함을 기억할 수 있고, 무언가를 기억함을 상상할 수 있고, 그림을 봄을 마음속에서 시각화할 수 있고, 그림을 봄을 마음속에서 시각화함을 기억할 수 있다 등등. 이 모든 심적 활동들은 서로 다른 주관적 성격들, 그리고 지향적이고 인지적인 구조들을 갖고 있다.

이 논지는 표준적 이미지작용 과제에서 이미지작용 경험의 지향적 구조를 밝히는 빛을 던져준다. 셰퍼드와 메츨러의 잘 알려진 심적 회전 과제

(Shepard and Metzler 1971)를 생각해보자. 피험자는 3차원의 모양을 그린 2차원의 관점적 선화線畵의 쌍을 본다. 모양들은 서로 다른 정향에 있었고, 과제는 두 모양이 동일한지 아닌지 결정하는 것이었다. 셰퍼드와 메츨러는 두 모양이 동일한지 아닌지 결정하는 데 드는 시간이, 회전이 평면에서 이루어지든 깊이에서 이루어지든 이 두 모양 사이의 각도가 증가함에 따라 연속적으로 증가한다는 것을 발견했다. 비록 내성적인 보고들이 최초의 연구에서는 수집되지 않았지만, 많은 사람들이 과제를 수행하기 위해 한 모양 혹은 두 모양이 회전되고 있음을 마음속에서 시각화한다는 것을 보고하고 있다. 우리는 2D 디스플레이를 3D로 보고, 그런 다음 그림 속의 움직임을 마음속에서 시각화하기 때문에, 이 과제는 그림보기와 시각적 상상작용의 결합을 포함한다. 달리 말해, 우리는 그림 이미지의 회전을 마음속에서 시각화한다.

이제 코슬린의 잘 알려진 (Kosslyn et al. 1981에 기술된) 스캐닝 실험을 생각해보자. 피험자들은 여러 가지 물체들이 위에 있는 간단한 섬 그림을 기억한다. 기억에 의거해서 지도를 그리는 법을 일단 배우고 나면, 그들은 이 지도를 마음속에서 시각화하고, 주의를 한 랜드마크에 고정하고, 또 다른 랜드마크로 심적으로 '스캔하고', 그들의 '마음의 눈'으로 이 두 번째 랜드마크를 '볼' 수 있을 때 보고하라는 요청을 받는다. 두 번째 랜드마크를 '본다'고 보고하는 반응시간은 본래의 지도에 있는 두 랜드마크 간 거리의 일차함수로 측정되고 발견된다. 이 과제는 그림보기, 기억, 시각화를 결합하고 있는데, 왜냐하면 그들은 기억된 그림을 마음속에서 시각화해야만 하기 때문이다. 따라서 이 이미지 과제에서 피험자들은 그림보기를 모의실험하거나 심적으로 표상하는 것으로 보인다. 그러므로 이 과제가 이끌어내는 것은 단순히 지각도, 시각적 기억도, 시각적 상상도 아니라, 현실적이자 상상된 회화적 경험이다.

필리쉰이 논한 바 있듯이, 이 실험의 결과를 분석적 이형동질에 따라— 달리 말해서, 뇌의 묘사적 구조들과 이형동질인 현상적인 심적 이미지들을 우리가 회전시키고 스캔한다는 것을 보여주는 것으로(Pylyshyn 2002, p. 180; 2003a, p. 356)—해석하는 광범위한 경향이 있다. 이 경향이 이 실험들에서 피험자들이 그림을 지각하고 마음속에서 시각화하고 있다는 사실에 어느 정도 영향을 받는지 궁금하다. 이와 대조적으로, 운동 이미지작용의 경우에, 운동 행위를 수행하는 것이 무엇과 같은지 할 때의 무엇을 모방실험하는 것 대신에 우리가 운동 이미지를 움직이고 있다고 가정할 유혹은 덜 존재하는 것으로 보인다.

현상적인 심적 이미지들이 마음 안에 담겨 있는 회화적 존재라는 생각은 사르트르가 이미 1940년에 그의 현상학적 연구서 『상상적인 것*The imaginary*』의 모두에서 비판한 바 있다. 거기서 그는 그가 '내재성의 착각'—이 용어로 그는 심적 이미지를 의식 속의 존재로 간주하는 인지적 착각을 의미했다—이라 부르는 것을 드러내기 위해 현상학적 분석을 사용했다. 이 착각이 취할 수 있는 한 형태는 우리가 상상하는 대상의 성질들이 또한 우리의 심적 이미지에 속한다고 가정하는 것이거나, 혹은 우리가 오늘날 말하듯이, 표상되는 것의 속성들을 표상하는 것의 속성들과 혼동하는 것이다. 하지만 사르트르는 이 친숙한 지점에서 더 나아갔다. 그는 올바르게 이해된 심적 이미지는 의식 속에 담겨 있는 내용이 아니라 의식의 동적이고 관계적인 작용이라고 주장했다.

> 그러므로 '이미지'라는 용어는 의식과 대상의 관계를 지시한다. 다른 말로 하면, 이미지는 대상이 의식에 나타나는 어떤 방식이다. 혹은 이 말을 더 좋아한다면, 의식이 그 자체에게 대상을 현시하는 방식이다. 사실인즉 '심적 이미지'란 표현은 혼동을 일으킨다. '이미지화된 대로의 피에르에 대한 의식', 혹은 '피에르에 대한 이미지화하는 의식'이라 말하는 편이 더 좋을 것이다. '이미지'란 단어는 오래되었기 때문에 우리는 이를 완전하게 거부할 수 없다. 하지만 모든 모호함을 피하기 위해 나는 여기서 이미지는 관계 이외의 다른 것이 아니라는 점을 되풀이한다. (Sartre

2004, p. 7)[28]

이 대문은 오늘날의 이미지 논쟁과 관련이 있다. 우리가 내적 눈에 의해 점검되는 마음속의 그림으로서의 심적 이미지 개념을, 이미지화하거나 마음속에서 시각화하는 의식에 대상이 나타나는 방식으로서의 심적 이미지 개념으로 대체한다고 생각해보라. 더욱이 내가 여기서 주장한 바와 같이, 대상이 이런 유형의 의식에 나타나는 방식은 어떤 매우 중요한 면에서 회화적이 아니라고 생각해보라. 그러면 우리가 보거나 마음속에서 시각화하는 것의 내용에 대응하는 묘사적 표상들을 위해 뇌를 들여다보러 가지 말아야 한다는 결론이 따를 것이다.

전술한 현상학적 분석은 또한 실증적 탐구를 위한 방법론적 함의를 지닌다. 인격적 수준에서 우리는 피험자들이 다양한 이미지작용 과제를 주관적으로 행하는 것에 대한 더 세련되고 정확한 기술들descriptions을 필요로 한다. 그런 기술들은 개인들 및 한 주어진 개인을 위한 시행에서 시행으로 넘어가는 과정들을 가로지르는 주관적 경험의 변이들은 물론이고, 주어진 이미지작용 과제의 전반적인 지향적 구조를 포함해야 한다. 그런 기술들을 산출하는 일은 별개의 현상학적 탐구 수준을 실험심리학과 신경과학에 포함시키는 일을 요구한다(Lutz and Thompson 2003; Varela 1996). 한편으로, 우리는 피험자들이 주어진 실험에서 시행에서 시행으로 넘어가는 과정에서 인지적 활동을 어떻게 경험하는지에 관해 그들로부터 더 정확한 기술적인 1인칭 보고들을 모을 필요가 있다. 다른 한편으로, 이러한 유형의 데이터를 수집하는 일은 피험자들이 개방되고 비판단적 방식으로 그들의 경험에 주의해야 하는 것을 요구한다. 1인칭적 방법들은 한 사람 자신의 경험에 현존하도록 이 능력을 조성하는 방법들이다(Varela and Shear 1999a, 1999b). 이 방법들은 피험자들을 면담하는 2인칭적 방법들로 보완될 필요가 있는데, 이렇게 하면 피험자들이 제시하는 보고들로 우리는 최대한으로는 경험을 묘사할 수 있게 되고, 최소한으로는 경험의 원인들에 관해 추측할 수 있게 된다(Petitmengin, 인쇄 중).

기술적인 1인칭 보고들을 수집한 후에 우리는 피험자들 경험의 불변적인 현상적 구조들이 있는지 식별하기 위해서 그들과 작업할 필요가 있다. 의식적인 시각적 지각의 신경동역학에 관한 실험적 작업은 이 1인칭/2인칭 현상학적 방식으로 산출된 경험의 현상적 불변자들이 인지적 활동이나 행동과 상호관계가 있는 신경활동의 새로운 패턴들을 탐지하고 해석하기 위해 사용될 수 있다는 것을 보여주어 왔다(Lutz et al. 2002). 뇌 활동에 관한 이 현상학적 창이 없다면, 이 패턴들은 보통 소음으로 취급되는 고도로 가변적인 신경신호들 속에서 길을 잃은 상태로 존재하게 될 것이다. 현상학적 분석에 의해 정보를 얻는 1인칭 보고들과 3인칭 신경생리학적이고 행동적인 데이터를 결합하는 이 접근법은 신경현상학으로 알려져 있는 탐구 프로그램을 정의한다(11장을 보라).

이미지작용 경험에 대한 신경현상학적 접근법은 의식 속의 그림 존재물 혹은 내용물로서 이해된 현상적인 심적 이미지에 대한 생각을 폐기하고, 대신에 우리를 현상적으로 부재하는 무언가에 관계하게 하는 일종의 심적 활동으로 상상작용을 연구하도록 우리를 안내할 것이다. 그러한 접근법은 현상적인 심적 그림들에 대응하는 뇌 속의 표상들을 발견하는 것을 목표로 하지 않을 것이다. 대신에 이 접근법은 시각화하는 작용의 경험적 구조를 뇌 활동의 동역학적 구조에 관련시키려 할 것이다. 이 접근법은 주어진 실험 프로토콜에서 피험자들이 시각화작용을 어떻게 경험하는지 탐구하고, 시각화작용의 경험적 구조에 대한 현상학적 분석을 추구하고, 시각화작용의 신경동역학의 탐구를 인도하기 위해서 1인칭과 2인칭 방법들을 사용할 것이다.

이 장에서 나는 시각화작용, 기억작용, 그림보기작용, 지각작용 간의 차이점들을 발견적heuristic 목적들을 위해 강조해 왔다. 이 차이점들은 이 심적 활동들의 서로 다른 지향적 구조들과 관계가 있는 대체로 정적이고 개념적인 것들이다. 그러나 만약 우리가 보다 동적이고 발생적인 현상학적 관점에서 지각, 기억, 상상을 분석하고자 한다면, 우리는 이 심적 활동들이 동역학적으로 서로에게 영향을 미치는 방식과, 우리의 심적 삶에서 이 심적 활동들이 서로 번갈아 생겨나고 서로를 먹이는 방식을 고려할 필요가 있을 것이다. 이 중요한 주제는 이 책의 범위를 넘어서 있지만, 나로서는 심리과학과 현상학적 분석이 결합한 자원들을 사용함으로써 이 주제를 신경현상학적으로 접근하는 일을 시작할 수 있을지도 모르는 방식을 보여주어 왔다는 말을 듣고 싶다.

신경현상학과 타자현상학

이 장을 마무리 지으면서 나는 방금 소묘했던 신경현상학적 제안을 포함하는 심적 이미지작용에 대한 현상학적 접근법과 데넷의 타자현상학 간의 관계를 검토하고 싶다.

1978년의 논문 「심적 이미지들에 대한 두 가지 접근법Two Approaches to Mental Images」에서 데넷은 그가 과학적 접근법이라는 부르는 것과 심적 이미지들에 대한 현상학적 접근법을 구분했다(Denett 1978). 그는 이후 이러한 종류의 현상학이 채택하는 확고하게 3인칭적인 접근법을 강조하기 위해 현상학적 접근법을 '타자현상학heterophenomenology'으로 다시 명명했다(Denett 1982, 1991a). 심적 이미지작용에 대한 과학적 접근법은 심적 이미지를, 피험자들이 경험된 심적 이미지라 부르는 것에 관해 그들이 지니는 믿음의 '규범적 원인normal cause'으로 정의한다. 이 접근법은 그렇게 정의된 심적 이미지의 존재를 보장하고, 그런 다음 이 믿음의 규범적 원인이 묘사적인 표상적 포맷과 같은 일상적으로 이해된 이미지의 속성을 지니는 무언가를 포함하는지를 탐구한다.

이와 대조적으로, 타자현상학적 접근법은 이미지를 피험자의 믿음의 지향적 대상으로 정의한다. 이 접근법은 논리적이거나 지향적인 건립물로서의 심적 이미지의 존재를 보장한다. 이 접근법의 목표는 3인칭적 관점에서 피험자가 자신의 이미지에 관해 표현하는 믿음의 포괄적인 기록을 모으는 것이고, 그런 다음 상응하는 지향적 대상을 추론해서 기술하고자 시도한다. 피험자들은 그들 믿음의 내용에 대해서는 최종적 권한을 지니지만, 그들 믿음의 지향적 대상(그들 믿음에 의해 정립된 심적 이미지)의 지위에 대해서는 그렇지 않다. 타자현상학자는 이 지향적 대상을 피험자들의 '타자현상학적 세계'의 점유자로 간주한다. 이 세계는 타자현상학자에 의해 순수하게 개념적 영역으로, 혹은 데넷이 기술하듯이 일종의 허구적 세계로 취급될 수 있다(1991a, pp. 78-81). 그때 과학적 과제는 이 지향적 대상들이 그들 속성들의 충분한 수에 있어서 그들이 이미지를 지닌다고 보고할 때 피험자들의 뇌에 진행되는 것의 실제적인 구조적이고 기능적 속성들과 대응하느냐를 결정하는 것이다. 만약 충분한 대응이 존재한다면, 우리는 지향적 대상들과 기저를 이루는 신경적 표상들과 동일시할 수 있고, 피험자들의 믿음은 대체로 참인 것으로 판명난다. 만약 충분한 대응이 없다면, 믿음은 그릇된 것으로 판명난다(Denett 1991a, p. 85). 이 경우 개인들은 일종의 체계적 착각을 겪게 된다.

이 책의 견지에서 볼 때 우리는 타자현상학에 관해 많은 비판적 논점을 제기할 수 있다.

1. 타자현상학은 경험에 관한 1인칭 보고들을 경험에 관한 피험자들의 믿음의 표현들로 해석한다. 그런 다음 이 믿음이 뇌에서 실제로 진행되는 것과 대응하는지 혹은 대응하지 못하는지를 결정함으로써 이 믿음의 참이나 거짓을 평가한다. 이 장 뒤에서 나는 그들이 경험에 관해 말하는 것을 기초로 해서 경험에 관한 믿음을 피험자들에게 귀속시키는 것은 일반적인 해석적 방안으로 오도된다고 제안할 것이다. 그러나 이 쟁점을 잠시 제쳐두고 피험자들이 경험에 관해 보고하는 것의 참이나 거짓이 뇌에서 실제로 진행되는 일과 관련해서 결정되어야 한다는 제안에 우선 초점을 맞춰보자. 또한 피험자들이 그들 경험에 관해 묘사적 보고들을 하도록 지시를 받고

그래서 내성하고/하거나 회상하도록 요구를 받는 실험적 맥락에 제한해보자(Jack and Roepstorff 2002). 가할 수 있는 비판적 논점은 이 평가적 절차가 기저를 이루는 경험의 원인들에 관해 추측에 빠져 있는 보고들과는 대립되는 대부분의 1인칭 보고들, 형식이 올바르게 묘사적인 1인칭 보고들을 위해서는 확실히 부적합하다는 점이다.

묘사적 보고들은 그 또는 그녀의 뇌에서 진행되는 일에 관해 피험자의 어떠한 특별한 관여도 수반하지 않는다. 피험자가 "나는 두 도형 중 하나가 회전되고 있는 모습을 마음속에서 시각화함으로써 이 도형들이 동일한 모양을 가졌다"고 말할 때, 이 사람은 자신의 심적 활동의 주관적 경험을 묘사하고 있는 것이지, 인지적 체계로 간주된 그의 뇌에서 실제로 진행되고 있는 일에 관한 믿음을 표현하고 있는 것은 아니다. 이 사람은 그의 뇌의 하부인격적 작용에 관해 전적으로 비언질적 방식으로 인격적 수준에서 자신의 주관성을 기술하고 있다.[29] 그러므로 우리는 그런 보고들을 그들이 단언하는 것을 뇌에서 진행되고 있는 일과 비교함으로써 평가하려고 시도해서는 안 된다. 또 우리는 분명 그런 보고들을 그 내용이 관련 신경체계의 표상적 포맷의 속성들과 대응하는지 대응하지 못하는지 물음으로써 평가하려고 시도해서는 안 된다. 달리 말해서, 이미지작용 경험에 관한 피험자들의 믿음이 참인 것으로 판명나는 유일한 방식이 신경적 표상들이 하나의 묘사적 포맷을 갖는지의 여부라고 추정하는 것은 일종의 오류이다.

이렇게 추정하는 것은 분석적 이형동질을 추정하는 것과 마찬가지이다. 즉, 심적 이미지들을 경험한다는 것을 감안할 때 우리는 하부인격적인 표상적 포맷이 묘사적이어야만 한다고 추정한다. 그런 다음 우리는, 표상적 포맷은 묘사적이지 않은 것으로 판명나기 때문에 심적 이미지들을 실제로 경험하는 것이 아니라 오직 생각하거나 믿을 따름이라고 결정한다. 이 곤경을 위한 약은 인격적 수준의 경험적 내용과 하부인격적 수준의 표상적 포맷 간의 개념적 차이를 분명히 염두에 두는 것이다.

2. 타자현상학은 피험자들의 표현된 믿음의 지향적 대상을 특정화하는

데에 초점을 두지, 이 지향적 대상들을 이 대상들과 필연적으로 상호관계를 맺고 있는 지향적 작용들로 거슬러 올라가려고 시도하지는 않는다. 대신에 타자현상학은 이 지향적 대상을 피험자들의 믿음의 정립으로 해석한다. 그러나 현상학적 견지에서 보면, 상응하는 지향적 작용이 없는 지향적 대상 혹은 개념적notional 대상 같은 것은 없으며, 지향적 작용은 믿음과 동일시되지 않는다. 지향적 작용은 대상, 사건, 사태를 지향하는(그 자체를 관계시키거나 향하게 하는) 심적 (그리고 신체적) 작용들을 통해 주관적으로 살아지며, 믿음은 오직 지향적 작용의 한 유형일 따름이다. 더욱이 지향적 작용은 그 대상에 구성적으로 관계를 맺는데, 왜냐하면 대상이 나타나거나 개시開示되는 방식은 이 대상이 지향되는 방식에 달려 있기 때문이다(이미지화된 대상은 기억작용과 순수 상상작용에 다르게 나타난다). 현상학적 분석이 포괄적이기 위해서 이 분석은 지향적 경험과 지향적 대상의 상호관계적 구조를 드러낼 필요가 있고, 이 경험과 대상 간의 구성적 관계를 분석할 필요가 있다.

3. 다음의 비판적 논점은 이 지향적 작용 자체에 우리가 정확히 어떻게 접근할 수 있는지 물을 때 생겨난다. 현상학에서 접근양식은 1인칭적인데, 구체적으로 말해 우리가 우리 자신의 심적 활동들에 대해 지니는 알아차림이다.[30] 상상하는 작용, 기억하는 작용 등에 대한 접근을 얻는 일을 목표로 한다는 점을 감안하면, 이 작용들은 주관적으로 살아지는 것이므로 우리는 그야말로 이 접근양식에 앞서갈 수 있는 것이 아니다.

전술한 논점은 심적 현상들에 대한 1인칭적 접근양식들을 사용해야 한다는 피할 수 없는 요구에 관한 것이다. 그런 접근양식들이 정적이거나 고정적이지 않고 가소성의 정도를 보이므로 다양한 방식으로 훈련 가능할 수도 있다는 것도 또한 합당하다. 달리 말해서, 주의와 메타알아차림은 신축성이 있고 훈련 가능한 기량들일 수 있고, 그래서 다양한 1인칭적이거나 2인칭적 방법들을 통해서 개인들은 그들 경험의 측면들에 보다 익숙해지고 민감해질 수 있을 것이다. 그렇지 않으면 이 경험의 측면들에 접근 불가능하게 되는 상태로 존재하게 될지도 모른다(11장을 보라). 이런 유형의 알아차림을 계발하고 이를 실험적 맥락에서 작동하게 하는 것은 특히 의식의 과학과 관계가 있는데, 왜냐하면 이 방식으로 기량을 얻은(=숙련된) 개인들은 그들 경험에 관해 보다 정보적인 1인칭 보고들을 제공할 수도 있기 때문이다. 이 보고들은 이번에는 신경생리학적 데이터에 대한 해석을 의미심장하게 제약할 수 있을 것이다(Lutz and Thompson 2003)

타자현상학에 대한 비판적 물음은 이 현상학이 어떻게 1인칭 관점에 의지해야 할 제거할 수 없는 요구와, 1인칭 관점을 보다 주의 깊은 현상학적 방식으로 과학에서 직접적으로 작동하게 할 가능성에 관련되느냐 하는 것이다. 타자현상학적 방법 자체에는 이 현상학적 방법으로 1인칭적 관점을 사용하는 일을 불허하는 것은 아무것도 존재하지 않는 것처럼 보인다. 이와 반대로, 만약 타자현상학이 작동하기 시작하는 재료가 경험에 관한 1인칭 보고들이라면, 또 만약 그런 보고들의 생산이 때로 피험자들이 경험에 주의하고 이를 기술하는 것을 요구한다면, 타자현상학은 실험환경에서 작동하고 있는 심적 현상들에 대한 1인칭적 접근양식에 이미 의존하고 있는 것이다.

다른 한편으로, 타자현상학의 확고하게 3인칭적인 태도를 감안하면, 이 직접적인 현상학적 방법으로 경험과 함께 작업하는 일을—이 조치를 취하는 것은 말할 것도 없고—마음속에 그리도록 이 현상학을 이끈다. 그래서 만약에 진보가 의식의 과학에서 이루어지고자 한다면 그야말로 피할 수 없는 이 조치는 타자현상학이 제공할 수 없는 현상학적 개념과 절차를 갖고서 타자현상학 바깥에서 나오지 않으면 안 된다. 그러므로 타자현상학은 방법론적으로 불완전하다고 간주되어야만 한다. 요컨대, 현상학은 그 출발부터 이미 타자현상학을 (혹은 타자현상학의 가능성을) 포함하고 있었지만, 타자현상학은 단독으로는 불충분하다.

4. 데넷의 견해는 의식의 과학을 위한 '해석된 일차적 데이터'는 경험들에 관한 피험자들의 표현된 믿음이지 경험들 자체가 아니라는 것이다. 피험자

들이 내성적 보고들을 하라고 요구되는 실험의 맥락에서 (그들이 보고하는 경험들이 그 자체 믿음들이라는 것이 따르지 않을지라도) 이 보고들을 믿음 표현들로 취급하는 것은 적법할 수도 있다. 그러나 보다 일상적 경우에서는 경험에 관한 진술을 경험에 관한 믿음의 표현들로 간주하는 것은 부자연스러워 보인다. 이런 종류의 해석은 이를 과도하게 지적으로 처리함으로써 경험을 왜곡시킨다. 표준적인 철학적 의미에서 믿음이란 "S가 p임을 믿다", 혹은 1인칭 형식으로 "나는 p임을 믿는다"는 형식을 지니는 심적 상태이다. 이 유형의 상태는 명제적 내용 전체는 물론이고 주어 혹은 '나'를 담고 있다. 그러나 우리는 어떠한 주어진 경험도 이 특질들을 지녀야 한다고 선험적으로*a priori* 가정해서는 안 된다. 1인칭 보고들을 믿음의 표현들로 해석할 때 타자현상학자는 피험자들을 과도하게 해석해서 그들의 경험을 왜곡시킬 위험이 있다.

데넷은 피험자들의 표현된 믿음이 의식의 과학을 위한 (해석된) 일차적 데이터이어야 하는 이유에 대해 다음과 같은 주장을 내놓고 있다. "만약 여러분이 여러분이 갖고 있다고 믿지 않는 의식적 경험들을 갖고 있다면— 이 가외의 의식적 경험들은 외적 관찰자들이 접근할 수 없을 만큼 꼭 그렇게 여러분도 접근할 수 없는 것이다. 그래서 1인칭 접근법이 여러분으로 하여금 사용 가능한 데이터를 모으게 할 수 없듯이 타자현상학도 그러한 것이다. 더욱이… 만약에 여러분이 여러분이 사실상 갖고 있지 않은 의식적 경험들을 갖고 있다고 믿는다면—, 우리가 설명할 필요가 있는 것은 여러분의 믿음들이지 존재하지 않는 경험들이 아니다!"(Denett 2005, p. 45). 이 주장의 문제점은 이 주장이 의식적 경험에 관한 의식적 경험과 믿음 간의 매우 중요한 구별을 무너뜨린다는 점이다. 우리는 데넷이 공격하길 바라는 종류의 감각질qualia(사적이고, 표현 불가능하고, 아마도 접근 불가능한 경험의 성질들)이 존재한다는 것을 가정하지 않고서도 이 구별의 중요성을 역설할 수 있다. 우리가 갖고 있다고 믿지 않는 경험들을 실로 갖고 있다고 생각해보라. 만연해 있는 기분, 몰두해서 부드럽게 숙련된 활동들을 하는 동안의 우리의 경험들, 급속하고 일시적인 정서적 경험들이 이 예가 될 수 있다. 이런 경험들은 원리상 접근 불가능하지 않다. 그러므로 이 경험들은 접근의식의 어떠한 가능성과도 결별해 있는 현상적 의식의 경우들로 해석되어서는 안 된다. 1인칭과 2인칭 방법들은 이런 종류의 경험을 직접적으로 연구대상으로 하고, 따라서 타자현상학이 하는 것보다 실로 더 사용 가능한 데이터를 모은다.

이 사고는 경험을 경험에 관한 믿음으로 동화시키는 것은 또한 경험을 지나치게 정적이고 규정적인 것으로 만든다는 것을 보여준다. 살아지는 경험은 다양한 방식으로 동적이고 미규정적인 것이고 따라서 우리가 우리 경험에 관해 우연하게도 갖고 있을 수도 있는 모든 믿음들을 항상 앞지른다. 우리가 우리 경험에 관해 무엇을 믿는가 하는 물음은 반성적이거나 의도적인 태도를 취할 때 생겨나지만, 대부분의 경험은 전반성적이고 자발적이지 반성적이고 의도적인 것이 아니다. (이 논점은 또한 정적 현상학의 한계들을 보여주고, 또 경험의 발생적 현상학과 실존론적 현상학을 위한 요구를 시사한다.)

이 고찰은 의식적 경험들을 의식적 경험에 관한 믿음들과 동일시하지 말아야 한다는 결론으로 우리를 이끈다. 우리는 의식의 과학을 피험자들이 그들 경험에 관해 믿는 것으로 제한하는 것은 지나치게 협소하다는 것을 알게 된다.

5. 데넷은 타자현상학을 순전히 3인칭적인 접근법, 의식의 연구를 위한 중립적 방법, 과학자들이 의식을 연구하는 표준적 실천으로 사람들에게 알린다. 이 특질들로 알려진 것에 관해 각각 물음이 제기될 수 있다.

타자현상학은 정말로 순전히 3인칭적 접근법인가? 피험자들이 그들 경험에 관해 보고하는 것에 특히 우리가 관심을 갖고 있는 한 실험을 생각해보자. 예를 들어 우리는 시각화와 '마음속의 회전'을 요구하는 것이 분명한 인지적 과제를 수행할 때 피험자들이 정확히 어떤 경험들을 보고하는지 알기를 희망할 수도 있다. 데넷은 의식을 과학적으로 탐구하기 위해 우리는 경험에 관한 1인칭 보고들을 활용할 필요가 있다는 점을 인정한다. 그러나 그런 보고들을 획득하기 위해 우리는 피험자들한테 그들 경험에 주의하고/하거나 그들 경험을 회고적으로 상기하라고 지시할 필요가 있다. 그런 지시들은 실험자가 피험자에게 제공하는 '대본'에 속한다(Jack and Roepstorff 2002). 이 대본은 피험자에게 2인칭적으로 보내지고, 이 대본이 유도하고자 의도하는 주의attention의 종류는 1인칭 단수로 작용하도록 되어 있는 일종의 인지적 작용이고, 피험자가 하는 반응은 2인칭으로 실험자에게 보내지며, 이 의사소통과 노력의 전全 맥락은 상호주관적인 맥락이다(Jack and Roepstorff 2002; Roepstorff 2001).

이 고찰에 비추어볼 때, 타자현상학은 순전히 3인칭적 기도라는 데넷의 주장으로 무엇을 해낼 수 있을까? 만약 자연과학이 어떤 주제에 대한 순전히 3인칭적 접근법을 취하기 위해 의미하는 것의 본보기라고 생각되고 있다면, 타자현상학은 순전히 3인칭적 접근법이 될 수 없다. 아마도 타자현상학은 자연과학에 취하는 3인칭적 접근법의 한 '확장'일 것이다(Dennet 2003, p. 19). 그렇지만 사물을 보는 이 방식은 두 가지 매우 중요한 논점을 감추고 있다.

첫째, 타자현상학은 자연과학의 방법과 근본적으로 다른 방법을 사용하기 때문에 단순한 확장인 것이 아니다. 데넷 자신이 강조하듯이, 타자현상학은 우리가 '지향적 태도intentional stance'를 취해야 한다는 것을 요구하고, 이렇게 해서 우리는 행동을 발화행위speech act로, 발화행위를 믿음의 표현으로 해석한다. 그런 해석들은 또한 피험자들과 이야기를 나누는 것을 요구한다. 따라서 타자현상학은 이 현상학의 주제와 해석적이고 상호주관적이고 상호인격적인interpersonal 관계 속에 있다. 이 특질들로 말미암아 타자현상학은 가령 소립자물리학, 유기화학, 분자생물학과 근본적으로 다르게 된다.

둘째, 피험자들과 이야기를 나누는 일은 (만약 이 일이 효과적이고 정중하다면) 순전히 3인칭적 기도가 아니라 2인칭적인 기도이다. 타자현상학은 특히 실험용 대본을 강구하고, 피험자들이 대본을 이해하고 기꺼이 이에 참여하려 하는지 확인하기 위해 그들과 작업하는 한 이 2인칭적 접근법에 의존한다.

그러므로 타자현상학은 데넷이 사람들에게 알리는 식대로 그야말로 순전히 3인칭적 접근법일 수는 없다. 만약 물리학, 화학, 생물학이 3인칭적 접근법으로 간주되는 것에 대해 기준을 정하고 있다면, 타자현상학은 일종의 비판적인 2인칭적 접근법으로 간주될 수 있다. 보다 적절하게 만약 물리학, 화학, 생물학이 비인칭적인 것으로 간주된다면, 타자현상학은 일종의 혼성적인 3인칭적/2인칭적 접근법으로 간주될 수 있다. 어느 쪽이든 타자현상학은 오래전의 동일한 '객관적 과학'—기본적으로 실증주의에 해당하는 이해방식—에 더 가깝기 때문에 결국 데넷이 이 현상학에 대해 제시하는 것과 달라 보인다.

타자현상학은 정말로 순전히 중립적인 방법인가? 전술한 논의는 타자현상학이 중립적 방식이 아니라는 점을 두 가지 방식으로 밝혀 왔다.

첫째, 데넷은 경험에 관한 1인칭적인 묘사적 보고들을 뇌 활동과 관련해서 해석하는 방식에 대한 편향된 이해방식, 즉 이 보고들은 그 내용이 신경활동의 속성들과 대응하는 방식에 따라 참이나 거짓으로 평가되어야 한다는 이해방식을 타자현상학에 끼워 넣고 있다. 이 접근법의 편견은 이 접근법이 우리가 피실험자들의 보고를 단지 '그들 내부에서 진행되고 있는 일'에 관한 것이 아니라 '그들 내부에서 하부인격적으로*subpersonally* 진행되고 있는 일'에 관한 믿음을 표현하는 것으로 해석해야 한다는 것을 요구한다는 점이다.

둘째, 데넷은 의식적 경험과 의식적 경험에 관한 그래서 의식의 과학을 위해 고유한 데이터라고 생각되고 있는 것에 관한 믿음 간의 관계에 대한 편향된 이해방식을 타자현상학에 끼워 넣고 있다.

타자현상학은 정말로 의식의 과학에서 표준적 실천인가? 앨빈 골드만Alvin Goldman(1997, 2004)은, 타자현상학은 구체적으로 말해 타자현상학이 피험자들의 언어적 보고가 참인지에 관해 채택하는 불가지론은 의식의 과학에서 표준적 실천이라는 데닛의 주장에 이의를 제기해 왔다(또한 Goldman 2000을 보라). 골드만의 견해에 따르면, "과학자들은 피험자들의 내성적 보고에 '실질적으로' 의존하는 실천을 한다"(Goldman 2004, p. 11). 데닛은 이 논지에 반박하지만(2003, pp. 24-25, pp. 50-54), 나는 골드만과 의견을 같이한다.[31] 잭과 뢰프스토르프(2002)는 내성에 관한 중요한 논문을 쓰고 있다.

> 내성적 관찰은 우리의 인격적 삶에 단지 만연하는 특질이 아니다. 인지과학자들은 사실상 그들 작업의 모든 단계를 알리기 위해 이 증거의 출처를 사용한다. 실험패러다임을 이해하는 순간에서 실험piloting과 조정refinement을 거쳐 결과의 해석에 이르기까지 우리는 우리 자신의 경험 및 우리 자신의 대리인으로 이해된 다른 사람들에게 우리가 귀속시키는 경험의 고찰에 의해 인도된다. 인지과학의 언어 바로 그것은 대부분 경험의 언어이다. 논의들은 우리 자신의 내적 상태를 지시함으로써 다른 무엇보다도 우리가 이해하는 용어들로 가득하다. '의식', '알아차림', '주의', '회상', '지각', '이미지', '되뇌기', '인식', '노력', '꿈꾸기' 등등. 많은 심리학적 건립물들은, 결코 모두 그런 것은 아니지만, 약정된 '작동적인' 행동적 정의를 갖고 있다. 그럼에도 불구하고, 동일한 건립물이 다른 상황들에 적용될 수 있는지 하는 물음은 종종 결정하기가 어렵다. 행동적 패러다임들은 종종 몇 가지 상이한 방식으로 정식화될 수 있다. 패러다임들 간의 유사성과 차이에 대한 판단들은 논란의 여지가 있다. 행동적 패러다임들의 인지적 정의가 주관적 판단의 문제로 계속 남아 있다는 것은 하나의 단순한 사실이다. 게다가 빈번하게 또 때로 명시적으로 내성적 관찰에 의해 정보를 받는다는 것이 분명하다. 결과에 대한 논의들에는 유일한 직접적인 방식은 내성이라는 가설들이 빈번하게 섞여 있다. (Jack and Roepstorff 2002, p. 333)

여기서 말하는 매우 중요한 논점은 두 가지이다. 과학자들은 실질적으로 피험자들의 내성적 보고에 의존할 뿐만 아니라 또한 그들 자신의 1인칭적 경험에 의존하기도 한다. 그들 자신의 경험에 의존하지 않고서는 과학자들은 피험자들이 무엇을 말하고 있는지 이해할 수 없을 뿐만 아니라 또한 인지적 현상들이 무엇인지 파악할 수도 없다. 타자현상학은 모든 1인칭적 현상들을 전적으로 3인칭적 관점에서 공정하게 다룰 수 있다고 주장한다. 우리가 이제 평가할 수 있는 것은 타자현상학자는 심적 현상들에 대한 그 자신의 1인칭적 경험에 의지하지 않고서는 그의 3인칭 데이터를 이해할 수 없다는 점이다.

11장 시간성과 살아 있는 현재

이 장의 목표는 시간과 경험의 관계를 다룸으로써 경험에 대한 창출행위적 접근법을 심화하는 것이다. 시간경험은 현상학적 철학의 오래되고 핵심적인 주제이다. 최근에 많은 이론가들이 시간의식에 관한 현상학적 논의와, 마음과 뇌에 대한 동역학적 접근법을 결합해 왔다(Gallagher and Varela 2003; Lloyd 2002, 2003; van Gelder 1999b; Varela 1999). 이 종합은 프란시스코 바렐라(1996)가 최초로 제안한 신경현상학으로 알려진, 의식에 대한 접근법에서 중심적 역할을 하고 있다. 신경현상학은 창출행위적 접근법의 한 갈래이다. 신경현상학의 목표는 현상학적 경험탐구를 신경과학적 의식연구에 접목시키는 것이다. 신경현상학은 특히 의식적 경험과 뇌 활동의 시간적 동역학에 중점을 두고 있다(Lutz 2002; Lutz and Thompson 2003; Thompson, Lutz, and Cosmelli 2005). 이 장에서 나는 신경현상학에 대해 그리고 이 신경현상학이 시간과 경험에 관한 현상학적 설명과 맺는 관계에 대해 논하고자 한다.

경험 및 행위의 흐름

일상생활에서 우리는 보통 의도, 반성 혹은 명시적 목적을 품지 않고 목적적으로, 효과적으로, 자동적으로 행위를 한다. 우리는 문을 열고, 친구를 맞이하고, 차를 끓이고, 전화를 받고, 식탁을 치운다 등등. 그러한 행위들은 현재의 순간에 통일성이나 응집성을 갖고 있으며, 하나에서 다른 하나로 아주 매끄러운 방식으로 흘러들어간다. 그렇지만 불연속성도 있다. 우리는 새로운 상황을 창조하고 새로운 상황에 응답하면서 한 활동에서 다른 한 활동으로 급속하게 이동해 간다. 장애와 와해가 일어나서, 활동의 흐름을 붕괴시키고 우리가 하고 있어야 할 필요가 있는 것에 새롭게 종사하도록 강요할 수 있다. 이 연속성과 불연속성은 신체화된 행위와 경험의 시간구조 간의 복잡한 관계를 증명하고 있다.

우리가 9장에서 본 바와 같이, 메를로-퐁티에게 신체화된 행위는 그가 운동지향성motor intentionality이라 부르는 일종의 신체적 지향성에 기반한다. 운동지향성은 습관적 행위들과 신체적 기량들, 혹은 허버트 드레이퍼스Hubert Dreyfus(1991, 2002, 2005)가 '녹아든 숙련된 대처absorbed skillful coping'라 부르는 것을 특징짓는 종류의 지향성이다. 숙련된 대처는 주관-객관(=대상)의 구조를 갖지 않는다. 우리의 경험은 독립적인 대상에 대립해서 있고, 그런 다음 이 대상에 작용하거나 이 대상에 관해 알아내는 그러한 것이 아니다. 오히려 메를로-퐁티가 말하듯이, 작용 중인 지향성은 대상을 정립하는 것이 아니라 대상에*at* 존재하는 것이다(1962, p. 446). 드레이퍼스는 다음과 같이 설명한다.

> 메를로-퐁티에 따르면 녹아든, 숙련된 대처에서 나는 내 목표물의 심적 표상을 필요로 하지 않는다. 오히려 행위함은 우리의 상황의 감각에 부응하는, 숙련된 활동의 끊임없는 흐름으로 경험된다. 이 경험의 일부는, 우리의 상황이 어떤 최적의 신체-환경 관계에서 일탈할 때 우리의 활동이

> 그 최적상태에 더 가까운 것을 취하고 이렇게 해서 일탈의 '긴장'을 완화하는 감각이다. 우리는 그 최적상태가 무엇인지 알 필요도 없고 보통 표현할 수도 없다. (Dreyfus 2002, p. 378)

지향적 행위 속의 신체적 움직임의 운동감각적kinesthetic 경험을 서술할 때 후설은 이 운동감각적 경험의 지향적 구조는 '나는 생각한다'(특정한 사고)가 아니라 '나는 할 수 있다'(이렇게 움직일 수 있다)라고 이미 진술한 바 있다(1989, pp. 266-277). 메를로-퐁티는 이 표현을 취해서 이를 운동지향성에 적용한다. "의식은 첫째로 '나는 생각한다'의 문제가 아니라 '나는 할 수 있다'의 문제이다"(1962, p. 137). 그가 들고 있는 (4장에서 인용된) 경기 중인 축구선수의 예를 생각해보라.

> 경기 중인 선수에게 축구장은 '대상이 아니다. … 축구장은 구석구석 힘의 라인들(야드 라인들, '페널티 지역'의 경계를 획정하는 라인들)이 배여 있으며, 어떤 양식의 행위를 요구하고 마치 선수는 이를 알아차리지 못한다는 듯이 행위를 창시하고 인도하는 구역들(가령 상대 선수들 사이의 '트인 지역')로 분절되어 있다. 축구장 자체는 그에게 주어져 있지 않지만, 그의 실천적 의도의 내재적 항으로 현존하고 있다. 선수는 축구장과 하나가 되고, 가령 그 자신의 몸의 수직적 면과 수평적 면만큼이나 즉각적으로 '골'의 방향을 느낀다. 의식이 이 주변환경에 거주하고 있다고 말하는 것으로는 충분하지 않을 것이다. 이 순간 의식은 주변환경과 행위의 변증법과 다른 것이 아니다. 선수가 행하는 매 동작은 경기장의 성격을 변경하고, 그 안에서 새로운 힘의 라인들을 수립하며, 또 이번에는 이 힘의 라인들 속에서 행위가 전개되고 달성되고, 다시 현상적 축구장을 변경한다. (1963, pp. 168-169)

이 대문은 많은 중요한 생각들을 담고 있다. 이미 언급한 바와 같이,

경험은 배어든 숙련된 행위에서 주관-객관 구조를 갖지 않는다. 대신에 경험은 우리의 신체-환경 쌍결합의 현상적 흐름이다. 또한 여기서 말하는 의식은 무관심한 관찰이나 반성적 자기알아차림이 아니라 행위와 주위세계의 상호작용에 대한 비반성적 조율이다. 마지막으로, 이 상호작용은 어떤 시간적 형식 혹은 구조를 지닌다. 분명히 현상적 흐름이 존재하지만 또한 순간순간의 변화들이 존재한다. 의식은 습관적 행위의 흐름 속에서 비반성적 '나는 할 수 있다'의 구조를 지니지만, 선도하는 '나는 할 수 있다'가 순간순간 변화하면서 그 흐름의 성격을 변경할 수 있다(Rietveld 2004). 메를로-퐁티가 말하듯이, "선수가 행하는 매 동작은 경기장의 성격을 변경하고, 그 안에서 새로운 힘의 라인들을 설립하고, 또 이번에는 이 힘의 라인들 속에서 행위가 전개되고 달성되고, 다시 현상적 축구장을 변경한다."

이 마지막 생각은 많은 중요한 물음들을 일으킨다. 어떻게 그런 순간적 변화들이 일어나는가? 이 변화들과 전반적 흐름 간의 관계는 무엇인가? 이 단속적 흐름의 경험에 고유한 것은 어떤 종류의 알아차림 혹은 의식인가? 이 물음들은 이 장과 다음 장 내내 우리의 마음을 사로잡고 있을 것이다.

길을 마련하기 위해 경험과 녹아든 숙련된 행위의 관계를 더 면밀하게 살펴볼 필요가 있다. 드레이퍼스는 (위에서 인용된 대문에서) 녹아든 숙련된 행위에서 "행위함은 숙련된 활동의 끊임없는 흐름으로 **경험된다**"(강조 첨가)고 진술한다. 이 정의는 정확히 옳다고 생각된다. 숙련된 대처에서 우리는 우리의 활동을 경험하고(무의식적인 것이 아니다), (만약 어떤 붕괴나 와해가 없다면) 우리는 이 활동을 끊임없는 흐름으로 경험한다. 그렇지만 드레이퍼스는 또한 다른 저작에서 "세계 속의 녹아든 행위는 **행위함의 경험***an experience of acting*을 포함하지 않는다"(1991, p. 58; 강조 첨가)고 말한다. 때로 그는 숙련된 대처는 대체로 무의식적이며(2000, pp. 322-323), 녹아든 행위 동안에 이루어지는 우리의 경험에 관해 우리가 하고자 하는 후속하는 어떠한 보고도 진행 중인 활동을 소급적으로 합리화하는 것이라고 말한다(1991, p. 57). 이 견해는 앞의 견해와 상충하고 현상학적으로 의심스러워 보인다. 무엇이 이 괴리를 해명할 수 있을까?

근본적 문제점은, 드레이퍼스가 유일한 종류의 자기알아차림은 반성적 알아차림이고, 그래서 숙련된 대처에는 전반성적 자기알아차림이 없다고 생각하는 것 같다는 데에 있다(Poellner 2003, pp. 48-51을 보라). 이 견해에 따르면, 숙련된 대처에서 우리는 활동의 끊임없는 흐름을 경험하지만, 행위함에 빠져 있어서 이를 반성하지 않기 때문에 우리는 우리의 행위함을 알아차리지 못한다. 실로 우리가 반성한다면 더 이상 활동의 흐름에 빠져 있지 않을 터이지만, 우리는 활동의 흐름을 붙잡아서 이 사실 이후에 이에 대해 언급하는 셈이 될 것이다. 비록 우리가 반성에 관한 이 논점을 인정한다 하더라도, 숙련된 대처에서는 우리의 행동함에 대해 완전히 알아차리지 못한다는 결론이 따르지는 않는다. 그 이유는 반성적 알아차림이 유일한 종류의 알아차림은 아니라는 점이다. 이전 장들에서 주장된 바와 같이, 경험은 또한 수동적이고(비의지적이고) 자동사적인(대상으로 향하는 것이 아닌)—특히 신체적 자기의식을 포함하는—전반성적 자기알아차림으로 이루지기도 한다. 이러한 종류의 전반성적 자기의식이 숙련된 대처에 생기를 불어넣는다고 생각할 만한 충분한 이유가 있다. 만약 숙련된 대처가 전반성적으로 자기알아차려지는 것이 아니라면, 무의식적 자동성과 다르지 않을 것이고, 체험적 성격을 전연 갖지 않게 될 것이다. 또 만약 숙련된 대처가 체험적 성격을 갖지 않는다면, 숙련된 대처의 진정한 현상학이 존재할 수 없을 것이고, 오직 숙련된 대처를 논리적으로 재건립하는 일만 있게 될 것이다.

녹아든 행위가 행위함의 경험을 포함하지 않는다는 주장을 해석하는 현상학적으로 가장 타당한 방법은, 이 행위가 행위함의 타동사적 의식을 포함하지 않는다는 것이다. 숙련된 대처가 주관-객관 구조를 지니지 않는다고 말하는 것은, 환경이든 숙련된 대처 속에서 행위함이든 이에 대해 타동사적 혹은 대상으로 향하는 알아차림이 존재할 필요가 없다는 것을 의미한다. 드레이퍼스가 말하듯이, "능동적 대처에서 나는 나의 현재의 활동을 주제적으로 알아차릴 필요가 없고", 비록 어떤 숙련된 활동들이 나에게 환경을 "명시적으로 알아차리도록" 요구할지라도… "대부분의 기량을 위해 나는 전반적인 게슈탈트Gestalt 혹은 행동유도성affordance에 응답할 수 있을 따름이기에 이를 전혀 알아차릴 필요가 없다"(2000, pp. 322-323). 그러나 여기서 생각되고 있는 종류의 의식은 주제적이거나 명시적인 알아차림이라는 것에 주목하라. 이러한 종류의 알아차림이 부재한다는 사실로부터 행위함의 경험이 전혀 존재하지 않는다는 결론이 따르지는 않는다. 이와는 달리, 마음이 없는 자동성과는 대조적으로 숙련된 대처는 행위함에 대한 비주제적이고 암묵적인 경험을 포함한다고 생각하는 것은 의미가 성립한다. 더 정확히 말해서, 숙련된 대처는 전반성적 신체적 경험을 포함한다—참으로 요구한다—고 생각하는 것은 이치에 맞다.

"배경적인 대처는 반드시 비주제적이고 대체로 무의식적이다"(2000, p. 323)라고 쓸 때 드레이퍼스는 이 생각을 부정하는 것 같다. 하지만 우리는 필요한 현상학적 구분을 끌어올 필요가 있다. 첫째, 우리가 비주제적으로 경험하는 활동과 무의식적인 활동 간에는 분명히 결정적 차이가 있다. 전자는 체험적 성격을 지니지만, 후자는 어떤 의미에서도 체험적이지 않다. 둘째, 비주제적 경험은 타동사적이거나(대상으로 향하거나) 자동사적이다(대상으로 향하지 않는다). 예를 들어, 한 사람의 주변환경에 대한 지각적 경험은 전경에 대한 주제적이거나 초점적인 알아차림은 물론이고 배경에 대한 타동사적이고 비주제적이거나 주변적인 알아차림을 포함한다. 어떤 사람이 친구와 나누는 대화에 골똘히 몰두하고 있는 동안에 냉장고의 웅웅거리는 소리가 들리는 경우를 떠올려보라. 웅웅거리는 소리를 알아차림은 주변적이자 비주제적이고, 대화의 알아차림은 초점적이자 주제적이다.

그러나 신체를 전반성적이고 비주제적으로 경험한다는 것은 주변적이거나 배경적인 대상을 타동사적으로 알아차리는 것이 아니라, 신체적 주관성을 자동사적이고 직접적으로 친밀하게 앎이다. 이 친밀하게 앎 곧 친밀지acquaintance는 비지향적이고 비관찰적인 신체적 자기알아차림의 성격을 띠고 있다(Gallagher 2003; Legrand 2006; Zahavi 2002a). 만약 숙련된 대처가 행위함의 어떠한 경험도 결여한다면, 만약 숙련된 대처를 행할 때의 우리의 활동들이 전혀 체험적 성격을 지니지 않는다면, 그렇다면 숙련된 대처는 그런 신체적 자기알아차림을 결여할 것이다. 그렇다면 또 숙련된 대처는 완전히 무정물無情物의 성격을 띠게 될 것이다. 만약 그게 사실이라면, 그렇다면 숙련된 대처의 현상학이 전혀 존재하지 않게 될 것이고, 드레이퍼스의 기획은 어떠한 토대도 갖지 않게 될 것이다.

이런 사고방식이 함의하는 바는 세계 속의 녹아든 행위는 행위함의 경험 — 혹은 아마도 행위하는 경험*acting experience*이라고 말해야 하겠지만 — 을 포함하지 않는다는 것이지만, 이 경험은 주의적인 알아차림의 초점이 되지 않고서도 통상 전반성적 방식으로 살아지는 것이다. 우리가 무엇을 하고 있고 무엇을 경험하고 있는지 관찰이나 추리 없이 보고할 수 있는 우리의 능력은 그런 전반성적 경험에 의존하기에 단순히 소급적인 합리화 작용으로 다 설명해낼 수 있는 것이 아니다. 그렇기는커녕 이 능력은 암묵적이거나 잠재적인 우리 경험의 측면들을 명시적이거나 명백하게 만들 수 있는 능력이다. 경험의 측면들을 이런 방식으로 명시적으로 만드는 것은 불가피하게 해석 및 의미의 창조를 수반한다(Gendlin 1997). 이는 또한 결코 완전하게 명시적인 것이 될 수 없는 암묵적이고 비반성적인 경험의 미리 주어진 배경을 전제한다. 이런 점들에서 전반성적 경험의 해명은 해석적인 것이지 단지 기술적인 것에 그치는 것이 아니다. 그러나 이 해명이 오직 소급적 합리화 작용에 지나지 않는다는 결론이 따르는 법은 거의 없다. 소급적 합리화 작용과 정확한 현상학적 기술을 구분하는 어떤 기준을 논리적으로 요구하기 때문에 이런 해명이 결국 자멸적이라고(=문제를 더 키우는 것이라고) 주장한다면, 살아지는 경험에 대한 어떤 종류의 전반성적 친밀지 이외의 무엇이 그러한 기준의 논거가 될 수 있겠는가?

이 고찰들은 후설에서 하이데거, 사르트르, 메를로-퐁티에 이르는 현상학자들이 공유하는, 우리의 경험이나 실존이나 존재방식은 직접적이고 비반성적인 자기알아차림으로 이루어진다는 사상, 즉 우리는 어떠한 반성에도 앞서서 우리 자신한테 친숙해 있다는 사상의 중요성을 강화한다(Zahavi 2005a). 다음 절에서 우리는 이 유형의 자기알아차림 혹은 자기친밀지가 시간의식 및 경험의 시간구조와 긴밀하게 연관돼 있다는 것을 보게 될 것이다.

시간의식과 전반성적 자기알아차림

시간의식에 대한 분석은 현상학에서 특별한 자리를 차지하고 있다. 지향성에 대한 어떠한 포괄적 분석도 경험의 지향적 대상들의 시간적 성격을 고려하지 않으면 안 된다. 대상들은 지속하고 변화와 변형을 겪고, 과정들은 시간 속에서 전개되고 발전하고, 사건들은 생겨나고 지속하고 그친다. 멜로디와 같은 어떤 사물은 동시적으로 존재할 수 없는 상이한 국면들을 지니지만, 오직 시간을 가로질러서만 그러한 것이다. 더욱이 더 깊은 수준에서는 시간적인 '동일성의 종합'이 경험에서 작용하고 있다. 여러분이 걸어 지나쳐 갈 때 길을 따라 서 있는 한 나무가 상이한 일면들을 현시하지만, 여러분은 이 일면들을 동일한 한 나무에 속하는 것으로 경험하지 분리된 순간적 조각들로 경험하는 것이 아니다. 메를로-퐁티가 말하듯이, "지각적 종합은 시간적 종합이다"(1962, p. 239). 게다가 우리는 과거의 대상들과 사건들을 기억하고 미래의 대상들과 사건들을 예상한다. 여러분은 지나가면서 겨울의 벌거벗은 나무를 기억하고 이 나무가 봄에 꽃을 피우는 모습을 찬미할 수 있으며, 또 여러분은 이 나무가 가을에 색깔이 변화하는 모습을 예상할 수 있다. 기억된 대로의 이 나무, 지각된 대로의 이 나무, 예기된(=예료된) 대로의 이 나무는 모두 동일한 한 나무로 지향되어 있다. 일반적으로, 무언가가 객관적인 것으로 경험되기 위해서 이 무언가는 이 무언가를 지향하는 개별적 작용을 넘어서거나 초월하는 것으로 경험되어야만 하며, 그러한 초월은 이번에는 우리가 이 무언가를 상이한 지향적 작용들과 나타남들을 가로질러 하나의 동일성을 갖는 것으로 경험해야 한다는 것을 요구한다.

더욱이 경험 그 자체는 시간적이며, 개별적 경험들은 시간적으로 서로 관련되어 있다. 우리는 우리의 경험들과 심적 활동들이 생겨나고 지속하고 그치며, 그리고 다른 경험들과 심적 활동들이 따르면서 모두 서로 간에 복잡한 방식으로 관련을 맺고 있다는 것을 알아차리고 있다. 따라서 시간의식은 외적 사물과 이 외적 사물의 시간성격을 알아차리는 것과, 경험 그 자체를 시간적인 것으로 또 시간을 가로질러 통일돼 있는 것으로 알아차리는 것으로 이루어진다. 시간의식의 구조에 대한 후설의 설명은 두 종류의 알아차림 즉 우리는 어떻게 시간대상을 알아차릴 수 있는가(외적 시간의식)와 우리는 어떻게 우리 자신의 흘러들어오고 흘러나가는 경험들을 알아차릴 수 있는가(내적 시간의식)를 설명하려고 의도된 것이다. 이 설명과 이 설명을 이루는 무수한 분석들은 시간의식에 대한 현상학적 고찰을 위한 준거점으로 계속 남아 있다.[1]

후설은 우리의 현재 순간의 의식이 점적 혹은 순간적 지금의 경험이라면 시간대상을 경험하는 것은 불가능하리라고 주장한다. 현재 순간의 의식은 오히려 현재를 시간적 폭을 지니는 것으로 경험하는 것이지 않으면 안 된다. 따라서 후설은 "실제적으로 인지된 현재는 칼날이 아니라", "지속구간 duration-block" 곧 과거의 미래의 위상들을 담고 있는 시간확장temporal expanse, 혹은 "뱃머리와 뱃꼬리… 앞을 향해서 보고 뒤를 향해서 보는 부분"이라는 윌리엄 제임스의 말(1981, p. 574)에 동의한다. 하지만 제임스는 E. R. 클레이를 따라 "가상적 현재the specious present"라고 부르는 이 지속구간을 신경학적 설명을 요구하는 기본적 경험여건으로 간주하는 반면, 후설은 이 지속구간을 더 많은 현상학적 분석을 요구하는 것으로 간주한다(Gallagher 1998, pp. 32-52). 더 정확히 말해서, 현재 순간의 지속구간은 시간의식의 **지향적 대상**_intentional object_이다. 그렇기 때문에 현재 순간의 지속구간은 이 지속구간을 **구성하는**, 즉 우리가 경험하는 방식으로 우리로 하여금 경험할 수 있게 한다는 의미에서 이 지속순간을 알아차리게 하는 지향적 과정들의 구조로 거슬러 추적해 감으로써 분석될 필요가 있다.

후설에 따르면, 시간의식은 3중의 구조로 되어 있다. 근원인상, 파지, 예지라 부르는 세 지향적 과정들은 모든 지향적 작용에서 함께 작업하고, 서로 간에 떨어져서 홀로 작동할 수 없다. 후설이 좋아하는 예는 멜로디를 듣는 것이다. 멜로디의 각 지금-위상, 현재 울리는 각각의 음에는 오로지 이 음으로만 향하는 상응하는 근원인상이 있다. (물론 또한 멜로디가 완료되기 이전과 이후에 지금-위상들의 근원인상들이 있다.) 근원인상은 과거나 미래에 대한 어떠한 지시도 포함하지 않기에, 혼자서는 멜로디를 지각하기에 (또 아무리 짧더라도 지속을 이루는 시간대상을 경험하기에) 충분하지 않다. 근원인상은 파지와 예지가 수반되지 않으면 안 된다.

파지는 멜로디의 방금-경과한 위상, 방금-들린 음으로 향해 있다. 더 이상 현실적actual이지 않지만 방금-지나감의 양상 속에서 여전히 들리고 있다. 음은 여전히 주관적으로subjectively 들리는데, 왜냐하면 이 음이 의식에 실제로 현존하기really present 때문이 아니라 이와는 달리 더 이상 현실적이지 않기 때문이다. 이 음은 오직 지향적으로만 현존하고, 방금-지나간 것으로 심적으로 지향되고 있다.

이와 대조적으로, 예지는 즉각적 미래로, 이 경우 곧-일어날-것으로 감각된 멜로디의 음들로 더 미규정적인 방식으로 향해 있다. 지향적으로 충족되거나 내용이 규정된 파지와는 달리 예지는 충족돼 있지 않고 미규정적이다. 그러나 이 열려져 있음은 예기의 감각을 수반하는데, 왜냐하면 만약 멜로디가 돌연 중단되거나 엉뚱한 음이 울린다면 우리는 놀라고 말 것이기 때문이다. 현재 경험의 내용이 무엇이든 우리가 이런 방식으로 놀라는 것은 원리상 언제나 가능하다. 따라서 우리의 의식은 열려 있고 앞을 향해 내다보는 지평을 언제나 수반하고 있다.

예지, 근원인상, 파지의 통일된 작동은 우리가 현재 순간을 시간적 폭을 지니는 것으로 경험하는 일의 기저를 이루고 있다. 근원인상은 설사 (연속적으로 울리는 한 음의 경우처럼) 새로 변하지 않는 것에 불과할지라도 새로운 것을 연속적으로 지향하는 기능이고, 파지는 과거로 미끄러져 나가 가라앉는 것으로서 현재를 연속적으로 붙잡고 있는 기능이고, 예지는 미래를 향해 열려져 있는 것으로서 현재를 연속적으로 넘어서 가는 기능이다. 이 3중의 구조는 경험의 과정 내내 통일된 전체로서 불변하고 공시적으로 현존한다. 설사 이 구조의 특정한 체험적 내용들이 순간순간 변하더라도, (의식이 급격한 와해를 겪지 않는 한) 구조 그 자체는 변하지 않는다.

(모든 지향적 작용의 구조에 고유한 지향적 과정들인) 파지나 예지와, (특정한 유형의 지향적 작용들로 이해되는) 회상이나 기대와 구분하는 것이 중요하다. 한 멜로디의 방금-연주된 음들에 대한 파지적 의식과, 이 멜로디의 지나간 완료된 들음을 회상하는 것 사이에는 분명한 차이가 있다. 마찬가지로, 곧-연주될-음들에 대한 예지적 의식과, 미래의 어떤 시간에 이 멜로디를 들으리라는 기대 사이에는 분명한 차이가 있다. 파지와 예지는 모든 현재에 일어나는 경험의 구조적 특질들이고, 그래서 회상(과거의 경험을 기억함)과 기대(미래의 경험을 예기함) 그 자체는 파지와 예지의 작업을 전제한다. 이런 이유 때문에 때로 후설은 파지를 일차적 기억*primary memory*, 회상을 이차적 기억*secondary memory*이라 부르고, 예지를 일차적 예기*primary anticipation*, 기대를 이차적 예기*secondary anticipation*라고 부른다.

이 이차적 유형의 지향적 작용이 준현재화적인*representational* 반면, 일차적 형태의 경험은 현재화적*presentational*이다. 파지와 예지는 우리가 지금을 지각적으로 경험할 때 즉각적 과거와 즉각적 미래를 지향적으로 이용할 수 있도록 기능한다. 회상과 기대는 부재하는 어떤 것을 이에 대한 지각적 경험을 심적으로 환기시킴으로써 일종의 현존으로 가져오도록 기능한다. 우리는 한 멜로디의 과거 연주를 이에 대한 우리의 이전 경험을 회상함으로써 회상한다. 우리는 멜로디의 미래 연주를 이에 대한 우리의 미래 경험을 예기함으로써 예기한다. 마지막으로, 회상과 기대는 우리가 의도적으로 개시할 수 있는 지향적 작용인 데 반해, 파지와 예지는 연속적으로 작동하는

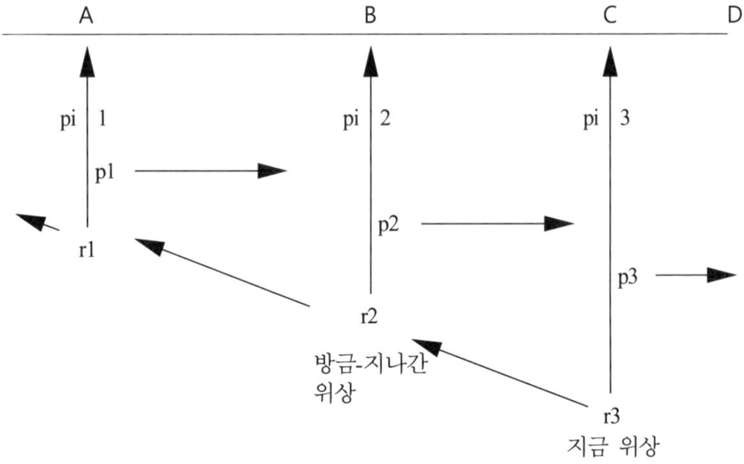

도표11.1

후설의 시간-의식. Shaun Gallagher, *The Inordinace of Time*(Evanston, IL: Northwestern University Press, 1998), 79, fig. 5.1. 숀 갤러거의 허락을 받아 전재.

수동적이고 비의지적인 과정들이다.

도표 11.1은 이 근원인상-파지-예지의 연속적 작동을 예시하고 있다. 수평선 ABCD는 친숙한 멜로디의 펼쳐짐과 같은 시간대상을 나타낸다. 수직선들은 의식의 지속하는 작용의 추상적인 순간적 위상들을 나타낸다. 각 위상은 근원인상primal impression(pi), 파지retention(r), 예지protention(p)의 세 지향적 과정들에 의해 구조화된다. 만약 우리가 위상3을 현실적 국면으로 한다면, 지금 울리는 음C의 근원인상(pi3), (음D에 의해 충족될) 의식의 임박한 다음 위상의 예지(p3), 그리고 의식의 방금-지나간 위상2의 파지(r3)—이 파지의 근원인상은 음B의 것이다—가 있다.

이 도표가 예시하듯이, 의식의 주어진 각 지금-위상은 의식의 방금-지나간 위상 전체, 구체적으로 말해 이 방금-지나간 위상의 근원인상, 파지,

예지를 보유하고 있다. 이 방금-지나간 위상은 또 바로 이전의 위상 전체를, 이 이전의 위상은 바로 이전의 위상 전체를 등등, 이렇게 해서 과거의 경험을 덮으며 뒤로 쭉 뻗어나가는 파지적 연속체가 존재한다. 물론 이 뻗어나감은 지향적이지 실재적이지real 않다. 현재의 의식이 과거로 글자 그대로 뻗어나가는 것이 아니고, 또 과거의 위상들이 현재의 위상에 실재적으로really 내재하는 것도 아니다. 오히려 과거는 오직 지향적으로만 현재 속에 담겨 있다. 현재의 위상은 과거의 위상들을 지향하고, 이렇게 해서 이 위상들을 계속 마음속에 보이는 상태로 놓여 있게 한다. 그렇지만 과거의 위상들은 끊임없이 미끄러져 나가고 마음속에 보이는 상태로부터 사라져 가고 있다. 파지적 연속체는 과거 속으로 뒤로 가라앉으면서 선명성과 촉발적 힘이 감소되는 특징을 지니지만, 또한 동시에 새로운 내용으로 충족되며 매순간 갱신된다. 반면에 오래된 내용은 최종적으로는 무의식적인 침전된 기층으로 끊임없이 미끄러져 나간다.

두 가지 중요한 유형의 지향성이 이 파지적 연속체에 속한다. 첫 번째 유형은 시간을 가로지르는, 의식의 지향적 통일이다. 파지가 의식의 이전 위상들, 구체적으로 말해 서로 맞물려 있는 근원인상, 파지, 예지의 위상들을 보유하기 때문에 이 통일은 자동적으로 일어난다. 후설은 의식의 이 파지를 시간-의식의 **수평적***horizontal* 혹은 **종적 지향성***lengthwise intentionality*이라고 부른다. 이 종적 지향성 덕분에 의식은 내적으로 그 자체와 관련되고 또 자기촉발할 수 있다.

두 번째 유형의 지향성은 경험된 시간대상의 연속성을 보장한다. 의식의 파지는 필연적으로 의식의 이전 위상들에 속하는 지향적 대상의 파지를 포함하기 때문에 이 지향적 과정 역시 자동적으로 일어난다. 후설은 이 유형의 지향성을 시간의식의 **횡적 지향성***transverse intentionality*이라고 부른다. 횡적 지향성 곧 시간대상의 파지는 종적 지향성 곧 의식의 이전 위상들의 파지에 토대를 두고 있다. 달리 말해, 의식의 주어진 각 지금-위상은 의식의 방금 지나간 위상을 보유함에 힘입어 시간대상의 방금-지나간 위상을 보유하는 것이다. 시간을 가로지르는 시간대상들을 알아차리기 위해 의식은 또한 파지적으로 그 자체를 알아차리지 않으면 안 된다.

우리는 이제 시간의식과 전반성적 자기알아차림의 관계를 이해하기 시작할 수 있다. 우리가 보았듯이, 경험의 각 위상은 방금-지나간 경험의 지향적 내용들뿐만 아니라, 파지적-근원인상적-예지적 구조를 포함하는, 경험 그 자체의 방금-지나간 위상도 보유한다. 방금 지나간 음들의 파지는 이 음들에 대한 방금-지나간 경험의 파지를 통해 일어난다. 달리 말해, 파지는 방금 지나간 경험을 암묵적으로 붙잡음으로써 방금 지나간 지향적 내용을 명시적으로 파악하는 것이다. 따라서 시간의식의 3중 구조는 전반성적 자기의식을 수반한다. 우리 경험의 3중의 시간적 구조 덕분에 멜로디를 듣는 동시에 우리는 이 멜로디의 진행 중인 경험을 암묵적으로 함께 알아차리는 것이다.

그러나 이 지점에서 한 가지 문제가 생겨난다. 이제까지의 우리의 초점은 멜로디와 같은 외적 시간대상들의 경험에 놓여 왔었다. 하지만 우리는 또한 우리 자신의 무상한 지향적 행위들 혹은 경험들, 그리고 이것들의 시간적 관계를 알아차린다. 실제로, 한 멜로디를 알아차릴 때 우리는 또한 지속하는 듣는 작용을 암묵적으로 알아차린다는 것을 방금 본 바가 있다. 그렇다면 여기에 문제가 있다. 우리의 의식에 대해서 멜로디와 같은 사물이 어떻게 존재할 수 있는지(멜로디가 어떻게 구성될 수 있는지)를 분석할 때 우리는 시간의식의 3중 구조에 호소해 왔다. 하지만 우리의 지향적 작용들 혹은 경험들 그 자체는 어떠한가? 이것들이 의식에 대해서 구성되는 일은 근원인상-파지-예지의 3중 구조의 면에서 분석될 수 있는가? 하지만 그렇다면 그러한 분석이 무한역행을 가져오는 것을 무엇이 막을 수 있는가? 만약 한 멜로디의 현상적 지속과 통일성이 시간의식에 의해 구성된다면, 또 이 멜로디를 듣는 작용이 그 자체로 또한 지속과 통일성으로 경험된다면, 우리는 이 내적 지속과 통일성을 설명하기 위해 또 다른 의식을 정립할 수밖에 없는가? 이 무한역행을 막을 방법이 있는가?

후설은 시간의식에 관한 저작들 도처에서 이 문제와 씨름했다. 그의 견해에 대한 표준적 해석에 따르면, 후설은 세 가지 수준의 시간성을 구분한다. 즉 (멜로디와 같은) 외적 시간대상들, 이 대상들의 경험들 혹은 이 대상들로 향하는 지향적 작용들, 그리고 이 지향적 작용들 그 자체를 경험함 *experiencing*. 우리가 우리의 경험들과 지향적 작용들을 시간 속에 전개되는 것으로 알아차리고 있고 알아차리게 될 수 있는 것을 고려하면, 이 경험들 또한 시간적 성격을 지니지만 이 시간적 성격은 외적 시간대상의 객관적이고 초월적인 시간과 달리 주관적이거나 내재적인 시간에 속하는 것이다. 이 외적 시간대상들은 내재적 시간 속에 존재하는 지향적 작용에 의해 알아차려지게 되거나 구성되는 데 반해, 이 지향적 작용들은 후설이 절대적 의식 혹은 절대적 흐름이라 부르는 더 깊은 수준의 내적 시간의식에 의해 알아차리게 되거나 구성된다. 절대적 흐름은 가장 깊은 수준의 시간의식, 즉 다른 모든 유형의 의식과 지향적 수행의 전제가 되고, 이것들 모두를 가능하게 하는 기반층으로 생각되고 있다.

이 체재를 고려해볼 때 즉각 두 가지 물음이 생겨난다. 첫 번째 물음은 주관적 혹은 내재적 시간에 관한 것이다. 우리의 지향적 작용들과 경험들을 외적 시간의식 혹은 외적 시간대상들을 유추해서 내적 시간의식의 대상들로(즉, 내적 시간대상들로) 생각하는 것은 옳은가? 이 사고방식은 자기알아차림을 왜곡하지 않겠는가, 그렇다면 우리는 어떻게 우리 자신을 시간 속에서 경험하겠는가? 두 번째 물음은 절대적 의식에 관한 것이다. 이 의식은 그 자체가 경험되는가? 만약 경험되지 않는다면 이 의식은 직관 가능한 내용이 전혀 없는 이론적 건립물인 것 같다. 만약 경험된다면 이 의식은 어떤 식으로든 알아차려지게 되거나 의식에 의해 구성되어야만 하는데, 하지만 그렇다면 무한역행이 될 것 같다.

첫 번째 물음을 올바르게 다룬다면 이는 절대적 의식에 대한 후설의 이해방식을 아는 데 더 많은 도움이 될 것이다. 그래서 이 첫 번째 물음을 잠시 접어두고 두 번째 물음을 다룬 후에 돌아오겠다.

후설의 견해는 순전한 흐름으로서의 의식은 현상학적으로 식별 가능하다는 것이다. 만약 우리가 (에포케와 현상학적 환원을 고수하며) 충분히 면밀하게 또 주의 깊게 살펴본다면, 우리는 의식의 대상들 또는 내용들과 구분되는, 즉 객관적이고 초월적인 세계에서든 우리 자신의 지향적 작용들과 경험들의 주관적이고 내재적 영역에서든 우리 경험의 대상이 되거나 우리 경험이 향하는 모든 것과 구분되는, 우리의 의식에 속하는 흐름flowing 혹은 흘러감streaming을 볼 수 있다(Husserl 1991, p. 389). 이 흐르는 의식 혹은 흘러가는 의식은 다른 모든 종류의 의식을 위한 가능성의 조건이지만, 그 자체는 다른 모든 것에 의해 가능하게 되지 않는, 훨씬 더 깊은 수준의 의식이라는 의미에서 절대적이거나 궁극적이고 혹은 본원적이다.

하지만 이 견해를 잘 생각해볼 때, 과연 우리는 무한역행을 피할 수 있을까? 만약 절대적 흐름이 그 자체가 시간 속에서 흐르거나 전개되는 것으로 경험된다면, 이 절대적 흐름의 시간적 위상들이 어떤 훨씬 더 깊은 수준의 의식에 의해 알아차려지게 되거나 구성되어야만 한다. 이 경우에 절대적 흐름은 실제로는 절대적이지 않고, 끝이 보이지 않은 채 문제 전체가 다시 발생한다.

후설은 이 문제를 두 가지 탁월한 방식으로 다루려고 한다. 첫째, 그는 수평적 혹은 종적 지향성에 힘입어 절대적 흐름이 자기구성하는*self-constituting* 것이라는 견해를 타당하게 보이게 하려고 한다(Husserl 1991, pp. 390-394). 의식의 흐름은—그 자체를 예지함을 파지하고 그 자체를 파지함을 예지함을 포함해서—그 자체를 파지하고 예지하며, 이런 방식으로 자기통일하는 것이다. 절대적 흐름은, 이렇게 말하고 싶은 유혹을 느끼는데, 자기조직화하는 것이다. 둘째, 후설은 절대적 흐름이 시간 속에서 전개되거나 시간을 통해서 움직이는 과정이라는 것을 거부한다. 절대적 시간의식은 이러하든 저러하든 현상적 시간의 흐름 속에 위치하는 시간적 과정이 아니고, 현상적 시간 그 자체의 자기구성하는 흐름이다. '이전', '이후', '동시' 등 시간적 술어들은 우리 경험의 시간적 대상들에, 지속하고 변화하고 시간적으로 순서가 잡혀 있는 시간의식의 지향적 대상들에 적용된다. 하지만 이런 시간적 술어들은 우리로 하여금 지향적 대상들을 경험하게 하는 절대적 의식에 글자 그대로 또 일의적으로 적용되지 않는다. 시간적이거나 혹은 일종의 시간성을 지닌다 할지라도, 절대적 흐름은 친숙하거나 일상적 의미에서 시간 속에 존재하는 것이 아니다.

여기서 행하는 논법은 개념적이고 초월론적이고 현상학적이다. 예를 들어 무언가를 붉은 것으로 혹은 시끄러운 것으로 경험함은 그 자체가 붉거나 시끄럽지 않다는 것은 익히 잘 알고 있는 개념적 사항이다. 마찬가지로, 경험되는 것의 시간timing은 경험의 시간timing과 동일한 것이 아니다. 예를 들어, 'B 이전에 A'라는 시간적 내용의 경험은 A의 경험이 B의 경험에 선행한다는 형태를 취하지 않는다(데넷 1991a, pp. 148-149를 보라). 윌리엄 제임스가 든 예를 빌려온다면, 천둥 전에 정적을 경험할 때 먼저 정적의 경험을 갖고 나중에 천둥의 경험을 가질 필요가 없다. 제임스는 "천둥 그 자체의 알아차림으로 이전의 정적의 알아차림이 기어들어가서 계속된다. 왜냐하면 천둥이 요란한 소리를 낼 때 우리가 듣는 것은 순수한 천둥이 아니라 정적을 깨며 정적과 대조를 이루는 천둥이기 때문이다."(1981, p. 234)라고 말한다. 일반적으로, 무언가를 시작, 끝, 지속을 갖는 것으로 현시하는 경험은 그 자체가 동일한 방식으로 시작, 끝, 지속을 갖는다고 생각될 수 없다(Dennett 1991, pp. 101-170; Denett and Kinsbourne 1992; Pylyshyn 2003, pp. 369-370). 후설은 이 점을 인식하고 있지만, 그의 초월론적 철학에 부합하는 철저한 방식으로 이를 적용한다.

일반적으로, 우리는 **구성되는 것***the constituted*(경험에 주어지는 것)에 적용될 수 있는 개념들과 용어들이 **구성하는 것***the constituting*(그런 경험을 가능하게 하는 것)에 일의적으로 적용된다고 가정할 수 없다. 만약 (과학적으로 이해된 시간을 포함하는) 현상적 혹은 살아지는 시간이 시간의식의 구조에 의해 구성된다면, 현상적 시간에 적용될 수 있는 개념들이나 용어들이 시간의식으로 일의적으로 이동될 수 있는 것이 아니다. 하지만 이것이 결정적으로 중요한 점인데, 우리의 모든 친숙한 시간적 개념들은 **구성된** 것으로서의 시간에 관한 것이고, 그래서 이 개념들은 시간을 **구성하는** 절대적 흐름에 글자 그대로 적용될 수 없다. 이런 생각을 마음속에 품으면서 후설은 흐름*flow*이란 용어조차 은유적이라는 점을 인정한다. "이 모든 것에 대하여 우리는 어떠한 이름도 갖고 있지 않다."(1991, p. 382)

이 사유방식은 또한 현상학적이기도 하다. 우리는 변화하는 것 혹은 변이하는 것과 변화하지 않고 남아 있는 것을 경험 내에서 구분할 수 있다. 현재 순간의 내용들—우리가 알아차리고 있는 개별적 사물들—은 발생하고 소멸한다. 하지만 알아차림의 구조로서의 현재 순간은 변화하거나 혹은 변이하지 않는다. 우리가 무엇을 경험하든 그것은 언제나 거기에, 아니 언제나 여기에 존재한다. 그것은 경험의 변화하는 내용이 아니라 경험의 불변하는 구조, 근원인상-파지-예지의 3중 구조이다. 후설은 이렇게 이해된 현재 순간을 '살아 있는 현재'라 부른다. 살아 있는 현재가 시간을 통해서 흐르는 것이 아니라, 시간이 살아 있는 현재 내에서 '솟아나온다wells up'. 후설은 살아 있는 현재를 '서 있는 흐름standing-streaming'으로 기술한다. 살아 있는 현재는 시간 속에서 혹은 시간을 통해서 움직이지 않기 때문에 '서 있는standing' 것이고, 의식이 그 자체에게 흐름으로서 나타남을 포함하는, 흐름의 모든 나타남의 기저를 이루는 근원인상-파지-예지가 끊임없이 작동하기 때문에 '흐르는streaming' 것이다.

이제 우리는 우리의 지향적 작용들과 경험들을 내적 시간의식의 대상들 곧 내적인 시간적 대상들로 생각하는 것이 옳은가에 관한 물음으로 돌아갈 수 있다. 이제까지 행해온 논의는 우리는 경험된 외적 대상과 경험된 지향적 작용—시간 속에서 진행되는 멜로디의 경험과 시간 속에서 전개되는 동시적인 듣는 작용의 경험—을 경험 전체 내에서 구분할 필요가 있다는 생각에 전제를 두었었다. 하지만 어떤 의미에서 우리는 우리의 들음을 멜로디와 구분되는 것으로 경험하는가? 특히 우리가 우리의 들음(혹은 모든 지향적 작용)을 시간적 대상—설사 이 대상이 특수하고 내재적인 종류의 대상이라

할지라도—으로 경험한다고 말한다면, 과연 이 말의 의미가 성립하는가?

이 물음을 다루기 위해 녹아든 활동을 주관-객관 구조를 지니는 것으로 경험하는 것이 아니라 환경과의 직접적 쌍결합 혹은 동역학적 조율로 경험하는 지점으로 돌아가 보도록 하자. 이 관점에서 보면, 멜로디를 들음에 대한 후설의 고전적 기술은 탈신체화되고 추상적인 것으로 보인다. 그는 우리에게 경험이 한 곡의 마음속에 품어 왔던 친숙한 음악을 푹 빠져서 듣는 것인지 아니면 친숙하지 않은 새로운 한 작품을 듣는 것인지, 라이브로 연주를 듣는 것인지 아니면 녹음으로 듣는 것이지, 다른 사람들과 함께하는 축하행사 자리에서 듣는 것인지 아니면 사색하면서 홀로 듣는 것인지 말하지 않는다. 물론 후설은 정확히 시간의식의 불변적 구조에 관심을 갖고 있는데, 아마도 이 구조는 가능한 어떠한 상황에서도 듣는 경험 그 자체를 구성하는 것이리라. 이 논점의 힘을 허용하고 인정하는 것은 중요하다. 그럼에도 불구하고, 구체적 경험 환경을 도외시할 때 우리는 경험을 대상화해서 이를 그릇되게 기술할 위험이 있다. 특히 만약 들음이 푹 빠져 있고 푹 스며 있는 것이라면, 멜로디를 판명한 대상으로 명시적이거나 주제적으로 알아차리는 일이나, 혹은 진행 중인 들음을 명시적이거나 주제적으로 알아차리는 일은 도저히 있지 않을 것이다. 이 관찰은 우리는 일상적으로 들음을 들려진 멜로디와 구분되는 종류의 내적 시간대상(=시간적 대상)으로 경험한다는 견해에 진중하게 도전한다. 대상으로 향하는 의식은 타동사적이라는 점을 상기하자. 따라서 우리가 들음을 내적 시간대상으로 경험한다고 가정하는 것은, 멜로디를 타동사적으로 의식할 때 우리는 또한 들음을 타동사적으로 의식한다고 가정하는 것이다. 하지만 이 가정은 그릇돼 보이는데, 왜냐하면 우리가 일상적으로 들음(일반적으로 지향적 활동들)을 경험하는 방식은 전반성적이고 자동사적이지 반성적이거나 타동사적이지 않기 때문이다.

이 논점은 우리를 전반성적 자기알아차림의 논제로 다시 데리고 온다. 단 자하비(2003a, 2003b, 2005a)는 후설의 시간성 설명을 다른 방식으로 다시 건립하자고 제안해 왔다. 그의 제안은 내적 시간의식을 전반성적 자기알아차림과 동일시하자는 것이다. 이 견해에 따르면, 지향적 작용들과 경험들의 타동사적 의식은 오직 반성과 어떤 일정한 종류의 기억에서만 발생한다. 반성이나 기억에 선행해서는, 경험의 어떠한 타동사적 알아차림 혹은 대상으로-향하는 알아차림도, 분명 어떠한 명시적인 알아차림 혹은 주제적인 알아차림도 존재하지 않으며, 또한 심지어 주변적인 알아차림도 존재하지 않는다. 그렇기는커녕 세계 속의 시간적 대상들과 사건들에 대한 경험이 존재하고, 이뿐 아니라 바로 그 경험들에 대한 전반성적이고 자동사적인 자기알아차림이 존재할 따름이다. 멜로디를 들을 때 우리는 멜로디를 듣고(타동사적 의식) 또한 주관적으로 들음을 통해 살고 있다(자동사적 의식). 들음은 관찰이나 추리 없이 그 자체를 우리 자신의 경험으로 현출하게 하는 주관적 성격을 갖고 있다. 이런 방식으로 우리는 들음이 알아차림의 대상이 되지 않아도, 심지어 주변적이거나 배경적이 되지 않아도 들음을 암묵적으로 경험한다. 왜냐하면, 경험의 1인칭 성질은 바로 경험의 주관성이지 일종의 대상의식이 아니기 때문이다. 경험의 주관성은 본질적으로 경험이 자동사적으로 또 비반성적으로 자기를 알아차리는 데에 있다. 혹은 오히려 경험이 전반성적으로 자기를 알아차리는 데에 있다. 왜냐하면, 경험은 반성되게 될 수 있지만 필연적으로 그런 어떠한 반성에도 선행하기 때문이다. 오직 반성될 때만 경험은 내재적 혹은 주관적 시간 속에서 그 자신의 시간적 통일체로서 알아차림 속에 등장하게 된다.[2] 그렇지 않으면 경험은 하나의 경험으로서 개체화되지 않은 채 단순히 (들음을 통해서) 살아지게 될 뿐이다.

일찍이 우리는 전반성적 자기알아차림이 시간현상들의 경험을 위한 필요조건이라는 점을 본 바가 있다. 시간을 가로지르는 현상들을 알아차리기 위해 의식은 시간을 가로질러 그 자체를 파지적으로 또 예지적으로 알아차려야만 한다. 그러므로 시간의식은 전반성적 자기알아차림을 수반한다. 달리 말해, 우리가 외적 시간현상들을 의식하는 것은 그 현상들에 대한 시간적으로 지속하는 우리의 경험들이 자기를 알아차린다는 것을 수반한다. 따라서 내적 시간의식은 전반성적 자기알아차림과 다른 것이 아니다.

만약 우리가 내적 시간의식을 이런 식으로 이해한다면, 절대적 의식 혹은 절대적 흐름은 어떻게 되는가? 그것이 이 절대적 의식의 설명에 들어맞는가?

이 물음에 대답함에 있어서 우리는 다음과 같은 근본적인 생각에 도달한다. "경험함experiencing만의 절대적 흐름은 우리 경험들의 전반성적 자기현출이다"(Zahavi 2003b, p. 169). 달리 말하면, 내적 시간의식의 구조—근원인상-파지-예지—는 바로 전반성적 자기알아차림이고 또한 바로 절대적 흐름이다. 우리는 이 등치를 다음과 같은 방식으로 이해할 수 있다. 절대적 흐름은 서 있으면서-흐르는standing-streaming 살아 있는 현재이다. 한편으로, 살아 있는 현재는 곧 일어날 것을 일어나고 있는 것으로, 방금 일어난 것으로 연속적으로 변형하기 (지향적으로 변양하기) 때문에 '흐르는streaming' 것이다. 다른 한편으로, 살아 있는 현재는 흐름을 구성하는 예지-근원인상-파지의 3중 구조가 언제나 현재하고 불변하기 때문에 '서 있는standing' 것이다.

이제 결정적으로 중요한 것은 절대적 흐름 혹은 서 있으면서-흐르는 살아 있는 현재의 이 기술은 또한 정확히 전반성적 자기알아차림에도 적용된다는 점이다. 전반성적 자기알아차림은 혼자서 나타나는 순수하고 공허한 알아차림이 아니라 흐르는 경험 혹은 흘러가는 경험 그 자체를 구성하기 때문에 '흐르는' 것이다. 같은 이유에서, 전반성적 자기알아차림은 항상 현재하고 불변하는, 의식의 특질이기 때문에 '서 있는' 것이다. 자하비는 "우리는 수많은 상이한 경험들을 통해서 살아가는 반면, 우리의 자기알아차림은 불변하는 차원으로서 계속 남아 있다. 제임스의 탁월한 이미지를 사용한다면, 자기알아차림은 사건들이 흐르는 것을 가능하게 하지만 이 사건들에 의해 변화하지 않는 그 자신의 성질을 지니는, 폭포 위 무지개처럼 영원하다"(2003b, p. 170).

신경현상학과 시간의식

근년에 의식의 시간적 동역학에 관심이 있는 과학자들과 철학자들은 시간의식에 대한 후설의 분석을 재발견해 왔다(Lloyd 2002, 2003; van Gelder 1999b; Varela 1999). 특히 바렐라는 이 분석들을 의식에 대한 신경현상학적 접근법에 사용해서, 신경현상학적 기획 전체의 진정한 척도인 시간의식에 대한 신경현상학적 설명을 내놓고 있다(Varela 1999, p. 267).

바렐라는 신경현상학의 '작업가설'을 다음과 같이 정식적으로 표현한다. "경험의 구조에 대한 현상학적 설명과 이에 대응하는 인지과학적 설명은 호혜적인 제약들을 통해서 서로 관련을 맺고 있다"(1996, p. 343). '호혜적인 제약들'이란 말로 그는 현상학적 분석들은 의식의 과학적 탐구를 인도하고 형성하는 데 도움을 줄 수 있고, 또 이번에는 과학적 발견들이 현상학적 탐구를 인도하고 형성하는 데 도움을 줄 수 있다는 것을 의미한다. 이 접근법의 중요한 특질은 동역학적 체계 이론이 현상학과 신경과학을 중재한다고 생각되고 있다는 점이다. 따라서 신경현상학은 세 주요 요소들로 이루어진다. (1) 경험의 구조에 대한 현상학적 설명, (2) 이 구조적 불변자들의 형식적인 동역학적 모형들, (3) 이 모형들이 생물학적 체계들에서 실현되는 일.

시간의식이 신경현상학적 기획의 진정한 척도로 되어 있다는 점을 고려할 때, 우리는 시간의식의 구조에 대한 현상학적 설명과, 의식과 관련 있는 뇌 과정에 대한 신경동역학적 설명이 상호 간에 이해를 돕는 방식으로 서로 관련을 맺을 수 있는가 하는 것을 살펴볼 필요가 있다. 이 과제는 정확히 바렐라가 그의 시간의식의 신경현상학에서, 그리고 의식의 신경동역학에 관한 실험적 연구에서 착수하고자 하는 것이다.

바렐라의 전략은 시간의식의 근원인상적-파지적-예지적 흐름과, 의식과 결합돼 있다고 생각되는 대규모의 신경과정들 둘 다의 동역학을 포착하는 공통된 구조적 수준의 기술을 발견하는 것이다. 우리는 이미 시간의식의 흐름이 어떻게 자기를 구성하는지 본 바가 있다. 이제 우리가 검토할 필요가

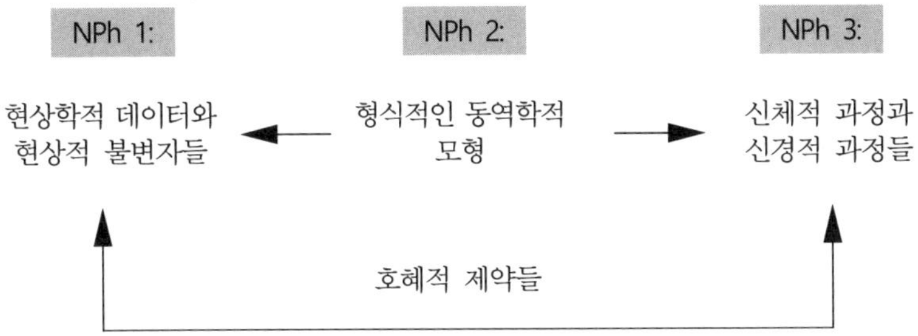

도표 11.2 신경현상학

있는 것은 이 자기를 구성하는 흐름이 대규모의 신경활동의 자기조직화하는 동역학에 의해 어떻게 생물학적 수준에서 구조적으로 반영된다고 생각되고 있는지 하는 것이다.

얼굴의 시각적 인식과 같은 특정한 인지적 행위들은 많은 기능적으로 구분되는 또 광범위하게 분포된 뇌 부위들의 신속하고 순간적인 협응을 요구한다는 점에 대해서 인지신경과학에서는 이제는 별로 의심하지 않는다. 신경과학들은 또한 순간순간의 타동사적(대상으로 향하는) 의식은 단일한 뇌 부위나 구조가 아니라 대규모의 동역학적 신경활동과 결합해 있다고 점점 더 믿고 있다(Cosmelli, Lachaux, and Thompson, 2007). 그래서 의식을 포함하는 심적 활동의 신경적 기반의 모든 모형들은 대규모의 신경활동들이 어떻게 순간순간 통합되거나 일률적인 방식으로 작동할 수 있는지에 대해 설명해야만 한다.

이 문제는 대규모 통합 문제the large scale integration problem로 알려져 있다(Varela et al. 2001). 동역학적 신경과학에 따르면, 대규모 통합을 이해하기 위한 핵심 변수는 개별적 신경 성분들이 아니라 이 성분들 간의 동역학적 연관이다. 따라서 심적 활동의 신경적 대응물들은 대규모 통합의 창발적이고 변화하는 패턴들을 기술하는 집합적 변수들 수준에서 탐구된다. 이 집합적 변수들을 정의하기 위한 한 가지 최근의 접근법은 뉴런들의 상이한 개체군들 사이에서 동시에 발생하는(=동기적同期的)synchronous 진동들의 일시적 패턴들을 측정하는 것이다(Engel, Fries, and Singer 2001; Varela et al. 2001). 바렐라(1995, 1999)에 따르면, 이 동시에 발생하는 패턴들은 경험의 현재 순간의 지속에 상응하는 순간적이고 일시적인 신경 통합의 시간적 프레임을 규정한다.

바렐라는 세 가지 연관되지만 논리적으로 독립적인 작업가설의 형태로 이 견해를 뒷받침하는 추론을 제시한다(1995, 1999, pp. 274-277).

> 가설 1: 모든 인지작용에는 이 작용의 창발과 작동의 기저를 이루는 단수의 특정한 신경집단이 존재한다.

어떠한 인지작용도 창발하려면 많은 상이한 능력들(주의, 지각, 기억, 동기부여 등)이 신속하게 협응해야 하고, 광범위하게 분포된 신경체계들이 이 능력들을 보조해야 한다. 대규모 협응을 위한 신경생리학적 기질基質은, 강력한 상호적인 연관들을 지니는 분포된 하위집합의 뉴런들로 정의될 수 있는 신경집단neural assembly으로 추정된다.[3]

대규모 통합의 맥락 속에서 동역학적 신경집단은 뇌의 광대하고 이질적인 부위들에 관여한다. 동일한 피질영역 내에 혹은 동일한 네트워크 수준의 영역들 사이에 상호적 연관들이 존재하고, 또한 상이한 뇌 영역들의 상이한 수준들을 연결시키는 상호적 연관들도 존재한다. 넓게 분포된 영역들에 걸쳐 있는 이 강력한 상호연관들 때문에, 대규모 신경집단은 감각운동적이든 내적이든 모든 작은 부분집합들로부터 활성화되거나 발화될 수 있다. 이 집단들은 기본적인 인지작용을 성취하기 위해, 또 신경활동이 이 집단을 통해 전파되기 위해 요구되는 시간에 걸쳐 있는 일시적이고 동역학적인 존재를 지닌다.

다양한 실증적이고 이론적인 고찰들은, 그러한 신경인지적 활동—이 활동이 (눈이나 머리 움직임 같은) 지각/행위 상태이든, 일시적인 생각이든 기억이든, 정서적 평가이든—의 시간등급이 1초의 몇 분의 1, 대략 1/4초에서 1/2초 정도에 있다는 것을 시사한다(Dennett and Kinsbourne 1992; Pöppel 1988). 바렐라(1999)는 이 지속의 등급을 대규모 통합의 '1등급'이라 부르고, 이 등급을 기본적인 감각운동적 사건과 신경적 사건의 '1/10 등급'(1/100초에서 1/10초), 그리고 기억을 포함하는 기술적-서사적 평가의 '10등급'과 구분한다. 1/10등급과 1등급의 계기적 시간간격 동안 상이한 신경집단들 간의 경합이 존재한다. 즉, 한 신경집단이 그것의 보다 작은 부분집합으로부터 발화될 때, 이 신경집단은 응집성에 도달하거나 아니면 다른 중첩하는 신경집단들의 경합하는 활성화들이 넘쳐나게 된다. 만약 이 집단이 활성화 후에 결집된다면 우리는 이 집단이 일시적 효능을 갖는다고 추정할 수 있다. 이 결집 시간은 두 동시적 제약에 의해 구속된다. (1) 이 결집 시간은 직접적으로 혹은 소수의 시냅스들을 통해서 (1/10등급에서) 스파이크를 전송하는 데 드는 시간보다 커야만 한다. (2) 이 결집 시간은 인지적 작용이 완성되는 데 드는 (1등급에서의) 시간보다 작아야만 한다. 따라서 관련되는 신경과정들은 공간에서뿐만 아니라 어떤 한계(1초의 몇 분의 1)를 넘어 압축될 수 없는 기간에 걸쳐 분포된다.

가설1을 고려할 때, 대규모 통합이 어떻게 뇌에서 실제로 일어나서 응집적이고 적응적인 인지적 작용들의 흐름을 가능하게 하는가 하는 물음이 생겨난다. 신경과학에서 현재 탐색되고 있는 한 가지 대답은 어떤 형태의 시간적 부호화를 통해서 대규모 통합이 일어난다는 것이다. 이 형태의 시간적 부호화 속에서, 개별적 뉴런들이 발화하는 정밀한 시간이 이 뉴런들이 주어진 집단에 참여하는지 여부를 결정하기 때문이다. 이 종류의 시간적 부호화를 위한 가장 잘 연구된 후보는 **위상동기성**位相同期性/*phase synchrony*이다. 뉴런 개체군들은 광범위한 주파수들을 걸치며 진동방전을 보이고, 한정된 기간(1초의 몇 분의 1) 동안에 정밀한 동기성 혹은 위상결속 phase-locking에 들어갈 수 있다.[4] 늘어나고 있는 많은 증거들은 위상동기성

이 대규모 통합의 지시자(아마도 메커니즘)라는 것을 시사한다(Engel, Fries, and Singer 2001; Varela et al. 2001). 바렐라는 두 번째 가설의 형태로 이 생각을 진술하고 있다.

> 가설2: 한 특정한 신경집단이, 역치 아래의(=역하의) 경합하는 신경집단들에 속하는 활성화된 뉴런들의 신속하고 일시적인 위상결속을 통해서 선택된다.

신경적 위상동기성(진동방전들의 위상결속)은 뇌의 다양한 등급들에서 일어난다. 단거리 동기성은 국소적 네트워크(가령 일차시각피질 속의 주상체柱狀體/column) 내에서 일어나고, 장거리 동기성은 상당히 떨어져 있는 뇌 부위들에 걸쳐서 일어난다. 가설2를 따라가면서, 장거리 동기화가 (가령 후두엽과 전두엽 간에, 혹은 전송시간이 1,000분의 수십 초에 의해 분리돼 있는 반구체들을 가로질러) 다중양상의 네트워크들을 선택하고 통합하는 응집적인 대규모 신경집단의 일시적 형성을 위한 메커니즘으로 제안되었다. 동물과 인간에 관한 연구가 동기성 내의 특정한 변화들이 흥분, 감각운동적 통합, 주의적 선택, 지각, 작업기억 동안에 일어난다는 점을 증명하고 있다(Engel, Fries, and Singer 2001; Varela et al. 2001). 국소적 신경과정이 한 특정한 (타동사적) 의식상태에 직접적으로 참여하는지 여부는 이 과정이 응집적이고 동기적同期的인 대규모 집단에 참여하느냐 여부에 달려 있다고 하는 가설이 또한 제기되어 왔다(Dehaene and Naccache 2001; Engel and Singer 2001; Tononi and Edelman 1998; Varela 1995).

위상동기성들은 넓은 범위의 주파수에서 일어난다. 베타와 감마 주파수의 빠른 리듬(15헤르츠 이상)은 신속한 통합을 위한 요건을 충족시키고, 1초의 몇 분의 시간등급(1등급) 상의 지각적 과정과 주의적 과정에 중요한 역할을 한다는 점이 제시되어 왔다(Engel, Fries, and Singer 2001; Varela et al. 2001). 알파와 세타 대의 느린 리듬은 주의와 작업기억에 또 감각운동적 통합에 중요한 역할을 한다는 점이 제시되어 왔다.[5] 이 느린 리듬은 또한 아마도 동기부여와 정서에 중요한 역할을 할 것이며(Lewis 2005), 빠른 리듬의 과정에 맥락 혹은 운반체를 제공할 수도 있다(VanRullen and Koch 2003). 종합해보면, 이 견해들과 증거들은 위상동기성이 연합기억, 정동적 톤, 정서적 평가, 운동계획을 포함하는 인지적 작용의 모든 측면들에 대한 전반적 통합을 촉진한다는 일반적 개념을 지지하고 있다(Damasio 1990; Varela 1995; Varela et al. 2001).

대규모 통합은 역동적 유대의 설립뿐만 아니라 다음의 인지작용에게 길을 열어주기 위해 능동적 결합해제uncoupling 혹은 해체dismantling를 포함하지 않으면 안 된다. 그러므로 위상동기성뿐만 아니라 탈동기성desynchrony 혹은 '위상분산phase scattering'도 대규모 통합에 중요한 역할을 한다고 생각되었다(Varela 1995; Rodriguez et al. 1999; Varela et al. 2001, p. 236).[6]

바렐라의 세 번째 가설은 이 동기화와 탈동기화의 동역학이 우리가 현재의 인지적 순간으로 경험하는 것을 위한 신경적 기반이라는 것이다.

가설3: 1등급 상의 통합-이완 과정은 현재-시간 의식의 엄밀한 상관물이다.

이 가설을 설명하기 위해 우리는 1/10등급과 1등급의 구분으로 돌아갈 필요가 있다. 1/10등급(1/100초에서 1/10초) 상의 기본적인 감각운동적이고 신경적인 기본적 사건들은 장거리 통합과 대규모 신경집단들 덕분에 1등급(1/4초에서 몇 초까지)으로 통합된다. 동역학 체계 이론의 언어로 하면, 한 신경집단은 이 집단이 생겨나서 정착하고, 분기—혹은 새로운 집단(장거리 통합의 새로운 패턴)으로 옮겨가는 위상이행—가 따르는 시간폭 곧 '이완시간'을 갖지 않으면 안 된다.

바렐라의 가설은 (가변적이고 또 가령 피로, 관심, 동기부여, 정동, 나이 등과 같은 다수의 요인들에 동역학적으로 의존하는) 이 이완시간이 동시성의 시간적 틀 혹은 창을 정의하는데 이 창 안에 들어오는 것이라면 무엇이든 체계를 위해 지금 일어나고 있는 것으로 간주된다는 것이다(Varela, Thompson, and Rosch 1991, pp. 72-79; 또한 VanRullen and Koch 2003을 보라). 이 신경동역학적 '지금'은 1/10등급의 기본적 사건들을 포함하는 1등급의 (가변적) 틀 혹은 창에 상응하는 압축 불가능한 폭 혹은 두께를 갖고 있다. 그러므로 이 지금은 정확히 칼끝 현재가 아니라 앞쪽 끝과 뒤쪽 끝, 뱃머리와 뱃꼬리를 갖고 있는 지속구역이다. 바렐라에 따르면, 이 신경동역학적 '지금'은 현재적인 인지적 순간을 위한 신경적 기반이다. 달리 말해서, 경험의 시간적 구조, 구체적으로 말해 뒤쪽을 바라보고 앞쪽을 바라보는 '지금'은 뇌가 동역학적으로 그 자체의 활동을 분석하는 방식에 의존한다. 따라서 가설3의 엄밀한 상관물*strict correlates*이란 용어는 이 가설이 상관관계적인 것이 아니라 인과관계적인 것으로 이해되기 때문에 오해의 소지가 있다. 목표는 경험의 시간적 구조가 생물학적 과정의 동역학적 구조에 의해 야기되고, 또 이 구조 속에서 실현되는 방식을 설명하는 것이다.

바렐라와 그의 동료들의 실험적 연구는 이 생각을 예증하기 위해 사용될 수 있다(Rodriguez et al. 1999). 이 연구는 한순간의 의식의 전형적 예로 얼굴(이른바 무니 인물Mooney figures)과 같은 고대비의 흑백 패턴들에 대한 시각적 인식을 사용했다. 이 연구는 유의미한 복잡한 모양들에 대한 의식적 지각은 뇌전도EEG(electroencephalogram)에 의해 두피 수준에서 기록되는, 거리가 먼 뇌 부위들의 동기적 활동들이 수반된다는 것을 보여주었다(전면 삽화 VI를 보라). 피험자들에게 무니 인물을 똑바로 또 거꾸로 보여주었는데, 똑바로 제시되었을 때는 얼굴로 쉽게 지각했지만, 거꾸로 제시되었을 때는 무의미한 흑백 모양으로 보통 지각되었다. 피험자들은 첫눈에 얼굴을 지각했는지 여부를 가능한 한 신속하게 결정해야 했고, 그런 다음 두 버튼 중 한 버튼을 선택해서 눌러서 이에 따라 보고하도록 요청을 받았다.

감마 주파수 대(30-45헤르츠)의 여러 쌍의 전극들 간의 위상동기성 패턴이 직접 측정되었을 때, 이 패턴은 '지각' 조건과 '지각 없음' 조건 사이에 뚜렷한 양적 차이와 질적 차이가 있음을 보여주었다. 2/10초와 3/10초 사이에, 의미심장한 동기화의 첫 번째 시기가 지각 조건에서는 관찰되었지만, 지각 없음 조건에서는 관찰되지 않았다. 이 동기성은 왼쪽 두정후두와 전두측두 부위를 포함했다. 이 위상동기성 패턴이 (상당히 떨어져 있는 두피 부위들에 걸쳐 있는 여러 쌍의 전극들 사이의) 먼 거리에 미치고, 지속의 1등급(자극 제시 후 대략 1/4초)에서 전개되고, 지각적 인식의(얼굴 '지금'을 보는) 순간과 일치한다는 점에 주목하라. 이 동기화는 대략 1/2초에 정점에 이른 동기화 혹은 위상분산의 시기가 뒤따랐으며, 두정과 후두측두 부위의 양쪽 면에서 관찰되었다. 이 발견은 능동적 결합해제 혹은 탈동기화가 한 동기적 신경집단에서 다른 한 동기적 신경집단(그리고 인지적 순간)으로 옮겨가는 이행을 위해 필요할 수도 있다는 점을 시사한다.

마지막으로, 동기성 증가의 두 번째 시기가 약 7/10초에 나타났다. 이 최종 시기는 피험자가 단추를 누르는 일과 일치했고, 두 조건에서 운동반응과 관련되는 것 같다. 이 두 번째 시기는 지각 조건과 지각 없음 조건의 위상동기성 패턴들 간의 어떤 유사성이 주목된 유일한 기간이다. 비록 상관관계적인 것이지 인과적인 것은 아니라 하더라도, 이 연구는 먼 거리에 미치는 위상동기화와 탈동기화가 인지를 응집적이고 순간적인 작용들로 시간적으로 분석하는 일을 촉진할 수도 있다는 점을 시사하는 증거를 제공한다.[7]

이 접근법의 결정적으로 중요한 특징은 인지적 시간이 외적이든 내적이든 일정하게 똑딱거리는 시계에 기초하는 것이 아니라, 내생적이고 자기조직화하는 신경동역학에서 생겨난다는 점이다. 바렐라에 따르면, 이 동역학은 파지-예지적 구조를 지니는 것으로 기술될 수 있다. 매 창발하는 집단은 선행하는 것의 흔적을 담으면서 바로 이전 집단의 분기로서 생겨나고, 어떤 앞으로 향하는 궤적을 따라 유인된다. 한 수준에서, 매 집단은 생겨나고 안정화되고 가라앉고, 이렇게 해서 다음 집단에게 길을 내주는 개별적 패턴으로 간주될 수 있다. 다른 한 수준에서, 다양한 내재적으로 불안정한 (일시적 신경집단들에 해당하는) 끌개 영역들 사이를 이 영역들 중의 어느 하나에도 정착하지 않고 방랑하는 한 순회하는 궤적이 존재하는데, 이는 카오스적 순회라고 알려진 한 유형의 행동을 보여준다(Tsuda 2001). 바렐라의 제안은 시간의식의 3중 구조는 이 동역학적 체계 이론의 개념들을 사용해서 재기술될 수 있고, 그 결과 나오는 동역학적 기술은 뇌의 생물학적 특질들에 토대를 둘 수 있다. 이와 같이 그는 시간의식의 구조에 대한 현상학적 설명을 '자연화naturalize'하자고 제안한다.

이 자연화된 설명의 열쇠는 집합적 자기조직화를 통해 일어나는 창발의 원리이다. 우리가 보았듯이, 자기조직화를 통해 일어나는 창발은 두 측면을 갖고 있다. 전역적인 것에 미치는 국소적인 것의 결정(미시적 수준의 상호작용들을 통해서 거시적 수준의 패턴들을 형성하는 것)과 국소적인 것에 미치는 전역적인 것의 결정(거시적 수준의 패턴들에 의해서 미시적 수준의 상호작용들을 제약하는 것)이다. 지금의 경우 미시적 수준은 뉴런들의 고유한 세포적 속성들 덕분에, (1/10등급에서) 결합된 비선형적 진동자들로 행동하는 이 뉴런들의 배열에 해당한다(Le Van Quyen, Schuster, and Varela 1996). (1등급에서) 이 진동자들은 상대적 위상의 집합적 변수에 의해 기술되는 동기성 혹은 위상결속에 들어간다. 이 집합적 혹은 대규모적 위상동기성 패턴은 개별적 인지작용의 기저를 이루는 대규모 통합의 전역적 지시자이다.

이 창발적 작용 혹은 행동은 기본적 성분들에 기초해서 생겨나지만, 이 성분들은 이것들이 참여하는 전역적 패턴 때문에 작용하는 대로 작용하는 것이다. 이런 종류의 신경인지적 자기조직화는 추상적 계산이 아니라, 초기조건들(행위자가 방금 한 것 또 하고자 하는 것), 그리고 다양한 외생적 매개변수와 내생적 매개변수(환경조건들, 주의조절, 동기부여 등)에 구속되는 신체화된 행동이다. 따라서 신경집단들과 대규모 통합은 특정한 신체적이고 환경적인 맥락들 속에 항상 감입돼 있고 또 이 맥락들에 의해 조절된다(Thompson and Varela 2001). 갤러거와 바렐라는 이 접근법을 다음과 같이 요약하고 있다.

> 결합된 진동자들의 한 집단이 일시적 동기성을 획득하고, 또 이 집단이 어떤 시간적 창 내에서 일어난다는 사실은 살아 있는 현재의 명백한 토대이다. 동역학적 모형과 데이터는 이 동기화가 동역학적으로 불안정하고 따라서 끊임없이 또 잇달아서 새로운 집단들을 생겨나게 한다(이 변형들은 체계의 궤적들을 정의한다)는 점을 보여준다. 매 창발은 *초기조건들*과 경계조건들에 규정되는 이전의 창발들에서 분기한다. 따라서 선행하는 창발은 동역학적 궤적의 흔적(현상학적 수준에서의 파지*retention*)으로서 후속하는 창발에 여전히 현존한다. 질서매개변수들(초기조건들과 경계조건들)이 여기서 중요하다. 이 변수들은 행위, 행동, 인지작용의 신체화와 경험적 맥락에 의해 정의된다. 경계조건들은 전역적 수준에서 행위를 형성하고, 수행되는 과제의 맥락적 환경을 포함하는 것은 물론이고 행위가 일어나는 이 맥락적 환경에서 생겨나는 독자적 조절(즉, 동기부여 속의 새로운 자극들 혹은 내생적 변화들)을 포함한다. (Gallagher and Varela 2003, p. 123; 또한 Varela 1999, p. 283을 보라)

지금까지 우리는 1등급에서의 신경적 응집물(위상동기성)이 현재의 인지적 순간의 신경생물학적 상관물로 추정된다는 것을, 또 신경적 응집물의 동역학적 궤적—매 응집물의 일시적 패턴이 이 이전 응집물의 흔적을 담고 있고 어떤 궤적을 따라 유인되는 방식—이 파지-예지의 신경생물학적 상관물로 추정된다는 것을 보아 왔다. 자기구성하는 절대적 흐름 혹은 시간의식의 서 있으면서-흐르는 구조는 어떠한가? 이 구조는 동역학적으로 어떻게 기술되고 생물학적으로 어떻게 실현된다고 추정되는가?

절대적 흐름은 경험의 불변적 구조이지 경험의 변하는 내용이 아니라는 점을 상기하자. 이 점은 동역학적 용어로 볼 때 절대적 흐름은 특정한 끌개 영역(동기성 패턴) 혹은 위상공간의 궤적에 상응할 수 없다는 것을 시사한다. 오히려 절대적 흐름은 위상공간 전체의 기하학에 의해서 기술될 필요가 있는, 동역학의 불변적이고 일반적 특질에 상응하지 않으면 안 된다.

바렐라의 제안에 의하면, 이 일반적 특질은 체계의 동역학의 자기조직화하는 본성, 특히 체계의 동역학의 내재적 불안정성 혹은 준準안정성이다. 이 견해에는 두 가지 중요한 측면이 있다. 첫째, 절대적 흐름은 특정한 궤적에 의해서가 아니라 모든 궤적들(모든 가능한 행동들)의 집합에 의해서 — 다른 말로 하면, 동역학적 체계 이론에서 체계 '흐름'으로 알려져 있는 것의 수준에서 — 기술되어야 한다. 둘째, 뇌의 경우 이 흐름을 형성하는 동역학은 자기발생적이고 준안정적이다. 준안정성은 한 궤적이 지나가는 표면 혹은 다양체가 불안정하고, 그래서 이 궤적은 어느 한 영역에 결코 정착하는 일 없이 한 불안정한 영역에서 다른 한 불안정한 영역으로 끊임없이 이동한다는 것을 의미한다. 준안정적 체계에서 잡음과 동역학적 불안정성은 체계에 고유하고, 그래서 체계는 어떠한 외적 지시 없이 한 행동에서 다른 한 행동으로 자율적으로 전환할 수 있다.[8] 한편으로, 체계는 끊임없이 자기운동하고 정착하거나 한 자리에 그대로 있지 않고 한 국소적 불안정성에서 다른 한 국소적 불안정성으로 이행한다. 다른 한편으로, 모든 궤적에 현출하는 자기운동은 일반적으로 동일한 것이다. 따라서 동역학에는 일종의 서 있으면서-흐르는 성격이 존재한다. 자기운동은 체계의 본성이고, 일반적으로 모든 궤적에 동일한 것이지만(서 있는 성격), 이 자기운동은 오직 개별적이고 불안정한 궤적들에서만 존재하거나 현출한다(흐르는 성격).

이제까지 나는 신경현상학을, 동역학적 체계 이론의 언어로 시간의식의 구조를 재기술함으로써 또 이 기술을 뇌에서 진행되는 생물학적 과정들에다 사상寫像함으로써 시간의식에 대한 현상학적 설명을 자연화하고자 하는 이론적인 제안으로 제시해 왔다. 하지만 신경현상학은 오직 이론적 제안으로만 의도되어 있는 것이 아니다. 또한 인지적 신경과학과 정동적 신경과학에서 행하는 의식의 실험적 탐색을 위한 실증적 연구 프로그램으로도 의도되어 있다(Lutz and Thompson 2003; Varela 1996). 다음 절에서 나는 실험신경현상학에 대해 논하겠다. 그런 다음 이 장의 남은 부분에서 전반적인 신경현상학적 기획에 관한 몇몇 개념적 쟁점들에 대해 논하겠다.

실험신경현상학

순간순간의 경험을 뇌 활동의 복잡성에 관계짓기 위해 주관적 경험에 대한 상세하고 정밀한 1인칭 기술이 필요하다는 인식이 인지적 신경과학과 정동적 신경과학에서 점점 늘어나고 있다(Jack and Roepstorff 2002).[9] 실험신경현상학은 의식과 관련된 생리학적 과정들을 밝히기 위한 발견적 전략으로서 현상학적으로 훈련된 피험자들로부터 경험의 기술적 1인칭 보고들을 수집하는 일의 중요성을 역설하고 있다. 그러한 1인칭 기술적 보고들은 '1인칭 데이터'라고 불릴 수 있는데, 왜냐하면 이 보고들은 개별적 피험자들이 1인칭 관점에서 그들의 경험들에 관해 행한 관찰들을 기록하고 있기 때문이다.[10] 이와 달리 생물행동적인 데이터는 '3인칭 데이터'인데, 왜냐하면 이 데이터는 과학자들이 3인칭 관점에서 생물행동적인 현상들에 대한 관찰들을 기록하고 있기 때문이다. 신경현상학적 접근법은 경험에 대한 주의 깊은 현상학적 탐구를 통해서 상세한 1인칭 데이터를 획득하는 것이고, 또 의식에 매우 중요한 생리학적 과정들에 관한 새로운 3인칭 데이터를 밝혀내기 위해 이 본래의 1인칭 데이터를 사용하는 것이다. 따라서 실험신경현상학의 한 가지 핵심적 목표는 주의 깊은 현상학적 형태의 탐구를 의식에 관한 신경과학적 탐구의 실험적 프로토콜에 포함시킴으로써 새로운 데이터를 생성시키는 것이다.[11]

이러한 목적으로 실험신경현상학은 본래적이고 정련된 1인칭 데이터를 획득하기 위해 1인칭 현상학적 방법들을 사용한다. 개인들은 그들 자신의 경험을 관찰하는 사람으로서 또 보고하는 사람으로서 능력이 다르고, 이 능력은 다양한 현상학적 방법들을 통해서 고양될 수 있다. 1인칭 방법들은 개인들이 다양한 시간등급에서 감수성을 증가시키기 위해 사용할 수 있는, 훈련을 받은 실행들이다(Depraz, Varela, and Vermersch 2000, 2003; Varela and Shear 1999a, 1999b). 이 실행들은 주의, 마음챙김mindfulness, 정서의 자기규제에 대한 체계적 훈련을 포함한다. 그런 방법들은 현상학(Moustakas 1994), 심리학(Petitmengin-Peugeot 1999, Price and Barrell 1980; Gendlin 1981; Stern 2004), 심리치료(Epstein 1995; Gendlin 1981; Stern 2004), 마음수련의 명상적 전통들(Wallace 1998, 1999)에 존재한다. 몇몇 방법들은 임상프로그램과 건강프로그램에 일상적으로 사용되고 있고(Kabat-Zinn 1990), 이 실행들 몇몇의 생리학적 상관물과 결과가 탐구되어 왔다(Austin 1998; Lutz, Dunne, and Davidson 2007).

이 실행들과 신경현상학의 관련성은 그들이 체계적으로 연마하는, 경험에 지속적으로 주의를 기울일 수 있는 능력에서 유래한다. 이 능력은 일반적으로 접근될 수 없거나 혹은 여러 편견들을 따르는 사실을 좇아 재구축되는, 경험의 암묵적이고 전반성적 측면들을 주관적으로 접근할 수 있게 되는 것을 가능하게 만들고, 또 이를 더 정확한 방식으로 기술할 수 있게 되는 것을 가능하게 만든다. 1인칭 방법들을 사용하면서, 개인들은 (순간적인 정동적 상태 및 주의의 성질과 같은) 그들 경험의 측면들에 접근할 수도 있다. 그렇지 않으면, 이런 경험의 측면들은 계속 알아차려지지 못하는 상태로 남아 있게 되고, 따라서 언어적 보고와 기술에 이용할 수 없게 될 것이다. 그러나 실험자는 이 방법들에 의해 산출되는 현상학적 설명들을 사용하면서, 종종 잡음으로 취급되는, 신경영상neuroimaging 실험에서 기록되는 뇌 반응의 가변성과 같은 생리학적 과정들에 접근할 수도 있다. 그렇지 않으면, 이런 생리학적 과정들은 계속 불투명한 상태로 남아 있게 될 것이다. 따라서 실험적 맥락에서 1인칭 방법들을 사용하는 한 가지 근본이유는 의식의 과학을 위해 (1인칭적이자 3인칭적인) 새로운 데이터를 생성시키는 것이다.

실험신경현상학의 작업가설은 1인칭 방법들을 사용함으로써 산출되는,

현상학적으로 정밀한 1인칭 데이터가 의식과 관련 있는 생리학적 과정들의 분석과 해석을 강력하게 제약하는 것이다. 게다가 이 방식으로 산출되는 3인칭 데이터는 결국 1인칭 데이터를 제약할지도 모르고, 그래서 두 데이터 간의 관계는 동역학적이고, '상호적이고', '호혜적인 제약들'의 하나가 될 것이다(Varela 1996; Lutz 2002). 호혜적 제약들은 (1) 피험자는 그의 경험의 특수한 현상적 특질들을 생성시키고 기술하는 데 관여하고, (2) 신경과학자는 생리학적 데이터를 분석하고 해석할 때 이 1인칭 데이터에 의해 인도되며, (3) (현상학적으로 강화된) 신경과학적 분석들은 피험자가 그의 심적 삶에 이전에는 접근할 수 없었던 측면들을 알아차리게 되는 일을 촉진시킬 수 있음은 물론이고 현상학적 설명들에 대한 수정과 개선을 유발할 수도 있을 것이다.[12]

그런 호혜적 제약들을 설립하기 위해, 의식의 신경생리학적 기반을 위한 적절한 후보와, 이를 정의할 수 있는 적절한 이론적 체재가 필요하다. 실험신경현상학은, 의식의 신경생리학적 기반을 위한 가장 유망한 현재의 후보는 다수의 뇌 부위들과 영역들을 순간적으로 연결하는 동역학적 대규모 신경 집단들의 유연한 저장목록이라는 (앞의 절에서 논의된 바 있는) 이론적 제안에 의해 인도된다. 이 이론적 제안은, 비록 특정한 모형들이 세부사항의 면에서 다르기는 하지만, 많은 신경과학자들이 공유하고 있다(재검토하려면 Cosmelli, Lachaux, and Thompson 2007을 보라). 이 접근법에 따르면, 동역학 체계 이론의 체재가 의식과 관련 있는 신경생리학적 과정들을 정의하는 데 필수적이다.

요약하면, 실험신경현상학은 다음과 같은 3중의 공동작용에 기초한다(도표 11.2와 비교하라).

1. (NPh1) 경험을 특정한 1인칭 방법으로 주의 깊게 관찰한 데에서 오는 1인칭 데이터
2. (NPh2) 동역학적 체계의 형식적 모형과 분석적 도구들

3. (NPh3) 뇌의 대규모 통합과정들의 측정에서 얻은 신경생리학적 데이터

이제 나는 의식 및 이 접근법에 기초하는 대규모 피질 동역학에 관한 두 가지 실험적 연구를 재검토하는 데로 넘어가겠다. 각 연구는 시지각의 시간적 동역학에 관한 것이었다. 첫 번째 연구에서, 개별적 피험자들은 그들의 경험에 대해 시행마다 상세한 설명을 했고, 이 기술들은 본원적이고 안정적인 경험적 범주들 혹은 각 개별적 피험자를 위한 현상적 불변자들을 정의하기 위해 사용되었다. 그런 다음 이 현상적 불변자들은 신경동역학적 활동을 탐지하고 해석하기 위해 사용되었다(Lutz et al. 2002). 두 번째 연구에서, 모든 피험자들을 위한 경험의 엄밀한 구조적 불변자가 정의되었고, 그런 다음 이에 상응하는 피질 동역학의 구조적 불변자를 드러내기 위해 자기발견적 방법으로 사용되었다(Cosmelli et al. 2004). 두 연구 모두 신경현상학의 방법과 가설에 의해 명시적으로 동기부여되었다.

지각 및 진행 중인 주관적 마음활동

깨어 있고 주의 깊은 인간 피험자가 실험 동안 자극을 받을 때 그의 뇌는 아무 일도 안 하고 있거나 혹은 정지 상태에 있는 것이 아니라, 인지적 활동에 종사하고 있다. 뇌가 반응하는 방식은 뇌의 진행 중인 활동과 구심성 자극 간의 상호작용에서 유래한다. 그렇지만 이 진행 중인 활동이 주의 깊게 연구되어 오지 않았기 때문에 대부분의 뇌 반응이 이해되지 않고 있다. 동일한 자극에 연속적으로 노출되면 고도로 가변적인 반응들이 나오는데, 이 가변성은 보통 이해할 수 없는 잡음으로 취급된다. (또 시행들과/또는 피험자들을 평균 내는 기법에 의해 폐기될 수도 있다.) 이 가변성의 근원은 주로 피험자의 주의상태의 변동, 자발적 사고과정, 과제를 수행하는 전략, 동기부여 등에 있다고 생각된다. 이 몇몇 주관적 요인들을 위해 적어도 간접적으로 제어하는 일이 흔히 있긴 하지만, 진행 중인 주관적 마음활동은 보통 체계적으로 분석되고 있지 않다.

한 가지 전략은 이 진행 중인 활동의 주관적 성격에 관한 1인칭 보고들을 획득함으로써 이 활동을 보다 상세하게 기술하는 것이리라. 이 보고들은 시행들을 거쳐서든 여러 개인들을 거쳐서든 피험자 경험의 미묘한 변화들을 드러내야 한다. 이런 유형의 질적 1인칭 데이터는 보통 뇌영상 연구에서 생략되는데, 그렇지만 만약 그런 데이터를 모을 때 방법적인 예방책이 취해진다면 이 데이터는 신경활동의 양적 척도와 함께 공동 분석을 통해 인지를 밝혀내는 데 사용될 수 있다. 이 접근법을 따르면서 한 현상학적 시험 연구에서 루츠와 그의 동료들(2002)은 시지각의 한 제한된 측면에 대한 주관적 경험의 변이들—2D 무작위 점 이미지와 양안시차가 지각적으로 융합하는 동안 환영적 3D 도형이 출현하는 것—을 탐구했다.

과제는 피험자들이 깊이 단서를 담고 있지 않은 점 패턴에 7초 동안 고정시키는 일로 시작되었다(도표 11.3을 보라). 이 '준비시기'의 끝에 패턴이 양안시차가 있는 약간 다른 패턴으로 변화되었다. 그런 다음 피험자들은 3D 모양이 완전하게 출현하자마자 버튼을 눌러야 했다. 시행 내내 뇌전도 EEG의 신호들이 기록되었고, 버튼을 누르고 나서 바로 피험자들은 그들 경험에 관해 간략한 언어적 보고를 했다. 이 보고에서 그들은 이전의 훈련 회기 동안 그들 자신이 발견해서 확정한 현상적 범주들 혹은 현상적 불변자들을 사용해서 그들의 경험을 분류했다. 따라서 기록 회기는 1인칭 데이터(현상학적 보고들)와 3인칭 데이터(신경활동의 전기생리학적 기록들과 버튼 누르기 반응시간의 행동적 측정치들)의 동시적 수집을 포함했다.

훈련 회기에 피험자들은 지각적 구별을 향상시키고, 과제에 반복적으로 노출되는 동안 주관적 경험의 변이들을 주의 깊게 탐색할 수 있기 위해 과제를 수행하는 일을 집중적으로 연습했다. 피험자들은 과제 동안 그들 자신의 목전의 마음과정들에 주의를 기울이도록 또 3D 이미지의 출현의 질감에 주의를 기울이도록 지시를 받았다. 현상학적 용어로 말하면, 목표는

프로토콜

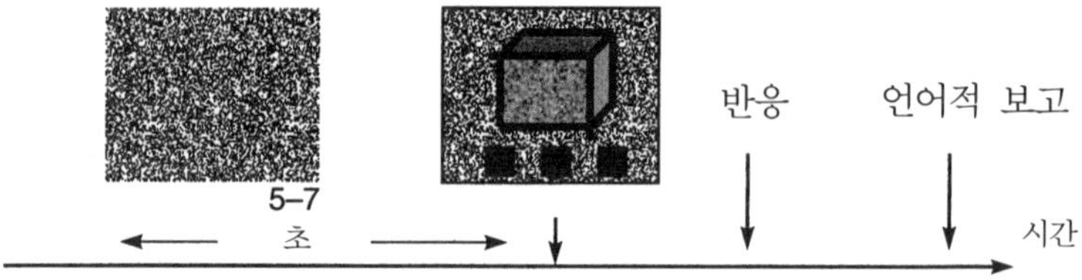

도표 11.3.

진행 중인 의식적 지각에 대한 신경현상학적인 시험적 연구를 위한 시각적 과제. Antoine Lutz, Jean Philippe Lachaux, Jacques Martinerie, and Francisco J. Varela, "Guiding the Study of Brain Dynamics by Using First-Person Data," *Proceeding of the National Academy of Sciences USA* 99(copyright 2001, National Academy of Sciences, U.S.A.), 1587, fig. 1. 앙투안 루츠, 장 필립 라쇼, 자크 마티네리, 프란시스코 J. 바렐라의 허락을 받아 전재.

경험의 '무엇' 또는 대상-극(이 경우 3D 이미지)에 대한 알아차림뿐만 아니라 이와 상관관계에 있는 경험의 '어떻게' 혹은 작용-극(이 경우 지각적 융합의 수행과 이 수행의 주관적 성격)에 대한 알아차림을 유도하는 것이었다.

이 시험적 연구에서 이 현상학적 태도는 이 태도에 친숙해 있는 피험자들 스스로에 의해 유도되었거나 혹은 개방형 물음open questions[6]의 방법을 통해 실험자에 의해 촉진되었다(Petitmengin, 인쇄 중; Petitmengin-Peugeot 1999). 예를 들면 이렇다. 실험자: "이미지가 나타나기 전과 후에 당신은 무엇을 느꼈습니까?" 피험자: "기대감이 늘어가고 있었지만 특정한 대상에 대한 것은 아니었습니다. 그러나 도형이 나타났을 때 확정되었다는 느낌이

6) 회답자가 자유롭게 의견을 내도록 하는 물음.

있었고 전혀 놀라지 않았습니다." 혹은, "내 주의의 주변부에서 이미지가 나타난 것처럼 보였지만, 그러더니 돌연 내 주의는 그 모양에 의해 삼켜졌습니다."

피험자들은 자극들에 반복적으로 노출되었고, 시행마다 그들은 언어적 설명들을 통해 그들의 경험을 기술했으며 이는 테이프에 기록되었다. 실험자들과 대화를 나눌 때 그들은 그들이 3D 모양을 지각한 주관적 맥락의 주요 요소들을 기술하기 위해 그들 자신의 안정된 경험적 범주들 혹은 현상적 불변자들을 정의했다. 총 네 명의 피험자들에게서 받은 기술적인 언어적 보고는 피험자가 느끼는 준비 정도와 지각의 성질의 공통요인을 따라 분류되었다. 이 요인은 시행들을 세 주요 범주, 즉 늘 있는 준비태세, 흩어져 있는 준비태세, 없는 준비태세로 나누어 묶는 데 사용되었다. (예를 들어 시지각의 전개를 기술하는) 하위범주들이 또한 개별적 피험자들에게서 발견되었지만, 이 시험적 연구에서는 탐구되지 않았다.

- 늘 있는 준비태세*Steady Readiness.* 대부분의 시행에서 피험자들은 이미지가 스크린에 나타났을 때 '준비가 되어' 있었고, '현재에' 있었고, '여기에' 있었고, '잘 준비되어' 있었다고 보고했고, '곧바로' 또 '단호히' 대답했다고 보고했다. 지각은 보통 '연속되었다'거나 '확정되었다'거나 '만족스럽다'는 느낌으로 경험되었다. 이 시행들은 SR 그룹으로 분류되었는데, 이는 피험자들이 '늘 있는 준비태세'의 상태에 있다는 특징을 지닌다.
- 흩어져 있는 준비태세*Fragmented Readiness.* 다른 시행에서 피험자들은 준비하기 위해서 의지적인 노력을 기울였지만, ('순간적 피로' 때문에) 덜 '예리하게' 또는 (약간의 '산란들', '마음속 말들', '산만한 생각들' 때문에) 덜 '집중한 상태에서' 준비되었다고 보고했다. 3D 이미지의 출현은 약간 놀랍다거나 연속되지 않는다는 느낌으로 경험되었다. 이 시행은 '흩어져 있는 준비태세'의 상태에 해당하는 두 번째 그룹을

형성했다.

- 없는 준비태세*Unreadiness*(자동적 없는 준비태세, 스스로 유도한 없는 준비태세). 남은 시행에서 피험자들은 준비되어 있지 않다고 보고했고, 오로지 그들의 눈이 올바르게 위치했기 때문에 3D 이미지를 보았다고 보고했다. 그들은 이 이미지에 놀랐고, 생각(기억, 예상, 상상)의 한가운데에 이 이미지가 '끼어들었다'고 보고했다. 이 산란 상태가 피험자 S1, S4에게 자동적으로 일어난 데 반해, S2와 S3은 계획들을 상상하거나 생각함으로써(S3) 혹은 심적 이미지를 시각함으로써(S2) 이 산란 상태를 더 조장했다. 수동적 산란과 능동적 산란을 구분하기 위해 이 시행들은 두 서로 다른 그룹, 즉 S1과 S4 경우의 자동적 없는 준비태세와 S2와 S3 경우의 스스로 유도한 없는 준비태세로 나누어졌다.

훈련 회기에서 발견되는 이 현상적 불변자들은 기록 회기의 개별적 시행들을 이에 상응하는 '현상학적 그룹들'로 나누는 데 사용되었다. EEG 신호들은 전극들 간의 국소적이거나 장거리인 위상동기성의 순간적 패턴들을 결정하기 위해 분석되었고, 이 신호들에 대한 서로 다른 동역학적 분석들이 각 그룹에 대해 실시되었다. 따라서 현상학적 그룹들은 신경활동을 탐지하고 해석하기 위해 발견적 방법으로 사용되었다. 가설은 서로 다른 현상학적 그룹들은 (준비상태를 반영하는) 자극 이전에 서로 다른 '동역학적 신경신호들'의 특징을 지니리라는 것이었고, 그때 이 신호들은 자극에 대한 신경적 반응들과 행동적 반응들을 차등적으로 조건지으리라는 것이었다. 이 가설을 시험하기 위해 행동적 데이터와 EEG 데이터가 각 그룹마다 따로 분석되었다.

전반적 결과는 신경활동의 본원적인 동역학적 범주들이 탐지되었고, 그래서 (이 범주들 고유의 가변성으로 인한) 뇌 반응의 불투명성이 감소되었다. 예를 들어 우리는 피험자들 중의 한 사람의 경우 늘 있는 준비태세와 자동적 없는 준비태세 이 두 그룹 간의 대조를 생각해볼 수 있다(전면삽화

VII을 보라). 첫 번째 그룹의 경우(A), 피험자는 자극이 일어났을 때 연속된다는 느낌을 갖고서 또 그 자신과 지각물이 융합된다는 느낌을 갖고서 자극 제시에 준비가 돼 있다고 보고했다. 두 번째 그룹의 경우(B), 피험자는 준비가 돼 있지 않고, 산란하며, 자극이 제시되었을 때 마음 상태들의 흐름이 연속되지 않는다는 강한 느낌을 지니고 있다고 보고했다. 그는 그 자신과 지각물이 차별화돼 있다는 분명한 느낌을 기술했다. 이 주관적 경험의 서로 다른 특질들은 서로 다른 동역학적 신경신호들(국소적이거나 장거리인 위상동기성과 주파수 진폭의 순간적 패턴들)과 상호관계를 맺고 있었다.

늘 있는 준비시기 동안, 연속된다는 피험자의 느낌과 상호관계를 맺으면서 두부 앞면의 전극들 사이에 앞면의 위상동기적 앙상블이 일찍 나타났고, 시행 내내 평균적으로 유지되었다. 이 시행 집단의 평균 반응시간은 짧았다(평균 3/10초). 감마 대(30-70헤르츠)의 에너지가 자극 제시 시간에 이르기까지의 준비시기 동안 증가했다. 감마 대로 향하는 이 에너지 이동은 모든 피험자들에게 일어났고, '준비된' 그룹에게 명확히 일어났다. 감마 대의 이 에너지는 자극 이전의 시기 동안 '준비되지 않은' 그룹의 피험자들의 경우보다 '준비된' 그룹의 피험자들의 경우에 앞쪽 부위들에서 항상 더 높았던 데 반해, 보다 느린 대의 에너지는 더 낮았다. 이 결과는 준비 전략 동안 주의의 전개는 느린 리듬의 감쇠와 함께 빠른 리듬의 증진이라는 특징을 지녔다는 점을 시사한다.

그러나 준비되지 않은 그룹에서는 어떠한 안정된 위상동기적인 앙상블도 평균적으로 자극 이전 시기 동안 식별될 수 없다. 자극이 일어났을 때 두부 앞쪽과 뒤쪽의 전극들 사이의 빈약한 동기화와 거대한 탈동기화 혹은 위상분산의 복잡한 패턴이 드러났다. 위상분산이 일정한 시간 동안 여전히 현존하는 동안에, 두부 앞쪽의 동기적 앙상블이 후속해서 서서히 나타났다. 이 그룹에서 반응시간은 더 길었다(평균 6/10초). 이 동기화와 위상분산의 복잡한 패턴은 준비되지 않은 상황에서의 뇌 동역학의 강력한 재조직화에 해당할 수 있는데, 이는 통일된 인지적 순간의 구성과 적합한 반응을 연기한다. 이 뇌의 불연속성은 연속되지 않는다는 주관적 느낌과 강하게 상호관계를 맺고 있었다.

모든 피험자들에게 공통되는 이 패턴들 외에도 피험자들 간에 큰 변이를 보이는 준비시기 동안에 정밀한 지형학, 주파수, 동기성 패턴들의 시간경과가 또한 발견되었다. 그러나 이 변이들은 많은 날들 동안 있었던 여러 기록회기 내내 개별적 피험자들에서 계속 안정된 상태에 있었던 서로 다른 동역학적 신경신호들을 반영하기 때문에 잡음으로 취급되어서는 안 된다(전면삽화 Ⅷ을 보라).

요약하면, 이 연구는 (1) 지각의 주관적 맥락에 관한 1인칭 데이터는 자극 전에 EEG 기록장치로 측정된 안정된 위상동기성 패턴들과 관계가 있을 수 있고, (2) 준비와 지각의 상태들은, 피험자들이 보고하는 바와 같이, 자극 후에 행동적 반응들과 신경적 반응들을 조절했으며, (3) 비록 이 정확한 형태의 동기성 패턴들이 피험자들 간에 서로 다르긴 했지만, 이 패턴들은 여러 기록회기 내내 개별적 피험자들에 있어서 안정적이었고, 그래서 피험자의 인지적 전략 또는 지각적 과제를 수행하는 적성의 일관된 표징을 구성하는 것 같다는 것을 보여주었다.

의식의 파동

우리가 이 장 앞에서 본 바와 같이, 시간의식은 서 있으면서-흐르는, 그치지 않고 계속적으로 변하는, 알아차림의 순간들의 흐름의 현상적 구조를 지니고 있다. 의식과 관련 있는 뇌 과정들을 연구하는 동안 이 현상적 시간성을 고려하는 일이 가능한가? 이 물음이 두 번째 실험적 연구에 동기를 부여했는데, 이 연구에서 양안경합兩眼競合/binocular rivalry과 뇌자기도기록 MEG(magnetoencephalography)이 의식적 지각 동안 뇌 활동의 시간적 동역학을 탐구하는 데 사용되었다(Cosmelli et al. 2004).

두 서로 다른 시각적 패턴들이 각 눈에 하나씩 동시에 제시되었을 때 이 패턴들은 불규칙한 간격으로 번갈아 뒤로 물러났다 앞으로 나왔다 하는 것으로 보인다. 양의적인 도형과 같은 다중 안정적 지각의 다른 형태에서처럼, 양안경합에서 지각은 시지각 자극이 계속 동일한 것으로 남아 있는 동안 변한다. 이런 이유로 양안경합은 특히 의식적 지각의 순간의 내용과 결합된 신경과정들을 발견하기 위한 탐사방법으로 사용되어 왔다(Blake 2001; Blake and Logothetis 2002를 보라). 그렇지만 양안경합은 또한 진행 중인 의식적 지각 동안에 피질 활동의 동역학을 평가하기 위한 이상적인 실험적 조건을 제공한다. 왜냐하면 주어진 자극에 대한 지각은 시간 속에서 자동적으로 또 예측 불가능하게 변동하기 때문이다.

이 실험에 사용된 경합하는 자극들은 얼굴 이미지와 일련의 커져 가는 서양장기판 문양의 고리들의 이미지였다. 피험자들은 두 버튼 중의 한 버튼 혹은 다른 한 버튼을 누름으로써 한 이미지 혹은 다른 한 이미지가 시각적으로 우세할 때 신호를 보내도록 지시를 받았다. 커져 가는 고리들은 초당 다섯 번(5헤르츠)의 비율로 시각적 이심률離心率/eccentricity의 0도에서 4도에 걸쳐 있었다. 고유한 주파수를 갖고 있는 이 커져 가는 고리와 같은 자극들은 동일한 주파수에서 동시적으로 유발되는 피질 반응(후방-전방 활성화의 파동)을 산출할 것이다. 따라서 5헤르츠에 걸쳐 있는 서양장기판 문양 자극의 속도는, 신경활동을 표시하고 이렇게 해서 이 패턴에 의해 특정하게 유발되는 피질 네트워크의 위치를 한정하도록, 동시에 또 계기하는 우세와 억제 시기들 내내 이루어지는 이 네트워크의 조절의 위치를 한정하도록 인도하기 위해 '주파수 꼬리표'로 사용되었다.

기록회기에 앞서서 피험자들은 이 자극들에 대한 경합 경험에 아주 많이 친숙해졌다. 그들은 실험자가 묻는 개방형 물음의 방식에 의해 유도되어, 상세한 현상학적 설명을 할 수 있었다. 이 기술들로부터 다음과 같은 경험의 구조적 불변자가 모든 피험자들에게 엄격하게 타당하다는 점이 발견되었다. 즉, 양안경합 동안 우세의 시기들이 시간을 통해서 반복되는 데 반해,

우세의 시기들 사이에 있는 이행들은 생겨나는 방식이 고도로 가변적이다. 매우 일반적이기는 하지만, 그럼에도 불구하고 이 불변자는 기저를 이루는 신경활동의 탐지와 해석에 대한 의미심장한 제약이다. 특히 우리는 양안경합에서 의식적 지각 동안의 피질 활동은 이(=의식적 지각)에 상응하는 고도로 가변적인 이행들이 있는, 반복되는 동역학적 패턴들의 구조를 나타낼 수도 있다는 가설을 세울 수 있다.

이 가설을 시험하는 일은 새로운 공구를 요구한다. 우리는 뇌 상의 발생원들의 활성화의 시간적 서열에 대해 아무런 제한을 하지 않고, 반복되는 이 뇌 상의 발생원들을 사상寫像할 수 있어야 한다. 우리는 또한 (잠재적으로 관련돼 있는 정보를 파괴할 수 있는) 평균화 없이 각 지각적 이행의 가변적 동역학을 명시적으로 고려할 수 있어야 한다. 이런 이유 때문에 (기저를 이루는 피질 상의 발생원 활동을 MEG 두피 데이터에 의거해서 추론하기 위한) 발생원의 위치를 한정하는 새로운 기법들과 (평균화 없이 반복과 가변성을 연구하기 위한) 새로운 통계학적 분석들이 개발되고 시험되었다 (David et al. 2002; David, Cosmelli, Hasboun, and Garnero 2003).

이 공구들을 사용해서, MEG 두피 데이터에 의거해서 재구축된, 기저를 이루는 피질 신호들에 입각해서 위상동기성 분석이 수행되었다. 가설은, 커져 가는 서양장기판 문양의 고리들에 대한 의식적 지각 동안 이 주파수대 내의 위상동기성이 지각적 우세에 맞추어 상승하고 하강하리라는 것이었다. 일관된 상관관계가 피질 네트워크의 동기화의 시간과정과 의식적 지각의 이행들 사이에 발견되었다. 따라서 전면적으로 유발된 피질 동기성이 의식적 지각과 상관관계를 맺고 있었다.

의식적 지각 동안 관여하는 특정한 피질 네트워크의 시공간적 동역학을 분석하기 위해, 일련의 지각적 이행들 내내 진행 중인 동기적synchronous 뇌 활동의 패턴이 선행되었다. 동기적 네트워크의 동역학적인 증강이 지각적 이행들 내내 분명했다. 매 이행 초기에는 동기적 쌍들이 거의 분명하지 않았다. 지각적 우세가 발달함에 따라, 후두 극occipital pole이 일차 시각피질

영역 및 더 많은 등 쪽 후두 영역들을 포함하는 국소적 동기화의 증가를 나타내었다. 그런 다음 장거리 공共활성화가 후두 부위들 및 주로 안쪽 전두 영역들을 포함하는 더 많은 전두 영역들 사이에 설립되었다. 후두와 전두에 분포된 네트워크의 이 패턴은 몇 초 동안 유지되었고, 주파수 꼬리표가 붙은 커져 가는 서양장기판 문양의 고리들의 최고조에 오른 지각적 우세와 일치했다. 그런 다음 억제가 시작됨에 따라 장거리 동기적 활동이 떨어져 나가서, 후두극의 공共활동적 영역들을 떠났으며, 어떤 경우에는 측두 극temporal pole에 이르기까지 아래쪽 측두 영역들을 떠났다. 최고조에 오른 억제 동안 공활동적 부위들은 거의 남아 있지 않았고, 뇌 패턴들은 이행 전의 상황으로 되돌아갔다. 따라서 이 연구는 의식적 지각의 자동적 흐름과 상관관계를 맺고 있는 피질 동기적 활성화의 진행 중인 패턴을 보여주었다.

새로운 1인칭 데이터를 생성시키기 위해 1인칭 방법들을 사용함으로써, 그리고 그런 다음 고도로 가변적인 뇌 반응들을 이해하기 위해 이 데이터를 사용함으로써, 이 두 연구는 의식의 신경과학을 위한 신경현상학의 잠재력을 예증하고 있다. 그럼에도 불구하고, 이 연구들은 현상학과 신경과학 간의 상호 제약들을 만들어내려는 신경현상학의 목표를 충분히 구현하고 있지 않다. 비록 새로운 현상학적 데이터가 뇌 활동의 새로운 패턴을 밝혀내기 위해 사용되긴 하지만, 경험의 새로운 현상적 특질들을 밝혀내기 위한 생물학적 데이터의 호혜적 사용이 전혀 존재하지 않는다. 더구나 비록 (의식의 신경상관물들에 대한 이제까지의 대부분의 연구들과는 달리) 시간적으로 연장되고 동역학적인, 진행 중인 의식적 상태의 신경상관물을 제공하긴 하지만, 그럼에도 불구하고 이 연구들은 아직도 상관관계적인 것으로 남아 있다. 그러므로 이 연구들은 경험적experiential 속성과 생물학적 속성 간의 (상관관계를 넘어선) 관계의 본성을 밝혀내는 데 아무런 빛을 던지지 못하고 있다.

이 장 나머지 부분에서 나는 신경현상학에 관한 몇 개념적 쟁점들을 다루겠다. 나는 우리가 의식의 신경상관물들을 발견하려는 현재의 과학적 목표와 관련해서 신경현상학에 관해 생각해야 하는 방식으로 시작하겠다 (Metzinger 2000; Rees, Kreiman, and Koch 2002).

신경현상학 및 의식의 신경상관물들

「의식의 신경상관물은 무엇인가What Is a Neural Correlate of Consciousness」란 논문에서 데이비드 차머스(2000)는 두 유형의, 의식의 신경상관물neural correlates of consciousness 곧 NCC를 구분한다. 깨어 있음, 꿈을 꿈 등과 같은 의식의 배경상태의 신경상관물(배경 NCC), 그리고 의식의 특정한 내용의 신경상관물(내용 NCC)이다. 그는 내용 NCC를 다음과 같이 정의한다.

> (내용을 위한) NCC는 최소한도의 신경적 표상체계 N인데, 그래서 N에서의 내용의 표상은, 조건 C 하에서, 의식의 그 내용의 표상을 위해 충분하다. (Chalmers 2000, p. 31)

이 정의가 보여주는 바와 같이, 내용-NCC 접근법은 의식의 내용들이 신경적 표상체계들의 내용들과 상응한다는 가정에 기초한다. 알바 노에는 (우리가 비판하는) 이 가정을 '내용상응학설matching content doctrine'이라고 부른다(Noë and Thompson 2004a, 2004b). 내용상응학설에 따르면, 모든 의식적 경험 *E*에 대해서 신경적 표상체계 *N*이 존재하는데, 그래서 (i) *N*은 그 활성화가 *E*를 위해 충분한 최소한도의 신경적 표상체계이고, (ii) *E*의 내용과 *N*의 내용 간에는 상응이 존재한다.

내용상응학설에 대해서는 의문이 제기될 수 있다. 비록 다양한 유형의 의식적 상태들의 신경상관물들이 실험적으로 발견되어 오긴 했지만, 이

상관물들이 신경체계의 내용과 의식적 상태의 내용 사이에 어떠한 예의 상응도 제공하지 않고 있다('상응한다match'란 등가를 의미하지, 내용 NCC에 대한 위의 정의에서 볼 수 있는 바와 같은, 단지 상호관계나 상호대응을 의미하지 않는다)(Noë and Thompson 2004a). 더구나 신경생리학적으로 기술된 신경체계들이 그 내용에 있어서 의식적 상태들과 상응할 수 있다는 바로 그 견해는 부적절해 보인다. 경험적 내용과 신경적 내용은 서로 다른 종류의 내용들이고, 그래서 이 둘을 혼동하는 것은 범주오류이다. 경험은 지향적이고(세계현시적이고), 전체론적이고(상호관계를 맺고 있는 지각들, 의도들, 정서들, 행위들에 의해 구성되고), 자동사적으로 자기를 알아차리는 것(비반성적인 주관적 성격을 지니는 것)이다. 표준적으로 기술되는 바의 신경적 내용은 이러한 특질들을 아무것도 갖고 있지 않다. 비록 경험들과 신경적 과정들 사이에는 다양한 종류의 체계적 관계들이 존재하긴 하지만, 이 관계들이 어떠한 내용 상응을 포함한다고 가정할 필요는 없는 것이다 (Noë and Thompson 2004a, 2004b).

이 맥락에서 우리는 시간의식의 신경현상학이 시간의식의 내용들의 신경상관물들에 관한 제안이 아니라 시간의식의 현상학적 구조의 신경적 기반에 관한 제안으로 생각된다는 점을 기억할 필요가 있다. 이 제안은 형식적 혹은 구조적인 것이지, 표상적 내용에 관한 것이 아니다. 신경현상학은 창출행위적 버전의 신체화된 동역학주의에서 유래하고, 따라서 뇌에 대한 표준적인 표상주의적 견해를 가정하지 않는다(3장을 보라).

게다가 내용-NCC 접근법과 달리 신경현상학은 최소한도로 충분한, 의식의 신경적 기질基質이 존재한다는 것을 신봉하지 않는다.[13] 의식을 위한 최소한도로 충분한 조건이 신체적 과정들을 포함한다는 것은 (8장에서 주장된 바와 같이) 가능하다. 이 가능성은 의식적 상태들의 신경적 상관물들은 이 상태들을 위해 최소한도로 충분하다는 NCC 견해와 일치하지 않는다. 그러나 이 가능성은 시간의식의 형식적 구조는 뇌 활동의 동역학적 구조에 의존한다는 신경현상학적 제안과 일치한다. 신경현상학은 대규모 통합이 시간의식을 위해 필요하지만, 최소한도로 충분한 것은 아니라고 주장한다. 바렐라의 견해에 따르면, 정서와 운동활동의 신체적 과정들은 경험의 흐름에 매우 중요하고, 지속의 1등급과 1/10등급에서의 신경적 사건들을 위한 전역적 질서매개변수로 작용한다(Varela 1999; Varela and Depraz 2005). 따라서 바렐라에 따르면, 숙련된 대처의 신체적 활동이 시간의식의 동역학적 풍경 전체를 빚는다. 나는 이 견해를 다음 장에서 논의하겠다.

내용-NCC 접근법은 썰(2000a)이 의식의 집짓기 블록 모형the building block model이라고 부르는 특별한 탐구 전략과 나란히 손을 잡고 간다. 이 모형은 집성체적이다. 즉, 이 모형은 일상적인 다중양상적 경험이 개별적인 감각적 경험들(시각적 경험들, 청각적 경험들 등등)로 분석될 수 있다는 것을 가정한다. 집짓기 블록 모형 접근법은 양안경합에서 지각적으로 우세한 자극의 시각적 경험과 같은 특정한 유형의 개별적인 감각적 경험을 위해 내용 NCC들을 분리하려고 시도한다. 궁극의 목표는 단순히 특정한 유형의 의식적 상태들의 상관물들이 아니라, 관련된 신경생리학적 메커니즘의 이론이나 모형을 포함해서 이 상태들의 인과적으로 필요하고 충분한 조건을 결정하는 것이다. 이 추정은 만약 우리가 색채의 시각적 경험이나 시각적 경험 일반과 같은 특정한 종류의 감각적 경험을 위해 내용 NCC들을 결정할 수 있다면 이 발견은 다른 종류의 의식적 경험들을 일반화할 수 있을지도 모른다는 것이다. 달리 말해서, 만약 우리가 색채 시각이나 시각 일반을 위해 무엇이 주어진 내용을 현상적으로 의식적인 내용으로 만드는가를 결정할 수 있다면, 다른 모든 감각양태를 위해 무엇이 내용을 의식적인 것으로 만드는가를 결정할 수 있을지도 모른다는 것이다.

집짓기 블록 모형 역시 비판받을 수 있다. 의식이, 구성요소이지만 다시 어떻게 해서든 함께 결합해서 의식의 통일체를 (혹은 외관상 통일체를) 구성하는 개별적인 감각적 경험들과 일치하는 다양한 집짓기 블록으로 이루어져 있다고 가정하는 것은 문제가 있다. 썰이 지적하듯이, "한 피험자가 의식적이라는 점을 고려하면, 그의 의식은 시각적 경험을 가짐으로써 변양되겠지만, 그렇다고 해서 이 의식이 시각적 경험이 그중 하나인 다양한 집짓기 블록으로 이루어져 있다는 결론은 따르지 않는다."(2000a, p. 572).

집짓기 블록 모형을 비판하면서 썰은 그가 통일된 장 모형the unified field model이라고 부르는 의식의 뇌 기반에 대한 또 다른 접근법을 선정한다. 이 모형에 따르면, 개별적인 의식적 상태들의 신경적 기질基質들은 이 상태들의 일어남을 위해 충분하다고 간주되어서는 안 되는데, 왜냐하면 이 상태들 자체는 피험자의 배경의식을 전제하기 때문이다. 어떠한 주어진 의식적 상태도 사전에 존재하는 의식적 장場의 변조이다. (얼굴의 시각적 인식과 같은) 개별적 경험 혹은 의식적 상태는 어떤 집성적인 의식적 상태의 구성요소가 아니라, 기반의식 혹은 배경의식의 장 내에서의 변양이다. "의식적 경험은 통일된 장들 내에서 일어난다. 시각적 경험을 갖기 위해서 주체는 이미 의식적이어야 하며, 경험은 장의 변양이다."(Seale 2000a, p. 572)[14] 따라서 통일된 장 접근법은 (1) 통일된 장 전체의 신경적 기반을 대규모 활동 수준에서 탐구하고, (2) 의식적 장의 동역학적 변조를 시간 속에서 특징짓는 신경생리학적 과정들을 탐구하고, (3) 기반상태들 혹은 배경상태들(잠을 잠, 꿈을 꿈, 깨어 있음 등) 전역에 걸치는 뇌 활동의 차이를 탐구한다.

실험신경현상학은 집짓기 블록 모형보다는 통일된 장 모형에 비추어볼 때 더 잘 해석된다. 양안경합을 활용하는 연구를 생각해보자. 양안경합은 내용-NCC 접근법을 위한 주요 실험적 패러다임들 중의 하나이다. NCC 문헌에서 양안경합은 보통 번갈아 가며 의식적이 되는 두 구분되는 서로 다른 상태들 간의 경쟁을 드러내 보이는 것으로 제시되고 있다. 탐구과제는 각 서로 다른 의식적 상태에 대해서 피험자가 보는 것을 표상하는 신경활동(내용 NCC)을 발견해내는 것이다(Crick 1994). 사실상 각 의식적 상태는 합성적인 경합 경험의 집짓기 블록으로 취급된다. 그러나 경합 경험에 대한 주의 깊은 현상학적 관찰은 이 경험이 집짓기 블록이란 의미에서 합성적이지 않다는 점을 시사한다. 한 이미지의 정상적(비경합적) 경험과 다른 한 이미지의 정상적(비경합적) 경험을 반복적 구성요소들로 가지는 것은 합성적 경험이 아니다(Noë and Thompson 2004a, pp. 24-25). 오히려 이것은 하나의 쌍안정적 경험으로 더 잘 기술된다. 달리 말해서, 얼굴/커져 가는 서양장기판의 고리를 보는 쌍안정적 경험은 얼굴을 보는 정상적 경험에다 커져 가는 서양장기판 문양의 고리를 보는 정상적 경험을 더하고 또 이것에다 이 두 경험이 적절한 시간적 동역학으로 번갈아 일어나는 일을 더하는 것과 동등하지 않다. 하나의 쌍안정적 지각으로서 이것은 하나의 독특한 종류의 경험이고, 따라서 이는 그 자체의 방식대로 평가되어야만 한다.

켈소Kelso(1995)는 네커 정육면체Necker cube와 같은 다중 안정적 도형들의 지각을 설명하기 위해 바로 이 접근법을 취하면서, 이 종류의 지각을 준안정상태로 기술하고 있다. 마찬가지로, 양안경합에 대한 신경현상학적 연구는 집짓기-블록 내용 접근법이 아니라 동역학적인 구조적 접근법을 취한다. 경합의 시간적 동역학은 집짓기 블록 방식으로 요소를 더해가는 것이 아니라 경험을 구성하는 것으로 간주된다. 경험의 시간적 구조에 대한 상세한 현상학적 설명들을 고려함으로써, 고도로 가변적인 이행들을 행하면서 반복되는 동역학적 패턴은 경합 경험의 구조적 불변자, 즉 두 판명하게 구분되는 안정된 지각적 경험들이 번갈아 일어나는 것으로 환원될 수 없는 패턴이라는 것이 드러난다. 이 구조적 불변자를 신경활동을 탐지하고 해석하기 위한 안내자로 사용함으로써, 신경현상학적 접근법은 피질 동기화와 탈동기화의 진행 중인 패턴이 의식적 지각의 변동과 상호 관련돼 있다는 것을 보여줄 수 있다.

깊이 지각과 진행 중인 심적 활동에 대한 신경현상학적 연구는 또한 통일된 장 모형을 위한 훌륭한 사례를 제공한다. 이 연구는 현상학적 수준과 신경현상학적 수준의 의식의 장의 동역학적 구조에 대한 탐구로 해석될 수 있다. 이 연구는 막 하려고 함readiness과 아직 하려고 하지 않음unreadiness의 주관적 경험에 의존하는 지각적 경험의 변양들의 형태로 질적 주관성의 이미 존재하는 장의 변양을 검토하고 있다(Searle 2000a, p. 563). 진행 중인 의식적 상태들의 신경동역학을 사상寫像하기 위해, 이 연구는 각각 자극 직전 1초 시기와 자극에 이르기까지의 7초 준비시기에 해당하는 가깝고 먼 기준선을 사용한다. 가까운 기준선을 사용하는 것은 자극의 도래에 바로 선행하는 동기적同期的 과정들과 자극에 의해 유발되는 과정들 사이의 대조를 높인다. 먼 기준선을 사용하는 것은 자극 이전의 활동과 자극에 의해 유발되는 반응 사이의 동기성 패턴들의 유사성을 드러낸다.

통일된 장 관점에서 보면, 이 두 기준선들은 의식적 장의 서로 다른 시간 단편들과 일치한다. 먼 기준선은 더 많은 사전에 존재하는 주관적 경험의 장을 받아들이고, 따라서 가까운 기준선을 사용할 때는 보이지 않는 동역학적 활동의 패턴들을 드러낸다. 먼 기준선은 또한 사전에 존재하는 의식적 장이 3D 이미지의 출현에 의해 변양될 뿐만 아니라 이 이미지의 출현을 차등적으로 조건짓는다는 것을 보여줄 수 있게 해준다. 현상학적 용어로 말하면, 막 하려고 함/아직 하려고 하지 않음의 주관적 맥락은 깊이 이미지의 노에마적 요인을 차등적으로 조건짓는 의식의 장의 노에시스적 요인이다.

게다가 이 연구는 의식적인 인지적 작용에 대한 관심의 시간적 간격을 재고할 필요가 있다는 점을 시사하고 있다. 깊이 지각의 상관물은 자극의 나타남과 운동 반응 사이에서 분명하게 나타난다. 그렇지만 이 순간적인 의식적 상태는 이전 상태로부터 연장되고, 그 자체의 장소를 파지와 예지에 의해 정의되는 시간지평 내에서 발견한다. 이 지평은 중립적이지 않고 (막 하려고 함/아직 하려고 하지 않음으로 여기서 최소한도로 규정된) 어떤 주관적 성격을 지닌다. 그래서 무상한 의식적 상태의 동역학을 기술하기 위해 우리는 자극에 후속하는 활동뿐만 아니라 자극에 선행하는 진행 중인 활동과 이 활동의 예지적 성격을 규정할 필요가 있다.

통일된 장 접근법에 따르면, “우리가 찾아내야 하는 것은 통일된 전체론적인 의식적 경험을 산출할 수 있는 뇌의 어떤 거대한 활동이다”(Searle 2000a, p. 574). 신경현상학의 작업가설 중의 하나는 이 거대한 활동이 위상

동기성(혹은 서로 다른 주파수들 전체에 걸치는 다른 형태들의 '일반화된 동기성'; Friston 2000a, 2000b; Schiff et al. 1996을 보라)을 통하여 대규모 통합을 수반한다는 것이다. 대규모 통합은 준안정적이고(새로운 패턴들이 끊임없이 생겨나지만 체계는 이 중 어느 하나에도 정착하지 않는다), 신속하며(1/10초 이상의 1등급에서 일어난다), 국소적 신경활동의 선택과 변조를 위해 전역적 지시 극reference pole을 정의한다(Le Van Quyen 2003).

썰의 제안은 의식의 상태들은 기반의식의 장의 변양으로 생겨난다는 것이지만, 그는 상태의식과 배경의식이라는 두 개념을 항상 명료하게 구분하는 것은 아니다. 이 구분은 개념적이고 현상학적이고 신경생리학적 이유 때문에 중요하다.

한편으로, 무상한 의식적 상태들을 규정하는 응집적인 대규모 활동이 시상피질성 네트워크들에서 일어난다고 믿을 만한 충분한 이유가 있다(Llinas et al. 1998; Tonnoni and Edelman 1998). 강력한 피질과 피질의 투사 및 피질과 시상의 투사는 넓게 분포된 뇌 영역들 사이의 진행 중인 아주 유사하고 재진입적인 상호작용들을 통해서, 급속한 시간등급(1등급) 상에 응집적인 신경적 과정을 생성시킨다.

다른 한편으로, 배경의식은 뇌간 구조들과 과정들에 결정적으로 의존한다(Parvizi and Damasio 2001). 배경의식은 신체의 동적 항상성 조절에 불가분하게 매여 있고, 신체적 자기성에 대한 일차적인 정동적 알아차림이나 근본의식core consciousness을 포함한다(Damasio 1999; Panksepp 1998b). 이 근본적 의미에서 배경의식은 정감, 살아 있음의 느낌, 모든 의식적 상태들의 정동적 배경막backdrop과 다른 것이 아니다. 정감—혹은 근원의식primal consciousness(Panksepp 1998b) 혹은 근본의식(Damasio 1999)은 감각양태에 따라 조직되는 것이 아니라 유기체의 기본적 자기느낌basic feeling of self을 이루는 규제적이고 정서적이고 정동적인 과정들을 따라 조직되는 것이 명백하다. 이런 이유로 시각과 같은 특정한 감각양태로 내용 NCC들을 찾고자 하는 것은 생물학적으로나 현상학적으로나 더 근본적인 정감의 현상—

이 현상의 정동적 성격과 자기성(비반성적 자기알아차림)이 모든 감각적 경험의 밑에 깔려 있고 또 이 경험에 스며들어 있다—을 놓칠 위험이 있다.

정감이 몸 전체의 규제적 체계들은 물론이고 중뇌와 뇌간에 의존한다는 점을 고려하면, 단일하고 통일된 의식적 장이란 의미에서 의식이 "대부분 시상피질 체계에 국소화돼 있다"고 말하는 것(Searle 2000, p. 574)은 만족스럽지 못하다. 시상피질 체계가 무상한 의식적 상태들을 위해 중요하다면, 중뇌와 간뇌 구조들은 정동적 근본의식 혹은 정감을 위해 중요하다고 할 수 있다. 따라서 사실 뇌척수간neuraxis(=중추신경체계) 전체가 가장 넓은 의미의 의식을 위해 없어서는 안 되는 매우 중요한 것이라고 생각된다(Watt 1998).

의식과 관련 있는 동역학적 신경활동에 관한 새로운 데이터를 생산하는 것 이외에도 신경현상학은 이 활동의 인과구조를 밝히는 빛을 던져줄 수 있을지도 모른다. 예를 들어 깊이지각 연구를, 국소적 사건들이 집합적으로 자기조직해서 응집적인 전역적 패턴들이 되고 이 패턴들이 다시 국소적 사건들을 제약하고 조절하는 순환적 인과성이라는 동역학적 체계 원리에 의해서 해석하는 것은 자연스러워 보인다. 따라서 선행하고 '규칙적 단계로 이루어진rolling', 지각의 체험적 맥락은 대상이 나타나는 방식 혹은 대상이 지각의 순간 체험적으로 살아지는 방식을 조절하며, 이 무상한 의식적 상태의 내용은 체험의 흐름에 호혜적으로 영향을 미친다. 신경동역학적 수준에서 뇌 반응은 아마도 내생적 뇌 활동과, 자극에 의해 유발되는 말초 구심성 활동의 결합에서 결과할 것이다. 그러므로 자극이 (1인칭 방법을 사용하는 엄격한 현상학적 보고에 의해 지시되는) 피험자에 의해 직접적으로 살아지는 방식은 국소적 구심성 활동이 현행의 대규모 신경 패턴의 맥락적 영향을 조절하고 또 이 맥락적 영향에 의해 조절되는 인과적 구조, 즉 이 국소적 활동이 대규모 패턴의 창발에 참여하거나 이 창발에서 제외되는 인과구조를 밝히는 빛을 던져주기 위해 발견적 방법으로 역할을 할 수 있을 것이다.

요약하면, 이 신경현상학적 관점에 따르면, 무상한 의식적 상태는 국소적 활동들을 형성하는 동역학적인 대규모 상태로서 신경적으로 신체화된다. 이 무상한 상태는 뇌척수간 전체를 따라 동역학적 통합에 의해 설정된, 더 포괄적인 배경의식 상태 내에 감입돼 있다(Thompson and Varela 2001). 이 다양한 수준의 대규모 상태들은 낮은 수준의 활동들에서 창발할 뿐만 아니라 이 활동들을 동원해서 특정한 궤적들을 따라가며 운송한다. 켈소의 말에 의하면, "마음 그 자체는 뇌의 준안정적인 동역학적 패턴들을 주조하는 시공간적 패턴이다"(1995, p. 288).

신경현상학과 자연주의

현상학적 철학의 관점에서 보면, 신경현상학에 관해 물어야 할 중요한 물음은 시간에 대한 이 현상학의 자연화된 설명이 어떤 종류의 자연주의를 전제하거나 요구하는가 하는 것이다. 나는 이 쟁점을 다룸으로써 이 장을 마무리 짓도록 하겠다.

출발점으로서 우리는 현상학적 심리학에 관한 후설의 1925년 강의들에서 뽑은 다음과 같은 진술을 생각해볼 수 있겠다.

> 의식의 종합은 자연적 요소들의 외적 결합과 완전히 다르다. … 공간적 상호 외부성, 공간적 상호결합과 상호침투, 공간적 총체성이 아니라 의식의 종합은 형식과 원리에 있어서 물리적인 것과 전혀 유사성을 지니지 않는 방식으로 지향적 결합, 동기부여, 의미에 의한 상호 함축을 내포하는, 의식적 삶의 본질에 관한 것이다. (1977, p. 26)

여기서 표현된 생각은 현상학이 의식을 구성하는 것으로 파악하는 형식들이나 구조들이 경험과학이 파악하는 형식들이나 구조들과 완전히 다르다는 것이다. 과학은 자연을 공간 속에 위치하고 인과적으로 상호작용하는 존재물들의 영역으로 다루지만, 현상학은 의식을 서로 간에 동기부여적으로 관계를 맺고 있는 지향적 경험들의 시간적 흐름으로 다룬다. 후설에 따르면, 의식에 고유한 종합적 통일과 유사한 것은 물리적 본성에서는 조금도 발견될 수 없다.

시간의식에 대한 신경현상학은 이 주장에 곧바로 도전한다. 우리가 보았듯이, 신경현상학에 따르면, 시간의식의 형식적 구조 혹은 현상적 시간성은 신경과정들의 동역학적 구조와 유사성을 지니고 있다. 이 유사성은 비선형적인 동역학적 형식의 기술, 후설에서는 볼 수 없는 기술에 의해 밝혀졌다(Roy et al. 1999를 보라). 이 종류의 기술을 통해서 우리는 자연에서 단지 외적으로 관계를 맺고 있는 공간적 요소들을 볼 뿐만 아니라, 환원 불가능하게 관계적이고 내재적으로 목적적인 형식들이나 구조들도 본다(3장과 4장을 보라). 이런 점에서 우리는 위 인용문에서 지지했던 것과 같은 종류의 현상학적 반자연주의는 (자가생성적 생물학이 칸트가 유기체와 자기조직화와 관련해서 본 이성의 한계들을 넘어서 왔던 방식과 다르지 않은 방식으로) 과학이 넘어서 왔다고 말할 수 있다.[15]

그렇지만 바렐라에 따르면(1997b), 신경현상학이 제안하는 자연주의는 환원주의적인 것이 아니다. 기하학적이고 위상학적인 형식들의 활동에 관계하기 때문에, 동역학적 체계 이론은 이 이론을 물리적인 것과 현상적인 것의 구분과 관련해서 중립적이게 할 뿐만 아니라 이 둘에 모두 적용 가능하게 하는 이념성을 소유하고 있다. 동역학적 기술들은 생물학적 체계들로 사상寫像될 수 있고, 이 생물학적 체계들의 속성들에서 실현되도록 제시될 수 있으며(예를 들어 위상동기성의 집합적 변수는 뉴런들의 전기생리학적 속성들에 기반을 둘 수 있다), 또 동역학적 기술들은 후설이 형상적 특질들 곧 경험의 불변적인 현상적 형식들이나 구조들이라고 부르는 것으로 사상寫像될 수 있다. 신경현상학의 자연주의가 비환원적이라고 생각되고 있는 한 가지 이유는 이 세 유형의 분석 곧 현상학적, 생물학적, 동역학적 분석이 동등하게 요구되며, 하나를 다른 하나로 환원하려 하거나 하나를 다른 하나를 위해서 제거하려 하는 어떠한 기도도 이루어지지 않는다는 점이다. 이런 이유로 바렐라(1997b)는 신경현상학을 "세 갈래로 땋은 머리triple-braided"로 기술하고 있다.

이제 우리가 직면하는 물음은 신경현상학이 형식적인 동역학적 모형을 이 둘에 적용함으로써 드러난 이형동질 혹은 현상학적 영역과 생물학적 영역 간의 일대일 대응 이상의 무엇인가를 제공하느냐 하는 것이다(Bayne 2004). 바렐라의 가설들 1-3이 형식에 있어서 이형동질적이라는 것은 부인할 수 없는 사실인데, 왜냐하면 이 가설들은 동역학적 신경활동의 구조와 시간의식의 구조 간의 일대일 대응을 제시하고 있기 때문이다. 이 점에서 신경현상학은 볼프강 쾰러의 이형동질 원리를 떠오르게 한다. 『게슈탈트 심리학 *Gestalt Psychology*』에서 쾰러는 "이형동질의 원리는 주어진 경우에 경험의 조직과, 기저를 이루는 생리학적 사실들은 동일한 구조를 지녀야 한다는 것을 요구한다"(Köhler 1947, p. 301)고 쓰고 있다. 쾰러는 이 원리가 어떠한 설명도 형식에 있어서 이형동질적이어야만 한다는 선험적인 공준이 아니라, 실증적 시험을 거치는 작업가설이라는 것을 의미한 것으로 보인다(Scheerer 1994). 이런 이유로, 또한 구조적이거나 조직적인 특질들에 관한 것이기 때문에, 쾰러의 원리는 경험의 내용이 뇌 과정들의 표상적 포맷과 이형동질적이라는 것을 가정하는 분석적 이형동질론과 동등하지 않다(10장을 보라). 바렐라는 다른 동역학 체계 이론가들(Kelso 1995)과 마찬가지로, 의식의 구조, 특히 의식의 시간적 구조와 관련이 있는 신경활동의 동역학적 패턴을 찾아가는 길을 안내할 수 있는 일종의 발견적 방법으로서 이 구조적 버전의 이형동질 사상에 의존하는 것으로 보인다. 이형동질론은 대규모 통합의 수준에서 뇌 동역학을 추적하기 위한 작업공구로 이바지하지, 설명적 원리로서 그렇게 하는 것은 아니다.

그렇지만 신경현상학은 또한 이런 종류의 구조적 이형동질론을 넘어서는 것을 목표로 한다. 이형동질론은 생물학적 설명과 현상학적 설명이 아무런 상호 작용이나 영향이 없는 평행의 트랙 위를 달리는 인식론적 평행론을 암시하고 있다. 메를로-퐁티의 선례를 따르는 신경현상학은 생물학과 현상학은 상호 밝혀주는 설명적 관계 속에 있을 수 있다는 더욱 대담한 견해를 제안한다.[16] 생물학이 현상학과 설명적 관계에 있을 수 있다는 견해는 많이들 잘 알고 있고 넓게 수용되고 있다. 이 견해는 심리과학의 기본전제이다. 그러나 현상학이 생물학과 설명적 관계에 있을 수 있다는 견해는 많은 독자들에게 이상하게 들릴 것이다. 현상학이 과연 이 영역에서 무엇을 설명할 수 있을까? 대답은 다름 아닌 바로 어떤 생물학적 과정들은 또한 이 책 도처에서 주장된 바의, 자기성과 주관성이 실현되는 방식들이라는 점이다.

분명히, 여기서 말하는 '방식how'은 인과적 의미를 갖고 있지 않다. 현상학의 과업은 자기성과 주관성이 자연세계에서 생겨나는 방식에 대한 인과적 설명을 제공하는 것이 아니다. 또 현상학은 현상적 개념들이 자연적 개념에서 논리적으로 유래한다는 것을 보여주는 일을 목표로 하지도 않는다. 오히려 현상학은 과학이 보지 못하고 넘어갔을, 자연적 현상들 특유의 현상학적인 특질들—자기성, 목적성, 규범성, 주관성, 지향성, 시간성 등—을 드러내거나 나타나게 하는, 자연적 현상들을 관찰하고 기술하는 방식을 제공한다. 달리 말해서, 현상학은 생물학적 체계들의 내적 삶을 보는 방식을 제공한다. 유기체의 자가생성적 형식이 세계와 규범적으로 관계를 맺고 있는 일종의 목적적인 자기성을 실현한다는 것, 신경활동의 동역학적 형식이 시간성의 특수한 구조를 실현한다는 것, 이 통찰들은 현상학의 자원들을 생물학적 현상들과 관계를 맺도록 할 때만 쓸모가 있게 되는 것이다. 이와 같이 현상학은 생물학적 삶과, 마음이나 의식 사이의 관계를 이해 가능하게 하는 데 도움이 된다.

따라서 우리는 신경현상학의 자연주의가 비환원적이라는 것에 대한 또 다른 이유에 다다르게 된다. 즉, 현상학의 자원들을 우리의 자연 이해와 관계를 맺도록 할 때 자연의 견해 자체가 변형된다(Roy et al. 1999, p. 54;

Zahavi 2004b). 자연을 현상적인 것을 위한 객관적 환원의 토대로 보는 물리주의적 이해방식은 더 이상 우리를 좌지우지하지 않고, 대신에 자연은 현상학적 시각에서 재검토된다. 이와 같이 우리는 물리적인 것과 현상적인 것, 객관적인 것과 주관적인 것이라는 이분법적 범주들로 인수분해될 수 없다는 의미에서 본질적으로 혼합되거나 또는 이질적인 어떤 개념들, 무엇보다 특히 살아지는 몸의 개념을 사용할 필요가 있음을 알게 된다. 신경현상학을 세 갈래로 땋은 머리로 기술할 때 바렐라가 기대하는 것은 그런 혼합 담론 —메를로-퐁티의 저작에서 이미 실현된 것—의 가능성이다. 다음 장은 정서, 유의성, 의식을 논의하면서 이런 종류의 혼합 담론을 추구하고 있다.

12장 원초적 역동주의

정서와 유의성

이 장에서 나는 이전 장에서 다루지 않고 넘어온 시간의식의 한 측면 곧 미래로 향해 있는 예지의 측면을 탐색하면서 출발하겠다. 앞으로 보게 되겠지만, 예지와 정서 사이에는 강한 유대가 존재하고, 그래서 정동은 경험과 행위의 흐름이 발생하는 데 중요한 역할을 한다.

예지

시간의식의 구조에 관해 생각할 때 예지는 단지 파지의 역 또는 반대일 뿐이고 그래서 시간성의 3중 구조는 대칭적이라고 가정하기가 쉽다. 하지만 이는 몇 가지 이유 때문에 사실일 수가 없다(Gallagher 1998, p. 68; Varela 1999, p. 296).

첫째, 예지는 지향적으로 '충족되어 있지 않은데', 이는 예지가 겨냥하는 것이 부재하거나 혹은 온전히 현존하지 않고 있다는 것을 의미한다. 예지는 '아직 아닌 것'을 노리고, 그래서 내용이 아직 규정적으로 채워져 있지 않다. 이와 대조적으로, 파지는 '충족되어' 있다. 왜냐하면 파지는 방금 거기에 있었던 것을 겨냥하고, 그렇기에 내용이 규정적이기 때문이다. 예지는 일어나고 있는 것의 아직 현실적이지 않은nonactual 곧 임박하는 위상을 지향적으로 향하고, 파지는 방금 경과한, 이전에 현실적이었던previously actual 위상을 지향적으로 향한다. 따라서 파지는 내용이 예지가 그럴 수 없는 방식으로 규정적이다. 설사 거의 확정적 방식으로 미래를 지향한다 하더라도, 예지는 열려 있고 미규정적이다. 왜냐하면 예지가 지향하는 것은 아직 일어나지 않았기 때문이다.

둘째, 따라서 예지는 경계가 있는 영역이긴 하지만 그래도 연속체는 아니다. 파지는 항상 연속체, 이전 파지들의 파지를 포함한다. 예지들은 이런 식으로 연속체를 형성할 수 없다. 왜냐하면 현재 작동하고 있는 예지에 의해 지향되는 예지들은 아직 일어나지 않았기 때문이다. 갤러거의 말에 의하면, "예지는 점차적이고 순차적으로 불명료함으로 떨어지는 것일 수가 없다. 예지는 다가오는 것에 대한 규제되지 않고, 상대적으로 미규정적이고, 시간적으로 모호한 의미임에 틀림없다"(1998, p. 68). 파지들은 과거로 연속적으로 물러나면서 지향적으로 서로를 내포하는 데 반해, 예지는 예기의 열려진 지평이다.

마지막으로, 정서는 예지에 필수적이다. 왜냐하면, 예지는 항상 동기부여, 정동적 톤, 그리고 행위경향성 혹은 행위를 위한 준비태세를 포함하기 때문이다. 내가 이 장에서 탐색하고자 하는 것은 바로 이 정서와의 유대이다.

예지는 동기부여된다는 사상으로 시작해보자. 한편으로, 파지는 예지를 동기부여한다. 혹은 더 정확히 말해 파지적 내용은 예지적 내용을 동기부여한다. 왜냐하면, 즉각적 미래에 곧 일어날 것에 대한 예기는 방금 일어난 것에 대한 파지에 기초하기 때문이다. 예를 들어, 한 떼의 새들이 하늘을 날아가는 것을 보는 내 현재의 경험은 이 새들이 방금 있었던 곳에 대한 나의 연속적 파지에 기초해서 그들이 날아갈 어떤 방향을 연속적으로 예지한다. 다른 한편으로, 예지들은 파지들을 동기부여한다. 왜냐하면, 예지되는 것은 파지되는 것에 영향을 미치기 때문이다. 나는 이 새들이 날아가는 길을 예지하고, 이 예지들은 (만약 날아가는 길이 내가 예기하는 대로 존재한다면) 충족되는 대로 보유되거나 혹은 (예기하지 않은 무언가가 일어난다면) 충족되지 않은 대로 보유된다. 따라서 파지는 방금 일어난 것에 대한 파지뿐만 아니라, 또한 이런저런 방식으로 방금 있었던 예지함protentioning에 대한 파지도 포함한다. 파지는 예지의 파지 그리고 예지가 충족되거나 충족되지 않는 방식의 파지를 항상 포함한다(Rodemeyer 2003).

따라서 파지와 예지의 동기부여적 관계는 매우 비선형적이다. 경험에 시간적 응집성을 부여하는 자기조직화하는 방식으로 파지는 예지를 동기부여하고, 동기부여된 이 예지는 파지에 영향을 미치고, 영향을 받은 이 파지는 예지를 동기부여하고, … 등등. 만약 특정한 파지적 내용들과 예지적 내용들을 도외시하고 순전히 형식적이거나 구조적인 수준에서 파지와 예지를 고려한다면, 우리는 내용들에 상관없이 파지는 연속적으로 예지를 변양하고 예지는 연속적으로 파지를 변양한다고 말할 수 있다. 이 상호 변양은 호혜적이긴 하지만, 그래도 대칭적인 것은 아니다. 파지는 예지의 '양식style'을 변양하지만, 예지는 이미 일어난 파지들에 소급적으로 영향을 미칠 수 없다. 오히려 "파지함은 항상 방금 있었던 예지함에 대한 파지함이고 그 역은 성립하지 않는다는 의미에서, 현실적 예지함은 아직 일어나지 않은 파지함에 항상 영향을 미칠 수 있다"(Gallagher 1998, p. 68). 이와 같이 경험의 흐름은 자기조직화하고, 앞으로 움직이고, 동기부여적으로 구조화돼 있다.

이 장에서 나는 이 흐름이 발생할 때 정동과 행위경향성이 하는 역할을 살펴보겠다. 이제 예지와 관련된 이 정동과 행위경향성의 중요성은 예지적 '아직 아님'은 항상 정동으로 가득 차 있고, 이 흐름에 수반되는 정서적 성향(동기부여, 평가, 정동적 톤, 행위경향성)에 의해 조건지어져 있다는 것을 주목함으로써 지적될 수 있겠다(Varela 1999, p. 296). 신경현상학적 관점에서 보면, 예지의 이 정서적 측면들은 이전 장에서 기술된 10/1등급과 1등급에서의 신경동역학적 사건들의 주요 경계조건들과 초기조건들로서 작용한다. 이런 이유로 바렐라는 예지를 뇌의 대규모 통합의 동역학을 형성하는 전역적 질서매개변수로 기술한다.[1] 파지는 체계의 현재 상태에 의해 실현되는 동역학적 궤적들에 상응하는 데 반해, 예지는 궤적들의 후속하는 방향들을 조건짓는 예기의 전역적 질서매개변수에 상응한다.

이 사상들을 더 깊게 파고들기 전에 이를 이 책의 주제인 생명과 마음의 깊은 연속성에 연결시켜보겠다. 6장에서 우리는 생물학적 시간은 근본적으로 앞을 내다보며, 자가생성과 의미형성에서 생겨난다는 것을 본 바 있다. 자가생성적 조직화의 실현은 끊임없는 신진대사적 자기갱신을 요구하기 때문에 생명은 비대칭적으로 미래로 향해 있다. 요나스(1968)가 스피노자에 공명하며 언명하듯이, 생명의 기본적 '관심'은 계속해서 나아가는 것이다. 생명의 이 내재적 목적성은 시간성 및 의식의 지향성에서 재연된다. 의식은 거침없이 미래로 향하고 세계의 정동적 유의성에 의해 견인되는 자기구성하는 흐름이다. 내가 이제 탐색하고 싶은 것은 어떻게 생명과 마음의 이 앞으로 향하는 궤적이 근본적으로 정서의 문제인가 하는 것이다.

창출행위적 정서

정서와 의식에 관한 한 획기적인 논문에서 신경심리학자 더글러스 와트 Douglas Watt(1998)는 정서를 "원형적인 뇌 전체의 사건", 즉 많은 영역의 활동들을 수집해서 결합하고 따라서 간소한 신경상관물들을 가질 수 없는 뇌의 전역적 상태로 기술하고 있다. 정서는 유기체의 거의 모든 측면들을 동원하고 편성하기 때문에 원형적인 전全-유기체적 사건이라고 말함으로써 우리는 이 논점을 한 걸음 더 나아가 생각해볼 수 있다. 정서는 신체의 본능적 과정과 운동적 과정은 물론이고 뇌간, 대뇌변연계 영역들, 위쪽

피질 등의 뇌척수간 전체를 수반한다. 정서는 신경체계 사이의 분자적 소통, 면역체계, 내분비체계 등 심신 네트워크들을 수반한다. 심리학적 수준에서 정서는 정동적 느낌은 물론이고 주의, 가치판단evaluation 혹은 평가appraisal를 수반한다. 정서는 뚜렷한 얼굴 표정, 행위경향성에 있어서 행동적으로 현출한다. 생물학적 관점에서 보면 정서는 대부분 비의식적 뇌와 신체 상태들로 이루어지지만, 심리적인 관점이나 현상학적 관점에서 보면 정서는 풍요롭고 다면적인 형태의 경험들을 수반한다.[2]

이 복잡성에 직면해서 일부 과학자(LeDoux 1996)와 철학자(Griffiths 1997)는 정서들*emotions*은 존재할지라도 정서*emotion*와 같은 것은 존재하지 않는다고 주장해 왔다. 그들이 이렇게 말하는 이유는 '정서'란 단어가 지칭하는 통일된 범주의 현상들이 부재하기 때문이다. 우리가 비록 특정한 정서들, 한 목록에 따라 특히 이른바 두려움, 놀람, 화남, 역겨움, 슬픔, 기쁨 같은 기본적 정서들을 지적할 수 있다 할지라도, 또 이 정서들을 매개하는 신경체계들을 지적할 수 있다 할지라도, 이 정서들이 속하는 '특유한 종류의' 정서emotion는 결코 존재하지 않는다. 그럼에도 불구하고, 이 이론가들은 그들의 논의주제를 기술해서 생물학적이고 심리학적인 수준의 설명을 들려주기 위해 정서란 단어를 계속 사용하고, 이렇게 해서 이 용어의 이론적이거나 혹은 적어도 설명적인 유용성을 보여준다.[3]

그러나—생물학적인 것에서부터 심리학적인 것, 현상학적인 것에 이르기까지—어느 이론적 체재가 개념적으로나 경험적으로나 유의한 방식으로 정서의 다기 다양한 측면들을 잘 설명할 수 있는지는 여전히 미해결의 문제이다. 이 점에서 볼 때 정서에 대한 동역학적 체계 접근법이 특히 유망해 보인다(Lewis 2000; 2005; Lewis and Granic 2000). 이 접근법과 창출행위적 접근법 사이의 친연성 이외에도 정서에 대한 동역학적 체계 접근법과 현상학적 접근법 사이에 수렴하는 중요한 논점들이 존재하는데, 우리는 이를 이 장 후반부에서 살펴볼 것이다.

어원에 의하면, (라틴어 동사 *emovere*에서 온) '정서'란 단어는 글자 그대로 바깥으로 향하는 움직임을 의미한다. 정서는 바깥의 표현과 행동으로 향하는 경향이 있는 내부 충동의 솟아나옴이다. 따라서 정서의 어원학적 의미 — 바깥으로 움직이는 충동 — 와 지향성의 어원학적 의미 — 과녁으로 향하는 화살 — 사이에는 밀접한 유사성이 있는데, 넓게 말하면 마음은 바깥으로 혹은 그 자체를 넘어 세계로 향해서 겨냥하고 있다고 할 수 있다. 두 관념 모두 향하는 움직임directed movement을 함의한다. 이 움직임의 이미지는 현상학에서 행하는, 지향성에 대한 추상적이고 인지적인 정의에서 계속 포착될 수 있다. 2장에서 논했듯이, 지향성은 단순히 '~에 관함aboutness'이라는 정적 관계가 아니라 지향적 충족을 얻으려는 역동적 분투이다. 발생적 현상학에서 이 지향적 분투는 살아지는 몸의 본래적으로 본능적이고 충동과 관련된 선호들에 박고 있는 그 뿌리로까지 거슬러 올라간다(Husserl 2001, p. 198). 후설은 이 유형의 지향성을 "충동-지향성drive-intentionality"(*Triebintentonalität*)이라고 부른다(Mensch 1998을 보라). 파토츠카는 이를 "e-motion"이라고 부른다. 이 용어는 움직임, '인상적 촉발성impressional affectivity'이 움직임을 부추김, 끊임없는 인력(=끌어당김)과 척력(=밀어냄)의 동역학을 함의한다(Patočka, 1998, p. 139). 월터 프리먼은 이 정서와 지향성의 유대를 인정하면서, 이 유대를 정서에 대한 그의 창출행위적 혹은 능동주의적-실용주의적 접근법을 위한 출발점으로 삼고 있다.

> 정서를 이해하는 한 방식은 정서를 가까운 미래에 행위하려는 지향성과 동일시하고, 그런 다음 맥락화의 복잡성이 증가하는 수준들에 주목하는 것이다. 아주 기본적으로 정서는 바깥으로 향하는 움직임이다. 정서는 지향성의 '앞을 향해 뻗음'인데, 이는 음식, 영토, 번식할 자원들을 얻기 위해, 주거지를 찾기 위해, 임박한 피해를 피하기 위해 공격할 태세가 되어 있는 원시동물들에게서 발견된다. … 주요한 특징은 행위가 유기체 내부로부터 솟아나온다는 점이다. 이는 반사가 아니다. 정서는 진화하는 조건과 역사에 대한 유기체의 지각과 더불어 이 유기체에 의해 결정되고

있는 어떤 미래 상태로 향한다. (Freeman 2000, p. 214)

이 출발점과 이와 상이한 신경과학적 논점 즉 조제프 르두Joseph LeDoux 1996)의 논점을 비교하는 것은 이해에 도움이 된다. 르두에 따르면, "'정서'란 단어는 마음이나 뇌가 갖고 있거나 행하는 무언가를 지칭하지 않는다. 왜냐하면 '정서' 능력과 같은 그런 것은 없으며, 또 이 유령과 같은 기능에 복무하는 어떠한 단일한 뇌 체계도 없기 때문이다." 그렇기는커녕 "다양한 부류의 정서들이 서로 다른 이유들을 위해 진화해 온 서로 다른 신경체계들에 의해 매개된다. … 그리고 이 체계들을 활성화하는 데서 나오는 느낌들은… 공통의 기원을 갖지 않는다"(1996, p. 16). 요컨대, 비록 수많은 정서들은 있을지라도 정서와 같은 그런 것은 없다(p. 305). 르두는 이 추론방식이 의존하는 전제를 명료하게 이렇게 진술한다. "심리학적 기능에 대한 분석의 고유한 수준은 그 기능이 뇌에 표상되어 있는 수준이다"(p. 16). 그러나 창출행위적 관점에서 보면, 기능에 대한 이 이해방식 — 입력(감각적 자극)에서 출력(운동 반응)으로 향하는 어떤 사상寫像을 시행하는 메커니즘 — 은 우리가 뇌를 자율적 체계가 아니라 타율적 장치로 다루고 있다는 것을 전제로 한다. 프리먼이 쓰고 있듯이 선형적 입력-출력 모형들은 자기결정을 위한 어떠한 여지도 남기지 않는다(1999b, p. 147).

자기결정하는 체계 혹은 자율적 체계는, 우리가 보았듯이, 조직성 폐쇄와 작동성 폐쇄에 의해 정의되고, 따라서 통상적 의미의 입력과 출력을 갖지 않는다. 이 체계를 위해, 선형적 입력/출력 구분은 비선형적 섭동/부응 구분으로 대체된다. 창출행위적 관점에서 보면, 뇌 과정들은 행위-지각 사이클들과 감각운동적 과정들의 순환적 인과성과 관련해서 이해된다. 그러므로 정서는 입력-출력이란 의미의 기능이 아니라, 행위-지각 사이클의 특질, 즉 행동의 내생적 개시開始 그리고 행동이 바깥으로 세계로 향함이다. 정서는 감각운동 회로의 폐쇄된 동역학 속에서 신체화되고, 뇌척수간 특히 대뇌 변연계를 오르내리는 과정들에 의해 내생적으로 편성된다.[4] 따라서 창출행위적 접근법은 이론적으로 의미심장한 상위개념의 정서를 제공하고, 이 개념의 정서를 뇌 조직의 대규모 동역학적 속성들에 토대를 두게 한다.

정서에 대한 창출행위적 접근법을 위해 프리먼은 본이 되는 물음을 던지고 있다. "정서적인 모든 지향적 행동들이, 의식적이든 그렇지 않든, 어떻게 심지어 가장 원시적인 뇌에서도 신경활동의 자기조직화를 통해 출현하는가?"(Freeman 2000, p. 216).

이 물음을 고찰하려면 뇌 조직의 특질들에 대해 이야기하면서 시작할 필요가 있다. 뇌의 전반적 조직은 호혜성의 원리를 반영한다. 즉, 만약 A영역이 B영역에 연결된다면, B에서 A로 나가는 호혜적 연결들이 있다(Varela 1995; Varela et al. 2001). 더구나 만약 B가 A에서 들어오는 대부분의 영향을 수용한다면, B는 A에게 도로 더 많은 비율의 나가는 활동을 보내고, 오직 더 작은 비율로 앞으로 나아갈 따름이다(Freeman 2000, p. 224). 그럼에도 불구하고, 전통적 신경과학은 뇌 조직을, 감각적 말단이 출발점으로 간주되는 위계적인 입력-출력 처리과정 모형에다 사상寫像하려고 시도해 왔다. 지각은 일련의 피드포워드feedforward 혹은 상향식 처리과정 단계들을 통해서 진행되는 것으로 기술되고, 하향식 영향들은 역투사back-projection 혹은 높은 영역에서 낮은 영역으로 향하는 피드백과 동일시된다. 프리먼은 이 견해를 뇌의 수동주의적-인지주의적 견해로 적절하게 기술하고 있다.

창출행위적 견지에서 보면, 사정은 꽤 다르다. 뇌 과정들은 재귀적이고, 재진입적이고, 자기활성화하는 것이기에, 어디에서도 시작하거나 멈추지 않는다. 창출행위적 접근법은, 지각을 감각의 나중 단계로 다루거나 감각수용기를 분석을 위한 출발점으로 취하지 않고, 지각과 정서를 지향적 행위의 의존적 측면들로 다루며, 뇌의 자기발생적이고 내생적인 활동을 신경생물학적 분석을 위한 출발점으로 다룬다. 이 활동은 감각기관들로부터 먼 데서 — 전두엽, 변연계, 측두피질과 연합피질 — 생겨나고, 유기체의 예지적 집합 전체 — 기대, 준비, 정동적 톤, 주의 등의 상태들 — 를 반영한다. 이 흐름들은 감각적 유입과 동시에 필연적으로 능동적이 된다(Engel, Fries, and Singer 2001; Varela et al. 2001).

우리가 이전 장에서 본 바와 같이, 실험신경현상학의 작업가설은 이 상태들의 측면들은 인간 속에서 현상학적으로 추적될 수 있으며, 이 결과 나오는 1인칭 데이터는 신경동역학적 실험을 인도하기 위해 사용될 수 있다는 것이다. 수동주의적-인지주의적 견해는 그런 상태들을 감각적 처리 과정에 하향식으로 작용하는 것으로 기술하는 데 반해, 창출행위적 관점에서 보면 하향식과 상향식은 대규모 네트워크 자체의 내적으로 설립된 준거점을 기초로 해서, 들어오는 내생적인 활동들을 통합하는 사실상 대규모 네트워크인 것을 위한 발견적 용어들이다. 그러므로 창출행위적 견지에서 보면, 우리는 정서와 지향적 행위가 자기조직화하는 신경활동을 통해 창발하는 방식을 이해하기 위해서 이 대규모 동역학적 네트워크를 살펴볼 필요가 있다.

신경동역학적 모형

월터 프리먼의 작업이 여기서 특히 의미가 있다. 다년간에 걸쳐 이루어진 신경동역학 분야의 선구적인 그의 연구에 기초해서 그는 메를로-퐁티가 "의식의 삶을 대항하는 지향적 호intentional arc"라고 부르는 것의 창출행위적이고 신경동역학적 모형을 제시해 왔다(9장을 보라). 프리먼의 모형은 뇌, 신체, 환경으로 이루어져 있지만 특히 정서와 관련돼 있는 뇌 영역인 변연계에 중점을 둔 다섯 순환적 인과적 회로를 담고 있다(도표 12.1을 보라). 정서, 지향성, 의식은 이 내포된nested 회로들의 자기조직화하는 동역학에 신체화되어 있다.

가장 전역적인 수준에 유기체와 환경 간의 '운동 회로'가 있다. 이 회로는 환경 속에서 또 환경을 통해서 이루어지는 운동 행위에서 시작되어 운동에서 결과하는 감각적 자극에 다시 이르는 감각운동적 회로로 구성돼 있다.

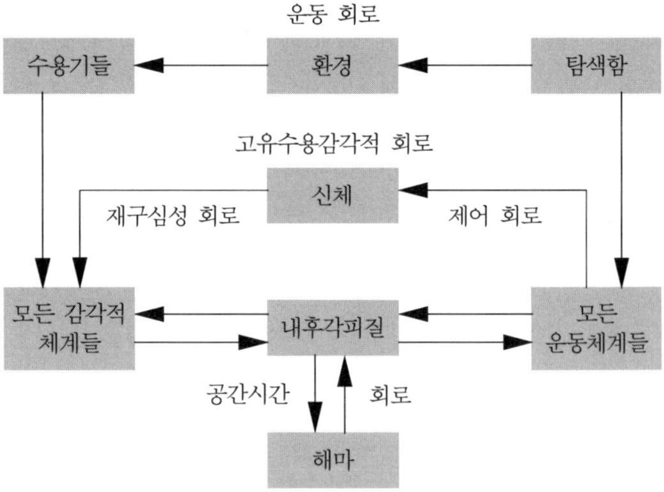

도표 12.1

월터 프리먼의, 변연계의 동역학적 구조에서 생겨나는 지향적 호의 모형. Walter Freeman, "Consciousness, Intentionality, and Casuality," *Journal of Consciousness Studies* 6/11-12 (1999): 150, fig. 4. 월터 프리먼의 허락을 받고 전재.

운동 행위는 향하는 각성과 탐색을 수반하고, 유기체의 기대의 상태들을 표현한다. 유기체가 수용하는 감각적 자극들은 직접적으로 유기체의 운동 행위에 의존하고, 유기체가 운동하는 방식은 이전 행위들의 감각적 결과들에 직접적으로 의존한다. 메를로-퐁티는 『행동의 구조』에서 이 회로의 중요성을 인식했다. "유기체가 수용하는 모든 자극들은 결국 수용기 기관을 외적 영향들에 노출시키게 되었던 선행하는 운동들에 의해서만 가능하게 되었으므로, 우리는… 행동이 자극들의 최초의 원인이라고 말할… 수 있을 것이다. 따라서 자극물의 형식은, 그 자신을 외부에서 오는 작용들에 내놓는 고유한 방식으로 유기체 그 자체에 의해 창조된다"(1963, p. 13).

운동 회로는 환경으로 또 환경을 통해서 뇌와 신체 바깥으로 나아가는데 반해, '고유수용감각 회로'는 뇌 바깥으로 나아가지만 신체 내에 닫혀 있다. 이 회로는 근육과 관절 속의 감각수용기로부터 척수, 소뇌, 시상, 체성감각 피질에 이르는 경로로 이루어져 있다. 프리먼(2000)은 또한 이 회로를 내부수용감각 회로라고 기술한다. 이 맥락에서의 내부수용감각은 단지 내장만이 아니라 신체 전체의 생리학적 조건이란 의미로서 이해될 때 가장 잘 이해되며, 척수, 뇌간, 시상, 섬 속의 서로 다른 신경경로들을 포함한다(Craig 2002).

이 모형의 남은 세 회로는 모두 뇌 내부에 존재한다. 만약 우리가 감각적 측면에서 시작한다면, 우리는 감각적 자극들이 기대와 운동 활동의 맥락에서 일어난다는 점을 먼저 기억할 필요가 있다. 한 자극이 도착할 때 활성화된 수용기는 맥동을 감각적 피질로 전달하고, 감각적 피질에서 이 활성화된 수용기는 응집적인 진동활동의 대규모 공간적 패턴의 형태를 띤 활동패턴의 비선형적 동역학에 의해 형성되는 구축을 유도한다. 이 패턴은 자극의 표상이 아니라 감각적 섭동에 의해 유발된, 내생적으로 발생한 반응, 동물을 위해 자극의 의미를 창조하고 운반하는 반응이다. 이 의미는 개별적 유기체의 역사, 기대의 상태, 환경적 맥락을 반영하고 있다.

피질에서 구축된, 의미를 지니는 이 동역학적 패턴들은 내후각피질entorhinal cortex을 통해, 즉 피질의 모든 일차적 감각영역들로부터 활동을 수용하고 결합하는 다감각적 수렴의 영역을 통해 변연계로 수렴한다. 동역학적 활동패턴들은 공간적으로 또 시간적으로 해마에서, 즉 기억 및 공간과 시간 속에서 행동을 정향하는 일과 관련돼 있다고 알려진 영역에서 차례대로 배열된다. 내후각피질과 해마 사이의 호혜적 상호작용('시간공간 회로')은 (대규모 응집적 진동패턴의 형태를 띤) 통일된 게슈탈트를 창조하고, 이 통일된 게슈탈트는 운동체계들('제어 회로')로 전달되며, 이렇게 해서 행위와 정서적 표현을 위해 요구되는 내장과 근골격 활동들을 동원하고, 이에 따르는 방전들(재구심성 회로)을 통해 감각체계들로 돌아가며, 이렇게 해서 운동행위들의 예상된 결과들을 위해 감각체계들을 준비하는 것이다.

프리먼은 이 감각적 준비과정을 '전前구심성preafference'이라 부르고, 우리가 주관적으로 주의와 기대로서 경험하는 것을 위한 신경적 기반으로 보고 있다(1999a, p. 34). 프리먼이 의미하는 기대는 현상학적 예지 개념과 잘 상응한다. 기대는 별개의 인지적 작용이 아니라 모든 인지적 과정의 지향적 측면이다. 프리먼은 전구심성이 "끌개 풍경들을 조성해서, 자극들의 끌개 유역을 넓게 하거나 깊게 함으로써, 기대되거나 욕구된 자극들을 더 쉽게 포착하게 하는 질서매개변수를 제공한다"고 주장한다(1999a, p. 112). 전구심성에 대한 이 견해는 예지가 지속의 1/10등급과 1등급에서 일어나는 감각운동적이고 신경적 사건들을 위한 질서매개변수를 제공한다는 바렐라의 견해와 일치한다.

도표 12.1은 피드포워드(시계반대방향)와 피드백 방향(시계방향)에서 진행되는 활동의 흐름을 보여준다. 프리먼은 피드포워드 방향은 새로운 거시적 상태들을 낳는, 뉴런활동에 보이는 미시적 수준의 동요로 이루어지는데 반해, 피드백 방향은 뉴런 군체들을 앞으로 전달하는 미시적 수준의 활동들을 제약하는 거시적 질서매개변수로 이루어진다는 가설을 세운다. 따라서 이 피드포워드 흐름과 피드백 흐름은 각각 창발의, 전역적인 것에 대한 국소적인 것의 측면과 국소적인 것에 대한 전역적인 것의 측면과 일치한다. 이 순환적 인과성을 피드포워드 호弧와 피드백 호弧로 자르는 것은 발견적 방법이다. 왜냐하면 어떠한 순간에도 체계가 한 전체로서 움직이는 체계 인과성system causation만 존재하기 때문이다(부록 B를 보라).

프리먼은 또한 이 모형을 의식에 관련시킨다. 그는 공간시간 회로의 비선형적 동역학을 통해 창발하는 대규모 활동패턴 이외에도 변연계와 감각피질의 낮은 차원의 활동패턴들이 성분들을 이루는 또 다른 높은 차원의 패턴이 뇌의 반구 수준에 존재한다고 제언한다. 이 높은 차원의 패턴은 낮은 수준의 패턴들을 조직하고 제약한다. 프리먼은 발생하기 위해 대략 1/10초에서 1/4초까지(바렐라의 1/10등급과 1등급)를 취하는, 전역적으로 응집적이고 시공간적인 이런 유형의 활동패턴은 '알아차림' 상태의 뇌 상관물이고, '의식'은 일련이 그런 상태들로 이루어진다는 가설을 세운다. 정서(행위를 위한 내적 추동)와 지향적 행위가 피드포워드 방향의 인지적 흐름을 구성하는 반면(도표 12.1을 보라), 알아차림과 의식은 피드백 방향의 인지적 흐름을 구성한다. 이 모형에 따르면, 알아차림은 결코 부수현상적이지 않으며, 중요한 인과적 역할을 행한다. 알아차림의 역할은 명령을 내리는 행위자 혹은 난쟁이로서가 아니라, 동역학적 활동을 조직하고 규제하는 질서매개변수로서 존재한다. 따라서 프리먼과 바렐라는 의식은 뇌 전체를 통해서 활동을 조직하는 전역적인 동역학적 활동으로서 신경적으로 신체화된다는 데에 의견을 같이한다. 프리먼은 의식을 "뉴런들 간의 관계들을 중재하는 동역학적 작동자"로, 또 "국소적 동요들을 가라앉힘으로써 부분들의 카오스적 활동들을 제약하는 상태변수"로 기술한다.(1999a, pp. 132, 143). 바렐라의 시간의식의 신경현상학이 이 견해에 추가하는 것은, 그런 무상한 활동패턴들의 서열이 또한 어떻게 이 패턴들의 파지적-예지적 구조 덕분에 한 흐름을 구성할 수 있는가에 관한 제언이다.

정서로 되돌아가 보자. 프리먼의 모형이 보여주듯이, "정서는 모든 지향적 행동들에 필수적이다" (Freeman 2000). 지각을 생각해보라. 동역학적인 감각운동적 접근법에 따르면(9장을 보라), 지각할 때 우리는 감각운동적 우발성들—감각적 자극이 운동의 결과 변하는 방식—에 대한 숙련된 통달을 행사한다. 지각에 대한 이 접근법은 유기체와 환경의 전역적인 감각운동 회로에 초점을 맞추고 있다. 그러나 이제 우리는 이 회로가 수많은 신경적 회로들과 신체적 회로들—이 회로들의 (포유류의) 박동하는 심장이 피질과 피질하부 뇌 영역들의 내생적이고 자기조직화하는 동역학이다—을 내포한다는 것을 올바로 이해할 수 있다. 감각운동적 과정은 감각운동적 표면으로부터 멀리 있는 깊은 곳에서 창발하는 내생적인 신경적 게슈탈트 덕분에 동기부여되고 지향적으로 정향된다. 그러므로 창출행위적 접근법에 따르면, 감각운동적 과정은 진행 중인 내생적 활동을 조절하지만 결정하지 않고, 다시 이 내생적 활동은 감각운동적 활동에 유기체를 위한 정서적 의미와 가치를 불어넣는다.

정서적 자기조직화

나의 목표는 이 신경동역학적 견해들을 정서경험의 현상학에 연계함으로써 정서에 관한 신경현상학적 사고방식을 소묘하는 것이다. 이 논의의 틀을 잡기 위해 정서이론가인 마크 루이스Mark Lewis의, 정서적 자기조직화의 동역학적 체계 모형을 끌어오겠다(Lewis 2000, 2005).

루이스(2000)는 세 가지 시간등급의 정서적 자기조직화의 발달적 모형을 제안한다. 세 가지 시간등급의 발달이란, 초 혹은 분의 시간등급에서 이루어지는 정서 에피소드emotion episode의 미시적 수준의 발달, 시時 혹은 일日의 시간등급에서 이루어지는 기분mood의 중간 수준의 발달, 월 혹은 년의 시간등급에서 이루어지는 인격personality의 거시적 수준의 발달이다(표 12.1을 보라). 인지는 지각, 주의, 가치판단, 기억, 계획, 반성, 결정을 포함하는데, 이 모든 것은 정서이론가들이 '평가appraisal' 곧 상황의 의미에 대한 가치판단evaluation이라 부르는 것의 국면들이다. 정서는 각성, 행위경향성, 신체적 표현, 주의적 정향, 정동적 느낌을 포함한다.

그렇지만 인지와 정서는 두 가지 이유 때문에 별개의 체계가 아니다(Lewis 2005). 첫째, 인지과정과 정서과정을 중재하는 신경체계들 사이에는 많은 양의 해부학적 중첩이 존재하고, 이 체계들은 중추신경체계를 오르내리면서 호혜적이고 순환적인 방식으로 상호작용한다. 둘째, 이 상호작용이 야기하는 창발적인 전역적 상태는 평가요소와 정서요소가 서로를 끊임없이 변양하는 '평가-정서 혼합물이다. 그런 변양은 국소적 평가요소와 정서요소 간의 호혜적 상호작용을 통해서, 그리고 국소적 요소와 이 국소적 요소의 전역적인 조직적 형식을 통해서 각 시간등급에서 일어난다.

표 12. 1

정서적 자기조직화의 세 가지 등급. 이는 등급들을 가로지르는 유사성과 차이 그리고 심리학적 메커니즘과 신경생물학적 메커니즘을 보여준다.

	정서적 해석(EI)	기분	인격
발달등급	미시적 수준	중간 수준	거시적 수준
지속	초-분	시-일	월-년
기술	정서적 상태와 함께 인지적 해석의 신속한 수렴	좁은 정서적 범위에 있는 해석적 편견의 지속적 동반	상황의 부류에 특정한 지속적인 해석적-정서적 습관
동역학적 체계 형식주의	끌개	상태공간의 일시적 변양	상태공간의 영구적 구조
심리학적 메커니즘	인지-정서 쌍결합 혹은 공명, 성공적인 목표를-향하는 행위	인지-정서 쌍결합, 목표 몰입, 억제된 행위 혹은 성공적이지 않은 행위	정서적 해석(EI)과 기분의 쌍결합에서 생겨나고 또 이 쌍결합을 제약하는 인지-정서 상보성
가능한 신경생물학적 메커니즘	변연계 회로가 동반된 안와전두피질에 의해 매개된 피질 응집성	안와전두-피질변연계 동반, 운동 반복과 전구심성, 지속적인 신경 호르몬 방출	몇몇 피질과 피질의 연결 그리고 피질과 변연계의 연결의 선택 혹은 강화, 다른 연결들의 제거, 가소성의 상실
순환적 인과성에서의 높은 차원의 형식	지향, 목표	지향적 정향	자기감각

출처. Mark D. Lewis, "Emotional Self-Organization at Three Time-Scales," in Marc D. Lewis and Isabela Granic, eds., *Emotion, Development, and Self-Organization*(Cambridge, 2000), p. 59. 캠브리지 대학 출판부의 허락을 받아 전재.

이 모형과 현상학적 학설 사이의 유사성을 탐색하기 위해서, 우리는 이 모형의, 시간적 자기조직화의 세 가지 시간등급을 더 자세하게 살펴볼 필요가 있다. 미시적 수준에서 정서적 자기조직화는 창발적인 '정서적 해석 emotional interpretation'(즉 EI)의 형태, 즉 상황과 정서적 상태(기쁨, 화남, 두려움, 부끄러움, 자랑스러움, 가엾게 여김 등)에 대한 인지적 해석의 신속한 수렴의 형태를 취한다. 인지적 과정과 정서적 과정은 빠른 시간등급에서 서로를 부단히 변양하지만 이와 동시에 순환적 인과성의 과정 속에서 이 과정들이 쌍결합함으로써 산출되는 전역적 형식에 의해 제약된다. 이 창발적 형식, 정서적 해석은 상황에 대한 평가, 정동적 톤, 행위 계획으로 이루어지는 정서-인지 응집성의 전역적 상태이다. 루이스는 또한 이 높은 차원의 형식을 프리민의 착상에 의지해서 세계에 작용하고자 하는 전역적 지향성으로 기술한다. 이 전역적 지향성은 뇌 전체의 사건일 뿐만 아니라 또한 유기체 전체의 사건이기도 하다. 프리먼이 쓰고 있듯이, "정서적 상태가 창발할 수 있는—가령 불끈 치미는 화, 칼에 바로 베일 것 같은 두려움, 불현듯 솟구치는 동정심이나 질투심 같은—급속한 속도를 생각해보면, 유발자the trigger가 경쟁 상대자를 보는 것이든, 잊은 약속을 떠올리는 것이든, 연기의 냄새이든, 차를 마시는데 민망하게도 뱃속 깊은 곳에서 나는 꾸르렁거리는 소리든, 이 유인誘因은 일제히 작용하는 뇌와 몸의 모든 부분들을 포함하는 전역적 일차 상태전이로 이해될 때 가장 잘 이해된다."(2000, p. 224).

루이스(2005) 모형에 따르면, 정서적 해석의 창발은 결국 현재의 정서적 해석의 질서정연함을 와해시키는 (외적이거나 내적인) 섭동에 의해 유발된, 지향적 행위 흐름의 동요로 시작된다. 긍정적 피드백을 통한 급속한 자기증폭화의 과정들이 뒤따라 일어나고, 이어서 부정적 피드백과 동조同調/entrainment[7]를 통한 자기안정화가 일어나서, 새로운 순간적인 정서적 해석

7) 내인적인 생물 리듬이 다른 리듬의 영향을 받아 그것과 동조하는 현상.

과 전역적 지향의 형식을 갖춘 새로운 질서정연함의 설립을 가져온다. 이 자기안정화 위상은 학습, 장기 정서-평가 패턴들의 견고화를 위한 전제조건이다.

따라서 정서적 해석의 창발에는 주요한 위상들— 유발자 위상trigger phase, 자기증폭화 위상, 자기안정화 위상— 은 물론이고, 이외에도 현재의 정서적 해석의 영향을 미래의 해석들로 확장하는 네 번째의 학습 위상이 존재한다. 루이스는 이 전 과정이 정서-인지 상태위상 속에서 한 끌개에서 다른 한 끌개로 분기하는 일과 유사하다고 여긴다. 그는 최근에 뇌 영역들과 이와 관련된 대규모 신경통합 과정들 일부의 신경심리학적 모형을 제시해 왔다.[5]

비록 정동적 느낌의 중요성을 정서의 동기부여적 성분이라 하며 강조하긴 하지만, 루이스는 정서적 해석의 창발과 관련해서 정동의 현상학을 탐색하고 있지는 않다. 그러므로 루이스의 모형과 정동의 발생적 현상학 사이의 공명을 탐구할 만한 가치가 있다.

이 공명을 탐색하기 위해서 우리는 발생적 현상학의 몇 핵심개념들을 상기할 필요가 있다. **수동적 종합***passive synthesis*은 우리가 선인지적으로 촉발될 때 경험을 형성하게 되는 방식을 기술하기 위해 후설이 사용하는 용어이다. 후설은 '수동성'과 '수용성'의 구별을 끌어온다(Husserl 2001, p. 105). 수동성은 어떤 능동성에 종사할 때 비의지적으로 촉발되고 있다는 것을 의미한다. 수용성은 주목하거나noticing 혹은 대향함turning toward으로써 비자발적 촉발(촉발적 영향)에 반응한다는 것을 의미한다(2001, p. 127). 후설은 이렇게 쓰고 있다. "촉발이란 의식에 주어진 유인allure, 의식에 주어진 대상이 자아에게 행사하는 독특한 당김the peculiar pull을 뜻한다고 우리는 이해한다"(2001, p. 196). '유인'은 인과적 자극-반응이 아니라 지향적 '동기부여의 관계'를 지칭한다(Husserl 1989, p. 199). 어떠한 수준의 주의도 무언가의 촉발적 유인에 힘입어 동기부여된다. 우리의 동기부여들은 물론이고 유인의 본성과 힘에 의존해서, 우리는 수동적으로 또는 비의지적으로 유인에 순응할 수도 있고, 우리의 주의를 의지적으로 유인으로 향하게 할 수도 있고, 혹은 우리의 주의가 유인에 의해 포획당하거나 혹은 격퇴당할 수도 있다.

수용성은 수동성과 능동성의 가장 낮은 수준의, 말하자면 접힌 부분의 주의—절대적으로나 정적으로가 아니라 오직 상대적으로나 동적으로만 이루어질 수 있는 차별화—이다. 유인은 동적 게슈탈트 곧 상-지반 구조를 함의한다. 무언가는 그 자체의 유인의 힘 때문에 어떤 수준의 주의에서든 주목받을 수 있게 된다. 유인은 촉발적 두드러짐prominence, 돌출salience, 부각relief으로 출현한다. 이에 반해 다른 무언가는 그 자체의 유인의 약한 힘 때문에 주목받을 수 없게 된다(Husserl 2001, p. 211). 이 수동성과 능동성, 촉발과 수용성의 동적 상호작용은 분절된 주체-객체 구조를 갖지 않는 (Merleau-Ponty 1962, p. xviii) '항상적으로 작동하는' 지향성(Husserl 2001, p. 206)을 표현한다.

이 생각들을 간직한 채 우리는 1등급에서의 정동에 관한 미시동역학으로 향할 수 있다. 이전 장에서 우리는 뇌가 1/10등급에서 일어나는 신경적 사건들을 통합하는 무상한 대규모 신경집단들을 형성함으로써 자체의 활동을 동역학적으로 분석하는 방식에 우리의 현재 순간의 경험이 의존한다는 것을 보았다. 습관적 활동의 흐름에서 변화가 어떤 때는 부드러운 이행으로, 어떤 때는 붕괴와 와해로 일어날 수 있다는 점을 상기해보자. 메를로-퐁티 용어로 하면, 선도하는 '나는 할 수 있다I can'는 우리가 신속하게 활동들을 전환할 때마다 순간순간 변할 수 있다.

신경동역학적 관점에서 보면, 전환들이 일어날 때면 현재 우위를 점하고 있는 전역적 신경집단은 탈동기화를 통해 분해되고, 새로운 순간의 전역적 동기화가 잇달아 일어난다. 바렐라는 이 전환들이 정서에 의해 추동되고, 정동의 동역학적 동요들로서 경험에 현출한다(Varela 1999, Varela and Depraz 2005). 능숙한 대처의 흐름에 있어서 우리는 전반성적으로 경험하는 끌어당김(=인력, 견인)과 밀어냄(=척력, 반발)의 결과로 활동들을 전환한다

(Rietveld 2004). 그런 정서적 동요들은 현재의 한 의식순간에서 다른 한 의식순간으로 분기를 유도하는 제어매개변수로 작용한다. 이와 같이 정서는 의식 흐름의 발생에 중요한 역할을 하고, 이 역할은 정동의 미시시간성에서 현상학적으로 식별될 수 있다.[6]

바렐라와 데프라즈(2005)는 그들의 논문 「시간의 원천에서: 유의성 및 정동의 구성적 동역학At the source of time: Valence and the Constitutional Dynamics of Affect」에서 정동의 현상학을 제시한다. 그들의 분석은 정서 경험의 두 가지 예들에 기초해서 진행된다. 한 예는 바렐라의 개인적인 경험 — 연주회에서 처음의 몇 음들을 들을 때의 '음악적으로 고양되는' 경험 — 이다.[7] 다른 한 예는 메를로-퐁티가 『보이는 것과 보이지 않는 것*The Visible and Invisible*』의 앞의 쪽들에서 — 그는 이 쪽들을 지각적 신념, 지각의 핍진성에 대한 일상적 믿음에 할애하고 있다 — 생생하게 기술하고 있는, 눈을 가리거나 감추는(*se cacher les yeux*) '시선을 피하는' 일반적 경험이다.

> 위험을 보지 않으려고 눈을 감는 것은, 사물들의 존재를 믿는 것이 아니고 또 오직 사적 세계만의 존재를 믿는 것이 아니라고 말들 하지만, 이는 오히려 우리에 대해 존재하는 것은 절대적으로 존재한다고 믿는 것, 우리가 위험이 없는 것으로 보는 데 성공해 온 세계는 위험이 존재하지 않는다고 믿는 것이다. 그러므로 이는 우리의 시각이 사물들 그 자체로까지 나아간다는 바로 가장 높은 등급의 믿음이다. 아마도 이 경험은 세계의 지각적 현존이 무엇인가 하는 그 어떠한 것보다 더 잘 우리를 가르쳐준다. 이는… 긍정과 부정 하의, … 판단 하의… 모든 의견에 앞서는, 우리의 몸으로 세계에 거주한다는 우리의 경험이다. (1968, p. 28)

바렐라와 데프라즈는 독자들에게 이 시선을 피하는 경험의 자기 자신의 예를 재연하는 순간을 가져보라고 권한다. 이 예들은 어렵지 않게 내 마음에 떠오른다. 돈을 구걸하는 길 위의 누군가의 눈과 마주치기를 피하고, 문간에 놓여 있는 아침신문으로부터 헤드라인을 온전히 읽어들이기 전에 속상하게 하리라는 것을 알고 이 헤드라인으로부터 눈을 피하고, 어느 화창한 크리스마스 오후에 길을 지나갈 때 음식점 창을 통해 심한 외로움 속에서 으르렁거리듯 노려다보며 무심코 한참 동안 나를 눈여겨보는, 고독한 성난 얼굴로부터 반사적으로 움츠러든다.

와트(1998)를 따라 바렐라와 데프라즈는 그러한 순간적 정서 에피소드에서 동시에 일어나는 수많은 정동의 구성요소들을 지적한다. (다음에서 나는 정서이론과 정동적 신경과학의 관점에서 제공된 와트의 본래 설명과, 더 현상학적으로 정향된 바렐라와 데프라즈의 설명을 결합해서 정동의 요소들을 바꾸어 표현해보겠다.)

- 촉발시키는 사건 혹은 유발자. 이는 지각적이거나 상상적(기억, 환상)이거나 혹은 둘 다일 수 있다. (이 성분은 루이스의 정서적 해석 모형에서 유발자 위상에 상응한다.)
- 촉발적 돌출의 창발. 이는 촉발시키는 사건의 의미라는 분명한 뜻을 포함한다. 정서 이론에서 정서의 이 측면은 평가를 반영하는 것으로 기술되는데, 이 평가는 (촉발시키는 과정의 일부로서) 정동의 경험 이전에, (사후 평가로서) 정동의 경험 이후에 형태를 취할 수 있고, 또 (루이스가 강조한 바와 같이) 자기증폭화와 자기안정화의 과정들을 통해서 정동과 연속적으로 또 호혜적으로 상호작용할 수 있다. 평가는 순식간인 것 또는 상세한 것, 사실적인 것 또는 왜곡된 것, 공감적인 것 또는 둔감한 것일 수 있다. (그리고 일반적으로 이 특질들의 어떤 결합을 반영한다.) 평가의 많은 부분은 전반성적이고/거나 무의식적일 것이다.
- 느낌-톤. 이는 심리학에서 유의성誘意性/valence을 따라 혹은 즐겁거나快/즐겁지 않은不快 양극성을 따라 쾌락적 톤을 지니는 것으로 기술된

다.

· 운동적 신체화. 얼굴과 자세의 변화들이란 형태로, 또 미분적 행위경향성 혹은 세계로 작용하고자 하는 전역적 지향성들이란 형태로.
· 내장의-내부수용감각적 신체화. 복잡한 자율적-생리학적 변화들(심폐적 매개변수, 피부 전도도, 근육 긴장, 내분비계와 면역계 활동들)이란 형태로.

이 다섯 구성요소들 각각은 내가 시선을 피하는 예, 특히 화난 얼굴을 보고 움츠러드는 예에서 확인될 수 있다. 화난 얼굴을 무심코 보는 것은 촉발시키는 사건 곧 유발자이다. 얼굴, 특히 화난 얼굴은 강력한 촉발적 유인을 갖고 있다. 얼굴을 화난 얼굴로 보는 것은 촉발적 돌출과 평가 곧 정서적 해석이 급속히 창발하는 예이다. 돌출은 화가 나로 향해 있다는 자각과 함께 증가한다—정서적 해석의 정교화. 깜짝 놀람, 놀람, 두려움, 고통과 같은 복잡한 느낌-톤이 전기적 충격과 같이 들이덮친다. 나는 안 보려고 눈과 머리를 돌리고, 재빨리 걸음을 재촉한다(운동적 신체화). 나의 전역적 지향은 달아나는 것이지만, 그래도 신체적 위험을 피할 필요를 느끼는 정도까지는 아니다(또 다른 평가). 내가 등을 돌리고 걸음을 재촉할 때, 장腸은 수축하고, 호흡은 점점 더 빨라지고 얕아지며, 얼굴은 붉고 뜨거워지며, 근육들은 긴장한다(내장의/내부수용감각적 신체화). 동시에 나는 그 외로운 사람에게 느끼는 슬픔과 동정으로 인해서 내 자신이 무감각하고 그의 공격적 태도에 방어를 취한 것이 부끄럽게 느껴지면서, 크리스마스는 많은 사람들에게 고통스럽고 외로운 시간이라는 자각으로 압도당한다. 유발자, 돌출, 평가, 느낌-톤, 이와 결합된 운동 및 내장의 신체화를 담고 있는 모든 복잡한 정서적 해석들은 잠깐 사이에 재빨리 번갈아들고 반향을 불러일으키고 서로를 강화하는 것 같다. 다음의 몇 분과 몇 시간에 걸쳐서 이 에피소드로부터 공간과 시간 속에서 점점 멀어지면서, 우울한 기분이 시작되는데 이 기분은 여기서 빠져나오고 싶은 느낌과 이제는 기억의 형태로 내 마음에서 밀어내려는 시도와 함께 이 날의 남은 시간 동안 나에게 영향을 미친다. 이 장기 정서-평가 패턴들은 중간 등급의 기분에서 생겨나서 오는 얼마의 시간 동안 내 정서들을 조건짓고 조절한다.

이제 우리는 정서적 해석의 미시적 발달이 그 안에 정동의 복잡한 미시적 발달을 담고 있다는 것을 알 수 있다. 이 미시적 발달에 대한 후설의 상세한 현상학적 기술들은 자기조직화하는 동역학적 과정을 아주 잘 시사하고 있다. 그는 경험을 '촉발적 힘'에 복속돼 있는 것으로 기술한다. 촉발적 힘은 우리의 살아지는 몸 전체를 동원하며 경험의 신속한 동역학적 변형으로 현출한다. 이 변형은 '의식의 활기' 혹은 '살아지는-경험의 변화하는 활기'의 것이다(Husserl 2001, §35, pp. 214-221). 경험에 속하는 활기에는 촉발적으로 효과적이고 돌출적인 것에 의존하는 상대적 차이들이 존재한다. 촉발적으로 효과적이지 않은 것 곧 영으로부터 촉발적으로 돌출적인 것 혹은 두드러진 것에 이르기까지 다양한 등급들이 있는 '촉발의 등급'이 존재한다. 활기의 변형은 반응적 경향의 각성 혹은 일깨움으로부터 촉발적 돌출의 창발에 이르는 동역학적 이행의 형태를 취한다. 만약 이 설명을 동역학적 용어로 표현한다면, 촉발적 유인은 수동적 촉발('수동성')에서 (촉발적으로 돌출적인 것 혹은 두드러진 것으로 창발하는 무언가로 향하는) 능동적이고 동기부여된 정향('수용성')으로 분기하는 것을 어떤 임계 문턱에서 유도하는 매개변수에 해당한다고 말할 수 있다.[8]

바렐라와 데프라즈는 이 정동의 동역학이 신체의 느낌과 운동 경향성의 원초적 동요에 그 '기원'과 '원천'을 갖고 있다고 주장한다. 이 동요는 특정한 촉발적 힘이 거주하는 특정한 운동경향성movement tendency 혹은 운동성향motion disposition으로서 모든 주어진 사례에 현출한다. 파토츠카는 이를 'e-motion'이라 부르고 이를 살아지는 몸의 '원초적 역동주의'의 현출로 기술한다(Patočka 1998, pp. 40-42, 139). 이 동요들은 다음과 같은 의미에서 유의성誘意性을 띠고 있다. 운동 경향성들로서 이 동요들은 향해 감/멀리함, 다가감/물러섬, 끌려감/피함, 수용적/방어적 등 운동(=움직임)과 자세 유의성들을 나타낸다. 느낌 경향성들로서 이 동요들은 끌어당김/밀어냄, 좋아함/싫어함, 즐거움/괴로움, 긍정적/부정적 등 정의적情意的/affective이고 기호적嗜好的/hedonic인 유의성들을 나타낸다. 사회적으로 상황에 처해 있는 것으로서 이 동요들은 지배/복종, 돌봄/거부 등 사회적 유의성들을 나타낸다. 그리고 문화적으로 상황에 처해진 것으로서 이 동요들은 선한/악한, 덕 있는/덕 없는, 건강한/건강하지 않은, 가치 있는/가치 없는, 칭찬받을 만한/비난받을 만한 등 규범적이고 문화적인 유의성들 곧 가치들을 나타낸다.

요약하면, 정서적 해석에서 정동의 동역학은 유의성의 동요들로까지 거슬러 올라갈 수 있지만, 유의성은 단순한 행동적 혹은 촉발적 플러스/마이너스 기호로서가 아니라 (화학적 의미의 유의성처럼) 양극성들과 결합들의 복잡한 공간으로 이해될 필요가 있다(Colombetti 2005를 보라).

미시적 규모의 정서적 해석에서 정동을 탐색해 왔으므로, 우리는 이제 중간 규모의 기분으로 향할 수 있다. 루이스의 모형에서 기분은 오래 계속되는 평가적 패턴들과 함께 정서적 연속성으로 이루어져 있다. 한 정서적 해석에서 다른 한 정서적 해석으로 이동하는 것은 한 끌개에서 다른 한 끌개로 분기하는 것에 상응하는 데 반해, 기분의 시작은 정서-인지 상태공간 전체의 시간적 변양에 상응한다. 기분은 표면으로 혹은 상태공간의 전역적 다양체로 변화하는 일을 포함하고, 이렇게 해서 가능한 정서적 해석에 상응하는 가능한 끌개의 풍경을 변경한다. 루이스는 "자기조직화하는 기분은 적어도 부정적 기분에서는 좁은 범위의 정서적 상태들과 함께 해석적 편견의 유입을 통해서 생겨난다. 이 유입은 반복되는 EI들의 구성요소들이 결합하는 일로부터 여러 차례의 기회를 거쳐서 진화해서, 특정한 정서들과 해석들을 선호하는 협동성을 증가시킬 수도 있다."(Lewis 2000, p. 48)고 제언한다. 정서적 해석의 고차적 형태는 세계에 작용하고자 하는 전역적 지향인 데 반해, 기분의 고차적 형태는 지속하는 지향적 정향이다.

행위를 위한 전역적 지향의 형태를 취하는 정서적 해석은 그 자체를 행위(곧 끌려감이나 피함 같은 행위 유형) 속에 용해할 수 있지만, 루이스는 부정적 기분의 지향적 정향은 이 기분을 용해할 어떠한 행위도 취할 수 없기 때문에 지속된다고 말한다. "지향들(혹은 실시간의 목표들)은 행위들을 준비하고, 행위들은 지향들을 흩어져 사라지게 한다. 하지만 만약 행위들이 기도되지 않거나 효과적이 아니라면, 목표와 관련 있는 연합들과 계획들이 들어 있는 정서적 끌려감은 목표를 목전의 전망으로서가 아니라 시간을 걸쳐 뻗어 있는 필요나 소망으로서 계속 살아 있도록 유지할 수 있다"(Lewis 2000, p. 49). 따라서 기분은 이 기분을 이루는 특정한 정서적 해석들의 목표로 향하는 내용으로 단순히 환원될 수 없는, 지향적이고 목표로 향하는 내용을 포함한다.

만약 정서적 해석이 심리학적 (정서-인지) 상태공간에서 분기나 위상이행을 반영하는 데 반해 이 공간의 전역적 다양체는 어떠한 시간에서도 일정한 기분을 반영한다면, 기분은 무상한 정서적 해석들이 일어나는 배경환경 혹은 상황으로서 항상 현존한다는 결과가 따른다.

기분을 지속하는 배경적인 지향적 정향으로 보는 이 견해는 기분을 우리가 세계 내에 존재한다는 근본적 알아차림으로 보는 하이데거의 기술을 떠오르게 한다(1996, pp. 126-131). 그렇지만 또한 차이도 있다. 하이데거에게 기분mood은 대상으로-향하는 경험의 형태가 아니라 대상으로-향하지-않는 '기분attunement'(Stimmung) 혹은 '촉발되어 있음affectedness'이다(1991, p. 168). 기분은 편재하며 원초적이다. 기분은 간간이 일어나는 것이 아니라 항상 현존하며, 세계 내에 존재하는 우리의 본래적인(가장 기본적인) 방식이다. 기분은 사전에 존재하고, 원초적 기분에서 창발하는 두려움, 우울함, 만족감과 같은 특정한 기분들moods을 위한 필연적 전제조건이다. 따라서 하이데거의 관점에서 보면, 우울함 같은 특정한 기분의 지속하는 지향적 정향은 우리가 이미 세계에 기분잡혀attuned 있지 않다면, 다시 말해 세계가 원초적 기분을 통해 우리에게 이미 개시開示되어disclosed 있지 않다면 생겨나지 않을 수 있을 것이다.

신경현상학적 관점에서 보면, 하이데거의 설명은 만족스럽지 못하다.

첫째로, 기분에 대한 하이데거의 설명은 탈신체화되어 있는데, 왜냐하면 공포에, 불안의 '근본 기분'에 기울이는 주의에도 불구하고, 신체는 기분mood과 기분attunement에 대한 그의 설명에서 아무런 역할도 하고 있지 않기 때문이다. 둘째로, 기분과 시간성에 대한 거시적 분석을 위해서 미시적 시간성을 완전히 간과하면서, 하이데거는 한 등급에서 다른 한 등급으로 이어지는 어떠한 연관도 제공하지 않고 있다. 셋째로, 파토츠카가 지적하듯이, 하이데거에게 기분은 우리의 위치를 시간 속의 세계 내에서 이해하는 일을 포함하기 때문에 그의 설명은 동물들, 아기들, 어린아이들을 배제하고 있다(1998, pp. 132-133). 기분은 '현존재Dasein'— 개별적 인간실존을 지칭하는 하이데거의 용어 — 에게 고유한 것이다. 현존재를 구성하는 '실존론적 구조들'에 대한 하이데거의 분석은 현존재는 사회화된 성숙한 어른 형태의 개별적 인간실존이라는 점을 분명히 보여주고 있다. 현존재는 존재가 문제가 되는 그런 존재이다. 일상생활에서 그 자신을 익명적 타자인 '세인世人/the they'에게 넘겨주어 그 자신의 죽음의 가능성으로부터 숨고, 그렇게 해서 비본래적으로 살아가는 그런 존재이다. 그러나 동물들과 어린애들의 경우 또한 세계와 관계를 맺는 주관성이 있다(Patočka 1998, p. 133). 갤러거는 이와 유사한 관찰을 하고 있다.

> 하이데거의 기술에 의하면, 신생아를 존재론적으로나 경험론적으로 현존재의 한 예로 분류한다는 것은 어려운 일이다. 만약 현존재가 '세인das Man'['the they']이라면, 갓난애는 사회화 과정의 초기에 있으므로 아직 '세인'이 될 기회를 얻은 적이 없다. 만약 현존재가 비본래성의 대안으로서 본래성의 가능성을 지닌다면, 갓난애는 그런 가능성을 전혀 지니지 않는다. 갓난애는 그 자신의 죽음의 가능성이 아직 그에게 문제가 되지 않으므로 본래적일 가능성도 비본래적일 가능성도 거의 없다. 아마도 아주 어린 현존재는 전혀 현존재가 아닐 것이다. (Gallagher 1998, p. 119)

여기에 결정적으로 중요한 두 가지 논점이 있다. 첫째, '실존론적 구조'로서 하이데거의 기분은 대체로 정적인데, 왜냐하면 이 기분은 발생적 현상학의 면에서 깊이가 있다 하더라도 거의 있지 않기 때문이다. 둘째, 만약 기분attunement 혹은 촉발되어 있음이 세계 내에 존재하는 가장 기본적인 방식이라고 가정된다 하더라도, 하이데거는 훨씬 더 원초적인 무언가를, 즉 우리의 신체적 주관성의 감각운동적이고 촉발적인 감성sensibility을 생략하고 있는 것으로 보인다(Patočka 1998, pp. 133-135). 요컨대, 하이데거의 설명은 살아지는 몸을 간과하고 있다.

루이스의 모형에는 생각해보야 할, 인격형성이라는 거시적 규모의 정서가 남아 있다. 이 수준의 정서적 자기조직화는 여러 부류의 상황들에 특유한, 지속하는 해석적-정서적 습관들의 형성이다. "이것들은 갓난애 때 반복되는 EI들을 위한 끌개들을 최초로 설립하는 일, 그리고 인격 이행의 시기 동안 끌개들을 재배치하거나 교체하는 일을 포함한다"(Lewis 2000, p. 54). 인격발달의 정서적 조직화는 명백히 상호주관적이다. 순환적 인과성 때문에 기분과 정서적 해석에서 창발하기도 하고 이것들을 제약하기도 하는 이 정서적 조직화의 고차적 형태는 인격적 자기에 대한 감지—"주관적이고 지향적인, 세계로 밀치고 나아감—이다. 이 기간은 수개월 수년 동안 지속된다"(Lewis 2000, p. 57). 이 모형에 따르면, 인격적 자기감각은 특히 기분들에 의거해서 건립되고 습관적 평가들과 연결된 습관적 정서들의 시간적으로 연장된 장기 패턴들에 의해 구성된다.

현상학에서 이 인격적 자기감각은 후설이 '구체적 자아concrete ego'라고 부르는 것에 해당한다. 이 용어로 그는 일반적 능력들 및 능동적 애씀을 통해 형성되는 침전된 경험들의 결과로 '습관성들(=습득성들)habitualities'—또 다른 방식이 아니라 한 방식으로 사물들을 경험하려는 성향적 경향성들—에 의해 구성되는 '나I'를 의미한다. 그렇지만 비록 자기에 대한 이 이해방식이 후설에게 대단히 중요하다고 하더라도, 또 그의 현상학이 정동과 연합, 공감과 상호주관성에 대한 분석들이 풍요롭다 하더라도, 후설의

'구체적 자아'는 이상하게도 인격성이 결여돼 있다. 전반적으로 현상학에는 (프로이트적 혹은 정신역동적 전통과는 달리) 유감스럽게도 인격성 수준의 정서에 대한 분석이 존재한 적이 별로 없었다.

정서에 대한 동역학적 체계 접근법과 현상학적 접근법 간의 유사성과 수렴을 탐색하면서 나는 정서의 신경현상학이 어떠한 것인지 예비적인 방식으로 소묘하려고 노력해 왔다. 루이스의 모형은 현상학적 해석과 생물학적 해석에 열려 있는 구조적 혹은 형식적 수준에서 정서를 기술하기 때문에 이 점에서 도움이 된다. 형식 혹은 구조의 형태동역학적 개념에 의존하면 우리는 정서 경험의 구조에 대한 현상학적 설명들을 탐색할 수 있고, 그러면서 이 설명들을 정서이론이 기술하는 심리학적 과정들에, 그리고 신경동역학이 기술하는 신경생물학적 과정들에 관련지을 수 있다. 이 서로 밝혀주는 방식으로 이 다양한 가닥들을 함께 짜는 것은 경험의 구조에 대한 신경현상학적 접근법의 또 다른 예를 제공한다.

13장 공감과 문화화

이전 장에서 정서를 탐색할 때 우리는 경험 흐름의 구조에 관한 추상적 고찰로 시작하고 그런 다음 정서적 자기조직화 및 정동의 동역학이라는 더 구체적인 주제로 넘어갔다. 이 길을 따라가면서 우리는 인간경험의 상호주관성을, 화난 얼굴을 보고 누군가의 시선을 피하는 예에서 특히 현저하게 점점 더 잘 볼 수 있는 시계視界를 얻게 되었다.

그렇지만 지금까지 이 책에서 나는 상호주관성을 이 용어가 받을 만한 충분한 주의를 기울이지 않고 그저 암시하는 데 그쳤을 뿐이다. 상호주관성은 수많은 갈래들을 갖는 현상학적 철학의 방대하고 중요한 주제이다. 상호주관성은 또한 발달심리학, 사회심리학, 임상심리학, 정신분석학, 그리고 더 최근에는 정동적 신경과학과 인지적 신경과학의 가장 중요한 관심사이다. 어떠한 포괄적 방식이든 상호주관성에 대한 많은 현상학적, 임상적, 과학적 취급을 탐색하는 일은 또 다른 책을 요구할 것이다. 따라서 이 마지막 장에서 이루고자 하는 내 목표는 훨씬 더 간소하다. 내 목표는 상호주관성에 관한 심리과학과 후설의 발생적 현상학과 세대간적 현상학 사이에 다리를 놓는 것이다. 이 다리는 상호주관성에 대한 다른 중요한 현상학적 논의들 그리고 과학적 연구와 임상적 연구 모두로부터 얻어내는 미래의 탐구로 가는 예비적 단계로 의도되어 있다.

이 장은 두 가지 이념에 의거해서 조직되어 있다. 첫 번째 이념은 자기와 타자는 공감을 통해 호혜적으로 서로를 창출한다는 것이다.[1] 우리 자신을 세계 내의 신체적 주체로 보는 우리의 의식은 자기와 타자에 대한 어떤 공감적 이해를 전제한다. 두 번째 이념은 인간 주관성은 문화화의 발달적 과정에서 창발하고, 상징적 문화의 분포된 인지적 망에 의해 형성된다는 것이다. 이런 이유로 인간 주관성은 당초부터 상호주관성이며, 어떠한 마음도 결코 하나의 섬이 아니다.

지향성과 열려진 상호주관성

나의 첫 번째 단계는 상호주관성에 대한 후설의 후기 성찰들로부터 한 중요한 이념 — 의식의 지향성은 '상호주관적으로 열려 있다'는 이념 (Zahavi 1997, 2001a, 2001b) — 을 도입하는 것이다. 의식은 유아론적으로 그 자체에 갇혀 있지 않다. 오히려 의식은 자기와 타자 사이의 모든 현실적 마주침에 앞서 열려 있다.

우리는 가장 넓은 현상학적 의미의 지향성은 세계로 향해 열려 있음이라는 것을 (2장에서) 이미 본 바가 있다. 이제 강조를 필요로 하는 것은 이 열려 있음은 또한 암묵적으로 상호주관적이라는 점이다. 왜냐하면, 세계는 우리에게 상호주관적으로 접근할 수 있는 것으로 개시開示되기 때문이다. 한편으로, 우리가 세계와 교섭할 때 마주치는 사물의 유형들은 무엇보다도 먼저 문화적 인공물들과 용품들이지 냉담한 물리적 물체들이 아니다 (Heidegger 1996, pp. 62-67). 다른 한편으로, 단지 지각의 대상들로 추상적으로 간주되는 물체들조차도 다른 가능한 주체들에 의해 지각 가능한 것으로 우리에게 나타난다. 내가 여기서 도입하고 싶은 것은 바로 이 후자에 보이는 생각이다.[2]

우리가 한 물체를 지각할 때 이 물체는 지금 보이지 않는 측면들이나 일면들을 갖고 있는 것으로 나타난다. 마주하는 측면을 보는 동안 다른 측면들은 감추어져 있다. 비록 한 물체의 숨겨진 일면들을 직접 보지 못할지라도 이 일면들의 현존presence에 대한 뚜렷하게 지각적인 의미를 갖고 있다. 후설의 언어로 하면, 지각은 보이는 일면의 현시presentation 속에서 또 이를 통해서 숨겨진 일면들을 자동적으로 '간접현시한다'. 간접현시*ap-presentation*란 용어는 직접 주어져 있는 무언가를 기반으로 해서 직접 주어져 있지 않은 무언가의 현존을 우리가 지향한다는 것을 지칭한다. 지각할 때 우리는 직접 보이는 앞면을 기반으로 해서, 직접적으로 보이지 않는 한 물체의 뒷면을 간접현시하거나 혹은 함께-지향한다. 지각적 경험에서 현존과 부재의 이 관계를 이해하는 방식은 현상학적 철학의 오래된 주제이다. 상호주관성이 이 주제와 맺는 관련성은 다음과 같은 방식으로 제시될 수 있다. 우리는 지각적 경험에 나타나는 현존과 부재의 이 관계를 우리 자신의 의식 외에 또 다른 가능한 지각적 의식을 언급하지 않고도 설명할 수 있는가? 후설의 대답은 '설명할 수 없다'이다. 지각에서 혹은 더 정확히 말해서 지각의 간접현시하는 기능에서 우리는 부재하는 일면들이 또한 또 다른 주체의 가능한 지각의 객관적 상관물이라고 암묵적으로 이해한다 (Zahavi 1997, 2001a).

여기에 담고 있는 생각은 지각작용의 지향성에 암묵적으로 존재하는 '대상'(즉, 한 주체로서의 자기 자신에 맞서서 서 있는 어떤 것)은 복수적 주체들에 의해 동시적으로 지각될 수 있다는 것이다. 이 생각으로 이끄는 단계들을 추적하기 위해서, 만약 내 지각의 지향성을 규정하고자 할 때 나 자신 이외에 다른 지각자들을 언급할 필요가 없다 해도, 한 물체의 부재하거나 혹은 숨겨진 일면들이 단지 내 지각만의 상관물들로서 틀림없이 간접현시된다는 것을 생각해보자. 그러므로 다음과 같은 두 가지 대안이 제시된다. 첫째, 부재하는 일면들은 대상에 대한 내 과거의 지각들이나 내 가능한 미래의 지각들에 주어진 일면들로 간접현시될지도 모른다. 둘째, 숨겨진 일면들은 내 현재의 지점과 다른 유리한 지점에서 사물을 본다면 바로 지금 갖게 될 지각들의 상관물들로서 간접현시될지도 모른다. 두 설명은 모두 만족스럽지 못한 것 같다. 첫 번째 설명은 지각에 대한 대상의 통일성을 일련의 시간적으로 분리된 일면들—이 중의 하나(보이는 것)만이 현실적이다—의 결과로 만든다. 하지만 나는 마주하는 일면을 과거 혹은 미래의 일면과 관련해서 현존하는 것으로 경험하지 않는다. 나는 마주하는 일면을 다른 함께-현존하지만 숨겨진 일면들과 관련해서 현존하는 것으로 경험한다. 그러나 두 번째 설명에 따르면, 나는 부재하는 일면들을 나의 함께-현존하지만 비현실적인 지각들의 부재하는 상관물들로서 간접현시한다. 이 설명은 나의 지각에 대한 대상의 통일성을 현실적이면서 비현실적인 일면들(나의 비현실적 지각들의 상관물들)의 합성물로 만드는 데 반해, 이 대상의 통일성은 현실적인 일면들의 통일성 곧 보이는 일면들과 숨겨진 일면들의 통일성일 필요가 있다.

따라서 간접현시되는 숨겨진 일면들은 우리 자신의 가능한 지각들의 상관물들로서가 아니라, 대상을 우리 자신이 동시적으로 지각할 수 있는 다른 주체들의 가능한 지각들의 상관물들로서 이해될 때 더 잘 이해된다.[3] 우리가 대상의 숨겨진 일면들을 간접현시할 수 있기 위해서 다른 주체들이 전혀 현실적으로 현존할 필요도 없고 다른 주체들이 전혀 세계 내에 존재할 필요도 없다(후설이 말하듯이, 나는 온 세상의 역병에서 살아남은 마지막 생존자일지도 모른다). 오히려 요점은, 지각의 지향적 구조는 대상들이 다른 가능한 주체들에게 현존하고 지각 가능한 방식으로 대상들에 대한 우리의 개별적 의식을 초월하는 것으로서 대상들을 개시開示한다는 것이다. 이와 같이 의식의 지향성은 상호주관적으로 열려 있고, 내가 보는 동일한 세계를 보는 복수적 주체들의 원리상의 가능성을 부정하는 유아론과 양립할 수 없다.

후설의 분석들에서, 의식의 구조적 특질인, 지향성의 열려진 상호주관성 이외에도 두 다른 종류의 상호주관성이 구분될 수 있다. 첫 번째 종류의 상호주관성은 타자의 신체적 현존의 경험, 즉 자기와 타자의 면대면 경험이다. 두 번째 종류의 상호주관성은 공동체적으로 전해 내려오는 규범들, 인습들, 역사적 전통들이다. 두 유형의 상호주관성이 이 장에서 일정한 역할을 행할 것이다. 길을 준비하기 위해 우리는 의식의 열려 있는 주관성과, 자기와 타자의 면대면 만남으로서의 상호주관성 간의 관계를 검토할 필요가 있다.[4]

우리는 의식의 상호주관적 열려 있음이 타자의 표현적인 신체적 현존에 대한 우리의 지각적 경험이 의식의 상호주관성을 위한 기반이라는, 타자에 대한 지각적 경험에 의존한다고 가정할지도 모르겠다. 가령 우리는 내가 다른 사람이 나를 경험한다는 것을 경험할 때 나는 내가 타자에게 한 타자라는 것을, 타자가 나에게 개시되어 있듯이 내가 타자에게 개시되어 있다는 것을, 따라서 나는 타자들의 맥락 속에서 많은 사람들 중 유일한 한 사람이라는 것을 암묵적으로 알고 있다고 주장할 수도 있을 것이다. 이런 식으로 나의 의식은 말하자면 바깥으로부터 상호주관적으로 열려 있게 될 것이다.

그러나 이 설명은 상황을 역으로 보고 있다. 내가 타자를 지각하기 위해서—즉, 타자의 신체적 현존이 나에게 지각적으로 개시되기 위해서—지각적 경험의 열려 있는 상호주관성이 미리 작용하고 있지 않으면 안 된다. 따라서 다른 신체적 주체에 대한 우리의 현실적 경험은 타자에 대한 선험적*a priori* 열려 있음에 기반하고 있다. 같은 이유로, 의식의 상호주관적 열려 있음은 자기와 타자의 어떠한 우발적이고 사실적인 관계로도 환원될 수 없다. 왜냐하면, 이 열려 있음은 어떠한 그런 만남에도 앞서는 주관성의 구조 그 자체에 속하는 것이기 때문이다. 그럼에도 불구하고, 다른 주체들에 대한 우리의 경험에는 의식의 열려 있는 상호주관성에 관한 이 경험보다 분명히 훨씬 더 많은 것이 존재한다. 열려 있는 상호주관성은 일차적으로 지향성의 형식적 구조이긴 하지만, 자기와 타자에 대한 구체적 경험은 불일치dissension를 허용하고 따라서 타자의 타자성alterity에 대한 경험을 허용한다(Zahavi 1997, p. 317). 내가 이제 제안하는 것은 공감의 경험을 검토함으로써 이 구체적 경험의 구조를 더 상세하게 고찰하는 것이다.

공감의 현상학적 개념

심리학자들은 공감*empathy*이란 용어를 세 가지 구별 가능하고 상호 관련이 있는, 자기와 타자를 포함하는 정동적이고 인지적 과정들을 기술하기 위해 사용한다(Levenson and Reuf 1992). 첫 번째 과정은 다른 사람이 느끼고 있는 것을 느끼는 과정이다. 두 번째 과정은 다른 사람이 느끼고 있는 것을 아는 과정이다. 세 번째 과정은 다른 사람의 괴로움에 연민을 갖고서 반응하는 과정 — 동정sympathy으로 더 잘 기술되는 반응 — 이다(Eisenberg 2000).

현상학자들은 다소 다른 방식으로 공감에 접근한다(Stein 1989). 공감은 우리가 타자의 경험으로 향하는, 독특한 형식의 지향성이다. '외래의 경험foreign experience'을 개시하거나 현시하는 지향적 작용이라면 무엇이든 공감으로 간주된다. 비록 이렇게 이해된 공감이 (타자의 신체적 현존에 대한) 지각에 기초하고 또 문제가 되는 어려운 상황에서 추리를 수반할 수 있을지라도, 이 공감은 지각과 추리의 어떤 부가적 결합물로 환원될 수는 없다. 따라서 공감에 대한 현상학적 이해방식은, 먼저 타자들의 신체적 행동을 지각하고 다음에 그들의 행동이 우리 속에서 유사한 행동을 야기하는 것처럼 보이는 것들과 유사한 경험들이나 내적 마음상태들에 의해 야기된다고 추리하거나 가설을 세움으로써 타자들을 이해하는 어떠한 이론과도 대립된다. 오히려 공감 속에서 우리는 또 다른 인간을 직접적으로 사람 — 즉, 신체적 제스처들과 행위들이 그의 경험들이나 마음상태들을 표현하는 지향적 존재 — 으로 경험한다. 현상학의 과제는 타자가 또 다른 주관성으로 개시되는 것을 가능하게 하는 의식의 지향적 구조를 분석하는 것은 물론이고, 그런 개시를 가능하게 하는 양식들이나 방식들을 분석하는 것이다.

이디스 슈타인Edith Stein은 그녀의 저서 『공감의 문제에 관하여*On the Problem of Empathy*』에서 다른 사람의 경험을 알아차리는 것으로 이해된 많은 형식적인 구조적 특질에 주의를 기울였다(Stein 1989, pp. 6-11).[5] 우리는 지각과 공감의 관계로 시작할 수 있다. 지각과 공감 둘 다에서 지향적 대상이 거기에서 그 자체로 바로 지금 현시되지만 서로 다른 방식으로 현시된다. 지각은 물체를 구체적이고 개별적인 것으로 거기에 존재하는 것으로 현시하는 데 반해, 공감은 다른 주체의 경험을 이런 방식으로 현시하지 않는다. 우리가 다른 사람의 슬픔을 알아차리게 될 때 슬픔은 우리가 무언가를 보거나 만질 때처럼 우리 앞에 바로 거기에 서 있는, 구체적이고 개별적인 것으로 주어지지 않는다. 오히려 슬픔은 슬픔에 찬 표정이나 고통스러운 표현 속에 또 이를 통해서 주어진다. 따라서 "공감적 작용들과 보이는 대상의 눈이 닿지 않는 측면들 사이에는 가깝지만 매우 느슨한 유사성이 존재한다"(Stein 1989, p. 6). 지각에서, 눈이 닿지 않는 측면들은 비록 숨겨져 있고 따라서 어떤 의미에서 지각되지 않는 것이지만, 일종의 지각적 현존, 지각적 부재-속의-현존presence-in-absence을 갖고 있다. 마찬가지로 공감에서, 슬픔의 느낌은 비록 슬픔을 경험하는 주체에 대해서 본래적으로 현존하듯이 현존하는 것은 아니지만, 슬픔에 찬 표정 속에 지각적 현존을 갖고 있다. 현상학적 언어로 말하면, 대상의 눈이 닿지 않는 측면들은 지각된 측면을 기반으로 해서 간접현시되듯이, 한 사람의 느낌은 그의 공감적으로 파악된 표정과 행동거지를 기반으로 해서 간접현시된다. 마찬가지로, 보이는 측면은 거기에서 그 자체로 바로 지금 존재하고 지각에서 그 자체로 파악되듯이, 그렇듯이 슬픔에 찬 표정은 거기에서 그 자체로 바로 지금 존재하고 공감에서 그 자체로 파악된다.

그렇지만 이 유사성은 너무 멀리 나아갔다. 지각에서, 눈이 닿지 않는 측면들은 원리상 언제든 봄으로 가져올 수 있다. 공감에서, 비록 슬픔에 찬 표정의 숨겨지거나 감추어진 측면들은 봄으로 가져와질 수 있다 하더라도 주관적 느낌으로서의 슬픔 그 자체는 이런 방식으로 지각적으로 현존하게 할 수는 없다. 슈타인의 말로 하면, "나는 내가 원하는 만큼 많은 측면들로부터 고통의 표현을, 더 정확히 말해 공감적으로 고통의 표현으로 파악하는 얼굴의 변화를 고찰할 수 있다. 그렇지만 원리상 나는 고통 그 자체가 원초적으로 주어지는 '정향'을 결코 얻을 수 없다"(1989, p. 7).

이 공감의 '무원초성nonprimordiality'— 공감의 2인칭적 관점에 의거한다면 경험은 본래적인 1인칭적 주관성에서 개시될 수 없다는 사실—은 또한 공감과 기억과 상상 사이에 유사성 혹은 유비가 존재한다는 것을 의미한다. 우리가 기쁨을 기억할 때 기쁨은 '원초적으로 또 신체적으로 거기에' 존재하는 것이 아니라, '한때 살아 있던 것으로서' 기억에 주어진다 (Stein 1989, p. 8). 기쁨은 부재하지만 단순히 부재하는 것이 아닌데, 왜냐하면 기쁨은 경험을 기억하기 위한 일종의 부재-속의-현존을 갖기 때문이다. 기쁨은, 우리가 10장에서 보았듯이, 현상적으로 부재하는 것이다. 그렇지만 다시 한 번 유사성 혹은 유비가 너무 멀리 나아갔다. 기억의 경우 기억하고 있는 주체는 기억되는 주체와 동일하다. 그러나 공감하고 있는 주체는 공감되는 주체와 동일하지 않다.

> 그리고 이것은 우리 자신의 경험들의 기억, 기대, 상상과 달리 근본적으로 새로운 것이다. 이 두 주체는 분리되어 있지, 앞서 말한 바와 같이 경험의 동일성이나 연속성에 의해서 결합되어 있지 않다. 그리고 내가 타자의 기쁨 속에서 살고 있는 동안 나는 원초적 기쁨을 느끼지 않는다. 타자의 기쁨은 나의 '자아I'로부터 생생하게 흘러나오지 않는다. 또 기억된 기쁨처럼 한때 살았던 성격을 갖고 있는 것도 아니다. 하지만 현실적 삶이 없다면 타자의 기쁨은 그저 훨씬 덜 상상될 뿐이다. 이 다른 주체는 비록 내가 이 주체를 [내가 내 자신을 경험하는 만큼] 원초적인 것으로

경험하지 않더라도 원초적이다. [타자의 느낌에 대한] 나의 무원초적인 경험에서 나는 말하자면 나에 의해 경험되는 것이 아니라 여전히 거기에서, 나의 무원초적 경험에서 현출하는 원초적인 경험에 의해 이끌린다는 것을 느낀다. (Stein 1989, p. 11)

따라서 공감은 지각, 기억, 상상, 기대처럼 독특한 종류의 지향적 경험이다. 공감은 지각과 어떤 구조적 특질들을 공유하고 기억, 상상, 기대와 어떤 다른 구조적 특질들을 공유하지만, 이러한 지향적 작용들로 환원될 수 없고 혹은 이러한 작용들로 구축될 수 없다. 그러므로 전술한 비교들 외에도 공감은 그 자신의 방식대로 분석될 필요가 있다.

슈타인은 공감을 느낌의 경험으로 기술하는데, 이러한 느낌의 경험은 우리 자신의 것인 경험이 아니라 다른 사람의 표현적인 신체적 현존에 대한 우리의 경험에 주어지는 경험에 의해 이끌린다. 그녀는 "비록 구체적 경우에 사람들이 항상 모든 수준들을 겪는 것은 아니고 낮은 수준들 중 하나에 종종 만족한다 하더라도(Stein 1989, p. 10), 공감의 "세 가지 수준 혹은 양태의 성취"를 구분한다. 첫째, 다른 사람의 경험이 내 앞에 출현한다. "다른 사람의 경험이 돌연 내 앞에 일어날 때 그것은 (내가 '다른 사람의 얼굴에서 읽는' 슬픔과 같은) 대상으로서 나에 맞서 있다"(p. 10). 둘째, 나는 경험의 내용과 '그것의 함축된 경향성들'을 탐문할 수 있는데, 그 경우에 "나를 그리로 끌고 간 내용은 실제로 더 이상 대상이 아니다(ibid). 나는 이제 공감된 경험의 대상으로 향한다. 즉, 나는 타자의 관점에서 그 주체의 경험의 대상을 이해하기 위해 나 자신을 타자의 장소로 이동시킨다. 셋째, 타자의 경험에 대한 이러한 해명이 일단 발생하기만 하면, 경험이 나에 맞서 있지만 이제는 해명된 방식으로 혹은 설명된 방식으로 그렇게 한다. 슈타인은 이 세 가지 수준들을 (1) 경험의 출현, (2) 충족시키는 설명, (3) 설명된 경험의 포괄적 대상화로 지칭한다(ibid).

이 수준들의 공감은 나에게 다시 반복될 수 있고, 그래서 나는 나에 대한 타자의 공감적 경험에 대한 공감적 경험을 갖는다. 달리 말해서, "내가 공감적으로 이해하는 다른 사람의 작용들 중에는 타자가 다른 사람의 작용들을 이해하는 공감적 작용들이 존재할 수 있다. 이 '다른 사람'은 제3의 사람 혹은 나 자신일 수 있다. 두 번째 경우에 우리는 나의 본래적 경험이 공감된 경험으로 나에게 되돌아오는, [테오도르 립스Theodor Lipps가] '반사적 공감'이라 부르는 것을 갖는다"(Stein 1989, p. 18).

이 수준들 전체를 통해 공감은 타자를 우리 자신과 같은 살아 있는 신체적 주체로 보는 경험에 기초한다.

> 이 개인은 물리적 신체로서가 아니라 '나', 감각하고 생각하고 느끼고 의지하는 '나'에 속하는 감각 있는 살아 있는 신체로 주어진다. 이 '나'의 살아 있는 신체는 나의 현상적 신체에 꼭 들어맞을 뿐만 아니라 그 자체로 그런 현상적 세계의 정향의 중심이다. 이 '나의' 살아 있는 신체는 이 세계를 마주하고 나와 소통한다. (Stein 1989, p. 5)

슈타인을 따라가며 우리는 타자를 살아 있는 신체적 주체로 보는 이 공감적 경험을 더 자세하게 설명할 수 있다. 우리는 타자의 신체적 현존을 (1) 그 자신의 감각장들에 의해 생화되는animated 것으로, (2) (성장, 발달, 노화, 건강, 병, 활기, 나태 등) 생명 혹은 생기에 대한 일반적 느낌들에 의해 생화되는 것으로, (3) 주관적 경험을 표현하는 것으로, (4) 공간 속 정향의 또 다른 중심으로, (5) 의지적 행위를 할 수 있는 것으로 경험한다.

슈타인은 그 자신의 감각장에 의해 생화된 것으로서 경험되는 타자의 신체적 현존에 대한 공감적 지각을 '감각적 공감' 혹은 '같이-감각함sensing-in'이라고 부른다. 그녀의 예를 들어보면, "책상 위에 얹혀 있는 손은 책상 옆의 책처럼 거기에 놓여 있는 것이 아니다. 손은 약간 세게 책상을 누르고 있다. 손은 투명하게 혹은 펼쳐져서 거기에 놓여 있다. 그리고 나는 압박과 긴장의 감각들을 '본다'."(1989, p. 58). 지금까지 이 예는 오직 공감의 첫 번째 수준의 성취 — 다른 사람의 경험의 출현 — 를 포함한다. 두 번째 수준은 타자의 경험의 내용을 탐문하는 것을 포함한다. 만약 이것이 일어난다면, 비의지적인 감각운동적이고 정동적인, 두 살아지는 신체의 쌍결합으로서의 공감에서 내 자신을 타자의 장소로 옮기는 상상적 움직임으로서의 공감으로 향하는 움직임이 존재한다. "(현실 속에서in reality가 아니라 '마치 ~하는 듯as if') 내 손을 다른 손의 장소로 움직인다. 손을 다른 손의 장소로 움직여서 다른 손의 위치와 자세를 차지하고, 이제 비록 원초적으로서가 아니고 또 그 자신의 것으로서가 아닐지라도 다른 손의 감각들을 느낀다. … 다른 손은 다른 물리적 신체에 속하는 것으로 연속적으로 지각되고, 그래서 공감된 감각들은 우리 자신의 감각들과 대조적으로 다른 것으로서 연속적으로 부각되어 오게 된다(1989, p. 58).

이런 종류의 감각적 공감이 일어나기 위해서는 우리 자신의 신체와 타자의 신체가 반드시 유사한 유형이어야 하거나 혹은 비교 가능한 신체도식을 가져야 한다. 이러한 신체 유형 혹은 도식의 한계들이 무엇인지는 아직 해결되지 않은 중요한 물음이다. 슈타인은 "공감은 내 손과 매우 다른 어른과 아이의 손에 대해 성공적으로 이루어진다"(p. 58)고 적고 있다. 그런 다음 그녀는 결정적으로 중요한 논점을 제시한다. "'인간의 물리적 신체' 유형은 나의 공감적 대상들의 범위의 한계들을, 더 정확히 말하면 살아 있는 신체로 나에게 주어질 수 있는 것의 범위의 한계들을 규정하지 않는다." 예를 들어, "내가 아마도 개의 발을 내 손과 비교해서 고찰해본다면, 나는 단순히 물리적 신체를 갖고 있는 것이 아니라 살아 있는 신체의 감각이 있는 사지를 갖고 있는 것이다. … 나는 이 동물이 다쳤을 때 통증을 같이-감각할sense-in 수도 있다." 그럼에도 불구하고, 슈타인은 "'인간' 유형을 벗어나면 벗어날수록 충족 가능성들의 수는 그만큼 더 적어질 것이다"(1989, p. 59)고 주장한다.

타자의 신체적 현존을 주관적 생각들이나 느낌들을 표현하는 것으로 보는 지각은 감각적 공감과 긴밀하게 결합해 있다. "우리는 얼굴을 붉힘'에서' 부끄러움을, 찡그린 이마에서 짜증남을, 움켜쥔 손에서 화남을 '본다'"(1989, p. 75). 얼굴을 붉힘과 짜증남의 이 예들은 얼굴 표현들에 대한 공감적 지각은 공감의 이 측면을 예증한다는 점을 보여준다. 조너선 코울 Jonathan Cole은 안면 신체화에 관한 한 논문에서 이렇게 쓰고 있다.

> 얼굴은 표현하라는 또 표현을 관찰하라는 지시를 포함할 뿐만 아니라 표현되는 것에 몰두하라는 또 표현되는 것에 대해 무언가를 스스로 느껴보라는 지시를 포함하기도 한다. 몸짓언어body language와 상보적이긴 하지만, 이 점에서 이 지시는 몸가짐posture을 통해서 보통 표현된다고 생각되는 것을 넘어설 수도 있다. 표현들은 안에 존재하는 것을 구성하는 데에 실제로 도움이 된다. 그러므로 얼굴은 타자들이 읽기 위해 접할 수 있는 자기a self의 표현일 뿐만 아니라, 어느 정도 자기는 얼굴들 사이의 상호작용들 속에서 얼굴에서 구성되고 발전되고 경험된다. (Cole 1997, p. 482)

공감의 또 다른 측면은 타자를 공동의 공간적 세계에서 정향하는 또 다른 중심으로 보는 지각이다. 우리의 공간 경험과 신체적 자기성 감각은 밀접하게 관련돼 있다. 우리는 '여기에'에 있으면서, 후설이 공간 정향의 '영점'이라고 부르는 곳에 있으면서 사물들을 우리 주위에 배열돼 있는 것으로 지각한다. '여기'와 '저기'의 분화는 우리의 신체와 무관한 매체로 간주된 공간에 속하지 않는다. 이 분화는 우리의 자아중심적인 신체적 공간에 속한다. 다른 사람을 지각할 때 우리는 그를 우리 '여기'와 관련해서 '거기'로 지각하고, 우리는 그를 그 자신의 신체에 의해 규정된 그 자신의 자아중심적 공간을 갖는 것으로 파악한다. 그뿐만 아니라 우리는 그의 신체를 지향적 행위체와 의지적 움직임의 장소로 지각한다. 우리는 다른 사람의 움직임들을 기계적인 것으로서가 아니라 살아 있고, 자발적이고, 의지적인 것으로 경험한다. (감각장을 갖고 있는) 정감도, (자아중심적 공간을 갖고 있는) 공간적 정향도, 다른 사람에 대한 우리의 공감적 지각에서 이루어지는 의지적 움직임과 분리될 수 없다. 다른 사람을 의지적 움직임을 행할 수 있는 정감적 존재(=유정有情)로 지각할 때 우리는 그를 우리가 '거기에' 서 있는 것과 관련해서 그 자신의 '여기'를 점하고 있는 것으로 지각한다.

다시 말하지만, 이런 종류의 공간적 경험은 (저기에 있는 타자를 지각하는) 첫 번째 수준의 성취에 계속 남아 있을 수 있고, 아니면 자기 자신을 타자의 장소에 놓는 상상적 움직임에 따라 이 공감적 경험이 전개되는 두 번째 수준으로 나아갈 수 있다. 이 상상적 자기이동은 세계에 대한 새로운 공간적 관점, 타자의 관점을 얻도록 해준다. 동시에, 우리는 계속해서 우리 자신의 공간적 정향의 중심을 갖는다. 따라서 공감은 공간을 단일한 영점 혹은 신체적 정향 중심이 존재하지 않는 상호주관적 매개로 파악할 수 있게 한다. 이 논점을 다른 방식으로 말하면, 공감은 공동의 상호주관적인 공간적 세계에 거주하는 우리의 경험을 위한 전제조건이다. 공감은 우리의 정향 중심은 다른 것들 중의 하나라는 관점을 제공한다. 그런 관점과 상관이 있는 공간은 우리 자신의 자아중심적 공간일 수 없다. 왜냐하면 우리 자신의 자아중심적 공간은 우리 자신의 영점에 의해 규정되는 데 반해, 새로운 공간적 관점은 우리의 영점을 단지 다른 많은 것들 중의 한 공간적 점으로 포함하기 때문이다.

후설과 슈타인 두 사람 모두에 따르면, 상호주관적 공간에 대한 이 경험적 파악은 우리 자신의 신체를 세계 내의 다른 신체들과 같은 물리적 신체로 경험할 수 있는 우리의 능력을 위한 가능성의 조건이다. 만약 우리가 타자에게 한 타자인 방식을 포함해서 타자들에게 공감적 열려 있음을 절대 지니지 못할 만큼 우리가 우리 자신의 1인칭적인 단수적 관점에 국한된다면, 우리는 우리 자신의 신체가 복수적 주체들에 의해 지각될 수 있는 물리적 신체라는 점을 파악할 수 없을 것이다. 물리적 대상은 지각할 때 우리 앞에서 서 있고 다양한 관점에서 검토될 수 있는 무언가이다. 그러나 오로지 1인칭적인 단수적 관점에 의거하는 우리 자신의 살아 있는 신체는 이런 방식으로 우리 앞에 서 있을 수 없다. 우리가 어떻게 향하더라도 우리의 신체는 언제나 '여기에', 영점에 있지, '거기에' 있는 것이 아니다. 우리는 모든 측면들에서 우리의 신체를 주시하며 우리의 신체 주위를 걸을 수 없다(Merleau-Ponty 1962, pp. 90-97). 일반적으로 우리가 세계를 지각하는 신체로서의 우리의 신체는 단순히 세계 내의 또 다른 대상으로 우리에게 지각적으로 개시開示될 수 없다. 따라서 우리가 살아 있는 신체를 단지 1인칭적인 단수적 관점에서 고찰한다면, 이 신체는 현상적으로 다른 어떠한 물리적 신체와도 같지 않다. 이 신체는 현상적으로 '가장 낯선 대상'(Stein 1989, p. 41), 근본적으로 불완전한 어떤 것이다. 후설의 말로 하면, "모든 지각을 위한 수단으로 이바지하는 동일한 신체[살아지는 신체]는 내가 그것을 그 자체로 지각하지 못하게 하고, 현저히 불완전하게 구성된 사물이다"(1989, p. 167). 공감, 특히 자기 자신을 타자에게 있어서 한 타자로 경험하는 것을 통해서 우리는 우리의 1인칭적인 단수적 관점을 넘어서는 우리 자신의 신체적 존재에 대한 견해를 얻는다.

슈타인은 그녀가 반복되는 공감reiterated empathy이라 부르는 것에 의해서 이 중요한 논점을 정교하게 발전시킨다. 반복되는 공감에서 나는 나 자신을 너의 관점에서 본다. 더 정확하게 진술하면, 나는 나에 대한 너의 공감적 경험을 공감적으로 파악한다. 이런 방식으로 나는 나 자신에 대한 견해를, 타자들에 의해 지각될 수 있는 무언가로뿐만 아니라 타자들에 의해 살아 있는 신체적 주체로서 공감적으로 지각될 수 있는 무언가로 획득한다. 달리 말해서, 나는 더 이상 안으로부터만 정감을 경험하지 않을 뿐만 아니라, 인식 가능하게 정감적인 것으로 바깥으로부터, 타자의 관점으로부터 나 자신을 경험한다. 이와 같이 나의 인격적 자기성 감각은 심지어 기본적인 신체적 수준에서조차 또 다른 사람에 의한 인식 그리고 그 인식을 정감적으로 파악하는 능력에 매여 있다.

전술한 설명에는 세 가지 구분 가능한 공감적 과정들 혹은 공감의 유형들이 함축돼 있는데, 우리는 또한 여기에다 네 번째 것을 추가할 수 있다(Depraz

2001b; Thompson 2001, 2005).

1. 나의 살아 있는 신체와 너의 살아 있는 신체를 묶는 수동적 혹은 비의지적 쌍결합coupling 혹은 짝지음pairing.
2. 나 자신을 너의 장소로 옮기는 상상적 이동movement 혹은 이전 transposition.
3. 너를 나의 타자로 알고, 나를 너의 타자로 아는 이해.
4. 너를 인격으로 보는 도덕적 지각.

다음 절에서 나는 공감적 경험의 현상학적 위상학을 발달심리학, 동물행동학, 그리고 인지적 신경과학과 정동적 신경과학의, 공감과 사회인지에 대한 최근의 실증적 연구들을 조직하고 이해하는 방식으로 사용하겠다. 이런 방식으로 나는 공감에 대한 과학적 연구를 위한 현상학적 체재를 소묘하겠다.[6]

정동적 감각운동적 쌍결합

공감의 첫 번째 유형은 자기와 타자의 살아 있는 신체의 동역학적 쌍결합 혹은 짝지음이다. 이 유형은 의지적으로 혹은 분별이나 반성의 결과로 개시開始되지 않는다는 의미에서 수동적이며, 공감의 다른 측면들을 위한 받침대 노릇을 한다. '쌍결합' 혹은 '짝지음'은 신체적 유사성을 기초로 하는 자기와 타자의 연합적 결합 혹은 연계를 의미한다. 이 유사성은 의식에 현시하는 지향적 대상인 신체상의 일부를 형성하는 시각적 나타남의 수준에서 작동하는 것이 아니라, 제스처, 몸가짐, 움직임의 수준에서 즉 무의식적 신체도식의 수준에서 작동한다(Gallagher 1986b). 따라서 신체적 쌍결합 혹은 짝지음은 공감을 다른 사람의 특정한 정서들(슬픔, 기쁨 등)을 이해하는 작용이게 해줄 뿐만 아니라, 더 근본적 수준에서 다른 사람을 자기 자신과 같은 살아 있는 신체적 주체로 알아보는 경험이게 해준다.

공감의 신체적 기반에 대한 현상학적 이해방식은, 감각운동적 수준과 정동적 수준에서 자기와 타자를 연결하는 쌍결합적 메커니즘들을 증명하는, 늘어나는 방대한 양의 심리학적이고 신경생리학적 증거를 언급함으로써 심리과학과 연결될 수 있다(Decety 인쇄 중; Decety and Sommerville 2003, Gallese, Keysers and Rizzolatti 2004; Preston and de Waal 2002). 예를 들어 지각과 행위의 공통부호화common-coding 이론에 따르면, 지각된 사건들과 계획된 행위들은 공통의 신경포맷을 공유한다(Prinz 1997). 따라서 행위의 지각은 그 행위에 대한 지각적 인식의 과정들뿐만 아니라, 그 행위를 발생시키기 위한 운동과정들의 다양한 측면들을 자동적으로 활성화한다.

이 사상을 지지하는 증거는 원숭이의 전前운동 피질premotor cortex의 F5 영역에 있는 이른바 거울뉴런들의 발견에서 유래한다(de Pellegrino et al. 1992). 이 뉴런들은 동물이 어떤 목표지향적인 손 움직임들을 달성할 때, 그리고 동물이 또 다른 개체가 동일한 행위들을 수행하는 것을 관찰할 때 활동의 동일한 패턴을 보인다. 이 뉴런들의 활동은 (목표의 현존에 의해 규정된) 특정한 지향적 운동 행위들motor acts과 상관이 있지, (특정한 근육군의 수축에 의해 규정된) 특정한 움직임들movements의 이행과는 상관이 없다. 이 뉴런들은 '손으로 잡는다', '손과 입으로 잡는다', '뻗는다'와 같은 행위의 유형에 따라 분류될 수 있다. 동일한 유형의 모든 뉴런들은 동일한 목적을 충족시키는 행위들과 상관이 있다. 이 속성들에 기초해서 거울뉴런들은 다른 개체가 수행하는 운동 행위들을 관찰하는 것과 자기 자신이 동일한 유형의 행위들을 수행하는 것을 대응시키는 피질체계를 형성하는 것 같다(Gallese, Keysers, and Rizzolati 2004).

단일한 뉴런들의 수준에서 이루어진 이러한 발견은 기능성 자기공명영상functional magnetic resonance imaging(fMRI)을 사용해서 인간의 뇌영상 연구에 의해 보완되어 왔다. 한 연구에 의하면, 두 서로 다른 피질영역 — 오른쪽 앞 두정피질, 그리고 (말을 위한 운동영역이고 원숭이의 F5 영역에 해당하는 인간의 뇌 영역인) 왼쪽 아래 전두피질의 보로카 영역—의 활동은, 한 개인이 또 다른 개인이 손가락 움직임들을 수행하고 있는 것을 관찰하면서 동시에 동일한 손가락 움직임들을 수행했을 때 더 강렬해졌다(Iacoboni et al 1999). 이 연구의 담당자들은 왼쪽 전두영역은 관찰된 행위의 운동 목표와, 그래서 행위의 의미를 이해하는 것과 관계가 있는 데 반해, 오른쪽 두정영역은 움직임의 정확한 운동감각적 측면들과, 그래서 정확한 움직임을 기억하거나 반복하는 데 요구되는 세부사항들과 관계가 있다고 시사한다. 또 다른 뇌영상 연구에 의하면, 한 개인이 또 다른 개인이 여러 신체의 부분들로 행위(입 행위, 손 행위, 발 행위)를 이행하는 것을 관찰할 때 관찰자의 뇌에서 일어나는 활성화의 신경패턴들은 관찰자가 동일한 신체적 행위들을 수행하고 있다면 활동적이 될 신경패턴들과 일치한다(Buccino et al. 2001). 따라서 거울체계들은 손 행위 이외에도 풍요로운 저장목록의 신체 행위들로 이루어진다.

이 거울체계들에 대한 신경적 연구들은 지향적 행위체 수준에서의, 지각과 행위의 동역학적 공共-구성을 위한 증거를 제공한다(Hurley 1998, pp. 413-419). 사회적 인지의 맥락에서 이 구성적 상호의존성은 지각하고 행위를 이행할 때 자기와 타자 간의 감각운동적 공명을 기반으로 하는 사회적 영역을 형성한다. 갈레세의 말로 하면, "우리가 다른 개인들이 수행하는 행위를 관찰할 때 우리의 운동체계는 관찰된 행위자의 운동체계와 더불어 '공명한다'"(Gallese 2001, p. 38).

그러한 반영mirroring과 공명resonance은 또한 통증과 정서의 경우에도 일어난다. 한 환자가 손에 불쾌한 자극을 받을 때 반응하는 앞쪽 대상帶狀 피질cingulate cortex은 이 환자가 시험자의 손에 핀이 콕 찔리는 것을 관찰할 때도 또한 반응한다(Hutchinson et al. 1999). 정서의 지각은 정서를 발생시키는 데 핵심 역할을 하는 신경메커니즘을 활성화한다는 것이, 피험자들이 모방할 때 또 다양한 정서들의 얼굴 표현들을 관찰할 때 많은 동일한 뇌 영역들이 활성화된다는 것이 제시되어 왔다(Carr et al. 2003).

감각운동적 쌍결합 외에도, 정서적 쌍결합과 정동적 공명이 또한 자기와 타자 사이에 일어난다. 정동적 공명 속에서 둘 이상의 개인들은 서로의 정서적 상태들에 영향을 미친다. 한 고전적 예는 갓 태어난 신생아들이 우는 것이다(이에는 보통 오해의 소지가 있는 용어 정서적 전염*emotional contagion*이라는 꼬리표가 붙어 있다). 갓 태어난 아기들은 다른 아기들의 울음소리에 응해서 우는데, 이는 인지적 공감의 후기 발달을 위한 토대의 일부를 제공한다고 생각되고 있는 반응이다(Eisenberg and Strayer 1987; de Waal 1996, p. 121). 정동적 공명은 또한 퇴짜 맞은 아이가 엄마에게 성질을 부릴 때처럼 — 이 행동은 인간뿐만 아니라 유인원에게서도 보인다 — 두 개체가 직접적 상호작용에 종사해서 한 개체가 다른 개체에게 능동적으로 영향을 미치려고 할 때 일어난다(de Waal 2002).

상상적 이동

공감의 두 번째 유형은 자기 자신을 타자의 장소로 옮기는 상상적 이동 transposition이다. 이 과정은 감각운동적 정동적 공명보다 더 행위적이고 인지적이다. 단순히 자기와 타자의 비의지적이고 신체적인 짝지음 대신에, 관점을-취하는perspective-taking 인지적 과정들은 우리가 타자의 장소를 상상하거나 혹은 우리 자신을 타자의 장소로 이동하게 하는 것을 가능하게 한다.

인지적 동물행동학에서 하는, 공감의 비교연구는 인지적 공감에 관한 중요한 창구를 제공한다. 인간이 아닌 동물들, 특히 영장류에 보이는 공감의 현존과 범위는 많은 논쟁의 주제이다. '다냐 아니냐'all-or-none 견해에 따르면, 인지적 공감은 마음상태들을 다른 개체에게 귀속시키고 이 마음상태들에 비추어서 타자의 행동을 이해할 수 있는 인지적 능력을 요구한다. 보통 마음읽기mind-reading라 불리는 이 능력은 마음상태들 및 행동을 발생시키는 마음상태들의 역할에 관한 방대한 양의 이론적 지식인 '마음이론theory of mind'의 소유를 요구하기 위해 많은 이론가들에 의해 채택되고 있다. 이 사고방식의 주창자들은 침팬지는 어떤 마음읽기 시험에 통과하지 못하고 그래서 마음이론을 소유하지 않는다고 주장해 왔다. 따라서 그들은 침팬지는 인지적 공감을 할 능력이 없다고 말한다(Povinelli 1998; Povinelli and Preuss 1995). 그렇지만 내가 여기서 제안해 온 바와 같이, 또 다른 이들도 제안해 온 바와 같이 — Frans de Waal(1996)이 가장 주목받을 만하다 —, 공감은 다냐 아니냐의 현상으로 간주되어서는 안 된다. 발Waal의 말에 의하면, "많은 형태의 공감이 다른 사람에 대한 단순한 걱정과 근심이라는 극단과, 그들의 곤경에 대한 완전한 이해라는 극단 사이 중간에 존재한다. 스펙트럼의 한쪽 끝에서는 붉은털원숭이 새끼들이 그들 중 하나가 외마디를 지르자 놀란 나머지 서로 접촉을 꾀한다. 다른 한쪽 끝에서는 침팬지가 그가 입힌 상처를 떠올리고는 희생자에게 되돌아가 다친 데 없나 살펴본다"(de Waal 1996, p. 69).

다른 중간의 사례들은 위로 행동과 맞춤식 지원 행동이다. 위로 행동은 이전에 공격적인 일을 당해서 피해를 본 희생자에게 그 일을 겪지 않아 고통을 별로 받지 않은 국외자가 다정하게 접촉하는 것이다. 예를 들어 드 발은 그의 저서 『고운 마음씨*Good Natured*』에서 고통을 받는 어른 침팬지를 위로하는 어린 침팬지의 사진을 제시하고 있다. 위로 행동은 유인원에 대해서만 광범위하게 기록되어 왔다. (위로 행동은 찾고자 하는 큰 노력에도 불구하고 원숭이한테서는 발견되지 않았다. 맞춤식 지원이 (같은 종의 일원이든 다른 종의 일원이든) 타자의 특정한 요구에 맞춘 행동들과 함께 (한 유인원이 다른 한 유인원을 나무에서 내려올 수 있도록 돕고, 다친 새가 날 수 있도록 도와줄 때처럼) 다른 개체를 돕기 위해 마련되고 있다. 월의 말에 의하면, 그런 행동은 "행동을 동기부여하는 정서적 연결을 유지하면서, 아마도 타자의 상황이 자기 자신의 상황과 분리되도록 해주는 자기와 타자의 구분을 요구할 것이다"(de Waal 2002). 유인원에는 맞춤식 지원에 관한 상당히 많은 수의 일화적 보고들이 존재한다.

그러나 가장 완전한 의미에서 인지적 공감은 한 개체가 상상 속에서 다른 개체와 장소를 교환함으로써 다른 개체의 관점을 심적으로 채택할 수 있을 때 성취된다. 현상학적으로 기술하면 이렇다. 나는 여기에 있으면서 거기로 가서 네가 바로 지금 있는 장소에 있다고 상상한다. 역으로, 너는 여기(내가 있다고 상상하는 '거기')에 있으면서 거기에 내가 있는 장소(나의 '여기')로 가고 있다고 상상한다. 이 상상된 이동과 공간적 이전을 통해서 우리는 우리의 심적 관점들, 우리의 생각들과 느낌들을 교환할 수 있다. 유인원들이 이런 종류의 마음 활동을 소유하고 있는지 여부는 분명하지 않고 논쟁의 주제이다(Gallup 1998; Povinelli 1998).

인간의 어린이들이 자기와 타자를 치환할 수 있는 심적 능력은 약 9개월에서 12개월의 나이에 일어나는, 공동주의共同注意/joint attention로서 집단적으로 알려져 있는 한 무리 전체의 인지적 능력들의 창발과 관련되는 것으로 보인다(Tomasello 1999, pp. 62-63). '공동주의'는 어린이, 어른, 그리고 이들이 주의를 공유하는 대상이나 사건의 3원구조를 가리키고, (어른들이 보고 있는 곳을 착실하게 따라가는) 시선 따라가기, 어른들을 사회적 준거점으로 사용해서 공유된 대상들이나 사건들에 공동으로 참여하기, 그리고 (어른들이 하는 대로 대상들에 작용하는) 모방적인 학습 등의 활동들로 이루어진다. 거의 동일한 시기에 유아들은 또한 물건들을 가리키고 누군가가 보라고 물건들을 들어 올리기 시작하는데, 이는 어른에게 능동적이고 지향적으로 주의를 향하게 하는 역할을 하는 제스처들이다. 마이클 토마셀로Michael Tomasello가 주장하듯이, "유아들은 다른 사람들을 자기와 같은 지향적 행위자로 이해하기 시작할 때 공동주의적 상호작용에 참여하기 시작한다"(1999, p. 68). 그의 제안에 의하면, 유아는 다른 사람들에 대한 최초의 이해를 '나와 같은' 것으로 사용하고, 그 자신의 지향적 행위체에 대해 새롭게 창발하는 이해를 다른 사람들 역시 '나와 같은' 지향적 행위자라고 유비적으로 또 범주적으로 판단하는 토대로 사용한다고 제안한다.

이 견해에 따르면, 자기에 대한 경험이 먼저 오고, 이는 타자를 발전적으로 이해하기 위한 토대 역할을 한다(Decety and Sommerville 2003; Meltzoff and Moore 1998). 이 견해에 대립해서 자기와 타자가 함께 생겨난다는 견해가 있다. 그래서 바레시와 무어Baressi and Moore(1996)는 자기이해와 타자이해는 1인칭과 3인칭 정보 원천을 구분하지 않는 지향적 관계들에 대한 이전 경험으로부터 함께 발전해 나간다고 제안한다. 이 견해들의 차이 그리고 이 견해들이 상호주관성에 대한 현상학적 설명들의 비교 가능한 차이들과 맺는 관계들은 이 장의 범위를 넘어서고 추후의 연구를 위해 중요한 주제로 우뚝 서 있다.

상호적 자기와 타자 이해

세 번째 유형의 공감은 너의 장소에 있는 내 자신을 상상하는 것뿐만 아니라, 그렇게 해서 나를 너의 타자로 보는 타자로 너를 이해하는 것을 포함한다. 달리 말해서, 이러한 종류의 공감에 일어나는 상상적 이동은 나 자신을 너의 관점에서, 즉 너가 나를 공감적으로 지각하는 듯이 보는 가능성을 포함한다. 따라서 공감은 반복되게 되어, 나는 나에 대한 너의 공감적 경험을 공감적으로 상상하고 너는 너에 대한 나의 공감적 경험을 상상한다. 우리는 또한 우리의 경험에 관해 서로 말을 나누고, 그래서 언어적 의사소통과 해석이 이 교환에 관여하고 구조화한다. 그 결과 우리 각각은 우리 자신의 1인칭적인 단수적 관점을 초월하는 상호주관적 시점에 참여한다.

우리는 공감의 이 3인칭적 측면의 발생에 대한 통찰 및 이 측면이 상호주관적 관점을 구성하는 데 하는 역할에 대한 통찰을 얻기 위해 다시 발달심리학으로 향할 수 있다. 토마셀로는 그의 저서 『인간 인지의 문화적 기원*The*

Cultural Origins of Human Cognition』에서 인간 유아에 보이는 이 발생을 이렇게 기술하고 있다.

> 유아는 9개월에서 12개월의 나이에 다른 사람들의 주의를 따르고 다른 사람의 주의를 바깥의 존재로 향하게 하기 시작할 때, 유아가 추적관찰하는 주의를 기울이는 다른 사람은 유아 그 자신에게 초점을 맞추는 일이 때로 일어난다. 그때 유아는 자신에게 기울이는 그 사람의 주의를 전에는, 즉 나이 9개월 사회적-인지적 혁명 이전에는 가능하지 않은 방식으로 추적관찰한다. 이 시점에서부터 유아는—표면상으로는 유아 초기부터 면대면 상호작용이 계속되어 온 것처럼 보이는데—다른 사람들과 면대면으로 상호작용하는 일이 근본적으로 변형된다. 유아는 이제 자신을 지각하고 물건들을 자신으로 향해서 지향하는 지향적 행위자와 상호작용하고 있다는 것을 안다. 유아가 다른 사람들이 물건들을 지각하고 바깥 세계로 향해서 물건들을 지향한다는 것을 이해하지 못할 때, 그들이 어떻게 나를 지각하고 나를 향해 어떻게 물건들을 지향하는가 하는 물음이 존재할 수 없을 것이다. 이 이해로 접어들고 난 후 유아는 자기 자신을 포함하는 세계와 맺는 어른의 지향적 관계를 추적관찰할 수 있다. … 이 동일한 과정과 같은 무언가에 의해 이 나이의 유아는 또한 자신에게 향하는 어른들의 정서적 태도도 추적관찰할 수 있게 된다—자기에게 향하는 타자들의 태도에 대한 일종의 사회적 언급. 다른 사람들이 나에 관해 어떻게 느끼는가 하는 이 새로운 이해는 부끄러움, 자기의식, 자기존중감 등의… 발달을 위한 가능성을 열어준다. 이에 대한 증거는 사회적-인지적 혁명 후 몇 개월 내에, 돌 때 유아는 다른 사람이나 거울 앞에서 처음으로 부끄러움과 수줍음의 기색을 보이기 시작한다는 사실이다. (Tomasello 1999, pp. 89-90)

토마셀로는 계속해서 이 논의를 한다. 유아가 다른 개인들을 지향적 존재들로, 또 자기 자신을 사회적 상호작용을 하는 있는 다른 사람들 중의 한 참여자로 일단 이해하기만 하면, 그때에는 완전히 새로운 인지적 차원들이 생겨난다. 아이는 공동주의적 무대들—장기간 동안 아이와 어른이 공동으로 어떤 제3의 것에 주목하고, 제3의 것에 보내는 서로서로의 주의에 주목하는 사회적 상호작용, 그리고 아이가 동일한 '바깥의'의 관점으로부터 다른 사람으로서 그 자신의 역할을 개념화할 수 있는 사회적 상호작용—에 참여할 수 있게 된다. 이번에는 다시 공동주의적 무대들이 언어, 상징적 표상, 의사소통적 관습들을 획득하기 위한 체재를 제공한다.

공동주의적 무대들에 대한 토마셀로의 분석과 공감에 대한 현상학적 분석 사이에는 많은 유사점들이 있다. 비록 토마셀로는 이 문맥에서 **공감**이란 용어를 사용하지는 않지만, 그가 자기 자신을 다른 사람의 관점으로부터 개념화할 수 있다고 기술하는 인지적 성취는 이디스 슈타인이 '반복되는 공감reiterated empathy'이라 부르는 것과 일치한다. 반복되는 공감에서 우리는 우리 자신을 다른 사람의 관점으로부터 보며, 이렇게 해서 자기 자신을 상호주관적 세계에 참여하는 한 개인으로 파악한다. 마찬가지로, 아이가 공동주의적 무대에 참여하는 것은, 그 자신이 종종 공동주의의 대상이기 때문에 그 자신의 지향적 작용들로 향하는 지향적 작용들을 포함해서, 아이가 다른 사람의 지향적 작용들을 추적관찰할 수 있어야 한다는 것을 요구한다. 아이 쪽의 이 능력은, 아이가 타자를 자기 자신과 같은 지향적 행위자로 공감적으로 파악할 뿐만 아니라 타자가 아이 자기 자신을 지향적 행위자로 공감적으로 경험한다고 파악하는 반복되는 공감에 참여할 수 있다는 것과 일치한다. 자기 자신을 타자의 타자an other for the other로 이해할 수 있는 공감적 능력이 없다면, 우리는 사회적 상호작용에 참여하는 자로서 비자아 중심적이고 상호주관적인 관점을 어떻게 갖게 될 수 있는지를 알기가 어렵다.

공동주의는 때때로 아이가 물건과 어른 이 두 가지를 동등하게 보고 보내는 주의로 규정된다. 하지만… 아이가 바깥 존재로 향하는 어른들의 주의를 추적관찰하기 시작할 때, 그 바깥의 존재는 때때로 아이 그 자신이라는 것이 드러난다. 그래서 아이는 자신에게 보내는 어른들의 주의를 추적관찰해서 그 자신을 말하자면 바깥으로부터 보기 시작한다. 아이는 또한 이 동일한 바깥의 유리한 지점으로부터 어른의 역할을 이해하고, 그래서 무대에 있는 오직 한 연기자로서의 자기 자신과 함께, 전반적으로, 아이는 위로부터 무대 전체를 보고 있는 듯이 본다. … 이는 다른 영장류 종이나 6개월 된 인간 유아들이, 다른 참여자들이 하나의 포맷(3인칭적 외부수용감각exteroception)으로 나타나고 '나'가 또 다른 상이한 포맷(1인칭적 고유수용감각proprioception…)으로 나타나는 '안쪽' 관점으로부터 사회적 상호작용을 보는 방식과 상반된다. (Tomasello 1999, pp. 99-100)

아이가 이 상호주관적 관점을 성취한다는 토마셀로의 논의는 타자를 살아 있는 존재animate being로 보는 신생아의 이해에서, 타자를 주의와 목표지향적 행동을 가진 지향적 행위자로 보는 유아의 이해로, 타자를 (행동으로 표현되지 않으면 세계에 적응하는 데 실패할 수 있는) 생각과 믿음을 가진 심적 행위자로 보는 4살배기 아이의 이해로 가는 발달적 진행을 강조한다.

현상학자들은, 자기의 지향적 측면과 심적 측면을 간과함이 없이, 반복되는 공감에서 살아지는 신체의 1인칭/3인칭의 양의성에 주의를 기울인다. 나의 신체는 1인칭적으로 나에 의해 살아지지만, 또한 너에게 3인칭적으로 (혹은 2인칭적으로) 나타나고, 그 너의 경험을 공감적으로 파악할 때 나는 나 자신을 너의 타자로 경험한다. 여기에서 사회적 상호작용의 1인칭적(고유수용감각적)인 인지적 포맷과 3인칭적(외부수용감각적)인 인지적 포맷 간의 차이에 관한 논점으로 연결이 이루어질 수 있다. 만약 '나'가 1인칭적인 단수적 포맷으로만 나타난다면, 자기the self를 초월하는 공공의 지향적 세계 속의 '나'를 신체적 개체로 이해하는 어떠한 비자아중심적nonegocentric 이해를 가지는 것도 가능하지 않을 것이다. 나 자신에 대한 나의 자아중심적(고유수용감각적이고 운동감각적인) 경험은 나의 신체를 나 앞에 서 있는 다른 지각적 사물들과 동등한 지각적 사물로 나에게 현시하지 않는다. 왜냐하면 나의 신체는 내 앞에서 이런 방식으로 서 있지 않기 때문이다. 그러므로 우리가 앞에서 논급했듯이, 만약 살아지는 신체가 오직 1인칭적인 단수적 관점으로부터만 개시開示된다면, 이 신체는 어떠한 다른 대상과도 같지 않을 것이고 이상하게도 불완전한 것처럼 보일 것이다. 공동주의적 무대에서 반복되는 공감 — 우리 자신을 타자의 타자로 보는 경험 — 을 통해서, 우리는 우리 자신의 살아지는 신체를 공공의 세계 속에서 개체적인 지향적 행위자로 보는 비자아중심적이고 상호주관적인 견해를 얻을 수 있다.

도덕적 지각

네 번째 유형의 공감은 타자를 관심과 존중을 받을 만한 존재로 지각하는 것이다. 이 유형의 공감은 다른 사람에 대한 동정, 사랑, 연민 같은 어떠한 특정한 관심의 느낌과도 같은 것이 아니다. 오히려 이 공감은 그런 다른 사람으로 향하고 다른 사람과 관련되는 관심의 느낌을 가질 수 있는, 기저를 이루는 능력이다(Vetlesen 1994). 우리는 서로 속에 이 능력을 가꾸어 넣어 — 가령 부모가 아이에게 — 서로를 도덕적 의미에서 개인들로 구성할 수 있다.

이 유형의 공감은 또한 발달적 관점에 의거해서 도입될 수 있다. 우리가 본 바와 같이, 타자들을 (주의, 행동적 전략, 목표를 가진) 지향적 행위자들로 보는 유아의 이해에서 타자들을 (믿음, 욕구, 계획을 가진) 심적 행위자들로 보는 어린이의 이해로 나아가는 진행이 있다. 피아제와 토마셀로에 따르면, 도덕적 이해는 어린이가 타자들을 심적 행위자들로 이해하게 될 때와 대략 같은 시기에 출현하기 시작한다. 도덕적 이해는 어른들이 행동에 부과하는 규칙들에서가 아니라, 심적 행위자들로서의 다른 사람들에게 공감하고 그들의 관점에서 사물을 보고 느낄 수 있는 데서 유래한다(Tomasello 1999, pp. 179-181).

서양의 도덕철학에는 느낌보다 이성을 강조하는 칸트까지 올라가는 오랜 전통이 있다. 이성에 의해 제정된 의무들에 의거해서 행위하는 것이 느낌이나 감정sentiment을 기초로 해서 행위하는 것보다 더 큰 도덕적 가치를 갖는다고 생각되었다. 그렇지만 데이비드 흄과 아담 스미스에 공명하며 드 발이 관찰하듯이, "곤경에 처해 있는 타자들을 돕는 일은 서로에게 관심을 갖도록 사람들을 추동하는 동료의식the fellow-feeling이 없다면 결코 의무로서 내면화되지 않을 것이다. 도덕적 감정이 먼저 오고 그 다음에 도덕적 원리가 오는 법이다"(1996, p. 87).

도덕적 의미의 공감은 우리가 다른 사람에게 가질 수 있는 모든 도덕적 감정들과 정서들의 기저를 이루는 기본적인 인지적이자 정서적 능력이다. 여기서의 요점은 공감이 도덕적 경험을 망라한다는 것이 아니라—공감은 분명 그렇게 하지 않는다—, 공감이 그런 종류의 경험의 원천 그리고 그런 종류의 경험으로 들어가는 진입점을 제공한다는 것이다. 공감이 없다면, 타자들을 도덕적 의미의 개인들로—목적 그 자체로—대하며 관심을 갖고 존중하는 일은 크게 저하되고 말 것이다. 마크 존슨이 주장해 왔듯이,

> 다른 사람을 항상 목적 그 자체로 대하라는 칸트의 명령은 우리가 다른 사람의 장소를 상상적으로 자리 잡는 것과 아무 상관이 없기에 어떠한 실제적 의미도 없다. 칸트의 명시적 요구와는 달리, 만약 우리가 누군가의 경험, 느낌, 계획, 목표, 희망을 상상할 수 없다면 우리는 이 누군가를 목적 그 자체로 대한다는 것이 무엇을 의미하는지 어떠한 구체적인 방법으로도 알 도리가 없다. 만약 우리가 다른 사람의 세계 경험에 상상적으로 참여하지 않는다면, 우리는 이 다른 사람을 존중한다는 것이 무엇을 의미하는지 알 도리가 없다. (Johnson 1993, p. 200)

여기서 제시된 공감의 네 유형들은 면대면 상호주관적 경험에서 함께 일어난다. 이 유형들은 살아지는 신체를 통해서 또 언어를 통해서 긴밀하게 결합해 있다. 너는 표현적 유사성과 우리의 살아지는 신체들의 자발적 쌍결합을 기초로 해서 나의 장소에 있는 너 자신을 상상할 수 있다. 이 너의 경험이 나 자신에 대해 나를 구성하는 일에 기여하는데, 왜냐하면 나에 대한 너의 공감적 경험을 공감적으로 상상함으로써 나 자신을 상호주관적 존재로 경험하기 때문이다. 역으로, 나는 너의 장소에 있는 나 자신을 상상하고, 이 나의 경험은 너 자신에 대해 너를 구성하는 일에 기여한다. 언어와 제스처로 의사소통할 때 우리는 서로를 대화적으로 해석하고 이해한다. 이 대화적 동역학은 두 사전에 존재하는 두개골에 매여 있는 마음들의 선형적이거나 부가적인 결합이 아니다. 이 동역학은 지각과 행위, 정서와 상상, 제스처와 말의, 자기 자신과 다른 사람의 비선형적 쌍결합으로부터 창발하고 또 이 쌍결합을 호혜적으로 형성한다. 이와 같이 자기와 타자는 공감을 통해서 호혜적으로 서로를 낳는다.

문화화

이 책의 끝에서 공감을 다룰 때, 우리의 초점은 개인적 인지와 주관성에서 사회적 인지와 상호주관성으로 이동해 왔다. 그러나 공감은 상호주관성의 오직 한 측면, 사회적 집단 내의 개인들 간의 면대면 만남의 수준에서 작동하는 한 측면이다. 상호주관성에 관한 더 풍부한 관점을 위해서 우리는 문화, 역사, 생활세계를 고려할 필요가 있다. 우리는 공감적 경험의 형식적 구조들과 이 구조들의 신체화된 발달뿐만 아니라 또한 세대들 내에서 또 세대들을 가로질러 인간 경험의 문화적 생성과 역사적 생성을 살펴볼 필요가 있다. 현상학적 용어로 말하면, 우리는 정적 분석과 발생적 분석에서 세대간적 분석으로 이동할 필요가 있다.

인간의 심성心性/mentality이 한 개인의 뇌 내부에서 진행되는 것으로 단순히 환원될 수 없는 가장 중요한 이유 중의 하나는 인간의 심적 활동은 근본적으로 사회적이고 문화적이라는 점이다. 문화는 단순히 인지에 외적으로 부가된 것이거나 인지를 외적으로 받쳐주고 있는 것이 결코 아니다. 문화는 처음부터 각 인간 마음의 조직fabric 바로 그것으로 짜여져 들어가 있다. 특히 상징적 문화는 인간 마음의 '인지적 건축물'을 형성한다. 문화가 박탈된다면 우리는 우리를 인간이게 만드는 인지적 능력을 결코 갖지 못할 것이다. 신경생리학자 멀린 도널드Merlin Donald의 말에 의하면,

> 우리의 문화 의존성은 매우 깊고 어떤 종류의 상징적 표상과 사고의 존재 바로 그것으로 뻗어 있다. 사회적으로 고립된 인간은 언어를 발전시키지 못하고 어떠한 형태의 상징적 사고도 발전시키지 못하며, 어떠한 종류의 진정한 상징들도 지니지 못한다. 사실 고립된 인간 두뇌가 상징화하는 기관처럼 행위하지 못하는 것은 유인원이 그렇게 하지 못하는 것과 마찬가지이다. 그런 인간 두뇌는 분명 혼자서 상징적 표상을 발생시킬 수 없다. 그런 두뇌는 강도 높은 문화화를 통해서만 그렇게 할 수 있을 따름이다. (Donald 2001, p. 150)

우리는 문화의 이 구성적 힘을 기술하기 위해 문화화라는 발달론적 용어를 채택할 수 있다. 인간 심성은 문화화라는 발달적 과정들에서 출현하고, 상징적 문화의 분포된 인지적 망에 의해 형태화되어 있다.

근년에 여러 분야의 몇 인지과학자들은 문화가 인간 인지에 하는 구성적 역할에 관심을 기울여 왔다(Donald 1991, 2001; Hendriks-Jansen 1996; Hutchins 1995; Tomasello 1999). 비록 이들의 연구가 문화와 자연을 별개의 발달적 영역으로 생각하는 것은 이치에 닿지 않는다는 점을 분명히 함의하지만, 심리과학에는 인간의 인지적 발달을 '자연 대 문화' 혹은 '천성 대 양육'이라

는 이분법적 구도 속에서 개념화하려는 줄기찬 경향이 여전히 남아 있다. 그래서 바로 시작부터 우리는 문화화 논제를 이 이분법적 범주들을 명확하게 거부하는 발달론적 구도에 위치시킬 필요가 있다.

7장에서 논의된 발달적 체계 이론은 우리가 필요로 하는 체재를 제공해준다. 발달적 체계 이론은 선천적 대 후천적, 천성 대 양육, 자연 대 문화 이분법에 의해 개념적으로 구조화되어 있는, 진화와 발달에 대한 설명을 거부한다. 유기체 혹은 생애주기life cycle의 발달적 체계는 이 유기체의 발달에 필요한 자원들의 모체이다. 각 세대에 견실하게 반복되고 생애주기를 구성하는 데 한 역할을 하는 어떠한 자원도 유전된 무언가로 간주된다. 그런 자원들은 유전자들뿐만 아니라 유전자들과 함께 반드시 전해지는, 세포 내의 세포질 성분들에서 공생 유기체들, 사회적 구조들, 문화적 관행들에 이르기까지 유기체와 그 적소適所의 다른 많은 요소들을 포함한다.

게다가 발달적 체계 이론은 유전자들에 대한 '우두머리 분자' 이해방식을 거부한다. 유전자들은 정보적인 것으로 간주되지 않는 다른 발달적 요인들과 종류가 다른 발달의 특출나게 정보적인 원인들이 아니다. 생애주기의 발달적 과정은 전달된 유전적 청사진이나 프로그램을 따라 전개된다기보다 다양한 수준들 — 유전적, 세포적, 사회적, 문화적 — 의 무수히 많은 상호의존적인 인과적 경로들을 경유해서 세대에서 세대로 그 자체를 재구축한다. 진화는 단순히 유전자 빈도들의 변화가 아니라 발달적 (유기체-환경) 체계들의 분포와 구성의 변화이다(Oyama 2000b, p. 77). 또 개체발생은 유전되는 발달적 요인과 획득되는 발달적 요인이라는 두 서로 배타적인 종류들의 결과가 아니다. 표현형 형질들은 각 세대에서 발달적으로 새롭게 구축되어 개체발생에서 획득되기 때문에 유전되는 것인 만큼 획득되는 것이고, 환경적 자원들은 유전자와 분리 불가능하게 전해져서 처음부터 유기체의 형성에 착수하기 때문에 획득되는 것인 만큼 유전되거나 전달되는 것이다. 그렇기에 발달적 체계 관점에서 보면, 인간 유기체의 특질들을 자연과 문화라는 서로 다른 범주들로 나누는 것은 전혀 이치에 맞지 않는 일이다. 그리프

스와 그레이가 진술하듯이,

> 인간 심리의 많은 종류의 전형적 특질들은 인간 문화의 안정적으로 반복되는 특질들에 결정적으로 의존한다. 그럼에도 불구하고, 이 변이는 발달적 체계들의 계통들 간의 차이를 반영할 수도 있기 때문에, 어떤 인간 문화들에 특유한 많은 심리적 특질들은 진화적으로 설명될 수도 있다. 발달적 체계 이론 내의 분명한 연구 프로그램은 중대한 발달적 자원들을 인간 문화(들)에 위치시키고, 발달에 미치는 이 문화들의 영향을 연구하고, 이 문화들이 그 자체로 반복되는 방식을 연구하려는 시도이다. (Griffiths and Gray 1994, p. 302)

인간 문화에 의해 제공되는 중대한 발달적 자원들은 문화심리학의 분야에 오랜 동안 중심적인 관심이 되어 왔다(Bruner 1990; Tomasello 1999; Vygotsky 1978). 이 분야에서 얻을 수 있는 좋은 예 — 공감의 논의를 더 발전시킬 수 있게 해주는 것 — 는 공동주의와 문화적 학습에 대한 연구이다. 도널드는 공동주의를 "아이들이 그들의 지평을 확장함에 따라 점점 더 추상적이 될 문화적 신호를 따르게 해주는 일차적인 문화적 유도장치"(2001, p. 205)로 기술한다. 이 확장하는 지평들은 토마셀로에 의해 철저하게 고찰되어 왔는데, 그는 공동주의적 무대들이 언어와 상징적 표상을 획득하기 위한 기반이 되는 방식을 기술하고 있다. 이 무대들은 또한 타자의 관점에 의거해서 자기 자신의 생각을 검토하고 이렇게 해서 세계에 대한 자기 자신의 인지적 표상을 재기술할 수 있는 능력과 같은 수많은 관련된 인지적 능력들과 구조들을 위한 기반이다. 그의 작업에서 끌어냄으로써, 우리는 공감과 살아 있는 신체에 대한 발생적 현상학적인 분석이 문화와 상호주관적 생활세계에 대한 더 포괄적인 세대간적 분석 내에 위치할 수 있는 방식을 보여줄 수 있다.

공동주의적 상호작용에서 이루어지는 아기와 어른의 면대면 쌍결합으로 돌아감으로써 시작해보자. 이 인간적 형태의 특징을 갖는 구조적 쌍결합에 있어서 두 (또는 이 이상의) 개인들은 그들의 살아지는 신체의 호혜적인 쌍결합—눈 마주침, 얼굴표현들, 목소리, 만짐, 제스처—을 통해서, 그리고 시간적으로 연장된 의식적 알아차림과 의지적인 주의적 행위제어를 통해서 어떤 공유된 물건에 주목하고 또 그 물건에 서로가 주의하는 것에 주목한다(Donald 2001, pp. 194-204).

우리는 아기와 어린이가 어른과 함께 참여하게 되는 공동주의적 무대들의 두 결정적으로 중요한 특질들에 주목할 필요가 있다(Tomassello 1999, pp. 97-98). 첫 번째 특질은 이 무대들은 더 큰 지각적 세계와 더 작은 언어적 세계 사이의, 이 두 세계가 공유하는 사회적 실재라는 중간지대를 차지한다는 점이다. 즉, 이 무대들은 어린이의 지각적 세계 속 사물들의 부분집합을 포함할 뿐이지만, 어떠한 집합의 언어적 상징들로 지시되는 것보다 더 많은 사물들을 포함한다. 두 번째 특질은 이 공유된 사회적 실재에 대한 어린이의 이해는 공유된 주의의 어른과 물건을 포함할 뿐만 아니라, 다른 사람이나 물건과 동일한 '바깥의' 관점에 의거해서 개념화된 어린이 자신을 포함한다는 점이다. 이렇게 해서 어른, 물건, 어린이 모두가 공통의 표상적 포맷 속에서 존재하게 된다(Tomasello 1999, pp. 97-98). 우리는 이 외적이고 비자아중심적인 표상적 포맷이 공감과 관계하는 방식, 특히 우리로 하여금 우리 자신에 대한 타자의 경험(가령 공동주의적 무대에서 일어나는, 우리 자신의 지향적이고 주의적인 작용들에 대한 타자의 주의)을 이해하게 해주는 반복되는 공감과 관계하는 방식을 본 바가 있다. 이제 우리가 검토할 필요가 있는 것은 이 비자아중심적 포맷이 문화적 학습 및 언어와 상징적 표상의 습득에 상호주관적 맥락을 제공하는 방식이다.

토마셀로에 따르면, 공동주의적 무대에서 일어나는 언어와 상징적 표상의 습득은 역할전환 모방role-reversal imitation이라 불리는 특정한 종류의 모방적이고 문화적인 학습에 참여할 수 있는 능력은 물론이고 의사소통적 작용과 지향을 이해할 수 있는 어린이의 능력을 기초로 해서 진행된다(1999,

pp. 100-107). 의사소통적 지향은 다른 사람의 주의를 공동주의적 무대에 있는 무언가로 향하게 하는 지향이다. 어린이가 의사소통적 지향을 이해하기 위해서는 이 어린이가 그 자신의 지향적/주의적 상태들로 향하는 다른 사람들의 지향적 상태들을 추적관찰할 수 있어야 한다. 그러나 의사소통적 작용들을 산출하기 위해서는 어린이가 어른들이 이 어린이 자신을 향해서 의사소통적 상징들을 사용하는 방식으로 어른들을 향해서 그런 상징들을 사용하는 법을 배워야 한다. 이러한 종류의 모방적이고 문화적인 학습은 어린이가 어른을 대체해서 그 자신을 행위자로 삼아야 하는 것뿐만 아니라, 그 자신을 대체해서 어른을 지향적 작용의 표적으로 삼아야 한다는 것을 요구한다(그렇지 않으면 어린이는 결국 상징을 그 자신으로 향하게 하게 될 것이다). 어린이는 어린이와 어른은 동일한 비자아중심적 포맷 속에서 표상되고 그래서 서로 교환이 가능한 외적 관점에 의거해서 공동주의적 무대 전체를 이해할 수 있기 때문에 이 대체를 실시할 수 있는 것이다. (만약 어린이는 1인칭적 혹은 자아중심적 포맷 속에서 표상되고 어른은 3인칭적 표상 포맷 속에서 표상된다면 이런 대체는 일어나지 않는다.) 토마셀로는 의사소통할 때 일어나는 이 역할전환의 과정은 "상호주관적으로 이해된 의사소통적 약정이나 상징을 실제로 만들어낸다"(1999, p. 107)고 생각한다. 따라서 의사소통적 약정들이나 상징들은 역할전환 모방에 의해 유아를 위해 창출되거나 발생된다.

언어의 의사소통적 상징들을 상호주관적이고 의사소통적인 다른 상징들로부터 구분해내는 한 가지 특질은 이 언어의 상징들은 관점적perspectival이라는 점이다—이 상징들은 인간이 의사소통적 목적을 위해 사물에게 취할 수 있는 다양한 관점들을 신체화한다. 토마셀로가 든 예 중 하나를 생각해보자.

> 한 개별적 언어 사용자가 한 나무를 보며, 대화 상대자의 주의를 저 나무로 향하게 하기 전에 청자의 현재의 지식과 기대들에 대한 그의

평가에 기초해서, 저기 저 나무, 그것, 그 참나무, 그 백년 먹은 나무, 그 나무, 그 뒤로 굽은 나무, 앞마당의 저것, 그 장식, 그 당혹감, 혹은 그 밖의 무수한 다른 표현들 중의 하나를 결정하지 않으면 안 된다. 그는 그 나무가 앞마당에(서) 있는지, 서 있는지, 크고 있는지, 심어져 있었는지, 잘 자라고 있는지 결정하지 않으면 안 된다. 그리고 이 결정들은 관련된 대상이나 활동의 면에서 화자의 직접적 목표를 기초로 해서가 아니라, 청자의 관심과 주의의 면에서 화자의 목표를 기초로 해서 이루어진다. 이는 이해를 위해 청자가 이 동일한 선택사항들—또 동시적으로 이용 가능한 모든 선택사항들—을 화자와 공유하고 있다는 점을 화자가 알고 있다는 것을 의미한다. 실로, 화자는 말하고 있는 동안 청자의 주의적 상태를 추적관찰하고 있다는 사실(또 역방향의 사실[8]))은 대화에 참여하는 두 사람 모두 한 상황에 대해 사용되지 않는 상징들과 구문들로 상징화되는 훨씬 더 많은 관점들은 물론이고 적어도 그들 둘의 현실적 관점들이 존재한다는 것을 항상 알아차리고 있다는 것을 의미한다. (Tomasello 1999, pp. 126-127; 강조 생략)

언어습득은 그런 다양한 관점들과 의사소통적 지향들의 내면화를 포함한다. 언어를 습득함에 따라, 우리는 모방적이고 문화적인 학습을 통해서, 타자들이 공동주의적 무대에서 취하는 관점들perspectives은 물론이고 우리로 하여금 그들의 주의를 공유하게 하는 그들의 의사소통적 지향들을 내면화한다. 달리 말해서, 언어습득은 공동주의를 상징적 표상으로 내면화하는 일을 포함한다(Tomasello 1999, pp. 125-129).

언어로 마음을 문화화하는 것은 인간적 인지의 본성을 근본적으로 변형시킨다. 토마셀로는 언어가 기본적인 인간적 인지 능력들 위에 구축되어 이 능력들을 훨씬 더 복잡한 능력들로 형성하는 세 가지 주요 상호 관련되는

8) 청자는 듣고 있는 동안 화자의 주의적 상태를 추적관찰하고 있다는 사실.

방식을 상술한다. (1) 언어는 가장 문화적인 지식의 '전달'을 위한 운반체이다. "영장류의 근본적인 인지능력을 넘어… 어린이의 영역 특유의 지식과 특별한 기량은 그들 문화의 축적된 지식에, 그리고 글쓰기와 그림 모두를 포함하는 언어적 상징들과 다른 상징들을 통해 그들에게 전해지는 이 지식의 '전달'에 거의 전적으로 의존한다"(p. 165). 언어적 의사소통은 아이들이 인지적 범주들, 관계들, 유추들, 은유들을 건립하는 데 영향을 미친다. 예를 들면 영어에서 우리는 대상들과 속성들을 사건들이나 혹은 활동들로 해석할 수 있다(그가 퍽을 상대편 골문을 넘어 건너편 끝으로 쳤다*He iced the puck;* 그녀가 그림에 색칠했다*She colored the picture*). 활동들과 속성들을 대상들로 해석할 수 있다(스케이팅은 재미있다*Skating is fun;* 푸름은 내가 가장 좋아하는 색깔이다*Green is my favorite color*). 대상들과 사건들을 마치 다른 대상들과 사건들인 듯 해석할 수 있다(시간은 화살이다*Time is an arrow;* 사랑은 여정이다*Love is a journey*)(p. 157; 또한 Johnson 1987; Lakoff 1987; Lakoff and Johnson 1980을 보라). (3) 타자들과 하는 언어적 상호작용 혹은 담론discourse은 그들 자신의 담론에 대한 타자의 관점을 포함해서 여러 개념적 관점들을 취하도록 어린이를 유도한다. 어린이가 그 자신에 대한 어른의 교육적인 목소리와 관점을 내면화하는 것은 자기반성적이고 메타인지적 표상들은 물론이고 대화적 표상들(상호주관적 대화 그 자체의 표상들)이 발달하는 데 중요한 역할을 한다(pp. 170-200).

인간의 마음이 상징적 체계들에로 문화화하는 일과 뇌 사이의 관계에 관해 사색한다는 것은 흥미로운 일이다. 창발의 논리를 이 관계에 적용하려고 생각하는 사람이 있을지도 모르겠다. 한편으로, 넓게 분포된 상징적 체계들의 속성들은 수많은 개인들의 복잡한 상호작용들에서 창발하기 때문에 개별적 뇌들이 고립적으로 할 수 있는 것에 의거해서 예측될 수 없다(Donald 2001, pp. 152-153). 다른 한편으로, 복잡한 인지적 표상들과 능력들을 구축하기 위한 발판을 제공하는, 상징적 표상의 문화적 환경은 발달하는 뇌의 신경적 건축물을 변경할 수 있다는 가설을 세우는 것은 합당해 보인다

(Donald 2001, pp. 153, 212). 실로, 특정한 환경적 맥락들 속에서 이루어지는 경험의존적인 뇌 활동이 개별적인 뇌가 발달하는 데 막대한 역할을 한다는 신경과학적 증거가 오늘날 늘어나고 있다. 뇌는 사전에 명시된 모듈들의 집합이라기보다 자발적으로 발생하는 경험의존적인 활동을 통해서 그 자체를 발달 속에서 구축하는 일종의 기관(Quartz 1999; Quartz and Sejnowski 1997)—동물의 진화 속에 보존된 강건하고 유연한 발달적 메커니즘에 의해 가능하게 되는 일종의 발달적 과정(7장을 보라)—인 것으로 보인다.

이 '신경구성주의적neural constructivist' 관점—또 이와 일치하는 발달적 체계 이론의 관점—을 고려해볼 때, 도널드가 말하듯이, "상징화하는 문화들은 우리의 뇌로 가는 직접적인 길을 소유하고, 집행적인 뇌의 주요 부분들이 발달 동안 연결되는 방식에 영향을 미친다고 생각하는 것은 합당해 보인다. 이는 심원한 문화화의 주요 이념이다. … 문화는 뇌의 기능적 하부체계들을 효과적으로 연결하는데, 그렇지 않으면 이 체계들은 존재하지 않을 것이다."(2001, p. 212). 이와 같이 "문화는 자궁 속에서 시작된다"(Savage-Rumbaugh, Fields, and Taglialatela 2001, p. 278)

현상학적 용어로 말하면, 인간의 주관성과 경험을 형성하는 문화와 언어의 이러한 힘은 개인의 발생적 구성뿐만 아니라 상호주관적 공동체의 세대간적 구성에 속한다. 개인적 주관성은 공동체적으로 전해내려오는, 개인들이 항상 이미 감입돼 있는 규범들, 인습들, 상징적 인공물들, 문화적 전통들의 결과로서 처음부터 상호주관적이다. 따라서 공동주의를 상징적 표상들로 전환해서 내면화하는 일은 개체발생적 현상일 뿐만 아니라 또한 역사적이고 문화적인 현상이다.

> 언어습득 과정에 관한 가장 흥미로운 것들 중의 하나는 어린이가 학습하고 있는 어른들이 그들의 인생 초기에 동일한 과정을 겪었다는 점인데, 세대들을 거쳐오며 영어, 터키어 등의 언어로 이루어지는 상징적 인공물들은 새로운 언어적 형식들이 문법변화, 구문변화, 또 그 밖의 다른 과정들

의 언어변화에 의해 창조됨에 따라 변이들을 축적한다. 그래서 오늘날의 어린이는 역사적으로 유래된 집성체 전체를 학습하고 있는 셈이다. 결과적으로, 어린이가 이 많은 여행을 해 온 상징들에 대한 전통적 사용을 학습할 때, 어린이가 학습하고 있는 것은 그 문화 속의 조상들이 과거에 타자들의 주의를 잘 다루는 것이 유용하다는 점을 발견해 온 방식이다. 그리고 한 문화의 사람들은, 역사적 시간 속을 이동할 때, 서로의 주의를 잘 다루기 위해 다양한 많은 목적들을 진화시키기 때문에 (또 그들은 많은 상이한 유형들의 담론 상황들 속에서 이를 할 필요가 있기 때문에) 오늘날의 어린이는 모든 주어진 상황의 많은 상이한 주의적 해석들을 신체화하는 상이한 언어적 상징들과 구문들의 모음에 직면한다. 결과적으로, 어린이가 언어적 상징을 내면화함에 따라—언어적 상징 속에 신체화된 인간적 관점들을 배움에 따라—어린이는 한 상황의 지각적 혹은 운동적 측면들뿐만 아니라, 현재의 상황이 그 상징의 사용자들인 '우리'에 의해 주의적으로 해석될 수도 있는, 어린이가 알아차리는 방식들 중의 한 방식을 표상하기도 한다. 따라서 인간들이 언어적 상징들을 사용하는 방식은 직입적인 지각적 혹은 감각-운동적 표상들과는 명백한 단절을 만들어내는데, 이는 언어적 상징들의 사회적 본성에 전적으로 기인한다. (Tomasello 1999, pp. 125-126)

인간의 마음을 형태화하는(=구상화하는) 상호주관적인 상징적 표상들은 세 가지 시간등급—계통발생, 역사, 개체발생—상에서 발생적 과정과 세대간적 과정의 산물이다(Tomasello 1999, pp. 10, 202-203). 계통발생적 시간은 인간 영장류가 이 종의 다른 성원들을 지향적이고 심적 존재들로서 알아보는 것을 기반으로 해서 이 영장류의 독특한 형태의 사회적 인지를 진화시킨 시간이다. 이 진화적 과정은 또한 독특한 형태의 의식—초뿐만 아니라 분과 시의 시간등급 상에서, 장기 알아차림을 위한 확장된 '의식적 능력', 인지적이고 정서적인 자기규제, 의지적인 주의적 제어—의 진화를 포함하고 있었다(Donald 2001). 인간 마음의 이 진화적 확장은 모방적 학습과 혁신을 위한 전제조건이었고, 따라서 문화의 발생을 위한 전제조건이었다. 역사적 시간은 이 시간의 실현을 위해 다시 개체발생적 시간을 요구하는, 누적적인 문화적 진화의 시간이다. 어린이들은 그들의 조상에게서 사물들에 대해 배우고, 그런 뒤 그 사물들을 (개체발생적 시간에서) 변경하고, 이 변경들은 (역사적 시간에서) 세대를 통해 누적된다. 토마셀로는 이 과정을 누적적인 문화적 진화의 '래칫 효과ratchet effect'라고 명명한다. 혁신들은 모방적인 문화적 학습 덕분에 세대들을 통해 오며 누적된다. 래칫 효과는 인간 어린이들이 발전하는 개체발생적 적소의 본성을 근본적으로 변화시켜 왔는데, 그래서 사실상 오늘날의 어린이들은 거의 전적으로, 사전에 존재하는 문화적 인공물들이라는 매개하는 렌즈들을 통해서 마주치고 그들의 물리적이고 사회적 세계와 상호작용한다(Tomasello 1999, p. 202).

토마셀로와 도널드는 계통발생을 생물학적 진화와 동등한 것으로, 누적적인 문화적 진화 — 계통발생적 시간 속에서 진화해 온 인간 영장류의 생물학적 적응들(지향적 이해와 확대된 의식적 능력)을 기초로 해서 역사적 시간과 개체발생적 시간을 통해 발생하는 진화 — 와 대립하는 것으로 본다. 사물들을 나누는 이 방식의 난점은 이 방식이 자연/문화, 선천적/후천적 이분법으로 물러날 경향이 있다는 점이다. 역사와 개체발생에서 획득된 문화적 옷 밑에는 계통발생의 벌거벗은 인간 영장류(토마셀로와 도널드의 의도와는 상반되는 이미지)가 있다. 이 문제를 해결하기 위해 우리는 문화심리학을 발달적 체계 이론에 접목할 필요가 있다. 진화는 발달적 체계들의 진화이고, 인간의 진화는 새로운 단계의 발달의 진화, 즉 새로운 형태의 사회적 인지에 접목되는 아동기를 포함하며, 이 새로운 형태의 사회적 인지는 인간 문화의 발생적 과정들과 세대간적 과정들에 결정적으로 의존한다.

이 장의 이 마지막 절에서 나는 현상학과 심리과학을 결합하는 것을 목표로 하는 인간 경험에 대한 발생적 관점을 그저 가까스로 시작해서 소묘해 왔을 뿐이다. 해야 할 많은 작업이 남아 있지만, 나는 생명에서

의식으로 가는 길을, 살아 있는 신체적 주체들로서의 우리의 존재를 제대로 다룰 수 있는 상호주관성과 문화로 가는 길을 추적할 수 있는 방식을 보여주었기를 희망한다. 개별적 인간 주체는 문화화된 신체적 주체이다. 이와 같이 알고 느끼는 주체는 머릿속의 뇌가 아니라 혹은 심지어 뇌 더하기 신체가 아니라, 사회적으로 문화적으로 상황에 처해 있는 사람, 문화화된 인간존재이다.

부록

|부록 A|

후설과 인지과학

나의 이전 저서 『신체화된 마음: 인지과학과 인간 경험*The Embodied Mind: Cognitive Science and Human Experience*』(Varela, Thompson, and Rosch 1991)을 익히 알고 있는 독자들은 이 책에서 표현된 후설에 대한 비판적 태도를 고려할 때 내가 여기서 후설 현상학에 부여하는 중요성에 놀랄지도 모르겠다. 무엇이 이 태도의 변화를 설명하는가? 이 부록의 목적은 이 문제를 명확히 하는 것이다.

『신체화된 마음』에서 우리는 (ⅰ) 후설은 방법론적 유아론자이다(p. 16), (ⅱ) 그의 이론은 경험의 교감적 측면과 직접적인 신체화된 측면을 간과하고 있다(p. 17), (ⅲ) 그의 지향성 이론은 표상적 이론이다(p. 68), (ⅳ) 그의 생활세계 이론은 환원주의적이고 표상주의적이다, 그는 생활세계를 심적 표상들로 이해된 믿음들로 이루어지는 '일단의 더 근본적인 성분들로' 분석하려고 한다(p. 68), (ⅴ) 그의 현상학은 실용적 차원을 결여한 순전히 추상적이고 이론적인 기획이다(pp. 19, 117)라고 주장했다. 우리는 후설의 기획은

'실패작'이라고 결론을 내렸으며(p. 19), 심지어 더 일반적으로 '현상학의 붕괴'에 관해 쓰기조차 했다(p. 19). 그런 다음 이 평가로 인해 우리는 인지과학을 위한 더 유망한 현상학적 파트너인 불교철학과 마음챙김-알아차림 명상의 전통으로 향하도록 동기부여되었다.

그러나 2장에서 지적하듯이 나는 더 이상 후설의 현상학에 대한 이 평가에 동의하지 않는다. 후설에 대한 우리의 이전 해석은 잘못된 것이었다. 후설의 현상학은 우리가 심리과학들(Petitot et al. 1999; Varela 1996)과 불교사상(Thompson 2005; Varela 2000b; Varela and Depraz 2003)의 생산적인 상호교류를 위해 실현한 것보다 훨씬 더 많은 자원들을 갖고 있다. 특히 나는 이제 (ⅰ) 후설은 방법론적 유아론자가 아니었다, (ⅱ) 그는 경험의 상호주관적 측면과 신체화된 측면에 큰 관심을 갖고 있었다, (ⅲ) 그의 지향성 이론은 표상적 이론이 아니었다, (ⅳ) 그의 생활세계 이론은 환원주의적이거나 표상주의적인 것이 아니었다고 믿고 있다. 더욱이 비록 내가 (본래의 현상학적 분석들과 철학적 논증은 물론이고 현상학적 실용론을 무시하고,) 현상학이 테스트적 해석의 형태로 이론적 논의를 과도하게 강조하는 경향이 있어 왔다고 생각할지라도, 현상학은 실용적인 차원을 결여한 순전히 추상적이고 이론적인 기획이라고 단순하게 말하는 것은 지나치게 안이하다고 나는 생각하고 있다. 따라서 나는 이제 후설의 현상학을 '실패작'으로 규정짓지 않을 것이다. 또한 현상학은 현상학적 실용론을 간과한 탓에 '붕괴'를 겪었다고 주장하지도 않을 것이다.

나의 관점은 두 가지 이유 때문에 바뀌었다. 첫째 이유는 바렐라와 내가 『신체화된 마음』을 쓰고 있었던 때(1986-1989; 엘레나 로쉬는 1989년 말 무렵에 이 기획에 가담했다) 후설에 관한 우리의 지식은 제한되어 있었다. 우리는 주요 간행된 영역 저작들(『논리연구』, 『이념들[1]』, 『데카르트적 성찰들』, 『유럽학문의 위기와 초월론적 현상학』)에 친숙해 있었지만 충분히 주의 깊게 연구하지 않았고, 또 우리는 (당시 번역되지 않은) 후설의 수동적 종합과 (아직 번역되지 않은) 상호주관성에 관한 저작들에 관해 알지 못했다. 우리 둘은 모두 하이데거에 친숙해 있었고, 또 그의 (매우 야박한) 후설 독해에 영향을 받았다. 우리는 또한 후설에게 깊은 영향을 받은 (메를로-퐁티를 제외한) 다른 현상학적 사상가들에 대해 별로 아는 바가 없었고, 또 우리는 후설에 관한 2차문헌에 대해 그저 조금 연구했을 뿐이었다.

두 번째 이유는 후설을 표상주의적이고 최초의 인지주의적인 철학자로 보는 허버트 드레이퍼스의 영향력 있는 해석은 물론이고 이렇게 해석된 후설에 대한 하이데거식의 비판을 수용했다는 점이다. 드레이퍼스는 인공지능에 대한 중요한 비판(Dreyfus 1972, 1992) 그리고 숙련된 지식과 행위에 관한 획기적 연구(Dreyfus 2002; Dreyfus and Dreyfus 1986)를 통해서 인지과학의 심장부에 현상학적 전통을 가져오는 데 개척자 역할을 해 왔다. 그렇지만 그의 작업은 또한 후설에 대한 특이한 해석이라는 특징을 갖고 있다. 드레이퍼스는 후설의 현상학을 인지주의적 마음이론과 계산주의적 마음이론을 예고하는 일종의 표상주의로 제시한다. 그때 그는 이렇게 이해된 후설에 대한 하이데거의 비판을 반복하고 이 비판을 인지주의와 인공지능에 반대하기 위해 사용한다. 드레이퍼스는 하이데거의 해석과, 후설 사상의 한 측면—후설의 노에마 개념—에 대한 특정한 분석적 (프레게식의) 재구축을 결합해서 광범위하게 후설을 읽는다. 따라서 드레이퍼스가 인지과학과 분석적 심리철학에 제시하는 후설은 문제가 있는 해석적 구축물이기에 액면가로 받아들여서는 안 된다.

얼마 동안 드레이퍼스의 해석은 후설 사상 및 후설 사상이 인지과학과 맺는 관계를 연구하는 인지과학계에서 일반적으로 인정된 견해로 기능했다. 그 이후로 이 해석은 많은 후설 학자들과 철학자들에 의해 심각하게 도전을 받아왔다.[1] 이 자리는 이 논쟁들을 상세하게 검토하는 자리가 아니다. 나는 이 연구들이 다음과 같은 점들을 증명했다고 생각한다고 말하는 것으로 충분할 것이다.

1. 후설은 표상적 마음 이론에 동의하지 않으며, 드레이퍼스가 비판하고자 하는 그런 종류의 표상적 이론이 확실히 아니다. 지향적 경험들은 '표상

적 존재들의 특수한 영역'에 힘입어 향해 있음을 획득하지 않는다(Dreyfus 1982, p. 1)). 오히려 의식의 지향적 열려 있음이 의식 존재의 필수불가결한 부분이다(Zahavi 2003a, p. 21).[2]

2. 후설은 방법론적 유아론자가 아니다. 초월론적인 현상학적 환원은 세계와 맺는 관계를 제쳐두고 의식의 내용들을 순전히 내적으로 규정하려 하는 방법이 아니다. 즉, 현상학적 환원은 세계가 경험되는 현상적 수준에서 이 세계를 규정하는 방법이고, 또 우리의 주관성에 그렇게 규정된 세계의 관계를 연구하는 방법이다.

3. 후설은 모든 지향성을 대상으로-향하는 지향성에 동화시키지 않는다. 그는 "모든 심적 삶, 심지어 실용적 활동에 대한 우리의 알아차림 그리고 함께하는 세계 속에 존재한다는 우리의 감각조차 일종의 대상으로-향함이어야만 한다고 주장하지 않는다"(Dreyfus 1982, p. 9; 또한 Dreyfus 1988을 보라). 이와는 반대로, 수동적 종합에 관한 앞의 논의가 보여주는 바와 같이, 선인지적이고 대상으로-향하지-않는 '작동적 지향성'이 발생적 음역에서의 후설 현상학의 주제에 중심을 이루고 있다.[3]

4. 후설은 대상으로-향하는 지향적 경험이 전제하는 '배경'을 단순히 심적 표상들로 이해된 믿음들의 체계로 취급하지 않는다(Dreyfus 1982, p. 23). 예를 들어 『이념들II』에서 후설은 대상들에 대한 의식과 대상들로 향하는 행동comportment을 구분하고, 그런 다음 "그러나 궁극적인 것은 **모든 행동에 선행하는 배경**이고, 아니 그보다는 모든 행동에 전제가 되는 것이다"(Husserl 1989, p. 291; 원문 강조)라고 진술한다. 이 배경이 서로 다른 대상으로-향하는 마음상태들이란 의미에서 믿음들로 이루어져 있다는 시사는 조금도 존재하지 않는다. 오히려 그는 계속해서 "어떤 의미에서, 어두운 깊은 곳에 근본 대지가 존재한다"고 쓰고 있다. 그는 이 근본 대지를 우리의 '자연적 측면', '주관성의 기저를 이루는 기반'이라고 언급하고, 그런 다음 "이 자연적 측면에 또한 느낌들, 본능적 삶, 실로 주의의 기능이라는 낮은 삶이 직접적으로 속한다"(p. 292)고 진술하고 있다. 이 본능적 삶의

'근본 대지'가 반성적인 지향적 분석의 수준에서 완전히 복구 가능하다는 시사는 전혀 존재하지 않는다(Sheets-Johnstone 1999a, pp. 249-252를 보라. 또한 Mensch 1998을 보라).

5. 후설의 생활세계 논의는 생활세계를 한 조의 침전된 배경으로 분석하려는 기도로, 즉 (인공지능에서 말하는 '틀frame'의 체계와 동등한) '가정들' 혹은 '가설'들로 환원될 수 없다(Dreyfus 1982, pp. 23-24; 1988). 오히려 후설은 미리 주어진(=선소여된) 지평과 지반으로서의 생활세계는 이런 방식으로 정확히 객관화될 수 없다는 점을 인정한다. 이러한 깨달음은 그를 생활세계의 세대간적 현상학의 가능성을 구상하도록 이끈다(Steinbock 1995, pp. 104-122; Welton 2000, pp. 331-392를 보라).[4]

요약하면, 비록 드레이퍼스가 후설을 인지과학의 영역으로 가져온 공로는 인정받아야 하겠지만, 그의 해석을 넘어서고, 후설 필생의 업적에 대한 철저한 평가를 기초로 해서 후설이 인지과학과 맺는 관계를 재평가하는 일이 중요하다. 이 재평가는 이미 진행 중에 있다(Petitot et al. 1999). 그것은 20세기 철학의 다른 운동들과 관련해서, 또 아시아의 철학적 전통과 맺는 상호교류를 위한 풍요로운 잠재성과 관련해서, 현대 사상에서 현상학을 더 넓게 전유하는 일의 일부로서 간주될 수 있다.[5] 이 새로운 발전들은 이 책에 담겨 있는 내 사상에 큰 영향을 주어 왔다.

|부록 B|

창발 및 하향인과작용의 문제

3장에서 제시된 창발의 이해방식과 창발의 다른 이해방식 사이의 관계에 관해 많은 문제가 제기될 수 있다. 이 부록에서 펴는 나의 목적은 이 쟁점들을 검토해서 창발에 관한 내 설명을 분명히 하고, 철학 문헌에 등장한 적이 있는 몇몇 잘 알려지고 영향력 있는 창발에 대한 반대들을 반박하는 것이다.

창발에 대한 논의들은 환원주의와 창발주의 간의 고전적 대립에 의해서 구조화되어 있다(Silberstein 2002). 이 견해들은 인식론적 요소와 존재론적인 요소로 이루어져 있다. 인식론적 환원주의는 체계에 대한 가장 훌륭한 이해는 체계를 이루는 부분들과 이 부분들의 관계들의 구조·행동·법칙들의 수준에서 발견될 수 있다고 진술하고, 존재론적 환원주의는 체계의 부분들 간의 관계는 가장 기본적인 부분들의 내재적 속성들에 의해 남은 부분이 없이 모두 결정된다고 진술한다. 인식론적 창발주의는 체계에 대한 가장 훌륭한 이해는 체계 전체의 구조·행동·법칙들의 수준에서 발견될 수 있다고 진술하고, 존재론적 창발주의는 전체는 부분들과 이 부분들의 내재적 속성들의 총합 이상의 것이라고 진술한다.

3장에서 행한 창발에 관한 내 논의로부터 이해할 수 있듯이, 부분들 대 전체 혹은 (미시적 개별자들의 내재적 속성들로 이해되는) 기본적 특질들 대 창발적 특질들 간의 이 대립은 문제의 일부이지 해결의 일부는 아니다.

과학과 철학 문헌에 나오는 '환원'과 '창발'에는 오늘날 아주 많은 상이한 의미들이 있기 때문에, 환원주의와 창발주의 간의 고전적 대립을 넘어 까다로운 쟁점들이 생겨난다. 많은 상이한 종류의 현상들이 창발적이라고 간주되어 왔고, 창발의 상이한 인식론적이고/이거나 존재론적 기준들이 이 현상들을 창발적으로 보고 분류하는 데 사용되어 왔다.[1] 그러므로 특정한 설명적 맥락들을 제쳐놓고 깔끔하게 분석될 수 있는 단일한 창발 개념을 찾을 충분한 이유가 없는 것으로 보인다. 따라서 여기서는 초점이 자율적 체계들의 이론에 내포된 창발 개념에 놓일 것이며, 이 개념을 창출행위적 접근법에 의해서 생물학적 현상들과 인지적 현상들에 적용하는 데 놓일 것이다.

복잡체계(=복잡계)의 사례를 놓고 다음과 같은 창발에 대한 임시적 정의의 형태로 체재를 설정함으로써 시작해보자(Thompson and Varela 2001). 이 정의는 복잡체계 이론의 연구자들이 창발에 관해 말할 때 마음속에 품고 있다고 보이는 창발의 주요한 특질들을 포착하도록 의도되어 있다.

정의: 다음과 같은 내용이 필요충분하다면, 상호 관련된 성분들의 네트워크 N은 창발적 속성들 P와 함께 창발적 과정 E를 보여준다.

(1) E는 P를 예화하는 전역적 과정이며, N의 성분들의 쌍결합에서 또 이 성분들의 국소적 상호작용들의 비선형적 동역학 D에서 생겨난다.
(2) E와 P는 N의 성분들의 동역학 D에 미치는 국소적인 것에 대한 전역적인 것의 ('하향의') 결정적인 영향을 갖는다.

또 아마도

(3) E와 P는 N의 성분들의 내재적 속성들에 의해서 남김없이 결정되는 것이 아니다. 즉 그것들은 '관계적 전체론'을 보여준다.

용어: 창발적 과정과 창발적 속성

비록 창발적 속성이란 용어가 널리 퍼져 있지만, 나는 창발적 과정이란 용어를 선호한다. 엄격하게 말해서, 속성이 창발한다고 말하는 것은 이치에 맞지 않고, 오로지 시간 속에서 창발하는 과정 혹은 존재 속에서 속성이 실현되고, 예화되거나 혹은 예시되게 된다고 말하는 것만이 이치에 맞는다. 창발은 시간적 과정이지만, 속성들은 (보편자로 간주되든 언어적 추상물로 간주되든) 무시간적이다. 예를 들어, 살아 있음이란 속성은 생명이 지구에 발생했을 때 창발하지 않았다. 오히려 이 속성은 살아 있는 세포들을 구성하는 자가생성의 창발적 과정의 결과로 예화되게 되었다. 이 예는 또한 창발적 과정들의 인과적 특성들의 중요성을 보여준다. 자가생성의 창발적 네트워크는 외적 환경의 변화들을 가져오는 생물학적 개체(세포)를 구성한다. 이 창발적 네트워크는 또한 새로운 종류의 사건들이 발생할 수 있는, 단백질 합성, RNA/DNA 복제—이것들은 보호된 세포 간 환경과 떨어져서는 혹은 바깥에서는 일어날 수 없다—같은 구조화된 맥락을 창조한다.

명제 1: 비선형적 동역학

이 정의를 충족시키는 창발적 과정들은 쌍결합된 요소들이 비선형적 상호작용을 행하는 네트워크들에서 일어난다. 비선형적 상호작용과 선형적 상호작용의 구분은 창발적 과정을 갖는 체계들과 갖지 않는 체계들을 구분하는 한 방식을 제공한다(Campbell and Bickhard 2002). 선형적 상호작용들은 부가적이거나 혹은 비례적이다. 이 상호작용들은 일반적으로 (양자 영역을 제외하고) '집적적인' 체계들—인과적 특질들이 성분들의 속성들을 집적하는 데서 유래하는 체계들—을 생겨나게 한다(Wimsatt 1986). 비선형적 상호작용들은 비부가적이고 비비례적이다. 이 상호작용들은 체계의 활동들이 체계의 성분들의 속성들에서 집적적으로 유래할 수 없는 체계를 (정의상) 생겨나게 한다. 그러므로 고전적인 영국의 창발론자들(Samuel Alexander, C. Lloyd Morgan, and C. D. Broad)의 용어를 빌려, 선형적 과정들은 오직 '결과자들'을 산출시킬 뿐인 데 반해, 비선형적 과정들은 '창발자들'을 발생시킨다고 말하고 싶은 유혹이 생긴다.

비선형성은 긍정적 피드백과 부정적 피드백의 관계에서 결과한다. 이 관계는 체계의 모든 가능한 전역적 상태들의 공간 속에서 제약된 대안들로 (위상공간 속의 끌개들로) 기술될 수 있는 행동 패턴들을 가져온다. 그런 활동 패턴들을 이해하기 위해서 우리는 이 집합적 변수와 질서매개변수가 생물리학적으로 자연적 현상 속에서 실현되는 방식을 보여주면서 동시에 집합적 변수와 질서매개변수의 언어로 이 활동 패턴들을 모형화할 필요가 있다.

창출행위적 접근법과 관련이 있는 창발적 과정들은 자율적인 것으로 간주될 필요가 있는 단세포 유기체와 다세포 유기체, 면역계, 뇌와 같은 복잡체계에서 일어난다. 자율적 체계는 작동성 폐쇄를 갖고 있고, 따라서 그 자체의 조직을 중차대한 변수로 해서 동역학적으로 유지한다. '조직성-작동성 폐쇄'는 구조적 변화와 물질적 변화를 통해서 체계의 불변적 형식을 규정하며, 따라서 이는 위상학적이고 형태동역학적인 개념이다(Deffuant et al. 1995; Petitot 1992). 그렇지만 이 불변적 형식은 바로 성분적 과정들이 (네트워크의 모든 산물이 네트워크 내에 머무는) 폐쇄 하에서 작동하는 순환적 네트워크의 동역학적 패턴이기 때문에, 이 경우의 형태동역학은 시간을 관통하는 형식적 동일성뿐만 아니라 형식적 **자기동일성**을 정의한다. 이 유형의 형태동역학은 자율적 체계 내의 창발과 (대류구르기와 같은) 다른 자주 인용되는 예들의 창발 사이의 중요한 차이를 특징짓는다. 자율성(조직성-작동성 폐쇄)의 경우에 창발하는 것은 '자기' 혹은 '개체'이고, 동시에, 상관관계적인 적소(조직과 구체적인 구조적 실현이 주어지는 그런 체계를 위해 가능한 상호작용들의 영역 혹은 집합)이다. 이러한 종류의 창발의 최소의 모범 사례는 살아 있는 세포이다(5장과 6장을 보라).

자율적 체계들을 특징짓는 또 다른 방식은 '분해 가능한' 체계와 '분해 불가능한 체계' 간의 대조와 관련해서이다(Bechtel and Richardson 1993; Simon 1969). 분해 가능한 체계는 분명한 위계적 구조를 갖고 있다. 각 성분이나 하부체계는 다른 성분이나 하부체계와 독립적으로 그 자신의 내재적 원리에 따라 작동해서, 체계를 강하게 모듈식으로 만든다. '거의 분해 가능한 체계'에서 높은 수준들은 하향식 혹은 피드백 관계를 통해서 낮은 수준들과 상호작용한다. 이 상호작용들의 본성이 체계가 거의 분해 가능한 정도를 결정한다. "성분적 속성들을 결정할 때 하부체계 내의 인과적 상호작용들이 하부체계들 간의 인과적 상호작용들보다 더 중요하다면, 한 체계는 거의 분해 가능할 것이다"(Bechtel and Richardson 1993, p. 27). 체계의 성분들이 내재적 요인들에 의해 덜 통제받고 체계의 조직에 의해 더 통제를 받을 때 그때 체계는 '최소한도로 분해 가능하다'. 분해 불가능한 체계는 성분들의 연관성과 상호관계성이 성분들을 복속시켜 더 이상 분명히 분리 가능하지 않은 전역적 과정들을 생겨나게 한다. 그러한 체계에서 사전에 존재하는 부분들과 부수해서 발생하는 전체 간의 구분은 문제적인 것이 된다. 전체는 성분들에서 창발할 뿐만 아니라, 또한 성분들은 전체에서 창발한다.

자율적 체계는 분해 불가능하지 않다면 적어도 최소한도로 분해 가능하다. 더 정확히 말해, 자율성 관점을 채택한다면 우리는 그 사실 때문에 체계를 적어도 최소한도로 분해 가능한 것으로 특징짓는다. 이유는 자율적 체계는 조직적으로 또 작동적으로 폐쇄된 네트워크이기 때문이다. 따라서 자율적 체계는 그 작동을 네트워크로서 결정하는 성분적 과정들의 연관성이다.

신경적 집단들은 이 생각을 예증하기 위해 사용될 수 있다. 한 두 예외가 있긴 하지만, 뇌는 호혜성의 원리에 기초해서 조직된다. 만약 영역 A가 영역 B에 연결된다면 B에서 A로 향하는 호혜적 연결들이 존재한다(Varela 1995; Varela et al. 2001). 신경과학에서 하는 전통적 실행은 이 호혜적으로 상호연결되는 뇌 영역들을 (감각적 자극으로부터 떨어진 시냅스적 거리에 의해서 측정된) 주변(낮은) 영역에서 중심(높은) 영역들로 정보처리하는 수준들의 위계로 사상寫像하는 것이다. 감각적 말단이 출발점으로 간주되고, 지각은 일련의 피드포워드 혹은 상향식 처리과정의 단계들을 통해 진행되는 것으로 기술된다. 하향식 영향들은 높은 영역들에서 낮은 영역들로 향하는 배면영사back-projection와 피드백과 동일시된다. 이 도식은 (하향식 영향들이 강조되는 정도에 따라) 뇌를 거의 분해 가능한 체계로 혹은 최소한도로 분해 가능한 체계로 취급한다.

그러나 동역학적 관점에서 보면, 그림이 다르게 나타난다. 첫째로, 동역학주의자는 뇌를 감각적 말단에서 출발하는 처리과정의 위계로 묘사하지 않는다. 엄격히 말해서, 뇌 과정들은 항상 진행 중이기에 어디에서도 출발하거나 정지하지 않는다. 분석의 많은 목적들을 위한 더 좋은 진입점은 감각적 유입과 동시에 필연적으로 활동하는 뇌 자신의 준비, 기대, 정서적 톤, 주의 등의 유기체의 상태들에 반영된 바대로의 내생적 활동에서 발견될 수 있다 (Varela et al. 2001, p. 230; Lutz et al. 2002를 보라). 그런 활동은 감각기의 먼 곳에서 — 전두엽이나 변연계에서, 혹은 측두피질과 연합피질에서 시작되는 네트워크 전체의 한가운데에서 — 생겨난다. 이러한 종류의 내생적 활동들이 심지어 감각적 지각의 초기에 참여한다는 상당한 증거가 있다. 비록 이 종류의 활동이 하향식 혹은 피드백으로 보통 기술되지만, '하향식'과 '상향식'은 유입하는 활동과 내생적인 활동을 통합하는 사실상 대규모 네트워크인 것을 위한 발견적 용어들이다. 광범위하게 분포된 신경활동들의 대규모 통합을 특징짓기 위해 집합적-가변적 동역학과 질서매개변수가 중요하게 되는 것은 바로 이 네트워크 수준에서이다.

둘째로 (또 명제2의 논의를 예상하기 위해), 이 대규모 동역학은 개별적 뉴런들의 행동을 전역적 활동의 특정한 패턴으로 유입하거나 '견인함'으로써 국소적인 뉴런적 활동을 조절할 수 있다(3장의 간질의 신경동역학에 대한 논의를 보라). 전역적인 것이 국소적인 것에 미치는 영향의 이 동역학적 체계 형식은 정보처리 과정의 서열적인 위계에 보이는 하향식 제어를 요구하지도 또 동등하지도 않다(Engel, Fries, and Singer 2001; Thompson and Varela 2001).

이런 식으로 뇌를 살펴보는 것은 뇌를 적어도 최소한도로 분해 가능한 체계로—성분들의 행동이 체계의 조직에 의해 대체로 결정되는 체계—규정하는 것이다. 그렇지만 뇌가—대규모 네트워크로서 동역학적으로 작동하기 때문에—분해 불가능한 체계로 규정될 필요가 있을지도 모른다고 생각해보는 것이 또한 중요하다. 의심할 여지없이 어떤 설명적 목적들을 위해 뇌를 (최대한도로 혹은 최소한도로) 분해 가능한 체계로 규정하는 것은 유용하다. 그렇지만 (한 체계를 분리 가능한 성분들로 구분하고, 특정한 과제들을 위한 책임을 이 성분들에 전가하는) 분해와 국소화의 설명적 전략들이 뇌 활동을 규정하기 위해 적합하다고 우리가 가정할 때 문제들이 생겨날 수 있다(Bechtel and Richardson 1993; Uttal 2001). 특히, 분해와 국소화는 뇌의 작동성 폐쇄를 동역학적 신경네트워크로 특징짓기에 충분하지 않다. 마뚜라나와 바렐라의 말에 의하면,

> 수평적, 평행적, 서열적, 반복적 상호작용들의 네트워크로서 구성되어 있기 때문에 신경체계(=신경계)는 모든 수준들에서 그 자체로 폐쇄되어 있으므로, 이 체계가 겪을 수도 있는 절단들은 변화된 구조를 갖고 있는 폐쇄된 신경적 네트워크를 남긴다. 따라서 신경적 체계의 조직은 본질적으로 절단들 하에서는 불변적인 반면, 이 체계의 구조에 의존하는 따라서

> 이 체계의 건축술에 의존하는, 이 체계의 가능한 상태들의 영역은 불변적이지 않다. 그렇지만 이 체계의 폐쇄된 조직 때문에, 부분적 제거 후에도 신경적 네트워크에 남게 되는 것은 무엇이든, 본래의 것과 다른 속성들을 갖고 있는 다른 전체로서 필연적으로 작동하지, 어떤 속성들이 선택적으로 공제된 체계로서가 아니다. … 신경체계에는 어떠한 부분도 이 체계가 폐쇄된 네트워크로서 작동하는 것에 원인이 되는 것으로, 혹은 이 체계가 한 단위로 작동할 때 관찰자가 탐지할 수 있는 속성들에 원인이 되는 것으로 간주될 수 있는 작동적 국소화의 어떠한 가능성도 본질적으로 존재하지 않는다. 그러나 모든 신경체계는 확고한 건축술을 지니므로, 이 체계 속의 모든 국소화된 병소病巢는 필연적으로 부분들 사이의 특정한 단절을 생산하고, 따라서 이 체계의 가능한 상태들의 영역에 특정한 변화를 생산한다. (Maturana and Varela 1980, p. 129)

이 규정은—과정들의 동역학적 네트워크 혹은 '두뇌망'으로 작동의 면에서 이해된—뇌가 분해 불가능한 체계라는 것을 함의한다. 우리는 그런 체계들의 복잡한 행동들을 동역학 체계의 용어들로 표현하기 위한 이론적 언어를 여전히 결여하고 있다(Varela et al. 2001). 뇌의 경우 분해 불가능성은 두뇌망이 성분들을 복속시켜서 더 이상 분명하게 성분들로 분리될 수 없도록 하는 전역적 과정들을 발생시킨다는 것을 의미한다. 이 동역학적 수준에서는, 사전에 존재하는 부분들과 부수해서 발생하는 전체의 구분은 아무런 분명한 효용을 갖지 않는다. 즉, 우리는 전체(대규모 통합의 동역학적 패턴들)가 성분들에서 창발하는 만큼 성분들(국소적 신경활동들)은 전체에서 창발한다고 말하는 편이 좋을 것이다.

'분해 불가능성'과 '분해 가능성'은 발견적이고 인식론적인 범주들이지 존재론적인 범주들이 아니다. 분해 불가능성을 기초로 해서 존재론적 전체론의 형이상학적 명제에 찬동해서 주장하는 것이 나의 의도가 아니다(이는 분해 불가능성은 존재론적 환원주의자가 주장하는 의미에서 단순히 인식론적이라고 말하는 것이 아니다). 지금 나의 논점은 뇌를 모듈로 보는 견해로 향하는 많은 고전적 신경과학과 현대적 신경과학 속에 들어 있는 강력한 편견을 바로잡고자 분해 불가능성 관점에 주의를 환기시키는 것이다(또한 Uttal 2001을 보라). 결국, 중요한 것은 한 발견적 범주 대 다른 발견적 범주가 아니라, 다양한 설명적 맥락들 내에 있는 또 이 맥락들 전체에 걸쳐 있는 이 발견적 범주들 사이의 상호작용이다. 르 반 퀴엔이 진술하듯이,

> 사이먼을 뒤따르며(1973), 이 상호작용을 수준들 간의 구분을 허용하는 '느슨한 수직적 쌍결합'으로, 그리고 각 수준에서의 하부체계들 간의 분리를 허용하는 '느슨한 수평적 쌍결합'으로 생각해보는 일이 중요하다. '느슨한'이란 단어는 '분해 가능한'을 암시하는 반면, '쌍결합'이란 단어는 분해에 저항하는 것을 함의한다. 내 견해로는, 이 '느슨한 쌍결합'의 정의는 미래 발전들에 대한 본질적 도전들 중의 하나를 나타낸다. (Le Van Quyen 2003, p. 84)

명제 2: 국소적인 것에 미치는 전역적인 것의 영향

우리가 보았듯이, 복잡체계 이론가들은 순환적 혹은 호혜적 인과성의 이념에 호소하는데, 이 이념으로 그들은 전역적 패턴들은 국소적 상호작용들에서 생겨나고 동시에 이 상호작용들을 통제하거나 제약한다는 것을 의미한다. 복잡체계 이론의 한 분야인 상승협동학上昇協同學/synergetics에서, 생생하지만 호소력 없는 은유가 이 국소적에 미치는 전역적인 것의 영향을 기술하는 데 사용된다. 이 전역적인 집합적-가변적 동역학은 네트워크의 요소들을 특정한 동역학적 체제 속으로 들어가도록 '노예화함enslaving'으로써 국소적 행동에 영향을 미친다고 말한다(Haken 1983).

하향식 인과관계*down causation*란 용어 역시 이 종류의, 국소적인 것에

미치는 전역적인 것의 영향을 기술하는 데 사용된다. 과학적 맥락에서 이 용어를 가장 최초로 사용한 예 중의 하나가 「위계적으로 조직화된 생물학적 체계들에서의 '하향식 인과관계'」라는 제목의 도널드 캠벨(1974)의 한 논문에 보인다. 캠벨의 견해는 위계적으로 조직화된 생물학적 체계들에서, 높은 수준의 조직에서 낮은 수준의 조직으로 내려가는 하향식 인과관계가 자연 선택의 형태로 일어난다는 것이었다. "자연선택이 높은 수준의 조직에서 삶과 죽음을 통해 작동하는 곳에서, 높은 수준의 선택적 체계의 법칙들이 낮은 수준의 사건들과 물질들의 분포를 부분적으로 결정한다. … 한 위계의 낮은 수준들의 모든 과정들은 높은 수준들의 법칙들에 의해 억제되고 이 법칙들에 부응해서 작용한다"(p. 180). 높은 수준의 과정들이 낮은 수준의 과정들을 '억제하기에' 낮은 수준의 과정들이 높은 수준의 과정들에 '부응해서 작용한다'는 이 사상은 전역적 과정들(집합적-가변적인 동역학)이 국소적 상호작용들을 제약하거나 통제한다는 사상과 상응한다.

이 맥락에서 '제약'은 정확히 무엇을 의미하는가? 복잡체계 이론에서 제약들은 부분들이 (집성되는 것이 아니라) 한 체계적 네트워크로 통합되거나 통일되는 덕분에 이 부분들이 소유하는 관계적 속성들로 이해될 수 있다. 그러므로 '제약'은 형식적 혹은 위상학적 개념이다(Deacon 2003). 한 체계의 형식, 형태화, 혹은 위상학은 부분들이 단독으로 가질 수 있는 어떤 가능한 행동들을 제한하거나 제지하는 동시에 전체로서의 체계가 접근할 수 있는 상태들 덕분에 부분들을 위한 새로운 가능성들을 열어준다(Juarrero 1999, pp. 132-133).

'맥락이탈적' 제약들과 '맥락구속적' 제약들의 차이로 시작해서, 이 제약 개념을 더 자세하게 고찰해보자(Juarrero 1999, pp. 6-7에서 인용하는 Gatlin 1972). 맥락이탈적 제약은 외적으로 부과되어서 체계의 성분들의 이용 가능한 행동적 대안의 개연성을 변경하는 제약이다. 예를 들어, 방에서 골고루 분산된 분자들의 기체로 가득한 그릇은 열역학적인 평형상태에 있지만, 피스톤(맥락에서 자유로운 제약)을 그릇에 삽입해서 분자들이 한 면으로 압축되도록 피스톤을 움직이는 것은 분자들에게 질서정연한 정돈을 부과한다. 만약 피스톤 상의 압력이 제거되면, 체계는 열역학의 두 번째 법칙에 따라서 평형상태를 향해 다시 움직일 것이다. 다른 한편, 맥락구속적 제약은 이전에 독립적인 부분들을 한 체계적 전체로 상관관계를 맺게 하는 제약이다. 촉매작용이 좋은 예이다(Juarrero 1999, pp. 139-141). 무작위적으로 떠다니는 몇 가지 유형의 분자(A, B, C)들이 들어 있는 원생액原生液(=원시수프)[1]을 상상해보자. 외적으로 부과된 맥락이탈적 제약들(가령 날씨)의 결과로 다른 영역들보다 어떤 영역들에 어떤 분자들이 더 많이 존재할 것이다. 이제 A가 B의 형성에 촉매작용을 행한다고 상상해보자. A와 B의 이 관계는 이 둘 모두에게 맥락의존적 제약을 부과한다.

> 일단 무언가가 발생할 개연성이 다른 무언가의 현존에 의존하고 변경된다면, 이 둘은 체계적으로 관계를 맺고 따라서 내적으로 관계를 맺게 된다. 맥락구속적 제약들의 작동 및 이 제약들이 부과하는 조건적 개연성들의 결과로 A는 이제 B의 외적 구조의 부분이다. A는 더 이상 외적으로만 관계를 맺고 있는 B에서 독립해서 '저기 바깥에' 존재하지 않기 때문에, 상호의존이 더 큰 전체인 AB 체계를 창조해냈다. A가 B의 새로운 맥락 혹은 외적 구조의 부분인 한, A는 B 속으로 이입移入되었다. (Juarrero 1999, p. 139)

제약이 개별적 성분들(A와 B)과 동일한 수준의 조직에서 작동하기 때문에, 주아레로Juarrero는 이러한 종류의 맥락구속적 제약을 '일차 맥락적 제약'이라고 부른다. 체계 전체의 조직이 체계의 성분들에 대한 제약으로 창발할 때 '이차 맥락적 제약'이 설립된다. 따라서 단순화되고 이념화된 자가촉매적 네트워크에서 A는 B의 형성에 촉매작용을 하고, B는 C의 형성

1) 지구상에 생명을 발생시킨 유기물의 혼합용액.

에 촉매작용을 하고, C는 D의 형성에 촉매작용을 하고, D는 회로를 폐쇄하고 A의 형성에 촉매작용을 한다. 촉매작용을 하는 분자와 촉매작용을 받는 분자의 각 쌍 간의 관계는 일차 맥락적 제약이다. 그러나 일단 자가촉매적 폐쇄가 일어나면, 이 일차적 관계들은 조직 전체의 이차 맥락적 제약을 받게 된다.

훨씬 더 두드러진 예는 자가생성이다. 최소한도의 자가생성적 체계는 자가촉매적 네트워크에 해당할 뿐만 아니라 반투막성 막-경계 내에 거주하고 이 경계와 상호의존적으로 연관돼 있는 자가촉매적 네트워크에 해당한다. 자가촉매적 네트워크들은 그 자체의 위상학적 경계들을 자기생산하지 않기 때문에, 이러한 네트워크들은 자가생성적 체계들로 간주되지 않는다(5장을 보라).[2] 자가촉매적 네트워크들은 경계를 갖지 않거나 혹은 이 네트워크들의 경계들은 (실험 용기의 벽과 같은) 외적으로 부과되는 맥락이탈적 제약에 의해 설정된다. 그러나 자가생성적 체계에서 막은 체계의 조직의 이차 맥락적 제약의 부분을 형성한다. 이런 유형의 체계에서, 막-더하기-내적-자가촉매적 네트워크의 자기생산하는 조직 전체는 전체에서 부분들로 가하는 이차 맥락적 제약으로서 작동한다. 더욱이 다세포적 유기체에서 개별적 세포들의 자가생성은 다세포적 조직(이차 자가생성)의 고차 맥락적 제약을 받게 된다. 달리 말해서, 개별적 세포들의 자가생성은 고차 자가생성 혹은 다세포적 유기체의 자율성의 유지에 종속하게 된다(Maturana and Varela 1980, pp. 107-111; 1987, pp. 73-89).

우리는 이제 하향식 인과관계가 복잡체계 이론의 맥락에서 무엇을 의미하는지 하는 물음에 대한 대답을 손에 쥐게 되었다. 방금 소묘한 사고방식에 따르면, 하향식 인과관계는 체계의 성분들의 자유도를 한정하거나 제한하는 체계의 조직의 이차 맥락적 제약에 상응한다. 하향식 인과관계는 체계의 성분들의 관련성이 이 성분들의 행동에 미치는 영향에 상응한다. 더 정확히 말하면, 하향식 인과관계는 체계의 위상학적 조직이 체계의 구성적 과정들에 미치는 영향에 상응한다(Varela 1979; 또한 Deacon 2003을 보라). 따라서

'하향식'은 한 전체가 그것의 부분들에 미치는 형식적 혹은 위상학적 영향을 표현하는 은유이다.

이 은유가 적합한 은유인지는 의심스럽다. 비록 한 체계의 위상학과 그것의 구성적 과정들과 요소들 사이에 등급상의 실증적(=경험적) 차이들과 순서상의 논리적 차이들이 분명히 존재하지만, 체계 전체가 일시에 움직이기 때문에, 이 두 수준이 하나는 위로 작용하고 다른 하나는 아래로 작용하는 평행으로 움직이는 것은 아니다. 존 썰은 관련 논의에서 이런 논점을 펴고 있다. "이에 대해 생각하는 올바른 방식은 '하향식'이라기보다 체계 인과관계이다. 한 체계로서의 체계는 비록 체계가 요소들로 이루어지기는 하지만 각 요소들에 인과적 영향을 미친다"(Searle 2000b, p. 17). 이 관점에서 보면, **하향식 인과관계**란 용어는 체계-인과관계 관점으로 완전하게 이동할 수 없다는 것과 더불어 체계 인과관계에 대한 부분적 인식을 나타낸다.

체계의 요소들에 대한 체계의 위상학적 영향이 인과적 영향으로 간주되어야 하는지 궁금해 하는 철학자들이 있을지도 모르겠다. 이 문제는 인과관계에 대한 더 넓은 개념적 문제와 분리될 수 없다. 창발과 하향식 인과관계에 관한 철학적 논쟁들은 부분과 전체의 (혹은 기본적 특질들 대 창발적 특질들의) 강한 존재론뿐만 아니라, '인과적 힘들'— 기본적 특질의 인과적 힘들 대 창발적 특질의 인과적 힘들 (혹은 창발적 특질의 인과적 힘들의 결여)— 의 강한 존재론에 의해 조직되는 경향이 있다. 인과관계에 대한 인과적-힘 견해에 관한 철학적 논쟁들에 사로잡히기보다 나는 동역학적 체계 이론가들이 복잡체계에서 부분에 미치는 전체의 영향에 관해 말할 때 염두에 두고 있는 것을 해명하는 데 만족하겠다. 우리가 보았듯이, 이 영향은 체계의 부분들에 대한 체계의 조직적 제약에 상응한다. 그런 영향은 위상학적이다. 그러므로 무언가에 작용하는 외적인 힘이 아니라, 과정들 사이의 상호연결성 혹은 상호 관련성이다. 이 상호 관련성은 국소적 상호작용들의 맥락과 배경을 구조화하고, 그렇기 때문에 그렇지 않으면 일어나지 않을 어떤 종류의 사건들이 발생할 수 있다. 일부 저자들은 체계의 조직의 제약을 일시적인 '유발하는triggering' 원인과 대조하면서, 서 있거나 진행 중인 '구조화하는' 원인으로 기술하고(이 차이를 보려면 Dretske 1995b를 보라), 이렇게 이해된 조직적 제약들을 아리스토텔레스의 형상인formal cause에 비유한다(Emmeche, Køppe, and Stjernfelt 2000; Juarrero 1999, pp. 125-128). 형식적 인과관계의 이러한 만회는 4장에서 제시된 형식에 대한 현상학적 분석과 형태동역학적 분석으로부터 지지를 얻고 있다.

명제 3: 관계적 전체론

부분/전체 환원론('부분전체론적 부수론mereological supervenience')의 존재론적 명제에 따르면, 한 전체의 모든 속성들은 가장 기본적인 부분들의 내재적 (비관계적) 속성들에 의해 결정된다. (그래서 전체는 부분들의 내재적 속성들에 부수한다.) 이와 대조적으로, 전체론('부분전체론적 창발론 mereological emergence')에 따르면 어떤 전체들은 가장 기본적인 부분들의 내재적 속성들에 의해 결정되지 않는 창발적 특질을 소유한다. 그런 창발적 특질들은 환원 불가능하게 관계적이다. 이 특질들은 이렇게 관계를 맺고 있는 요소들의 내재적 속성들에 의해 남김없이 결정되지 않거나 혹은 이런 속성들로 환원될 수 없는 관계들에 의해 구성된다. 이 전체론적 관계들은 부분들에 영향을 미칠 뿐만 아니라, 환원 불가능하게 관계적인 구조 속에서 부분들의 독립적 존재를 대체하거나 포함한다.[3]

관계적 전체론은 하향식 인과관계 개념을 적법화하는 데 원용될 수 있다고 생각하는 사람이 있을지 모르겠다. 그들은 하향식 인과관계가 체계의 성분들 사이의 관련성이 이 성분들의 행동에 미치는 결정적인 영향이라고 가정한다. 만약 이 관련성이 전체론적이라면, 이 사실은 아마도 체계 전체가 이 체계의 부분들에 미치는 결정적인 영향을 설명할 것이다. 이 사고방식의 문제점은 관계적 전체론이 관계가 가장 기본적 단위이고 그래서 관계의 항들은 어떠한 독립적(비관계적) 지위도 갖지 않는다는 것을 함의한다는 점이다. 그렇기 때문에 성분들은, 하향식 인과관계가 시사할 수밖에 없는 대로, 높은 수준의 하향식 영향을 받는 독립적인 낮은 수준을 구성할 수 없을 것이다. 달리 말해서, 관계적 전체론을 고려할 때 하향식 인과관계는 그릇된 명칭인 것으로 보인다. 따라서 관계적 전체론의 현존은 하향식 인과관계 개념이 전체가 부분들에 미치는 영향을 기술하는 데 과연 적절한가 하는 의심에 또 다른 이유를 제공할 것이다.

관계적 전체론 개념은 체계의 상태는 부분들의 상태에 의해 구성되는 것이 아니라 오직 체계 전체만이 확정적 상태에서 말해질 수 있다는 양자역학의 분리 불가능성 혹은 얽힘entanglement과 관련해서 주로 도입되었다. (Teller 1986; 또한 Belousek 2003을 보라). 분리 불가능성을 기초로 해서 많은 철학자들이 양자역학적 체계들은 전체론적이거나 혹은 부분전체론적으로 창발적이라고 주장해 왔다.[4] 질버슈타인과 맥기버Silberstein and McGeever(1999)는 분리 불가능성이 '존재론적 창발'의 전형적 예라고 제안해 왔다. 이 말로 그들은 (i) 분리 불가능성은 우리의 이론들이나 모형들의 인공물과는 대립되는 바의 체계 혹은 전체 그 자체에 속하는 일종의 창발이고, (ii) 분리 불가능성은 전체의 모든 속성은 가장 기본적인 부분들의 내재적 속성들에 의해 남김없이 결정된다는 (원자론적인) 부분전체론적 부수론이라는 형이상학적 학설을 위반한다는 것을 의미한다.[5] 동역학적 복잡체계에 대한 질버슈타인과 맥기버의 물음은 이 체계들도 또한 존재론적 창발을 보여주는가 아니면 오직 인식론적인 창발만을 보여주는가 하는 것이다.[6]

비선형적인 동역학적 체계들이 전체론적이 아니라거나 혹은 존재론적으로 창발적이 아니라고 생각하는 데 보통 주어지는 주된 이유는 이 동역학적 체계들이 고전적인 결정론적 체계들이기 때문이다. 결정론적 비선형적인 동역학적 체계에서, 항상 (i) 모든 변수들은 확정적 값을 지니고 (ii) 어떠한 변수 값에서의 어떠한 변화도 비확률적이다. 질버슈타인이 진술하듯이,

“이 두 방식에서 ‘결정론적인’ 어떠한 체계도 부분전체론적 창발을 보여줄 수 있는 방식을 상상하기란 어려운 일이다”(Silberstein 2001, p. 83). 그럼에도 불구하고, 우리가 체계의 행동이나 혹은 전역적인 동역학적 속성들(끌개들)을 수학적으로 연역하는 것은 불가능하기 때문에, 이 행동들과 속성들은 인식론적으로 창발적인 것으로 기술될 수 있다. 예를 들면, 카오스적 체계들은 결정론적이지만, 결국은 무작위하게 나타날 수 있고 또 예측 불가능하다. 카오스적 체계들은 초기조건들에 고도로 민감하며(섭동의 작은 차이들이 기하급수적으로 발산하는 효과들을 산출한다), 우리는 이 체계들의 변수들의 값을 한정된 정확도로만 특정화할 수 있다. 스티븐 켈러트Stephen Kellert는 이 인식론적 창발 개념을 이렇게 표현한다. “카오스 이론은 미시적 환원주의의 보편적 적용 가능성에 반대해서 주장하지, 철학적인 환원주의 학설에 반대해서 주장하는 것은 아니다. 철학적인 환원주의 학설은 한 체계의 모든 속성들은 부분들의 속성들로 환원 가능하다고 진술한다. 카오스 이론은 그런 주장의 반례로 역할할 수 있는 ‘전체론적’ 속성들의 예를 전연 제공하지 않고 있다”(Kellert 1993, p. 90).

더 최근의 논의들이 이 진술에 의심을 던질지도 모른다. 프레데릭 크론츠Frederick Kronz(1998)는 고전적인 체계들 속의 카오스를 푸는 열쇠는 해밀턴 에너지함수의 분리 불가능성이라고 제안한다(또한 Kronz and Tiehen 2002, pp. 332-333을 보라). 뉴턴 고전역학의 정식적 표현은 힘을 근본적인 것으로 취하는 데 반해, 해밀턴의 정식적 표현은 에너지를 근본적인 것으로 취한다. 한 체계의 해밀턴 연산자the Hamiltonian는 이 체계의 총에너지(운동에너지 더하기 위치에너지)에 상응한다. 고전역학에서, 선형적 체계를 기술하는 해밀턴 연산자는 체계의 각 성분에 총계 속의 한 요소가 대응하는, 해밀턴 연산자들의 총계로 분리 가능하다. 만약 운동방정식에 비선형적 항들이 존재한다면, 해밀턴 연산자는 분리 불가능하다. 크론츠의 논의를 기반으로 해서 로버트 비숍(2002)은 해밀턴 연산자의 분리 불가능성은 복잡체계의 창발적인 전역적 응집성을 이해하는 데 결정적으로 중요하다고 제안한다.

> 베나르 세포들이 보여주는 완전성, 통합성, 안정성의 속성들은 전역적 속성들이며, 모든 유동하는 요소들이 서로 간에 맺는 비국소적 관계를 포함한다. 이 전역적 행동은, 유동하는 요소들이 특정한 베나르 세포들의 성원들로 동시적으로 확인되고 체계 전체를 통해서 유동하는 요소들과의 상호작용에 참여하는 동안, 서로 간에 구별된다는 의미에서, 양자역학의 전체론적 얽힘과 다르다. 이 맥락에서 해밀턴 연산자의 분리 불가능성에 초점을 맞추는 것이 더 적합할 수도 있다. 양자quantum의 경우와 대조적으로, 해밀턴 연산자가 분리 불가능할 때조차 고전적 상태들은 항상 분리 가능하기 때문이다. (Bishop 2002, p. 7)

이 제안에 따르면, 철학적 환원론과 양립할 수 없는 것으로 보이는 복잡체계에 고유한 일종의 전체론이 존재한다. 동시에 이런 종류의 전체론(해밀턴 연산자의 분리 불가능성)은 결정론과 양립 불가능한 것이 아니다.

그러나 결정론이 의미하는 것은 완전히 다른 문제이다(Atmanspacher and Bishop 2002를 보라). 나는 여기서 이 덤불 속으로 들어갈 의도가 없지만, 두 가지 기본적 논점들은 말할 만한 가치가 있다. 첫째, 과학적 모형의 특질로서의 결정론과 자연에 관한 형이상학적 명제로서의 결정론을 구분하는 것이 중요하다. 형이상학적 명제에 따르면, 자연의 모든 물리적 속성들은 확정적이고 결정적이며, 자연세계의 진화는 독특하게 고정돼 있다. (자연의 완전하고 순간적인 상태는 자연의 과거와 미래를 아무런 대안들 없이 고정시킨다.) 관찰 가능한 현상들의 비확률적인 동역학적-체계 모형들을 우리가 건립할 수 있다는 사실에서는 이 명제는 거의 따라 나오지 않는다. 둘째, 추상적인 수학적 모형들로서의 비선형적인 동역학적 체계들과 관찰 가능한 생물리학적 체계들을 구분하는 것이 또한 중요하다. 어떠한 구체적인 실증적 체계도 확률적인 동요들이라는 형태로 어떤 정도의 무작위성을 포함할 것이다(Kelso 1995). 어떠한 주어진 실증적 체계에서, 체계의 행동을 규정하는 데 가장 적합한 분석적 기법들은 이 행동의 비선형성의 정도와 확률성의 정도에 관해 세워지는 가설에 의존한다(Le Van Quyen 2003; Schreiber 1999). 준안정적 동역학적 체계들은 상이한 공간적 등급과 시간적 등급에서의 비선형성과 확률성의 상이한 혼합들을 보여준다(Friston 2000b; Kelso 1995; Le Van Quyen 2003).

과학은 비선형성과 확률성의 이 방대한 바다의 지도를 가까스로 만들기 시작했다. 이 맥락 내에서 '결정론적'은 (관찰자를 초월하는 고전적 의미에서) 자연의 존재론적 특성으로서 이해될 때가 아니라 어떤 비선형적 분석기법들을 기술하는 것으로 이해될 때 가장 잘 이해되는 것으로 보인다.

요약: 동역학적 공창발

이 지점까지의 논의는 창발을 동역학적 공창발로 이해하기 위한 더 많은 지지를 제공한다. 동역학적 공창발은 부분과 전체가 함께-창발하고 서로간에 서로를 특정화한다는 것을 의미한다. 크론츠와 티엔(2002)은 창발과 양자역학에 관한 논의에서 (또한 비선형적인 동역학적 체계들과 관련해서) 동일한 이념을 주창하는데, 그들은 이를 동역학적 창발이라고 부른다.

> 창발적 전체들은 동시에 발생하는 부분들을 갖고 있지만, 이 부분들은 그들 각자의 전체들과 독립적으로 규정될 수 없다. 창발적 전체들은 그것의 부분들의 본질적이고 진행 중인 상호작용에 의해 산출된다. 이것들은 여기서 소묘한 새로운 경관의 중심적 특질들이다. 분리 불가능한 해밀턴 연산자는 본질적이고 진행 중인 상호작용을 구성한다. … [이] 견해를 채택함으로써 우리는 창발적 전체를 부분들로 환원하는 것에 관해 말하는 일은 아무 의미가 성립하지 않는다고 말할 수 있다. 부분들은 어떤 의미에서 전체에 대한 우리의 규정의 건립물이기 때문이다. (Kronz and Tiehen

2002, p. 345)

창발과 하향인과관계에 대한 반론

이 부록에서의 나의 마지막 과제는 철학자 김재권(1993, 1998, 1999)이 제기한 창발과 하향인과관계에 대한 최근의 잘 알려진 몇몇 반론들을 검토하는 것이다. 김재권은 '재귀적 하향인과관계'—전체가 그 자체의 미소성분들에게 미치는 인과적 영향—는 동시적으로 혹은 공시적으로 발생한다고 이해될 때 이는 비정합적이고, 또 통시적으로 발생한다고 이해될 때 이는 쓸모없거나 '물리적인 것의 인과적 폐쇄'를 위반한다고 주장한다(Kim 1999, pp. 28-33). 만약 김재권이 옳다면, 창발과 하향인과관계는 존재론적 환원주의자의 의미에서 인식론적인 것에 지나지 않음이 드러난다. 이런 이유로 그의 주장들을 고찰하는 것이 유익할 것이다.

다음은 공시적인 재귀적 하향인과관계의 첫 번째 사례에 대한 김재권의 기술이다.

> 어떤 시간 *t*에, 전체 *W*가 창발적 속성 *M*을 갖고 있을 때 *M*이 다음과 같은 조건들의 배열형태에서 창발한다: *W*는 부분들 $a_1, \cdots a_n$으로의 완전한 분해를 갖는다; 각 a_i은 속성 P_i를 갖는다; 관계 R은 순열 $a_1, \cdots a_n$에 적용된다. 어떤 a_j에 대해 *W*가 *t*에서 속성 P_i를 갖는 것은 a_j가 *t*에서 P_j를 갖도록 원인이 되는 것이다. (Kim 1999, p. 28)

김재권이 이 사례는 문제를 일으키는 것이고 그래서 결국 비정합적이라고 보는 것은 이 사례가 상향의 결정과 하향의 인과관계를 결합하는 공시적 방식 때문이다. a_j가 *t*에 P_j를 갖는 결과로 *W*가 *t*에 *M*을 갖는다는 상향의 결정은, W가 t에 M을 갖는 결과로 a_j가 t에 P_j를 갖는다는 하향의 인과관계와 동시적이다.

그럼에도 불구하고, 이 사례에는 아직 명백한 비정합성이 존재하지 않는다. 동시적 인과관계는, 비록 상식에 반하는 것이긴 하지만, 명백히 비정합적인 것이 아니다. 예를 들어, 물리학의 어떤 이론들은 거리가 떨어진 곳에서 일어나는 동시적인 행위를 상정하고 있다. 그런 영향들이 존재하는지, 그런 영향들이 인과적으로 간주되어야 하는지 여부는 어려운 실증적이고 개념적인 쟁점들이다. 더욱이 순환적 인과성을 김재권이 그렇게 하듯이(p. 28), 일반적으로 '수용 불가능한 것'으로 단순히 선언하는 것은, 순환적 인과성 개념이 복잡체계 이론에서 중요한 역할을 한다는 것을 고려하면 너무 안이한 것이다. 복잡체계 이론의 순환적 인과성이 공시적이고/이거나 통시적인 것으로 간주될 때 가장 잘 간주되는 것인지, 아니면 호혜적 인과적 설명을 위한 방편으로 간주될 때 가장 잘 간주되는 것인지 여부는 단지 안락의자에 앉아서 선언함으로써 결정될 수는 없는 미해결의 어려운 물음이다.

그렇기 때문에 "우리가 암묵리에 동의하고 있다"(비록 그가 '우리'가 형이상학자들, 과학자들, 거리의 보통 사람들 중 누구를 의미하는지 말해주고 있지는 않지만)고 김재권이 생각하는, 인과관계에 관한 추가적인 형이상학적 원리—'인과적 힘의 현실성 원리'—를 도입함으로써 그가 포착하는 비정합성을 끌어내야 한다는 것은 놀라움으로 다가오지 않는다.

> 대상 x가 시간 t에 속성 P 덕분에 갖고 있는 인과적/결정적 힘들을 행사하려면, x는 이미 t에 P를 소유하고 있어야만 한다. x가 t에 P를 획득하도록 야기된다면, x는 t에 P를 이미 소유하는 것이 아니고 P에 내재하는 인과적/결정적 힘들을 행사할 수 없다. (Kim 1999, p. 29)

위의 사례에 적용된 이 원리에 따르면, 공시적인 재귀적 하향인과관계는 비정합적이다. W가 t에 M을 갖는 것은 a_j가 t에 P_j를 갖는 것의 결과로 생각되고 있는데, 이는 (인과적 힘의 현실성 원리에 의해서) a_j가 t에 P_j를 이미 소유해야만 한다는 것을 의미한다. a_j가 t에 P_j를 갖는 것은 W가 t에 M을 갖는 것의 결과로 생각되고 있는데, 이는 a_j가 t에 P_j를 이미 갖고 있지 않다는 것을 의미한다.

전역적인 것이 국소적인 것에 미치는 구조화하는 영향으로서의 하향인과관계 개념은 김재권의 원리의 일반성에 대해 의문을 던진다. 김재권의 원리의 문제점은 레일레이-베나르Rayleigh-Bénard 대류구르기의 사례에서 간파될 수 있다. (폐쇄된 용기에서 '베나르 세포'라 불리는 평행 원기둥을 형성하는) 질서정연한 구르기 운동은 유동하는 분자의 국소적 동역학에서 창발하고, 동시에 이 분자가 종사할 수 있는 운동의 상태를 제약한다. 로버트 비숍이 진술하듯이,

> 세포들이 t에 설립될 때 이 통제하는 속성이 t에 설립된다. 이 속성은 t에 앞서서 존재하지 않았다. 마찬가지로, t에 앞서서, 유동하는 요소들의 궤적들은 다양한 운동 상태들에 접근하는 속성, 즉 베나르 세포들의 전역적인 통제하는 영향들로 인해 상실하는 속성을 갖고 있었다. 이 경우에 유동하는 요소들의 운동에 미치는 인과적 제약들/변경들은 공시적이다. 자기조절하는 전역적 패턴의 창발은 접근 가능한 체계의 상태들의 변경들과 동시적이다. 만약 동시적이 아니라면 이 패턴은 생겨나지 않을 것이다. (Bishop 2002, p. 9)

그러므로 김재권과 달리, 공시적인 재귀적 하향인과관계는, 이 관계가 (원인과 결과가 서로에게 외적인) 작용적 인과관계로서가 아니라 전역적인 것이 국소적인 것에 미치는 구조화하는 영향으로 간주되는 한, 완전하게 정합적인 것으로 보인다.

통시적 하향인과관계를 반대하는 김재권의 주장으로 향해보자. 여기서 문제들은 훨씬 더 많은, 얽힌 것을 풀어줄 것을 요구한다. 김재권은 두

종류의 하향인과관계—하나는 그가 보기에 통상적인 것이라 문제될 것 없고, 다른 하나는 크게 문제가 된다—를 구분하지만, 어떤 종류도 복잡체계 이론에서 발견되는 하향인과관계의 종류와 들어맞지 않는다.

첫 번째 종류는 전체의 속성에서 부분들의 속성으로 향하는 인과관계에 불과하다—여기서 김재권은 '전체'와 '부분'의 개념을 분석하지 않은 채 놓아두고 있다—. 전체는 이 전체의 미소성분들 중의 하나를 어떤 방식으로 변화하도록 원인이 되고, 원인과 결과 사이에는 시간-지연이 존재한다. 김재권은 로저 스페리Roger Sperry(1969)의 유추, 즉 그 자체의 분자들의 운동을 제약하는 구르는 바퀴의 유추를 이런 종류의 통시적 하향인과관계의 한 사례로 해석한다. 바퀴의 구조적 속성들은 바퀴를 이루는 분자들의 운동을 제약하는데, 그래서 분자들은 바퀴가 언덕 아래로 구르는 대로 한 특정한 방식으로 운동하도록 야기된다. 다음은 이런 종류의 통시적 하향인과관계에 관한 김재권의 다른 예들과 그의 평결이다.

> 사다리에서 떨어져서 내 팔이 부러진다. 나는 한 잔의 물을 마시러 주방으로 가고, 10분 후에 내 모든 사지와 장기들이 서재에서 주방으로 옮겨졌다. 스페리의 새가 저쪽 하늘로 날아가고, 이 새의 모든 세포들과 분자들도 또한 저쪽으로 옮겨가버렸다. 나는 이 사례들이 자기재귀성에 뿌리를 박고 있는 어떠한 특별한 신비들을 제공하거나, 혹은 이 사례들이 특별하고 독특한 창발적 인과관계를 보여준다고 생각하지 않는다. (1999, p. 30)

김재권은 "창발적 하향인과관계는 전체의 속성들에서 이 전체 자체의 부분들의 속성들로 향하는 인과관계 즉 재귀적 하향인과관계와 단순히 동일시되어서는 안 된다"고 결론을 내린다(1999, p. 31). 창발적 하향인과관계가 요구하는 것은 단순히 부분에 대한 전체의 영향이 아니라, 거시적 수준의 사건들과 미시적 수준의 사건들 간의 종류상의 차이이다. 달리 말해서, 두 수준들 간의 인과적 관계들은 운동의 속성이 전체와 이 전체를 구성하는 부분들에 공통되는 구르는 바퀴나 날아가는 새와 달리 서로 다른 속성들을 함축하지 않으면 안 된다.

김재권은 이 사례들에 관해 올바르게 말하는 것처럼 보인다. 하지만 그의 분석에는 약점이 있다. 그가 위의 인용문에서 제공하는 예들 중 어떤 것도 복잡체계에서 발견되는 종류의, 전역적인 것이 국소적인 것에 미치는 영향을 담고 있지 않다. 이 예들에는 어디에도 자기조직화하는 체계를 특징짓는 종류의, 체계 성분들의 비선형적 쌍결합이 존재하지 않는다. 이러한 부재는 집적적인 체계이지 자기조직화하는 체계가 아닌 스페리의 바퀴의 경우에 특히 분명하다. 어디에도 어떠한 (대류구르기나 베나르 세포에서처럼) 동역학적인 전역적 형성이 존재하지 않는다. 또한 (자가생성에서처럼) 작동성 폐쇄와 이차 맥락적 제약을 지니는 어떠한 복잡체계도 존재하지 않기 때문에, 어떠한 자기재귀성도 존재하지 않는다. 김재권은 창발과 하향인과관계를 위해 가장 중요하고 관련 있는 사례들을 간과하고 있다. 그는 일반적인 올바른 결론을 내리고 있지만, 올바른 이유로 그렇게 하고 있는 것은 아니다. 창발적 하향인과관계가 부분에-대한-전체의 인과관계와 단순히 동일시되어서는 안 된다는 것은 사실이지만, 그것은 (적어도 복잡체계 맥락에서의) 창발적 하향인과관계가 어떠한 종류의, 부분에 대한 전체의 영향도 기술하도록 의도되어 있지 않기 때문이다. 오히려 그것은 집합적 자기조직화 속에서 또 이를 통해서 동역학적인 전역적 응집성을 갖는 하나의 체계 속에서 발생하는 특정한 종류의 재귀적인 국소적인-것에-대한-전역적인 것의 영향을 기술해야 한다.

김재권의 다음 단계는 거시적 수준의 사건들과 미시적 수준의 사건들이 서로 다른 특성적 속성들을 갖는 종류의 하향인과관계를 검토하는 것이다. 그의 모형은 물리적인 것에-대한-심적인 것의 인과작용이지만, 그가 하는 종류의 주장은 심적인 것과 물리적인 것 그 자체와는 아무 관련이 없어서, 생물학적인 사건들과 물리적 사건들 간의 관계에 오히려 쉽게 적용될 수 있다. 그가 개진하는 주장은 세 가지 원리들에 의존한다(Kim 1993, pp. 336-357을 보라).

1. 물리적 실현 원리: 모든 창발적 사건 혹은 속성 *M*은 어떤 물리적 사건 혹은 속성 *P*(창발적 사건 혹은 속성 *M*의 '창발적 기반')에 의해 실현되어야만 한다(혹은 이에 의해 결정되어야만 하거나, 혹은 이에 부수해서 발생해야만 한다).

2. 인과적 계승 원리: 만약 *M*이 *P*에 의해 실현됨으로써 어떤 주어진 기회에 예화된다면, *M*의 이 예의 인과적 힘은 *P*의 인과적 힘과 동일시 된다(혹은 *P*의 인과적 힘의 부분집합이다).

3. 물리적 영역의 인과적 폐쇄의 원리: 시간 *t*에 원인을 갖는 어떠한 물리적 사건도 *t*에 물리적 원인을 갖는다. 그렇기 때문에 "만약 우리가 물리적 사건의 인과적 기원을 추적한다면 우리는 결코 물리적 영역 바깥으로 나갈 필요가 없다"(1993, p. 280)

그런 다음 김재권이 묻는 비판적 물음은 왜 창발적인 것의 물리적 창발 기반이 그것의 결과로 추정되는 것들의 원인으로서 창발적인 것을 대신할 수 없는가 하는 것이다. 여기에 그의 주장의 기본적 형태가 있다. 창발적 M이 (창발적일 수도 그렇지 않을 수도 있는) M*을 야기한다고 가정해보자. M은 그 자체의 물리적 기반 P*를 갖고 있다. 그러므로 M이 M*을 야기하는 것은 M이 P*를 야기하는 것을 전제한다. 달리 말하면, M이 M*을 야기하는 유일한 방식은 M의 물리적 창발 기반 P*를 야기함으로써이다(하향인과관계의 한 사례). 이제 M은 그 자체의 물리적 창발 기반 P를 갖고 있다. P의 현존은 M의 현존을 위해 충분적이다. (P가 M을 야기하는 것이 아니라 M을 공시적으로 실현하는 것으로 생각되고 있다는 점에 주목하라.) 하지만

M은 인과적으로 P*를 위해 충분적이고 이렇게 해서 M*을 위해 충분적이다. 따라서 P는 P*와 M* 둘 다를 위해 인과적으로 충분적이다. 하지만 그때 원인으로서의 M의 지위는 P에 의해 선취돼 있고, 따라서 M을 P*와 M* 둘 다의 원인으로서 '쓸데없고 불필요한' 것으로 만든다. 이 주장의 결말은 하향인과관계를 믿는 창발론자에게는 딜레마이다. 하향인과관계는 쓸데없는 것이 되는데, 왜냐하면 창발적인 것의 인과적 힘으로 추정되는 것이 창발적인 것이 기반하는 물리적 요소들의 인과적 힘에 의해 선취돼 있기 때문이거나 혹은 하향인과관계가 물리적 영역이 인과적으로 폐쇄돼 있다는 원리를 위반하기 때문이다.

이 주장은, 자기조직화하는 체계들의 창발적 하향인과관계의 경우에 적용될 때, 체계의 조직이 체계의 성분들에 어떠한 영향도 행사한다는 것을 부정하는 것과 마찬가지이다. 이는 우리가 거시적 수준의 창발적 인과관계라 부르는 모든 것이 실제로 미시적 수준에서 일어난다는 생각으로 보인다(인과적 계승 원리). 체계의 조직이 창발적인 인과적 영향을 갖고 있다고 이야기하는 것은 미시적 수준의 인과적 사건들에 대한 거시적인 기술일 따름이다. 비록 모든 실제적인 인과적 행위에 대해 존재론적으로 말하는 것이 미시적 수준의 창발적 기반 위에서 진행된다 하더라도, 그러한 기술은 인식론적으로 우리에게 유용할 수 있다(Kim 1999, p. 33). 이 견해에 의하면, 비록 우리가 체계에 관해 그것의 조직이 어떤 사건들을 야기하는 데 인과적 역할을 한다는 듯이 말하더라도,—그 자체의 유의미한 인과적 지위 없이 낮은 수준의 인과적 거래의 결과—체계의 조직은 사실상 부수현상적이다(Kim 1993, pp. 92-108을 보라).

이 사고방식의 문제점은 한 체계의 조직(한 체계를 한 체계로서 정의하는 관계들)의 인과적 중요성을 인정하지 않으려 한다는 점이다. 이 사고방식은 미시적 수준의 상호작용들이 체계의 거시적 수준의 관계적 특성인, 국소적 과정들이 조직되는 방식 때문에 일어나듯이 일어난다는 것을 인정하지 않는다. 한 복잡체계의 거시적 수준의 조직이 단순히 부수현상적이 아닌 것은 적어도 두 가지 점에서 명백하다.

첫째, 거시적 수준의 조직은 다양하게 실현될 수 있다. 비록 이 조직을 실현하는 성분들이 변할 수 있다 하더라도, 바로 그 동일한 조직은 통용될 수 있다. 실로, 어떠한 산일하는(에너지적으로 열려 있는) 자기조직화하는 체계의 경우에서도 특정한 성분들은 변할 수 있을 뿐만 아니라 또한 변해야만 한다. 왜냐하면 이 특정한 성분들은 체계가 에너지를 체계의 환경으로 산일시킴에 따라 끊임없이 갱신되어야 하기 때문이다. 이러한 종류의 물질적 갱신은 자가생성에서 특히 현저하게 나타난다. 자가생성적 조직이 불변적으로 남아 있는 동안에 세포 내의 물질적 성분들의 쉼 없는 전환이 존재하고 존재해야만 한다(그렇지 않으면 세포는 죽을 것이다). 복잡체계의 이 측면은 이 체계의 강고성 혹은 동역학적 안정성의 일부인데, 이는 체계의 조직이 작은 변화들이나 섭동들에 탄력적이고 큰 변화들에 적응적이라는 것을 의미한다.

둘째, 복잡체계의 동역학적 안정성은 서로 다른 반사실적 진술들이 거시적 수준의 조직에 대해 또 미시적 수준의 과정들에 대해 참이라는 사실에 반영돼 있다. 조직은 어떤 후속하는 사건들에 대해 필연적이지만, 특정한 성분들은 그렇지 않다. 만약 조직은 달랐고 이 성분들은 같았다면, 사건들은 일어나지 않았을 것이다. 하지만 만약 성분들은 (어떤 한계 내에서) 달랐고 조직은 같았다면, (성분들이 조직되는 방식 때문에) 사건들은 여전히 일어났을 것이다.[7] 서로 다른 반사실적 진술들이 미시적 수준의 성분들과 거시적 수준의 조직에 대해 참이라는 점을 고려할 때, 이 둘은 동일시될 수 없다.

김재권은 이 논점들의 일부를 인식하고 있지만, 이것들을 왜곡해서 다룬다. 논문 「창발의 이해Making sense of Emergence」의 맨 끝의 각주에서 그는 "복잡체계는 새로운 인과적 힘 즉 보다 기본적이고 보다 단순한 체계의 인과적 힘과 동일시될 수 없는 힘을 세계로 분명히 가져온다. 그런 힘들 중에는 복잡체계의 미시적 구조의 혹은 미시적 기반의 속성의 인과적 힘이 있다"(1999, p. 36)고 인정한다. 미시적 구조의 혹은 미시적 기반의 속성이란 말로 그는 미시적 성분들 더하기 이 성분들을 특징짓는 미시적 수준의 속성들과 관계들의 집합으로 완전하게 분해될 수 있는 거시적 구조의 속성을 의미한다(Kim 1998, p. 84). (이 정의를 고려할 때, 김재권은 미시적 수준은 동역학적 체계에서의 양자 얽힘이나 혹은 해밀턴 연산자 같은 전체론적 관계들을 포함하지 않는다는 것을 단순히 가정하는 것으로 보일 테지만, 이는 과제로 남아 있다.) 이 각주에서 (그리고 그의 저서 『물리적 세계 속의 마음*Mind in Physical World*』의 이와 부합하는 장황한 논의에서) 김재권은 그가 그렇게 해 왔다는 점을 일체 승인하지 않고서 창발에 관한 논쟁에서 많은 성패가 달린 많은 쟁점들을 내놓고 있다(Campbell and Bickhard 2002). 따라서 그는 "거시적 속성은 그 자체의 인과적 힘, 즉 미시적 성분의 인과적 힘을 넘어서는 힘을 가질 수 있고 또 일반적으로 갖는다"는 것을 인정한다(1998, p. 85. 강조 생략). 그럼에도 불구하고, 그는 "이 속성은 그 자체 창발적 속성이 아니다. 오히려 이 속성은 그 이상의 속성이 창발하는 기본적 조건을 형성한다(예를 들어… 의식은 비록 그것이 유기체에서 창발할지라도, 그 자체 유기체의 미시적 구조의 속성이 아니다)"(1999, p. 36).

김재권이 이 거시적 속성의 창발을 부정하는 이유는 복잡하고 문제가 있다. 첫째, 창발적 속성들에 대한 그의 이해방식은, 낮은 수준의 요소들의 어떤 조직이 어떤 창발적 성질들을 야기한다는 것은—사무엘 알렉산더의 표현대로 한다면 '자연적 경건의 태도'로 받아들여져야 하는—자연의 불가해한 적나라한 사실일 뿐이라고 주장하는 영국의 창발론자들에게서 나온 것이다. 이 사고방식에 따르면, 창발적 속성은 거시적 수준의 조직 그 자체가 아니라, 그 조직에 부수해서 발생하고 또 그 조직을 창발 기반으로 갖는 질적으로 구별되는 속성과 동일시되어야 한다(Kim 1998, pp. 85-86을 보라). 창발에 대한 이 독특한 이해방식을 지지하는 주목할 만한 이유는 오늘날 존재하지 않는다. 영국의 창발주의자들은 조직과 관계적 구조의 중요성에 올바르게 관심을 기울였지만, 이 조직과 관계적 구조를 연구하기 위한 우리가 오늘날 지니는 과학적 공구들을 지니지 못했다. 창발에 관한

우리의 생각을 인도해야 하는 것은 영국의 고전적 창발론이 아니라 현대의 과학이다.[8]

둘째, 김재권은 분명 부분/전체 환원론을 받아들이고 있다. 그렇기 때문에 그에게 모든 거시적 수준의 미시적-기반 속성은 (내가 앞에서 언급했듯이 이는 과제로 남아 있는데도) 미시적 수준의 존재들의 내재적 속성으로 분해될 수 있다. 하지만 자연에 관한 존재론적 이론으로서 부분/전체 환원론은 받아들일 수 없는 것이다. 왜냐하면 (무엇보다도) 이 이론은 (환원론자에 따르면, 결국 다른 모든 것이 의존하는 최하 층이라고 생각되고 있는 미시물리학적 이론 언어의 정합적 서술이 분명 보이지 않는) (내재적 속성들을 지닌 사전에 존재하는 개별자들이라는) 개념적 체재를 전제하기 때문이다. 거시적 수준의 특성들은 (사전에 존재하는 미시적 수준의 존재들과 이 존재들의 내재적 속성들로 분석적으로 분해 가능하다고 하는) 김재권의 의미에서 미시적-기반의 것이지 않아도 미시적인 것에 의존적이고 미시적인 것에 관련되는 것일 수 있다.

셋째, 창발에 대한 김재권의 접근법은 데카르트의 마음-몸 문제 그리고 심적인 것 대 물리적인 것이라는 이 문제의 프로크루테스적procrustean[2)] 체재에 의해 전적으로 지배되고 있다. 물리적 영역에 관한 부분/전체 환원론 (기본적으로 자연에 대한 데카르트의 이해방식), 그리고 (비물질적인 무언가로서가 아니라 물리주의적 환원적 분석에 저항하는 무언가로서 배제되는) 현상적 의식을 제외한 모든 생물학과 심리학을 포함하는 '물리적인 것'에 대한 매우 광범위하고 문제적인 이해방식을 감안할 때, 창발을 위해 남은 유일한 후보는 '감각질qualia', 의식적 경험의 질적 혹은 현상적 특질들이다. 이와 대조적으로, 이 책에서 제시된 창발에 대한 접근법은 데카르트의

• • •

2) 그리스 신화 속 인물인 프로크루테스Procrustes에서 유래하는 표현. 그는 사람들을 잡아 침대에 눕혀 놓고 키가 큰 사람은 다리를 잘라 내고 키가 작은 사람을 몸을 잡아 늘였다고 함.

마음-몸 문제에 의해서가 아니라, 칸트의 자기조직화 문제(6장을 보라)와 그리고 자기조직화가 물질, 생명, 마음의 3중의 차원과 맺는 관계에 의해 정향되어 있다.[9]

김재권의 주장의 기반에 있는 세 가지 원리들에 관해 두서너 가지 논평을 함으로써 이 논의를 마치도록 하겠다. 그의 주장은 이 원리들만큼 강력한데, 설사 이 원리들이 영국의 고전적 창발론에 대항하는 힘을 갖고 있다 할지라도, 현대 과학의 맥락 속의 창발에 적용될 때 각 원리는 의심받을 여지가 있다.

첫 번째 원리에 따르면, 모든 창발적인 것은 물리적 실현 기반 혹은 창발 기반에 의해 결정된다. 두 번째 원리에 따르면, 모든 창발적인 것은 창발 기반으로부터 인과적 힘들을 계승한다. 이 원리들은 단지 물리주의적인 존재론적 환원론의 표현일 따름이다. 이 견해는 지원을 받기 위해 과학을 요구하지만, 과학 그 자체가 우리에게 말해주는 어떠한 것도 넘어선다는 의미에서 형이상학적이다. 나는 '창발 기반'과 같은 그러한 것을 믿을 충분한 이유를 보지 못하는데, 창발 기반에서 이것은 물리적 수준에 바탕을 두는 내재적 속성들과 인과적 힘들을 가진 사전에 존재하는 미시물리적 존재들의 배열형태를 의미한다. 개별자들의 기반 수준에 바탕을 두는 부분 전체론적으로 정돈된 위계로서의 이 자연의 이미지는 자연에 투사된 형이상학적 그림인 데 반해, 과학이 투사하는 이미지는 다른 모든 것을 '상향적으로' 결정하는 기반 수준의 개별자들이 전혀 없는, 다양한 시공간적 등급에서의 과정들의 네트워크들에 대한 것이다(Bickhard and Campbell 2002; Hattiangadi 2005).

김재권의 세 번째 원리, 물리적인 것의 인과적 폐쇄는 어떨까? 이 원리의 정확한 의미와 지위는 분명하지 않다. 주된 문제점은 '물리적인 것'이 무엇을 의미하는지 — 이것이 무엇을 포함하고 배제하는지 — 결코 분명하지 않으며, (이 '물리적인 것'이 무엇을 의미하든, 또 심지어 그러한 것을 가정하는 것이 이치에 닿는다고 한다면) 우리가 완전하고 진정한 물리학을 갖지 않는 한, 이 물음에 대답을 착수할 수 있는 방식을 알기가 어렵다는 점이다. 미래의 어느 시점에 물리학자들이 (심적인 것으로서의) 심적 속성을 물리적 이론의 근본적 속성으로서 포함하지 않을 수 없음을 느꼈다고 가정해보자(Montero 1999, 2001). 우리가 물리학의 미래 경로를 정확히 예측할 수 없다는 것을 감안할 때, 우리는 적어도 이 가능성을 허용해야 한다. 사실, 일부 물리학자들과 철학자들은 이미 심적 현상과 물리적 현상 모두를 설명하기 위해 그런 포함이 필요하다고 믿고 있다(Shimony 1997). 하지만 그런 경우 물리학의 폐쇄는 (물리적인 것으로 환원되는 것으로서의 심적인 것과 반대되는) 심적인 것으로서의 심적인 것을 포함하게 될 것이다. 이 가능성은 데카르트의 심적/물리적 구분이 무용하게 되었다는 것을 분명히 보여준다.

김재권에 대해 말하자면, 그는 감각질을 제외하고 물리학, 화학, 생물학, 심리학에서 거론하는 창발적 속성의 모든 고전적 예를 포함하는 매우 광범위한 의미의 '물리적인 것'을 수용한다. 창발과 하향인과관계에 대한 나의 논의 어디에서도 나는 아주 넓게 이해된 물리적 영역 바깥의 어떠한 것에도 호소한 바가 없다. 대신에 만약 물리적인 것의 인과적 폐쇄의 원리가 미시물리적인 것의 인과적 폐쇄를 의미하도록 보다 좁게 해석된다면, 그 원리는 분명히 참이 아니고 심지어 거짓이거나 부정합적일 수도 있다(Dupré 1993; Hattiangadi 2005). 예를 들어, 보어의 양자역학 해석에 따르면, 거시물리적 개념들은 미시물리적 개념들이 어떤 거시적 현상들을 규정하는 데 필수불가결한 만큼 미시물리적 현상들을 규정하는 데 필수불가결하다(Hattiangadi 2005). 더욱이 물리학의 인과적 폐쇄는—원리상 생물학은 화학으로 환원될 수 있고, 화학은 물리학으로 환원될 수 있다는—이론 간 환원을 통한 과학의 통일성의 이념과 전통적으로 연결돼 왔다. 하지만 이론 간 환원을 통한 그런 통일성은 어디에서도 보이지 않는 것 같다(Dupré 1993; Garfinkel 1981). 낸시 카트라이트Nancy Cartwright가 이른바 물리적 화학을 양자역학으로 이론 간에 환원한다고 하는 고전적 사례에 관해 말하듯이, "주지하다시피 우리는 물리적 화학의 관련된 일부를—양자역학이든 고전역학이든—

물리학으로 실제로 환원하는 것과 같은 어떠한 것도 갖고 있지 않다" 양자역학은 화학적 현상들의 국면들을 설명하기 위해 중요하지만, 항상 양자 개념들은 다른 분야들에서 유래하는 독특한— 즉, 환원되지 않는— 개념들과 함께 사용된다. 양자 개념들은 단독으로 현상들을 설명하지 않는다(Cartwright 1997, p. 163).

'물리적인 것'에 대한 김재권의 이해방식에 관한 마지막 한 가지 논평을 해야 할 차례다. 부분/전체 환원론은 물리적인 기본 개별자들과 이 개별자들의 부분전체론적 배열의 원자론적 형이상학, 김재권이 분명 동의하고 있는 형이상학과 나란히 손을 잡고 간다(1993, pp. 77, 96-97, 337). 동시에, 그는 창발에 관한 철학적 논쟁의 그 무엇도 '물리적인 것'에 대한 정확한 일반적인 정의들에 의존하지 않는다고 분명 믿고 있다(1993, p. 340). 하지만 이는 두 가지 다 틀린 것 같다. 우리가 본 바와 같이, 현대 과학에서 '자연'은 기본 개별자들이 아니라 장들과 과정들로 이루어지며, 과정 관점process-viewpoint과 데카르트의 실체의 기본입자 버전elementary-particle version 간의 이 차이는 창발에 관한 철학적 쟁점들 간에 차이를 빚는다(Campbell and Bickhard 2002; Hattiangadi 2005). 전자의 견해에 의하면, 위로 향해서 다른 모든 것을 결정하는, 고유한 속성들을 지니는 기본 개별자들의 최하단의 수준은 존재하지 않는다. 모든 것은 내내 '아래로' 향하고 내내 '위로' 향하는 과정들이며, 과정들은 환원 불가능하게 관계적이다— 과정들은 오직 패턴들, 네트워크들, 조직들, 배열형태들, 망들 속에서 존재할 뿐이다. 부분/전체 환원론자에게 '아래로'와 '위'는 거의 근본적 수준들의 실재를 기술한다. 높은 수준들은 낮은 수준들에 의해 실현되고 또 결정된다('층층이 쌓인 실재의 모형'; Kim 1993, pp. 337-339를 보라). 과정 관점에 의하면, '위로'와 '아래로'는 다양한 등급과 복잡성의 현상들을 기술하는 데 사용되는 맥락상대적 용어들이다. 모든 것을 근거짓는 궁극적 '창발 기반'으로서 역할을 하는 기본적 존재들의 기반 수준은 전혀 존재하지 않는다. 모든 등급들에서의 현상들은 존재들entities이나 실체들substances이 아니라 상대적으로 안정된 과정들이며, 과정들은 다른 수준들의 과정들과 여전히 상호작용하면서 복잡성의 상이한 수준들에서 안정성을 성취하므로, 모든 것은 동등하게 실재적이고 그 무엇도 절대적인 존재론적 우위성을 갖지 않는다.

미주

1. 인지과학과 인간경험

1. 개관하려면 Clark(1997, 2001), Franklin(1995), Varela, Thompson, and Rosch(1991)를 보라.
2. 계산으로 간주되는 것은 실로 개념적이고 실증적인 어려운 문제이다. 여기서 내가 요약하고 있는 것은 고전적 인지과학과 심리철학에 보이는, 계산에 대한 일반적으로 인정된 견해 혹은 형식주의적 견해이다. 그러나 만약 브라이언 캔트웰 스미스Brian Cantwell Smith(1996)가 옳다면, 이 일반적으로 인정된 견해는 심각하게 결함이 있는 것이다. 독자들은 신체화되고 정황화된 관점에 의거해서 계산을 재개념화한 중요한 내용을 보려면 스미스의 저서를 참조하라는 말을 듣게 된다.
3. **설명적 간극**이란 용어는 의식적 상태들의 질적 특징들(감각질)과 뇌 상태들 사이의 개념적이고 인식론적인 간극을 기술하기 위해 Levine (1983)에 의해 최초로 도입되었다. 설명적 간극에 대한 인지과학의 폭넓은 논의를 보려면, Roy et al.(1999)을 참조하라.
4. 그러나 인지주의적 전통에 강한 유대를 보이는 모든 인지이론가들이 이 견해를 공유하는 것은 아니다. 가령 인지혁명의 창시자인 제롬 브루너 Jerome Bruner는 인지과학이 문화, 신체화, 주관성, 그리고 의미의 경험을 포함해야만 한다고 오랫동안 주장해 왔다(Bruner 1990). 게다가 1990년대에 많은 계산주의적 이론가들이 다양한 방식으로 고전적 견해에서 벗어

난, 계산에 대한 신체화되고 정황화된 접근법을 주창하기 시작했다(Agre 1995, Smith 1996, Wilson 1994).

5. 인공두뇌학 및 인공두뇌학이 인지과학에 미친 영향을 보려면, Dupuy(2000)를 보라.

6. Freeman(1995, 1999a), Kelso(1995), Port and van Gelder(1995), Thelen and Smith(1994), Varela, Thompson, and Rosch(1991)를 보라.

7. Dreyfus and Dreyfus(1986), Johnson (1987), Lakoff (1987), Varela, Thompson, and Rosch(1991), Winograd and Flores (1986)를 보라. Dreyfus(1972)는 이 작업의 많은 부분에 대한 개척적인 선구자였다.

8. Freeman(1995, 1999a), Varela, Thompson, and Rosch(1991)를 보라.

9. 바렐라는 톰슨과 함께 『신체화된 마음』을 쓰기 시작한 1986년 여름 파리에서 '창출행위적 접근법'이란 이름을 최초로 생각해냈다. 창출행위적이란 용어를 도입하기 전 어느 시기에 바렐라는 그의 사상이 해석학의 철학적 학파와 맺는 제휴—당시 신체화된 인지의 다른 이론가들에 의해 또한 강조되기도 한 제휴—를 강조하기 위해 '해석학적 접근법'을 사용해 오고 있었다(Johnson 1987, Varela, Thompson, and Rosch 1991, pp. 149-150, Winograd and Flores 1986). 위에서 요약된 첫 번째와 두 번째 사상은 바렐라의 1979년 저서 『생물학적 자율성의 원리들*Principles of Biological Autonomy*』에 제시되었다. 이 사상들은 훔베르토 마투라나와 함께 발전되었고, 인지생물학에 관한 마투라나의 초기 작업을 벗어나 성숙하게 되었다(Maturana 1969, 1970, Maturana and Varela 1980, 1987). 세 번째, 네 번째, 다섯 번째 사상은 Varela, Thompson, and Rosch(1991), Thompson, Palacios, and Varela(1992)에 의해 제시되었고, 많은 후속하는 논문들(Thompson 2001, Thompson and Varela 2001, Varela 1991, 1997a, Varela and Thompson 2003)에서 바렐라와 톰슨에 의해 더 자세하게 서술되었다.

10. 『신체화된 마음』은 후설의 현상학을 간략하게 논했고 또 비판했다(Varela, Thompson, and Rosch 1991, pp. 15-21). 비록 이 비판적 논점들의

일부를 여전히 고수하긴 하지만, 나는 또한 우리의 논의가 너무 성급했다고 믿고 있다. 그 당시 우리는 후설의 저작의 깊이와 넓이에 대해 충분한 지식을 결여했다. 우리는 또한 후설을 인지주의자와 원계산주의자로 보는 Herbert Dreyfus(1982)의 해석, 내가 더 이상 받아들이지 않고 바렐라 역시 현상학을 자연화하기에 관한 그의 후속하는 작업(Petitot et al. 1999를 보라)에서 거부했던 해석에 영향을 받았다. 이 문제에 대한 더 많은 논의를 참조하려면, 부록 A를 보라.

2. 현상학적 연관

1. 이렇게 해서 후설은 경험에는 해석되지 않고 이론중립적인 '주어진 것', 이른바 주어진 것의 철학적 신비라는 것이 존재한다는 사상에 굴복하는가? 이는 어렵고 복잡한 물음이다. 철학은 우리에게 하나가 아닌 여러 다른, '주어진 것'의 개념들을 제공하고, 후설의 사상은 그의 생애 전 과정을 걸쳐 상당히 발전했다. 사실, 그는 주어진 것이 의미할지도 모르는 것에 관해 상이한 시기에 상이한 견해들을 지니고 있었다. 윌프리드 셀러스Wilfrid Sellars(1956)나 혹은 토마스 쿤Thomas Kuhn(1970)과 같은 이론중립적 관찰의 비평가가 표적을 삼는 의미에서 후설에게 주어진 것의 철학자라는 꼬리표를 붙이는 것은 적어도 네 가지 이유 때문에 실책이라고 말하는 것으로 충분할 것이다. 첫째, 현상학적 의미에서 주어진 것은 비지향적 감각여건들이 아니라, 우리에게 나타나는 바대로의 세계이다. 둘째, 세계의 현상성은 주관성과 의식이 세계와 맺는 구성적 관계를 제쳐놓고는 이해 가능하지 않다. 셋째, 이 장에서 논의된 바와 같이, 주어진 것으로 간주되는 것은 미리 주어진 것과 관련해서 동역학적으로 창발적인 것으로 간주되어야 하고, 미리 주어진 것에서 주어진 것으로 향하는 이행은 주체의 동기부여들, 관심들, 주의적 능력들에 의존한다. 마지막으로, 주어진 것은 좁은 의미의 현상적 현존(바로 지금 나를

향하고 있는 것)뿐만 아니라 부재와 가능성(내가 볼 수 없지만 내가 움직임을 통해 보려고 할 때 접할 수 있는 병의 측면들)으로도 이루어진다. 몇몇 이 쟁점에 대한 최근의 논의를 보려면 Botero(1999), Roy(2003), Steinbock(1999)을 참조하라.

2. 에포케의 이런 특질들은 불교의 마음챙김(*shamatha-vipashyana*) 명상을 할 때 계발되는 기본적인 심적 능력들과 매우 유사하다(Wallace 1998, 1999를 보라. 또한 Depraz, Varela, and Vermersch 2003을 보라).
3. 이 에포케의 의미는 유명한 현상학자 모한티J. N. Mohanty(1989, pp. 12-13)에 의해 잘 표현되어 있다. "나는 철학에서 진정한 기술의 가능성 바로 그것을 위해 현상학적 에포케의 방법이 얼마나 적절하고, 사실 필요한지 굳이 강조할 필요를 느끼지 않는다. 후설이 철학을 위한 방법에 새로운 활력을 주고 에포케의 방법 — 이 방법이 없이는 우리는 정말로 일을 착수할 수 없다 — 을 맨 앞에 가져다 놓은 것은 바로 그의 천재성이었다. 철학자가 현상들을 현상들로 직면하기 시작할 수 있기 전에 선입견들은 괄호 안에 넣어져야 하고, 믿음들은 중지되어야 한다. 또 이는 세계에 대한 믿음을 중지하는 즉각적인 작용 혹은 우리의 시선을 힐끗 현상들로서의 현상들로 향하게 하는 즉각적인 작용이 아니라, 선입견을 선입견으로 인식하고자 하고, 침전된 해석들을 풀어내고자 하고, 자명한 진리인 척할 수도 있는 선입견을 간파하고자 하는, 그리고 그런 과정들을 통해서 전반성적 경험을 점근적으로 목표로 삼는 분투적인 노력을 포함한다."
4. Depraz(1995, 2001a), Steinbock(1995), Welton(2000, 2003), Zahavi(2003a)를 보라.
5. 어떤 학자들은 역사와 생활세계에 관한 후설의 성숙한 철학적 사유가 하이데거의 영향에서 유래한다고 주장해 왔다. 그러나 실질적인 (하지만 인정받지 못한) 영향이 정확히 반대 방향으로 가고 있을 수 있다(Smith 2003, pp. 10, 14). 메를로-퐁티 그 자신은 『지각의 현상학』 바로 첫 번째 쪽에서 하이데거의 『존재와 시간』은 후설이 제공한 지표에서 유래하며, 결국 후설의 생활세계 개념의 해명에 지나지 않는다고 선언하고 있다.

몇 쪽 뒤에서 메를로-퐁티는 이렇게 진술한다. “현상학적 환원은 생각되어 왔던 것처럼 관념론적 철학의 절차가 아니라 실존론적 철학에 속한다. 하이데거의 ‘세계-내-존재’는 오직 현상학적 환원을 배경으로 해서만 나타난다.”(p. xiv) 후설이 『지각의 현상학』의 정신뿐만 아니라 많은 내용을 예기하고 있다고 보는 메를로-퐁티의 해석은 그 자신의 견해를 후설로 돌아가 읽는 부정확한 독해에 불과하다고 오랜 동안 언급되어 왔다. 그러나 최근의 학술적 연구는 후설에 대한 메를로-퐁티의 해석이 대부분 정확하다는 것을 보여주고 있다(Zahavi 2002b).

6. 이 패러그래프와 다음의 세 패러그래프는 자하비(2003a, 2003c)에게 빚지고 있다.
7. 주체-객체 구조를 갖지 않는 또 다른 중요한 경험들의 범주는 다양한 유형의 명상적 혹은 수행적 상태들이다(Austin 1998, Lutz, Dunne, and Davidson 2007, Forman 1990을 보라). 장래의 작업에서 나는 서양의 현상학과, 아시아의 철학적 전통에서 발견되는 명상적 상태에 대한 인식론적이고 현상학적인 설명 사이의 관계를 탐색할 계획이다.
8. 나는 이 예를 갤러거(1986b)와 자하비(2003c)에서 끌어와 사용하고 있다.
9. 방대한 양의 학술적 논의가 후설의 노에마 개념을 해석하는 올바른 방식에 소모되어 왔다. 이 논의는 지향되는-대로의-대상(노에마)과 지향되는-대상(대상 그 자체)—(감촉되고 보이는 대로의) 지각되는-대로의 와인병과 와인병 그 자체—사이의 관계에 관한 것이다. 표상주의적 해석에 따르면, 노에마는 심적 작용과 대상을 중개하는 일종의 표상적 존재, 이념적 의미sense or meaning이다. 이 견해에 의하면, 의식은 오직 노에마에 의해서만 대상으로 향해 있고, 따라서 의식이 세계로 열려 있음을 오직 표상적 노에마에 의해서만 성취한다. 경쟁 상대인 비표상주의적 해석에 따르면, 노에마는 어떠한 중간의 표상적 존재도 아니다. 노에마는 대상 그 자체이지만, 현상학적으로 간주된, 즉 바로 대상 그 자체의 주어짐 속에서 간주된 대상이다. 달리 말해서, 지향되는-대로의-대상은 지향되는-대상이지만, 자연적 태도의 사실적인 정립을 중지하는 작동 하에서

간주된 지향되는-대상이다. 따라서 노에마는 현상학적 혹은 초월론적 태도 속에서만 파악될 수 있다. 이 견해는 전자의 견해의 표상주의를 거부한다. 의식은 본질적으로 자기를-초월하는 것이다. 따라서 의식은 지향성을 의식에 부여하는 중간의 존재들에 힘입어 세계를 지시하는 것을 성취하지 않는다. 이 논쟁의 우여곡절을 검토하려면 나를 너무나 멀리 떨어진 곳으로 데려갈 것이다. 그러므로 나는 여러 가지 이유 때문에 표상주의적 해석이 그릇되고, 후설에 대한 해석으로서 또 (대상으로-향하는) 지향성에 대한 철학적 설명으로서 비표상주의적 해석이 바르다고 생각한다는 점을 간단하게 진술할 것이다(Drummond 2003, Zahavi 2003a, pp. 53-68, 2004a를 보라).

10. Susan Hurley(1998)와 비교하라. 그녀는 동물과 사람이 하부인격적 수준에서는 '동역학적 특이성들'이고 인격적 수준에서는 규범적으로 이해된 지향적 행위자들이라고 보는 '두 수준의 상호의존성 견해'를 제안한다.

11. 설명을 간단히 하기 위해 나는 여기서 현상학자들 특히 사르트르(1960)를 제쳐놓고 있는데, 그는 지향적 의식에 대한 비자아론적 이해방식을 주장한다. 이 이해방식에 따르면, 자아는 자아 없는 의식의 구성된 대상이고, 따라서 상관관계적 구조의 노에마적 측면에 속하지 노에시스적 측면에 속하는 것은 아니다. 후설이 사르트르의 통찰을 인식하고 있었다는 점을 보여주는 중요한 논의를 보려면, Stawarska(2002)를 참조하라.

12. 1949년에 심리학자 도널드 헵Donald Hebb은 오늘날 헵의 규칙Hebb's rule으로 알려져 있는 것을 제안했다(Hebb 1949). 학습은 뉴런들 간의 상호 관련된 활동의 정도에서 나오는, 뇌 속의 변화들에 기반할 수 있다는 점을 제언했다. 만약 두 뉴런이 함께 활동적이고자 하는 경향이 있다면, 이 뉴런들의 연결은 강화된다. 그렇지 않다면 감소된다. 그러므로 체계의 연결적 건축물은 이 체계의 변형의 역사와 분리 불가능하다. 1890년에 제임스James는 그의 『심리학의 원리들』에서 이미 이렇게 쓴 적이 있다. "두 기본적 뇌-과정들이 함께 혹은 직접적으로 잇달아서 활동적이었을 때, 그중의 하나는 다시 일어나자마자 그것의 흥분을 다른 하나에게

전파하는 경향이 있다."(1981, p. 534. 강조 생략).

13. 하이데거는 대상으로서 명시적인 것이 될 수 없는 미리 주어진 생활세계에 대한 후설 사상의 원천이었다고 종종 가정된다. 그렇지만 후설은 이미 1920년대 초기에 생활세계 개념에 대해 연구해 오고 있었고(하이데거의 『존재와 시간』은 1927년에 간행되었다), 또 후설의 1930년대의 연구는 하이데거의 세계 개념의 어떠한 직접적 영향도 보이지 않는다. Welton(2000, pp. 120, 339)을 보라.

14. 지향성의 형이상학과 관련된 이 논점에 관한 중요한 현대적 성찰을 보려면, Brian Cantwell Smith(1996, pp. 103-104)을 보라.

3. 자율성과 창발

1. 동역학 이론의 간략한 개론을 보려면, Norton(1995)을 참조하라. 시각적이고 기하학적 관점에 의거한 오늘날의 고전적 설명은 Abraham and Shaw(1982-1988)이다. 또한 유용한 철학적 논의를 보려면 Kellert(1993)를 참조하라.

2. Freeman(1999a); Friston(2000a, 2000b); Kauffman(1993); Kelso(1995); Le Van Quyen(2003); So et al.(1998); 그리고 Solé and Goodwin(2000)을 보라.

3. 이 책은 자율성 개념을 정식화하려는 바렐라의 초기 시도는 물론이고 마투라나와 함께한 협동적 작업의 재작업을 담고 있다.

4. '폐쇄'는 여기서 대수적 의미로 사용되고 있다. 작동 K는 만약 이 작동의 모든 결과가 D 내의 결과들을 산출한다면 영역 D에서 폐쇄를 보여준다. 따라서 한 체계의 작동은 만약 이 활동의 결과들이 그 체계 자체 내에 남아 있다면 작동성 폐쇄를 갖는다. 이 작동성 폐쇄 개념은 물질적으로 폐쇄된 체계 — 체계를 넘어 놓여 있는 것과의 상호작용들에 폐쇄돼 있는 체계 — 의 사상과는 아무 관계가 없다. 자율적 체계는 주변환경과 쌍결합되어 있고 또 되어 있어야만 한다. 쟁점은 체계를 규정하고, 또

체계를 넘어 놓여 있는 것과 상호작용하는 방식을 결정하는 동역학의 본성이다(Varela 1979, 1997a; Varela and Bourgine 1991). 바렐라는 그의 저작들에서 조직성 폐쇄와 작동성 폐쇄를 구분하지 않는다. 그는 이 두 용어를 거의 상호교환 가능하게 사용한다. 나의 사용은 Rudrauf et al.(2003, p. 34)를 따르고 있다.

5. 끝의 인용은 골드슈타인의 1934년 저서 『유기체*The organism*』(Goldstein 1995, p. 85)에서 끌어온 것이다.

6. 바렐라(1979)는 이 명제가 어떠한 계산도 반복적 기능과 형식적으로 유사하다는 처치Church의 명제와 유사하다는 것을 보여준다. '반복적 기능'은 계산의 부정확한 개념을 정의하기 위해 사용되는 기법적 개념이다. 마찬가지로, '조직성 폐쇄'는 자율성의 부정확한 개념을 정의하기 위해 사용되는 기법적 개념이다. 둘 중 어느 경우든 명제는 증명될 수 있는 것이 아니지만(그래서 정리가 아니지만), 그것은 반례(직관적으로는 계산으로 간주되지만 반복적 기능과 형식적으로 동등하지 않은 어떤 것, 직관적으로는 자율적인 것으로 간주되지만 조직성 폐쇄를 갖지 않는 어떤 것)를 발견하려는 시험대로 간주될 수 있다.

7. 이 문맥에서 '자기'는 체계에 의해 반복적으로 산출되고, 상호작용들의 영역을 정의하는 불변적인 위상학적 형식이란 형태로 변화를 관통하는 동일성을 의미한다. 그래서 이 자기 개념은 의식을 함의하지 않는다. 이 점들은 Ⅱ부와 Ⅲ부에서 더 상세하게 논의된다.

8. Varela(1979, p. 12)를 보라. "만약 우리가 환경을 지나는 피드백 회로가 있어서 출력 효과들이 입력에 영향을 미치는 기계 *M*이 있다고 말한다면, 사실 우리는 이 기계 *M*의 정의적 조직 속에 환경 및 피드백 회로를 포함하는 더 큰 기계 *M'*에 대해 말하고 있는 것이다."

9. 다음의 논의는 Freeman(1995, 1999a, 1999b, 2003), Maturana and Varela (1980, 1987), Skarda and Freeman(1987), Varela(1979, 1984)가 제시하는 많은 견해들을 결합하고 있다.

10. Freeman(1999a), Friston(2000b), Kelso(1995), Le Van Quyen(2003), Tononi

and Edelman(1998), Varela et al.(2001)을 보라. 르 반 퀴옌Le Van Quyen의 논문은 매우 유용한 개요를 제공하고 있다.

11. Le Van Quyen, Adam et al.(1997), Le Van Quyen, Martinerie et al.(1997)을 보라. 논의를 보려면, Le Van Quyen and Petitmegin(2002)와 Thompson and Varela(2001)를 참조하라.

12. Varela and Goguen(1978)과 비교하라. "한 체계의 전체성은 이 체계의 조직성 폐쇄 속에 신체화되어 있다. 전체는 부분들의 총합이 아니다. 전체는 부분들의 조직성 폐쇄이다."

4. 행동의 구조

1. 여기서 펴는 나의 논의는 Priest(1998, pp. 162-163)에 빚지고 있다.

2. 메를로-퐁티는 인간의 상징적 행동을 마음의 전형적 예로 본다. 그래서 그는 물질, 생명, 마음을 물리적 질서, 생기적 질서, 인간적 질서에 배대해 놓는다. 이 유형적 분류에서 빠져 있는 것은 동물적 질서이다. 비록 메를로-퐁티가 (후에 강좌에서 하고 있는 데 반해) 『행동의 구조』에서 동물적 질서를 명시적으로 선정하고 있지는 않지만, 그는 생기적 질서와 인간적 질서 내에 동물적 질서가 있다는 것을 인정하고 있다. 이 책 초반에서 그는 행동의 구조(또 그래서 유기체)가 유기체의 구체적 상황에 침잠해 있거나 혹은 이 상황에서 창발하는 정도에 따라서 행동을 분류한다(1963, p. 103). 행동의 구조가 주위세계와 관련해서 창발적이면 창발적일수록 유기체는 그만큼 더 효과적으로 학습할 수 있고 상황들을 지배할 수 있다. 주위세계에서 물러나면 물러날수록 그리고 주위세계에의 침잠을 제어하면 제어할수록, 유기체는 직접성을 이겨내고 개체성을 성취한다.

메를로-퐁티는 그가 '혼합적', '이동 가능한'(제거 가능하거나 분리 가능한), '상징적'이라고 부르는 세 종류의 행동의 위계를 제시하고(1963, pp. 104-124), 이렇게 설명한다. "이 세 범주는 세 집단의 동물과 상응하지 않는다. 즉, 행동이 혼합적 수준을 결코 넘어 가지 않거나, 혹은 행동이 상징적 형식들 아래로 결코 내려가지 않는 동물의 종은 전혀 존재하지 않는다. 그럼에도 불구하고, 동물들은 그것들을 가장 대표하는 행동의 유형을 따라 이 등급대로 분포될 수 있다."(1963, pp. 104) '혼합적'은 요소들이 섞여 있거나 녹아 있거나 어떤 방식으로 통일돼 있는 구조를 의미한다. 그래서 혼합적 행동은 대부분 녹아 있거나 주위세계와 통일돼 있다. 혼합적 행동은 상황에 대한 반응이 대체로 미리 정해져 있고 유연하지 않다고 보이는 무척추동물과 같은 단순한 동물에 전형적으로 나타난다. '이동 가능한'(제거 가능하거나 분리 가능한) 행동은 '본능적'이지 않은 '신호들'을 기초로 해서 상황과 상호작용할 수 있기 때문에, 그 직접적인 물질적 상황에 그다지 단단히 매여 있지 않은 고등동물에서 전형적인 예를 찾아볼 수 있다(1963, p. 105). 이 종류의 신호들은 "구조들이 실현되는 물질들과 상대적으로 독립적인 구조들에 토대를 두고 있다"(ibid). 이동 가능한 행동은 신호적 행동이다. 유기체가 반응하는 상황은 조건지어진 자극이나 조건지어지지 않은 자극의 단순한 시간적이거나 공간적인 인접 속에서 그러하듯이 신호이고 또 이 신호의 의미이다(1963, pp. 105-106).

그러나 반사 이론가들과는 달리, 메를로-퐁티는 유기체는 유기체를 위해 갖고 있는 형식 혹은 구조 때문에 자극에 반응한다고 주장한다. 신호로서의 자극은 구조, 게슈탈트이며, 유기체의 반응은 항상 동물을-위한-구조에 대한 반응이지, 동물과 무관한 물리화학적 요소에 대한 반응이 아니다(1963, pp. 10-15). 그렇지만 신호들은 기호들이나 상징들이 아니다. "진정한 기호는 경험적 연합에 따라서가 아니라, 이 기호가 다른 기호들과 맺는 관계가 이 기호에 의해 의미된 대상이 다른 대상들과 맺는 관계와 동일한 한에서 의미된 것을 표상한다"(1963, pp. 121-122) 따라서 세 번째 형태의 행동은 상징적 행동이다. "여기서 행동은 더 이상 오직 한 의미만을 지니지 않는다. 행동은 그 자체로 의미이다."(1963, p. 122).

메를로-퐁티는 "동물적 행동에서 기호들은 항상 신호들로 남아 있고 결코 상징들이 되지 않는다"(1963, p. 120)고 주장하지만, 오늘날의 인지 동물행동학은 이 견해에 도전하고 있다(Deacon 1997, Savage-Rumbaugh and Lewin 1994를 보라). 행동의 상징적 형태의 행동은 인간들에 가장 전형적으로 나타나고, 따라서 인간적 질서를 두드러지게 한다(Tomasello 1999를 보라).

3. 메를로-퐁티의 유형적 분류를, 특히 인간적 질서에 대한 그의 이해방식을, 강좌『형이상학의 근본개념들*The Fundamental Concepts of Metaphysics*』(Heideggar 1995)에서 한 동물적 삶과 인간적 삶 간의 근본적 차이에 대한 하이데거의 논의와 비교하는 것은 유익할 것이다. 하이데거는 돌은 '세계가 없는' 것으로, 동물은 '세계가 빈약한' 것으로, 인간은 '세계를 형성하는' 것으로 보며 돌과 동물과 인간을 구분한다. 인간은 세계를 향해 '행동comportment'(*Verhalten*)를 지니는 데 반해, 동물은 동물적 욕구와 충동의 '둘러싸는 고리'와 관련해서 단지 '행동behavior'(*Benehmen*)을 내보일 뿐이다. 따라서 하이데거의 경우, 동물에게는 '세계'의 개시나 혹은 '세계 내의 대상들'이 존재할 수 없다. 그러나 메를로-퐁티와 하이데거의 견해에 대한 검토를 착수하는 것은 이 장의 범위를 넘어서 있다. 더구나 이 착수는 또한 특히 자연의 이념에 관한 그의 강의에서 제시되는, 동물적 삶과 인간적 삶에 관한 메를로-퐁티 견해의 발달을 망라할 필요가 있을 것이다(Merleau-Ponty 2003).

4. 나는 이 쟁점을 다른 곳에서 광범위하게 논의한 바 있다. Pessoa, Thompson and Noë(1998), Thompson, Noë, and Pessoa(1999), Noë and Thompson(2004a, 2004b)을 보라.

5. 자가생성

1. 자가생성 이론은 Maturana and Varela(1973)에서 스페인어로 최초로 제시되었다. Maturana and Varela(1980)는 마투라나의 중요한 초기 논문

(Maturna 1969의 수정본인 Maturana 1970)은 물론이고, 이 책의 번역을 담고 있다. 자가생성의 최초의 영어 제시는 Varela, Maturana, and Uribe(1974)에 나타났다. 자가생성에 관한 유용한 논의들과 더 정교한 서술들을 보려면, Fleischaker(1988), Luisi(2003), Mingers(1995)를 참조하라.

2. Maturana(1980a, pp. 52-53)와 비교하라. "성분들의 산출작용들의 네트워크라는 합성적 통일체로 정의되는 동역학적 체계가 **자가생성적 체계**이다. 성분들의 산출작용들은 a) 성분들을 산출한 산출작용들의 네트워크를 상호작용들을 통해서 반복적으로 재발생시키고, b) 성분들이 존재하는 공간에서 경계들을 구성하고 특정화함으로써 이 네트워크를 통일체로서 실현한다."
3. 예를 들어, 어떤 사회이론가들은 가족 같은 인간의 사회적 체계는 자가생성적이라고 주장해 왔다. 이 경우 '경계'와 '내적 네트워크'가 명백한 의미를 지닌다는 것은 결코 분명하지 않다. 자가생성과 사회적 관계들에 대한 마투라나와 바렐라의 다른 견해를 보려면, Maturana(1980b), Varela (1989)를 참조하라. 논의를 보려면 Luisi(2003), Mingers(1995)를 참조하라.
4. 최초의 모형과 이 모형의 재시행의 역사는 그 자체로 흥미로운 이야기이다. McMullin(1997a, 1997b)을 보라.
5. McMullin and Varela(1997)가 지적하듯이, 자가생성적 네트워크의 자발적 형성은 만약 인공적 화학이 실제로 자가생성적 조직의 실현을 지원하지 않는다면 일어날 수 없다. 따라서 자발적 형성의 현상은 자가생성적 조직의 실현의 현상보다 (연대기적으로는 앞서지만) 논리적으로는 이차적이다.
6. Letelier, Marín, and Mpodozis(2003)은 연쇄기반 결합 억제 상호작용을 위한 필요를, 모자이크식 자동장치가 보여주는 폐쇄가 모의실험된 과정들의 '네트워크'의 결과가 아니라 부호화하는 절차들의 인공물을 의미하는 것으로 해석한다(p. 270). 하지만 수정된 McMullin and Varela(1997)의 모형에서 연쇄기반 결합 억제는 질적 화학의 순전히 국소적인 규칙이다.

그러므로 네트워크의 폐쇄가 부호화하는 절차들의 인공물로 생각되고 있는 이유는 분명하지 않다.

7. 이 작업의 배경을 보려면, Luisi and Varela(1989)를 참조하라. 최근의 개요를 보려면, Luisi(1993, 2003)를 참조하라.
8. 미쿨렉키Mikulecky(2000)는 Robert Rosen(1991, 2000)의 살아 있는 체계들에 관한 이론을 가이아 가설에 적용함으로써 동일한 결론에 도달하고 있다는 점을 주목하는 것은 흥미로운 일이다. 로젠의 신진대사적-수리metabolic-repair(M, R) 체계들과 자가생성의 관계에 대한 중요한 논의를 보려면, Letelier, Marín and Mpodozis(2003)를 보라. 나는 로젠의 견해를 6장에서 논의하고 있다.
9. 러블록, 마굴리스, 바렐라의 작업과 수학자 랠프 에이브러햄을 한데 묶는 폭넓은 문학적이고 철학적인 성찰을 보려면, W. I. Thompson(1989)을 보라. 또한 W. I. Thompson(1987b, 1991a)에 수록된 논문들을 보라.
10. 규범들에 대한 이러한 언급은 살아 있는 체계를 인지적 체계로 만드는 것에 대한, 위에 인용된 Maturana(1970)의 정의를 넘어선다. 이 점에 대한 더 많은 논의를 보려면, 6장을 보라.

6. 생명과 마음

1. 이 추리방식은 설명적 간극 혹은 의식의 어려운 문제의 현대적 표현 배후에 있는 것과 유사하다. 의식은 자연법칙들과 관련해서 우발적이기 때문에 이 자연법칙들은 의식이 물리적 세계에 현존한다는 것을 설명하기에 충분하지 않다고 주장되고 있다. 그래서 새로운 심리물리적 원리들이 요구된다(Chalmers 1996, 1997을 보라).
2. 내가 알고 있는 한, 칸트는 **자기조직화**란 용어를 도입해서 이를 유기체에 적용한 최초의 철학자였다. 자기조직화하는 생물학적 체계들에 관한 현대의 과학적 이론들과 관련해서 칸트의 『판단력 비판』이 재고된 적이

거의 없었다. 주목할 만한 예외는 Juarrero-Roqué(1985)와 Weber and Varela(2002)이다.

3. Jantisch(1980), Kauffman(1993), Kelso(1995), Prigogine and Solé and Goodwin(2000)을 보라.
4. 4장에서 인용된 빗볼의 말을 상기하라. "여기에서 과학은 사전에 존재하는 기저를 이루는 실재의 어떠한 것도 드러낸다고 생각되지 않고 있고, 또 과학은 효율적인 처방의 거의 무작위적인 집적물이다. 과학은 오히려 전체로서의 실재와 이 실재의 특수한 부분 간의 동역학적인 호혜적 관계의 안정화된 부산물이다. 실재의 이 특수한 부분을 주체로서 정의하는 것은 주체가 대상적인 불변적 더미들의 현상들을 능동적으로 추출하는 것의 다른 면이다"(Bitbol 2003, p. 337).
5. 바렐라는 이렇게 쓰고 있다. "이 책에서 '기계'와 '체계'는 상호교환 가능하게 사용되고 있다. 이것들은 명백히 서로 다른 내포를 지니지만 그 차이는 생물학적 메커니즘의 역사와, 체계적 분석을 위한 현대적 경향 사이의 관계를 살펴볼 때를 제외하고는 내 목적을 위해 본질적이지 않다. 기계와 체계는 한 부류의 통일체를 이 통일체의 조직에 의해서 정의하는 것을 가리킨다"(1979, p. 7, 주 4).
6. 다윈의 맥락에서 그런 기능들은 자연선택에 의해 결정된다고 생각되고 있다. 구조는 그 자체가 그 역할을 하는 것이 구조를 소유하는 조상 유기체의 재생산적 성공을 증가시켰기 때문에 가지는 그런 기능을 가진다. 나는 이 견해를 다음 장에서 논한다.
7. 철학자들은 종종 '내재적'의 이 두 가지 의미를 혼동한다. 논점은 무언가는 '구성적'이란 의미에서 내재적일 수 있고, 그러면서 또한 관계적일 수 있다는 것이다. 예를 들어, 오렌지는 내재적으로(구성적으로) 붉은색과 노란 색의 혼합이고, 붉은색은 내재적으로(구성적으로) 푸른색과 대립한다. 색깔들의 이 구성적 속성들은 또한 관계적 속성들이기도 하다.
8. 바렐라와 나는 이 쟁점들을 1999년 몇 개월 기간 동안 이메일을 교환하며 논의했다. 우리의 논의는 내가 그에게 현상학이 생물학과 관련해서 할

수 있는 설명적 역할에 대한 그의 경주는 마투라나와 함께 하는 목적론에 대한 그의 예전 입장과 일치하지 않는 것 같다는 것을 지적했기 때문에 시작되었다. 우리 둘은 따로 칸트와 요나스를 읽어 왔었고, 나는 그에게 만약 우리가 무언가를 목적적인 것으로 인식하지 않는다면 우리는 이 무언가를 살아 있는 존재로 인식할 수 없고, 만약 우리가 우리 자신의 경우에서 목적성을 경험하는 신체화된 행위자가 아니라면 이 무언가를 목적적인 것으로 인식할 수 없다는 (위에서 논의된) 요나스의 주장에 비추어서 그가 그의 예전 반목적론적 태도를 여전히 유지하는지 물어보았다. 바렐라는 그는 목적론에 대한 이 호소에 관해 그래서 현상학과 생물학을 접목시키는 이 방식에 관해 '여전히 의심을 품고' 있고, 목적론에서부터 자가생성적 단위들에 고유한 의미형성 능력으로 이해된 본원적 지향성으로 '강세를 전환하기'를 선호했다고 대답했다. 그는 이 전환을 생명=인지라는 등식을 도입하는 '산티에고 학파'의 조치를 개선하는 것으로 보았다. 그는, 세포적 인지를 동물적 인지와 꼭 같은 것으로 만드는 것은 분명 '어리석은' 것이지만, 세포적 인지와 동물적 인지의 '공통뿌리'는 자가생성적 생명에 고유한 이 의미를-형성하는 능력이라고 말했다. 그는, 의미형성작용에 호소하는 것은 '포착하기 어려운 목적의 원리'에 호소하는 것보다 더 '건설적'이라고 제언했다. 그는, 의미형성작용은 지향성에 강한 연결을 제공하지만 이것이 '목적론으로 전향되는가는 또 다른 문제이다'고 말했다.

이 사유방식은 나에게 불만족스럽게 들어왔다. '본원적 지향성'과 '의미형성'은 그 자체가 목적론적 개념이기 때문이다. 문제는 바로 이 목적론을 분석하는 방식이다. 비록 "살아 있는 것은 의미를-형성하는 것이다"는 명제는 생명=인지라는 등식을 더 정교하게 다듬은 중요한 진술이긴 하지만, 칸트와 요나스의 내재적 목적성의 개념과 관련해서 반목적론적 태도를 설립하는 것은 어떠한 것이든 충분하지 않다. 나는 이 문제에 관해 바렐라를 바싹 밀어붙였고, 그는 시간이 흘러감에 따라 '더 넓은 견해'를 갖게 되었다는 것을 후에 보여주었다. "희한한 방식으로 여러분은 실로 원숙한 목적론을 회복하고 있다. … 하지만 이 목적론은… 행위 속의 생명에 내재적이고," 또 칸트적 의미에서 "가외의 초월론적 근원을 요구하지 않는다"는 것을 보기 시작했다. 달리 말해서, 칸트가 주장했듯 단지 한 형태의 판단이라기보다, 유기체의 자율성과 의미형성을 기초로 해서, 자기조직화된 내재적 합목적성이란 의미에서 목적론은 유기체의 구성적 특질로 간주될 수 있다. Weber and Varela(2002)가 개진하고 내재적 목적론이라고 부르는 것은 바로 이러한 이해방식이다.

9. 디 파올로Di Paolo(2005, p. 438)는 적응성을 "독자생존 가능성의 경계와 관련해서 어떤 환경에서 체계의 상태들을 조절하는 체계의 능력으로 정의하는데, 이렇게 체계의 상태들을 조절하는 것은, 만약 상태들이 경계에 충분하게 가깝다면 (1) 경향들은 상태들이 어떤 등급-불변적 척도에 의거해서 경계로 다가가느냐 아니면 경계로부터 물러나느냐에 따라서 구분되고 작용이 가해지며, 이 결과 (2) 첫 종류의 경향들은 두 번째 종류의 경향들로 더 가까이 이동하게 되거나 혹은 변형되고, 그래서 미래 상태들은 바깥의 속도로 경계에 도달하는 것이 방지된다." 그는 계속해서 적기를, "이 능력은 전용 메커니즘들의 행위에서 결과할 수도 있고 혹은 자가생성을 실현하는 특정한 방식들의 창발적 측면일 수도 있다. 하지만 중요하게도, 이 능력은 자가생성의 정의의 직접적 결과가 아니라 [단순히 보존적인 해석과는 대립되는] 항상성적 해석을 회복하는 것을 가능하게 하는, 자가생성의 정교화이다." 기본적 자율성의 실현을 위한 열역학적 요건들의 맥락에서 관련된 고찰들을 보려면, 또한 Ruiz-Mirazo and Moreno(2004)를 참조하라.

10. 물론, 초월론적인 현상학적 관점에서 보면, 이 진술은 유보조건을 필요로 한다. 물리학과 화학의 일차적 시점에서 고찰된 물리화학적 현상들은 생물학적 현상들이 함축하는 식으로 관점을 함축하지 않는다. 그러나 이차적인 초월론적 관점에서 고찰될 때, 물리적 현상과 화학적인 현상은 또한 이 현상들을 과학에 개시開示하기 위한 가능성의 조건에 의해 이해되어야 하고, 따라서 실로 관점, 즉 과학적 전통 그 자체의 관점을 함축한

다.

11. 하이데거는 그 나름대로 살아 있지 않은 것과 살아 있는 것을 날카롭게 구분하고, 세계-내-존재의 현상학적 의미를 밝히는 데 도움이 되는 방식으로 살아 있는 것을 규정한다. "돌은 결코 그 자체를 발견하지 않고 그저 손앞에 존재할 뿐이다. 이와 달리, 아주 원시적인 단세포 형태의 생명은 이미 그 자체를 발견할 것이고, 이런 형태의 생명에서 이 성향은 가장 크고 가장 어두운 둔함일 수 있지만, 그럼에도 불구하고 이런 생명은 사물과 같은 단순히 손앞에 존재하는 것과 본질적으로 다른 구조 속에 있다"(Heidegger 1985, p. 255). '그 자체를 발견한다'거나 '정황성'(*Befindlichkeit*)이라는 이 개념은 세계-내-존재의 현상학적 의미를 규정한다(또한 pp. 165-166을 보라. 여기서 하이데거는 살아 있지 않은 사물과 대조적으로 '내-존재'를 생명에 고유한 존재와 유사한 것으로 설명한다). 하이데거는 '세계를-형성하는' 인간과 대조적으로 (단세포적 유기체들을 포함하는 것으로 이해된) 동물적 존재를 '세계 내에 빈곤한 것'으로 규정한다(Heideggar 1995).
12. 메를로-퐁티는 폰 윅스퀼에 관해 논할 때 "주위세계 속의 동물의 반응들은⋯ 행동들은 대상들의 표면에 의미의 잉여를 놓는다"(Merleau-Ponty 2003, pp. 172-173)고 쓰고 있다.
13. 보덴은 이 사용이 반대를 살 만하다는 것을 분명히 알고 있다. 그녀는 "지식과 인지의 귀속은 보통 적응적 방식으로 통합된 지각능력과 운동능력의 소유를 전제한다"(2000, p. 137)고 쓰고 있다. 이 주장을 논박할 필요는 없다. 대신에 우리는 지각능력과 운동능력으로 간주되는 것은 분명하지 않으며, 등급차의 문제로 보인다는 것을 지적할 수 있겠다. 작디작은 박테리아를 다시 생각해보자. 우리가 보았듯이, 운동성 박테리아는 복잡한 감각운동적 형태의 행동들에 종사한다. 동물적 뇌와 감각운동적 협응의 가장 기본적인 특질들 중의 일부가 이 작은 유기체들에서 발견될 수 있다(Allman 1999, pp. 3-8; Bonner 1980, p. 68; Koshland 1977; Maturana and Varela 1987, pp. 147-150). 해럴드 모로위츠Harold Morowitz

가 쓰고 있듯이, "마음의 기색이 있는 최초의 생물학적 창발은 음식 경사도(=변화도)가 높은 곳으로 향하고 유독성 물질이 낮은 곳으로 향하는 운동성 박테리아의 유영에 있다. 이 점이 잘 이해되고 있지 않다. 이는 농도를 감각하고 시간 파생물을 공간적 경사도로 해석하는 세포를 요구한다. 방향을 경사도에 반응하는 주파수로 무작위적으로 변화시킴으로써 세포는 적절한 방향으로 통계학적으로 유영할 수 있다. 이것에 관한 인지적 느낌은 세포는 자신의 이득을 늘이게 하고 손실을 줄이게 할 수 있다는 것이다"(Morowitz 2001, pp. 51-52).

14. 우리는 여기서 도움을 위해 하이데거에게 호소할 수 있을 것이다(위의 주 11을 보라). 살아 있지 않은 사물들의 '세계가 없는' 존재와 달리, (하이데거에게 살아 있는 존재는 현존재의 '세계를-형성하는' 존재와 대조적으로 세계가 빈곤한' 것이라 할지라도) 살아 있는 존재는 가장 간단한 단세포적 형태에서조차 일종의 세계-내-존재를 포함한다.

15. 따라서 나는 다마지오가 스피노자의 코나투스 사상을 "필연적으로 모든 살아 있는 유기체들은 무언가를 착수한다는 의식적인 앎 없이, 또 무언가를 착수한다고 개체적 자기들로서 결정함이 없이 그 자체를 보존하려고 노력한다는 사상을 담고 있는 것으로 기술할 때 그에게 동의한다. 요컨대, 살아 있는 유기체들은 그들이 해결하려고 하고 있는 문제를 알지 못한다. 그런 자연적 지혜의 결과들이 피질하부와 피질 쪽으로 중추신경계에 도로 사상寫像될 때, 그 결과는 우리 마음의 토대적 성분인 느낌들이다"(Damasio, 2003, p. 79). '자연적 지혜'라는 어구는 이 문맥에서 문제가 있다는 생각이 드는데, 뇌가 생기적 과정들을 사상寫像할 때 느낌을 초래하는 방식을 우리가 이해한다고는 아직 누구도 말할 수 없다(한 가설을 보려면, Rudrauf and Damasio 2005를 보라).

16. 이 상황은, 모든 단위가 국소적이고 이산적이어서 전역적 패턴은 단지 관찰자의 눈에만 있을 따름인 자가생성의 세포적 자동장치 모형들과 다른 것이 아니라고 생각하는 사람이 있을지 모르겠다(5장을 보라). 그런 모형들의 지위는 어려운 문제이다. 우리는 데넷(1991b)을 따라 전역적

패턴들을 '실재적 패턴들'로 볼 수 있을 것이다. 그러나 만약 살아 있는 존재들의 자기언급적 조직은 살아 있는 존재들을 계산 불가능하게 만든다는 로젠(1991, 2000)의 말이 옳다면, 이 모형들은 살아 있는 조직을 포착할 수 없다.

17. 물론, 사물들이 우리에게 보이는 방식에 대한 직접적 경험은 사물들이 존재하는 방식에 대한 타당한 지식으로 간주되지 않는다고 항상 주장하는 사람이 있을 수 있다. 하지만 위의 논점은 오히려 경험 그 자체가 설명될 필요가 있다는 것이다. 노골적으로 직접적 경험을 부정하는 것은 현재의 문맥에서 "증거(목적적인 것)를 또 다른 증거에서 보편화에 의해 유래한 정리theorem(작용인*causa efficiens*을 배제하는 것)에 바치는" 것과 마찬가지이다(Jonas 1966, p. 90).

7. 걸으며 길을 내기

1. 다음의 논의는 Maturana and Varela(1987)에 기초하고 있다. 또한 Fleischaker(1994)를 보라.
2. 단백질은 염색체 상의 DNA 뉴클레오티드 삼중 결합의 서열(이른바 유전자 부호)을 따라, 단백질을 이루는 아미노산들에서 생산된다. 이 DNA의 서열로부터 전령 RNA(mRNA)의 상보적 서열이 '전사된다'. 다음에 이 RNA 서열은 리보솜과 운반 RNA(tRNA) 분자들의 행위를 통해서 아미노산 사슬로 '해독된다'. 게다가 도중의 각 단계는 단 몇 가지만 든다면 RNA 중합효소와 같은 많은 다른 분자적 요소들과, 부정적이거나 긍정적인 규제적 단백질의 참여에 의존한다.
3. DNA 복제에서, 부모 DNA 분자 두 가닥 상의 상보적인 기반들 사이의 수소결합은 분리되고, 이중나선의 가닥들은 각 가닥이 그 자체와 상보적인 새로운 가닥의 합성을 위해 형판으로 역할을 할 수 있도록 풀린다. 복사 메커니즘은, 자유로운 뉴클레오티드를 형판 위의 이 뉴클레오티드

의 상보적 기반에 연결하는 두 단일한 가닥들 아래로 움직이는 DNA 중합효소, DNA 가닥들이 도로 엮이지 않도록 단일한 DNA 가닥들을 안정화하는 DNA-결합 단백질들, 그리고 DNA 중합효소에 의해 올바른 부분들로 대체될 수 있도록 가닥들의 손상을 입은 부분들을 제거하는 DNA-수리 메커니즘과 같은 많은 분자적 요소들을 포함한다.

4. 엄격히 말해서, 자연선택의 과정은, 표현형 변이들을 생산하는 메커니즘은 요건들 (2)와 (3)이 변이들을 생산하는 메커니즘에 대한 직접적 영향을 미칠 수 없도록 (2)와 (3)으로부터 독립적이어야 한다는 네 번째 요건을 갖고 있다.
5. 염색질은 진핵세포적 염색체를 이루는 물질이다. 염색질은 히스톤histone 이라 불리는 일종의 단백질로 주로 이루어져 있다. DNA 메틸화 반응은 메틸 화학적 집단들을 DNA 서열에 첨부하는 반응인데, 이러한 첨부 반응은 이 집단들이 첨부된 유전자들의 전사를 막고, 이렇게 해서 유전자 활동을 조절한다.
6. 이 논점은 수년간 생물학자들이 누차 펴 왔기 때문에 새롭지 않다. 유전자 프로그램 은유에 대한 가장 초기의 비판 중의 하나는 발생학자(=태생학자) 폴 바이스Paul Weiss(1969; Dupuy 2000, 132-133을 보라)로부터 나왔다. 또 다른 초기의 비판은 Maturana and Varela(1980, pp. 90, 102)에 의해 이루어졌다. 최근의 비판적 논의들을 보려면, Goodwin(1994), Keller(1995, 2000), Lewontin(1993), Moss(1992, 2003), Oyama(2000b, 1985년에 간행된 초판), Rose(1997), Sakar(1996)를 참조하라.
7. 이 맥락에서 정보 개념에 관한 최근의 논쟁을 보려면, Maynard Smith(2000a) 그리고 Godfrey-Smith(2000a)의 답변, Sakar(2000), Sterelny (2000), 여기에다 Maynard Smith의 답변을 참조하라.
8. 데넷은 여기서 철학자 스테렐니와 키처가 개진한 주장에 의존하고 있다. 이 주장에 따르면, DNA의 길이는 다른 유전자들의 '표준적' 배경 및 '표준적' 환경에 관한 표현형 형질을 '부호화'한다고 할 수 있다(Sterelny and Kitcher 1988). 이에 대해 그리피스와 그레이이는 이렇게 답한다. "하지

만 도토리 속의 DNA를 생각해보라. 만약 이것이 무언가를 부호화한다면, 그것은 참나무에 대해서이다. 하지만 대부분의 도토리들은 그저 썩을 뿐이다. 그래서 '표준적 환경'은 통계학적으로 해석될 수 없다. 잘 될 '표준적'에 대한 해석은 '진화한 발달적 결과들을 산출하는 그러한 것'이거나 혹은 '성공적인 조상들이 소유하는 종류의 그러한 것'이다. 그러나 '표준적 환경'에 대한 이러한 해석과 함께, 우리는 표준적인 유전적 배경들의 형질들을 부호화하는 세포질적 특질들이나 풍경 특질들을 동등한 적법성을 갖고서 이야기할 수 있다. 다른 발달적 자원들보다 우월한 특권적 유전자들을 위해 어떠한 논거도 제공된 적이 없다"(Griffiths and Gray 1994, p. 283).

9. 요나스는 『생명의 현상』(1966, pp. 52-53)에서 오래전에 이 논지를 폈다.
10. 도킨스가 "수정의 평판平板에 불연속적으로 아로새겨져 있는 10억 개의 디지털 문자들"은 은유라고 승인하는 데 반해, 앞에서 인용된 대문에서 그가 "저기 바깥에 명령어들이 비 내리고 있다. 프로그램들이 비 내리고 있다"는 은유가 아니라고 인정하는 것을 비교해보라. 둘 모두 은유이고, 둘 모두 정보적 이원론이다.
11. 발달적 체계 이론의 고전적 텍스트는 Oyama(2000b)이다. 또한 Griffiths and Gray(1994), Oyama(2000a, 2000c), Oyama, Griffiths, and Gray(2001), Sterelny and Griffiths(1999, 5장)를 보라. Griffiths and Stotz(2000)은 발달적 체계 이론과 창출행위적 인지과학의 유사성과 상호적 지원의 몇몇을 탐색하고 있다.
12. 오야마의 문헌들은 생략했다. (그의 문헌들을 이미 많이 인용해 왔기 때문이다.)
13. 여기서 말하는 차이는 (생식계열과 체세포의 분리, 그리고 DNA에서 단백질로 향하는 일방향적인 '정보 흐름'의) 자연선택에 의해 추동되는 것으로 이해되는 생물학적 진화와, 학습에 의한 형질들의 획득에 따라서 작동하는 것으로 이해되는 문화적 진화 사이의 차이이다.
14. 자연과 문화의 분리 불가능성에 관한 이 논점은 발달적 체계 이론을

사회과학과 인문학의 논의에, 특히 문화와 자연을 분리하려 하는 '모더니즘적 기획'을 비판해 온 그 문화이론가들의 논의에 접속시킨다(Latour 1993; W. I. Thompson 1987a, 1987b, 1991a, 1991b를 보라).

15. Oyama(1999)는 그녀가 자가생성적 관점의 초기 진술들에서 발견하는 '내면주의적 애호'에 불만족을 표현해 왔다. 그러나 그녀가 이의를 제기하는 진술들은 이 책에서 내가 제시하는 자가생성적 관점에 어떠한 역할도 한 바가 없다.

16. 발달을 '제어하는' '규제적 유전자'라는 흔히 쓰는 용어는 오해의 소지가 있다. 첫째, 유전자는 특정한 종류의 발달하는 구조를 제어하지 않는다. 초파리에게 쥐의 팍스-6이 이체되면, 그 부위에서 초파리 눈이 발달한다. 따라서 주변의 세포적 맥락이 본질적이다. 둘째, 유전자는 단독으로 작용하지 않고 (전사인자 및 다른 유전자를 포함하는) 네트워크 혹은 체계의 참여자로서 작용한다. 그렇기 때문에 규제적 속성은 개체적 유전자의 수준에서가 아니라 오직 체계의 수준에서만 적절하게 배속될 수 있다. 스턴스가 말하듯이, "'규제적 유전자' 개념은 발달적 제약을 논할 때면 종종 등장한다. … 그러나 유전자는 체계에 감입돼 있고 이 유전자를 지닌 규제적 체계가 있을 뿐이지 규제적 유전자 같은 그런 것은 존재하지 않는다. 어떤 유전자는 다른 유전자의 표현을 직접적으로 제어하는 산물을 만들고, 어떤 유전자는 다른 유전자의 표현을 간접적으로 제어하는 산물을 만든다. 어떤 때에 유전자 산물은 그 영향이 주로 구조적일 수도 있고, 어떤 때에 이 동일한 산물은 그 영향이 주로 규제적일 수도 있다. 동일한 유전자 산물이 다양한 맥락의존적 역할들을 할 수 있으므로, 이 유전자 산물이 상이한 맥락 속에서 할 수 있는 상이한 역할에 적절하게 적용될 수 있는 속성을 유전자에 배속하는 것은 잘못이다. … 규제적인 것과 구조적인 것의 기술적technical 차이는 이것들이 DNA 서열만큼 고정된 유전자의 속성이 아니라 맥락의존적 역할을 가리킨다는 것을 기억하는 한에서 보존할 만한 가치가 있다"(Stearns 1986, p. 40).

17. '선택 유전자'는 신체 부분들의 형성과 패턴화에 매우 중요한 역할을

하는 전사인자인 이른바 선택 단백질을 특정화하는 유전자이다. 선택 유전자라는 용어는 유감스럽게도 이 유전자 자체가 특정한 결과물을 선택한다는 것을 암시하는데, 하지만 결과물은 오히려 (다른 유전자와 단백질은 물론이고) 이 유전자와 이 유전자의 전사인자로 이루어지는 네트워크 혹은 체계의 결과이다. 이전 주를 보라.

18. 이 점을 궁금해 하는 사람이 있을지도 모르겠다. 절지동물에는 뼈가 없다는 것을 감안할 때 골격의 고찰이 어떻게 절지동물과 척추동물이 공통의 신체 배치를 갖고 있다는 제안을 위한 논거로서 역할을 할 수 있을까? 코엔에 따르면 답은 다음과 같다. "조프루아Geofroy는 이 명백히 다른 유형의 조직은 바로 동일한 동전의 양 면이리라고 제안했다. 이 제안은 바로 척추동물은 한 골격을 빙 둘러 조직되는 데 반해, 곤충들은 그들의 골격 내에 산다는 것이었다. 여러분 자신을 곤충으로 바꾸기 위해서, 여러분의 몸이 동일한 크기를 유지하고 있는 사이 여러분의 골격은 바깥으로 확장되고 있다고 상상해보라. 결국 뼈들은 피부에 닿을 것이고 피부를 에워싸게 되고, 모든 부드러운 조직들과 중요한 기관들은 매우 정교한 골수처럼 뼈들 안쪽에 놓이게 될 것이다. 그는, 만약 이 점이 인정된다면 곤충의 구조와 척추동물의 구조 사이의 세부에 걸친 일치가 그가 말하는 상동의 원리principle of connection에 딱 맞아떨어진다고 믿고 있었다. 예를 들어, 곤충의 몸통은 척추동물의 척추(등뼈)에 상응할 것이고, 곤충의 다리들은 우리의 갈비뼈들에 상당할 것이다"(Coen 1999, p. 114)

19. Maturana and Varela(1987)와 Varela, Thompson, and Rosch(1991)에서 이 진화관은 자연적 표류에 의한 진화*evolution by natural drift*라 불리고 있었다. 창출행위적 진화는 창출행위적 인지와 명시적인 상동관계를 이루고 있다.

20. 형태발생적morphogenetic 분야는 다양한 정밀한 생화학적 과정들을 따라서 그 자신을 시공간적으로 조직하는, 발달 중인 유기체의 한 영역이다.

21. 지속의 개념은 기법상 위험 최소화에 의한 적합성 척도로 정의되어

왔다. "위험 최소화의 단일 세대 척도는 가령 살아남아 성숙에 이르는 자식을 하나도 남기지 않을 개연성을 최소화하는 사상을 표현하는 데 반해, 위험 최소화의 장기간 척도는 유전자, 클론, 혹은 종이 멸종될 개연성을 최소화하는 사상을 표현한다"(Stearns 1986, p. 30) 적합성의 위험 최소화 척도는 생애 재생산적 성공 척도 같은 풍요 척도와 대조를 이룬다.

22. 분해공학의 좋은 예는 약 5억 년 전 캄브리아기에 대양에서 살았던 벌레인 할루시제니아 스파르사*Hallucigenia sparsa*의 해부학적 구조와 생활양식을 이해하고자 하는 시몬 콘웨이 모리스의 시도이다. 처음에 그는 몸을 따라 나 있는 기둥 같은 등뼈의 일곱 쌍들이 이 벌레를 대양의 바닥 위에서 쉬고 걷게 하는 것을 가능하게 했다고 생각했지만, 후에 그는 이 동물을 거꾸로 재구성했을 때 등뼈들이 이 동물 위에서 방어적인 배열로서 역할을 한다는 것을 깨달았다. 이 사례는 그 대상이 살아 있는 존재가 아니라 화석 즉 정적 형태이기 때문에 인상적이다. 굳어 있는 형태를 고려할 때 분해공학은 채택하기에 실용적으로 필요한 태도이다. 하지만 해석적 태도를 해석되고 있는 사물 그 자체와 혼동하지 않는 것이 중요하다. Conway Morris(1998, pp. 54-56)와 Gould(1989, pp. 153-157)를 보라.

23. 설계에 의거한 주장은 성 토마스 아퀴나스, 아리스토텔레스, 플라톤까지 거슬러 올라가는 오랜 철학적 역사를 갖고 있다. 위에서 제시된 주장의 버전이 직접적으로 다윈에게 영향을 미친 버전이다. 이 버전은 윌리엄 페일리의 1805년 저작 『자연신학*Natural Theology*』(Paley 1996)에 등장했다. 페일리의 주장은 가장 좋은 설명의 추리로 이해될 때 가장 잘 이해되는데, 다음과 같다. 지성적 설계와 무작위적 형성이라는 두 가설들을 고려할 때 어느 가설이 더 살아 있는 존재들의 복잡한 조직의 증거에 의해 지지를 받겠는가? 시계의 복잡한 조직이 시계가 무작위적 형성의 산물이라기보다 지성적 설계의 산물이라는 더 좋은 증거이듯이, 또한 살아 있는 존재들의 복잡한 조직이 이 존재들이 무작위적 형성의 산물이라기보다 지성적

설계의 산물이라는 더 좋은 증거이다. 설계에 의거한 주장의 또 다른 버전, 곧 유비적 혹은 귀납적 버전이 있는데, 이렇게 진술한다. 유기체와 인공물은 유사하다(둘 다 잘 조직돼 있는 것으로 보인다). 인공물은 지성적 설계의 산물이다. 그러므로 유기체는 지성적 설계의 산물이다. 데이비드 흄은 이미 그의 『자연종교에 관한 대화들*Dialogues Concerning Natural Religion*』(1779)에서 이 버전의 주장을 통렬하게 비판한 바 있다. Sober(1993, pp. 30-36)를 보라.

24. 실로, 살아 있는 것들의 가능한 형식 혹은 조직의 논리적 공간을 지시하기 위해 데닛이 사용하는 바로 그 설계 공간*Design Space*이란 용어는 이론적으로 중립적이지 않고, (만약 그의 설계 공간이 설명을 필요로 하는 현상들의 경계를 획정하고자 한다면 중립적이어야 하지만) 편향돼 있다. 설계 공간은 유기체는 설계된 존재라는 기능주의적 가정을 당연한 것으로 받아들이기 때문이다. 형태공간*morphospace*이란 용어를 사용하는 것이 더 나을 것이다. 마찬가지로, 굿윈의 구조주의—굿윈이 생물학에는 형태form의 법칙들이 존재한다고 말할 때, 그는 자동차 공학에 형태의 법칙들이 존재한다고 할 때와는 같지 않은 무언가를 말하고 있는 것이다—에 대한 데닛의 기능주의적 주장은 유기체는 자동차와 같은 타율적 존재와는 다르다는 핵심 논점을 놓치고 있다. 그러므로 그런 종류의 존재와의 유비를 전제로 한 유기체에 대한 분석은 제한된 가치가 있을 뿐이다.

한 지점에서 데닛은 "적응주의적 반응은 임의로 선택하거나 선택하지 않을 수 있는 것이 아니다. 적응주의적 반응은 진화생물학의 심장이자 영혼이다. 비록 보완되고 결함이 정정될 수는 있겠지만, 적응주의적 반응을 생물학의 중심적 위치에서 추방하는 것을 생각하는 것은 다윈주의 몰락뿐만 아니라 현대 생화학 및 모든 생명과학과 의학의 붕괴를 상상하는 것이다"(1995a, p. 238) 적응주의를 이렇게 방어하는 것은 적응주의를 진화이론(혹은 실로 모든 생물학)의 선험적 조건으로 바꾸고, 그렇게 해서 적응주의적 연구 프로그램에서 경험적(=실증적) 내용을 비워내는 것이다. 소버Sober가 쓰듯이, "적응주의는 다른 무엇보다도 연구 프로그램이다. 적응주의의 핵심 주장들은 만약 특정한 적응주의적 가설들이 사실에 입각해서 잘 입증된다면 지지를 받게 될 것이다. 만약 그런 설명들이 매번 실패한다면 결국 과학자들은 그것의 핵심 가정들이 결함이 있는 게 아닌가 의심하기 시작할 것이다. 관상학은 동일한 동역학을 따라 발전하기도 하고 쇠퇴하기도 했다. 오직 시간과 고된 작업만이 적응주의가 동일한 운명을 받을 만한지 여부를 말해줄 것이다"(1993, p. 129) 데닛과 달리, 현대의 생화학과 생명과학과 의학은 진화이론의 적응주의적 연구 프로그램에 기반을 두지 않는다. 그러므로 설사 적응주의의 핵심 가정에 결함이 있음이 제시된다 하더라도, 그런 현대의 과학들은 붕괴하지 않을 것이다.

25. 스턴스가 쓰고 있듯이, "우리는 모든 생물학—[제약들이 물리학과 화학에서 직접 나오는] 환원론적 생물학뿐만 아니라 메커니즘으로 간주된 자연선택 그 자체—을 제약들의 결과로 기술할 수 있을 것이다. 이 단어의 의미는 사라질 것이다. 만약 오직 우리가 어떤 과정에 잠재하는 가능성에 집중해서 이 가능성에 대한 제한을 맥락 바깥에서 생겨나는 것으로 보는 이 국소적 맥락에서만 이 단어가 의미를 갖는다는 점을 인정한다면, 우리는 상대적 의미에서 이 단어를 보존할 수 있다. 우리는 항상 문제를 완전히 뒤집어 맥락들을 전환할 수 있으니, 제약이었던 것은 일단의 가능성이 될 것이고, 가능성이었던 것은 제약이 될 것이다. 따라서 생활사는 행동의 진화를 제약할 수 있고, 행동은 생활사의 진화를 제약할 수 있다. 발달은 생화학의 진화를 제약하고, 생화학은 발달의 진화를 제약할 수 있다"(Stearns 1986, pp. 35-36).

8. 간극을 넘어서는 생명

1. 아리스토텔레스는 지적인 사고가 신체를 필요로 하는지에 대해 결정을

내리지 못하고 망설였다. 후에 중세 기독교 아리스토텔레스주의자들은 감각은 신체를 필요로 하는 데 반해 지적인 인지는 그렇지 않다고 주장했다.

2. 데카르트가 마음과 몸 간의 '실제적 차이'에 대한 그의 주장이 이런 식으로 반전될 수 있다고 인정하게 되었는지는 분명하지 않다. 데카르트는 그의 『방법서설*Discourse on Method*』에서, 올바른 통사적 패턴들 속에서 물리적 기호들을 결합해서 주어진 의미를 표현할 수 있는 것을 포함해서, 추리하고 우리의 사고들을 언어로 표현할 수 있기 위해 의식이 요구된다고 주장했다. 그러므로 그의 견해에 의하면, 기능적으로나 행동적으로 인간과 동일하면서 — 특히 언어적 행동이 동일하면서 — 의식을 결여한 존재는 있을 수 없는 것으로 보일 것이다.
3. 데카르트의 「제2 성찰」에서 말하듯이, "내가 방금 우연히 그렇게 한 것처럼 만약 내가 창문을 내다보며 사람들이 광장을 건너가고 있는 것을 본다면, 나는 사람들 자체를 보고 있다고 보통 말한다. … 그렇지만 자동기계를 감출 수 있는 모자들과 외투들을 보고 있는 것은 아닐까? 나는 그들이 사람들이라고 판단한다"(Descartes 1986, p. 21).
4. 이 장 초두에 인용된, 네이글Nagel의 본래의 진술은 이렇다. "만약 심적 과정들이 물리적 과정들이라면, 본질적으로 어떤 물리적 과정들을 겪는 것과 같은 무언가가 존재한다. 그러한 것이 사실이라면 이 점이 무엇을 의미하는지는 일종의 신비로 남아 있다"(1979, p. 175).
5. 후설의 말에 의하면, "살아지는 신체는 이러저러한 것들로 이루어진 물리적 신체와 하나가 되어 있고, 운동감각적 특수한 방식으로 [살아지는 신체에] 속하는 현실적이고 잠재적인 운동감각을 통해서, [그것은] 정확히 기관이고 기관들의 체계이다"(Welton 1999, p. 51에 번역되어 인용된 Husserl 1973, p. 643. 원문 강조).
6. 따라서 후설은 다음과 같은 용어들을 사용한다. *physischer Körper, physischer Leib, leiblicher Körper, Leibkörper, körperlicher Leib, körperliche Leiblichkeit, Körperleib*(Depraz 1997, 2001a, p. 3).

7. 후설(1970)은 『유럽 학문의 위기와 초월론적 현상학』의, 근대 자연과학의 '갈릴레오 방식'에 대한 유명한 논의에서 이 논지를 자세히 펴고 있다.

8. 나타남들은 오직 의식에 대해서 존재할 뿐이라고 말하는 게 더 나을 것이라고 나는 생각한다. 의식은 나타남들 그 자체에 있다고 말한다면 이는 나타남들은 의식 내에 담겨 있다는 의미에서 의식의 내용이라고 생각하도록 우리를 이끌 수 있을 것이다.

   나타남들은 관계적이다. 즉, 나타남들은 의식적 주체들에 대한 세계의 현상성에 상응한다.

9. 의식의 환원 불가능성은 우리의 정의적 실천의 사소한 결과라는 썰의 견해는 의식이 환원 가능할 수 있도록 그 실천을 변화시키는 것이 가능할지도 모른다는 점을 시사한다. 그렇지만 설사 환원과 의식의 새로운 이해방식을 생겨나게 하는 지적 혁명들이 확실히 가능하다 할지라도, 어떠한 이해방식 혹은 환원의 방식도, 또 어떠한 정의적 실천도 의식 혹은 (상호) 주관성을 가능성의 조건으로서 전제할 것이고, 그래서 의식은 환원 불가능하다는 사소하지 않은 의미가 항상 남아 있게 될 것이다. 썰은 그가 다음과 같은 것을 쓰고 있을 때 이런 종류의 논지를 거의 인정하는 셈이 된다. "의식의 개념을 갖는다는 것의 주요 논점은 현상의 1인칭적인 주관적 특질들을 포착한다는 것이며, 만약 우리가 의식을 3인칭적인 객관적 용어들로 재정의한다면 이 논점은 상실되고 말 것이다"(Searle 2004, p. 120)

10. 나는 여기서 무엇이 뇌의 혹은 신경체계의 고유한 부분들로 꼽히는가 하는 복잡한 문제는 무시하겠다(2000).

11. 나는 진행 중인 공동작업 및 이 논점들에 관한 논의를 위해 디에고 성Diego Cosmelli에 크게 빚지고 있다.

12. Hurley and Noé(2003), Noé(2004), Noé and Thompson(2004a, 2004b), Thompson and Varela(2001)를 보라.

9. 감각운동적 주관성

1. 내가 영역을 조금 수정했다. 프랑스어 원문은 이렇다.

   "Mais je ne suis pas devant mon corps, je suis dans mon corps, ou plutôt je suis mon corps."

2. 전반성적인 신체적 자기의식은 후설의 '관점적 자기의식perspectival self-consciousness' 개념과 가깝다. 관점적 자기의식은 지각할 때 우리 자신의 지향적 운동을 알아차리는 것이다. 이 종류의 알아차림은 세계에 대한 통일된 관점을 갖는 것을 구성하고, 그래서 우리는 우리의 지각과 행위의 상호의존성을 추적할 수 있다. 헐리Hurley에 따르면, 관점적 자기의식은 개념적으로 구조화된 사고나 추리를 포함하지 않는다(하지만 Noë 2002a와 2004를 보라). 관점적 자기의식이 현상학자들이 전반성적 신체적 자기의식 개념으로 의미하는 모든 것과 동등한 것은 아니다. 오히려 관점적 자기의식은 행위 의식을 포함하는 그 부분의 신체적 자기의식과 동등하다.

3. 전반성적 자기의식은 우리의 주체로서의-신체에 대한 의식이고, 그래서 만약 고유수용감각이 우리의 객체로서의-신체의 지각적 알아차림의 한 양식으로 이해된다면, 전반성적 자기의식은 고유수용감각과 동등하지 않다. 고유수용감각이 이 방식으로 이해되어야 하는가 여부는 철학자들 사이에 논쟁이 되고 있는 문제이다. 베르무데즈Bermúdez(1998)는 고유수용감각이 일종의 지각이라고 주장하고, 갤러거Gallagher(2003)는 일종의 비지각적인 신체적 알아차림이라고 주장하고, 르그랑Legrand(2006)은 일종의 지각이지만 전반성적 자기의식이기에는 충분하지 않다고 주장한다.

4. 반성 이전에 그런 반성되지 않는 경험이 존재한다는 우리의 인상은 일종의 환상이고, 반성은 반성이 반성하는 것을 창조한다고 주장하는 사람이 있을지도 모르겠다(이는 Blackmore 2002의 견해인 것으로 보인다). 하지만 나는 이 사고방식을 권하고 싶은 마음이 별로 없다. 반성은 주의와

메타알아차림으로 이루어지는데, 설사 이 심적 기능들이 경험을 변경한다 해도 이 기능들이 전적으로 비의식적이거나 혹은 전혀 현상적 성격을 지니지 않는 소재에서 이 기능들에 속하는 내용을 항상 창조한다고 생각할 설득력 있는 이유는 존재하지 않는다. 반대로, 이 견해는 반성을 동기부여되지 않은 것으로, 따라서 해명할 수 없는 것으로 놓아둔다. 우리가 전반성적으로 촉발돼 있다는 것 외에 무엇이 우리의 심적 삶의 진행 중인 과정에서 반성을 동기부여할 수 있겠는가? 또 다른 문제는, 우리가 11장에서 보게 되겠지만, 전반성적 자기의식은 시간의식의 구조를 수반한다는 점이다.

5. 메를로-퐁티는 여기서 후설의 『이념들II』에서 뽑은 한 대문을 인용한다. "내 왼손을 감촉할(=만질) 때 나는 감촉-나타남들을 갖는다. 즉, 나는 감각할 뿐 아니라 지각하고, 그런 모양을 가진 부드럽고 매끄러운 손의 나타남들을 갖는다. 운동(=움직임)의 지표적 감각들 그리고 사물인 '왼손'의 특질들로 객관화된, 감촉의 표상적 감각들은 사실 내 오른손에 속한다. 하지만 왼손을 감촉할 때, 나는 또한 왼손에서 이 손에 국소화되어 있는 일련의 감촉-감각들을 발견한다. 비록 이 감촉-감각들이 (이 물리적 사물인 손의 거침 혹은 부드러움과 같은) 속성들을 구성하지 않을지라도 말이다. 만약 내가 물리적 사물인 '왼손'에 대해 말한다면, 나는 이 감각들(=감촉-감각들)을 도외시하고 있는 것이다. (납덩어리는 이 감각들과 같은 것을 전혀 갖지 않으며, '순전히' 물리적인 모든 사물에 대해서도, 나의 신체가 아닌 모든 것에 대해서도 마찬가지이다). 만약 내가 실로 이 감각들을 포함한다면, 이는 물리적인 사물이 이제 더 풍부하게 되었다는 것을 의미하는 것이 아니라 물리적 사물이 신체가 된다는 것을, 물리적 사물이 감각한다는 것을 의미한다(Husserl 1989, p. 152. 원문 강조).
6. 동역학적인 감각운동적 접근법의 관점에서 험프리의 견해에 대해 행한 비판적 논의를 보려면, Noë(2004)를 참조하라. 또한 이 쟁점에 대한 비판적 대화를 보려면 Humphrey(2001)와 O'Regan and Noë(2001b)를 참조하라.
7. 그러나 노에(2004)는 더 이상 이 견해를 주장하지 않는다.

8. 나는 무언가가 생물학적 막에 외적이기 때문에 이 무언가가 다른 것으로 경험된다는 것을 의미하고자 하는 것이 아니다. 메를로-퐁티가 쓰고 있듯이, "맹인의 지팡이는 맹인에 대해 대상이기를 그쳤고, 더 이상 그 자체로 지각되지 않는다. 지팡이의 끝은 감촉(=만짐)의 범위와 활동반경을 연장해서 시각과 유사한 것을 제공하는 감성의 영역이 되었다. 사물들을 탐색할 때 지팡이의 길이는 분명 중간항으로 들어오지 않는다. 오히려 맹인은 지팡이를 통해 대상들의 위치를 알아차린다기보다는 대상들의 위치를 통해 지팡이를 알아차린다. … 모자, 차, 지팡이 등에 익숙해진다는 것은 이 사물들로 이식된다는 것, 혹은 역으로 이 사물들을 우리 자신의 신체 덩어리에 합체시킨다는 것이다"(Merleau-Ponty 1962, p. 143).

9. 이 종류의 사례에 대한 후설의 다음과 같은 기술과 비교하라. "점점 더 커져 가는 부드러운 소리가 이 질료적으로 관련이 있는 변형 속에서 늘어나는 합각을 띠고 있다. 의식 내에 있는 이 소리의 활기는 증가한다. 이는 이 소리가 자아에 대한 늘어나는 당김pull을 행사한다는 것을 의미한다. 자아는 마침내 이 소리로 대향한다. 그러나 더 정확하게 이를 고찰한다면, 촉발의 양상적 변형은 대향하기에 앞서 이미 일어났다. 주어진 촉발적 상황들 하에서 작동하는 어떤 힘과 더불어, 소리에서 비롯되는 당김은 비록 오직 자아의 대기실에 있을 뿐이긴 하지만 매우 실하게 자아에 부딪쳤기 때문에 이 소리는 자아에 대해 부각하게 되었다. 비록 자아가 이 소리를 주의적 방식으로 파악함으로써 이 소리에 주의를 아직 기울이지 않는다 해도, 자아는 이 소리를 개별성 속에서 탐지한다. 이 '이미 탐지한다'는 것은 자아 속에서 적극적 경향이 대상으로 대향하기turn toward 위해 일깨워진다는 것, 자아의 '관심interest'이 각성된다는 것을 의미한다. ―자아는 자아극ego-pole에서 소리로 향해 가는 이 적극적 경향이 분투함striving-toward에서 충족되는 대향 속에서 또 이를 통해서 강렬하게 적극적인 관심이 된다. 이제 우리는 여기에서 일어난 본질적인 양식적 변형을 이해한다. 첫째 증가하는 촉발. 하지만 촉발적 당김은 아직 자아의 수준에서 존재하는 것이 아니고, 당김-대응counter-pull은

아직 대상에서 나오는 자극으로 향하는 반응적 경향, 곧 대상의 수준에서 새로운 양식의 주의적으로 파악하는 경향을 띨 수 있는 경향이 아니다. 여기서 행해질 수 있는 이 이상의 구분들이 있지만, 그것들은 지금 우리의 관심이 아니다"(Husserl 2001, p. 215). 이 기술은 명백히 시간적이고 동역학적이다. 이 기술은 현상적 의식을, 접근 가능성accessibility 혹은 접근 잠재성access potential의 연속적인 등급별 변형들에 의해 규정된 것으로 보여준다. 또 이 기술은 의식의 변형들을 정동과 운동 경향들(정서)의 동역학 속에 뿌리를 두고 있다.

10. 제니퍼 처치는 동일한 논지를 펴고 있다. "듣는 경험의 접근 가능성accessibility(즉 접근 잠재성*potential*)은 내가 실로 결국 그것에 접근한다는 사실로 보아 명백하다. 게다가 그것이 더 많이 중요한 문제였다면, 그것에 더 빨리 접근했을*would* 것이다. 따라서 더 강력한 의미에서, 그것은 내내 접근 가능했다. 마지막으로, 나로 하여금 더 크게 말하게 하고 더 가까이 움직이게 하고 등등을 하게 하면서 합리적으로 내 행동을 유도하는 한, 그것이 현실적으로*actually* 내내 접근되지 않았다는 것은 심지어 분명하지 않기조차 하다"(Church 1997, p. 426).

10. 다시 살펴보기

1. 이 논쟁을 보려면, Block(1981a, 1981b)에 수록된 논문들을 보라. 또한 Rollins(1989)와 Tye(1991)를 보라.
2. 정확히 무엇이 표상을 묘사적이게 하는가를 명시하는 방식은 어려운 문제이다. 코슬린(1994, p. 5)은 묘사적 표상을 "위치들과 그리고 공간 속의 점들의 배열의 가치들을 명시하는 일종의 그림으로 정의한다. 예를 들어, 한 상자의 그림drawing은 묘사적 표상일 것이다. 점들이 나타나는 공간은 가령 이 페이지와 같이 물리적일 필요가 없고, 순전히 기능적으로 공간적 관계들을 특정화하는 컴퓨터상의 배열 같은 것일 수 있다. 즉,

배열 속의 각 점의, 컴퓨터상의 물리적 위치들은 그 자체 한 배열로 정렬돼 있지 않다. 이 정보가 마치 정렬돼 있는 듯이 기능하는 것은 이 정보가 '읽히고' 정보처리되는 (어떤 점들은 가까이에 있고, 어떤 점들은 멀리 있고, 어떤 점들은 대각선을 따라 떨어져 있고 등등의) 방식에 힘입어서일 뿐이다. 묘사적 표상에서 대상의 각 부분은 한 패턴의 점들에 의해 표상되고, 기능적 공간의 이 패턴들 사이의 공간적 관계들은 대상의 부분들 그 자체 사이의 공간적 관계들에 대응한다. 묘사적 표상들은 부분들이 대상의 부분들과 대응하는, 대상과의 닮음을 통해서 의미를 전달한다." 묘사적 표상이라는 이 개념에 대한 비판적 논의를 보려면, Pylyshyn(2002, 2003a, pp. 328-333)을 참조하라. 또한 유익한 설명을 보려면 Tye(1991, pp. 33-60)를 참조하라.

3. 이 비디오 클립은 *http://viscog.beckman.uiuc.edu/grafs/demos/15.html*에서 볼 수 있다.
4. 나는 마하의 그림을 Noë(2004, 2장)와 Thompson, Noë and Pessoa(1998, pp. 194-195)를 기반으로 해서 사용했다.
5. 물론, 그림보기는 또한 그림에 대한 감각운동적이고 심적인 탐색을 포함한다. 그러나 나의 논점은 시각적 경험은 그림의 표면이 질적 특질의 면에서 규정적인 방식으로 내용의 면에서 규정적이지 않다는 점이다.
6. 비트겐슈타인은 『철학적 탐구*Philosophical Remarks*』(267)에서 마하의 드로잉에 관해 논평하고 있다. 비트겐슈타인에 따르면, 마하는 (시각적인) 현상학적 양식의 표상과 물리적 양식의 표상을 혼동하고 있다. Noë(2004, pp. 71-72)를 보라.
7. 이 사상은 무어G. E. Moore로까지 거슬러 올라간다. "청색의 감각작용을 보려고 할 때 우리가 볼 수 있는 모든 것은 청색이다. 다른 요소는 투명해 보인다. 그렇지만 만약 우리가 충분히 주의 깊게 본다면, 또 만약 우리가 찾을 무언가가 존재한다는 것을 안다면, 그것은 구분될 수 있다"(Moore 1993, p. 25). 여기서 무어가 시각적 감각작용은 투명해 보이지만 구분될 수 있다고 그의 감각여건 지각이론과 일치하는 견해를 진술하고 있다는

점에 주목하라. 그러나 그라이스H. p. Grice는 투명성 사상을 표현할 때 우리는 우리가 보는 어떤 것과 구별되는 어떠한 감각작용도 내성적으로 구분할 수 없다는 것을 의미했다. "봄과 느낌 같은 것이 (만약 경험들이라면) 그런 경험들은 말하자면 투명해 보인다. 만약 우리가 어떤 주어진 경우에, 보여지거나 느껴지고 있었던 것과 구별되는 우리의 봄이나 느낌에 자세히 주의를 기울이라고 요청을 받는다면 우리는 어떻게 해야 할지 모를 것이고, 봄과 느낌 사이의 차이들을 기술하고자 하는 시도는 우리가 보는 어떤 것과 우리가 느끼는 어떤 것의 기술로 용해되는 것 같다"(Grice 2002, p. 45) 투명성 이론에 대한 논의를 보려면, Kind(2003), Martin(2002), Siewert(2004), Stoljar(2004)를 참조하라.

8. '경험의 주관적 성격'에 관한 나의 사용법은 크리겔Kriegel(2005)의 사용법과 가깝다. 그는 의식적 경험의 암묵적이고 전반성적인 '대자성 for-me-ness'을 의미하기 위해 이 어구를 사용한다. 크리겔과 나 모두한테 경험의 현상적 성격은 질적 성격과 주관적 성격(대자성)의 (그의 정식적 표현을 사용한다면) 공현존copresence이다. 이 견해에 의하면, 모든 의식적인 심적 상태들(현상적 성격을 갖는 모든 심적 상태들)은 암묵적으로 또 전반성적으로 자기를-알아차리고 있다(9장을 보라).

9. 이 진술은 한정을 필요로 한다. '표상주의'란 말로 나는 외재주의자들의 표상주의를 의미한다. 현상적인 1인칭적 관점의 소유로 정의된 주관성의 표상주의적 모형을 보려면, Metzinger(2003)를 참조하라. 이 모형은 1인칭적 관점의 현상적 내용에 초점을 맞추지만, 심적 작용들의 지향성을 주관적 수행 속에서 경험되는 것으로 분석하지는 않는다. 메칭거의 설명을 여기서 고찰하다 보면 나는 멀리 떨어진 곳으로 가게 될 것이다. 현상학적 관점에서 이 설명을 예리하게 비판한 것을 보려면, Zahavi (2005b)를 참조하라. 또 현상학과 일치하는 신체화된 동역학주의적 관점에서 비판한 것을 보려면, Legrand(2005)를 참조하라.

10. 따라서 하르만Harman은 이렇게 말한다. "또 그녀는 무언가의 특질들을 그녀 경험의 내재적 특질들로 경험하는 법이 없다. 또 이는 여러분한테도

해당한다." 마찬가지로, 이언 골드Ian Gold는 하르만을 인용하면서 이렇게 쓰고 있다. "경험 그것은 때로 '투명하다'고들 말한다. 우리는 경험을 통해서 경험이 표상하고 있는 대상 혹은 속성을 본다. 경험 그 자체는 경험하는 자가 접근할 수 있는 속성들을 전혀 갖고 있지 않다"(Gold 2002, p. 190).

11. Kind(2003, p. 230)를 보라. 그녀는 정식적 표현이 나오는 다른, '강한'과 '약한' 투명성 주장을 구분한다.

12. 나는 모든 상상이 이런 식으로 의지적이라든가 노력이 든다는 것을 의미하고자 의도하지 않는다. 백일몽, 공상, 환상은 보통 그렇지 않다. 사르트르(2004 pp. 18-19)를 보라. "대부분의 경우에 의심할 여지없이 [심적] 이미지는 의지에 동화될 수 없는 깊은 자발성에서 나온다. … 하지만 비의지적(=불수의적) 이미지와 의지적(=수의적) 이미지는 두 밀접하게 관련된 유형들의 의식을 표상하는데, 그중 하나는 의지적 자발성에 의해 산출되고, 다른 하나는 의지가 없는 자발성에 의해 산출된다."

13. 데인톤Dainton(2000, 2002)은 의식의 이론들에서 그가 알아차림-내용 이원론이라 부르는 것을 비판해 왔다. 데인톤이 기술하는 바의 이 이원론에 결정적으로 중요한 것은 알아차림은 어떠한 내재적인 현상적 특징들을 결여하는 일종의 벌거벗은 작용이라는 견해이다. 경험을 지향적-작용극과 지향적-대상극으로 현상학적으로 구별하는 것은 이 벌거벗은 알아차림의 개념과 아무 관련이 없다.

14. 크리겔Kriegel(2004)은 이 암묵적 자기알아차림을 일종의 주변적marginal 혹은 지엽적peripheral 알아차림으로 해석한다. 이 견해는 또한 굴비치 Gurwitch(1964)에게서도 발견될 수 있다. 이 견해의 문제점은 이 견해가 경험에 대한 비반성적 알아차림을 지각의 배경에 있는 대상들에 대한 암묵적 알아차림의 모형을 근거로 해서 논의한다는 점이다. 그러나 다양한 주장들은 경험들이 자기알아차림의 대상들로 주어지는 것이 아니고, 또 전반성적 자기의식은 주체/객체 구조를 갖지 않는다는 점을 보여주고 있다. 11장과 Zahavi(2005a)를 보라.

15. 경험은 또 다른 현상적으로 의식적인 높은 수준의 마음상태의 대상이 아니라고 내가 말하고 있다는 점에 주목하라. 이유는 내가 의식의 높은 수준의 사고 이론에 맞서서 사실이 아닌데도 사실인 듯이 말하고 싶지 않기 때문이다. 이 이론에 따르면, 의식적인 마음상태는 그 자체 의식적 상태가 아닌, 수반되는 높은 수준의 인지적 상태의 대상이다. 따라서 이 이론은 **타동사적** 의식에 의해서 (마음상태가 의식적인 마음상태인) **자동사적** 의식을 설명하려고 시도한다. (마음상태는 이를 타동사적으로 의식하는 경우에만 자동사적으로 의식적이며, 또 타동사적으로 마음상태를 의식하는 것은 우리가 바로 그 상태에 있는, 수반되는 높은 수준의 사고를 갖는 것이다.) 이 이론은 자동사적 의식이 무엇인가에 관해 실질적인 가설로 의도되어 있지만, 현상학적인 기술은 아니다. 그러나 나의 논지는 현상학적인 것이다. 이는 경험은 의식적 반성이나 내성의 기능이 아닌 암묵적 자기알아차림을 포함한다는 것이다. 높은 수준의 사고 이론은 이 현상학적 논지를 인정하려 하지 않고, 암묵적 자기알아차림을 타동사적 의식 및 수반되는 (비의식적인) 높은 수준의 사고들에 의해 설명하거나 분석하기를 노릴 것이다. 나는 그런 설명들이 성공적이지 않다고 생각하지만, 이 논지를 여기서 주장하고 싶지는 않다. 높은 수준의 사고 이론을 보려면, Rosenthal(1997)을 참조하라. 의식을 자동사적 자기의식으로서 단일한 수준에서 설명하기 위해서 높은 수준의 사고 이론을 반박하는 것을 보려면, Kriegel(2003a)과 Zahavi and Parnas(1998)를 참조하라.

16. 현상학적 고찰을 위해 경험의 특질들을 명시적이고 이용 가능하게 만드는 이 활동이 주로 기술적인가 아니면 해석적인가에 관해, 그리고 이 활동이 대상화하는 (또 그래서 왜곡하는) 형태의 반성을 포함해야만 하는가 여부에 관해 많은 현상학적 문헌들이 있다. 몇몇 최근의 논의들을 보려면, Poellner(2003), Stawarska(2002), Zahavi(2005a)를 참조하라.

17. 상상작용이 그림 경험의 필연적 성분이라는 주장은 논란의 소지가 있다. 오늘날의 고전적 논의들은 Walton(1990)과 Wolheim(1980, 1987)이

다. 최근의 논의들을 보려면, Hopkins(1998), Levinson(1998), Lopes (1996), Wolheim(1998)을 참조하라.

18. Searle(1983, pp. 45-46)과 비교하라. "만약 예를 들어 내가 내 앞의 노란 색 벤을 본다면, 내가 갖는 경험은 직접적으로 대상에 대한 경험이다. 이 경험은 대상을 '표상하는represent' 것이 아니라 대상에 대한 직접적 접근을 제공한다. 이 경험은 대상이 부재할 때 대상에 관해 가질지도 모르는 믿음에 의해 공유되지 않는 일종의 직접성, 즉각성, 비의지성을 갖는다. 그러므로 시각적 경험들을 표상들representations로서 기술하는 것은 부자연스러워 보인다. … 오히려 지각적 경험들의 특별한 성질들 때문에 나는 이 경험들을 '직접제시들presentations'이라고 부르기를 제안한다. 내가 말하고자 하는 시각적 경험은 지각된 사태the state of affairs를 표상하지 않는다. 오히려 만족될 때 시각적 경험은 지각된 사태에 대한 직접적 접근을 부여하고 또 그런 의미에서 시각적 경험은 지각된 사태의 직접제시이다."

19. 믿음에 적용되는 이 '중성 변양' 개념을 보려면, 후설(1983, §109, pp. 257-259)을 참조하라. 중성화가 하는 역할을 보려면, Marbach(1993, pp. 75-76)를 참조하라.

20. Marbach(1993, pp. 76-77)를 보라. 그는 우리가 실재세계에 존재한다고 믿고 있는 "가령 사물, 사건, 상황 등에 관한 실재적 가능성을 상상하는 것과, 단순한 가능성 곧 순전히 허구적인 무언가를 상상하는 것"을 구분한다.

21. 마틴Martin(2002)은 이런 논지를 펴고, 표상주의에 반대하는 주장을 건립하기 위해 이를 사용하는데, 그가 반대하는 이런 표상주의는 감각여건(=감각자료) 이론에 반대하는 표상주의자의 현상적-투명성 주장과 유사하다.

22. 상상작용과 관련된 허구의 지위는 권리상 별개의 문제이고 이 장의 범위를 넘어서 있다. 스타바르스카Stawarska(2001, p. 101)가 말하듯이, "우리는… 순전히 허구적인 성격들의 비존재를 '부재'의 표제 하에 포괄

하는 것이 정당화되는지… 궁금하게 여긴다. 비존재non-existence를 존재existence의 반대되는 것으로 간주하고, 부재*absence*와 현존*presence*(실존론적 범주)을 존재하는 것*existent*으로 정립되는 존재들에만 귀속시키는 것이 더 적합해 보인다. 켄타우로스는 존재하는 것으로 정립된 부류의 사물들에 속하기 않기 때문에 부재할 수 없다(또 현존할 수도 없다)." 실로, 사르트르 그 자신이 "'부재한다' '나로부터 멀리 있다'는 단어들이 의미를 가질 수 있는 것은 오직 감각적 직관을 토대로 해서, 즉 그 자체를 일어날 수 없는 것으로 주는 감각적 직관을 토대로 해서이다"(2004, p. 13)라고 적고 있다.

23. 이 책(2004, p. 20) 초반에서 사르트르는 뒤러의 판화에 나오는 기사와 죽음의 인물들을 존재하지 않는 것으로 정립된 즉 허구들로 정립된 대상들의 예로 사용한다. 상상작용에 대한 사르트르의 설명은 사실 상상작용을 일종의 회화적 의식으로 동화시키는 것과, 상상작용을 회화적 용어들로는 분석될 수 없는 독특한 유형의 심적 활동으로 이해하는 것 사이의 긴장을 실제로 담고 있다. Stawarsky(2001)와 McCulloch(1994, 5장)를 보라.

24. 그럼에도 불구하고, 사르트르는 각주에서 이렇게 진술한다. "믿음의 이러한 중지는 여전히 정립적 작용으로 남아 있다"(2004, p. 197, n. 10). 그는 또한 후에 이 책에서 분명히 하고 있듯이, "이미지화하는 의식의 본질적 요인들의 하나는 믿음이다. 이 믿음은 이미지의 대상을 겨냥한다. 모든 이미지화하는 의식은 대상과 관련해서 어떤 정립적 성질을 갖고 있다. 실로, 이미지화하는 의식은 이미지화된 것으로서의 대상에 대한 의식이지 이미지에 대한 의식이 아니다"(p. 96. 원문 강조). 믿음의 중지는 사르트르가 정립적positional 혹은 정립적thetic 의식 즉 대상으로-향하는 의식(대상을 정립하는 의식)이라 부르는 것의 특질이기 때문에 정립적이다. 하지만 이미지 의식은 또한 (모든 의식이 그렇듯이) 그 자체에 대한 비정립적nonpositional or nonthetic 의식, 자동사적(대상으로-향하는-것이-아닌)이고 전반성적인 의식을 포함한다. "우리가 사진 앞에서 산출하

는 이미지화하는 의식은 하나의 작용이고, 이 작용은 그 자체를 자발성으로서의 그 자체에 대한 비정립적 의식을 포함한다. 우리는 사진을 이미지로 만들기 위해 사진에 활기를 불어넣는, 사진을 생화하는*animating*, 어떤 종류의 의식을 갖고 있다"(p. 25) 이 논급은 사르트르에게 전반성적 자기의식은 주체/객체 구조를 갖는 것이 아니고, 그러므로 전반성적 자기의식은 한 형태의 주변적, 지엽적, 혹은 배경적 알아차림으로 분석될 수 없다는 것을 보여준다.

25. Satre(2004, p. 57)를 보라. "이미지는 지향에 의해 정의된다. 피에르의 이미지가 피에르에 대한 의식이라는 것을 사실로 만드는 것은 바로 지향이다. 만약 지향이 시초에 취해진다면, 말하자면 지향이 우리의 자발성에서 나온다면, 그것은 설사 지향이 아무리 벌거벗고 헐벗은 것으로 보인다 할지라도, 이미 어떤 앎을 함의한다. 이 어떤 앎은 가령 피에르에 대한 앎*connaissance*이다. … 하지만 지향은 이미지에서 그 자체를 미규정적 방식으로 피에르를 겨냥하는 것에 제한하지 않는다. 피에르는 들창코 혹은 매부리코 등을 가진 금발의 키가 큰 사람으로 겨냥된다. 그러므로 앎*connaissance*으로 가득 차 있음에 틀림없다. 우리가 앎의 층이라 부를 수 있는 어떤 의식의 층을 통해서 겨냥하고 있음에 틀림없다. 그래서 이미지화하는 의식에서 우리는 오직 추상에 의해서만 앎과 지향을 구분할 수 있다. 지향은 앎에 의해서만 정의된다. 왜냐하면, 우리가 이미지에서 어떤 종류의 방식으로 알고 있는 것만을 표상하기 때문이고, 또 역으로 여기서의 앎은 앎일 뿐만 아니라 하나의 작용이고, 내가 내 자신에게 표상하길 원하는 것이기 때문이다. … 당연히 이 앎은 이미 구성된 이미지를 명료하게 하기 위해 이 이미지에 부가되는 것으로 간주되어서는 안 된다. 이 앎은 이미지의 능동적 구조이다."

26. 상상작용의 이러한 특징들—이미지화된 대상을 본질적으로 탐색 불가능하다는 것은 물론이고 상상작용의 내용을 앎과 지향에 의해 규정하는 것—때문에, 사르트르는 상상작용의 지향적 태도를 '유사관찰quasi-observation'의 하나로 기술한다. 유사관찰이란 말로 그는 관찰의 태도를

의미하지만 아무것도 가르치지 않는 관찰을 의미한다(2004, p. 10). 맥긴McGinn(2004, pp. 19-20)이 적고 있듯이, 이 정식적 표현은 상상작용에 의한 (가령 문제 해결하기와 같은) 인지적 고양의 가능성을 허용하도록 변경되어야 한다.

27. 필리쉰Pylyshyn은 의례적으로 이 가설을 모든 인지는 동일한 명제적 포맷, 즉 '사고의 언어'를 포함한다는 실질적인 가설과 결합한다. 하지만 사고의 언어 가설은 회화론을 괴롭히는 것들과 유사한 그 자체의 심각한 개념적인 문제들(상징들의 의미론은 어디서 나오는가?)을 갖고 있지 않다고 가장하는 것은 그저 허세일 뿐이다.

28. 그러나 사르트르는 이미지화하는 의식을 일종의 회화적 의식으로 취급하는 것으로 물러남으로서 이 통찰과 타협했다. Stawarska(2001)를 보라.

29. 실로, 비록 그것이 우리 시대에 있음직하지 않을지라도, 그런 보고를 제공하고 심지어 그에게 뇌가 있다는 것을 알지 못하며, 혹은 심적 과정들이 심장에 의해 실제로 이행된다고 생각하는 피험자가 존재할 수 있었다는 것은 확실히 상상 가능하다.

30. 이 장의 문맥에서 내가 관심을 가지는 종류의 현상학은 정적 현상학이라는 점을 상기하자. 다른 형태의 현상학들은 이런 방식으로 현상들에 접근하는 방식을 기술하지 못할 것이다. 현상학을 현상학을 하는 한 특정한 방식과 동동시하는 것은 차이를 없애는 그릇된 설명일 것이다. 현상학을 하는 다른 방식들은 다른 문맥들에서는 적합하다. 이런 점에서 현상학은 과학이나 철학과 전혀 다르지 않다. 이 장에 생기를 불어넣는 신념은 정적인 현상학적 분석은 다름 아니라 인지과학에서 벌어지는 이미지 논쟁과 직접적으로 관련이 있다는 것이다.

31. 데넷은 이렇게 쓰고 있다. "물론 착각을 실험하는 자들은 사물이 피험자들에게 보이는 방식에 관한 이 피험자들의 (판단에 표현돼 있는) 내성적 믿음들에 의존하지만, 그것은 타자현상학의 불가지론이다. 그것을 넘어가는 것은 예를 들어 *크기* 착각들에서 피험자의 뇌 (혹은 마음) 속 어딘가에 다른 *크기*들의 시각적 이미지들이 실제로 존재한다고 가정하는 것이

리라. 물론 이는 어떠한 연구자도 하리라 꿈꾸지 않을 것이다"(2005, p. 54) 이 마지막 진술에서 우리는 하부인격적 인지적 체계로 간주되는 뇌나 마음에서 진행되고 있는 것에 관한 믿음의 표현들로 1인칭적 보고들을 해석하는 동일한 편견을 본다. 골드만(2004)은 유용하게도 이런 종류의 해석을 '건축학적으로 적재된 해석*achitecturally loaded*'이라고 칭한다. (왜냐하면, 이는 피험자들을 하부인격적인 인지적 건축에 관한 믿음을 표현하는 것으로 해석하기 때문이다). 그는 이렇게 쓰고 있다. "다음과 같은 것이… 온당한 경험의 법칙인 것처럼 보인다. '내성적 보고를 고찰할 때 그리고 보고에 대한 건축학적으로 적재된 해석과 건축학적으로 중립적인 해석 사이에 선택이 가능할 때, 항상 후자를 선호한다'. 이는 데넷의 실행과 정반대되는 것이다. 데넷의 성향은 일상적인 내성적 보고들을 건축학적으로 적재된 용어들로 해석하는 것이다"(Goldman 2004, p. 12).

11. 시간성과 살아 있는 현재

1. 시간의식에 관한 후설의 저작들은 1893-1917년의 다른 저작들과 함께 간행된, 유명한『내적 시간의식에 관한 1905년 이후의 강의들』(Husserl 1991)을 포함한다. 여기에다 또 이른바 아직 간행되지 않은 1929-1935년의, 후설 아카이브에 보존돼 있는 C 수고들은 물론이고, 아직 번역되지 않은, 1917-1918년에 저술된 시간의식에 관한『베르나우어 수고들』이 있다. 후설의 시간의식 설명에 대한 중요한 논의들을 보려면, 존 바넷 브로우John Barnett Brough가 후설의『내적 시간의식의 현상학에 대하여』(Husserl 1991, pp. xi-lvii)에 붙인 번역자 서문, 그리고 Bernet, Kern, and Marbach (1993, pp. 101-114), Brough(1972, 1989), Gallagher (1998), Rodemeyer(2003), Smith(2003, pp. 86-100), 그리고 Zahavi(2003a, pp. 80-98, 2003b, 2005a)을 보라. 또한 후설의 시간의식의 현상학에 대한 명료하고

유장한 입문을 위해서는 Sokolowski(2000, pp. 130-145)를 보라.

2. 나는 시간 대상*object*이 아니라 시간 **통일체***unity*를 말하고 있다. 왜냐하면, 우리가 반성적으로 알아차리는 어떠한 경험도 내적 대상*internal object*으로 (적어도 현상학적으로) 기술되어야 한다는 것을 가정하지 않아야 하기 때문이다(이 문제를 해결하자면 '대상'이란 말로 우리가 의미하는 것에 분명 의존하게 되겠지만).
3. 바렐라는 여기서 말하는 대응이 유형 대 유형 대응인지, 혹은 단순히 표징 대 표징 대응인지—즉, 모든 유형의 인지작용이 한 특정한 유형의 신경군과 대응하는지, 혹은 단순히 (동일한 유형의 표징 인지작용들에 대응하는 표징 신경군에 변이가 존재할 수 있도록) 모든 특정한 표징의 인지작용이 한 특정한 표징의 신경군과 대응하는지—를 보여주지 않는다. 그러나 그는 이 가설이, 인지작용 동안 오직 한 지배적이거나 주요한 신경군이 현존하고, 이 집단과 관련 있는 생리학적 상관물들이 동일한 작용의 다른 사례들을 위해 반복적으로 탐지되어야 한다는 것을 예측하는 강력한 것이 되도록 의도되어 있다는 것을 보여준다. 이 요구는 이 가설이 유형 대 유형 대응을 의미하도록 의도되어 있다는 점을 시사한다. 그럼에도 불구하고, 이 가설은 내생적인 신경활동은 고도로 가변적이고, 주어진 자극에 대한 반응들을 조절한다는 사실을 허용하도록 통계학적 의미에서 간주될 필요가 있다(David et al. 2002, p. 56을 보라).
4. 이 문맥에서 동기성은 신호진폭에 상관없이 신호들의 구조들 사이의 관계를 지칭한다. 두 신호는 만약 리듬이 일치한다면 동기적이라고 말한다. 우세한 진동양식을 가진 신호들에서 동기화는 **위상봉쇄**: $n\Phi_1(t)-m\Phi_2(t)=const$ 속에 있는 두 진동자의 리듬성의 적응을 의미한다. $n\Phi_1(t)-m\Phi_2(t)=const$에서 $\Phi_1(t)$, $\Phi_2(t)$는 진동자의 순간적 위상이고, n, m은 가능한 주파수 봉쇄의 비율들을 가리키는 정수이다. 간단명료함을 위해 $n=m=1$이 보통 가정되지만, 또한 1:2와 1:3 위상동기성의 증거가 있다(Varela et al. 2001; Le Van Quyen 2003을 보라).
5. 주의와 작업기억에 대해 보려면, Fries et al. (2001), Sarntheim et al.(1998),

von Stein and Sarntheim(2000), von Stein, Chiang, and König(2000)를 참조하라. 감각운동적 통합에 대해 보려면, Kahana, Seeling, and Madsen(2001), O'Keefe and Burgess(1999)를 참조하라.

6. 복잡한 비선형적 형태의 대帶-교차cross-band 동기성, 이른바 일반화된 동기성(Schiff et al. 1996)이 또한 기대될 수 있고, 또 대규모의 통합을 이해하는 데에 협소한 위상동기성보다 결국 더 적절한 것으로 판명될 수도 있다(Friston 2000a, 2000b. Le Van Quyen 2003).
7. 후속연구에서 로드리게스와 동료들은 차폐 패러다임masking paradigm을 사용해서 의식적 지각이 감마진동이 아니라 주로 위상동기성과 상관관계를 맺고 있다는 점을 보여주어 왔다(Melloni and Rodriguez 2005).
8. 더 많은 논의를 보려면, Faure and Korn(2001), Friston(2000a, 2000b), Korn(1995), Korn and Faure(2003), Tsuda(2001)를 참조하라.
9. 이 절은 Lutz and Thompson(2003), Thompson, Lutz, and Cosmelli(2005)의 상세한 논의들을 끌어오고 있다.
10. 메칭거Metzinger(2003, p. 592)는 "우리 자신의 심적 상태들의 현상적 내용에 대한 1인칭적 접근은 '데이터'의 개념을 위한 정의적 기준을 충족시키지 않기" 때문에 "1인칭적 데이터는 존재하지 않는다"고 결론을 내린다. 메칭거에 따르면, 이 기준은 첫째, 잘 정의된 공공적 절차들을 가진 기술적techinical 측정장치에 의해 물리적 세계에서 나온 추상물이며, 또 둘째, 인간의 집단들 사이의 무리나 세대, 특히 "비판에 열려 있고 끊임없이 검증의 독립적 수단을 추구하는 과학공동체"에서 나온 추상물이다.

그러나 이 이해방식은 잘못된 것이다. 데이터data란 (라틴어 *datum*에서 나온) 주어진 어떤 것이다. 과학적 맥락에서 주어진 것은 관찰 및 관찰의 기록이다. 모든 기록된 관찰이 측정인 것은 아니다. (자연환경에서 동물의 행동을 관찰하고 기술하는 동물학자, 혹은 한 민족의 관습을 기록하는 인류학자를 생각해보라.) 메칭거는 데이터의 상호주관적 본성에 주의를 환기시킨다는 점에서는 옳지만, 우리 자신의 심적 상태들에 대한 1인칭적 접근법에 기초하는 경험에 관한 1인칭 보고들이 상호주관적일 수 없고 비판적 평가에 열려 있을 수 없다고 생각하는 것은 그릇된 것이다. 마지막으로, 1인칭 데이터는 심리학자들과 정신의학자들이 면담이나 설문지를 통해서 피험자들에게 그들의 경험을 기술하도록 요청할 때 수집하고 있는 바로 그것이다.

11. 이 문맥에서 **현상학**이란 용어는 후설에서 나오는 유럽적 의미의 현상학에 제한되지 않고, 경험을 탐구하고 기술하는 모든 체계적 기획을 포함한다. 그렇게 이해된 현상학은 아시아 전통, 특히 명상적인 마음수행에 기반하는 마음과 의식의 본성에 대한 다양한 불교철학과 힌두철학적 분석들을 포함한다. 이 학파들이 서양 현상학과 심리과학과 맺는 관계는 이 책의 범위를 넘어서 있기에, 미래 작업의 주제가 될 것이다. 더 많은 논의를 보려면, Dreyfus and Thompson(2007), Lutz, Dunne, and Davidson (2007), Varela(2007), Lutz, Dunne, and Davidson(2007), Varela, Thompson, and Rosch(1991)를 참조하라.

12. 이 세 번째 단계의 예비적 예들은 간질(Le Van Quyen and Petimengin 2002, Petitmengin 2005)과 통증(Price, Barrell and Rainville 2001, Rainville 2005)에 관한 신경현상학적 연구들에서 발견될 수 있다.

13. 차머스Chalmers(2000, p. 25)는 최소한도의 충분성을 다음과 같이 정의한다. "(1) N의 상태들이 의식의 대응하는 상태들을 위해 충분하고, (2) N의 고유한 부분 M은 어떠한 것도 M의 상태들이 의식의 대응하는 상태들을 위해 충분하지 않다."

14. 의식을 주관적 경험의 통일된 장으로 보는 사상은 오랫동안 현상학에 중심적인 것이 되어 왔다(Gurwitsch 1964를 보라).

15. 로널드 브루지너Ronald Bruzina는 『현상학을 자연화하기*Naturalizing Phenomenology*』(Petitot et al. 1999)에 대한 그의 논평에서 시간성의 3중 구조는 지향적 구조이지 신경적 유사체 같은 공간적으로 연장된 구조가 아니기 때문에, 시간성의 형식적 구조의 신경적 유사체는 특히 경험의 시간적 성격을 설명하기 위해 취해질 수 없다고 주장한다(Bruzina 2004,

p. 76). 시간성의 지향적 구조는 공간적이 아니라는 이 논점은 매우 중요하다. 그렇지만 비록 물리적 존재로서의 뇌가 분명 공간 속에 펼쳐져 있긴 하지만, 뇌의 과정들의 동역학적 형식 혹은 구조가 그 자체로 공간적으로 연장된 구조인 것은 아니다(Merleau-Ponty 1973, p. 72에 이미 보이는 논점). 우리가 시간의식의 3중 구조의 신경적 유사체를 발견한다고 생각되고 있는 것은 바로 이 수준의 동역학적 형식이다. 우리는 이 동역학적 형식을 우리 자신에게 나타내기 위해 위상공간의 기하학적 기법을 사용하지만, 이는 후설이 시간성의 3중 구조를 나타내기 위해 기학학적 다이어그램을 사용하는 것과 유사하다.

16. 바렐라는 이 사상을 기술하기 위해 현상학과 과학 사이의 '생성적 통로들generative passages' 개념을 도입한다. Varela(1997b)와 Roy et al.(1999, p. 68)을 보라. 또한 Lutz(2002)를 보라. 그리고 비판적 논의를 보려면, Bayne(2004)을 보라.

12. 원초적 동역학주의

1. 예지에 대한 바렐라의 동역학적 설명은 지향이 지향적 행동의 협응 동역학을 위한 질서매개변수라는, 지향에 대한 켈소의 동역학적 설명과 비슷하다(Kelso 1995, pp. 137-158). 또한 이 장에서 논하는 월터 프리먼Walter Freeman(1999a, 1999b, 2000)의 정서, 지향, 의식의 신경동역학적 모형을 보라.
2. 정서의 신경과학에 대해 보려면, Panksepp(1998a)를 참조하라. 정서에 대한 신경과학적 논의와 심리학적 논의를 포괄적으로 수록해놓은 것을 보려면, Davidson, Scherer, and Goldsmith(2003), Ekman and Davidson(1994), Lane and Nadel(2000), Lewis and Haviland Jones(2000)를 참조하라. 정신신경면역학적 정서관을 보려면, Maier and Watkins(1998), Pert(1997), Pert et al.(1985)을 참조하라. 정동과 의식에 대해 보려면, Damasio(1999)를

참조하라. 정서와 경험에 대해 보려면, Lambie and Marcel(2002), 그리고 Colombetti and Thompson(2005a)에 수록된 논문들을 참조하라.

3. 정서와 같은 것은 존재하지 않는다는 견해에 대한 철저히 비판적인 논의와 반박을 보려면, Charland(2001)를 참조하라.
4. 르두는 변연계 개념과 이와 관련된 변연계 정서 이론을 거부하는 것으로 잘 알려져 있다(LeDoux 1996, pp. 98-103을 보라). 변연계를 지향적 행위의 신경동역학적 근원으로 보는, 이 장에서 기술되는 프리먼의 견해는 르두가 비판하는 변연계 정서 이론과 의미심장하게 다르다. 변연계 개념을 열렬하게 옹호하는 것을 보려면, Panksepp(2002)를 참조하라.
5. 루이스의 정서 모형과 창출행위적 접근법의 관계에 대한 더 많은 논의를 보려면, Colombetti(인쇄 중), Colombetti and Thompson(2005b, 2006)을 참조하라.
6. 이는 또한 대니엘 스턴Daniel Stern(2004)이 '미시분석적 면담micro-analytic interview'이라 부르는 것을 통해서 심리치료적으로 파악될 수 있다. 그의 연구 『심리치료와 일상생활의 현재 순간*The Present Moment in Psychotherapy and Everyday Life*』은 여기서 제시되는 시간과 정동에 대한 신경현상학적 접근법과 일치하는 많은 흥미로운 논점들을 제공하고 있다.
7. Varela and Depraz(2005, pp. 67-68)는 바렐라가 메모에 적어놓은 경험을 기술하고 있다. "뭔가 무거운 눈꺼풀을 하고 오늘 11시에 콘서트에 갔다. 떠날 때 기분이 좀 울적했다. 나는 몸을 앞으로 기울여 2층 발코니 모서리에 기대어 앉아 있었다. 연주자들(멋진 이탈리아 앙상블)이 도착해 조율을 하고 자리를 잡더니 잠깐 정적이 흐르다가 내가 좋아하는 『음악의 헌정*Musical Offering*』의 소나타로 시작한다. 순간 중심 테마의 앞의 다섯 혹은 여섯 음도 흐르지 않았는데 기분과 느낌의 톤에 변화가 일어난다. 갑자기 내 가슴이 약간 부풀고, 내 피부에 소름이 돋으며, 마치 몸이 자리를 꽉 차지하는 듯했다. 거의 동시에, 내 눈에 돌연 눈물이 맺히게 하고 숨을 더 격하게 쉬게 하는, 파도와 같은 아름다움, 저려옴이 있었다.

사전의 아무 생각 없이 나는 눈이 감기는 걸 느끼고, 뒤로 기대며 몸을 완전히 맡기도록 풀어놓았다. 내 마음 공간은 뻗쳐 나아가는 듯했고, 내 자아중심은 거의 지각할 수 없는 듯했다. 음악 테마의 첫 번째 변주가 시작될 쯤에 느낌 톤이 충분히 형성되고, 방황하는 생각의 최초의 파도들이 시작되었고, 바로 그 동일한 음악에 감동해서 눈물이 났을 때 첫 번째 경우는 또 다른 경우의 기억이 되었다. 전체적인 것이 일초의 단 몇 분의 일 동안 지속되었다."

8. 어떤 지점에서 후설의 기술은 놀라울 정도로 동역학적 체계 이론의 상태 공간 기술들을 떠올리게 한다. "나는 이미 꽤 적합한 표현인 출affective relief을 사용해 왔다. 한편으로, 이 용어는 통일체[경험의 '살아 있는 현재'의 내용]를 암시하고, 다른 한편으로 서로 다른 특정한 순간들이라는 '정점들'의 차이[살아 있는 현재 내에서 종합화된 서로 다른 내용들]를 암시하고, 또한 마지막으로, 살아 있는 현재의 변경들을 따라 촉발적 부각이 더 두드러지게 바깥으로 아치를 그리거나 더 평평해지게 되는 한에서 전적인 증가 혹은 전적인 감소의 가능성을 암시한다"(2001, p. 216).

13. 공감과 문화화

1. 이 장에서 행하는 공감에 대한 내 논의는 Thompson(2001, 2005)에서, 수정을 해서 아주 많이 끌어오고 있다.
2. 다음의 논의는 Zahavi(1997)에 기초하고 있다.
3. 비록 함께-지향된 부재하는 일면들이 나의 허구적인 함께-현존하는 지각들의 상관물들로 지향될 수 없다 할지라도, 이 부재하는 일면들은 내가 사물의 주위를 걸어 저쪽에서 이 사물을 본다면 내 지각들의 상관물들로서 지향될 수 있다고 주장하는 사람이 있을지도 모르겠다. 그러나 이 해석의 문제점은 이 해석이 부재하는 일면들을 나의 가능한 미래 지각들

의 상관물들로 만든다는 점인데, 이는 이미 부적합하다는 것이 증명되었다. 더구나 이 해석 그 자체는 의식에 짜 넣은 타자성alterity or otherness의 형태로 의식의 열려 있는 상호주관성을 포함하고 있다. 왜냐하면 이 해석은 우리가 우리 자신을, 우리의 현존적 자기와 관련해서 타자가 된altered 것으로 혹은 다른 사람othered이 된 것으로 상상하거나 혹은 그렇지 않으면 심적으로 파악하는 것을 요구하기 때문이다.

4. 여기에서 나는 Zahavi(1997, pp. 313-319)를 따르고 있다.
5. 이 저작은 후설의 지도하에 작성된 슈타인Stein의 1916년 박사학위논문이었다. 슈타인은 후설이 그의 『이념들II』(Husserl 1989)에서 편 공감에 관한 논의를 끌어오고 있지만, 그녀 나름의 독특한 방식으로 후설의 사상을 발전시키고 있다. 공감에 관한 슈타인과 후설 견해의 유사성과 차이를 논의한 것을 보려면, Leask(2002)를 참조하라.
6. 하이데거Heidegger(1995, pp. 201-209)는 공감*Einfühlung* 개념을 인간관계들을 이해하는 그릇된 방식이라 하여 거부한다. 왜냐하면, 공감 개념은 "우리가 다른 존재에 도달하기 위해 이 다른 존재에게로 더듬어 나아가야만 한다는 것을 먼저 전제하기 때문이다. 또 이것은 우리가 우선 '바깥에' 존재한다는 것을 함의한다"(p. 203). 하이데거에게 '함께-있음being-with'은 우리 실존의 본질에 속하고, 우리는 다른 사람의 느낌들을 파악하려는 모든 특정한 시도에 앞서 항상 이미 서로에게 '이전되어transposed' 있다. 공감 개념에 대한 하이데거의 비판은 통찰력 있고 중요하다. 그러나 내 견해로는 후설의 공감 개념이 여전히 중요한데, 특히 상호주관성에 대한 후설의 견해의 전반적 구도가 고려될 때 그러하다(Zahavi 2001b를 보라). 공감을 완전히 거부할 때 하이데거는 상호주관성의 정동적이고 육체적인 측면들을 놓치고 있는 것이다. 이 점과 관련해서 메를로-퐁티가 그의 강좌 「자연*Nature*」에서 후설의 공감 개념을 명시적으로 다시 취하고, 이 개념을 감각학적esthesiological이고 리비도적인libidinal 존재의 신체가 다른 신체들에게 자기를 투사하면서projects 동시에 다른 신체들이 자기에게 투사하게 하면서introjects 이렇게 해서 '상호육체성inter-

corporeity'을 구성하는 방식을 기술하는 데 사용하고 있다는 점은 주목할 만한 가치가 있다(Merleau-Ponty 2003, pp. 210, 218, 225).

부록 A

1. Langsdorf(1985), Marbach(1993), Roy(1995), Roy et al.(1999, pp. 57-60), Welton(2000, pp. 393-404), Zahavi(2003a, pp. 53-68, 2004a)를 보라.
2. 여기서 나는 후설의 비표상주의적 해석을 따르고 있다. 드레이퍼스는 표상주의적 해석의 주창자이다. Drummond(2003)와 Zahavi(2004a)를 보라.
3. 이 점은 더 자세히 서술될 필요가 있다. (1) 작동적 지향성[*fungierende Intentionalität*]은 주제적이어야 하지 않고도 혹은 명시적인 인식적 획득에 종사해야 하지 않고도 기능적인 전반성적 경험을 나타낸다. 작동적 지향성은 대상들의, 세계의, 우리 삶의 선술어적 통일체를 구성한다. 이 경험의 차원은 '감성적 경험'의 기치 하에, 더 정확히 말하면 '수동적 종합', '본능', 혹은 '충동지향성'[*Triebintentionalität*]이라는 표현들로 후설에 의해 기술되고 있다. 메를로-퐁티의 경우 작동적 지향성은 움직임(=운동), 성적 지향성erotic intentionality, 습관적 신체 등을 포함한다. 이 양식들의 지향성에 대한 현상학적 분석들은 살아지는 신체[*Leib, le corps proper*] 수준에서 일어난다(Steinbock 1999, p. 183. 또한 Mensch 1998을 보라). (2) 드레이퍼스는 후설의 『위기』(1970, p. 149)에서 한 대문을 인용하고, 후설이 거기서 "우리가 오늘날 당연한 것으로 받아들이는 '지향적 역사'"에 해당하는 '잠재적 지향성dormant intentionality'에 접근할 수 있는 가능성을 주장하고 있다고 기술한다(Dreyfus 1982, p. 24). 그렇지만 후설이 이 대문에서 관심을 가지는 잠재태의 지향성은 작동적 지향성이지 대상으로-향하는 지향성이 아니다. (3) 후설은 이 대문에서 드레이퍼스가 말하듯이 "우리는 항상 우리의 지향적 상태들의 내용에 접근하고

있다"(Dreyfus 1982, p. 24)는 점을 주장하지 않는다. 오히려, 후설은 명시적으로 이렇게 진술한다. "자연적 세계-삶에서 곧바로 수행된 모든 타당성은, 모호하지만 간간이 활용할 수 있고 재활성화할 수 있는 타당성들의 필요한 심토心土로 직접적으로 혹은 간접적으로 되돌려 확장해 가는 타당성들을 전제한다…"[강조 첨가]. 물론, 미리 주어진 것(작동적 지향성)에서 일어나는 주어진 것(대상으로-향하는 지향성)의 창발에 접근한다는 것이 무엇을 의미하는지 하는 중요한 문제가 여전히 남아 있다. 하지만 드레이퍼스의 후설 해석—이 해석에 따르면, 모든 지향성은 대상으로-향해 있고, 우리는 그런 모든 지향적 상태들의 내용에 곧바로 접근할 수 있다—은 이 문제에 대한 올바른 설명을 허용하지 않는다. (4) 작동적 지향성의 주제에 관한 후설과 메를로-퐁티 사이의 강력한 연관을 고려하면(그리고 후설이 표상적 마음 이론에 동의하지 않는 점을 고려하면), "메를로-퐁티는… 개별적인 지향적 상태들의 표상적 내용을 분석하는 일에 철학적 우위성을 두어야 한다는 후설의 주장에 반대해서 [그의] 견해를 발전시켰다"(1982, pp. 2-3)고 진술하는 것은 부정확하다. 이와 반대로, (『지각의 현상학』의) 메를로-퐁티는 살아지는 신체에 관한 후설의 발생적 현상학의 직계 제자로 간주될 수 있다(Zahavi 2002b를 보라).

4. 드레이퍼스는 후설은 "모든 인지는 우리가 관여해 있고, 결코 대상으로 명시적으로 드러나게 할 수 없는 세계에 의존한다"(Drefus 1982, p. 23)는 사상을 하이데거한테서 배웠다고 진술한다. 그렇지만 후설과 하이데거 사이의 이 관계에 대한 어떠한 증거도 제공하지 않고 있다. 웰턴에 따르면 (2000, pp. 120, 339), 후설은 이미 1920년대 초반에 생활세계 개념을 연구해 왔었고(하이데거의 『존재와 시간』은 1927년에 간행되었다), 1930년대의 그의 저작은 하이데거의 세계 개념의 직접적 영향을 보이지 않는다.
5. Depraz(1999a), Gupta(1998, 2003, 2004), Laycock(1994), Lusthaus(2002), Yamaguchi(1997)를 보라.

부록 B

1. Andersen et al. (2000), Schröder(1998), Silberstein(2001, 2002), Silberstein and McGeever(1999), Van Gulick(2001)을 보라.
2. 주아레로Juarrero는 자가생성적 체계와 자가촉매적 체계를 동등한 것처럼 다루지만, 이 두 체계는 동등하지 않다.
3. 또 다른 전체론적 창발관은 창발을 일종의 융합으로 봄으로써 더 나아간다(Humphreys 1996, 1997a, 1997b). 융합과 관계적 전체론의 차이는 융합은 관계적 구조가 아니라는 점이다. 왜냐하면, 이전에 관계를 맺지 않은 요소들이 융합 속에서 '소진되기' 때문이다.
4. Belousek(2003), Hawthorne and Silberstein(1995), Healey(1991), Humphreys(1996, 1997a, 1997b), Kronz and Tiehen(2002), Maudlin(1998)을 보라.
5. 관계적 전체론 형태의 존재론적 창발은 원자론적인 부분전체론적 부수발생과 어긋나지만, 아마도 모든 형태의 부분전체론적 부수발생과 어긋나는 것은 아닐 것이다. 원자론은 전체의 모든 속성들은 전체의 가장 근본적인 부분들의 내재적 속성들에 의해 논리적으로 부수발생하고, 혹은 논리적으로 결정된다고 진술한다. 이 견해에 의하면, 모든 관계는 환원 가능한 관계이다. 그렇지만 만약 부분전체론적인 부수발생이 한 전체의 모든 속성들은 부분들의 속성들과 이 속성들의 관계들에 의해 논리적으로 부수발생하거나 혹은 논리적으로 결정된다는 것을 의미한다고 넉넉하게 취한다면—여기서 이 부수발생은 비원자론적이거나 혹은 환원 불가능한 관계들을 허용한다—, 부분전체론적 부수발생은 관계적 전체론과 일치할 것이다. 부분전체론적 부수발생의 버전들의 이러한 차이는 이 단계의 논의에서 그다지 중요하지 않다. 우리가 창발을 영국의 고전적 창발론자들(Samuel Alexander, C. D. Broad, C. Lloyd Morgan)이 이해했던 창발로서 논하고 이것이 현대 심리철학에 미친 영향(Kim 1999를 보라)을 논할 때 이러한 차이는 적절한 것이 된다. 영국의 창발론자들은, 김재권

(1999)의 해석에 따르면, 창발적 속성들은 거시적 수준의 조직적 속성들과 (전체론적이든 아니든) 동일하지 않고, 창발적 속성들의 창발 기반들로서의 그 조직적 속성들에 부수해서 발생하는 별개의 추가적 속성들이라고 분명 믿고 있었다. ('생명' 혹은 '의식'과 같은) 그런 별개의 환원 불가능한 속성들의 창발은, 거시적 수준의 충분한 조직과 그 거시적 수준에서 이 속성들이 부수해서 발생하는 것을 고려할 때, 적나라한 자연의 사실들로 간주되어, 사무엘 알렉산더Samuel Alexander의 문구로 한다면 '자연적 경건의 태도' 속에서 받아들여져야 했다.

6. 만약 존재론적 창발의 한 기준이 이 기준이 우리의 이론들이나 모형들의 인공물이 아니어야 한다는 것이라면, 또 만약 양자역학이 존재론적 창발의 가장 좋은 사례라고 생각된다면, 그렇다면 양자역학에 대한 실재론적 해석이 가정되고 있는 것으로 보일 것이다. 양자역학에 대한 정합적인 실재론적 해석이 존재하는가 여부는 해결되지 않은 문제이다. 빗볼Bitbol(인쇄 중)은 양자역학의 창발을 철학적으로 다룰 때 두는 실재론적 전제들에 대해 비판적 논의를 제시하고 있다. 창발에 대한 그의 탈존재론적 이해방식은 동역학적 공창발에 대한 나의 이해방식과 비슷하다.

7. 그러므로 김재권은 그가 "전체는 주어진 시간 *t*에 어떤 창발적 속성 *M*을 갖고 있으며, 이 속성이 *t*에 창발한다는 사실은 이 속성이 *t*에 어떤 미시적 배열형태를 갖고 있다는 것에 의존하고, 이것은 *t*에 P_j를 갖고 있는 주어진 성분 a_j를 포함한다. 즉, 만약 a_j가 *t*에 P_j를 갖는다면, W는 *t*에 창발적 속성 *M*을 가질 수 없을 것이다(1999, p. 29)라고 쓸 때 잘못한 것으로 보인다. 만약 *W*가 구조적 안정성을 지닌 복잡체계라면, 이 체계는 *t*에 P_j를 가졌던 성분 a_j 없이 *t*에 창발적 속성 *M*을 잘 가졌었을 수 있을 것이다.

8. Kronz and Tiehen(2002, pp. 332-333)과 비교하라. "영국의 창발론자들은 힘들을 근본적인 것으로 여김으로써 그들의 형이상학적 학설을 동기부여할 때, 그런 다음 힘들이 행동하는 방식으로부터 유추해서 그들의 형이상학을 전개할 때, 뉴턴 고전역학의 공식에 너무나 많은 강조점을

두었을지도 모른다. … 만약 그들이 그들의 형이상학적 학설들을 에너지들이 근본적이라는 해밀턴의 고전역학 공식을 본떠서 만들었다면, 이와 관련된 형이상학적 학설은 매우 다른 성격을 띠었을 것이다. 푸앙카레는 카오스적인 고전적 모형들, 그리고 이 모형들이 분리 불가능한 해밀턴 연산자를 포함한다는 점을 알아차리고 있었다. 하지만 영국의 창발론자들이 이 해밀턴 연산자를 익히 알고 있었는지는 분명하지 않다."

9. 김재권은 그의 「창발의 이해」의 단지 세 문장에서 (『순수이성비판』에 나오는) 칸트의 자기조직화 문제에 직면하고, 이에 대해 한 마디 언급조차 하지 않은 채 인과적으로 묵살해버린다. "하지만 어떻게 전체가 바로 이 전체의 존재와 본성이 의존하는, 전체를 이루는 부분들에게 인과적으로 영향을 미치는 것이 가능한가? 만약 인과작용 혹은 규정이 타동사적이라면, 이는 결국 일종의 자기-인과관계 혹은 자기-규정성 — 이는 분명 불합리하다 — 을 의미하지 않겠는가? 나에게는 전체 이념의 정합성에 대해 우려할 이유가 존재하는 것으로 보인다"(1999, p. 28).

참고 문헌

Abraham, R., and Shaw, C. (1982-1988). *Dynamics: A Visual Introduction.* Santa Cruz, CA: Ariel Press.

Adolphs, R. (2003). Cognitive neuroscience of human social behavior. *Nature Reviews Neuroscience* 4: 165-178.

Agre, P. E. (1995). Computational research on interaction and agency. *Artificial Intelligence* 72: 1-52.

Allman, J. M. (1999). *Evolving Brains.* New York: Scientific American Library.

Andersen, P. B., Emmeche, C., Finnemann, N. O., and Christiansen, P. V., eds. (2000). *Downward Causation. Minds, Bodies and Matter.* Aarhus, Denmark: Aarhus University Press.

Arendt, D., and Jung, K. N. (1994). Inversion of dorso ventral axis? *Nature* 371: 26.

Arthur, W. (2002). The emerging conceptual framework of evolutionary developmental biology. *Nature* 415: 757-764.

Atmanspacher, H., and Bishop, R., eds. (2002). *Between Chance and Choice: Interdisciplinary Perspectives on Determinism.* Thorverton, UK: Imprint Academic.

Austin, J. H. (1998). *Zen and the Brain.* Cambridge, MA: MIT Press.

Bachman, P. A., Luisi, P. L., and Lang, J. (1992). Autocatalytic self-replicating micelles as models for prebiotic structures. *Nature* 357: 57-59.

Bach-y-Rita, P. (2002). Sensory substitution and qualia. In A. Noë and E. Thompson, eds., *Vision and Mind: Selected Readings in the Philosophy of Perception,* PP. 497-514. Cambridge, MA: MIT Press.

Barresi, J., and Moore, C. (1996). Intentional relations and social understanding. *Behavioral and Brain Sciences* 19: 107-154.

Bateson, G. (1972). *Steps toward an Ecology of Mind.* New York: Ballantine Books.

Bayne, T. (2004). Closing the gap? Some questions for neurophenomenology. *Phenomenology and the Cognitive Sciences* 3: 349-364.

Bechtel, W., and Richardson, R. C. (1993). *Discovering Complexity: Decomposition and Localization as Strategies in Scientific Research.* Princeton, NJ: Princeton University Press.

Beer, R. D. (2000). Dynamical approaches to cognitive science. *Trends in Cognitive Sciences* 4: 91-98.

Belousek, D. W. (2003). Non-separability, non-supervenience, and quantum ontology. *Philosophy of Science* 70: 791-811.

Bermúdez, J. L. (1998). *The Paradox of Self-Consciousness.* Cambridge, MA: MIT Press.

Bernet, R. (2002). Unconscious consciousness in Husserl and Freud. *Phenomenology and the Cognitive Sciences* 1: 327-351.

Bernet, R., Kern, I., and Marbach, E. (1993). *An Introduction to Husserlian Phenomenology.* Evanston, IL: Northwestern University Press.

Bishop, R. C. (2002). Downward causation in complex systems. British Society for the Philosophy of Science Annual Meeting, Glasgow, Scotland, 4-5 July 2002.

Bitbol, M. (2003). A cure for metaphysical illusions: Kant, quantum mechanics, and the Madhyamaka. In B. Alan Wallace, ed., *Buddhism and Science: Breaking New Ground,* pp. 325-361. New York: Columbia University Press.

———. (in press). Ontology, matter and emergence. *Phenomenology and the Cognitive Sciences.*

Bitbol, M., and Luisi, P. L. (2005). Autopoiesis with or without cognition: defining life at its edge. *Journal of the Royal Society Interface* 1: 99-107.

Blackmore, S. (2002). There is no stream of consciousness. *Journal of Consciousness Studies* 9: 17-28.

———. (2003). *Consciousness: An Introduction.* Oxon: Hodder & Stoughton.

Blackmore, S. J., Brelstaff, G., Nelson, K., and Troscianko, T. (1995). Is the richness of our visual world an illusion? Transaccadic memory for complex scenes. *Perception* 24: 1075-1081.

Blake, R. (2001). A primer on binocular rivalry, including current controversies. *Brain and Mind* 2: 5-38.

Blake, R., and Logothetis, N. (2002). Visual competition. *Nature Reviews Neuroscience* 3: 1-11.

Block, N., ed. (1981a). *Imagery.* Cambridge, MA: MIT Press/A Bradford Book.

———, ed. (1981b). *Readings in the Philosophy of Psychology,* vol. 2. Cambridge, MA: Harvard University Press.

———. (1983). Mental pictures and cognitive science. *Philosophical Review* 93: 499-542.

———. (1997). On a confusion about a function of consciousness. In N. Block, O. Flanagan, and G. Güzeldere, eds., *The Nature of Consciousness: Philosophical Debates,* pp. 375-416. Cambridge, MA: MIT Press/ A Bradford Book.

Boden, M. (2000). Autopoiesis and life. *Cognitive Science Quarterly* 1: 117-145.

Bonner, J. T. (1980). *The Evolution of Culture in Animal Societies.* Princeton, NJ: Princeton University Press.

Botero, J.-J. (1999). The immediately given as ground and background. In J. Petitot, F. J. Varela, B. Pachoud, and J.-M. Roy, eds., *Naturalizing Phenomenology: Issues in Contemporary Phenomenology and Cognitive*

Science, pp. 440-463. Stanford, CA: Stanford University Press.

Bourgine, P., and Stewart, J. (2004). Autopoiesis and cognition. *Artificial Life* 20: 327-345.

Bressler, S., and Kelso, J. A. S. (2001). Cortical coordination dynamics and cognition. *Trends in Cognitive Sciences* 5: 26-36.

Brockman, J. (1995). *The Third Culture.* New York: Simon & Schuster.

Brough, J. B. (1972). The emergence of an absolute consciousness in Husserl's early writings on time-consciousness. *Man and World* 5: 298-326.

———. (1989). Husserl's phenomenology of time-consciousness. In J. N. Mohanty and W. R. Mckenna, eds, *Husserl's Phenomenology: A Textbook,* pp. 249-289. Washington, DC: Center for Advanced Research in Phenomenology.

Bruner, J. (1990). *Acts of Meaning.* Cambridge, MA: Harvard University Press.

Bruzina, R. (2004). Phenomenology and cognitive science: moving beyond the paradigms. *Phenomenology and the Cognitive Sciences* 20: 43-48.

Buccino, G., Binkofski, F., Fink, G. R., Fadiga, L., Fogassi, L., Gallese, V., Seitz, R. J., Zilles, K., Rizzolatti, G., and Freund, H.-J. (2001). Action observation activates premotor and parietal areas in a somatotopic manner: an fMRI study. *European Journal of Neuroscience* 13: 400-404.

Burian, R. M., and Richardson, R. C. (1996). Form and order in evolutionary biology. In M. Boden, ed., *The Philosophy of Artificial Life,* pp. 146-172. Oxford University Press, 1996.

Buss, L. W. (1987). *The Evolution of Individuality.* Princeton, NJ: Princeton University Press.

Campbell, D. (1974). "Downward causation" in hierarchically organized biological systems. In F. J. Ayala and T. Dobzhansky, eds., *Studies in the Philosophy of Biology,* pp. 179-186. Berkeley: University of California Press.

Campbell, R. J., and Bickhard, M. H. (2002). Physicalism, emergence, and downward causation. Unpublished. URL: http://www.lehigh.edu/~mhb0/physicalemergence.pdf

Carr, L., Iacoboni, M., Dubeau, M.-C., Mazziotta, J. C., and Lenzi, J. L. (2003). Neural mechanisms of empathy in humans: a relay from neural systems for imitation to limbic areas. *Proceedings of the National Academy of Sciences USA* 100: 5497-5502.

Cartwright, N. (1997). Why Physics? In R. Penrose, A. Shimony, N. Cartwright, and S. Hawking, *The Large, the Small, and the Human Mind*, pp. 161-168. Cambridge: Cambridge University Press.

Casey, E. (2000). *Imagining: A Phenomenological Study*, 2d ed. Bloomington: Indiana University Press.

Chalmers, D. J. (1996). *The Conscious Mind: In Search of a Fundamental Theory.* New York: Oxford University Press.

———. (1997). Moving forward on the problem of consciousness. *Journal of Consciousness Studies* 4: 3-46.

———. (2000). What is a neural correlate of consciousness? In T. Metzinger, ed., *Neural Correlates of Consciousness.* pp. 18-39. Cambridge, MA: MIT Press.

———. (2002). Consciousness and its place in nature. In D. J. Chalmers, ed., *Philosophy of Mind, Classical and Contemporary Readings*, pp. 247-272. New York: Oxford University Press.

Charland, L. C. (2001). In defence of "emotion": Critical notice of Paul E. Griffiths, *What Emotions Really Are: The Problem of Psychological Categories. Canadian Journal of Philosophy* 31: 133-154.

Chiel, H., and Beer, R. (1997). The brain has a body: adaptive behavior emerges from interactions of nervous system, body and environment. *Trends in Neurosciences* 20: 553-557.

Church, J. (1997). Fallacies or analyses? In N. Block, O. Flanagan, and G. Güzeldere, eds., *The Nature of Consciousness: Philosophical Debates*, pp. 425-426. Cambridge, MA: MIT Press/A Bradford book.

Clark, A. (1997). *Being There: Putting Brain, Body, and World Together Again.* Cambridge, MA: MIT Press/A Bradford Book.

———. (2001). *Mindware. An Introduction to the Philosophy of Cognitive Science.* New York: Oxford University Press.

Clark, A., and Chalmers, D. (1998). The extended mind. *Analysis* 58: 7-19.

Coen, E. (1999). *The Art of the Genes: How Organisms Make Themselves.* Oxford: Oxford University Press.

Cole, J. (1997). On being "faceless": selfhood and facial embodiment. *Journal of Consciousness Studies* 4: 467-484.

Cole, J., Depraz, N., and Gallagher, S. (2000). Unity and disunity in bodily awareness: phenomenology and neuroscience. Association for the Scientific Study of Consciousness Ⅳ. Workshop. Brussels. URL: http://pegasus.cc. ucf.edu/~gallaghr/brus3.html

Colombetti, G. (2005). Appraising valence. In G. Colombetti and E. Thompson, eds., *Emotion Experience*, pp. 103-126. Thorverton, UK: Imprint Academic. Also published in *Journal of Consciousness Studies* 12: 103-126.

———. (in press). Enactive appraisal. *Phenomenology and the Cognitive Sciences.*

Colombetti, G., and Thompson, E., eds. (2005). *Emotion Experience.* Thorverton, UK: imprint Academic. Also published as a special issue of the *Journal of Consciousness Studies* 12(8-9).

———. (2005b). Enacting emotional interpretations with feeling. *Behavioral and Brain Sciences* 28: 200-201.

———. (2006). The feeling body: Toward an enactive approach to emotion. In W. Overton, U. Mueller, and J. Newman, eds., *Body in Mind, Mind in Body: Developmental Perspectives on Embodiment and Consciousness.* Mahwah, NJ: Lawrence Erlbaum.

Conway Morris, S. (1998). *The Crucible of Creation: The Burgess Shale and the Rise of Animals*. Oxford: Oxford University Press.

Cornell, J. F. (1986). A Newton of the grassblade? Darwin and the problem of organic teleology. *Isis* 77: 405-421.

Cosmelli, D., David, O., Lachaux, J.-P., Martinerie, J., Garnero, L., Renault, B., and Varela, F. J. (2004). Waves of consciousness: ongoing cortical patterns during binocular rivalry. *Neuroimage* 23: 128-140.

Cosmelli, D., Lachaux, J.-P., and Thompson, E. (2007). Neurodynamical approaches to consciousness. In P. D. Zelazo, M. Moscovitch, and E. Thompson, eds., *The Cambridge Handbook of Consciousness*. New York: Cambridge University Press.

Cottrell, A. (1999). Sniffing the camembert: on the conceivability of zombies. *Journal of Consciousness Studies* 6: 4-12.

Coutinho, A. (2003). A walk with Francisco Varela from first-to second-generation networks: in search of the structure, dynamics and metadynamics of an organism-centered immune system. *Biological Research* 36: 17-26.

Craig, A. D. (2002). How do you feel? Interoception: the sense of the physiological condition of the body. *Nature Reviews Neuroscience* 3: 655-666.

Crick, F. (1958). On protein synthesis. *Symposium of the Society for Experimental Biology* 12: 138-163.

——— . (1994). *The Astonishing Hypothesis: The Scientific Search for the Soul*. New York: Scribner's.

Crowell, S. (in press). Phenomenological immanence and semantic externalism: a rapprochement. *Synthese*, in press.

Dainton, B. (2000). *Stream of Consciousness: Unity and Continuity in Conscious Experience*, London: Routledge Press.

——— . (2002). The gaze of consciousness. *Journal of Consciousness Studies* 9: 31-48.

Damasio, A. R. (1990). Synchronous activation in multiple cortical regions: a mechanism for recall. *Seminars in the Neurosciences* 2: 287-297.

———. (1999). *The Feeling of What Happens: Body and Emotion in the Making of Consciousness.* New York: Harcourt Brace.

———. (2003). *Looking for Spinoza: Joy, Sorrow, and the Feeling Brain.* New York: Harcourt.

Darwin, C. (1996). *On Evolution: The Development of the Theory of Natural Selection.* Indianapolis, IN: Hackett Publishing Company.

David, O., Cosmelli, D., Hasboun, D., and Garnero, L., (2003). A multitrial analysis for revealing significant corticocortical networks in magentoencaphalography and electroencephalography. *Neuroimage* 20: 186-201.

David, O., Cosmelli, D., Lachaux, J.-P., Baillet, S., Garnero, L., and Martinerie, J. (2003). A theoretical and experimental introduction to the non-invasive study of large-scale neural phase-synchronization in human beings (invited paper). *International Journal of Computational Cognition* 1: 53-77. URL: http: www.YangSky.com/yangijcc.htm

David, O., Garnero, L., Cosmelli, D., and Varela, F. J. (2002). Estimation of neural dynamics from MEG/EEG cortical current density maps: application to the reconstruction of large-scale cortical synchrony. *IEEE Transactions on Biomedical Engineering* 49: 975-987.

Davidson, R. J., Scherer, K. R., and Goldsmith, H. H., eds. (2003). *Handbook of Affective Science.* Oxford: Oxford University Press.

Dawkins, R. (1982). *The Extended Phenotype.* Oxford: Oxford University Press.

———. (1986). *The Blind Watchmaker.* London: Penguin Books.

———. (1989). *The Selfish Gene, new ed.* Oxford: Oxford University Press.

———. (1995). *River out of Eden: A Darwinian View of Life.* New York: Basic Books.

Deacon, T. W. (1997). *The Symbolic Species: The Co-Evolution of Language and the Brain.* New York: W. W. Norton.

———. (2003). The hierarchic logic of emergence: untangling the interdependence of evolution and self-organization. In B. Weber and D. Depew, eds., *Evolution and Learning: The Baldwin Effect Reconsidered,* pp. 273-308 Cambridge, MA: MIT Press.

Decety, J. (in press). A social cognitive neuroscience model of human empathy. In E. Harmon-Jones and P. Winkielman, eds., *Fundamentals of Social Neuroscience.* New York: Guilford Press.

Decety, J., and Sommerville, J. A. (2003). Shared representations between self and other: a social cognitive neuroscience view. *Trends in Cognitive Sciences* 7: 527-533.

Deffuant, G., Fuhs, T., Monnert, E., Bourgine, P., and Varela, F. J. (1995). Semi-algebraic networks: an attempt to design geometric autopoietic networks. *Artificial Life* 2: 157-177.

Dehaene, S., and Naccache, L. (2001). Towards a cognitive neuroscience of consciousness: basic evidence and a workspace framework. *Cognition* 79: 1-37.

Dennett, D. C. (1978). Two approaches to mental images. In D. C. Dennett, *Brainstorms: Philosophical Essays on Mind and Psychology,* pp. 174-189. Cambridge, MA: MIT Press/A Bradford Book.

———. (1982). How to study consciousness empirically, or nothing comes to mind. *Synthese* 59: 159-180.

———. (1991a). *Consciousness Explained.* Boston: Little, Brown.

———. (1991b). Real patterns. *Journal of Philosophy* 88: 27-51.

———. (1995A). *Darwin's Dangerous Idea: Evolution and the Meanings of Life.* New York: Simon & Schuster.

———. (1995b). The unimagined preposterousness of zombies. *Journal of Consciousness Studies* 2: 322-326.

———. (1998). No bridge over the stream of consciousness. *Behavioral and Brain Science* 21: 753-756.

———. (2002a). Does your brain use the images in it, and if so, how? *Behavioral and Brain Sciences* 25: 189-190.

———. (2002b). How could I be wrong? How wrong could I be? *Journal of Consciousness Studies* 9: 13-16.

———. (2003). Who's on first? Heterophenomenology explained. In A. Jack and A. Roepstorff, eds., *Trusting the Subject? The Use of Introspective Evidence in Cognitive Science. Volume 1,* pp. 19-30. Thorverton, UK: Imprint Academic.

———. (2005). *Sweet Dreams: Philosophical Obstacles to a Science of Consciousness.* Cambridge, MA: MIT Press/A Bradford Book.

Dennett, D. C., and Kinsbourne, M. (1992). Time and the observer: the where and when of consciousness in the brain. *Behavioral and Brain Sciences* 15: 183-247.

Depraz, N. (1995). *Transcendence et incarnation: le statut de l'intersubjectivité comme altérité à soi chez Husserl.* Paris: Librarie Philosophique J. Vrin.

———. (1997). La traduction de *Leib,* une *crux phaenomenologica. Etudes Phénoménologiques* 3.

———. (1999a). Review of Ichiro Yamaguchi, *Ki als leibhaftige Vernunft. Alter* 7: 63-68.

———. (1999b). The phenomenological reduction as praxis. *Journal of Consciousness Studies* 6: 95-110.

———. (1999c). When transcendental genesis encounters the naturalization project. In J. Petitot, F. J. Varela, B. Pachoud, and J.-M. Roy, eds., *Naturalizing Phenomenology: Issues in Contemporary Phenomenology and Cognitive Science,* pp. 464-489. Stanford, CA: Stanford University Press.

———. (2001a). *Lucidité du corps. De l'empiricisme transcendental en phénoménologie.* Dordrecht: Kluwer Academic Publishers.

———. (2001b). The Husserlian theory of intersubjectivity as alterology: emergent theories and wisdom traditions in the light of genetic phenomenology. In E. Thompson. ed., *Between Ourselves: Second-Person Issues in the*

Study of Consciousness, pp. 169-178. Thorverton, UK: Imprint Academic. Also published in *Journal of Consciousness Studies* 8 (2001): 169-178.

Depraz, N., Varela, F. J., and Vermersch, P. (2000). The gesture of awareness: an account of its structural dynamics. In M. Velmans, ed., *Investigating Phenomenal Consciousness*, pp. 121-136. Amsterdam: John Benjamins Press.

———. (2003). *On Becoming Aware: A Pragmatics of Experiencing*. Amsterdam: John Benjamins Press.

De Preester, H. (2003). Meaning: what's the matter? Intrinsic relations and the organism. *Theoria et Historia Scientiarum* 7: 195-205.

DeRobertis, E. M., and Sasai, Y. (1996). A common plan for dorsoventral patterning in bilateria. *Nature* 380: 37-40.

Derryberry, D., and Tucker, D. M. (1994). Motivating the focus of attention. In P. M. Niedenthal and S. Kitayama, eds., *The Heart's Eye: Emotional Influences in Perception and Attention*, pp. 167-196. New York: Academic Press.

Descartes, R. (1986). *Meditations on First Philosophy, with Selections from the Objections and Replies*, trans, J. Cottingham. Cambridge: Cambridge University Press.

de Waal, F. B. M. (1996). *Good Natured: The Origins of Right and Wrong in Humans and Other Animals*. Cambridge, MA: Harvard University Press.

———. (2002). On the possibility of animal empathy. In T. Manstead, N. Fridja, and A. Fischer, eds., *Feelings and Emotions: The Amsterdam symposium*, pp. 381-401. Cambridge: Cambridge University Press.

Di Paolo, E. A. (2005). Autopoiesis, adaptivity, teleology, agency. *Phenomenology and the Cognitive Sciences*, 4: 429-452.

Donald, M. (1991). Origins of the Modern Mind: Three Stages in the Evolution of Culture and Cognition. Cambridge, MA: Harvard University Press.

———. (2001). *A Mind So Rare: The Evolution of Human Consciousness*. New

York: W. W. Norton.

Doolittle, W. F. (1981). Is nature really motherly? *CoEvolution Quaterly* 29: 58-63.

———. (1987). From selfish DNA to Gaia: one molecular biologist's view of the evolutionary process. In J. M. Robson, ed., *Origin and Evolution of the Universe: Evidence for Design?*, pp. 59-76. Kingston, Ontario: McGill-Queen's University Press.

Dretske, F. (1995a). *Naturalizing the Mind.* Cambridge, MA: Mit Press/A Bradford Book.

———. (1995b). Mental events as structuring causes of behavior. In J. Heil and A. Mele, eds., *Mental Causation,* pp. 121-136. Oxford: Clarendon Press.

Dreyfus, G., and Thompson, E. (2007). Asian perspectives: Indian theories of mind, in P. D. Zelazo, M. Moscovitch, and E. Thompson, eds., *The Cambridge Handbook of Consciousness.* New York: Cambridge University Press.

Dreyfus, H. (1972). *What Computers Can't Do.* New York: Harper and Row.

———. (1982). Introduction. In H. Dreyfus and H. Harrison, eds., *Husserl, Intentionality and Cognitive Science.* Cambridge, MA: MIT Press.

———. (1988). Husserl's epiphenomenology. In H. R. Otto and J. A. Tuedio, eds.., *Perspectives on Mind,* pp. 85-104. Dordrecht: D. Reidel.

———. (1991). *Being-In-The-World: A Commentary on Heidegger's Being and Time, Division I.* Cambridge, MA: MIT Press.

———. (1992). *What Computers Still Can't Do.* Cambridge, MA: Mit Press.

———. (2000). Responses. In M. Wrathall and J. Malpas, eds., *Heidegger, Coping, and Cognitive Science. Essays in Honor of Hubert L. Dreyfus,* vol 2, pp. 311-349. Cambridge, MA: MIT Press.

———. (2002). Intelligence without representation—Merleau-Ponty's critique of mental representation. *Phenomenology and the Cognitive Sciences* 1:

367-383.

———. (2005). Merleau-Ponty and recent cognitive science. In T. Garman and M. B. N. Hansen, eds., *The Cambridge Companion to Merleau-Ponty,* pp. 129-150. Cambridge: Cambridge University Press.

Dreyfus, H.,, and Dreyfus, S. (1986). *Mind over Machine.* New York: Free Press.

Drummond, J. J. (2003). The structure of intentionality. In D. Welton, ed., *The New Husserl: A Critical Reader*, pp. 65-92. Bloomington: Indiana University Press.

Dupré, J. (1993). *The Disorder of Things.* Cambridge, MA: Harvard University Press.

Dupuy, J.-P. (2000). *The Mechanization of the Mind: On the Origin of Cognitive Science.* Princeton, NJ: Princeton University Press.

Dyson, F. (1985). *Origins of Life.* Cambridge: Cambridge University Press.

Eisenberg, N. (2000). Empathy and sympathy. In M. Lewis and J. M. Haviland-Jones, eds, *Handbook of Emotions,* 2d ed., pp. 677-691. New York: Guilford Press.

Eisenberg, N., and Strayer, J. (1987). *Empathy and Its Development.* New York: Cambridge University Press.

Ekman, P., and Davidson, R. J., eds. (1994). *The Nature of Emotion. Fundamental Questions.* Oxford: Oxford University Press.

Elman, J. (1991). Representation and structure in connectionist models. In G. Altman, ed., *Cognitive Models of Speech Processing.* Cambridge, MA: MIT Press.

Emmeche, C., Køppe, S., and Stjernfelt, F. (2000). Levels, emergence, and three versions of downward causation. In P. B. Andersen, C. Emmeche, N. O. Finnemann, and P. V. Christiansen, eds., *Downward Causation: Minds, Bodies and Matter,* pp. 13-34. Aarhus, Denmark: Aarhus University Press.

Engel, A. K., Fries, P., and Singer, W. (2001). Dynamic predictions: oscillations and synchrony in top-down processing. *Nature Reviews Neuroscience* 2:

704-716.

Engel, A. K., and Singer, W. (2001). Temporal binding and the neural correlates of sensory awareness. *Trends in Cognitive Sciences* 5: 16-25.

Epstein, M. (1996). *Thoughts without a Thinker: Psychotherapy from a Buddhisht Perspective.* New York: Basic Books.

Faure, P., and Korn, H. (2001). Is there chaos in the brain? I. Concepts of nonlinear dynamics and methods of investigation. *Comptes Rendus de l'Académie des Sciences* 324: 773-793.

Fleischaker, G. R. (1988). Autopoiesis: the status of its system logic. *Biosystems* 22: 37-49.

——— . (1990a). Origins of life: an operational definition. *Origins of Life and Evolution of the Biosphere* 20: 127-137.

——— . (1990b). Symbols and dynamics: two different system ideas. *Perceiving-Acting Workshop Review* [*PAW review*], Center for the Study of Perception and Action [CEPSPA] 5: 30-32.

——— . (1994). A few precautionary words concerning terminology. In G. R, Fleischaker, S. Colonna, and P. L., Luisi, eds., *Self-Production of Supramolecular Structures. From Synthetic Structures to Models of Minimal Living Systems,* pp. 33-41. Dordrecht: Kluwer Academic Publishers.

Fodor, J. (1975). *The Language of Thought.* Cambridge, MA: Harvard University Press.

——— . (1981). *Representations. Philosophical Essays on the Foundations of Cognitive Science.* Cambridge, MA: MIT Press/A Bradford Book.

Fontana, W., and Buss, L. W. (1994). What would be conserved if "the tape were played twice"? *Proceedings of the National Academy of Sciences* USA 91: 757-761.

Fontana, W., Wagner, G., and Buss, L. W. (1994). Beyond digital naturalism. *Artificial Life* 1: 211-227.

Forman, R. K. C., ed. (1990). *The Problem of Pure Consciousness.* New York: Oxford University Press.

Franklin, S. (1995). *Artificial Minds.* Cambridge, MA: MIT Press.

Freeman, W. J. (1995). *Societies of Brains: A Study in the Neuroscience of Love and Hate.* Mahwah, NJ: Lawrence Erlbaum.

———. (1999a). *How Brains Make Up Their Minds.* London: Weidenfeld and Nicolson.

———. (1999b). Consciousness, intentionality, and causality. *Journal of Consciousness Studies* 6: 143-172.

———. (2000). Emotion is essential to all intentional behaviors. In M. D. Lewis and I. Granic, eds., *Emotion, Development, and Self-Organization: Dynamic Systems Approaches to Emotional Development,* pp. 209-235. Cambridge: Cambridge University Press.

———. (2003). The wave packet: an action potential for the 21st century. *Journal of Integrative Neuroscience* 2: 3-30.

Freud, S. (1915). The unconscious (1915). In S. Freud, *On Metapsychology: The Theory of Psychoanalysis,* pp. 159-222. The Pelican-Freud Library, vol. 11. London: Penguin Books, 1984.

———. (1923). The Ego and the Id (1923). In S. Freud, *On Metapsychology: The Theory Psychoanalysis,* pp. 339-407. The Pelican-Freud Library, vol. 11. London: Penguin Books, 1984.

Fries, P., Reynolds, J. H., Rorie, A. E., and Desimone, R. (2001). Modulation of oscillatory neuronal synchronization by selective visual attention. *Science* 291: 1560-1563.

Friston, K. J. (2000a). The labile brain. I. Neuronal transients and non-linear coupling. *Philosophical Transactions of the Royal Society of London. B.* 355: 215-236.

———. (2000b). The labile brain. Ⅱ. Transients, complexity, and selection. *Philosophical Transactions of the Royal Society of London, b.* 355:

237-252.

Gallagher, S. (1986a). Body image and body schema: a conceptual clarification. *The Journal of Mind and Behavior* 7: 541-554.

———. (1986b). Lived body and environment. *Research in Phenomenology* 16: 139-170.

———. (1995). Body schema and intentionality. In J. L. Bermúdez, A. Marcel, and N. Eilan, eds., *The Body and the Self*, pp. 225-244. Cambridge, MA: MIT Press.

———. (1997). Mutual enlightenment: recent phenomenology in cognitive science. *Journal of Consciousness Studies* 4: 195-214.

———. (1998). *The Inordinance of Time.* Evanston, IL: Northwestern University Press.

———. (2003). Bodily self-awareness and object perception. *Theoria et Historia Scientarium: International Journal for Interdisciplinary Studies* 7: 53-68.

Gallagher, S., and Varela, F. J. (2003). Redrawing the map and resetting the time: phenomenology and the cognitive sciences. In E. Thompson, ed., *The Problem of Consciousness: New Essays in Phenomenological Philosophy of Mind. Canadian Journal of Philosophy*, supplementary vol. 29, pp. 93-132. Galgary: University of Alberta Press.

Gallese, V. (2001). The "shared manifold" hypothesis: from mirror neurons to empathy. In E. Thompson, ed., *Between Ourselves: Second Person Issues in the Study of Consciousness,* pp. 33-50. Thorverton, UK: Imprint Academic. Also published in *Journal of Consciousness Studies* 8 (2001): 33-50.

Gallese, V., Keysers, C., and Rizzolatti, G. (2004). A unifying view of the basis of social cognition. *Trends in Cognitive Sciences* 8: 396-403.

Gallup, G., Jr. (1998). Can animals empathize? Yes. *Scientific American* 9: 65-75.

Gardner, H. (1985). *The Mind's New Science: A History of the Cognitive Revolution.* New York: Basic Books.

Garfinkel, A. (1981). *Forms of Explanation: Rethinking the Questions in Social Theory.* New Haven, CT: Yale University Press.

Garrett, B. (in press). What the history of vitalism teaches us about consciousness and the "hard problem". *Philosophy and Phenomenological Research.*

Gatlin, L. (1972). *Information and the Living System.* New York: Columbia University Press.

Gendlin, E. T. (1981). *Focusing*. New York: Bantam.

———. (1997). *Experiencing and the Creation of Meaning: A Philosophical and Psychological Approach to the Subjective.* Evanston, IL: Northwestern University Press.

Gerhart, J., and Kirschner, M. (1997). *Cells, Embryos, and Evolution: Toward a Cellular and Developmental Understanding of Phenotypic Variation and Evolutionary Adaptability.* Malden, MA: Blackwell Science Publications.

Gibson, J. J. (1979). *The Ecological Approach to Visual Perception.* Boston: Houghton Mifflin.

Gilbert, S. F., Opitz, J. M., and Raff, R. A. (1996). Resynthesizing evolutionary and developmental biology. *Developmental Biology* 173: 357-372.

Goldfrey-Smith, P. (1996). Spencer and Dewey on life and mind. In M. Boden, ed., *The Philosophy of Artificial Life,* pp. 314-331. Oxford: Oxford University Press.

———. (2000a). Information, arbitariness, and selection: comments on Maynard Smith. *Philosophy of Science* 67: 202-207.

———. (2000b). On the theoretical role of "genetic coding". *Philosophy of Science* 67: 26-44.

Gold, I. (2002). Interpreting the neuroscience of imagery. *Behavioral and Brain Sciences* 25: 190-191.

Goldman, A. I. (1997). Science, publicity, and consciousness. *Philosophy of Science* 64: 525-545.

———. (2000). Can science know when you're conscious? Epistemological foundations of consciousness research. *Journal of Consciousness Studies* 7: 3-22.

———. (2004). Epistemology and the evidential status of introspective reports. In A. Jack and A. Roepstorff, eds., *Trusting the Subject? The Use of Introspective Evidence in Cognitive Science.* vol. 2. pp. 1-16. Thorverton, UK: Imprint Academic.

Goldstein, K. (1995). *The Organism: A Holistic Approach to Biology Derived from Pathological Data in Man.* New York: Zone Books.

Goodwin, B. (1994). *How The Leopard Changed Its Spots: The Evolution of Complexity.* New York: Scribner's.

Gould, S. J. (1989). *Wonderful Life: The Burgess Shale and the Nature of History.* New York: W. W. Norton.

Gould, S. J., and Lewontin, R. C. (1978). The spandrels of San Marco and the Panglossian paradigm: a critique of the adaptationist programme. *Proceedings of the Royal Society of London* 205: 581-598. Page references in the text are to the version reprinted in E. Sober, ed., *Conceptual Issues in Evolutionary Biology,* pp. 252-270. Cambridge, MA: MIT Press/A Bradford Book, 1984.

Gary, R. D. (1992). Death of the gene: developmental systems strike back. In P. E. Griffiths, ed., *Trees of Life: Essays in Philosophy of Biology,* pp. 165-209. Dordrecht: Kluwer Academic Publishers.

Grice, H. P. (2002). Some remarks about the sense. In A. Noë and E, Thompson, eds., *Vision and Mind: Readings in the Philosophy of Perception,* pp.35-54, Cambridge, MA: MIT Press/A Bradford Book.

Griffiths, P. E. (1997). *What Emotions Really Are: The Problem of Psychological Categories.* Chicago: University of Chicago press.

Griffiths, P. E., and Gray, R. D. (1994). Developmental systems and evolutionary explanation. *Journal of Philosophy* 91: 277-304.

Griffiths, P. E., and Knight, R. D. (1998). What is the developmentalist challenge? *Philosophy of Science* 65: 253-258.

Griffiths, P. E., and Stotz, K. (2000). How the mind grows: a developmental perspective on the biology of cognition. *Synthese* 122: 29-51.

Grush, R. (2004). The emulation theory of representation: motor control, imagery, and perception. *Behavioral and Brain Sciences* 27: 377-396.

Gupta, B. (1998). *The Disinterested Witness: A Fragment of Advaita Vedanta Phenomenology*. Evanston, IL: Northwestern University Press.

———. (2003). *Cit.* Consciousness. New Delhi: Oxford University Press.

———. (2004). Advaita Vedanta and Husserl's Phenomenology. *Husserl Studies* 20: 119-134.

Gurwitsch, A. (1964). *The Field of Consciousness*. Pittsburgh, PA: Dusquesne University Press.

Güzeldere, G. (1997). The many faces of consciousness: a field guide. In N. Block, O. Flanagan, and G. Güzeldere, eds., *The Nature of Consciousness: Philosophical Debates*, pp. 1-67. Cambridge, MA: MIT Press/A Bradford Book.

Haken, H. (1983). *Synergtics: An Introduction. Berlin: Springer-Verlag.*

Haken, H., Kelso, J. A. S., and Bunz, H. (1985). A theoretical model of phase transitions in human hand movements. *Biological Cybernetics* 51: 347-356.

Hall, B. K., and Olson, W. M. (2003). *Keywords and Concepts in Evolutionary Developmental Biology*. Cambridge, MA: Harvard University Press.

Hanna, R., and Thompson, E. (2003). The mind-body-body problem. *Theoria et Historia Scientiarum: International Journal of Interdisciplinary Studies* 7: 24-44.

Harman, G. (1997). The intrinsic quality of experience. In N. Block, O. Flanagan, and G. güzeldere, eds., *The Nature of Consciousness: Philosophical Debates*, pp. 663-676. Cambridge, MA: MIT Press/A Bradford Book.

Hattiangadi, J. (2005). The emergence of minds in space and time. In D. M.

Johnson and C. Ernelling, eds., *The Mind as a Scientific Object: Between Brain and Culture,* pp. 79-100. New York: Oxford University Press.

Hawthorne, J., and Silberstein, M. (1995). For whom the bell arguments toll. *Synthese* 102: 99-138.

Healey, R. A. (1991). Holism and nonseparability. *Journal of Philosophy* 88: 393-421.

Hebb, D. (1949). *The Organization of Behavior.* New York: John Wiley.

Heidegger, M. (1982). *The Basic Problems of Phenomenology,* trans. A. Hofstadter. Bloomington: Indiana University Press.

———. (1985). *History of the Concept of Time,* trans. T. Kisiel. Bloomington: Indiana University Press.

———. (1995). *The Fundamental Concepts of Metaphysics: World, Finitude, Solitude,* trans. W. McNeill and N. Walker. Bloomington: Indiana University Press.

———. (1996). *Being and Time*, trans. J. Stambaugh. Albany: State University of New York Press.

Held, K. (2003). Husserl's phenomenological method. In D. Welton, ed., *The New Husserl: A Critical Reader,* pp. 3-31. Bloomington: Indiana University Press.

Hendriks-Jansen, H. (1995). *Catching Ourselves in the Act: Situated Activity, Interactive Emergence, Evolution, and Human Thought.* Cambridge, MA: MIT Press/A Bradford Book.

Hering, E. (1964). *Outlines of a Theory of the Light Sense,* trans. L. M. Hurvich and D. Jameson. Cambridge, MA: Harvard University Press.

Ho, M.-W., and Saunders, P. (1984). *Beyond Neo-Darwinism.* New York: Academic Press.

Holland, P. W. H. (1999). The future of evolutionary developmental biology. *Nature* 402: Supplement: C41-C44.

Hopkins, R. (1998). *Picture, Image, and Experience.* New York: Cambridge

University Press.

Humphrey, N. (2000). How to solve the mind-body problem. *Journal of Consciousness Studies* 4: 5-20.

———. (2001). Seeing it my way: sensation, perception-and feeling red. *Behavioral and Brain Sciences* 24: 997.

Humphreys, P. (1996). Aspects of emergence. *Philosophical Topics* 24: 53-70.

———. (1997a). Emergence, not supervenience. *Philosophy of Science* 64 (Proceedings): S337-S345.

———. (1997b). How properties emerged. *Philosophy of Science* 64: 1-17.

Hurley, S. L. (1998). *Consciousness in Action.* Cambridge, MA: Harvard University Press.

Hurley, S. L., and Noë, A. (2003). Neural plasticity and consciousness. *Biology and Philosophy* 18: 131-168.

Husserl, E. (1960). *Cartesian Meditations: An Introduction to Phenomenology,* trans, Dorian Cairns. Dordrecht: Kluwer Academic Publishers.

———. (1970). *The Crisis of European Sciences and Transcendental Phenomenology,* trans. D. Carr. Evanston, IL: Northwestern University Press.

———. (1973). *Zur Phänomenologie der Intersubjektivität, Dreiter Teil: 1929-1935. Husserliana,* vol. 15. The Hague: Martinus Nijhoff.

———. (1975). *Experience and Judgement,* trans. J. S. Churchill. Evanston, IL: Northwestern University Press.

———. (1977). *Philosophical Psychology,* trans. J. Scanlon. The Hague: Martinus Nijhoff.

———. (1980). *Phenomenology and the Foundations of the Sciences: Ideas Pertaining to a Pure Phenomenology and to a Phenomenological Philosophy. Third Book,* trans. T. E. Klein and W. E. Pohl. The Hague: Martinus Nijhoff.

———. (1983). *Ideas Pertaining to a Pure Phenomenology and to a*

Phenomenological Philosophy, First Book, trans. F. Kersten. The Hague: Martinus Nijhoff.

———. (1989). *Ideas Pertaining to a Pure Phenomenology and to a Phenomenological Philosophy, Second Book*, trans. R. Rojcewicz and A. Schuwer. Dordrecht: Kluwer Acadamic Publishers.

———. (1991). *On the Phenomenology of the Consciousness of Internal Time (1893-1917),* trans. J. B. Brough. Dordrecht: Kluwer Academic Publishers.

———. (1997). *Thing and Space: Lectures of 1907,* trans. R. Rojcewicz. Dordrecht: Kluwer Academic Publishers.

———. (2000). *Logical Investigations*, vols. 1 and 2, trans. J Findlay. New York: Humanity books/Prometheus Books. English translation originally published in 1970.

———. (2001). *Analyses Concerning Passive and Active Synthesis: Lectures on Transcendental Logic,* trans. A. J. Steinbock. Dordrecht: Kluwer Academic Publishers.

———. (2006). *Phantasy, Image Consciousness, and Memory (1898-1925),* trans. J. B. Brough. Berlin: Springer.

Hutchins, E. (1995). *Cognition in the Wild.* Cambridge, MA: MIT Press/A Bradford Book.

Hutchinson, W., Davis, K., Lozano, A., Tasker, R., and Dostrovsky, J. (1999). Pain related neurons in the human cingulate cortex. *Nature Neuroscience* 2: 403-405.

Iacoboni, M., Woods, R. P., Brass, M., Bekkering, H., Mazziotta, J. C., and Rizzolatti, G. (1999). Cortical mechanisms of human imitation. *Science* 286: 2526-2528.

Isles, A. R., and Wilkinson, L. S. (2000). Imprinted genes, cognition and behavior. *Trends in Cognitive Sciences* 4: 309-318.

Jablonka, E. (2001). The systems of inheritance. In S. Oyama, P. E. Griffiths, and R. D. Gray, eds., *Cycles of Contingency: Developmental Systems and Evolution,* pp. 99-116. Cambridge, MA: MIT Press.

Jablonka, E., and Szathmáry, E. (1995). The evolution of information storage and heredity. *Trends in Ecology and Evolution* 10: 206-211.

Jack, A. I., and Roepstorff, A. (2002), Introspection and cognitive brain mapping: from stimulus-response to script-report. *Trends in Cognitive Sciences* 6: 333-339.

———, eds. (2003). *Trusting the Subject? Volume 1. The Use of Introspective Evidence in Cognitive Science.* Thorverton, UK: Imprint Academic.

———. (2004). *Trusting the Subject? vol. 2. The Use of Introspective Evidence in Cognitive Science.* Thorverton, UK: Imprint Academic.

Jackendoff, R. (1987) *Consciousness and the Computational Mind.* Cambridge, MA: MIT press/A Bradford Book.

James, W. (1981). *The Principles of Psychology.* Cambridge, MA: Harvard University Press.

———. (1985). *Psychology: The Briefer Course.* Notre Dame, IN: University of Notre Dame Press.

Jantsch, E. (1980). *The Self-Organizing Universe: Scientific and Human Implications of the Emerging Paradigm of Evolution.* Oxford: Pergamon Press.

Johnson, M. (1987). *The Body in the Mind: The Bodily Basis of Imagination, Reason, and Meaning.* Chicago: University of Chicago Press.

———. (1993). *Moral Imagination: Implications of Cognitive Science for Ethics.* Chicago: University of Chicago Press.

Jonas, H. (1966). *The Phenomenon of Life: Toward a Philosophical Biology.* Chicago: University of Chicago Press. Reprinted by Northwestern University Press, 2000.

———. (1968). Biological foundations of individuality. *International Philosophical Quarterly* 8: 231-251.

———. (1996). *Mortality and Morality: A Search for the Good after Auschwitz.*

Evanston, IL: Northwestern University Press.

Juarrero, A. (1999). *Dynamics in Action: Intentional Behavior as a Complex System.* Cambridge, MA: MIT Press/A Bradford Book.

Juarrero-Roqué, A. (1985). Self-organization: Kant's conception of teleology and modern chemistry. *Review of Metaphysics* 39: 107-135.

Kabat-Zinn J. (1990). *Full Catastrophe Living: Using the Wisdom of Your Body and Mind to Face Stress, Pain, and Illness.* New York: Dell.

Kahana, M. J., Seelig, D., and Madsen, J. R. (2001). Theta returns, *Current Opinion in Neurobiology* 11: 739-744.

Kant, I. (1987). *Critique of Judgment,* trans. W. S. Pluhar. Indianapolis, IN: Hacket Publishing Company.

Kauffman, S. A. (1991). Antichaos and adaptation. *Scientific American* 265: 78-84.

———. (1993). *Origins of Order: Self-Organization and Selection in Evolution.* New York: Oxford University Press.

———. (1995). *At Home in the Universe.* New York: Oxford University Press.

———. (2000). *Investigations*. New York: Oxford University Press.

Keller, E. F. (1984). *A Feeling for the Organism: The Life and Work of Barbara McClintock.* New York: W. H. Freeman.

———. (1995). *Refiguring Life: Metaphors of Twentieth Century Biology.* New York: Columbia University Press.

———. (2000). *The Century of the Gene.* Cambridge, MA: Harvard University Press.

Kellert, S. H. (1993). *In the Wake of Chaos.* Chicago: University of Chicago Press.

Kelso, J. A. S.(1995). *Dynamic Patterns: The SelfOrganization of Brain and Behavior.* Cambridge, MA: MIT Press/A Bradford Book.

Kelso, J. A. S., Fuchs, A., Lancaster, R., Holroyd, T., Cheyne, D., and Weinberg, H. (1998). Dynamic cortical activity in the human brain reveals motor equivalence. *Nature* 392: 814-818.

Kelso, J. A. S., and Kay, B. A. (1987). Information and control: a macroscopic analysis of perception-action coupling. In H. Heuer and A. F. Sanders, eds., *Perspectives on Perception and Action,* pp. 3-32. Hillsdale, NJ: Lawrence Erlbaum.

Kim, J. (1993). *Supervenience and Mind: Selected Philosophical Essays.* Cambridge: Cambridge University Press.

———. (1998). *Mind in a Physical World: An Essay on the Mind-Body Problem and Mental Causation.* Cambridge, MA: MIT Press/A Bradford Book.

———. (1999). Making sense of emergence. *Philosophical Studies* 95: 3-36.

Kind, A. (2003). What's so transparent about transparency? *Philosophical Studies* 115: 225-244.

Köhler, W. (1947). *Gestalt Psychology.* New York: Liveright.

Korn, H., and Faure, P. (2003). Is there chaos in the brain? Ⅱ. Experimental evidence and related models. *Comptes Rendus Biologie* 326: 787-840.

Koshland, D. E., Jr. (1977). A response regulator model in a simple sensory system. *Science* 196: 1055-1063.

Kosslyn, S. M. (1980). *Image and Mind.* Cambridge, MA: Harvard University Press.

———. (1994). *Image and Brain: The Resolution of the Imagery Debate.* Cambridge, MA: MIT Press/A Bradford Book.

Kosslyn, S. M., Ganis, G., and Thompson, W. L. (2003). Mental imagery: against the nihilistic hypothesis. *Trends in Cognitive Sciences* 7: 109-111.

Kosslyn, S. M., Pinker, S., Smith, G. E., and Schwartz, S. P. (1981). On the demystification of mental imagery. In N. Block, ed., *Imagery,* pp. 131-150. Cambridge, MA: MIT Press/A Bradford Book.

Kosslyn, S. M., and Pomerantz, J. R. (1981). Imagery, propositions, and the form of internal representations. In N. Block, ed., *Readings in the Philosophy of Psychology,* vol. 2, pp. 150-169. Cambridge, MA: Harvard University Press.

Kosslyn, S. M., Thompson, W. L., and Ganis, G. (2006). *The Case for Mental Imagery.* New York: Oxford University Press.

Kriegel, U. (2003a). Consciousness as intransitive self-consciousness: two views and an argument. *Canadian Journal of Philosophy* 33: 103-132.

———. (2003b). Consciousness as sensory quality and as implicit self-awareness. *Phenomenology and the Cognitive Sciences* 2: 1-26.

———. (2004). The functional role of consciousness: a phenomenological approach. *Phenomenology and the Cognitive Sciences* 3: 171-193.

———. (2005). Naturalizing subjective character. *Philosophy and Phenomenological Research* 71: 23-57.

Kronz, F. M. (1998). Nonseparability and quantum chaos. *Philosophy of Science* 65: 50-75.

Kronz, F. M., and Tiehen, J. T. (2002). Emergence and quantum mechanics. *Philosophy of Science* 69: 324-347.

Kuhn, T. (1970). *The Structure of Scientific Revolutions.* Chicago: University of Chicago Press.

Lachaux, J. P., Rodriguez, E., Martinerie, J., and Varela, F. J. (1999). Measuring phase-synchrony in brain signals. *Human Brain Mapping* 8: 194-208.

Lakoff, G. (1987). *Women, Fire and Dangerous Things: What Categories Reveal about the Mind.* Chicago: University of Chicago Press.

Lakoff, G., and Johnson, M. (1980). *Metaphors We live By.* Chicago: University of Chicago Press.

Lambert, D. M., and Hughes, A. J. (1988). Keywords and concepts in structuralist and functionalist biology. *Journal of Theoretical Biology* 133: 133-145.

Lambie, J. A., and Marcel, A. J. (2002). Consciousness and the varieties of emotion experience: a theoretical framework. *Psychological Review* 109: 219-259.

Lane, R. d., and Nadel, L., eds. (2000). *Cognitive Neuroscience of Emotion.* Oxford: Oxford University Press.

Langsdorf, L. (1985). Review of Dreyfus 1982. *Husserl Studies* 3: 303-311.

Langton, C. G., ed. (1989). *Artificial Life.* Santa Fe Studies in the Science of Complexity, vol 6. Redwood City, CA: Addison-Welsey.

Latour, B. (1993). *We Have Never Been Modern*, trans. C. Porter. Cambridge, MA: Harvard University Press.

Laycock, S. W. (1994). *Mind as Mirror and the Mirroring of Mind. Buddhist Reflections on Western Phenomenology.* Albany: State University of New York Press.

Leask, I. (2002). Edith Stein and others. *Journal of the British Society for Phenomenology* 33: 286-298.

LeDoux, J. (1996). *The Emotional Brain.* New York: Simon Schuster.

———. (2002). *Synaptic Self: How Our Brains Become Who We Are.* London: Penguin Books.

Legrand, D. (2003). How not to find the neural signature of self-consciousness. *Consciousness and Cognition* 12: 544-546.

———. (2005). Transparently oneself. *Psyshe* 11 (5), June 2005. URL: http://psyche.cs.monash.edu.au/symposia/metzinger/LEGRAND.pdf

———. (2006). The bodily self: the sensori-motor roots of pre-reflexive self-consciousness. *Phenomenology and the Cognitive Sciences* 5: 89-118.

Lennox, J. G. (1992). Teleology. In E. F. Keller and E. Lloyd, eds., *Keywords in Evolutionary Biology*, pp. 324-333. Cambridge, MA: Harvard University Press.

Letelier, J. C., Marín, G., and Mpodozis, J. (2003). Autopoietic and (M,R) systems. *Journal of Theoretical Biology* 222: 261-272.

La Van Quyen, M. (2003). Disentangling the dynamic core: a research program for neurodynamics at the large-scale. *Biological Research* 36: 67-88.

Le Van Quyen, M., Adam, C., Lachaux, J.-P., Martinerie, J., Baulac, M., Renault, B., and Varela, F. J. (1997). Temporal patterns in human epileptic activity are modulated by perceptual discriminations. *Neuroreport* 8: 1703-1710.

Le Van Quyen, M., Martinerie, J., Adam, C., and Varela, F. J. (1997). Unstable periodic orbits in human epileptic activity. *Physical Review* E 56: 3401-3411.

Le Van Quyen, M., and Petimengin, C. (2002). Neuronal dynamics and conscious experience: an example of reciprocal causation before epileptic seizures. *Phenomenology and the Cognitive Sciences* 1: 169-180.

Le Van Quyen, M., Schuster, H., and Varela, F. J. (1996). Fast rhythms can emerge from slow neuronal oscillators. *International Journal of Bifurcation and Chaos* 6: 1807-1816.

Levenson, R., and Reuf, A. M. (1992). Empathy: a physiological substrate. *Journal of Personality and Social Psychology* 63: 234-246.

Levine, J. (1983). Materialism and qualia: the explanatory gap. *Pacific Philosophical Quarterly* 64: 354-361.

Levins, R., and Lewontin, R. (1985). *The Dialectical Biologist*. Cambridge, MA: Harvard University Press.

Levinson, J. (1998). Wolheim on pictorial representation. *Journal of Aesthetics and Art Criticism* 56: 227-233.

Lewis, M. D. (2000). Emotional self-organization at three time scales. In M. D. Lewis and I. Granic, eds., *Emotion, Development, and Self-Organization: Dynamic Systems Approaches to Emotional Development,* pp. 37-69. Cambridge: Cambridge University Press.

———. (2005). Bridging emotion theory and neurobiology through dynamic systems modeling. *Behavioral and Brain Sciences* 28: 169-194.

Lewis, M. D., and Granic, I., eds. (2000). *Emotion, Development, and Self-Organization: Dynamic Systems Approaches to Emotional Development.* Cambridge: Cambridge University Press.

Lewis, M. L., and Haviland-Jones, J. M., eds. (2000). *Handbook of Emotions,* 2d ed. New York: Guilford Press.

Lewontin, R. (1978). Adaptation. *Scientific American* 239: 212-230.

———. (1993). *Biology as Ideology: The Doctrine of DNA.* New York: Harper-Collins.

Linas, R., Ribary, U., Contreras, D., and Pedroarena, C. (1998). The neuronal basis for consciousness. *Philosophical Transactions of the Royal Society of London Series B* 353: 1801-1818.

Lloyd, D. (2002). Functional MRI and the study of human consciousness. *Journal of Cognitive Neuroscience*, 14: 818-831.

———. (2003). *Radiant Cool: A novel Theory of Consciousness.* Cambridge, MA: MIT press/A Bradford Book.

Lopes, D. (1996). *Understanding Pictures.* Clarendon: Oxford University Press.

Lovelock, J. E. (1979). *Gaia: A New Look at Life on Earth.* New York: Oxford University Press.

———. (1987). The ecopoiesis of daisy world. In J. M. Robson, ed., *Origin and Evolution of the Universe: Evidence for Design?* pp. 153-166. Kingston, Ontariol: McGill-Queen's University Press.

———. (1988). *The Ages of Gaia.* New York: W. W. Norton.

———. (1991). Gaia: a planetary emergent phenomenon. In W. I. Thompson, ed., *Gaia 2: Emergence. The New Science of Becoming,* pp. 30-49. Hudson, NY: Lindisfarne Press.

Lovelock, J. E., and Margulis, L. (1974). Homeostatic tendencies of the earth's atmosphere. *Origins of Life* 5: 93-103.

Luisi, P. L. (1993). Defining the transition to life: self-replicating bounded structures and chemical autopoiesis. In W. D. Stein and F. J. Varela, eds., *Thinking about Biology.* Santa Fe studies in the Sciences of Complexity, Lecture Notes, vol. 3, pp. 17-39, NJ: Addison-Wesley.

———. (1998). About various definitions of life. *Origins of Life and Evolution of the Biosphere* 28: 613-622.

———. (2003). Autopoiesis: a review and a reappraisal. *Naturwissenschaften* 90: 49-59.

Luisi, P. L., Lazcano, A., and Varela, F. J. (1996). What is life? Defining life and the transition to life. In M. Rizzotti, ed., *Defining Life: The Central Problem in Theoretical Biology,* pp. 146-167. Padua: Edizione università di Padova.

Luisi, P. L., and Varela, F. J. (1989). Self-replicating micelles—a chemical version of a minimal autopoietic system. *Origins of Life and Evolution of the Biosphere* 19: 663-643.

Lusthaus, D. (2002). *Buddhist Phenomenology: A Philosophical Investigation of Yogacara Buddhism and the Ch'eng Wei-Shih lun.* London: Routledge/Curzon Press.

Lutz, A. (2002). Toward a neurophenomenology as an account of generative passages: a first empirical case study. *Phenomenology and the Cognitive Sciences* 1: 133-167.

Lutz, A., Dunne, J. D., and Davidson, R. J. (2007). Meditation and the neuroscience of consciousness: an introduction. In P. D. Zelazo, M. Moscovitch, and E. Thompson, eds., *The Cambridge Handbook of Consciousness.* New York: Cambridge University Press.

Lutz, A., Lachaux, J.-P., Martinerie, J., and Varela, F. J. (2002). Guiding the study of brain dynamics by using first-person data: synchrony patterns correlate with ongoing conscious states during a simple visual task. *Proceedings of the National Academy of Sciences USA* 99: 1586-1591.

Lutz, A., and Thompson, E. (2003). Neurophenomenology: Integrating subjective experience and brain dynamics in the neuroscience of consciousness. *Journal of Consciousness Studies* 10: 31-52.

Mach, E. (1959). *The Analysis of Sensations and the Relation of the Physical to the Psychical*, trans. C. A. Williams. New York: Dover Publications.

Mach, A., and Rock, I . (1998). *Inattentional Blindness*. Cambridge, MA: MIT Press.

Maes, P., ed. (1990). *Designing Autonomous Agents.* Cambridge, MA: MIT Press.

Maier, S. F., and Watkins, L. R. (1998). Cytokines for psychologists: implications of bi-directional immune-to-brain communication for understanding behavior, mood, and cognition. *Psychological Review* 105: 83-107.

Marbach, E. (1993). *Mental Representation and Consciousness: Towards a Phenomenological Theory of Representation and Reference.* Dordrecht: Kluwer Academic Publishers.

Margulis, L., (1984). *Early Life.* Boston: Jones and Bartlett.

———. (1991). Biologists can't define life. In C. Barlow ed., *From Gaia to Selfish Genes: Selected Writings in the Life Sciences,* pp. 236-238. Cambridge, MA: MIT Press.

———. (1993). *Symbiosis in Cell Evolution,* 2d ed. San Francisco: W. H. Freeman.

———. (1998). *Symbiotic Planet: A New Look at Evolution.* New York: Basic Books.

———. (2001). The conscious cell. In P. C. Marijúan, ed., *Cajal and Consciousness: Scientific Approaches to Consciousness on the Centennial of Ramon y Cajal's Textura,* pp. 55-70. Annals of the New York Academy of Science, vol. 929. New York: New York Academy of Sciences.

Margulis, L., and Lovelock, J. E. (1974). Biological modulation of the Earth's atmosphere. *Icarus* 21: 471-489.

Margulis, L., and Sagan, D. (1986). *Microcosmos: Four Billion Years of Microbial Evolution.* New York: Summit Books.

———. (1995). *What is life?* New York: Simon & Schuster.

———. (2002). *Acquiring Genomes. A Theory of the Origins of Species.* New York: Basic Books.

Margulis, L., and Schwartz, K. V. (1988). *Five Kingdoms: An Illustrated Guide to the Phyla of Life on Earth,* 2d ed. San Francisco: W. H. Freeman.

Martin, M. G. F. (2002). The transparency of experience. *Mind and Language* 17: 376-425.

Matthews, G. B. (1991). Consciousness and life. In D. M. Rosenthal, ed., *The Nature of Mind,* pp. 63-70. Oxford: Oxford University Press.

Maturana, H. R. (1969). The neurophysiology of cognition. In P. Garvin, ed., *Cognition: A Multiple view,* pp. 3-23. New York: Spartan Books.

———. (1970). Biology of cognition. In H. R. Maturana and F. J. Varela, *Autopoiesis and Cognition: The Realization of the Living,* pp. 2-58. Boston Studies in the Philophy of Science, vol. 43. Dordrecht: D. Reidel, 1980.

———. (1975). The organization of the living: A theory of the living organization, *International Journal of Man-Machine Studies* 7: 313-332.

———. (1980a). Autopoiesis: reproduction, heredity and evolution. In M. Zeleny, ed., *Autopoiesis: Dissipative Structures, and Spontaneous Social Orders,* pp. 45-79. Boulder, CO: Westview Press.

———. (1980b). Man and society. In F. Benseler, P. M. Hejl, and W. K. Kõck, eds., *Autopoiesis, Communication, and Society.* New York: Campus Verlag.

Maturana, H. R, and Varela, F. J. (1973). *De máquinas y seres vivos: Una teoría de le organizacíon biológica.* Santiago, Chile: Editoria Universitaria.

———. (1980). *Autopoiesis and Cognition: The Realization of the Living.* Boston Studies in the Philosophy of Science, vol. 42. Dordrecht: D. Reidel.

———. (1987). *The Tree of Knowledge: The Biological Roots of Human Understanding.* Boston: Shambala press/New Science Library.

Maudlin, T. (1998). Part and whole in quantum mechanics. In E. Castellani, ed., *Interpreting Bodies: Classical and Quantum Objects in Modern Physics,* pp. 46-60. Princeton, NJ: Princeton University Press.

Maynard Smith, J. (1986). *The Problems of Biology.* Oxford: Oxford University Press.

———. (1993). *The Theory of Evolution,* 2d ed. Cambridge: Cambridge University Press.

———. (1998). *Shaping Life: Genes, Embryos and Evolution.* London:

Weidenfeld and Nicholson.
———. (2000a). The concept of information in biology. *Philosophy of Science* 67: 177-194.
———. (2000b). Reply to commentaries. *Philosophy of Science* 67: 214-218.
Mynard Smith, J., Burian, R., Kauffman, S., Alberch, P., Campbell, J., Goodwin, B., Lande, R., Raup, D., and Wolpert, L. (1985). Developmental constraints and evolution. *Quarterly Review of Biology* 60: 265-287.
McClelland, J., Rummelhart, D., and the PDP Research Group. (1986). *Parallel Distributed Processing: Explorations in the Microstructure of Cognition,* vols. 1 and 2. Cambridge, MA: MIT Press.
McCulloch, G. (1994). *Using Sartre: An Analytical Introduction to Early Sartrean Themes.* London: Routledge Press.
McGinn, C. (1991). *The Problem of Consciousness.* Oxford: Basil Blackwell.
———. (2004). *Mindsight: Image, Dream, Meaning.* Cambridge, MA: Harvard University Press.
McMullin, B. (1997a). Computational autopoiesis: the original algorithm. Working Paper 97-01-001, Santa Fe Institute, Santa Fe, NM 87501, USA. Available at: http://www.eeng.dcu.ie/~alife/bmcm-ecal97/.
———. (1997b). Modelling autopoiesis: harder than it may seem! Presented at Biology, Cognition, Language & Society: An International Symposium on Autopoiesis, Belo Horizonte, Brazil, November 1997. Available at: http://www.eeng.dcu.ie/~mcmullin.
———. (1999). Some remarks on autocatalysis and autopoiesis. Presented at the workshop *Closure: Emergent Organizations and Their Dynamics,* May 3-5, 1999. University of Ghent, Belgium. Available at: http//www.eeng.dcu.ie/~mcmullin/.
———. (2001). An intriguing journey: a review of *Investigations* by Stuart Kauffman. Complexity 6: 22-23. Available at: http://www.eeng.dcu.ie/~mcmullin/.

McMullin, B., and Varela, F. J. (1997). Rediscovering computational autopoeisis. In P. Husbands and I. Harvey, eds., *Fourth Europen Confrence on Artificial Life*, pp. 38-48. Cambridge, MA: MIT Press/A Bradford Book. Available at: http://www.eeng.dcu.ie/~mcmullin/.

Melloni, L., and Rodriguez, E. (2005). Phase synchronization but not gamma oscillations correlates with conscious perception. Poster presentation. Association for the Scientific Study of Consciousness, 9th Annual Meeting, Pasadena, CA, June 23-27, 2005.

Meltzoff, A. N., and Moore, M. K. (1998). Infant intersubjectivity: broadening the dialogue to include imitation, identity, and intention. In S. Braten, ed., *Intersupbjective Communication and Emotion in Early Ontogeny,* pp. 47-62. Cambridge University Press.

Mensch, J. R. (1996). *After Modernity: Husserlin Reflections on Philosophical Tradition.* Albany: State University Press of New York.

———. (1998). Instincts—a Husserlian account. *Husserl Studies* 14: 219-237.

Merleau-Ponty, M. (1962). *Phenomenology of Perception,* trans. Colin Smith. London: Routledge Press.

———. (1963). *The Structure of Behavior,* trans. A. Fisher. Pittsburgh, PA: Dusquene University Press.

———. (1964). *Signs,* trans. Richard C. McCleary. Evanston, IL: Northwestern University Press.

———. (1968). *The Visible and the Invisible*, trans. A. Lingis. Evanston, IL: Northwestern University Press.

———. (2001). *The Incarnate Subject: Malebranche, Brain, and Bergson on the Union of Body and Soul,* trans. P. B. Milan. Amherst, NY: Humanity Books.

———. (2003). *Nature: Course Notes from the College de France.* Compiled with notes by D. Ségard, trans. R. Vallier. Evanston, IL: Northwestern University Press.

Metzinger, T., ed. (2000). *Neural Correlates of Consciousness.* Cambridge, MA: MIT Press.

———. (2003). *Being No One: The Self-Model Theory of Subjectivity.* Cambridge, MA: MIT Press/A Bradford Book.

Mikulecky, D. C. (2000). Robert Rosen: the well-posed question and its answer—why are organisms different from machines? *System Research and Behavioral Science* 17: 419-432.

Mingers, J. (1995). *Self-Producing Systems: The Implications and Applications of Autopoiesis.* New York: Plenum Press.

Mohanty, J. N. (1989). *Transcendental Phenomenology*. Oxford: Basil Blackwell.

Monod, J. (1971). *Chance and Necessity,* trans. A. Wainhouse. New York: Vintage Books.

Montero, B. (1999). The body problem. *Nous* 33: 183-200.

———. (2001). Post-physicalism. *Journal of Consciousness Studies* 8: 61-80.

Moody, T. (1994). Conversations with zombies. *Journal of Consciousness Studies* 1: 196-200.

Moore, G. E. (1993). The refutation of idealism. In G. E. Moore, *Selected Writings,* pp. 23-44. London: Routledge and Kegan Paul.

Moran, D. (2000). *Introduction to Phenomenology.* London: Routledge Press.

Moreno, A., and Barandiaran, X. (2004). A naturalized account of the inside-outside dichotomy. *Philosophica* 73: 11-26.

Morowitz, H. J. (1992). *Beginnings of Cellular Life: Metabolism Recapitulates Biogenesis.* New haven, CT: Yale University Press.

———. (2001). The epistemic paradox of mind and matter. In P. C. Marijúan, ed., *Cajal and Consciousness: Scientific Approaches to Consciousness on the Centennial of Ramon y Cajal's Textura,* pp. 50-54. Annals of the New York Academy of Sciences, vol, 929. New York: New York Academy of Sciences.

Morowitz, H. J., Heinz, B., and Deamer, D. W. (1988). The chemical logic of a minimum protocell. *Origins of Life and Evolution of the Biosphere* 18 (1988): 281-287. Reprinted in D. W. Deamer and G. R. Fleischaker, eds., *Origins of Life: The Central Concepts,* pp. 263-269. Boston: Jones and Bartlett, 1994.

Moss, L. (1992). A kernel of truth? On the reality of the genetic program. In D. Hull, M Forbes, and K. Okruhlik, eds., *Proceedings of the Philosophy of Science Association* [PSA] 1: 335-348.

———. (2003). *What Genes Can't Do.* Cambridge, MA: MIT Press/A Bradford Book.

Moustakas, C. (1994). *Phenomenological Research Methods.* Thousand Oaks, CA: Sage Publications.

Murphy, M. P., and O'Neil, L. A. J., eds. (1995). *What is Life? The Next Fifty Years: Speculations on the Future of Biology.* Cambridge: Cambridge University Press.

Myin, E., and O'Regan, J. K. (2002). Perceptual consciousness, access to modality, and skill theories: a way to naturalize phenomenology? *Journal of Consciousness Studies* 9: 27-46.

Nagel, T. (1974). What is it like to be a bat? *Philosophical Review* 83: 435-450. (Quoted passages in the text are from the reprinted version in T. Nagel, *Mortal Questions,* pp. 165-180. New York: Cambridge University Press, 1979.)

———. (1979). *Mortal Questions*. New York: Cambridge University Press.

———. (1980). Armstrong on the mind. In N. Block, ed., *Reading in the Philosophy of Psychology,* vol. 1, pp. 200-206. Cambridge, MA: Harvard University Press. Originally published in philosophical review 79 (1970): 394-403.

Newell, A., and Simon, H. (1976). Computer science as empirical inquiry: symbols and search. *Communications of the Association for Computing Machinery* 19: 113-126. Reprinted in J. Haugeland, ed., *Mind Design II,* pp. 81-110.

Cambridge, MA: MIT Press/A Bradford Book, 1997.
Noë, A. (2002a). Is perspectival self-consciousness non-conceptual? *Philosophical Quarterly* 52: 185-195.
———. (2002b). Is the visual world a grand illusion? *Journal of Consciousness Studies* 9: 1-12.
———. ed. (2002c). *Is the Visual World a Grang Illusion?* Thorverton, UK: Imprint Academic.
———. (2004). *Action in Perception.* Cambridge, MA: MIT Press.
Noë, A., Pessoa, L., and Thompson, E. (2000). Beyond the grand illusion: what change blindness really teaches us about vision. *Visual Cognition* 7: 93-106.
Noë, A., and Thompson, E., (2004a). Are there neural correlates of consciousness? *Journal of Consciousness Studies* 11: 3-28.
———. (2004b). Sorting out the neural basis of consciousness: Authors' reply to commentators. *Journal of Consciousness Studies* 11: 87-98.
Norton, A. (1995). Dynamics: an introduction. In R. F. Port and T. Van Gelder, eds., *Mind as Motion: Explorations in the Dynamics of Cognition,* pp. 45-68. Cambridge, MA: MIT Press/A Bradford Book.
Odling-Smee, F. J. (1988). Niche-constructing phenotypes. In H. C. Plotkin, ed., *The Role of Behavior in Evolution,* pp. 73-132. Cambridge, MA: MIT Press.
O'Keefe, J., and Burgess, N. (1999). Theta activity, virtual navigation and the human hippocampus. *Trends in Cognitive Sciences* 11; 403-406.
Oparin, A. (1938). *The Origin of Earth.* London: Macmillan.
O'Regan, J. K. (1992). Solving the "real" mysteries of visual perception: the world as an outside memory. *Canadian Journal of Psychology* 46: 461-488.
O'Regan, J. K. and Noë, A. (2001a). A sensorimotor account of vision and visual consciousness. *Behavioral and Brain Sciences* 24: 939-1011.
———. (2001b). Authors' response: acting out our sensory experience. *Behavioral and Brain Sciences* 24: 1011-1031.

Oyama, S. (1992a). Is phylogeny recapitulating ontogeny. In F. J. Varela and J.-P. Dupuy, eds., *Understanding Origins,* pp. 227-232. Dordrecht: Kluwer Academic Publishers.

———. (1992b). Ontogeny and phylogeny: a case of metare capitulation? In P. Griffiths, ed., *Trees of Life: Essays in Philosophy of Biology,* pp. 211-239. Dordrecht: Kluwer Academic Publishers.

———. (1993). Constraints and development. *Netherlands Journal of Zoology* 43: 6-16.

———. (1999). Locating development: locating developmental systems. In K. K. Scholnik, K. Nelson, S. A. Gelman, and P. H. Miller, eds., *Conceptual Development: Piaget's Legacy,* pp. 185-208. Hillsdale, NJ: Lawrence Erlbaum.

———. (2000a). *Evolution's Eye: A System's View of the Biology-Culture* Divide. Durham, NC: Duke University Press.

———. (2000b). *The Ontogeny of Information: Developmental Systems and Evolution,* 2d ed. Durham, NC: Duke University Press. First edition published by Cambridge University Press, 1985.

———. (2000c). Causal democracy and causal contributions in developmental systems theory. *Philosophy of Science* 67 (Proceedings): S332-S347.

Oyama, S., Griffiths, P. E., and Gray, R. D., eds. (2001). *Cycles of Contingency: Developmental Systems and Evolution.* Cambrigde, MA: MIT Press.

Pacherie, E. (1999). *Leibhaftigkeit* and representational theories of perception. In J. Petitot, F. J. Varela, B. Pachoud, and J.-M. Roy, eds., *Naturalizing Phenomenology: Issues in Contemporary Phenomenology and Cognitive Science,* pp. 148-160. Stanford, CA: Stanford University Press.

Paley, W. (1996). Natural theology. In M. Ruse, ed., *But is it Science? The Philosophical Question in the Creation/Evolution Controversy,* pp. 46-69. New York: Prometheus Books.

Panksepp, J. (1998a). *Affective Neuroscience: The Foundations of Human and*

Animal Emotions. Oxford: Oxford University Press.

———. (1998b). The periconscious substrates of consciousness: affective states and the evolutionary origins of self. *Journal of Consciousness Studies* 5: 566-582.

———. (2002). The MacLean legacy and some modern trends in emotion research. In G. A. Cory and R. Gardner, eds., *The evolutionary Neuroethology of Paul MacLean: Convergences and Frontiers,* pp. ix-xxviii. Westport, CT: Praeger Publishers.

Parvizi, J., and Damasio, A. (2001). Consciousness and the brainstem. *Cognition* 79: 135-159.

Patočka, J. 1998. *Body, Community, Language, World,* trans. E. Kohák. Chicago: Open Court.

Patte, H. H. (1977). Dynamic and linguistic modes of complex systems. *International journal of General Systems Theory* 3: 259-266.

di Pellegrino, G., Fadiga, L., Fogassi, L., Gallese, V., and Rizzolatti, G. (1992). Unerstanding motor events: a neurophysiological study. *Experimental Brain Research* 91: 176-180.

Penfield, W. (1938). The cerebral cortex in man. I. The cerebral cortex and consciousness. *Archives of Neurology and Psychiatry* 40: 417-442.

Penfield, W., and Jasper, H. (1954). *Epilepsy and the Functional Anatomy of the Human Brain.* Boston: Little, Brown.

Pert, C. B. (1997). *Molecules of Emotions.* New York: Simon & Schuster.

Pert, C. B., Ruff, M. R., Weber, R. J., and Herkenham, M. (1985). Neuropeptides and their receptors: a psychosomatic network. *Journal of Immunology* 135: 820s-826s.

Pessoa, L., and de Weerd, P., eds. (2003). *Filling-in: From Perceptual Completion to Cortical Reorganization.* Oxford: Oxford University Press.

Pessoa, L., Thompson, E., and Noë, A. (1998). Finding out about filling-in: a guide to perceptual completion for visual science and the philosophy of perception. *Behavioral and Brain Sciences* 21: 723-802.

Petitmengin, C. (2001). *L'experience intuitive.* Paris: L'harmattan.

———. (2005). Un example de recerche neuro-phénoménologique, l'anticipation des crises d'épilepsie. *Intellectica* 40: 63-89.

———. (in press). Describing one's subjective experience in the second person: an interview method for the science of consciousness. *Phenomenology and the Cognitive Sciences.*

Petitmengin-Peugeot, C. (1999). The intuitive experience. In F. J. Varela and J. Shear, eds., *The View from Within: First-Person Approaches to the Study of Consciousness,* pp. 43-78. Thorverton, UK: Imprint Academic.

Petitot, J. (1992). *Physique du sens.* Paris: Editions du CNRS.

—. (1994). Phenomenology of perception, qualitative physics, and sheaf mereology. In R. Casati, B. Smith, and G. White, eds., *Philosophy and the Cognitive Sciences,* pp. 387-408. Hölder-Pichler-Tempsky.

—. (1995). Morphodynamics and attractor syntax: constituency in visual perception and cognitive grammar. In R. F. Port and T. Van Gelder, eds., *Mind as Motion: Explorations in the Dynamics of Cognition,* pp. 227-282. Cambridge, MA: MIT Press/A Bradford Book.

—. (1999). Morphological eidetics for a phenomenology of perception. In J. Petitot, F. J. Varela, B. Pachoud, and J.-M. Roy, eds., *Naturalizing Phenomenology: Issues in Contemporary Phenomenology and Cognitive Science,* pp: 330-371. Stanford, CA: Stanford University Press.

Petitot, J., and Smith, B. (1996). Physics and the phenomenal world. In R. Poli and P. Simons, eds., *Formal Ontology,* pp. 233-253. Dordrecht: Kluwer Academic Publishers.

Petitot, J., Varela, F. J., Pachoud, B., and Roy, J.-M., eds. (1999). *Naturalizing Phenomenology: Issues in Contemporary Phenomenology and Cognitive Science.* Stanford, CA: Stanford University Press.

Poellner, P. (2003). Nonconceptual content, experience, and the self. *Journal of Consciousness Studies* 10: 32-57.

Pöppel, E. (1988). *Mindworks: Time and Consciousness Experience.* Boston: Harcourt, Brace Jovanovich.

Port, R F., and van Gelder, T., eds. (1995). *Mind as Motion: Explorations in the Dynamics of Cognition.* Cambridge, MA: MIT Press/A Bradford Book.

Povinelli, D. J. (1998). Can animals empathize? Maybe not. *Scientific American* 9: 65-75.

Povinelli, D. J., and Precuss, T. M. (1995). Theory of mind: evolutionary history of a cognitive specialization. *Trends in Neurosciences* 18: 418-424.

Preston, S. D., and de Waal, F. B. M. (2002). Empathy: its ultimate and proximate bases. *Behavioral and Brain Sciences* 25: 1-20.

Price, D., and Barrell, J. (1980). An experiential approach with quantitative methods: a research paradigm. *Journal of Humanistic Psychology* 20: 75-95.

Price, D., Barrell, J., and Rainville, P. (2002). Integrating experiential-phenomenological methods and neuroscience to study neural mechanisms of pain and consciousness. *Consciousness and Cognition* 11: 593-608.

Priest, S. (1998). *Merleau-Ponty.* London: Routledge Press.

Prigogine, I., and Stengers, I. (1984). *Order out of Chaos: Man's New Dialogue with Nature.* New York: Bantam.

Prinz, W. (1997). Perception and action planning. *European Journal of Cognitive Psychology* 9: 129-154.

Pylyshyn, Z. W. (1973). What the mind's eye tells the mind's brain: a critique of mental imagery. *Psychological Bulletin* 80: 1-24.

———. (1984). *Computation and Cognition: Towards a Foundation for Cognitive Science.* Cambridge, MA: MIT Press/A Bradford Book.

———. (2002). Mental imagery: in search of a theory. *Behavioral and Brain Science* 25: 157-238.

———. (2003a). *Seeing and Visualizing: It's Not What You Think.* Cambridge, MA: MIT Press/A Bradford Book.

———. (2003b). Explaining mental imagery: now you see it, now you don't. *Trends in Cognitive Sciences* 7: 111-112.

———. (2003c). Return of the mental image: are there really pictures in the brain? *Trends in Cognitive Science* 7: 113-118.

Quartz, S.(1999). The constructivist brain. *Trends in Cognitive Sciences* 3: 48-57.

Quartz, S., and Sejnowski, T.J. (1997). The neural basis of cognitive development: a constructivist manifesto. *Behavioral and Brain Sciences* 20: 537-596.

Raff, R. A. (1996). *The Shape of Life: Genes, Development, and the Evolution of Animal Form.* Chicago: University of Chicago Press.

Raniville, P. (2005). Neurophénoménologie des états et des contenus de conscience dans l'hypnose et l'analgésie hypnotiquc. *Théologique* 12: 15-38.

Ramachandran, V. S., and Blakeslee, S. (1998). *Phantoms in the Brain.* New York: William Morrow.

Ramachandran, V. S., and Hirstein, W. (1998). The perception of phantom limbs. *Brain* 121: 1603-1630.

Rees, G., Krieman, G., and Koch, C. (2002). Neural correlates of consciousness in humans. *Nature Reviews Neuroscience* 3: 261-270.

Rey, G. (1981). Introduction: What are mental images? In N. Block, ed., *Readings in Philosophical Psychology,* vol. 2, pp. 117-127. Cambridge, MA: Harvard University Press.

Rietveld, E. (2004). The nature of everyday coping: reinterpreting Merleau-Ponty's phenomenology of concrete habitual coping in the light of Varela's naturalization of time-consciousness. Presented at the ASSC-8(Association for the Scientific Study of Consciousness) Conference, June 26-28, 2004, Antwerp, Belgium.

Rodemeyer, L., (2003). Developments in the theory of time-consciousness: an analysis of protention. In D. Welton, ed., *The New Husserl: A Critical Reader,* pp. 125-154: Bloomington: Indiana University Press.

Rodriguez, E., George, N., Lachaux, J. P., Martinerie, J., Renault, B., and Varela,

F. J. (1999). Perception's shadow: long-distance synchronization of human brain activity. *Nature* 397: 430-433.

Roe, A. W., Pallas, S. L., Kwon, Y. H. and Sur, M. (1990). A map of visual space induced in primary auditory cortex. *Science* 250: 818-820.

———. (1992). Visual projections routed to the auditory pathway in ferets. *Journal of Neuroscience* 12: 3651-3664.

Roepstorff, A. (2001). Brains in scanners: an *Umwelt* of cognitive neuroscience. *Semiotica* 134: 747-765.

Rollins, M. (1989). *Mental Imagery: On the Limits of Cognitive Science.* New Haven, CT: Yale University Press.

Rose, S. (1997). *Lifelines: Biology Beyond Determinism.* Oxford: Oxford University Press.

Rosen, R. (1991). *Life Itself: A Comprehensive Inquiry into the Nature, Origin, and Fabrication of Life.* New York: Columbia University Press.

———. (2000). *Essays on Life Itself.* New York: Columbia University Press.

Rosenthal, D. (1997). A theory of consciousness. In N. Block, O. Flangan, and G. Güzeldere, eds., *The Nature of Consciousness: Philosophical Debates,* pp. 729-753. Cambridge, MA: MIT Press/A Bradford book.

Rowlands, M. (2003). Consciousness: the transcendentalist manifesto. *Phenomenology and the Cognitive Sciences* 2: 205-221.

Roy, J.-M. (1995). Le "Dreyfus Bridge": Husserlianisme et Fodorisme. *Archives de Philosophie* 58: 533-548.

———. (2003). Phenomenological claims and the myth of the given. In E. Thompson, ed., *The Problem of Consciousness: New Essay in Phenomenological Philosophy of Mind. Canadian Journal of Philosophy,* supplementary vol. 29, pp. 1-32. Calgary University of Alberta Press.

Roy, J.-M., Petiot, J., Pachoud, B., and Varela, F. J. (1999). Beyond the gap: an introduction to naturalizing phenomenology. In J. Peitot, F. J. Varela, B. Pachoud, and J.-M. Roy, eds., *Naturalizing Phenomenology: Issues in Contemporary Phenomenology and Cognitive Science,* pp. 1-80. Stanford, CA: Stanford University Press.

Rudrauf, D., and Damasio, A. (2005). A conjecture regarding the biological mechanism of subjectivity and feeling. *Journal of Consciousness Studies* 12: 236-262.

Rudrauf, D., Lutz, A., Cosmelli, D,, Lachaux, J.-P. and Le Van Quyen, M. (2003). From autopoiesis to neurophenomenology: Francisco Varela's exploration of the biophysics of being. *Biological Research* 36: 27-66.

Ruiz-Mirazo, K., and Moreno, A. (2004). Basic autonomy as a fundamental step in the synthesis of life. *Artificial Life* 10: 235-259.

Rummelhart, D., Smolensky. P., McClelland, J., and Hinton, G. (1986). Schemata and sequential thought processes in PDP models. In J. McClelland, D. Rummelhart, and the PDP Research Group, *Parallel Distributed Processing: Explorations in the Microstructure of Cognition,* vol. 2, pp. 7-58. Cambridge, MA: MIT Press.

Ruse, M. (1996). The relationship between science and religion in Britain, 1830-1870. In M. Ruse, ed., *But Is It Science? The Philosophical Question in the Creation/Evolution Controversy,* pp. 50-70. New York: Prometheus Books.

Sadato, N., Pascual-Leone, A., Grafman, J., Ibanez, V., Deiber, M. P., Dold, G., and Hallet, M. (1996). Activation of the primary visual cortex by braille reading in blind subjects. *Nature* 380: 526-528.

Sarkar, S. (1996). Biological information: a skeptical look at some central dogmas of molecular biology. In S. Sarkar, ed., *The Philosophy and History of Molecular Biology: New Perspectives,* pp. 187-232. Dordrecht: Kluwer Academic Publishers.

———. (2000). Information in genetics and developmental biology: comments on Maynard Smith. *Philosophy of Science* 67: 208-213.

Sarntheim, J., Petsche, H., Rappelsberger, P., Shaw, G. L., and von Stein, A.

(1998). Synchronization between prefrontal and posterior association cortex during human working memory. *Proceedings of the National Academy of Sciences USA* 95: 7092-7096.

Sartre, J.-P. (1956). *Being and Nothingness,* trans. Hazel Barnes. New York: Philosophical Library.

———. (1960). *The Transcendence of the Ego: An Existentialist Theory of Consciousness.* New York: Noonday Press.

———. (2004). *The Imaginary: A Phenomenological Psychology of the Imagination,* trans. J. Webber, London: Routledge Press.

Savage-Rumbaugh, S., Fields, W. M., and Taglialatela, J. P. (2001). Language, speech, tools and writing: a cultural imperative. In E. Thompson, ed., *Between Ourselves: Second-Person Issues in the Study of Consciousness,* pp. 273-292. Thorverton, UK: Imprint Academic. Also published in *Journal of Consciousness Studies* 8(2001): 273-292.

Savage-Rumbaugh, S., and Lewin, R. (1994). *Kanzi: The Ape at the Brink of the Human Mind.* New York: John Wiley.

Scheerer, E. (1994). Psychoneural isomorphism: historical background and current relevance. *Philosophical Psychology* 7: 183-210.

Schiff, S. J., So. P., Chang, T., Burke, R. E., and Sauer, T. (1996). Detecting dynamical interdependence and generalized synchrony through mutual prediction in a neural ensemble. *Physical Reviews E* 54: 6708-6724.

Schmid-Schonbein, C. (1998). Improvements of seizure control by psychological methods in patients with intractable epilepsy. *Seizure* 7: 261-270.

Scholz, B. C. (2002). Innateness. *Nature* 415: 739.

Schreiber, T. (1999). Interdisciplinary application of nonlinear time series methods. *Physics Reports* 308: 1-40.

Schröder, J. (1998). Emergence: non-deducibility or downwards causation? *Philosophical Quarterly* 48: 432-452.

Searle, J. R. (1983). *Intentionality : An Essay in the Philosophy of Mind.*

Cambridge: Cambridge University Press.

———. (1992). *The Rediscovery of the Mind.* Cambridge, MA: MIT Press/A Bradford Book.

———. (2000a). Consciousness. *Annual Review of Neuroscience* 23: 557-578.

———. (2000b). Consciousness, free action and the brain. *Journal of Consciousness Studies* 7: 3-22.

———. (2004). *Mind: A Brief Introduction.* New York: Oxford University Press.

Sejnowski, T., and Rosenberg. C. (1986). *NETtalk: A Parellel Network that Learns to Read Aloud.* Technical Report JHU/EEC-86/01. Baltimore, MD: Johns Hopkins University Press.

Sellars, W. (1956). Empiricism and the philosophy of mind. In H. Feigl and M. Scriven, eds., *Minnesota Studies in the Philosophy of Science. Vol. 1. The Foundations of Science and the Concepts of Psychology and Psychoanalysis,* pp. 253-329. Minneapolis: University of Minnesota Press.

Sheets-Johnstone, M. (1999a). *The Primary of Movement.* Amsterdam: John Benjamins Press.

———. (1999b). Emotion and movement: analysing their relationship. *Journal of Consciousness Studies* 6: 259-277.

Shepard, R., and Metzler, J. (1971). Mental rotation of three-dimensional objects. *Science* 171: 701-703.

Shimony, A. (1997). On mentality, quantum mechanics, and the actualization of potentialities. In R. Penrose, A. Shimony, N. Cartwright, and S. Hawking, *The Large, the Small, and the Human Mind,* pp. 144-160. Cambridge: Cambridge University Press.

Shoemaker, S. (1968). Self-reference and self-awareness. *Journal of Philosophy* 65: 555-567.

———. (1984). *Identity. Cause and Mind; Philosophical Essays.* Cambridge: Cambridge University Press.

Siewert, C. (2004). Is experience transparent? *Philosophical Studies* 117: 15-41.

Silberstein, M. (2001). Converging on emergence: Consciousness, causation, and explanation. *Journal of Consciousness Studies* 8: 61-98.

———. (2002). Reduction, emergence, and explanation. In P. Machamer and M. *Silberstein, eds., The Blackwell Guide to the Philosophy of Science*, pp. 80-107. Oxford: Basil-Blackwell.

Silberstein, M., and McGeever, J. (1999). The search for ontological emergence. *Philosophical Quarterly* 49: 182-200.

Simon, H. (1955). A behavioral model of rational choice. *Quarterly Journal of Economics* 59: 99-118.

———. (1969). *The Sciences of the Artificial.* Cambridge, MA: MIT Press.

———. (1973). The organization of complex systems. In H. H. Pattee, ed., *Hierarchy Theory: The Challenge of Complex Systems*, pp. 1-27. New York: George Braziller.

Simons, D. J., and Chabris, C.R. (1999). Gorillas in our midst: sustained inattentional blindness for dynamic events. *Perception* 28: 1059-1074.

Simons, D. J., and Levin, D. T. (1997). Change blindness. *Trends in Cognitive Sciences* 1: 261-267.

Simons, D. J., and Wang, R. F. (1998). Perceiving real-world viewpoint changes. *Psychological Science* 9: 315-320.

Simons, D. J., Wang, R. F., and Roddenberry, D. (2002). Object recognition is mediated by extraretinal information. *Perception and Psychophysics* 64: 521-530.

Skarda, C., and Freeman, W. J. (1987). How brains make chaos in order to make sense of the world. *Behavioral and Brain Sciences* 10: 161-195.

Skuse, D. H., James, R. S., Bishop, D. V. M., Coppins, B., Dalton, P., Aamodt-Leeper, G., Bacarese-Hamilton, M., Creswell, C., McGurk, R., and Jacobs, P. A. (1997). Evidence from Turner's Syndrome of an imprinted X-linked locus affecting cognitive functions. *Nature* 387: 705-708.

Slack, J. M., Holland, P. W. H., and Graham, C. F. (1993). The zootype and the phylotypic stage. *Nature* 361: 490-492.

Smith, A. D. (2003). *Husserl and the Cartesian Meditations.* London: Routledge Press.

Smith, B. (1999). Truth and the visual field In J. Petitot, F. J. Varela, B. Pachoud, and J.-M. Roy, eds., *Naturalizing Phenomenology: Issuses in Contemporary Phenomenology and Cognitive Science,* pp. 317-329. Stanford, CA: Stanford University Press.

Smith, B. C. (1996). *On the Origin of Objects.* Cambridge, MA: MIT Press/A Bradford Book.

Smith, K. C. (1994). The Emperor's New Genes: The Role of the Genome in Development and Evolution. Doctoral Dissertation. Department of Philosophy, Duke University.

Smolensky, P. (1988). On the proper treatment of connectionism. *Behavioral and Brain Sciences* 11: 1-74.

So, P., Francis, J. T., Netoff, T. I., Gluckman, B. J., and Schiff, S. J. (1998). Periodic orbits: a new language for neuronal dynamics. *Biophysical Journal* 74: 2776-2785.

Sober, E. (1993). *Philosophy of Biology.* Boulder, CO: Westview Press.

Sober, E., and Wilson, D. S. (1998). *Unto Others: The Evolution and Psychology of Altruism.* Cambridge, MA: Harvard University Press.

Sokolowski, R. (2000). *An Introduction to Phenomenology.* Cambridge: Cambridge University Press.

Solé, R., and Goodwin, B. (2000). *Signs of Life: How Complexity Pervades Biology.* New York: Basic Books.

Sonea, S., and Panisset, M. (1983). *A New Bacteriology.* Boston: Jones and Bartlett.

Spiegelberg, H. (1994). *The Phenomenological Movement: A Historical Introduction,* 3rd rev. and enlarged ed. Dordrecht: Kluwer Academic Publishers.

Sperry, R. (1969). A modified concept of consciousness. *Psychological Review*

76: 532-536.

Stawarska, B. (2001). Pictorial representation or subjective scenario? Sartre on imagination. *Sartre Studies International* 7: 87-111.

———. (2002). Memory and subjectivity: Sartre in dialogue with Husserl. *Sartre Studies International* 8: 94-111.

Stearns, S. C. (1982). On fitness. In D. Mossakowski and G. Roth, eds., *Environmental Adaptation and Evolution*, pp. 3-17. Suttgart: Gustav Fisher.

———. (1986). Natural selection and fitness, adaptation and constraint. In D. M. Raup and D. Jablonski, eds., *Patterns and Processes in the History of Life*, pp. 23-44. Berlin: Springer-Verlag.

———. (1992). *The Evolution of Life Histories.* Oxford: Oxford University Press.

Stein, E. (1989). *On the Problem of Empathy,* trans. Waltraut Stein. Washington, DC: ICS Publications.

Steinbock, A. J. (1995). *Home and Beyond: Generative Phenomenology after Husserl*, Evanston, IL: Northwestern University Press.

———. (1999). Saturated intentionality. In Donn Welton, ed., *The Body,* pp. 178-199. Oxford: Basil Blackwell.

———. (2004). On the phenomenology of becoming aware. *Continental Philosophy Review* 37: 21-43.

Sterelny, K. (1990). The imagery debate. In W. Lycan, ed., *Mind and Cognition,* pp. 607-626. Cambridge, MA: Basil Blackwell.

———. (2000). The "genetic program" program: a commentary on Maynard Smith on information in biology. *Philosophy of Science* 67: 195-201.

Sterelny, K., and Griffiths, P. E. (1999). *Sex and Death: An Introduction to the Philosophy of Biology.* Chicago: University of Chicago Press.

Sterelny, K., and Kitcher, P. (1988). The return of the gene. *Journal of Philosophy* 85: 339-360.

Stern, D. N. (2000). *The Interpersonal World of the Infant*, 2d ed. New York:

Basic Books.

———. (2004). *The Present Moment in Psychotherapy and Everyday Life.* New York: W. W. Norton.

Stoljar, D. (2004). The argument from diaphanousness. In M. Ezcurdia, R. Stainton, and C. Viger, eds., *New Essays in the Philosophy of Language and Mind. Canadian Journal of Philosophy,* supplementary vol. 30, pp. 341-390. Calgary: University of Alberta Press.

Sur, M., Angelecci, A., and Sharma, J. (1999). Rewriting cortex: the role of patterned activity in development and plasticity of neocortical circuits. *Journal of Neurobiology* 41: 33-43.

Swanson, L. W. (2000). What is the brain? *Trends in Neurosciences* 23: 519-527.

Szostak, J. W., Bartel, D. P., and Luisi, P. L. (2001). Synthesizing life. *Nature* 409: 387-390.

Teller, P. (1986). Relational holism and quantum mechanics. *British Journal for the Philosophy of Science* 37: 71-81.

Thelen, E., Schöner, G., Scheler, C., and Smith, L. B. (2001). The dynamics of embodiment: a field theory of infant perseverative reaching. *Behavioral and Brain Sciences* 24: 1-86.

Thelen, E., and Smith, L. B. (1994). *A Dynamic Systems Approach to the Development of Cognition and Action.* Cambridge, MA: MIT Press.

Thom, R. (1975). *Structural Stability and Morphogenesis.* Reading, MA: W. A. Benjamin.

Thomas, L. (1974). *The Lives of a Cell: Notes of a Biology Watcher.* New York: Viking Press.

Thomas, N. J. T. (1999). Are theories of imagery theories of imagination? An active perception approach to conscious mental content. *Cognitive Science* 23: 207-245.

———. (2002). The false dichotomy of imagery. *Behavioral and Brain Sciences* 25: 211.

Thompson, E. (1997). Symbol grounding: a bridge from artificial life to artificial intelligence. *Brain and Cognition* 34: 48-71.

———. (2001). Empathy and consciousness. In E. Thompson, ed., *Between Ourselves: Second-Person Issues in the Study of Consciousness,* pp: 1-32. Thorverton, UK: Imprint Academic. Also published in *Journal Consciousness Studies* 8 (2001): 1-32.

———. (2004). Life and mind: from autopoiesis to neurophenomenology. A tribute to Francisco Varela. *Phenomenology and the Cognitive Sciences* 3: 381-398.

———. (2005). Empathy and human experience. In J. D. Proctor, ed., *Science, Religion, and the Human Experience,* pp. 261-285. New York: Oxford University Press.

Thompson, E., Lutz, A. and Cosmelli, D. (2005). Neurophenomenology; an introduction for neurophilosophers. In A. Brook and K. Akins, eds., *Cognition and the Brain: The Philosophy and Neuroscience Movement,* pp. 40-97. New York: Cambridge University Press.

Thompson, E., Noë, A., and Pessoa, L. (1999). Perceptual completion: a case study in phenomenology and cognitive science. In J. Petitot, F. J. Varela, B. Pachoud, and J.-M. Roy, eds., *Naturalizing phenomenology: Issues in Contemporary Phenomenology and Cognitive Science,* pp. 161-195. Stanford, CA: Stanford University Press.

Thompson, E., Palacios, A., and Varela, F. J. (1992). Ways of coloring: comparative color vision as a case study for cognitive science. *Behavioral and Brain Sciences* 15: 1-74. Reprinted in Alva Noë and Evan Thompson, eds., *Vision and Mind: Readings in the Philosophy of Perception.* Cambridge, MA: MIT Press, 2002.

Thompson, E., and Varela, F. J. (2001). Radical embodiment: neural dynamics and consciousness. *Trends in Cognitive Sciences* 5: 418-425.

Thompson, W. I. (1987a). The cultural implications of the new biology. In W.

I. Thompson, ed., *Gaia: A Way of Knowing. Political Implications of the New Biology,* pp. 11-34. Hudson, NY: Lindisfarne Press.

———, ed. (1987b). *Gaia: A Way of Knowing.* Hudson, NY: Lindisfarne Press.

———. (1987c). Gaia and the politics of life. In W. I. Thompson, ed., *Gaia: A Way of Knowing. Political Implications of the New Biology,* pp. 167-214. Hudson, NY: Lindisfarne Press.

———. (1989). *Imaginary Landscape: Making Worlds of Myth and Science.* New York: St. Martin's Press.

———, ed. (1991a). *Gaia 2: Emergence. The New Science of Becoming.* Hudson, NY: Lindisfarne Press.

———. (1991b). The imagination of a new science and the emergence of a planetary culture. In W. I. Thompson, ed., *Gaia 2: Emergence. The New Science of Becoming,* pp. 11-29. Hudson, NY: Lindisfarne Press.

———. (1991c). Politics becoming planet. In W. I. Thompson, ed., *Gaia 2: Emergence. The New Science of Becoming,* pp. 249-269. Hudson, NY: Lindisfarne Press.

Tomasello, M. (1999). *The Cultural Origins of Human Cognition.* Cambridge, MA: Harvard University Press.

Tononi, G., and Edelman, G. (1998). Consciousness and complexity. *Science* 282: 1846-1851.

Trevarthen, C., and Aitken, K. J. (2001). Infant intersubjectivity: research, theory, and clinical applications. *Journal of Child Psychology and Psychiatry* 42: 3-48.

Tsuda, I. (2001). Toward an interpretation of dynamic neural activity in terms of chaotic dynamical systems. *Behavioral and Brain Sciences* 24: 793-847.

Turvey, M. T., and Shaw, R. E. (1999). Ecological foundations of cognition I. Symmetry and specificity of animal-environment systems. *Journal of Consciousness Studies* 6: 95-110.

Tye, M. (1991). *The Imagery Debate.* Cambridge, MA: MIT Press/A Bradford

Book.
———. (1995). *Ten Problems of Consciousness.* Cambridge, MA: MIT Press/A Bradford Book.
———. (2000). *Color, Content, and Consciousness.* Cambridge, MA: MIT Press/A Bradford Book.
Uttal, W. R. (2001). *The New Phenology: The Limits of Localizing Cognitive Processes in the Brain.* Cambridge, MA: MIT Press/A Bradford Book.
van Gelder, T. (1998). The dynamical hypothesis in cognitive science. *Behavioral and Brain Sciences* 21: 615-665.
———. (1999a). Dynamic approaches to cognition. In R. Wilson and F. Keil, eds., *The MIT Encyclopedia of Cognitive Sciences,* pp. 244-246. Cambridge, MA: MIT Press.
———. (1999b). Wooden iron: Husserlian phenomenology meets cognitive science. In J. Petitot, F. J. Varela, B. Pachoud, and J.-M. Roy, eds., *Naturalizing Phenomenology: Issues in Contemporary Phenomenology and Cognitive Science,* pp. 245-265. Stanford, CA: Stanford University Press.
Van Gulick, R. (2001). Reduction, emergence and other recent options on the mind-body problem: a philosophic overview. *Journal of Consciousness Studies* 8: 1-34.
VanRullen, R., and Koch, C. (2003). Is perception discrete or continuous? *Trends in Cognitive Sciences* 7: 207-213.
Varela, F. J. (1979). *Principles of Biological Autonomy.* New York; Elsevier North Holland.
———. (1984). Living ways of sense-making: a middle path for neuro-science. In P. Livingston, ed., *Disorder and Order: Proceedings of the Stanford International Symposium,* pp. 208-224. Stanford Literature Series, vol. 1, Anma Libri.
———. (1987). Laying down a path in walking. In W. I. Thompson, ed., *Gaia:*

A Way of Knowing. Political Implications of the New Biology, pp. 48-64. Hudson, NY: Lindisfarne Press.

———. (1989). Reflections on the circulation of concepts between a biology of cognition and systemic family therapy. *Family Process* 28: 15-24.

———. (1991). Organism: a meshwork of selfless selves. In A. Tauber, ed., *Organism and the Origin of Self*, pp. 79-107. Dordrecht: Kluwer Academic Publishers.

———. (1995). Resonant cell assemblies: a new approach to cognitive functions and neuronal synchrony. *Biological Research* 28: 81-95.

———. (1996). Neurophenomenology: a methodological remedy for the hard problem. *Journal of Consciousness Studies* 3: 330-350.

———. (1997a). Patterns of life: intertwining identity and cognition. *Brain and cognition* 34: 72-87.

———. (1997b). The naturalization of phenomenology as the transcendence of nature: searching for generative mutual constraints. *Alter* 5: 355-381.

———. (1999). The specious present: a neurophenomenology of time consciousness. In J. Petitot, F. j. Varela, B. Prachoud, and. J.-M. Roy, eds., *Naturalizing Phenomenology: Issues in Contemporary Phenomenology and Cognitive Science*, pp. 266-314. Stanford, CA: Stanford University Press.

———. (2000a). *El fénomena de la vida.* Santiago, Chile: Dolmen Essayo.

———. (2000b). *Pour une phénoménologie de la shunyata* Ⅰ. In N. Depraz and J.-F. Marquet, eds., *La gnose: une question philosophique.* Paris: Editions du Cerf.

Varela, F. J., and Bourgine, P,, eds.(1991). *Toward a Practice of Autonomous Systems. Proceedings of the First European Conference on Artificial Life.* Cambridge, MA: MIT Press.

Varela, F. J., and Cohen, A. (1989). Le corps evocateur: une relecture de l'immunité. *Nouvelle Revue de Psychanalyse* 40: 193-213.

Varela, F. J., and Coutinho, A. (1991). Second generation immune networks. *Immunology Today* 12: 159-166.

Varela, F. J., and Depraz, N. (2003). Imagining: embodiment, phenomenology, and transformation. In B. A. Wallace, ed., *Buddhism and Science: Breaking New Ground,* pp. 195-232. New York; Columbia University Press.

———. (2005). At the source of time: valence and the constitutional dynamics of affect. In G. Colombetti and E. Thompson, eds., *Emotion Experience,* pp. 64-81. Thorverton, UK: Imprint Academic, 2005. Also published as a special issue of J*ournal of Consciousness Studies* 12: 64-81.

Varela, F. J., and Goguen, J. (1978). The arithmetic of closure. In R. Trappl, ed., *Progress in Cybernetics and Systems Research,* vol. 3, pp. 48-63. New York: Wiley Hemisphere.

Varela, F. J., Lachaux, J.-P., Rodriguez, E., and Martinerie, J. (2001). The brain-web: phase synchronization and large-scale integration. *Nature Reviews Neuroscience* 2: 229-239.

Varela, F. J., Maturana, H. R., and Uribe, R. (1974). Autopoiesis: the organization of living systems, its characterization and a model. *Biosystems* 5: 187-196.

Varela, F. J., and Shear, J. (1990a). First-person accounts: why, what, and how. in F. J. Varela and J. Shear, eds., *The View from Within: First-Person Approaches to the Study of Consciousness,* pp. 1-14. Thorverton, UK: Imprint Academic.

———. eds. (1999b). *The View from Within: First-Person Approaches to the Study of Consciousness.* Thorverton, UK: Imprint Academic.

Varela, F. J., and Thompson, E. (2003). Neural synchrony and the unity of mind: a neurophenomenological perspective. In A. Cleeremans, ed., *The Unity of Consciousness: Binding, Integration and Dissociation,* pp. 266-287. New York: Oxford University Press.

Varela, F. J., Thompson, E., and Rosch, E. (1991). *The Embodied Mind: Cognitive Science and Human Experience.* Cambridge, MA: MIT Press.

Vetlesen, A. J. (1994). *Perception, Empathy, and Judgment: An Inquiry into the Preconditions of Moral Performance.* University Park: Pennsylvania State University Press.

Virchow, R. (1967) The cell doctrine. In E. A. Carlson, ed., *Modern Biology: Its Conceptual Foundations,* pp. 22-25. New York: George Brazilier.

von Stein, A., Chiang, C., and König, P. (2000). Top-down processing mediated by interareal synchronization. *Proceedings of the National Academy of Sciences USA* 97: 14748-14753.

von Stein, A., and Sarntheim, J. (2000). Different frequencies for different scales of cortical intergration: from local gamma to long range alpha/theta synchronization. *International Journal of Psychophysiology* 38: 301-313.

von Uexküll, J. (1957). A stroll through the worlds of animals and men. In K. S. Lashley, ed., *Instinctive Behavior: The Development of a Modern Concept,* pp. 5-80. New York: International Universities Press.

Vygotsky, L. (1978). *Mind in Society: The Development of Higher Psychological Processes.* Ed. M. Cole. Cambridge, MA: Harvard University Press.

Wake, D. B., Roth, G., and Wake, M. H. (1983). On the problem of stasis in organismal evolution. *Journal of Theoretical Biology* 101: 211-224.

Wallace, A. B. (1998). *The Bridge of Quiescence: Experiencing Tibetan Buddhist Meditation.* La salle, IL: Open Court.

———. (1999). The Buddhist tradition of *shamatha*: methods for refining and examining consciousness. In F. J. Varela and J. Shear, eds., *The View from Within: First-Person Approaches to the Study of Consciousness,* pp. 175-188. Thorverton, UK: Imprint Academic.

Walton, K. L. (1990). *Minesis as Make-Believe: On the foundations of the Representational Arts.* Cambridge, MA: Harvard University Press.

Watt, D. F. (1998). Emotion and consciousness: implications of affective neuroscience for extended reticular thalamic activating system theories of consciousness. Target article, Association for the Scientific Study of

Consciousness Electronic Seminar. Unpublished.

Weber, A., and Varela, F. J. (2002). Life after Kant: natural purposes and the autopoietic foundations of biological individuality. *Phenomenology and the Cognitive Sciences* 1: 97-125.

Weber, B. H., and Depew, D. J. (1995). *Darwinism Evolving: Systems Dynamics and the Genealogy of Natural Selection.* Cambridge, MA: MIT Press.

———. (1996). Natural selection and self-organization. *Biology and Philosophy* 11: 33-65.

Webster, G., and Goodwin, B. (1996). *Form and Transformation: Generative and Relational Principles in Biology.* Cambridge: Cambridge University Press.

Weiss, P. (1969). The living system: determinism stratified. In A. Koestler and J. R. Smythies, eds., *Beyond Reductionism: New Perspectives in the Life Sciences.* London: Hutchinson.

Welton, D. (1999). Soft, smooth hands: Husserl's phenomenology of the lived body. In D. Welton, ed., *The body,* pp. 38-56. Oxford: Basil Black-well.

———. (2000). *The Other Husserl: The Horizons of Transcendental Phenomenology.* Bloomington: Indiana University Press.

———, ed. (2003). *The New Husserl. A critical Reader.* Bloomington: Indiana University Press.

Wexler, M. and Klam, F. (2001). Movement prediction and movement production. *Journal of Experimental Psychology: Human Perception and Performance* 27: 48-64.

Wexler, M., and Kossyln, S. M., and Berthoz, A. (1998). Motor processes in mental rotation. *Cognition* 68: 77-94.

Wheeler, M. (1997). Cognition's coming home: the reunion of life and mind. In P. Husbands and I. Harvey, eds., *Proceedings of the 4th European Conference on Artificial Life,* pp. 10-19. Cambridge, MA: MIT Press.

Williams, G. C. (1966). *Adaptation and Natural Selection.* Princeton, NJ: Princeton

University Press.

Wilson, R. A. (1994). Wide computationalism. *Mind* 103: 351-372.

Wimsatt, W. C. (1985). Developmental constraints, generative entrenchment and the innate-acquired distinction. In W. Bechtel, ed., *Integrating Scientific Disciplines,* pp. 185-208. Dordrecht: Martinus Nijhoff.

———. (1986). Forms of aggregativity. In A. Donagan, A. Perovich, and M. Wedin, eds., *Human Nature and Human Knolwedge*, pp. 259-291. Dordrecht: D. Rediel.

Winograd, T., and Flores, F. (1987). *Understanding Computers and Cognition. A New Foundation for Design,* NJ: Ablex Press.

Wohlshläger, A., and Wohlschläger, A. (1998). Mental and manual rotation. *Journal of Experimental Psychology: Human Perception and Performance* 24: 397-412.

Wolheim, R. (1980). *Art and Its Objects,* 2d ed. New York: Cambridge University Press.

———. (1987). *Painting as an Art.* Princeton, NJ: Princeton University Press.

———. (1998). On pictorial representation. *Journal of Aesthetics and Art Criticism* 56: 217-226.

Yamaguchi, I. (1997). *Ki als leibhaftige Vernunft. Beitrag zur interkulturellen Phänomenologie der Leiblichkeit.* Munich: W. Fink Verlag.

Zahavi, D. (1997). Horizontal intentionality and transcendental intersubjectivity. *Tijdschrift Voor Filosofie* 59: 304-321.

———. (1999). *Self-Awareness and Alterity. A Phenomenological Investigation.* Evanston, IL: Northwesterm Univertisy Press.

———. (2001a). *Husserl and Transcendental Intersubjectivity: A Response to the Linguistic-Pragmatic Critique,* trans. E. A. Benke. Athens, OH: Ohio University Press.

———. (2001b). Beyond empathy. Phenomenological approaches to intersubjectivity. In E. Thompson, ed., *Between Ourselves: Second-Person*

Issues in the Study of Consciousness, pp. 151-167. Thorverton, UK: Imprint Academic. Also published in *Journal of Consciousness Studies* 8: 151-167.
———. (2002a). First-person thoughts and embodied self-awareness: Some reflections on the relation between recent analytical philosophy and phenomenology. *Phenomenology and the Cognitive Science* 1: 7-26.
———. (2002b). Merleau-Ponty on Husserl: a reappraisal. In T. Toadvine and L., Embree, eds., *Merleau-Ponty's Reading of Husserl,* pp. 3-29. Dordrecht: Kluwer Academic Publisher.
———. (2003a). *Husserl's Phenomenology.* Stanford, CA: Stanford University Press.
———. (2003b). Inner time-consciousness and pre-reflective self-awareness. In D. Welton, ed., *The New Husserl: A Critical Reader,* pp. 157-180. Bloomington: Indiana University Press.
———. (2003c). Intentionality and phenomenality: a phenomenological take on the hard problem. In E. Thompson (ed)., *The Problem of Consciousness: New Essays in Phenomenological Philosophy of Mind. Canadian Journal of Philosophy*, supplementary vol. 29, pp. 63-92. Calgary: University of Alberta Press.
———. (2004a). Husserl's noema and the internalism-externalism debate. *Inquiry* 47: 42-66.
———. (2004b). Phenomenology and the project of naturalization. *Phenomenology and the Cognitive Sciences* 3; 331-347.
———. (2005a). *Subjectivity and Selfhood: Investigating the First-Person Perspective.* Cambridge, MA: MIT Press/A Bradford Book.
———. (2005b). Being someone. *Psyche* 11 (5), June 2005. URL: http://psyche.cs. monash.edu.au/symposia/metzinger/Zahavi.pdf
Zahavi, D., and Parnas, J. (1998). Phenomenal consciousness and self-awareness: a phenomenological critique of representational theory. *Journal of Consciousness Studies* 5: 687-705.

Zaretzky, A. N., and Letelier, J. C. (2002). Metabolic networks from (M, R) systems and autopoiesis perspective. *Journal of Biological Systems* 10: 265-284.

사항 찾아보기

(ㄱ)

(ㄴ)

(ㄷ)

(ㄹ)

(ㅁ)

(ㅂ)

(ㅅ)

(ㅇ)

(ㅈ)

(ㅊ)

(ㅋ)

(ㅌ)

(ㅍ)

(ㅎ)

인명 찾아보기

(ㄱ)

(ㄴ)

(ㄷ)

(ㄹ)

(ㅁ)

(ㅂ)

(ㅅ)

(ㅇ)

(ㅈ)

(ㅊ)

(ㅋ)

(ㅌ)

(ㅍ)

(ㅎ)

옮긴이 후기

이 책『생명 속의 마음—생물학, 현상학, 심리과학*Mind in Life: Biology, phenomenology, and the sciences of mind*』은 원래 프란시스코 바렐라(Francisco Varela: 1946-2001)와 함께 저술하기로 되어 있었지만, 시작하고 얼마 안 돼 바렐라가 사망하자 톰슨이 단독으로 이 책을 새롭게 구상하고 편성해서 다시 저술하게 되었다. 바렐라는 그의『생물학적 자율성의 원리들*Principles of Biological Autonomy*』과, 스승 움베르토 마투라나와 함께 쓴『자가생성과 인지*Atopoiesis and Cognition*』에서 생명의 자율성과 자가생성(=오토포이에시스Atopoiesis)을 역설하면서 '생명과 의식의 연속성' 학설의 토대를 마련한 현상학자이자 생물학자이자 신경과학자이다. 톰슨은 바렐라와『신체화된 마음—인지과학과 인간경험*the Embodied mind: Cognitive Science and Human Experience*』을 함께 저술했고, 스스로 말했다시피 바렐라에게 깊은 영향을 받았다. 바렐라로 향한 톰슨의 애정은 자신의 아들 둘과 함께 바렐라의 아들에게 이 책을 바친다고 한 데에도 잘 나타나 있다.

바렐라와 함께 쓴 이전 책 『신체화된 마음』(국역본의 제목은 『몸의 인지과학』)의 부제가 이 책의 첫 장의 이름으로 되어 있는 것으로 보아도 이 책은 『신체화된 마음』의 연속성에 있다는 것을 알 수 있다. 실제로 저자는 「감사의 말」에서 이 책을 『신체화된 마음』의 후속편이라 말하고 있다. 하지만 이전 책이 불교철학과 불교수행을 같이 다루었다면, 이 책은 후설의 현상학을 같이 다룬 책이라고 할 수 있다. 또, 이 책의 부제 「현상학, 생물학, 심리과학」에서 짐작할 수 있듯이, 톰슨은 바렐라가 역설한 자가생성 개념을 현상학의 관점에서 파악하고, 동역학적 체계 이론을 끌어와서 현상학, 생물학, 심리과학을 잇는 다리를 놓으려 하고 있다.

톰슨은 서문 맨 앞 문장에서 "이 책의 주제는 마음과 생명의 깊은 연속성이다. 생명이 있는 곳에는 마음이 있고, 가장 분절된 형태의 마음은 생명에 속한다."고 선언하고, 이 책을 생명과 마음의 깊은 연속성이 드러나도록 구성하고 있다. 1부 창출행위적 접근법, 2부 마음 속의 생명, 3부 생명 속의 의식. 1부에서 물질적인 것, 생명적인 것, 의식적인 것을 순차적으로 다루고 난 뒤, 생명과 의식의 깊은 연속성이 드러나도록 2부에서는 생명을 다루되 생명을 마음 속의 생명으로 보고 다루고, 3부에서는 의식을 다루되 이를 생명 속의 의식으로 보고 다룬다. 저자 톰슨은 이미 이전 책에서 바렐라와 함께 정립하기 시작한 창출행위적 접근법으로 이렇게 마음 속에서 생명을, 생명 속에서 의식을 파악하고 있는 것이다. 톰슨은 바렐라와 함께 창출행위적 접근법을 통해서 의식과 생명의 이분법, 마음과 생명의 간극을 넘어설 수 있다고 확신하고 있다.

마음과 생명의 깊은 연속성을 발견하고자 하는 이 창출행위적 접근법의 이름으로 톰슨은 지각에 관한 동역학적 체계 이론, 진화에 관한 발달적 체계 이론, 정서에 관한 동역학적 이론 등을 통합하고 있다. 창출행위적 접근법에 대해 톰슨은 창출행위적 접근법의 창출행위가 "법률을 제정하는 행위를 의미하지만 또한 보다 일반적으로는 행위를 수행함 혹은 이행함을 의미한다"고 말한다. 그래서 바렐라가 '걸어가면서 길을 내기'라는 은유로 표현한 대로 창출행위의 의미를 보여준다. 바렐라가 시인 안토니오 마차도로부터 끌어온 이 은유에는 창출행위의 바로 이 두 가지 의미가 담겨 있다. 길을 걸어가면서 곧 행위를 수행하면서, 길을 낸다 곧 길을 제정한다는 의미이다. 이 은유는 창출행위란 용어를 이해하기에 아주 적합하다. 길이 먼저 나 있고 이 나 있는 길을 걸어가는 것이 아니라, 길을 걸어가면서 항상 새로운 길을 낸다는 이 은유는 걷자마자 새로운 것을 지각하면서 새로운 길이란 환경을 만들고 이 새롭게 형성된 환경은 또 동시에 걸음과 지각을 규정한다는 사태 자체를 의미하기도 한다. 지각은 운동에 의존하고 운동은 지각에 의존하면서 항상 새로운 환경, 새로운 세계를 만들어내는 것이다.

톰슨은 이 책에서 『신체화된 마음』에서 창출행위적 접근법이란 용어와 이와 관련된 개념을 인지과학에 도입해서 다음과 같은 사상들을 통합하고자 한다고 밝힌다. 첫째, 살아 있는 존재들은 능동적으로 그들 자체를 생성시키는 자율적 행위자이고, 그렇기에 그들 자체의 인지영역을 창출한다. 둘째, 신경체계(=신경계)는 자율적인 동역학적 체계이다. 신경체계는 계산주의적 의미에서 정보를 처리하는 것이 아니라 의미를 창조한다. 셋째, 인지는 상황에 처해서 신체화된 행위를 하는 동안 숙련된 노하우를 행사한다. 인지적 구조와 과정은 지각과 행위와 반복되는 감각운동적 패턴에서 창발한다. 넷째, 세계는 인지적 존재의 자율적 행위체 그리고 (인지적 존재의) 환경과 쌍결합하는 양식에 의해 창출되는 관계적 영역이다. 뇌에 의해 내적으로 표상된, 사전에 정해져 있는 외적 영역이 아니다. 다섯째, 경험은 마음을 이해하고자 할 때 중심적인 것이 되고, 그래서 현상학적 방식으로 탐구되어야 한다. 톰슨은 이러한 사상을 담고 있는 창출행위적 접근법이 살아 있는 존재와 인지적 존재의 자율성을 설명함으로써 자기성과 주관성을 토대로부터 해명할 수 있다고 믿고, 생물학, 신경과학, 심리학, 현상학에서 얻은 탐구들을 이 책에서 통합하고 있다.

이처럼 생물학과 심리과학의 모든 현대적 성과를 수용하고 있지만, 창출행위적 접근법은 기본적으로 마투라나와 바렐라의 자가생성 이론 외에도 후설과 메를로-퐁티의 현상학에 의존하고 있다고 말할 수 있다. 가령 바렐라가 형태동역학을 수용해서 현상학과 접목해서 신경현상학을 만들어냈을 때 이는 기본적으로 후설의 발생적 현상학에 의존하지 않으면 가능하지 않았던 것이다. 실제로 톰슨은 "창출행위적 접근법이 살아 있는 존재와 인지적 존재 고유의 자율성을 설명함으로써 토대로부터 자기성과 주관성을 설명한다는 점이다."라고 말하는 데서 확인할 수 있다. 생명의 현상에서 자기성과 의미형성작용을 도출하고 이를 의식의 경험의 현상학과 연결시키고 있는 것이다.

후설의 현상학이 톰슨에게 미친 영향은 막대하다. 톰슨이 깊이 수용하고 있는 복잡체계 이론, 동역학적 체계 이론, 발달적 체계 이론 등을 그들의 창출행위적 접근법에 담을 수 있었던 것은 기본적으로 후설의 현상학을 근간으로 삼고 있기 때문이다. 그래서 톰슨은 따로 한 장을 설정해서 후설의 현상학에 대해 자세하고 쉽게 설명하고 있다. 후설의 현상학을 보통 그렇게 하듯이 정적 현상학, 발생적 현상학, 세대간적 현상학으로 나누어 설명하고, 정적 현상학은 10장 「의식과 심적 이미지작용」에서, 발생적 현상학은 11장 「시간성과 살아 있는 현재」에서, 세대간적 현상학은 12장 「정서와 유의성」에서 각 주제에 맞게 적용하고 있다. 후설 현상학의 기본개념을 설명하는 2장에서뿐만 아니라 이를 각 주제에 맞게 적용하는 각 장에서도 톰슨이 후설을 깊이 읽었다는 것을 알아차릴 수 있는데, 이렇게 할 수 있는 능력이 있게 된 것은 아마도 후설을 곡해했다는 철저한 반성과 함께 후설을 다시 정독했기 때문일 것이다. 그래서일까 톰슨은 따로 부록을 써서 참회하듯이 그들의 후설 해석이 그릇되었다는 것을 고백하고 있다.

톰슨은 『신체화된 마음』에서 그들이, 첫째 후설은 방법론적 유아론자이고, 둘째 후설은 경험의 신체화된 측면을 도외시하고 있고, 셋째 후설의 지향성 이론은 표상적 이론이고, 넷째 후설의 생활세계 이론은 환원주의적이고 표상주의적이고, 다섯째 후설의 현상학은 실용적 차원을 결여한 순전히 추상적이고 이론적인 기획이라고 말했다고 정리하고 있다. 후설을 찬찬히 읽은 분들이라면 어떻게 저런 해석을 할 수 있었을까 의아스럽게 생각할 정도로 그들은 후설을 곡해했던 것이다. 여기서 끝나는 게 아니다. 그들은 결국 후설의 기획이 실패작이라고 결론을 내렸고, 그런 다음 그들은 현상학적 파트너로서 불교철학과 불교의 마음챙김-알아차림 명상을 택했다. 불교를 공부하는 사람들은 아마도 반갑게 이 책을 대할 수 있었을 것이다. 동양 전통 속에 살아가는 우리가 어쩌면 먼저 해야 할 일을 그들이 해주었기 때문이고, 우리가 이해하기 어려운 예스러운 불교 용어들을 현상학과 인지과학의 싱싱한 용어들로 설명했기 때문이다. 불교학자인 내가 볼 때 그들이 택한 불교는 지극히 한정된 불교이고, 그들이 택한 명상은 그릇된 해석이 담겨 있지만, 아무튼 그들이 새로운 철학의 길을 가기 위해 불교를 선택한 것은 위대한 모험이라고 생각한다. 인식과 동시에 따라 나오는 번뇌들, 이 번뇌들을 끊어 해탈을 이루겠다는 사태 자체의 본질을 서양철학이 간과하고 있다는 점을 제쳐놓는다면, 불교에 대한 그들의 관심을 지대하다고 또 정당하다고 말할 수 있겠다.

톰슨과 바렐라는 이제 새롭게 후설을 발견하면서, 『신체화된 마음』에서 심리과학과 불교철학의 생산적인 상호교류에서 실현한 것보다 후설의 현상학이 더 많은 자원을 갖고 있다고 말한다. 그들은, 첫째 후설은 방법론적 유아론자가 아니다, 둘째, 후설은 경험의 상호주관적 측면과 신체화된 측면에 큰 관심을 갖고 있다, 셋째 후설의 지향성 이론은 표상적 이론이 아니다, 넷째 후설의 생활세계 이론은 환원주의적이거나 표상주의적인 것이 아니다라고 선언한다. 그야말로 정반대로 선언하고 있는 것이다. 이렇게 해서 그들은 후설의 현상학은 실패작이 아니며 현상학은 붕괴하지 않을 것이라고 말하고 있다. 그들이 『신체화된 마음』을 쓰고 있었을 때 후설에 대한 지식이 제한되어 있었고, 후설의 수동적 종합과 상호주관성에 관한 저작들에 대해 전혀 모르고 있었으며, 하이데거에 친숙해 있었고 하이데거의 매우 야박한 후설 독해에 영향을 받았다고 토로하고 있다. 세계 현상학계에서 한동안 하이데거가 풍미하는 동안 우리 철학계도 그러했기 때문에 그들의 곡해는 어쩌면 그들만의 문제였던 것 같지는 않다. 현상학 연구를 다시 후설을 중심으로 올바르게 방향을 잡아내는 데에는 모한티, 자하비, 갤러거, 웰턴과 같은 훌륭한 현상학자들의 작업이 있었기 때문이고, 톰슨 또한 이들 철학자들의 영향을 받아 후설의 현상학으로 전회할 수 있었고, 이 현상학을 기반으로 해서 생물학, 인지과학, 심리과학 등을 올바르게 연계시키고 또 통합할 수 있었다.

학제간적 연구가 중요한 시대에, 통섭이란 용어로 학문들을 통합해 이해하려는 노력에는 항상 철학의 문제가 깔려 있다. 이런 점에서 이 책은 생물학자, 화학자, 물리학자들에게도 그들이 연구하는 과학현상을 올바르게 볼 수 있도록 철학하는 방법을 가르쳐 줄 것이다. 이는 바렐라와 톰슨 같은 철학자이자 과학자들이 물질, 생명, 의식의 관계를 명료하게 보았기 때문에 가능하게 된 것이다. 또 사회, 정치, 법철학을 체계 이론을 통해서 연구하는 분들도 이 책이야말로 마투라나와 바렐라의 오토포이에시스 혹은 자가생성을 이해하기에 더없이 좋은 책이기 때문에 큰 도움을 받으리라 생각된다. 요즈음 우리의 관심을 끌고 있고 그동안 계속해서 번역과 해설서가 나오고 있는 사회철학자 니클라스 루만이 그의 사회체계 이론에 이들의 자가생성 학설을 수용해서 그의 이론의 근간을 이루게 하고 있다는 것은 이미 잘 알려져 있는 사실이다.

톰슨과 바렐라가 이전 저서에서 학제간적 연구를 하기 위해 택한 파트너는 불교 중 용수의 중관불교이다. 이는 아마도 그들이 티벳 승려들의 영향을 받았기 때문일 것이다. 그러나 티벳불교에는 그들이 접했던 것보다 더 다양한 중관불교의 모습들이 있고, 또 중관불교 못지않게 중요한, 불교의 인식론과 논리학이라 할 수 있는 인명불교의 방대한 문헌들이 티베트대장경에 담겨 내려오고 있다. 7세기 다르마끼르띠로부터 전개된 이 인명불교의 전통은 13세기까지 이어진다. 또, 만약 그들이 인도의 대승불교 중 하나인 유식불교를 먼저 접했더라면 아마도 그들은 이 불교를 끌어들였을 것이다. 하지만 탁월한 유식문헌은 대부분 한문으로 되어 있고 그들이 관심을 갖고 있었던 용수의 『중론』보다 훨씬 방대하고 치밀해서 쉽게 접근하기 어려웠을 것이다. 아시아의 철학적 전통과 상호교류를 위한 풍요로운 잠재성은 그들의 생각과 달리 중관불교를 포괄하는 유식불교, 인명불교에 더 크게 담겨 있다고 할 수 있다.

톰슨이 그의 창출행위적 접근법을 위해 이전과 달리 불교철학보다 후설의 현상학을 끌어온다 하더라도, 고따마 싯다르타 붓다가 발견한 수행인 사띠 수행은 아마 접을 수 없을 것이다. 실제로 톰슨은 이 책에서 불교의 사띠 수행을 현상학, 인지과학과 함께 연구하겠다고 두서너 군데에서 공언하고 있다. 아마도 『신체화된 마음』에서보다는 더 정밀한 연구가 이루어질 것이다. 나는 이미 사띠 수행에 대한 이들의 해석을 읽은 바 있고, 붓다의 이 수행을 두 차례 미얀마에 가서 직접 수행하고 왔으며, 이 경험을 관찰하며 철학적으로 연구하고 있다. 이들의 성과와 내 관찰 사이에는 일정한 차이가 있다는 것을 알게 되었는데, 한국의 불교학자인 나는 내 나름대로 연구를 해왔고 또 계속해 갈 것이기 때문에 톰슨이 앞으로 사띠 수행에 대한 연구를 전개하는 과정과 결과를 주의 깊게 살펴볼 것이다. 우리와 그들 사이에 깊은 교감이 이루어지리라 믿는다. (나는 이 책의 번역이 끝난 뒤 저자의 약력을 조사하다가 이와 관련된 책을 이미 냈다는 것을 알게 되었다. *Waking, Dreaming, Being: Self and Consciousness in Neuroscience, Meditation, and Philosophy*(2014))

나 개인적으로는 이미지작용 논쟁을 다루는 10장을 가장 재미있게 읽었다. 나는 상상에 지대한 관심을 갖고 있는데, 그 이유는 상상의 문제를 어떻게 처리하느냐에 따라 불교의 새로운 향방이 결정되리라고 믿고 있기 때문이기도 하지만, 무엇보다 아직도 나는 회화 · 음악 · 문학 등 예술적 현상에 대해 철학적 시야를 얻고자 하는 마음이 공고하기 때문이다. 이 장을 통해 나는 사르트르의 『상상적인 것: 상상력의 현상학적 심리학*The Imaginary: A Phenomenological Psychology of the Imagination*』이란 책을 알게 되었으며, 상상력에 대한 사르트르의 생각과 문제점을 간파할 수 있었다. 동시에 앞으로 상상력에 대해 어떻게 연구해 가야할지 어느 정도 길을 잡을 수 있게 되었다.

혹시 아직 철학에 밝지 않은 생물학, 인지과학, 신경과학 등을 연구하는 분들이라면 2장 「현상학적 연관」을 먼저 읽으라고 권하고 싶다. 후설의 현상학을 통해서 이 책을 읽을 수 있는 철학적 통찰을 먼저 얻을 필요가 있기 때문이다. 매 장에서 후설의 현상학을 만나게 되지만, 특히 이 2장에서 독자들은 현상학의 기초개념은 물론이고 후설의 정적 현상학, 발생적 현상학, 세대간적 현상학에 대해 그 차이를 명확히 읽어낼 수 있을 것이다. 후설의 현상학뿐만 아니라 하이데거, 메를로-퐁티 등의 현상학을 줄곧 공부해 온 저자 톰슨의 공력에 감탄하면서. 또, 인지과학, 신경과학 등을 논하는 대목을 원활하게 읽으려면 메를로-퐁티를 논하는 4장 「행동의 구조」를 집중적으로 읽으라고 권하고 싶다. 『신체화된 마음』에서나 이 『생명 속의 마음』에서나 창출행위적 이론의 정립과 확대를 위해 동시에 관철되고 있는 것은 바로 이 메를로-퐁티의 현상학이다. 톰슨은 저평가된 책 『행동의 구조』를 창출행위적 이론의 틀을 잡아가는 데에 『지각의 현상학』보다 더 알맞은 책으로 보고 있는 것 같다.

이처럼 좋은 책을 만나게 해준 나에게 내가 감사를 표하고 싶다. 이 책을 만나게 해준 나는 헤아릴 수 없이 많은 타자들과 환경들이 엮어놓은 나일 것이다. 이제 이 책의 번역을 완료한 나는 그동안 끊임없이 변하는 환경들 속에서 헤아릴 수 없이 많은 타자들을 만나 가며 형성된 나의 도움을 받았을 것이다. 나도 모르는 나, 타자들, 환경들 이 모든 인연들에 감사하는 마음이 변하지 않도록 나는 나에게 더 노력하겠다는 다짐을 받고 싶다.

산다는 것은 홀로 살아간다는 것이고, 홀로 살아갈 수 있는 힘을 기른다는 것이다. 그렇지만 타자가 없다면, 애초부터 홀로 살아갈 수도 없고 홀로 살아갈 수 있는 힘을 기를 수도 없다. 도서출판 b의 조기조, 백은주, 김장미 선생님은 내가 홀로 살아갈 수 있도록 힘이 되어주시는 분들이다. 진심으로 감사드린다.

2016년 9월 4일
박인성 드림

• 에반 톰슨 Evan Thompson

토론토 대학에서 박사 학위를 받았다. 현재 캐나다 밴쿠버에 있는 브리티쉬 콜롬비아 대학 교수이다. 인지과학, 현상학, 심리철학에 관한 글을 쓰고 있다. 불교의 명상 방법에 큰 관심이 있어서 불교철학을 서양의 심리철학과 인지과학과 비교하며 새롭게 풀어내고 있다. 바렐라가 프랑스 파리의 한 연구소에 머물고 있는 동안 함께 작업을 했으며, 이 기간에 함께 『신체화된 마음-인지과학과 인간경험』(1991)을 저술했다.

저서로 The Embodied Mind: Cognitive Science and Human Experience(1991), Colour Vision: A Study in Cognitive Science and the Philosophy of Perception(1995), Waking, Dreaming, Being: Self and Consciousness in Neuroscience, Meditation, and Philosophy(2014) 등이 있다.

• 박인성 朴仁成

서울에서 태어나 연세대학교 영어영문학과, 동국대학교 대학원 불교학과를 졸업했다. 현재 동국대학교 불교대학 불교학부 교수이다.

저서로 『법상종 논사들의 유식사분의 해석』 등이 있고, 역서로 『불교인식론 연구』, 『현상학이란 무엇인가』, 『유식사상과 현상학』, 『현상학적 마음』, 『유식삼십송풀이』, 『유식삼십송석』, 『아비달마구사론 계품』, 『중론』 등이 있다.

2014년에 제2회 대정학술상, 2015년에 제6회 대원불교문화상, 2016년에 제8회 청송학술상을 수상했다.

마음학 총서 5

생명 속의 마음

초판 1쇄 발행 | 2016년 12월 22일

지은이 에반 톰슨 | 옮긴이 박인성 | 펴낸이 조기조
기획 이성민, 이신철, 이충훈, 정지은, 조영일 | 편집 김장미, 백은주
인쇄 주)상지사P&B
펴낸곳 도서출판 b | 등록 2003년 2월 24일 제12-348호
주소 08772 서울특별시 관악구 난곡로 288 남진빌딩 401호 | 전화 02-6293-7070(대)
팩시밀리 02-6293-8080 | 홈페이지 b-book.co.kr | 이메일 bbooks@naver.com

ISBN 979-11-87036-14-2 93100
값 | 32,000원